孔子像（西北大学）

论语心解

傅林 著

·上册·

西北大学出版社
·西安·

图书在版编目(CIP)数据

论语心解 / 傅林著. --西安:西北大学出版社,2020.06
ISBN 978-7-5604-4487-1

Ⅰ.①论… Ⅱ.①傅… Ⅲ.①儒家②《论语》—研究 Ⅳ.①B222.25

中国版本图书馆 CIP 数据核字(2020)第 012548 号

论语心解　傅林　著

出版发行	西北大学出版社有限责任公司
地　　址	西安市太白北路 229 号
邮　　编	710069
电　　话	029-88303843
经　　销	全国新华书店
印　　刷	西安华新彩印有限责任公司
开　　本	710 mm×1000 mm　1 / 16
印　　张	46.75
字　　数	675 千字
版　　次	2020 年 6 月第 1 版　2020 年 6 月第 1 次印刷
书　　号	ISBN 978-7-5604-4487-1
定　　价	216.00 元

如有印装质量问题,请与本社联系调换,电话 029-88302966。

未满十八周岁的未成年人,阅读本书时应先征得父母或其他法定监护人的同意。因为本书试图在阐述、肯定甚至鼓吹一种价值观念,一个古老的思想。

谨以此书向那些往圣先贤们表达敬意。正是他们的至诚和真知灼见，犹如一盏盏明灯，照亮了这个世界，尤其是人们的内心，使后来者能得以越来越清楚世界的来龙去脉。

序

我与本书作者相识于大学时代。

那时的我,年轻气盛,对社会上的许多事物都怀疑、不满甚至反对。直至有一天,本书作者问我:"你对你所反对的事物有多少了解呢?"这一发问,使我脊梁发凉。反对应该是建立在认知的基础之上的,这既是逻辑要求,更是一个常识。而扪心自问,当时我对于我所反对的事物大多没有多少认知,很多只是仅仅依据其表面的口号,甚至是道听途说的传闻。

从此以后,我不再轻易地对问题发表评论,而是更多地去学习,深入地学习。基于"半部《论语》治天下""天不生仲尼,万古如长夜"等古语引起的兴趣,但因国学修养和心理历练的欠缺,读之不甚理解,直到本书作者向我隆重地推荐了台湾学者南怀瑾先生所著的《论语别裁》,至此才开始对《论语》有了比较深入的学习。

后来,因为一些机缘,我又学习了其他一些学者关于《论语》的解读,我的总体印象是:《论语》很好,非常值得学习,但美中有所不足。所谓的不足表现为:一是价值判断基础或标准不太清晰,中心、重点似乎也不突出,整体结构也比较杂乱,不太系统,逻辑性有所欠缺。二是很多论断不太切合实际,似乎离普通人很远。三是所论述的很多事物看起来比较琐碎,时过境迁,好像已没有了现实借鉴意义。

对于上述阅读体会,我曾与本书作者进行过多次探讨。本书作者对我的观点不予认同,并提出了自己能够自圆其说的解释。但鉴于每次探讨的时间和话题等内容的局限,我们无法进行深入、全面而系统的探讨。后来本书作者说要对此写一本书来阐述,我听后既感欣喜又有担心。所谓欣喜自不待言,所谓担心是觉得本书作者这个心愿许得有点大,很可能拿不下来,甚至半途而废。可不曾想,数年之后,厚厚的书稿就放在了我的面前。通过对书稿的认真研读,不仅使我对《论语》原文有了更为深入的理解,而且上述三方面的疑虑和困惑也迎刃而解、烟消云散了。更为欣喜的是,还使我知道,书尤其是经典原来是可以也应当是这样读的。

首先,关于《论语》的中心、重点、标准的问题。本书作者认为,无论是写文章还是编书,有确定的价值判断基础或标准,有中心和重点,有完整甚至是系统的逻辑结构是正常的,也是必须的。这一点"人同此心,心同此理",《论语》的编者们也概莫能外。当然,现实当中有很多文章和书籍从表现形式上不容易看出这一点,这就需要读者去用心体会,正所谓"形散而神不散"。本书作者通过自己的诚心感受,认为孔子2500多年前的话语之所以能流传至今,甚至还能引起人们由衷地认可甚至赞叹,其中必有其符合人性、能行得通、行之有效之处,这也就成为了其价值判断的基础和标准。本书作者以此为基础和标准,对《论语》的每一句话进行解读,都得到了圆满的结果。

至于《论语》的结构散乱问题,本书作者同样是基于"人同此心,心同此理"的认知,在深刻而准确地理解原文的基础上,通过反复通览全书各篇,用心体会编者之意,将各篇设想为一场场围绕某个中心议题所进行的讨论会及其所形成的会议纪要。以这种方式,总结出了每一篇的中心论题,并将之冠以其名。通过这种反复的推演,最终将整部《论语》像穿珍珠项链一样,理解为一个逻辑紧密的整体。这应该是本书作者的创举。这不仅明确了《论语》的中心和重点,从整体上向人们展现《论语》,而且还十分有利于读者对《论语》,尤其是某些章节的理解。

其次,关于《论语》的很多论断不切合实际,即离普通人太远的问题。本书作者认为,《论语》大部分是孔子对其弟子或当时官员所说的话,少部分是部分弟子的有感之言。我们应当认识到的是,孔子说话的对象以及孔子的弟子可不是普通人,他们都是有着很高修养的人,其境界是普通人难以望其项背的,因此就不能站在普通人的角度来理解这些话。这就像两个大学教授在进行学术讨论,一个高中生听了会有什么感受呢?这个高中生要想听懂、理解,必须先要进行一定的学习,以使自己达到一定的境界高度。关于这一点,最典型的表现就是孔子说的"学而时习之,不亦说乎?"作为一个普通人,有谁会从内心认可这句话呢?但是对于曾经有过一段艰辛求学经历的人来说,谁又能从内心断然否定这句话呢?因此,本书作者并不认为《论语》是一部启蒙读物,适用于任何人群。它是给那些已经有了一定境界且有志于进一步提高的人士阅读的。在过去,尽管人们认为《论语》所述都是常识,但这里的人们并不是普通人,而是有很高修养的人。此常识与彼常识是不同的,彼常识是接近真理的常识,而此常识是更接近真理的常识。就犹如牛顿经典定律对于一个大学生来说是常识,而对于一个物理学家来说爱因斯坦的相对论才是常识一样,一个大学生是要通过学习才能慢慢掌握爱因斯坦的相对论的。

最后,关于《论语》中所论述的许多事物看起来比较琐碎,时过境迁,好像已没有了现实借鉴意义的问题。本书作者认为,《论语》的每一章都是一颗珍珠,都是一座高峰。而人们之所以有上述如此的认识,主要基于以下原因:

1. 将每一章与其他章割裂来解读。譬如,子曰:"殷因于夏礼,所损益,可知也。周因于殷礼,所损益,可知也。其或继周者,虽百世,可知也。"这句话的意思是很清楚的,但似乎又有些空洞、夸张。其实这是《论语·为政》的倒数第二章。《论语·为政》整篇都是在讲为政的原则方法,而本章正是对该篇的总结,意在说明该篇所阐述的为政的原则方法,既是长期历史经验教训的总结,也是历史的沉淀,进而说明其是符合人性的、行得通的、行之有效的,由此我们才可以预知将来的大体方向。

2. 不明白该篇的中心、主题。譬如,子曰:"噫!天丧予!天丧予!""子哭之恸"。从表面上看,这只是孔子在得知弟子颜回去世后的悲伤心情的表现,而且这些言行似乎有些过分,不合礼制,也没有什么实际意义。问题是孔子为什么会这样?颜回是孔子的得意弟子,但也毕竟只是弟子而已,我们知道,孔子的儿子也是先孔子去世的,也是孔子的弟子,为什么《论语》的编者没有记录孔子在得知儿子去世后的言行呢?上述两章是被编者编在《论语·先进》,而该篇主要是在阐述"教"——孔子之教。孔子被后世称为"万世师表",其原因就是孔子所教是其毕生所学、所得,其学生也是真心去学并学有所成。否则孔子又何来"天丧予"的感叹?又何来"子哭之恸"?这是孔子之教的一种真情表现。

3. 《论语》的巨大影响导致的现实与当时的情形的不同。譬如,《论语》中说,人们睡觉时要盖被子——"必有寝衣";要好好吃饭——"食不厌精,脍不厌细";不要吃不新鲜甚至变质的食物——"色恶,不食。臭恶,不食。失饪,不食。不时,不食"。这些在今天看来不是什么问题,但这不等于在当时就不是问题。在今天看来不是什么问题,从某种意义上讲,也正是因为《论语》的巨大影响导致人们长期遵守,以致成为习惯。当然,这也有物质丰富的原因。同时我们应当看到,上述语句都是编在《论语·乡党》的,该篇主要是在讲"慎",吃饭睡觉很重要,每天都要做,更要"慎"。如果《论语》所阐述的问题都已经不成为问题,且没有了实际意义,那该是一个多么美好的世界啊!

4.对字意僵化的理解。譬如,《论语》多处讲到"君"以及如何"事君",这也是《论语》的重要思想之一。"君"从字面上理解就是君主的意思,可是现在没有了这样的人,它还有实际意义吗?这就是僵化的理解。因为君主不仅仅是一个人,同时也是社会、国家、天下的代表。是的,作为君主的个人现在已经不存在了,可是他们曾代表的社会、国家、天下也不存在了吗?难道我们不应当为我们的社会、国家甚至天下的百姓服务吗?如果将《论语》中的"君"以及如何"事君",理解为社会、国家甚至天下百姓以及如何为其服务,我们就不会再觉得其没有实际意义了,而是非常具有实际意义。

如果克服了上述问题,其实《论语》的每一句话都饱含深意,发人深省,否则《论语》的编者又怎会煞费苦心地将其收录书中!有关于此,在认真阅读本书后,相信读者们将会有更为深刻的体会。

有鉴于本书作者的用心,这部书是我所见到的一部集全面、完整、详细、系统为一体解读《论语》的书,它至少在形式上解决了人们对所关注的有关《论语》的主要问题,是一本非常值得一读,甚至反复研读的《论语》入门读物,尤其是那些不甘停滞、积极进取、想要提升自己的年轻人,以及希望孩子如此的父母,因为据本书作者所言,其书最初是写给孩子的,最初的书名是《亲子论语》。应当说明的是,本书作者的孩子正在读大学。

济南晨光
2019年11月12日于泉城

前　言

一、《论语》是一部什么样的书

《论语》中的"论"在此处读音为"轮"。《论语》从形式上看是一部以记录孔子和其弟子言行为主的汇编,其中孔子言行占绝大部分,共分为二十卷(通常以每卷的前几个字作为标题),近一万二千字。通说是孔子去世后,由其弟子及再传弟子汇编而成。《论语》从实质上看是集中体现孔子及其所代表的儒家的价值观及其行为规范,简而言之就是集中体现孔子思想的一部书。笔者认为,《论语》不仅是儒家经典,甚至是中国古代最重要的一部书。

二、孔子及其所代表的儒家思想是什么

孔子及其所代表的儒家思想具体是什么?这里因篇幅所限无法做全面的阐述,应通过具体学习原著来了解和体会。这里只能大概说说孔子思想的形成、产生的影响和产生如此影响的原因。

第一,孔子自称"述而不作"(《论语·述而》)。意思就是孔子认为,自己只是在述说前人已经有的思想,并不创设新的思想。这其中或许有自谦的成分,但从另一个角度讲,这说明孔子所述的绝大部分思想确实是已经有的思想。那么孔子所述说的已有的思想又是什么呢?大家都知道,中国有五千年的文明史,孔子认为有据可考的历史应从尧帝开始,经舜帝、夏朝、商朝至周朝。孔子(生于公元前551年9月28日,卒于公元前479年4月11日)生活在东周的中期,史称"春秋时期",距尧帝时期已有两千余年。在这两千余年里,中华大地上的先民们为了生存、发展乃至更好的生活,逐渐形成了一整套被普遍认可并且行之有效的价值观及其行为规范——思想。到了孔子生活的春秋时期,由于周王室衰微,周天子已形同虚设,各诸侯国陷入了丛林式的竞争。各诸侯国为了生存、发展乃至称霸,急功近利,不择手段,无所不用其极。之前两千余年形成的思想,已鲜有人问津,消失殆尽,中华文明面临中断、灭绝的危险。由于孔子

是当时鲁国的一个小贵族(这一点很重要)以及鲁国的特殊性(周公的封国,这一点也很重要),孔子有机会较全面系统地接触和学习之前两千余年所形成思想,并深以为然,遂立志学习,并成功地将其收集、整理并传播于当时。笔者认为,这就是孔子之"述",也是孔子对中华文明乃至人类文明最伟大的贡献。

第二,如前所述,在孔子生活的春秋时期,由于各诸侯国陷入丛林式的竞争,因此各种学说及思想层出不穷,中国历史也因此进入了"百家争鸣"的时代。据《汉书》记载,至战国时期仅主要思想学派就分为十家,即儒、墨、道、法、阴阳、名、纵横、杂、兵、小说。儒家只是其中之一,尽管排在第一,但笔者认为儒家当时的地位并没有那么高。这从孔子周游列国,却没有人愿意采用其思想治国,而最终是主要采用法家思想的秦国统一了天下,可见一斑。儒家思想直到孔子去世三百多年后的汉武帝时期,才最终成为了中国社会的主流思想,并一直持续了两千多年。这一点又充分说明孔子的思想是有生命力的,其成为中国社会的主流思想是历史的选择,而非某些人的个人好恶。直至20世纪初,以孔子为代表的儒家思想才被中国的统治阶层以及所谓的一些社会文化精英驱逐出主流。但笔者认为,孔子的思想在之后并未被人们抛弃,中国的绝大多数民众,甚至包括那些将孔子的思想驱逐出主流的统治阶层以及所谓的精英,仍在自觉或不自觉地遵循着孔子的思想,只是在程度上有所不同。"孝悌忠信,礼义廉耻"不仍是人们所共同认同和遵循的价值观和行为规范吗?这也充分说明对孔子的思想的取舍,不是某些人的好恶所能决定的,也由此可见,孔子的思想对中国产生的影响是多么的深远。

第三,孔子的思想为什么会对中国历史和社会产生如此重大而深远的影响呢?笔者认为,如前所述,孔子的思想主要是经过孔子之前两千多年的积淀而形成的,这说明其是通人性的、行得通的和行之有效的,也就是出于(或符合)人的本性的。孔子之后两千多年辉煌的中国历史充分证明了这一点。所谓通人性,是说孔子的思想符合普遍的、绝大多数人的本性,因此人们在了解其思想后,能自觉遵循;所谓行得通,是说人们在遵循孔子的思想之后,发现取得了内心的平静和别人的认同,达到了或基本达到了预期的效果,即是可行的;所谓行之有效,是说人们在践行孔子的思想后,个人的生活和整个社会都变得更加稳定而和谐了。

三、为什么要读而且要和孩子一起读《论语》

本书写作的最初目的是写给孩子(年轻人)的。

第一，如前所述，自汉武帝时期，孔子的思想成为中国社会的主流思想，直至20世纪初。在这两千多年的时间里，中国有伟大的汉唐盛世，中国绝大部分的时间是统一的，也是世界上最强大、最富足、最文明的国家。孔子的思想对中国乃至人类的影响极其深远。

第二，至近代，中国被拥有强大科技，同时又极其贪婪而野蛮的东、西方列强打败了，败到连生存都成了问题的程度。我们的先人们为了救亡图存，发愤图强，也可谓不择手段，引进和实践了各种各样的西方思想和学说，可谓无所不用其极，他们不仅将失败归咎于两千多年前的孔子，要打倒"孔家店"，许多人甚至主张废除汉字，使用别国的文字。可对于各种各样的西方思想和学说，我们真的了解吗？我们真的从内心认可吗？在我们的社会甚至全世界真的能行得通吗？能行之有效吗？孔子的思想究竟是什么？它真的过时了吗？笔者认为，我们对于各种各样的西方思想和学说的引进是草率的、杂乱的、肤浅的，甚至是夹生的，是不完全符合中国的历史和实际的。而那些所谓的精英们，对孔子思想的否定则是武断的和偏激的，以至于我们现在很多人不能对孔子的思想进行全面的、认真的更无所谓真实的了解和体会。同时，由于孔子的思想是通人性的、行得通的和行之有效的，这种武断的和偏激的否定，并没有使人们真正放弃孔子的思想。如前所述，我们绝大多数民众，甚至包括那些所谓的精英，仍在自觉或不自觉地遵循着孔子的思想，只是在程度上有所不同。这导致了我们的混乱，导致了我们在面对现实世界里涌现的各种所谓时尚观念(其实绝大多数是奇谈怪论或拾人牙慧)，我们很多人在很多时候无法准确地认知和应对，甚至不知所措。我们尚且如此，我们的孩子又将如何？也正因如此，现在我们"强大"了，或者说即将"强大"了，物质生活"富足"了，我们该怎么办？继续努力以使我们不断地"强大""富足"？好像不全是。因为这种"强大"不是真正的强大，这种"富足"不是真正的富足，也不可能是我们的最终追求，子曰"民无信不立"(《论语·颜渊》)。就像人们都希望有一个强健的身体、有很多的钱，而强健的身体和很多的钱绝对不会是也不应是人们的最终追求，因为它们只是人们更好生活的基础，而不是目的。这一点只要我们想一想健身和挣钱的初衷就明白了。那目的是什么？没几个人知道。因为从内心里，我们或者说我们中的绝大多数，尤其是我们的孩子没有属于自己的真正的思想。这进而导致我们既不能理直气壮地为己，也不能心甘情愿地利他，患得患失，以致不知所措或者无所不用其极。

这时也许会有人说,现在时代进步了,都要解放思想了,谁还要学那些老掉牙的东西!首先,解放思想先要有思想可解放。西方文艺复兴以来的思想家们,几乎都曾经系统地学习过基督教思想,并曾坚定地信奉之,之后他们是在对曾经坚信的思想进行深刻的批判后,使他们成为了思想家。其次,时代确实是变了,而且变化很大(至于是否是进步,则见仁见智),但是人心变了吗?人的本性和欲望变了吗?以前的人喜欢好吃好喝、金钱美色和探索未知,甚至好为人师,现在的人就不喜欢了吗?老的思想就不正确吗?判断它的前提是了解它。西方的基督教、印度的佛教、阿拉伯的伊斯兰教不老吗?当然,孔子的思想不是宗教,它没有建立在上天与来世,而是建立在地上与人世间;它不要求人们无条件的信仰,而是"和而不同"(《论语·子路》)。从某种意义上讲,这是中国人的莫大幸运!

西方的思想和学说太多了,而且大多既空洞又不符合我们的实际。孔子的思想曾经对中国产生过伟大而深远的影响,而且至今仍然深深地影响着我们(无论我们是否认识到)。无论是让孩子了解一下我们先人的深刻思想,还是为使孩子将来能更好地立足于我们的社会(因为在我们的社会里,绝大多数的人仍在自觉与不自觉地,或多或少地遵循着孔子的思想),甚至是使孩子有真正的思想,我们都应当让孩子学习一下《论语》。然而现在学校不教,其实也教不了,那些所谓的教师,甚至教师的老师,有几个认真地学习过《论语》?哪怕仅仅是出于对被奉为"万世师表"和"至圣先师"的孔子及其思想有所了解。所以只能靠我们自己,因为"孩子是我们的希望",至少这是我们公认的价值观。因此从这个角度来说,作为孩子老师的父母,去认真了解、学习《论语》,甚至与孩子一起去认真了解、学习《论语》也就成了一个自然而然的事情了。

四、学习《论语》应注意的几个问题

第一,关于道、德、仁、义、礼的理解。

道、德、仁、义、礼,当人们听到这几个字的时候会有什么样的感受呢?有人感觉太过厚重,有人感到太过高远,当然也有人不屑一顾。其实它们并不那么厚重、高远,它们很简单,但这并不妨碍它们的重要,值得人们去认识和了解。尤其是对那些想认识和了解中国的思想文化,特别是中国古代思想文化的人。这几个字不仅仅是因为它们的出现频率很高,更重要的是,它们是中国古人的世界观和方法论精炼的表述。

(一)道

道者"所行道也"(《说文解字》),本义就是道路,进而引申为大千世界、万事万物的属性及其运动和相互作用的规律和轨迹,用现在简明的说法勉强可以叫作自然规律。中国古人认为,这个世界充满了各种自然规律,浩如烟海且深奥玄妙,虽自行不息却又有条不紊。它不以人的意志为转移,必须要遵守,否则必将要受到惩罚,遭受失败,而且很快。

经过观察、研究和体会,中国古人在形式上将其分为天道、地道和人道(仁道),在作用上将其分为一本之道和分殊之理。当然,道也有思想学说的意思,如孔孟之道、老庄之道等;同时,道也通"导",指导、引导的意思,如"道之以政,齐之以刑,民免而无耻"(《论语·为政》),"道民之门,在上之所先"(《管子·牧民》)等;也有方式、方法的意思,如"为开其资财之道也"(《汉书·食货志》),"深谋远虑,行军用兵之道,非及向时之士也"(《过秦论》)等。当然,这些都是"道"的本意的进一步引申,但非常有助于我们对"道"的具体含义的理解。

(二)德

德者"升也"(《说文解字》),本意是登高、攀登的意思,同时也通"得",取得、获得的意思。"德者,道之舍,物得以生,生知得以职道之精。故德者得也。得也者,其谓所得以然也"(《管子·心术上》)。这很好理解,登高、攀登就是为了取得。问题是取得、获得什么?站得高才能看得远,当然就是提升自己,提升自己的能力。如何才能提升自己的能力?当然就是取得对道——自然规律的正确认知和践行,也就是得道。前面说过,道浩如烟海且深奥玄妙,因此,全面、正确地认知和践行所有的道,鉴于人的生命和精力有限性是不可能的,但是总还是能认识和践行一些的,尤其是自身的(应当说明的是,我们自身也是大千世界、万事万物之一),以及与己息息相关的道。

当人们正确地认知和践行了道就有了能力和功用,并且能力越多就越强、越大。因此,"德"也被解释为能力、功用,所以孔子讲"为政以德"(《论语·为政》)。

当然,"德"也有品德、品行的意思,但这都是"德"的本意的进一步引申,也很好理解。不能正确地认知和践行自然规律,怎么能做成事?又怎么谈得上有品德、品行好呢?拿破仑说,一切不道德中最不道德的就是去做自己力所不及的事情。这话很有道理。虽然将"德"解释为品德、品行与其本义已经有了很大的不同,但也并非毫无联系,并且非常有助于我们对"德"的理解。

（三）仁

关于仁的解释和定义有很多。比如仁者"人也"（《中庸》《孟子》），仁者"爱人"（《论语·颜渊》），"爱人利物之谓仁"（《庄子·天地》），等等。但这些解释无非分为两种，一是仁的客观概念性解释，即仁是在说什么的问题；二是仁的具体内容是什么，更准确地说，即"是什么"的问题。关于前者，中国古人是很确定且没有什么争议的，"仁"就是做人的标准，就是人与人的相处之道，也就是道中的"人道"，比如仁者"人也"。至于后者那就众说纷纭了，诸子百家各有不同的见解。这就有一个问题，为什么会有不同？这就要了解其形成的规律。"人道"虽曰"道"，其实并不那么客观明确，违反了就一定或立刻受到惩罚。主要原因是，尽管人都有生存和发展的需求——本性，即原始的也是根本的客观需求，但同时人也是非理性的生物。生存和发展的客观需求要求人们必须群居，生活在一个社会当中，而这就要求人们必须有一定的相处规则——"人道"；而人们的非理性又赋予了人们对这种"人道"进行选择的"能力"。那么如何进行选择呢？这就因人而异了。但中国古人却有一个选择的原则，那就是基于生存和发展的客观需求，通过对天道、地道等自然规律的认知和感悟，得出人道——人应当怎样做。譬如，"天行健君子以自强不息""地势坤君子以厚德载物"（《周易》），"天之道，损有余而补不足。……是以圣人为而不恃，功成而不处，其不欲见贤"（《老子》），等等。那么中国古人都得出哪些结论呢？

1. 以老子、庄子为代表的道家认为，对浩如烟海、深奥玄妙、自行不息却又有条不紊的道，人们不可能完全认知，因此就不要费那个工夫（自作聪明）了，要清静无为——"处无为之事，行不言之教"（《老子》）；要少来往最好不往来——"鸡犬之声相闻，民至老死不相往来"（《老子》）；要遵从本性——"虚其心，实其腹，弱其志，强其骨"（《老子》）。

2. 以商鞅、韩非子为代表的法家认为，道浩如烟海、深奥玄妙，不是一般人所能认知的，只要知道最根本的道就是君臣——"为人臣不忠，当死；言而不当，亦当死"（《韩非子》），以及人都是好利恶害的——"人生有好恶"（《商君书》）就行了。因此，只要听君主的话就可以了，什么是君主的话，就是法。那么君主依据什么制定法并确保其得到执行呢？那就是利用人的好利恶害的本性，就是用刑、赏。

3. 以墨翟为代表的墨家认为，道是可知的，并认为当时的种种弊端都是人们不遵道而行的结果，进而针对又武断地提出了解决之道，那就是都反过来，即

"兼爱"——无差等的爱、"非攻""非命"和"节用"等。

4. 以孔子、孟子为代表的儒家认为,对浩如烟海、深奥玄妙且自行不息的道,人们虽不可尽知,但通过努力还是能认知一些(尤其是自己,以及周近和涉及自身的道),甚至可以认知其大体的原则。而这种认知主要是通过学习前人积累的经验,尤其是那些经过历史检验并适时加以修正的规则,这个经验、规则的主要表现就是"礼"——之前的礼法。因此孔子说"述而不作,信而好古",并说"殷因于夏礼,所损益,可知也。周因于殷礼,所损益,可知也。其或继周者,虽百世可知也"。而"礼"制定的依据或要达到的目的是什么呢?天道、地道——自然规律虽浩如烟海、深奥玄妙且自行不息,但这个世界却是和谐的、有条不紊的、欣欣向荣的,因此,"礼"的制定也应达到如此。"礼之用,和为贵。先王之道,斯为美"(《论语·学而》)。那么怎么才能"和"呢?"中者和也"(《说文解字》),就是用中,偏了就稳不了,就会塌。而用中就是中庸,"庸者用也"(《说文解字》)。儒家并据"礼"的内容,提出了"五常",即"仁义礼智信",提出了"八德",即"孝悌忠信礼义廉耻"。应当说明的是,"五常"中的仁是指爱人,但这是一种有差等的爱,而非墨家的"兼爱"——无差等的爱。"八德"中虽然没有了"仁",但儒家认为"孝弟也者,其为仁之本与"(《论语·学而》),即"孝悌"就是仁。同时应强调说明的是,也正因为儒家并不认为人们对于道能够完全认知,因此是认同命运的,"子罕言利与命与仁"(《论语·子罕》)。而《论语》就是在集中阐述这种仁道。

(四)义

义的繁体字为"義"。"己之威仪也"(《说文解字》),古时仪也写成义。义为会意字,从我,从羊。"我"是兵器,从手,从戈,意为"以手持戈",本义为手持战戈的人,引申为我(第一人称),又表示仪仗,而仪仗是高举的旗帜;"羊"表祭牲。合起来的意思是为了我所信仰的旗帜而战斗牺牲。本义是为了我所信仰的旗帜而不惜牺牲,进而引申为中国古代一种含义极广的道德范畴,指公正、合理而应当做的事情。据考证,义最早是管仲在"四维"(礼义廉耻)中提出的(《管子·牧民》),后孔子亦多次提及,"君子喻于义,小人喻于利"(《论语·里仁》)等,是公正、正确的意思。另外,义又有合宜的意思,指适宜做的,可以或能够做成的。"义者宜也"(《中庸》),"信近于义,言可复也"(《论语·学而》)。因此,义的意思是公正合宜的道理或举动(《新华字典》)。这里的关键就是"公正合宜"这四个字。什么是公正?这因人而异,在这个人是公正的,在另一个人可能就不是公正的或不是那么公正的了,这是一个价值问题,没有统一的、确定的标准,或者说标准不那么显而易见。同样,合宜既取决于一个人的价值观念,更取决于一个人的智慧和能力。

义就公正的层面讲,由前述可知,中国古人依据对道的认知所得出的仁道,在具体内容上千差万别,甚至大相径庭,而在一般人的眼里又都是有道理的。如何让自己或自己认同的学说或思想被接受和践行呢?办法很多,威逼利诱都有可能。但最好的办法就是抬升它,把它说成是公正的,是应当或值得被信仰的。把祭牲之羊举过自己的头顶——義,这难道不是一种对信仰的礼拜吗?

义就合宜的层面讲,由前述可知,中国古人所谓的仁道,毕竟不是自然存在的,而是分析总结出来的,从这个意义上讲是人定之道。在践行这种人定之道时,不可能完全和谐,尽管这是追求的目标,但发生矛盾是必然的,也是经常的,这时就要有一个判断取舍。在一定的时空下,要判断行不行得通;不可兼得的情况下,要知取舍。否则又怎么能叫合宜呢?

(五)礼

礼,履也,所以事神致福也(《说文解字》)。礼的本义是举行仪礼,祭神求福。这种活动有很强的仪式性,因此有很多的规范,这些规范就是礼的最初形式。随着时间的推移,这些规范不断地被修改、丰富,进而成为人与人交往的规范。从广泛的意义上讲,其中还有乐。用现在的话讲,勉强可以称作法律法规。应当说明的是,说到法律法规,不免使人想起过去法家的法。现在的法与过去的法是很不同的,不能因为字一样就等而划之。过去的法更像现在的刑法,子曰:"道之以政,齐之以刑,民免而无耻。道之以德,齐之以礼,有耻且格"(《论语·为政》)。由此可见,与礼相对的是刑。而现在的法很多,包括宪法、民法、刑法、行政法、经济法、社会法、诉讼法等很多法律部门,刑法只是其中的一个部门法。礼与现在的法所不同的是其所含的道德成分不同,现在的法只含有最低的道德。前面讲了人们依据道、德所得出的仁道的具体内容,更为重要的是,这些仁道是要推行落实的。如何表现和落实这些仁道呢?义是一个方面,但其过于简单、抽象,遵行起来出入很大。因此,中国古人主要是用礼——明文的规范。从这个角度讲,礼就是德、仁德的外化。那么这种礼应当如何制定呢?首先是要依据人的本性——"余至大行礼官,观三代损益,乃知缘人情而制礼,依人性而作仪,其所由来尚矣"(《史记·礼书》);其次是要建立秩序——"夫礼,辨贵贱,序亲疏,裁群物,制庶事"(《资治通鉴·周纪一》);最后也是最终的目的就是成就道德仁义——"道德仁义，非礼不成"(《礼记·曲礼上》)。当然，这是一种理想的情况，礼的规范是人定的，是人定的就有可能有错误、有漏洞。

综上，道、德、仁、义、礼是一气呵成的，就是从对道的认知(道德)，经过思辨得出人道(仁)，为使之落实而将之提升至信仰——价值的地位并赋予权变(义)，为使之落实而将之明文规定(礼)，这就是中国古人的世界观和方法论精炼的表述。

第二，关于欲望——本性的理解和体会

欲望这个词听起来似乎让人有些不舒服，但谁又能否认其存在呢？进而谁又能否定它呢？不可能，也不应当。《中庸》有载"天命之谓性；率性之谓道"。欲望是由我们作为人的本性所产生的，就是天之命，就是人的本性，实现它是符合道的，进而也是值得赞美的——只要不伤害别人。

那么人们都有什么欲望呢？这些欲望是否有本末轻重呢？人们的欲望有很多，比如生存、发展、好美色、好美食、好奇甚至好为人师，等等，这不用过多的说明，人人都自有体会。这些欲望当然也会有本末轻重，这体现在人们会因为满足某些欲望而克制甚至放弃另外一些欲望。笔者认为，从根本上来说，最根本的欲望或者说本性，就是生存和发展。所谓生存，说其是根本的本性很好理解，相信大家也不太会持有异议。所谓发展，就是人们满足好奇心、争取别人认同、对别人施加影响甚至要求别人服从等欲望，即对外施加影响的欲望，就是尼采所谓的"权力意志"。这些发展的欲望在生存问题得到基本解决的时候往往表现得更为强烈和突出，但也往往表现得与生存欲望相矛盾，因为这些发展的欲望的实现往往意味着冒险，至少是占用甚至浪费人们获取更好生存条件的时间和精力。但深入思考一下我们会发现，这种发展的欲望其实也是为了生存或更好的生存，是生存更高层次的体现。对于这一点，值得我们认真思考，用心体会。

应当注意的是，人的生存和发展的特别之处，那就是人的群居性。一个人总是要生活在某一个人群——社会当中，也只有如此，个人才能更容易的生存，甚至才可以生存。有鉴于此，我们在认识和理解人的本性时，应时刻注意人性有两个方面，一是作为一个自然人的人性，二是作为由一个个自然人所组成的群体——社会的人性。

这就产生了一个问题，作为由一个个自然人组成的人群——社会又有怎样的本性呢？其与作为个体的人的本性是否有矛盾？笔者认为，社会由于是由人组成的,其根本的本性同样也是生存和发展。将这一认知置于矛盾理论上讲应该是没有矛盾的,但实际上矛盾是不可避免的,因为他们实现的方式是不尽相同的。重要的是在于这些矛盾必须解决,否则人的生存和发展的欲望或目的就无法实现。那么这些矛盾如何解决?这就需要设立人与人相处的制度规范——礼法。这又产生了两个问题,一是如何制定或者根据什么来设立?二是如何来执行?其实从前面的论述看,这两个问题的答案应该是明确的,那就是其设立必以人的本性为基础,以实现其欲望或目的为归宿,以行得通且行之有效为原则。其执行就社会而言是要有赏罚,当然这种赏罚是多方面的,有物质上的,肉体上的,也有精神上的;就个人而言是要"克己复礼"(《论语·颜渊》)。

这时可能会有人问,这就够了吗?当然不够,因为由上述可知,生存和发展只是人的部分欲望,尽管是最根本的,但仍不是全部。那么其他的欲望怎么办呢?当然也要尽可能的实现,否则就谈不上完美地解决问题。那么怎样解决呢?还是要靠制度——礼法。只是这时要求所谓的制度,在满足人根本欲望前提下,要为人们实现其他的欲望留有尽可能多的空间,以便使人们在遵守制度的同时通过自身的努力,能够实现自己其他的欲望,至少是实现在同等条件下别人能实现的欲望。这就有一个平衡的问题,即和谐的问题,在儒家思想中就是要中庸,子曰"过犹不及"(《论语·先进》)。这时作为个人来讲,就要认清这样一个现实,这个社会甚至这个世界给我们提供的空间是有限的,不能恣意而为。用卢梭的话讲就是"人生而自由,却无往不在枷锁之中"。枷锁不能被冲破吗?有些可以,但不可能全部被冲破。那么这种状况岂不是很悲哀?这是现实。悲哀与否全在个人的认识。在"不逾矩"的情况下,孔子不也是做到了"从心所欲"(《论语·为政》)吗?夹缝之中就长不出参天大树吗?应说明的是,"克己复礼"中的"克己"是克制自己的欲望——贪欲,而不是消除自己的欲望;克制自己的欲望——贪欲,是为了实现自己的欲望,或者是为了实现自己其他更希望、更可能实现的欲望,这也许就是所谓的"舍得"吧。

总之,一个好的、有生命力的学说或思想,应该是以实现人们的欲望——本性为依归的,即是能够实现人们欲望的(至少是根本的、大多数的欲望),而不是相反,否则就没有价值,更谈不上有生命力。这应当是我们判断一个学说或思想的标准。而这个标准的确立又来源于我们对人的本性的充分而深刻的认知,这种认知靠的则是我们至诚的心,用至诚的心去探索、体会和感悟。所谓至诚就是不欺,既不欺人,更不自欺。而至诚是儒家的最高思想境界,《中庸》有云:

"唯天下至诚为能尽其性。能尽其性,则能尽人之性。能尽人之性,则能尽物之性。能尽物之性,则可以赞天地之化育";"唯天下至诚,为能经纶天下之大经,立天下之大本,知天地之化育。"

第三,关于古人著书、编书的认识

理解古人为何著书以及如何著书、编书,对于理解和认知《论语》的意义不言而喻。笔者认为,古人著书、编书与现代人非常不同,他们不图名(更准确地说是不图当世名,而是图万世名)、不图利。考虑到当时的各种条件的限制,交通、通讯的极其不便以及识字率的极其低下,也没有版税(稿酬),他们也无法图。那他们图什么呢?笔者认为,他们尤其是秦以前的古人本着巨大的责任感和使命感,以图将自己用至诚所得的真知灼见传于后世。为什么这么说呢?因为在当时,没有纸笔,更没有印刷术,著书的困难可想而知,再加之当政者对于言论的控制,著书、编书不但要花费很多的钱财和时间,甚至还要冒生命的风险,又无名利可图,你说这些古人是为了什么?其实有很多古人为了能实现这一目的,甚至不署名,而是托于他人之名。这一点在中国的古籍中十分常见,许多经典名著,据考证作者并不是一人,甚至不是一个时期完成的,譬如《管子》《老子》《庄子》《孟子》《吕氏春秋》,等等。连名字都不署,你说他们是为了什么?在此情况下,如非出自至诚的真知灼见,又凭什么流传于后世呢?有鉴于此,对于《论语》这部书我们应当有以下三点认识:

首先,前面说过,《论语》是一部以记录孔子和其弟子言行为主的汇编,其中孔子言行占绝大部分,由其弟子及再传弟子汇编而成。儒家为人讲究要"隐恶而扬善"(《中庸》),更何况是对师长。孔子和其弟子一生说过许多话,做过很多事,有对的,有不那么对的;有深刻的,有不那么深刻的。况且过去著书、编书又很不容易,因此能收录进《论语》的言行,在孔子的弟子及再传弟子——编者来说,都是正确且深刻的,是对他们有所启发的。也正因如此,我们在学习《论语》时,一定要用心体会,万不可轻言其非,甚至取舍删改。

其次,《论语》虽说是一个汇编,一会儿"子曰",一会儿"子贡曰",一会儿又"子张曰",看似杂乱无章,互不相关。但想想看,孔子的思想真是这样的杂乱无章吗?编者会这样去汇编这些经过精挑细选的师长的言行吗?肯定不会。编者必也是有中心、有逻辑、成系统编排的。古语有云"人同此心,心同此理"。因此,笔者认为《论语》以及《论语》的每一篇,都是一篇经过精心编排的文章,有其主导的精神思想,形散而神不散。孔子说其道"一以贯之"(《论语·里仁》),《论语》一定有其中心,有其联系,因此我们在学习《论语》时,一定要以孔子"一以贯之"之道,结合上下文来学习,找出并体会其中的中心和联系。既要注意体会每一篇、每一章本身的含义,也要体会编者将其排在此的含义,这也是本书各章"编意解"的含义,这样才能更加深刻、全面地理解其含义。

笔者认为,《论语》每一篇都有一个要说明的中心问题,它就像是编者设想出的一场场研讨会,与会人员根据会议的主题,有序发表自己的认识和见解(当然主要的发言者是孔子),进而形成的一个会议纪要。编者也正是试图通过这个会议纪要,来系统、完整而准确地表述关于相关主题的认知。每一个会议的主题不是随意确定的,而是围绕着孔子的思想核心,有步骤地展开的。因此,笔者认为《论语》是一篇大文章,是孔子思想系统的展现,这些会议主题则构成孔子思想完整的框架。

那么《论语》每一篇都在试图阐述一个什么样的主题呢?笔者试着加注了副标题,简列如下,供读者参考。

1.《学而第一》——学。

2.《为政第二》——为政。

3.《八佾第三》——礼乐。

4.《里仁第四》——仁。

5.《公冶长第五》——君子。

6.《雍也第六》——为官。

7.《述而第七》——为学。

8.《泰伯第八》——德。

9.《子罕第九》——命。

10.《乡党第十》——慎。

11.《先进第十一》——教、孔子之教。

12.《颜渊第十二》——为仁。

13.《子路第十三》——先、为政为官之先。

14.《宪问第十四》——士。

15.《卫灵公第十五》——君子之行。

16.《季氏第十六》——应命、为命。

17.《阳货第十七》——为礼乐。

18.《微子第十八》——去、避、归隐。

19.《子张第十九》——为士
20.《尧曰第二十》——君

那么《论语》的这些会议主题又是如何系统展现孔子思想,构成孔子思想完整框架的呢?

笔者认为,《论语》的第一篇至第六篇是总论,也是孔子思想的主要方面。《论语》的第七篇至第二十篇是分论,是对前六篇所阐述的问题及相关重要的方面进一步的论述。其中第二十篇比较特别,篇幅很短、议题特别——君,所录之言也很特别——圣王、圣人之言,应是一个权威而概括的总结。应当说明的是,士与君子和从政为官是有密切联系的。士是途中的君子,也是为官的理想主体。

最后,《论语》毕竟是两千多年前的书,虽说字还是那些字,但由于时过境迁,许多字的意思已经有了变化,有的意思变化还非常大。因此,要准确理解其意思,应认真阅读原文,仔细考证其中词语原有的、当时的意思,尤其是关键的词语,否则可能会失之毫厘,谬以千里。

有鉴于此,笔者在对相关字词进行注释的时候,罗列了其主要的且古已有之的解释。笔者之所以如此,不是为了凑字数,而是想让读者更能感知其来源的确凿,同时更为重要的是方便读者看一看、想一想,是否还可以选择另外的解释,得出另外的结论,同时也是为了避免之后再重复注释,因为这一字在别的篇章可能是另外的一个意思。

五、关于本书的问题

笔者不是一个严谨的学者,也没有深厚的国学修养,只是一个普通的父亲。笔者只是出于对"天不生仲尼,万古如长夜""半部《论语》治天下"等古语的好奇,在年轻时囫囵地读过几遍《论语》,不以为然。后来孩子逐渐长大,发现他们几乎没有什么值得一提的思想,说话不是人云亦云,就是茫然无所应;做事轻则本末倒置,重则茫然无措,甚至不辨是非、颠倒是非。然而现在的学校教育对此几乎无所作为,只是追求分数和升学率。无奈之下,笔者只能挽起袖子,硬着头皮自己来。笔者力求全面、系统、准确地讲解和传达《论语》中的思想,为此始终坚持真诚、有据和有时过正的原则。但因学识所限,错误不可避免,疏漏就更多了。如果对了,那是因为往圣先贤的远见卓识、真知灼见;如果错了,那是因为笔者才疏学浅、孤陋寡闻。然而有一点是可以肯定的,那就是这些都是真诚的,因为这些是将自身的体悟讲给孩子的——笔者最初给本书起的名字叫《亲子论语》,也正因为如此,本书不可避免地含有说教和啰唆的成分。至于错误和缺漏,也只能当作引玉之砖,因为时不我待,孩子一天天在长大!

笔者

2019 年 11 月 20 日

目 录

序	1
前　言	1
学而第一	1
为政第二	39
八佾第三	79
里仁第四	113
公冶长第五	145
雍也第六	183
述而第七	225
泰伯第八	279
子罕第九	315
乡党第十	353
先进第十一	387
颜渊第十二	419
子路第十三	451
宪问第十四	491
卫灵公第十五	549
季氏第十六	595
阳货第十七	621
微子第十八	661
子张第十九	679
尧曰第二十	709
后　记	719

1.1 子曰:"学而时习之,不亦说乎?有朋自远方来,不亦乐乎?人不知而不愠,不亦君子乎?"

【译文】

孔子说:"学习并时常演习、实践所学到的,不也是愉悦的吗?朋友从远方结伴而来,不也是快乐的吗?别人不知道(或不认同)我,而我却一点都不生气,不也是君子(的表现)吗?"

【注释】

子,1.本义:婴儿。2.儿女。古人称子兼男女。引申为植物的籽实。3.对人的尊称,多指男子,相当于"您"。4.古人对自己老师的称呼。5.古代五等爵位(公侯伯子男)的第四等。6.地支的第一位。7.利息。

习,1.数飞也。本义:鸟反复地飞。2.反复练习。3.通晓,熟悉。4.习惯。

说,1.(shuō),释也,一曰谈说也。本义:用言语解说、开导、说明。2.(shuō),主张、学说、观点。3.(shuì),说服、劝说。4.(yuè月),同"悦"。

方,1.并船也,本义:并行的两船。泛指并列、并行。2.等同、相当。3.比拟、相比。4.方,引申为正直。5.方圆。6.方法、办法。引申为处方。7.通"谤"(bàng),指责别人的过失。通"仿"(fǎng),模拟。8.正在、将要。

愠(yùn),1.怒也。本义:含怒,生气。"愠"一般指心里怨恨,暗暗生气;"怒"则不仅在心里而且外表有明显的表现。

【原文解】

本章是《论语》第一篇第一章,开明宗义,点明本篇的主题,那就是"学"。要深刻理解本章,应注意:

第一是"学而时习之,不亦说乎?"这句话广为流传,相信大家都有所耳闻,其字面意思也是很清楚的,但有多少人认同呢?恐怕在更多的人心中是不以为然的。这很自然,大家都学习过,有谁真的感到愉快呢?不感到辛苦就不错了。

这是一个境界的问题,不到一定的境界是体会不到的。难道学习就真的只有艰辛吗?这恐怕未必,否则很多衣食无忧甚至功成名就的人,还在孜孜以求,为什么?自己没有达到这种境界,没有这种体会,不等于别人也没有。谁有?孔子。因此孔子有此一语,以勉励(更准确地说是引导)人们去学习,去深入的学习。其实本章孔子之语道出了学的由低到高的三种不同层次的境界,本句是第一个境界,那就是感觉到了"说"。

这时可能有人会说,既然学习是艰辛的(至少最初是这样),要到一定的境界才能体会到愉悦,那不学怎么样?不行。因为人类社会之所以发展到现今的程度以及继续发展,靠的就是传承,这是人类社会的固有特征。而传承就必须学习,学习前人的成果,否则将如何生存、立足于社会呢?《论语》对于人们必须要做的事情很少提及,其所说的往往是如何将必须要做的事情做得更好。譬如人必须要吃饭,《论语》就没有提及,但《论语》却提及了人要如何吃,才能吃出健康。笔者认为,孔子就是害怕人们有畏难情绪,不思进取,半途而废,才有本章之语,用自己的亲身感受告诉人们,学习除了艰辛之外,还有许多美好的事物,以鼓励人们不断的学习。也正因为如此,本章之语用的是问句,也用了"不亦"这个词。同时,应当强调说明的是"学而时习之",说明在孔子看来,学包括学与习两个方面,所谓习就是做,就是实践,就是检验。

第二是"有朋自远方来,不亦乐乎?"这是第二个境界,那就是感觉到了"乐"。

首先,这里的"有"字在有些版本的《论语》中或古籍中是"友"字,因此过去很多学者认为此处的"有"同"友","有朋"就是友朋,这有一定的依据和道理,问题在于什么是朋友?"同门曰朋,同志曰友"。现在说来就是朋为同学,友为朋友。朋友就是志同道合者,而不是指一个熟人甚至是利益交换对象。只有清楚这一点,这句话才合情理。否则,如果将一个熟人甚至是利益交换对象认为是朋友的话,那他们从远方结伴而来,恐怕就不是一件快乐的事情了,可能还会发愁。因为人家远道而来,总要花些金钱和时间招待、陪伴人家,这对大多数靠工资生活的人,尤其是一些刚工作不久的年轻人来说甚至是一个负担,何来快乐的感觉。相反,如果是志同道合的人来了,你会感到不快乐吗?当然,首先你自己得有志有道,才可能有志同道合的人来。朋友不是你想就会有的,而是达到一定境界的产物。那么如何才能有志有道?当然是通过学习取得,得学有所成。这就是更高层次的一个境界了,但也只有达到这种境界,你才能感受这种快乐。

应当说明的是,这里的"远"并不仅仅是指地理上的或空间上的距离,也指时间上的。历史上很多伟人的思想,在他们生前并不被人认同,他们的著作无人问津,甚至只能自费刊印。但当他们抱憾离世多年以后,他们那些伟大的思想才使人们如梦初醒,对于那些如梦初醒的人们来说,那些已离世多年的伟人不也是自己的朋友吗?

说到这里,作者不禁想起一段故事:当年德国著名哲学家叔本华的巨著《作为意志和表象的世界》问世之后,几乎没有人读或读得懂。据说这本书多数是被用来当作砝码,因为这本书刚好一磅重。叔本华去世多年后,开始哲学沉思的尼采(德国著名哲学家),正孤立无助地经历着某些痛苦的体验,几乎濒于绝望。偶然间尼采在一个旧书摊上购得了叔本华的《作为意志和表象的世界》,这使他欣喜若狂,几乎一口气读完了这部在别人眼里晦涩难懂且是无稽之谈的哲学巨著。尼采认为,这部书就是叔本华专门为他写的。叔本华成了青年尼采的心中偶像,尼采在以后也被认为是叔本华某种意义上的继承者。这时谁能认为他们两个不是朋友?他们两个人虽然都是德国人,德国不大,但他们两人离得不远吗?尼采的欣喜若狂,难道不是快乐的表现吗?说不定我们在读完《论语》后也能享有这样的感受。

第三是"人不知而不愠,不亦君子乎?"这是第三个境界,那就是感觉到了"不愠",或者说是君子的境界,是达到君子修养的一种表现。

理解这句话首先要理解什么是君子?"君子"一语,广见于先秦典籍。《易经》《诗经》《尚书》等书中都有广泛使用。"君子"原是对人的尊称,主要是指在上位者、在位者、先人、好学者和男子。自孔子以后,儒家赋予"君子"新的具体含义,将成就了德行的人称为"君子"。这里指的就是成就了德行的人。至于什么是成就了德行的人?"君子"内涵是什么?这很复杂,《论语》有专门两篇进行阐述(详见《论语·公冶长》和《论语·卫灵公》),这里只能笼统地予以说明,就是能够全面深刻地认识道,并能坚定不移地、成功地践行的人。

现实中,我们的认识和观点并不总能被人知道或认同,其原因可能是我们不对,也可能是别人不对。这往往会使我们很生气,去据理力争,尤其是在我们正确的情况下。因为寻求理解和认同是人们的本性(发展)之一,这从"理解万岁"的口号中就可见一斑。而当人求而不得的时候,心中却没有一点不平之意(心中略有不平之意便是愠),这极难做到(首先笔者就做不到),这需要极深厚

的修养。好比登山,攀登得越高,所看到的风景就越多、越全,当你攀登到最高处(这样的人极少),所看到的风景别人不理解,你会生气吗?当然不会。因为你曾经有过他们的高度、他们的认识,是可以理解他们的。当然这一切的前提,是你曾经努力地攀登过并真正攀登得比别人高许多。那谁能有这样的修养并能够做到呢?从本章之语看,孔子有这样的修养并能够做到。这就是榜样和目标。

【编意解】

编者通过本章孔子之语,首先,开明宗义,点出本篇主题——学。

其次,告诉我们,学是为自己,因为这不仅仅是必需的,而且随着学的深入,能带来愉悦、快乐和不愠,这些都是人们自己希望的心情和状态。这是本章的重心,同时这也是孔子思想的一个十分重要的,甚至是基础性和根本性的原则,这一点在之后的学习中要时刻谨记——学是为了自己。前些日子英国科学家霍金去世了(享年76岁),世界(包括笔者)为之哀悼。为什么?因为他所取得的科学成就吗?恐怕未必。其实他所取得的科学成就对于绝大多数人(包括笔者)来说根本就不懂,人们看重的恐怕是因为他的人身经历。一个五十多年身陷高度残疾的人,是什么支撑着他走过了他自己并不认为是非常苦难的一生呢?这恐怕才是绝大多数人由衷纪念他的原因。

最后,这也是孔子思想的一则别开生面的广告,广告当然要放在最前面。这也说明孔子的学问能够带来愉悦、快乐和不愠,也是绝大多数人想要达到的状态。怎样才能达到这样的状态?学习!学习什么?要学的尽在《论语》中。

1.2 有子曰:"其为人也孝弟,而好犯上者,鲜矣;不好犯上,而好作乱者,未之有也。君子务本,本立而道生。孝弟也者,其为仁之本与!"

【译文】

有子说:"一个人做人能做到善事父母、兄长,却喜好犯上的,很少;不喜好犯上的,却喜好作乱的,从来就没有。君子致力于根本,根本的东西建立了,其方法也就有了。善事父母、兄长是实行仁道的根本。"

【注释】

有子,孔子的学生,姓有,名若,比孔子小三十三岁。

孝,1.善事父母者。本义:尽心奉养和服从父母。善事父母为孝。2.为父母服丧。

弟,1.(dì),韦束之次第也,本义:次第、次序。2.(dì),男子先生为兄,后生为弟。3.(dì),泛指亲戚或亲族中辈分相同而年纪较小的男子。4.(dì),朋友相互间的谦称——多用于书信中。5.(tì),通"悌",弟弟顺从兄长,善事兄长为悌。

鲜,1.新鲜。2.鲜艳。3.味美。4.非常少、很少。

务,1.本义:致力,从事。2.事业、事务。3.一定、务必。

【原文解】

"有子",《论语》中记载的孔子学生,一般都称其字,只有曾参和有若称"子",故有人据此推测《论语》系曾参和有若的弟子所编写。此说供参考。

"其为人也孝弟,而好犯上者,鲜矣;不好犯上,而好作乱者,未之有也。"其字面意思很清楚,问题在于说明了什么?作者认为,所谓孝悌,就是上下的一种相处之道。上下就是秩序。这里由有子之口提出了一个儒家的核心价值观,即要有秩序、遵守秩序——不犯上作乱,而这就是所谓的仁,所谓的仁道——人与人相处之道,在儒家认为,这个仁道的基础则是孝悌。同时,这也是孔子所谓"学"的主要内容和主要目的,那就是学习仁道——人与人相处之道,并进而建立和推广以孝悌为基础的仁道。

这里有一个问题,那就是为什么要学这些呢?道理很简单,因为一个人必定要生活在一个族群、一个社会乃至一个国家中,脱离了就无法生存。而一个族群、一个社会乃至一个国家,其存在的最基本的目的和意义,并不是让每一个生活在其中的人自由自在、幸福美满,而是在于使生活在其中的全体成员,作为整体能够生存和发展,这也是人群或族类的本性。为了实现这个目的,这个族群、社会或者国家就必定要建立一定的秩序,有秩序就必然有上下,要尊重和遵守秩序,就不能犯上作乱。如果一个人违反秩序甚至犯上作乱,则必会遭到批判、追究甚至惩罚,不管这批判、追究甚至惩罚是否应该,能否实现,这个人都不会安生,又何来愉悦、快乐和不愠?这是自身的生存需要。

那么不犯上,从个人的角度讲符合人性之处何在?儒家认为在孝。孝在儒家学说中占有十分重要的位置,是人们感恩天性的表现,也是一个人立足和生存于社会的必需。父母是世界上对自己最好的人,他们为子女几乎付出了一切,而相对所付出的,他们索取的却是少之又少。也正因如此,子女对从父母那

里的获取习以为常,认为理所当然,以致很多人认为无需回报,不思回报,甚至还过分索取。这是泯灭天性的,也是儒家提倡孝的重要原因。子女不知回报父母,是不知感恩的表现,这样的人在任何社会又有谁会对他好,愿意与其交往呢?因此,这样的人在任何社会都是难以立足的,更何况是在我们这个深受孔子思想影响的社会里。

"君子务本,本立而道生。孝弟也者,其为仁之本与!"首先,"君子务本,本立而道生"是儒家行事的一个基本原则。意思很明确,就是君子致力于根本,根本的东西建立了,则其方法也就有了。这里的"道"是指方法。道理很简单,想必大家也能理解和认同,但理解和认同并不等于就能做到。譬如均衡的饮食、良好的作息、适度的锻炼是健康的根本;写对字、真正理解其含义、达到足够的练习数量,才有可能读懂文章、写好文章。这些道理显而易见。可现实中就有许多人试图通过吃某一种或几种食物(如绿豆、大蒜等),甚至是补品或药品来得到健康;许多人常用的字还没认全就敢写书。可见不会走就想跑,想投机取巧的大有人在,所以强调"君子务本,本立而道生"并不多余。

其次,"孝弟也者,其为仁之本与!"儒家的"仁"从某种意义上讲,就是孝、"感恩"的推广及升华。孟子所谓"老吾老以及人之老,幼吾幼以及人之幼"(《孟子·梁惠王上》)。父母与子女之间应有的关系是我们这个社会最基本的秩序,是根本。只有这个秩序建立了、巩固了、落到实处了,其他相关的秩序才能得以建立、巩固、落实。同时也可以看到,儒家虽然要求人们尊重和遵守秩序,但这个秩序应当是正确的,也就是应当符合人性的。

【编意解】

前面说过,本篇是在讲"学",在此编者意在通过本章有子之语,首先说明学什么?学秩序、规则;其次是告诉我们,在儒家看来,秩序、规则应当是以孝悌为基础的,也就是应当符合人性的。

1.3 子曰:"巧言令色,鲜矣仁!"

【译文】

孔子说:"巧言令色(的人),仁性很少!"

【注释】

巧,1.技也,本义:技艺高明、精巧。2.灵敏、灵巧。3.虚浮不实、伪诈。

令,1.发号也,本义:发布命令。2.使、让,引申为假使、假设。3.美善。4.县令,中国古代县一级行政长官或政府某部门或机构的长官。5.时令季节。

色,1.颜气也。本义:脸色。2.颜色。3.姿色、容颜。4.种类。

【原文解】

首先,"巧言令色"说明了什么?说明不真诚或者少真诚。

其次是"鲜矣仁"。其字面的意思是仁性很少,而不是没有仁性。儒家认为,仁存在于人性之中,每个人都有仁,只有多少的不同。同时这也从一个侧面说明,仁是人本身就有的,是人的本性之一。也正因为仁存在于人性之中,不能直接从外部观察判断,只能从一个人的外在表现(言行)来观察推断。

最后,为什么巧言令色的人仁性就少呢?巧言令色对于一个人来说是违心的,这样的人不仅是不诚实,而且有贪念,不是求得其不应得之福,就是求避其不应避之祸。这样的人,仁性当然少。但他们毕竟也只是仁性少些,比那些通过违法犯罪的手段,以求得其不应得之福,求避其不应避之祸的人还是要好一些,所以不应彻底否定,疾之如仇寇。在这里,孔子向人们提供了一个判断一个人仁性多少的常用方法,即根据一个人虚伪、违心的程度,或者说是一个人真诚的程度来判断。从某种意义上讲,孔子将仁与真诚划了等号。这一点非常重要,这要求我们要本着一颗诚心来"学而时习之"。

【编意解】

编者意在通过本章孔子之语,告诉我们仁取决于我们的真诚,本源于我们的心。我们学要真诚,习也要真诚。同时也说明,《论语》一书没有"巧言令色"之言,宋代程颐曰"孔子言语句句是自然"(《四书章句集注·读〈论语〉〈孟子〉法》),对于自然之言,当然应当用自然也即真诚的心去"玩味"——理解和体会。

1.4 曾子曰:"吾日三省吾身:为人谋而不忠乎?与朋友交而不信乎?传不习乎?"

【译文】

曾子说:"我每天多次反省自己:为别人做事有不尽心尽力的地方吗?和朋友交往中有不信的地方吗?传授的学问有不曾实践的吗?"

【注释】

曾子,孔子的学生,姓曾,名参,字子舆,比孔子小四十六岁,生于公元前505年,卒于公元前435年。

三,1.天、地、人之道也。从三数。本义:数目。2.第三。3.再三、多次。

省,1.(xǐng),视也,察也。本义:察看。引申为反省。2.(xǐng),明白、领悟。3.(xǐng),探望、问候。4.(shěng),减少、节省。5.(shěng),国家中央级官署名称。6.(shěng),元以后行政区域。

谋,1.虑难曰谋。本义:考虑、谋划。引申为谋求图谋。2.议也。计议、商议。3.策略、计谋。

忠,1.敬也,本义:尽心竭力。2.尽忠。特指事上忠诚。

信,1.诚也,本义:真心诚意。2.真实、不虚伪。3.守信用。4.相信、信任。5.符契、凭证。6.书信、信件(后起之义。先秦两汉的书信多用"书"表示)。7.放任、随便。

传,1.传递、传送。2.传授。3.让位、传代。4.留传。5.召、叫来。发出命令叫人。

【原文解】

第一是"曾子"。曾子就是曾参,孔子的弟子,是一位非常值得深入了解的人。曾参在孔子眼中并不是很有天资的,孔子对其评价是"参也鲁"(详见11.18章),就是说曾参比较迟钝。应当说明的是,这是曾参在孔子眼中的印象,我们万不可也如此认为。尽管如此,他通过自己的努力,最终得到孔子的真传,并将孔子的思想传承了下去。相传著述有《大学》《孝经》等儒家经典。孔子的孙子孔伋(字子思,著有儒家经典《中庸》)师从曾子,子思受业后又传授给孟子。曾参是儒家重要的代表人物之一,世称"曾子",有宗圣之称。

第二"吾日三省吾身"。前面说了,我们要本着一颗诚心来"学而时习之",曾子这个集孔子思想之大成的弟子,给我们做了一个很好的榜样。这主要就是体现在每日"省"——反省而且是"三省"——多次反省。曾子的这句话充分体现了这一点。曾子为学之道向内求,即"省吾身"。而不是像现在的人,总是强调向外求,只关心外在因素。读书学习的条件好不好?有没有书房,上没上好的学校,有没有好的老师;工作生活的条件好不好?父母能给多少,工作单位效益好不好,找的老婆是否贤惠,孩子是否听话,朋友能帮什么忙。这些当然很重要,但现在有多少人,在多大程度上考虑过以下问题,我有多用心的去读书学习？我用了多少精力关心父母？我给社会创造了多少财富？我是朋友靠得住的朋友吗？

那么曾子为人处世向内求些什么呢？三件事。这三件事是人们为人处世的重要方面，从某种程度上讲，这三件事涵盖了人们除了自己家人（如父子、夫妻、兄弟姐妹和其他亲戚）之外的与其他人交往的原则。

第三"为人谋而不忠乎？"第一类是普通的别人，包括自己所在的公司、机关单位的客户、同事、熟人，等等。人们要在这个社会中生存，获得必要的物质财富，就必须与这类人交往，通过为人谋事、办事和工作，进而为他人、为社会创造财富或提供服务以获取报酬，要无愧于这个获取。那么与这类人怎样交往？或者说交往的原则是什么呢？儒家认为就是一个"忠"字。什么是忠？从字面上看，就是放在心中，放在心上。通说即谓"尽己之力谓忠"。为人谋事、办事和工作，都想把事办成、办好，但由于许多缘由，有时并不一定能把事办好，甚至办成。无论是办成还是办不成，办好还是办不好，我们首先应当尽自己的力。事情办完了，结果出来了，我们这时应当怎样看待（尤其结果是没有办成或办好），怎样从中吸取经验教训？现在人们往往将事情办成办好与否，归结于客观条件和运气，很少甚至不会去想一想，在事前我们有没有好好筹划？事中有没有努力？事后有没有想过补救？

以前听过一个案例，很有意思。说一个老板要解聘一个员工甲，理由是甲工作不够努力。甲觉得很委屈，心中不服。于是老板说，等会儿要招待一位重要的客户，你去公司对面的果品店买点新鲜的草莓。甲听后就去了。过了一会儿回来对老板说，果品店没有卖新鲜的草莓。老板说，还有吗？甲回答说，没有了。这时老板又叫来另一个员工乙，以同样理由，让乙去公司对面的果品店买点新鲜的草莓。过了一会儿乙回来对老板说，果品店没有卖新鲜的草莓，旁边的果品店也没有，但这两个果品店都有卖新鲜的荔枝、苹果和梨，价格分别是多少，看是否能替代一下？甲乙对老板吩咐的事，最终都没有办成，但甲乙对上级吩咐的事尽心和努力程度的差别却显而易见。从某种意义上可以说，乙比甲更忠。这时可能会有人说，乙也不够忠，他应当到更远的果品店去看看，说不定可以买到新鲜的草莓，为人谋事忠，应当想尽一切办法把事办成。这种说法有失偏颇，凡事"过犹不及"（详见11.16章）。况且本例中的老板说买新鲜草莓的目的是为了"等会儿"要招待一位重要的客户，如果到更远的地方，可能买回来客户已经走了。

第四"与朋友交而不信乎?"第二类的别人是朋友。什么是朋友,前面已经讲过。儒家对朋友之间的交往关系非常重视。我们知道,中国人十分注重人伦(简单地说就是人与人之间交往时必须要遵守的规矩),《孟子·滕文公上》列有五种最基本的人伦,即"父子有亲,君臣有义,夫妇有别,长幼有序,朋友有信"。可见,儒家将与朋友交列为五伦之一。儒家认为,与朋友交要有信。信从字面上看,就是人言,通说即谓"以实之谓信",用现在的话就是诚实,不欺骗,不怀疑。前面讲过,朋友乃是志同道合之人,没有利益的交换或冲突。朋友乃是交心,既然是交心,那么诚实、不欺骗、不怀疑就自然是朋友之间交往的基本规矩。"信"要求朋友之间诚实,袒露心胸,不欺骗朋友;同时也要求要不怀疑朋友,充分信任朋友。只有这样我们才有可能交到真正的朋友。

"传不习乎?"第三类的别人是师生。师生关系在中国历史上和社会中有着十分特别的地位。中国自古以来是农耕文明,农耕是需要很高的技术的,因此农耕文明的延续、传承就显得特别的重要。我们都做过学生,也会是别人(至少是自己的孩子)的老师。中国人过去十分重视祭祀。大家可能都听说过"天地君亲师","天地君亲师"是中国民间祭祀的对象。"天地君亲师"都是人们心中的神。"天地"是人们心中的神好理解;"君"代表国家,过去讲君权神授,皇上称为"天子",所以也是神;"亲"就是祖先,所以也是神。那么"师"呢?"师"明显不是亲,与祭祀的人没有血缘关系,但明显与祭祀的人有着极为重要的关系,有大恩于祭祀的人。唐代韩愈说:"师者,所以传道授业解惑也。"即传授学问的人,由此可见师对于人们的重要性。那么师生之道的原则是什么呢?儒家认为就是"传习"。

首先,师要传授学问,即"传道授业解惑"。至于是什么学问?不同的人有不同的理解。曾子在这里没有明确(当然,曾子作为孔门弟子应该认为是孔子的思想)。但不管是什么学问,都应当是正确的,至少老师认为是正确的。那么老师怎样才能确定其所传授的学问是正确的呢?那就是"习",习就是练习、演习和实践。也就是老师要通过练习、演习和实践所要传授的学问,去判断是否正确、有效,之后才将其传授给学生,以保证所传授的学问是实学,不误人子弟,无愧于"师"。

其次,学生学习老师所传授的学问。学生怎样学习老师所传授的学问呢?也是"习",通过练习、演习和实践所学到的学问,以真正领会、辨别和掌握老师所传授的学问。

由此可见,在过去,师生相处是很不简单的一件事,老师应当确保所传授的是实学,以免误人子弟,愧于"师"名;学生要确保学到老师所授,以免所学不实,有辱师门。不像现在,师无真传,学生无真学。曰师曰弟子云者,多为相互吹捧、攀附之徒。

【编意解】

编者意在通过本章曾子之语,说明"学"的重要方法和内容,即"学"和为人处世的基本原则和方法,那就是向内求,求诸己,即自省,从某种意义上讲也是诚的表现。同时也说明,真诚在人与人交往中的表现及要求,当然,这里讲的是与除自己亲人以外的人的交往,那就是要忠、信、习。

1.5 子曰:"道千乘之国,敬事而信,节用而爱人,使民以时。"

【译文】

孔子说:"领导治理大国,要办事严肃认真,(对民众)讲诚信;要节约使用财物,爱养民众;使民(做事)要选择适当的时候。"

【注释】

乘,1.(chéng),升也。本义:登,升。2.(chéng),骑、坐。3.(chéng),驱马驾车、驾驭。4.(chéng),趁着、凭借。5.(chéng),压服、欺压。6.(chéng),追逐。7.(chéng),计算、计量。引申为算术中的乘法。8.(shèng),古时一车四马叫"乘"。

敬,1.肃也,本义:恭敬、端肃。2.慎重地对待,不怠慢、不苟且。3.尊重、尊敬。

使,1.伶也(按:伶者,令也)。本义:命令。2.差遣、派遣。3.致使、以至。4.使唤、役使。5.出使、使者。6.假使、假若。

民,1.众萌也。黎民百姓、平民。与君、官对称,2.人、人类。3.民间的。

【原文解】

第一是"道千乘之国"。首先,这里的"道"通"导",是引导、指导、治理的意思。其次是"乘",这里表面上是指四匹马拉的战车,所谓"千乘之国"就是指拥有一千辆战车的国家。但如此表面理解是不够的。据考证,当时中国是分封制,天子万乘,诸侯千乘。一乘有甲士三人,周围步卒七十二人,合计七十五个

士兵,千乘的士兵就要达到七万五千人。一个诸侯国如果能有七八万的军队,那么这个国家就可能有上百万的人口,这在当时只有一两千万人口的中国,就是一个很大的诸侯国了。由此可见,所谓"千乘之国"是一个很大的国家,而治理如此大的一个国家,当然也就是很大的事了。

第二是"敬事而信,节用而爱人,使民以时"。本句表面上是孔子在说治理大国要遵循的原则,也可以扩展为做大事的原则。这个原则有五项,即敬事、诚信、节用、爱人和使民以时。尽管治理一个大国,事情纷繁复杂,千头万绪,但治理起来的原则并不复杂,孔子认为五条就够。

第一是"敬事",就是用心做事。事不管大小,统治者或领导者首先要严肃认真地对待。其实需要领导者办理的事情,就不会是小事。要通盘考虑,谨慎处理。只有真正有严肃认真的态度,才能找到好的方法。

第二是"信"。对谁诚信?就统治者或领导者而言当然是对民众、下属诚信。为什么要强调对民众、下属诚信?原因很简单,因为一个领导者尤其是大领导所要办的事,往往是通过下属和民众的具体工作和劳动来完成的,这就要求领导必须取信于下属和民众,这一点非常重要。中国有一个"徙木立信"的典故,据《史记·商君列传》记载:

> 孝公既用卫鞅,鞅欲变法,恐天下议己。令既具,未布,恐民之不信,已乃立三丈之木于国都市南门,募民有能徙置北门者予十金。民怪之,莫敢徙。复曰:'能徙者予五十金。'有一人徙之,辄予五十金,以明不欺。卒下令。

意思就是说:秦孝公重用卫鞅(即商鞅),卫鞅欲变法,害怕天下议论自己。变法法令起草好了却未立即颁布,害怕民众不相信(是真能实行的)。而是先将一根三丈长的木头立于国都南门,对百姓说,有谁能将木头搬到北门,给十金。百姓都很奇怪,没人敢去搬。卫鞅又说:"有谁能将木头搬到北门,给五十金。"这时有一个人站出来真的就将木头搬到了北门,而卫鞅也真的给了这个人五十金,以表明诚信不欺。这才下令变法。中国历史上商鞅变法最为成功,使秦国迅速强大起来,为秦国最终统一中国奠定了坚实的基础。

第三是"节用",就是节省使用财物,不浪费,更不能奢侈。为什么要节用?道理很简单,无论是修路、修水利,办事总免不了要花钱(财物)。节用就可能使原来办不成的事办成了,使原来只能办一件事办成了两件,甚至多件。

第四是"爱人"。"国以民为本,故爱养之也。"道理也很简单,前面讲了,领导所要办的事,往往是通过下属和民众的具体工作和劳动来完成的,可具体的工作和劳动的成果(尤其是内在的和细节的质量)怎样?大家都知道,这在很大程度上取决于工作和劳动的人是否能尽心竭力,而下属和民众是否能尽心竭力则很大程度上取决于领导对他们关爱的程度,因为人多少都是有感恩之心的。应当说明的是,"节用"本身也是"爱人"的一个重要方面,因为财富来源于民众的劳动。

第五是"使民以时"。这在过去是很重要的。因为中国很长一段时间都是农耕文明,而农耕是很讲究时机的,什么时候播种,什么时候收获都是有定数的,错过了就可能使一年的劳动全部或大部分毁于一旦,后果非常严重。也正因如此,当时有农忙时节,也有农闲时节。因此孔子要求"使民以时",就是不要妨碍民众的农务。道理也很简单。那么现在呢?现在也一样,虽然农耕已经不是社会的主要产业,大多数的工作也都是由专门的人员长期稳定的从事,但还是有相当多的工作是由农民工完成的。其实只要由人来做,就要照顾人的基本需求。现在不是有很多单位,不顾员工的基本需求和法律规定,减少员工的休假期甚至是法定假期,十分任性地要求员工加班吗?这些都是鼠目寸光,最终也是得不偿失的行为。当然,"使民以时"也是"爱人"的一个重要方面。

从上面的讲述可知,孔子强调这些原则的道理都很简单,也很容易理解。那么孔子为什么还要强调呢?这从另一个角度也说明统治者或领导者往往是不敬事、不诚信、不节用、不爱人和不使民以时的,或因懒惰、或因急功近利、或因好面子图奢华,等等。也正因如此,中国历史上大多数的统治者或领导者最终都是失败的或不能善终的。孔子说了,治大国这样的大事,要干好也就只需要这五个简单的原则,那么小事就更不用说了,能切实遵循这五个简单的原则就一定能做好。

【编意解】

编者通过本章孔子之语,说明"学"的另一个重要内容——如何行政,处理众人之事,及行政的基本原则和方法,那就是敬事而信,节用而爱人,使民以时。同时也说明孔子的学问是要用的。

1.6 子曰:"弟子入则孝,出则弟,谨而信,泛爱众而亲仁。行有余力,则以学文。"

【译文】

孔子说:"学生在家能善事父母,在外能善事长者,(行事)谨慎小心,言而有信,博爱众人,亲近有仁德的人。(这些事)做好了还有精力,则可以学习(先贤的)文章。"

【注释】

谨,本义:谨慎、小心。引申为严、严格。

泛,1.浮貌,本义:漂浮。2.泛滥、大水漫流。3.广泛、普遍。

文,1.错画也,本义:花纹、纹理。2.字、文字。3.华美、有文采,与"质"或"野"相对。4.文治、文事、文职,与"武"相对。5.法令条文。6.文章、文献、经典。7.货币单位,钱一枚为一文(后起之意)。

【原文解】

第一是"弟子"。这与现代汉语的意思没有什么不同,就是求学之人,现在叫学生。过去老师对学生有父兄之恩,故称学生为弟子,学生称老师为师父。这些有助于我们对"传不习乎"(详见1.1章)的理解。

第二是"入则孝,出则弟,谨而信,泛爱众而亲仁。行有余力,则以学文。"这里孔子说出了他施教的大体内容和方法原则。孔子施教的大体内容可以分为四个方面:

第一是德行,即"入则孝,出则弟"。前面说过,善事父母为孝,善事兄长为悌。兄长在外(社会上)可衍生为上级和长者。"孝悌"是事父兄之名,儒家认为这是做人的根本,也是德行的根本,"孝弟也者,其为仁之本与"(详见1.2章)。

第二是言行,即"谨而信"。谨属行,指行为要谨慎,思而后行,有所为有所不为,行之有常。信属言,要言而有信。

第三是处世,即"泛爱众而亲仁"。"泛爱众"是指要博爱众人,要考虑众人的利益,为众人牟利。"亲仁"是指亲近有仁德的人,这与博爱众人不同。博爱是无选择的,亲近是有选择的,也较博爱更进一步。有仁德的人也在众人之中,众人之中也有不怎么仁德的人,我们要亲近有仁德的人。儒家的爱人并不是都一样的对待,而是有层次的。道理很简单,人们不可能对父母子女和对其他的人有同样的爱,这是人之常情。

第四是文学,即学习先贤的文章学说。但要注意的是,学习文学的前提是已经将前面所说的事做好了以后,还有精力。也就是说,孔子认为教一个学生,应先教其做人,在学生做人做到一定程度之后再教文。应当说明的是,这里的"文"是指先贤的文章学说,就是先王之道。先王之道具体是什么?博大精深,在这里没有空间进行阐述,在《论语》之后的学习中,我们会逐步涉及。这里要说的是,先王之道是另一个更高层次的"入则孝,出则弟,谨而信,泛爱众而亲仁",是对其的提升,是在位者、在上位者应当遵循的原则和方法。当然,所谓的更高层次、提升都是有基础的,而这个基础就是"入则孝,出则弟,谨而信,泛爱众而亲仁"。现在有很多人将此处的"文"理解为文化知识,这虽然已经不合本意,但也有一定的道理。前面说过,孔子是要培养社会需要的人,而社会需要的首先是有道德、讲忠信,能认清自己,适应社会的人。当然,这样的人有知识、有技能更好。而德行是根本和基础,德行的教育则是越早越好,因为不管有没有人教,一个人的德行都在逐渐地形成。如果晚了,形成了不太好的德行,之后即便能改,发奋自新,也将费尽力气。更何况发奋改悔者甚少。这样有不太好的德行的人,知识越多越危险,无论是对社会还是对个人。

【编意解】

编者意在通过本章孔子之语,说明施教的大体内容和方法原则。应说明的是,教与学本就是一体的,如何施教当然也是学的重要内容之一。同时,我们通过本章的学习,也可以从另一个角度体会到孔子思想中为人处世的原则要求和价值取向,尤其是价值轻重的取向——"君子务本,本立而道生。孝弟也者,其为仁之本与"(详见1.2章)。

1.7 子夏曰:"贤贤易色;事父母,能竭其力;事君,能致其身;与朋友交,言而有信。虽曰未学,吾必谓之学矣。"

【译文】

子夏说:"(找伴侣)重贤德,不要太重视长相;侍奉父母,能尽全力;为国家办事,能全身心地投入;与朋友交往,言而有信。(这样的人)就算从未学习过,我也一定认为他是有学问的。"

【注释】

子夏,姓卜(bǔ),名商,字子夏,尊称"卜子"或"卜子夏"。春秋末晋国人(另有魏人、卫人二说),孔子的学生,比孔子小四十四岁,"孔门十哲"之一,以文学著称。

贤，1.多才也。有德行、多才能。2.良、美善。3.胜过、超过。4.尊重、崇尚。5.劳苦。

易，1.换，交换。2.改变。3.容易。4.轻视、不重视。5.平坦。6.和悦。7.治、治理。8.书名，《周易》的简称。

事，1.职也。本义：官职。引申为职守、政事、事务。2.事情、事件。3.侍奉、供奉。4.做、从事。

竭，1.干涸、枯竭。2.尽、完、穷尽。

君，1.尊也。本义：君主、最高统治者。2.封号。3.对对方的尊称，相当于"您"。4.主宰、统治。

致，1.送诣也。送达，引申为献出、尽。2.传达、表达。3.招引、招致，引申为取得。4.到。5.尽、极。6.精密、细密。

【原文解】

第一是"虽曰未学，吾必谓之学矣"。这句话虽然是在本章的最后，但笔者认为是本章的论点或主题所在，因此将其提前以便讲述。本章的论点或主题就是在阐述儒家所谓"学"的内容。

第二是"贤贤易色"。有很多人将本句解释为以好色之心好贤，或者是以贤人之贤进而改变其好色之心。笔者认为不妥，首先此句后面所言为"事父母""事君""与朋友交"，是在讲人伦。而以好色之心好贤明显不在此列；其次，好色乃人之本性，为什么要改变，又如何能够改变？

说到这里，有必要了解一下"人伦"，"人伦"一词，最早见于《孟子·滕文公上》。书中载，上古时候，人们"逸居而无教，则近于禽兽"。圣人"使契为司徒，教以人伦"。在《尚书·尧典》中，已有"慎徽五典"的说法，即要以五种美德教导自己的臣民。据《左传》解释，"五典"就是"父义、母慈、兄友、弟恭、子孝"。后来孔子提出"君君、臣臣、父父、子子"，增加了君臣关系。最后孟子在整理和总结以往道德关系和道德规范的基础上，全面地概括了当时社会里人们之间基本的五种道德关系，并提出相应的道德规范，即"父子有亲，君臣有义，夫妇有别，长幼有序，朋友有信"。儒家认为，"夫妇"乃人伦之始——"君子之道，造端乎夫妇"（《中庸》），有夫妇然后有父子，有父子然后有君臣，所以放在"事父母""事君""与朋友交"之前的应为"夫妇"——夫妻相处之道。

那么夫妻相处之道应当如何呢？就是"贤贤易色"。首先是对"贤贤"的理解，前一个贤是动词，是"以……为贤"，也可作尊重、崇尚讲；后一个贤是贤德之意,"贤贤"可解释为同德。"贤贤"意思就是要以对方的(自以为的贤德)为贤德,也就是要认可、尊重、甚至崇尚对方的(自以为的)贤德,其实质就是认同甚至是与对方有共同的价值观念,也就是同德。应当说明的是,"贤贤"不是一种迁就,更不是一种被迫,而是一种发自内省的认同,否则就不能叫做"贤贤"。那如何才能做到呢?当然就是寻找。因为到了该成婚的年纪,双方之德行已初步形成。其次是对"易色"的理解。这相对容易,就是不要把对方的长相看得太重。应说明的是,不要把长相看得太重不等于是不看重。色与贤的关系,作者认为是孟子所说的熊掌与鱼的关系。孟子说:"鱼,我所欲也,熊掌,亦我所欲也;二者不可得兼,舍鱼而取熊掌者也"(《孟子·告子上》)。

  道理何在?这是因为,"夫妇"的结合,不仅仅只是生理上的需求,在中国的社会,"夫妇"的结合还意味着很多的责任:"夫妇"要一起生活很长的时间(白头偕老),要相互关爱照顾(相濡以沫),期间还要共同养育子女。世界上吃不厌的只有米或面,喝不厌的只有水。长相再好,天天看又能怎样?更何况年老色衰是不可避免的自然规律。应当说明的是,儒家之所以认为"夫妇"乃人伦之始,强调"贤贤易色",更重要的是在于"夫妇"关系十分重要。我们知道儒家讲"孝",而孝是人类感恩天性的一种表现,也就是父母对子女非常好,因而子女才会孝,正所谓"父慈子孝"(《礼记·礼运》)。然而我们生而为人,既是父母的子女,也是子女的父母。当我们作为子女的父母时,如何才能做到"父慈"呢?应当做的内容可能很多,但最重要的一点,就是父母共同将子女抚养成人,给他们一个完整而温馨的家。要如此就必须做到"贤贤易色"。笔者认为,给孩子一个完整的家,以便使其能在更好的环境中成长,是自古以来各种文明不约而同地确立婚姻制度的出发点和基础,因为这是一个族群更好的生存乃至发展的需要。否则两情相悦则相濡以沫,两情不悦则相忘于江湖,岂不更合人性,更浪漫,婚姻制度根本没有存在的必要性。而要达成这样一个目的,"贤贤易色"就是根本。从某种意义上讲,找到一个好的伴侣,是人生最重要的事情,无论男女。而这样一个所谓的好伴侣,没有客观的、统一的标准,主观因素是主要的,那就是"贤贤"。现时社会,由于人们不太重视"贤贤易色",并且离婚制度过于宽松,离婚的现象大量出现,其中受伤害最大的就是孩子,真是让人痛心疾首。再说了,夫妻关系处理好了,不也是让父母省心吗?这不也是孝的一种表现吗?

  第三是"事父母,能竭其力"。善事父母即为孝。儒家很重视孝,前面有子说过"孝弟也者,其为仁之本与"(详见1.2章),《论语》中还有很多关于孝的论

述,儒家的"十三经"中还有一部《孝经》。那么怎样才叫"善事"?"善事"的表现形式可能有很多,但其核心表现为"竭其力",即尽自己的力。中国有句古话叫"百善孝为先,论心不论迹,论迹贫家无孝子"。

第四是"事君,能致其身"。

首先,对于"君"的理解。这里的君作君主解。"君尊也",当时天子、诸侯、卿大夫有地者皆曰君,中国大一统后,"君"专指天子,是代表国家并有绝对权力的人,现在这样的人没有了,但国家还在,因此可以理解为国家(或上级)。"君"就是现在的国家(或上级),而一个人必须(或必需)要生活在一个国家里,这不仅是现实使然,也是历史使然、人性使然。前面说过,国家存在的最基本的目的和意义,是在于使生活在其中的全体成员,作为整体能够生存和发展。因此从某种意义上讲,"事君"就是为国家服务,也就是为人民服务,是爱人的表现,也就是"仁"的更进一层的表现,是一种"大仁"。国家是由其国土和生活在其境内的民众所组成的,其秩序的建立、法令的执行等也是要由具体的人来完成,因此必须要有人"事君"。

其次,对于"能致其身"的理解。有鉴于此,儒家很重视"事君",甚至将其列为学的最终目的之一,因此,《大学》中有"身修而后家齐,家齐而后国治,国治而后天下平"之说。《论语》中关于"事君"的论述也很多,中国自古以来"事君"的人也很多,像大家比较熟悉的商鞅、诸葛亮和岳飞,他们有的成功了,有的不怎么成功,有的甚至失败了,但他们有一个共同点,就是"能致其身",用诸葛亮的话叫"鞠躬尽瘁,死而后已",因此他们都是"事君"的典范,千古名臣。

第五是"与朋友交,言而有信"。前面讲过了(参见1.4),不再赘述。

【编意解】

编者意在通过本章子夏之语,说明"学"的主要内容,或者说是进一步明确了前一章核心价值取向,即明人伦,在儒家看来人伦是一切秩序的基础。

1.8 子曰:"君子不重则不威,学则不固。主忠信。无友不如己者。过,则勿惮改。"

【译文】

孔子说:"在位之人不庄重就没有威严,学习就不会蔽塞。以忠信为根本。不要和不像自己的人交朋友。有过错不要害怕改正。"

【注释】

重,1.厚也。本义:分量大,与"轻"相对。引申为重要、重大。2.重视。引申为重视、不轻易。3.加上、加重。4.敬重。5.(chóng),重叠。6.层。7.重新。

固,1.四塞也。本义:坚、坚固。2.特指地势险要和城郭坚固。3.久也。4.安守、坚守。5.禁锢、闭塞。6.鄙陋。7.本来。

主,1.灯中火主也。本义:灯芯。2.君主,古代国家的最高统治者。3.公主的简称。4.主人、东道主。5.事物的根本。引申为"以……为主"。6.主持、掌管。

无,1.不有也。没有,跟"有"相对。2.通"毋",表示劝阻或禁止,可译为"不要"。3.不论、不分。

如,1.从随也。本义:遵从、依照。2.好像、如同。3.比得上、及。4.去、往。5.如、若也。假如、如果。

惮(dàn),1.畏惧、害怕。2.憎恶、忌恨。

【原文解】

第一是"君子"。这里的"君子"是指有官职、有权利的人,本章是孔子对已经在位置上的人的诫勉之语,同时也是说明在位之人应有的品行。前面讲过,"君子"原是对人的尊称,主要是指在上位者、在位者、先人、好学者和男子。自孔子以后,儒家赋予"君子"新的具体含义,将成就了德行的人称为"君子"。但如果此处"君子"解释为成就了德行的人,其德行已成,则与后面带有诫勉之意的言语明显不合。而在当时,官禄是世袭的,在位之人大多数并非学有所成之人,或轻浮,或鄙陋,或诈伪,或怙恶饰非,这与儒家理想的"学而优则仕"(详见19.13章)的状态大相径庭。然而不管是学有所成之人,还是没有学有所成之人,这些已经是在位之人,或是领导,或是家长,大权在握,影响巨大是现实,故有诫勉之必要。那么在位之人应当有怎样的品行呢?下面一一阐述。

第二是"不重则不威"。庄重就是端正态度、严肃认真之意,是修身的重要方法,《大学》曰"物格而后知至,知至而后意诚,意诚而后心正,心正而后身修",过去修身之法有四重,即重言语、重行为、重外貌和重爱好。领导庄重(认真)就会产生威严,有威严则下属就会敬畏,就容易接受指挥或教育,事情就好办些。

第三是"学则不固"。就是要学习,经常的学习。在位之人周围的人大多只敢说好听的,报喜不报忧,也就是说假话。这是在位之人的悲哀,但也是事实。

这种情况时间长了,在位之人就会渐与实际隔绝,变得闭塞和固执。要想不发生或改变这种状况,就要经常学习,这个学习包括学习先贤的著述(从中汲取经验教训),也包括实地调查。过去讲学习,不仅要读万卷书,还要行万里路。

第四是"主忠信。无友不如己者"。

首先,"主忠信"的意思就是要以"忠信"为根本。忠信之意前面已经讲过(详见1.4章),不再赘述。

其次,"无友不如己者"的意思就是不要和不像自己的人交朋友,也就是不要与和自己不是一类的人交朋友。为什么要如此呢?道理很简单,我讲忠信,认为忠信是对的,而另一个人讲伪诈,认为忠信是错的,我怎么能和他交朋友呢?没法交。这就是所谓的"道不同,不相为谋"(详见15.40章)。这时可能有人会问,既然道理如此简单,为什么孔子还要强调呢?笔者认为,因为一个人的追求是多方面的,既有忠信,也有利益,等等,这就要看你把什么放在第一位,认为什么是根本了。根本的东西在交朋友的时候是不能发生抵触的。而现实当中,人们对于根本的问题往往随着时间推移或事情的发展,认识会发生模糊,因此有强调的必要。其实《论语》记载的很多话,其道理都很简单,有人认为《论语》的意思就是常识。笔者认为有道理,但是人们就一定会遵守常识吗?不一定。吸烟有害健康就是常识。

应当说明的是,此句不可将其理解为不要和比自己差的人交朋友(过去有很多这样的解释)。这样理解不通,原因很简单,如果人人如此的话,就没有朋友可言了。

第五是"过,则勿惮改"。首先是"过"。过去认为,无心而做了没有道理的事叫"过";有心去做违背道理的事叫"恶"。"恶"是不能做的,而"过"是不可避免的。孔子自谓"五十以学易,可以无大过矣"(详见7.17章)。孔子是圣人,在修身几十年后,再学《易》,也只是能避免大的过失,小的过失仍不能避免,更何况我们这些普通人。自以为无过,其过大矣!有过不怕,贵在能改。改过其实是很难的,这一点我想大家都深有体会,或羞于认错,或心存侥幸,或缺乏决心毅力,等等,所以孔子在此激励人们,尤其是领导或家长要不畏困难改正错误,因为他们是在位之人,其影响较他人更大。

【编意解】

编者意在通过本章孔子之语,阐明学为君子——在位之人的主要方法原则或应达到的结果及状态。笔者认为,本篇所谓的学分为两个部分或是两个层次,前面阐述的是作为一般人的学,自本章以后阐述的是君子——在位之人的学。当然,前者是后者的基础,后者是前者的提高和升华。应当说明的是,君子——在位之人是比较少的,但是只要有人类社会的存在,这种人就必不可少,更为重要的是,他们也是人而且影响力巨大。

1.9 曾子曰:"慎终追远,民德归厚矣。"

【译文】

曾子说:"(在位之人)要慎重地办理(父母)丧事和祭祀祖先,(这样就会使)民众的德行归于厚重。"

【注释】

慎,1.<u>谨也。诚也。本义:谨慎、慎重</u>。2.实在、确实。3.千万、切切。与"勿""毋""莫"等否定词连用。

终,1.绩丝也。本义:把丝缠紧。2.终了、结束。与"始"相对。<u>3.生命完结、死</u>。4.终究,到底。5.整、全、尽。

追,1.逐也。本义:追赶。2.追求、追取。<u>3.回溯、追溯、追念</u>。4.补救、事后补办。

【原文解】

这也是曾子诫勉"在位之人"的话。之所以如此理解,因为后语中有民众之说——"民德归厚矣"。

一个国家或一个社会要想真正的和谐稳定,就要有一个统一(至少是主要)的价值观及其行为方式,也即思想——仁道。当然,这个思想应当是通人性的、行得通的和行之有效的,否则不会长久。前面讲过,儒家"仁道"的价值核心就是孝(详见1.2章)。过去中国的绝大多数统治者都说自己是"以孝治天下",不管这些统治者是否真的做到了,但至少他们明白"孝"的重要。那么什么是孝?包括《论语》在内,很多儒家经典中都有论述,这里限于篇幅不能一一展开。但可以肯定的是,为父母办理丧事和祭祀祖先是很重要的一个方面,《周礼》中就列有丧葬礼和祭祀礼,是国家大典。应当说明的是,行丧葬礼和祭祀礼有很强的外在表现性,即仪式性,因此如果在位者把葬礼和祭祀办好,就会使民众尤其是年轻人乃至自身受到教育,感受到我们的传统和文化,不忘记过去,知道自己从哪里来,将要到哪里去。

那么怎样才算办好了呢？是不是花钱越多、排场越大越好呢？从曾子的话来看，明显不是。曾子讲的是"慎"，是谨慎，是诚敬。谨慎就要周到，要周到，没有缺失，就要符合礼制。前面说过，当时的礼是以（依）德制定的，是德的外化，只要符合礼制，就是成就了德，就是顺应了道；诚敬就是要真诚，要出自内心，否则以不哀不敬之心所行的丧葬礼和祭祀礼只是徒有其表。前面说过，行丧葬礼和祭祀礼有很强的外在表现性、仪式性，这也就注定了它的示范性和教育性。曾子要求在位之人如此，其目的十分清楚，就是要教育感化民众尤其是年轻人，使其"德归厚"。这里的德就是孝的感悟和践行。如果这种示范是不真诚的，是徒有其表的，效果只能适得其反。

【编意解】

编者意在通过本章曾子之语，阐明在位之人要知道施教于民，要在民众中树立和巩固一种思想（价值观），其方法是"慎终追远"，即慎重办理丧事和祭祀。

1.10 子禽问于子贡曰："夫子至于是邦也，必闻其政。求之与？抑与之与？"子贡曰："夫子温、良、恭、俭、让以得之。夫子之求之也，其诸异乎人之求之与？"

【译文】

子禽问子贡："老师每到一个国家，一定能听到（知晓）该国的政事。这是老师求得的呢？还是（该国国君）自愿告知的呢？"子贡说："老师温、良、恭、俭、让，因此而得之。（如果说）老师是求得的，那么老师的'求'与别人的求不同吧？"

【注释】

子禽，姓陈，名亢，字子禽，是孔子的弟子，比孔子小四十三岁。但《史记·仲尼弟子列传》未载此人。

夫子，原是对比自己身份、学问高的男子的尊称，在《论语》中常是孔门弟子对孔子的称呼。

邦，1. 国也。本义：古代诸侯的封国、国家。2. 封、分封。

闻，1. 知声也。本义：听到。2. 听说、知道。3. 闻名、著称。4. 见闻、知识。5. 用鼻子嗅、嗅到。

政,1. 正也。众人之事。从攴从正。攴(pū),敲击。统治者靠皮鞭来推行其政治。正是光明正大。本义:匡正。2. 政治、政事。3. 政策、法令。

抑,1. 按、向下压,与"扬"相对。2. 压抑、抑制。3. 低、俯。4. 还是、或者。

子贡,姓端木,名赐,字子贡,孔子弟子,比孔子小三十一岁,是"孔门十哲"之一,尤善言语。

温,1. 温暖、暖和。2. 和气、柔和。3. 温习。4. 温病、热病。

良,1. 善也。本义:善良。2. 优秀、良好。3. 很、甚。4. 确实、的确。

恭,敬也。本义:恭敬、谦逊有礼。

俭,1. 约也。本义:自我约束、不放纵。2. 节俭、节省。3. 歉收、年成不好。

让,1. 相责让也。本义:责备、责怪。2. 退让、谦让、辞让。

【原文解】

从这段孔子弟子之间的对话中我们能感受些什么呢?作者认为至少应有三方面的感受。

首先,应感受到的是孔子的形象,至少是外在形象。孔子的形象是怎样的呢?就是子贡所说的"温良恭俭让"。所谓"温良恭俭让",即是孔子"立志于学"多年后的结果或者说状态,也是君子应有的素质。我们认为这样好吗?我们希望和这样的人交往吗?我们愿意成为这样的人吗?我们希望我们的孩子也成为这样的人吗?同时孔子的这一形象,对我们正确理解孔子的思想和孔子所说的话的含义有一定的指导意义。比如前面孔子说"巧言令色,鲜矣仁"(详见1.3章),就有人解释为:巧言令色的人,没有仁性,是小人,是坏人。再比如前面孔子说"无友不如己者"(详见1.8章),就有人解释为不要和比自己差的、不如自己的人交往。这些解释乍看起来似乎符合原文的意思,但仔细推敲一下明显不对。巧言令色又不是什么大错,怎么就是小人甚至坏人了呢?如果人人都不和比自己差的、不如自己的人交往,那我们还能和谁交往?我们还能有朋友吗?至少孔子是没有了!其实我们理解了孔子的"温良恭俭让"的形象,不用"仔细推敲"就能感觉这样的解释是有问题的,一个"温良恭俭让"的人怎么可能说出如此决绝的、不通人性的话呢?

其次,应感受到的是孔子的思想是要学以致用的,是入世之学,也是有用的。孔子"立志于学"多年后干了什么呢?周游列国。据记载,孔子历尽艰险见到过70多个国君。周游列国干什么?当然是寻求推行自己思想的机会,以求"治国平天下"。那么怎样说明孔子的思想是有用的呢?因为那些国君都会

告诉孔子本国的政事——"必闻其政"。那些国君为什么会告诉孔子本国的政事呢？原因很简单，他们认为孔子很有智慧和才能，想求教请益。那么孔子周游列国，为什么没有一个国君重用他、施行他的思想呢？那是因为那些国君格局太小、目光太短，只知急功近利。历史充分证明这一点，这些国家不久都灭亡了，而孔子的思想却在之后的两千多年里被奉行，并成就了辉煌的文化。

第三，应感受到的是孔子之求，也可以说是君子之求。孔子周游列国当然是有所求，但不同的是，孔子是"温良恭俭让"以求之。一个人"温良恭俭让"就会让别人信而敬之，不生疑忌之心，只有这样，别人才愿推诚以咨事。这可谓不求之求，实际是别人自愿给予的。

【编意解】

编者意在通过本章子贡对孔子的描述，说明一个君子应有的品行，即"温良恭俭让"，这是一种状态，也是一种修养，更是我们努力的方向，当然也是一个君子——在位之人努力学习的榜样。

1.11 子曰："父在，观其志；父没，观其行；三年无改于父之道，可谓孝矣。"

【译文】

孔子说："父亲在的时候，观察他的志向；父亲去世后，观察他的行为；长时间没有改变父亲的观念做法的，（这样的人）可以称作孝了。"

【注释】

志，1. 意也。本义：心意、志向。2. 记、记住。3. 记述。4. 记事的文章。5. 标志、标记。

【原文解】

这是《论语》中孔子第一次论孝，即怎样判断一个人是不是孝。这句话影响很大，争议也颇多，尤其是"三年无改于父之道"。要准确理解这句话的意思，就要了解当时的社会结构。当时是封建社会，所谓封建，原意即"封"土而"建"国，是"封土地、建诸侯"的简称。《礼记·王制》："王者之制禄爵，公、侯、伯、子、男凡五等……天子之田方千里，公、侯田方百里，伯七十里，子、男五十里。"而每个诸侯国中又分封数量不等的卿大夫，他们在诸侯国内也有自己的封地。通过这种逐级分封，下级对上级承担缴纳贡物、军事保卫、服从命令等义务。这些天子、诸侯和卿大夫是世袭的,其身后都有一个家族,这个家族在过去也叫家,当然比现在的家要大得多。同时,当时是父权社会,女子是没有什么地位的,家族的家长是由父亲出任,在家族中有绝对的权威,由于家族人很多,还有封地中的民众,因此家族的家长要管的事情也就很多,不像现在家庭中的父母亲,而相当于现在的村长、乡长甚至是县长,当然其权威要比现在的村长、乡长甚至是县长大得多得多。当然,如果是上一级的家长,其权威就更大了,还可以管下一级的家长。自秦始皇统一中国后,取消"封建制度",在全国推行单一的"郡县制",地方长官统一由中央任命,且不再是世袭的了,权力高度集中在中央(或皇帝)手中。因此,把中华民国之前的社会统称为"封建社会"是不那么准确的。了解了当时的社会结构之后,再来看孔子的话,就不难理解了。

首先,父亲在世时,由于父亲这个家长有绝对的权威,作为儿子应当服从,不能自作主张。这时就要观察儿子的志向了,因为作为世袭家长的父亲,其在主观观念上应当是要家族向好的方向上发展,当然也不完全是,不排除有其他的意念(如贪图自己享乐等)。其具体的方法和措施也应是以此为根基。由于父亲这个家长有绝对的权威,作为儿子只能服从,但服从不等于同意。这时就要看作为儿子的志向了。过去讲不孝有三,排在第一位的是"阿意曲从,陷亲不义"。当然,如果父亲政策措施是正确的,作为儿子却有他志,那肯定是不孝。如果父亲政策措施不正确,作为儿子却没有他志,那也是不孝。当然,遵守仍是基础,不可轻废。有关于此,在之后的《论语》学习中会有详细的阐述。

其次,父亲去世后,儿子由于世袭成了家长,有了绝对的权威,这时儿子对父亲生前的观念及其方法措施(用现在的话叫政策措施)应当怎么办呢?如果父亲生前的政策措施是正确的,当然不用改,也不应改;如果父亲生前的政策措施谈不上正确或是不正确的,出于对父亲的尊重也不应该改,或在很长时间内不改;那么父亲生前政策措施是错误的,改还是不改?错了当然要改,孔子在这里并没有说父之道不能改。问题是怎样改?笔者认为不能匆忙改,主要理由如下:

第一,父亲真的错了吗?前面说了,当时的家族是很大的,身为家长要管理、要权衡的事情很多,还可能要做些不得已的事。而父亲也曾经是家长,其所作所为应当是为了家族向好的方向发展,这种情况下,断定父亲生前的政策措施的对错一定要慎重,再慎重,不可轻言其错。所谓慎重,其表现之一就是要花一些时间来调查、思考。

第二，应当用一个正确的政策措施来替代一个错误的政策措施。至亲刚刚去世，人心悲痛乃至方寸已乱是人之常情，此时此刻作为新的家长，真的能有一个万全的、正确的政策措施吗？这也是要花一些时间来调查、思考的。

第三，前面说了，家长的权威很大，那么觊觎权力的人也必然大有人在。每一项政策措施（不论对错）都有得利者和受损者。新的家长刚上任就改前任家长的政策措施，必然会伤害到既得利益者，这些既得利益者权势越大，则新的家长就越危险。无论在过去还是在当时，弑父、弑君是屡见不鲜的。如果自身不保，那对父亲来说也是大不孝。

第四，虽然过去人们认为父子是一体的，但是父子毕竟还是有所不同的，而作为一个人又都有发展自己的欲望或本性，这就是尼采所谓的权力意志。而权力意志不是为所欲为，也应当受到约束，而所谓的约束就是礼法，因此孔子说要"克己复礼"（详见11.1章）。

因此，笔者认为孔子所说的"三年无改于父之道"是正确的，也是非常有深意的，大家应当认真体会。

最后，从上面的分析看，这里的父子可不是一般的父子，更不是现在所谓的一般的父子，而是有特定指向的，那就是这里的父子都是在位之人。虽然现在的政体制度没有这种情况了，但是不等于没有类似的情况，譬如新官上任、私营企业的继承等等。

【编意解】

编者意在通过本章孔子之语，说明一个君子——在位之人应有的品行——孝，其表现为"三年无改于父之道"。

1.12 有子曰："礼之用，和为贵。先王之道，斯为美。小大由之，有所不行。知和而和，不以礼节之，亦不可行也。"

【译文】

有子说："礼在适用的时候，以和谐为贵重。先王的为政之道（制礼、用礼），就是以（达到）和谐为美。小事大事都用礼（而不知和谐的重要），则事有所不行。如因知和谐（重要）而只一味追求和谐，不用礼来约束，也是不可行的。"

【注释】

用，1.可施行也。本义：使用、采用。2.任用。3.用处、作用。4.资材。

5. 因为、由于。

和,1.(hé),相应也,谐也。音乐和谐,引申为和睦、协调。2.(hé),暖和、温和。3.(hé),和悦。4.(hé),掺和、混合。5.(hé),连词,与、和。6.(hè),应和、跟着唱。7.(hú),打麻将或斗纸牌时某一家的牌合乎规定的要求,取得胜利。

贵,1.物不贱也。本义:物价高,与"贱"相对。引申为珍贵、宝贵。2.尊也,社会地位高,与"卑贱"相对。3.崇尚、重视。4.敬辞,放在要称说的事物前面,表示尊敬。

斯,1.劈、砍。2.指示代词,此也。3.连词,那么、就。4.句中、句末语气词。

美,1.甘也。从羊,从大,古人以羊为主要副食品,肥壮的羊吃起来味很美。本义:味美。引申为善、好。2.赞美。

由,1.经由、从。2.原因。3.由于、因为。4.用。5.蹈行、践履。6.自,从……(表示起点)。

节,1.竹约也。本义:竹节。泛指植物分枝长叶的地方。引申为人或动物的骨节。2.气节、节操。3.时节、季节。引申为节日。4.符节,古代用来所凭证得东西。5.气节、节操。6.节制、节约。7.礼节,有礼貌的行为。

【原文解】

第一是对"礼之用,和为贵。先王之道,斯为美"的理解。

首先是对"礼"的理解。有关于此,作者在本书的前言中已有详细的阐述,在此不再赘述。这里要强调的是"礼之用",就是礼的运用,要从广义上理解,也就是既包括礼的制定,也包括礼的适用。既包括法律、法规、制度的制定,也包括对其的执行,譬如立法、执法、司法等等。

其次是"和为贵",这句话的意思是很明确的,问题在于说明了什么?作者认为,这说明和谐是目的、是目标。同时,说明在孔子的思想中,实现这个目标一个重要的手段就是靠礼的运用,用现在的话讲,可以勉强说成要实行法治。原因很简单,一个国家或地区要解决的事物是非常多的,在位者不可能事必躬亲,要靠他人的协助,而要保证事务处理标准的统一就必须进行一定的法治。

最后是"先王之道,斯为美"。所谓"先王之道"就是先王;所谓的"礼之用",就是先前天子在制定和执行礼的时候,以能达到和谐为美。这是初衷,也应当是归宿。当然,这里的"先王"不是泛指已经逝去的天子,因为天子也是人,纵观历史,大多数的天子其德行和才能都不怎么样,甚至很不怎么样,他们虽有

天子的位置和权力,但其所制定的礼不怎么样,甚至很不怎么样,不可能受到儒家的推崇,因此这里的"先王"通说是指已成就德行且居天子之位的人,也即圣人为天子。这种情况极少,在历史和现实中,成就德行的圣人君子与天子的位置往往是分离的,就是一般有德行之人与一般的官位也常常是分离的,有德行之人没有官职,有官职的人缺乏德行,一句话就是"德不配位"。当然,这也与有德行之人比较少有一定的关系。

第二是对"小大由之,有所不行。知和而和,不以礼节之,亦不可行也"的理解。这句话的字面意思是很清楚的,意在说明礼的运用,或勉强说成法治运行时的原则,这个原则就是既不能事事都死守礼,也不能因为"和谐"是最好的,就一味的追求,而置礼于不顾。

前面说过,万事万物(包括人自己)固有的天性及其演化发展的规律就是道。正确而充分地认识了道并能循道而行,就是德。能做到如此的人,就是成就了德行的人,也就是儒家所说的"君子"或"圣人"。"先王"是圣人天子,其所制定的典章制度和道德规范就是"德"的外化,就是礼——儒家所提倡和肯定的礼。但从"道"到"德",再到"仁",再到"礼",每一个环节都会有所损益(变化),环节越多变化越多,与道的差异越大,况且万事万物(包括人自己)固有的天性及其演化发展的规律,尤其是人类固有的天性及其演化发展的规律,不同的个体或部分也是有差异的。因此,"礼"不是"道",尽管它是圣人天子制定的,已十分接近道,但并不能保证按其行事就一定能和谐,况且理解和执行"礼"的人多非君子,也无法保证其对圣人天子所制定的"礼"有正确的理解和执行。也正因如此,事事都死守礼,在某些或个别事情上是行不通的,如果执意如此,结果不但不能解决问题,还会使矛盾更加激化,产生更大的问题,更不用说达到和谐的状态了。在此情况下,适当的以"和"废"礼",不仅能使问题得到解决,达到和谐,又因为这些情况是少数和个别的,不至于使整个礼制,也就是社会规范崩坏。

我们都知道,尽管"道"有很多,且纷繁复杂,但万事万物在"道"中运行却也自然和谐,"自然和谐"不仅是圣人天子的希望和理想,也是绝大多数民众的希望和理想,因此,圣人天子制定"礼"的时候,是希望它能起到使社会"自然和谐"的作用。但这毕竟是"希望",因为前述的原因,认真按礼行事,在大多数情况下,都能起到或基本能起到"自然和谐"的作用,但同时也存在特殊情况,人们虽然认真按礼行事,事情却不能达到"自然和谐",这时怎么办?是一味追求"自然和谐"而放弃礼,还是按礼行事?答案是明确的,这时要按礼行事。因为这时废礼,为和而和,就会使不守礼的人和不愿守礼的人心存侥幸,进而可能致使整个礼制也就是社会规范崩坏,最终使社会陷入混乱。因为美好的理想状态总是少有,很难达到,如果事事追求理想状态,很可能适得其反。求和还是守礼有时是矛盾的,需要权衡。

问题在于这说明了什么?笔者认为,在孔子的思想中,礼治——法治是很重要的治理国家、管理众人事物的方法或手段,但我们必须认识到其局限性,不能夸大甚至神话其作用,它仅仅是方法或手段而已,而且是一个有局限性的、不是万能的方法或手段。可话又说回来了,有万能的方法或手段吗?

另外说句题外话,现实中真的有有子所说的"先王"也即圣人天子吗?笔者认为玄!但有子确实感到了这样的礼制(主要指周礼),并赞美它。笔者认为这并不矛盾。有子确实感到了这样的礼制,但这样的礼制并不是某一个圣人天子或某几个圣人天子制定的。前面说过,天子有制定礼的权力,这是一个很大的权力,哪个作为天子的人会不行使呢?其实德行和才能越不怎么样的天子,越会行使。德行和才能不怎么样不是说就一点都没有,因此在这些德行和才能不怎么样的天子所制定的礼中,多少都会有一些符合"道"的。问题是随着时间的推移,那些符合"道"的礼,正因为其符合"道"就会被保留下来,流传下去,那些不符合"道"的礼,也正因为其不符合"道",就会被淘汰,被人遗忘。也许事实应当是这样的,在过去的历史中有过非常多的礼,但随着时间的推移,人们的选择和淘汰,一定时间后就形成了一套比较符合"道"的礼,也即"先王之道"。要知道在孔子之前,中国可考的历史已经有两千五百年,周礼不也是以夏礼和商礼为基础的吗?任何一套好的制度规范,其形成多少都有这样的因素。当然,笔者并不是否认有某些睿智的领导人,对一套好的制度规范曾起到极其重要的作用。其实,这也是孔子思想有如此生命力的重要原因。

【编意解】

编者意在通过本章有子之语,说明一个君子——在位之人(能运用礼的人当然是在位之人)应当知道法治是治理一个国家或处理众人之事的重要的方法或手段;但同时也应当知道,这种方法或手段是有局限性的,不是万能的,应当灵活运用;同时更应当知道的是,治理一个国家或处理众人之事的目的或最理想的状态是"和"。当然,这一切的前提是要学礼,用现在的话讲要学法,只有这样,才能知礼、用礼。

1.13 有子曰："信近于义,言可复也。恭近于礼,远耻辱也。因不失其亲,亦可宗也。"

【译文】

有子说:"讲信用要接近于适宜做的、应当做的事,这样才可以履行实践;恭敬接近于礼,可以远离耻辱;所依靠的(人)不失于可亲近的人,也可以尊其为主。"

【注释】

耻,1.辱也。本义:耻辱、可耻的事情。2.羞愧。3.羞辱、侮辱。

复,1.往来也。本义:返回、回来,引申为恢复。2.报复。3.再、又。4.回答。5.免除赋税徭役。6.夹层的。7.重复。

因,1.就也。本义:坐垫、车垫。2.依靠、凭借。3.依照、根据。4.趁着。5.沿袭。6.原因。7.由于。8.由、从。9.于是、就。

宗,1.尊祖庙也。本义:宗庙、祖庙。祖宗、祖先。始祖。2.宗族。同祖称宗。3.尊奉。4.本、主旨、宗旨。

【原文解】

这句话是有子对一个人应有的言、行、交往的论述。

第一是对"信近于义,言可复也"的理解。这是在说言。

首先是"义",关于义的理解,作者在本书的前言中已有较为详尽的阐述,不再赘述。在此仅强调说明,义有两种理解,一是适宜做的事,二是应当做的事。本句中的义两种含义都有,而且缺一不可。因为适宜做的实现不了,就是失信;不应当做的事情就不能去做,当然也就不能承诺。

其次是"复",其本意是返回、回来的意思,以前的学者多将其引申理解为实践的意思。

最后,这句话主要是在说言。儒家认为,一个人答应或承诺别人什么事,要先考虑这件事是否是适宜做的、应当做的事,即是否接近于义,当然符合更好。只有这样的事,才能去承诺,否则这件事就是不义之事,就不应该答应或承诺。如果答应或承诺了,就会使我们陷入一个能否履行、是否应当履行的尴尬境地。去履行吧,会使我们自己陷于不义或者履行不了;不履行吧,又会使自己失信于人。

第二是对"恭近于礼,远耻辱也"的理解。这是在说行。儒家认为,做人做事应当恭敬,孔子不都是"温良恭俭让"吗?但有子认为,对别人的恭敬应当接近于礼,当然符合更好,太过(或不足)都可能招来耻辱。对人不恭敬或不够恭敬可能会找来羞辱,这比较好理解,而我对谁都很恭敬,见谁都鞠躬,都称其为"先生",怎么会招来耻辱呢?会的。如果你见了晚辈,甚至是陌生的晚辈,也鞠躬称其为"先生",你认为会怎么样?同样会招来鄙视。但重要的不在于此,而在于被人羞辱或鄙视会怎样?很明显的就是双方无法沟通、交流,更谈不上合作共事了,进而也就难以行得通了,这问题可就严重了。

第三是对"因不失其亲,亦可宗也"的理解。这是在说交往。人不可避免地要与别人交往,有交往就会有亲近远疏,而所亲近的人对我们的影响很大,这不难理解。那么我们应当亲近什么样的人呢?有子认为我们应当亲近那些可以亲近的人。什么是可以亲近的人?笔者认为,这可以依据孔子所谓的"无友不如己者"和有子所谓的"贤贤易色"等来确定。关于"无友不如己者"和"贤贤易色"的意思前面已经说过了,在此不再赘述。简单说就是亲近那些与自己有共同价值观念的人,也即同德之人。只有亲近了这样的人,我们才能真正地有所依靠,甚至请他们拿主意,甚至合作共事。

说明一下,这句话也有相当多的人解释为:可以反反复复(作)约定或承诺的事合于义;可以远离耻辱的恭敬合于礼;亲近可以亲近的人,也可以尊其为主。此解释与笔者的解释虽有些差别,但不大,也有一定的道理,读者可细细体味。

另外,对于已经做出的约定或承诺,后来发现其不合于义怎么办?子曰"君子之于天下也,无适也,无莫也,义之与比"(详见4.10章)。孟子曰"大人者,言不必信,唯义所在"(《孟子·离娄》)。

《庄子·盗跖》记载了这样的一个故事,尾生与女子期于梁下,女子不来,水至不去,抱梁柱而死。意思是说,一个叫尾生的人与一个女子相约在桥下相见,可这个女子没有来,这时河水大涨,尾生为了守信,抱着桥柱不肯离去,最后被淹死了。这样的守信,致死于非命是谓不孝,且与守信之初衷(与女子相会)大相径庭,就是不义。对于此,在后面的学习中还会有所接触,在此不再多说。

【编意解】

编者意在通过本章有子之语,说明一个人在言、行和交往中应遵循的基本原则,当然这对君子——在位之人尤其重要,因为其是在位之人,会有更多的言、行和交往。应当说明的是,本章有子之语相对于曾子的"三省"之言(详见

1.4章)有所不同,曾子的"三省"之言强调的是自身和内在,而本章有子之语则是强调外在表现,这两者不可或缺。

1.14 子曰:"君子食无求饱,居无求安,敏于事而慎于言,就有道而正焉,可谓好学也已。"

【译文】

孔子说:"(什么是)好学者,吃不追求饱,住不追求安,做事迅速而言语谨慎,向有德者请教进而匡正(自己),能这样做可以说是好学了。"

【注释】

饱,1.厌也,满也。本义:吃足。2.充足、多。

居,1.蹲也。本义:蹲着。引申为处于。2.坐也。3.居住。4.留、停留。5.占、占据。6.积蓄。7.平时。

安,1.静也、定也。本义:安定、安全、安稳。2.安逸、安乐。3.安心。4.疑问代词。什么,什么地方。

敏,1.疾也,本义:动作快。引申为聪明、机智。2.努力、奋勉。

正,1.不骗、不斜。引申为正当、合适。2.人的行为正派、正直、公正。3.纠正、使……正。4.正,与"副"相对。5.长官。6.恰好、正好。7.只、仅仅。8.表示动作的进行、状态的持续。

【原文解】

本章是孔子在论述好学者应有的品质。

第一是"君子食无求饱,居无求安"。首先从前后文来看,此处的"君子"是指好学者。"食无求饱,居无求安"这个标准如果放在今天有些让人不解,但如果放在当时就好理解了。当时的社会生产力很低,一般人有吃的、有住的就不错了,要顿顿吃饱还要有安稳的住所,那就要付出很大的精力才能获得,可是人的精力是有限的,等达到食饱、居安的状态,还有多少时间和精力来学呢? 现在社会生产力有了极大的提高,达到食饱、居安的状态并不难,但是凡事都是有比较的,现在不是有很多人在说,等我把钱挣下了,或等退休后有退休金了再学吧!

说到这里,笔者不禁想起一个故事:有甲乙两个僧人,都很想去很远的一个圣地朝觐。甲僧人计划攒够了钱,做好充分的准备后再去;而乙僧人则当时就决定去,一路上是靠打短工和化缘。过了很长时间,乙僧人从圣地朝觐回来见到了甲僧人,问:"你去圣地朝觐了吗?"甲僧人很羞愧地回答说:"还没有,我还没有攒够钱。"孔子此言实际是说,学要趁早、抓紧,不能等。岳飞在《满江红》里写道:"莫等闲,白了少年头,空悲切!"

话又说回来,已经食饱、居安的人是否更应该赶快学呢?我们现在尤其是孩子还有多少是食不饱,居不安的呢?说句题外话,在现在的社会,"食无求饱"十分有利于身体健康,也有利于学习,因为不易长胖和犯困。孔子是不是很有远见呢?

第二是"敏于事而慎于言"。这一点很重要,好学者学未有成,应先努力学习并力行,行比言重要,也难得多,多说无益,甚至有可能祸从口出。因为孔子之学前面说过是关于价值观及其行为规范的,尚未学成则不免说些错话,被别有用心的听到,很有可能遭不测之祸。这在中国的历史上屡见不鲜。但不是说不说话,只是要"慎言",想好再说,留有余地。

第三是"就有道而正焉"。前面说过,"道"是万事万物(包括人自己)固有的天性及其演化发展的规律。正确而充分地认识了道并能循道而行,即为德。因此,"有道"就是得"道"者,就是有德之人。向有德者请教进而匡正(自己)的必要性和重要性想必就不用多说了吧。应当说明的是,"就有道而正焉"这也许是最符合或最接近现代意义上的学,但它被排在了好学者应有的品质的最后,这说明了什么呢?大家可以细细体会。

【编意解】

编者意在通过本章孔子之语,说明一个好学之人应有的品质,那就是"食无求饱,居无求安,敏于事而慎于言,就有道而正焉"。应当说明的是,在儒家看来,在位之人最好是君子——成就了德行的人,再不济也应当是一个好学之人。

1.15 子贡曰:"贫而无谄,富而无骄,何如?"子曰:"可也。未若贫而乐,富而好礼者也。"子贡曰:"《诗》云'如切如磋,如琢如磨'。其所之谓与?"子曰:"赐也,始可与言《诗》已矣,告诸往而知来者。"

【译文】

子贡说:"贫穷却不奉承、巴结(富贵的人),富有却不自高自大,怎么样?"孔子说:"可以吧。(但)比不上贫穷还乐(于道),富有还好礼。"子贡说:"《诗

经》中说'如切如磋,如琢如磨',说的就是这个吧?"孔子说:"赐啊,现在可以与你谈论《诗经》了,告诉你应当怎样,而你进而知道为什么要这样。"

【注释】

贫,1.财分少也,本义:缺少财物、贫困。与"富"相对。2.缺少、不足。

谄(chǎn),奉承、巴结。

富,1.备也。一曰厚也。本义:财产多、富裕,古与"贫"相对,今与"穷"相对。2.通"福"。3.多的、丰盛的。

骄,1.马高六尺为骄。本义:六尺高的马。2.马高大健壮的样子。3.傲慢、骄矜。4.宠爱、爱怜。5.轻视。

【原文解】

以下两章在阐述学后应达到的境界。

东汉许慎《说文解字》对"诗"字的解释是"诗,志也",《毛诗》序中言"诗者,志之所之也,在心为志,发言为诗"。可见诗乃言志之语。

《诗经》是中国历史上最早的诗歌总集。《诗经》原本叫《诗》,共有诗歌305首(《诗经》有诗311首,其中6首只有题目,没有诗句),因此又称《诗三百》《三百篇》。《史记·孔子世家》记载:"古者诗三千余篇,及至孔子,去其重,取可施于礼义三百五篇。"西汉时被尊为儒家经典,列为"五经"之一,始称《诗经》,并沿用至今。《诗经》中诗的作者,绝大部分已无法考证;其诗成于西周初至春秋中叶,时间跨度五百多年;所涉地域主要是黄河流域和江汉流域。《诗经》对后代诗歌发展有深远的影响,是我国古典文学的重要源头。汉代毛亨、毛苌(cháng)曾注释《诗经》,因此又称《毛诗》,也是当今世上流传的《诗经》。由于过去交通和通信十分落后,而中国的地域又很大,通过读《诗经》来了解不同地域的风土人情,也是许多人阅读《诗经》的重要原因,《诗经》在当时起着百科全书的作用。现在这种需求没有了,而且《诗经》中又有许多生僻字,加上废除了科举,读《诗经》的人已经很少了。尽管如此,《诗经》还是十分值得一读的,下面摘引一些《诗经》中的名句,看看《诗经》的诗句是不是很优美,是不是似曾相识?

"关关雎鸠,在河之洲,窈窕淑女,君子好逑。"(《诗经·国风·周南·关雎》);

"蒹葭苍苍,白露为霜。所谓伊人,在水一方。"(《诗经·国风·秦风·蒹葭》);

"知我者,谓我心忧。不知我者,谓我何求。悠悠苍天,此何人哉?"(《诗经·国风·王风·黍离》)

"青青子衿,悠悠我心。纵我不往,子宁不嗣音?"(《诗经·国风·郑风·子衿》);

"投我以木桃,报之以琼瑶。匪报也,永以为好也。"(《诗经·国风·卫风·木瓜》);

"死生契阔,与子成说。执子之手,与子偕老。"(《诗经·国风·邶风·击鼓》);

"彼采萧兮,一日不见,如三秋兮。"(《诗经·国风·王风·采葛》);

"昔我往矣,杨柳依依。今我来思,雨雪霏霏。"(《诗经·采薇》);

"我心匪石,不可转也。我心匪席,不可卷也。"(《诗经·国风·邶风·柏舟》);

"它山之石,可以攻玉。"(《诗经·小雅·鹤鸣》);

"战战兢兢,如临深渊,如履薄冰。"(《诗经·小雅·小旻》);

"兄弟阋于墙,外御其侮。"(《诗经·小雅·鹿鸣之什·常棣》);

"普天之下,莫非王土,率土之滨莫非王臣,大夫不均我从事独贤。"(《诗经·小雅·北山之什·北山》)。

前面说过,孔子的思想是价值观及其行为规范,也是孔子教学的主要内容,即教学生如何做人做事。本章应当是子贡在学习一段时间后,有所体会,便问孔子做人能够达到"贫而无谄,富而无骄"这种状态和境界怎么样?一般人能做到"贫而无谄,富而无骄"已经是十分难能可贵的了,因此孔子回答说"可也"。但"可也"并不是完全的肯定,含有未尽之意,有克制和坚守之意,未达到率性的境界。还有更高的状态和境界,就是"贫而乐,富而好礼"。

那么子贡为什么会这么问,孔子又为什么会这么答呢?这需要了解一下子贡这个人,子贡先前贫穷,后来通过做生意变得十分富有,其本身又十分聪明好学,便投入孔子门下学习,因其有"先贫后富"的经历,便有此问,孔子也因子贡有此经历而又"聪明好学",希望子贡能达到更高的境界,才有此答。这不仅体现了孔子因材施教的教育方式,而且使我们更深刻地体会到了前一章"就有道而正焉"的含义和"境界"的重要。子贡从自己的经历和学习,得出了做人要"贫而无谄,富而无骄"的结论,但他并没有因此就认为这个结论是确定无疑的,因此向孔子求证,求证的结果是得到了一个更高的境界,这不正是"就有道而正

焉"的生动体现吗?至于境界,"贫而无谄,富而无骄"和"贫而乐,富而好礼"是明显不同的,尽管前面说过"贫而无谄,富而无骄"已经是十分难能可贵的了,但比起"贫而乐,富而好礼"其差别仍是明显的,这就是境界的不同。那么怎样才能有高的或更高的境界呢?这个问题说复杂也很复杂,它取决于人们的好奇心、见识和格局等;说简单也很简单,好学即可。"就有道而正焉"是个简单而快捷的办法,但这种办法所得到的高境界,不具有超越性。本章接下来的话则体现了获得更高境界的办法或规律,同时也说明了好学的另一种表现,或说是更高的表现。

应当说明的是,"贫而乐"在许多古本《论语》中记载为"贫而乐道",结合上下文,"贫而乐道"是应有之意,但正本《论语》中确实没有"道"字。

本章接下来的话是子贡引用《诗经》的话,即"如切如磋,如琢如磨"(《诗经·卫风·淇澳》)。切、磋、琢、磨的具体含义考证起来十分复杂,就笔者的体会,这是过去人们制作器皿的方法和步骤。"切"就是大体上的切割,"磋"就是粗略的锉削和雕刻,"琢"就是比较精细的雕琢,"磨"就是精细的打磨。比如制作一尊佛像,人们先切下一块大小适宜的石头,然后按照心中的设想进行大体上的切割,然后再进行较粗略的雕刻和锉削,这时就得到了一尊有模有样但细看却较粗糙的佛像。为了更好,人们会对细节进行仔细的雕琢、打磨,这样人们得到的就是一尊精美的佛像。精美的佛像是怎样得来的呢?就是"切、磋、琢、磨"。高的或更高的境界也是如此。

说到这里,笔者想起一则寓言。说有一块大石头,被切成了两块,一块做成底座,另一块经"切、磋、琢、磨"被制成了一尊精美的佛像,并安放在了前一块上,供人们朝拜。这时被当做底座的石头气不过,就对佛像说:"我们俩出自同一块石头,为什么你一天到晚的受人朝拜,食尽香火,而我却无人问津?"佛像回答说:"咱们是出于同一块石头,现在我成了这个样子可是经历了千刀万剐啊!"这则寓言与本章的意思并不贴切。这里佛像所经历的千刀万剐是被动地,甚至是痛苦的,而"切、磋、琢、磨"是主动的心灵历练,所进入的新境界带来的是愉悦。但他们都告诉我们一个道理,努力与不努力是不一样的。"人生而平等"这句话现在十分流行,十分理想化,但是否客观、符合现实?大家可以琢磨。这里要强调的是,这句话绝得不出人人是或应当是平等、无差别的这一结论的。一个努力的人怎么能和一个懒惰的人平等呢?尼采说过一句话:一个人是否高贵,不在于他从哪里来,而在于他往哪里去。陈胜说过,"王侯将相宁有种乎"(《史记·陈涉世家》)。

听到子贡引《诗经》作解,孔子十分欣慰,说:"赐也,始可与言诗已矣,告诸往而知来者。"这里可以看出孔子对《诗经》的看重,同时又提出了一个好学者应有的品质。首先,《诗》是言志之言,是有感而言,而且语言艺术极高,因此读《诗》、谈论《诗》是要有一定的修养和悟性的;其次,孔子为什么说始可与子贡言《诗》呢?因为其好学,具体体现在"告诸往而知来者",就是不甘于只知道是什么(知其然),而且还要知道为什么(知其所以然),是个有心人。这不仅是读《诗》、谈论《诗》所必备的(因为要体会的是人的心),也是好学者应有的品质。

【编意解】

编者意在通过本章孔子与子贡的对话,说明以下三个问题:一是一个好学之人应有的品质或更高的品质,那就是"切、磋、琢、磨";二是一个好学之人要知其然,还要有知其所以然的追求和能力;三是要知道境界,要追求更高的境界,因为它给我们带来的是愉悦和欢乐——"好"与"乐"。与第一章中的"说"和"乐"相对应。

1.16 子曰:"不患人之不己知,患不知人也。"

【译文】

孔子说:"不担忧别人不知道自己,担忧不知道别人。"

【注释】

患,1.忧也。本义:担忧、忧虑。2.苦也。苦于。3.忧患、祸害。3.毛病、疾病、得病。

【原文解】

首先是"不患人之不己知"。我们学孔子的思想是为什么呢?首先是为了自己,不是为了别人。这一点必须明确。为自己什么呢?为了使自己懂道理,成为君子,能够适应和生存于社会,能够更好地、从容地生活于社会,进而使自己的家庭和睦幸福;再进而使自己所在的地区和谐进步(如果自己有这样的能力和机遇的话);最终为世界的和平进步作出贡献(这当然需要更大的能力和更好的机遇)。这也就是《大学》所谓的修身、齐家、治国、平天下,而这些"皆以修身为本"。

前面说过,孔子的思想是要学以致用的,孔子不也是周游列国吗?《大学》不也讲齐家、治国、平天下吗?是的。齐家、治国、平天下是"用",所不同的是,

治国、平天下的"用"要求要有非同一般的大德,更要求要有非同一般的机遇,而这个机遇很重要的部分是别人的知晓和赏识,特别是同样有德的领导的知晓和赏识,这样的机遇可遇而不可求。这样非根本的、可遇而不可求的"用"是天意,忧有何用?当然别人知则更好。"不患"是不担心,而不是不希望,相反是希望,但不苟求的意思。

其次是"患不知人也"。要是我们自己不能知晓别人,那麻烦可就大了。在学习中,我们不能知晓别人,就得不到良师益友;做事情时,我们不能知晓别人,就得不到贤才的辅助,所以这真值得我们担忧。

【编意解】

这是《论语》第一篇的最后一章,编者意在通过本章孔子之言,再次强调说明学是为自己,与本篇第一章相互映照。同时也说明,学的一个重要内容或境界是要知人,这一点必须要认识到。

为政第二

2.1 子曰:"为政以德,譬如北辰居其所而众星共之。"

【译文】

孔子说:"处理众人之事要用德,譬如北极,在那个地方不动,而众星环绕着它。"

【注释】

共,1.(gòng),同也。本义:同。2.(gòng),共有、共享,共同、一道。3.(gòng),总共。4.(gǒng),通"拱",抱拳,敛手。两手在胸前相合,表示恭敬。5.(gǒng),围绕,环绕。6.(gōng),通"恭",恭敬。7.(gōng),供给。

【原文解】

首先是对"政"的理解。"政"在前面已经有所注释(详见1.10章注释)。这里要说明的是,中华民国第一任总统孙文(字中山)对政的定义是,"政是众人之事",笔者认为十分贴切而又易懂,以为然。为政就是处理众人之事。既然如此,为政就不仅仅是为官者的事情了。凡是处理与众人有关的事情,从广义上讲都是为政。

其次是对"德"的理解,关于德的意思,前言中已经有较为详细的阐述,不再赘述。"以德"的意思就是顺应自然、社会和人类固有的天性及其演化发展的规律去做事。用现在的话讲,就是按规律办事。如何才能"以德"?其基础条件就是有德,也就是有才能、有能力。

再次是对"北辰"的理解。北辰就是北极,天之枢也。实际上就是地球的自转轴,由于地球的自转,使众星看起来都在环绕着它转。应当说明的是,这里的"北辰"不是指北极星,而是指一个特定位置,只不过北极星刚好在那个位置而已。

最后,"为政以德"就是在处理众人之事时要按规律办事。这样做就掌握了事务的中枢,看起来没有做什么,事情却自然而然的成就了。就像北极一样,虽

然在那里不动,而众星却环绕着它。这与道家所谓的"无为而治"十分相近,但这里的无为可不是什么都不做。要认识道,这就要下一番工夫;除此之外还要依道而行,依道而行很重要的一方面就是不要掺杂不符合道的主观行为。这一点很难!欲速则不达的道理大家都懂,可拔苗助长的事情却屡见不鲜。原因一方面是对道的认识是很难的,尤其是全面而正确的认识道更是难上加难;而更重要的方面是人的贪欲,这个贪,不仅仅是指贪财,还包括贪名、贪功,等等。

这里还要着重说明的是,前面讲过,"德"又引申为"品德"。但在本章中孔子所谓的德,不能理解为"品德"。"品德"是一种评价,有人们的好恶,同一个事物或行为,在不同的人看来,就有不同的评价,有的认为好,有的认为不好。更为重要的是,有谁会认为自己的品德不好呢?而"道"是固有的天性和规律,对"道"的理解和遵循不因人们的好恶而有所不同或改变。

【编意解】

通览本篇,笔者认为是在讲如何为政,即如何处理众人之事。编者意在通过本章孔子之语,开宗明义地提出为政的最基本也是最核心的原则——"为政以德",就是从实际出发,按规律办事。同时也说明为政必须要有一个核心——"北辰"。

2.2 子曰:"诗三百,一言以蔽之,曰:'思无邪。'"

【译文】

孔子说:"《诗经》里的诗,用一句话概括它,(就是诗中所说的)'思无邪'。"

【注释】

蔽,1.障也、隐也。遮住、遮掩。引申为掩饰、隐藏。2.蒙蔽。3.概括。

思,1.容也。本义:思考、想。引申为想念、怀念。2.心情、思绪。3.句首、句中、句末语气词,无实义。

邪,1.(xié),不正当、邪恶。2.(xié),异常。妖异怪诞。3.(xié),中医指引起疾病的环境和因素。4.(xié),歪斜,与"正"相对。5.(yé),疑问语气词,相当于现代汉语的"吗""呢"。

【原文解】

本章很简短,我们从中应体会以下两方面的含义。

首先,本章是前一章的继续。前一章讲的是"为政以德",而"德"是对"道"

的理解和遵循,那么道又在哪里呢?是不是符合道的事都要去做呢?"道"的表现十分丰富且不易掌握。这时孔子给人们提供了一个参考,这就是"诗三百"(即指《诗经》,详见1.15章)。中国古代就有采诗之官,所收集的诗用来供统治者"观风俗、知得失、自考正"(《汉书·文艺志》)。《史记·孔子世家》记载:"古者诗三千余篇,及至孔子,去其重,取可施于礼义三百五篇。"《诗经》内容非常丰富,不仅有劳动与爱情、战争与徭役、压迫与反抗、风俗与婚姻、祭祖与宴会,甚至还有天象、地貌、动物、植物等,由此可见"诗三百"的作用。那么经过孔子认可和编纂的"诗三百"有怎样的特质呢?那就是"无邪"。无邪为正,前面说过,政者正也,正乃匡正之意,因此"诗三百"可作为"为政"的参照,甚至依据。

这时可能会有人提出疑问,现在已经时过境迁,随着科技、经济的急速发展,人们的视野有了极大的扩展和延伸,"诗三百"还能是"为政"的参照,甚至是依据吗?笔者认为仍然有参考的作用,甚至更迫切。这种参考更多的是指其精神——"无邪"。第一,所谓的"时过境迁"是外在的时过境迁,但人的心没有变,人的本性没有变,因此对为政"无邪"的要求也没有变,也不可能变;第二,正是科技、经济的急速发展,人们的视野有了极大的扩展和延伸,而这不免使人们眼花缭乱,正如老子(《道德经·道篇》第十二章)所谓"五色令人目盲;五音令人耳聋;五味令人口爽;驰骋畋猎,令人心发狂;难得之货,令人行妨",亟须正本清源,回归真我;第三,也是最为重要的,就是当时"诗三百"收集的初衷或者说是目的——"观风俗、知得失、自考正",仍是为政的原则,说白了就是知民心,以民心为依归。

其次,本章对诗的定义和要求,那就是"无邪"。前面说过,《诗经》是中国历史上最早的诗歌总集,由孔子编纂而成。《诗经》对之后中国的文学,尤其是诗歌影响巨大而深远。而诗是言志之言,有感之言,应当是真情流露,真情的流露当然"无邪"。因此,"无邪"也成为了对诗的定义和要求。

最后,应当说明的是,此处的"思"是一个语气词,没有实际意义,因为为政不仅仅要思无邪,而且言、行也要无邪。"思无邪"是《诗经·鲁颂·駉》中的一句,如果将其理解为思考,也与原来的诗句不容。

【编意解】

编者意在通过本章孔子之语,说明为政的一个重要原则,那就是无邪,思、言、行都应无邪。怎样才能做到如此,那就是要知民心,以民心为依归。

2.3 子曰:"道之以政,齐之以刑,民免而无耻。道之以德,齐之以礼,有耻且格。"

【译文】

孔子说:"以法令制度教导(民众),以刑罚来整饬(民众),民众会因求免于刑罚而服从,但不知道羞耻;以德来教导(民众),以礼制来约束(民众),民众就会知道羞耻并且归附。"

【注释】

齐,(qí),1.禾麦吐穗上平也。本义:禾麦吐穗上平整。引申为整齐、一致。2.一同、一齐。3.等同。4.齐全。5.敏捷。6.肚脐。7.朝代名、诸侯国名。8.(jì),调剂。9.(zhāi),通"斋",斋戒。

刑,1.刑罚、刑法。2.杀。3.铸造器物的模子。4.法式、典范。5.示范。

格,1.木长貌。本义:树木的长枝条。引申为栅栏,格子。2.格式、标准、风格。3.阻止、阻碍,引申为抵御、抵挡。4.击、打。5.推究、研究。6.正、纠正。7.到、来。

【原文解】

孔子这里仍然在说"为政"的原则和方法,解释为政为什么要用德,怎样用德,以呼应本篇第一章。这里仍是两个境界。

第一是"道之以政,齐之以刑,民免而无耻"。首先要理解什么是"政"?什么是"刑"?"政"从攴从正。攴(pū)是敲击,意思就是统治者靠皮鞭来推行其政治。"刑"是指刑罚,对犯罪的处罚,也是最严厉的处罚,主要是剥夺人的自由,伤害人的身体(如打板子、割鼻子、砍腿等肉刑),甚至剥夺生命。现在仍然是如此,只是伤害人的身体的肉刑已经很少见了(我国已经取消了,但有些国家还有),但死刑还有。了解"政"和"刑","道之以政,齐之以刑"就不难理解了。这里的"道"通"导",是教导、指导的意思。"道之以政"就是教导民众要遵守法令制度,因为这是我制定的,而我是国君,是代表国家的,我手中有皮鞭。这有一定的道理,因为前面讲过(详见1.2章),儒家的一个核心价值观就是要遵守秩序,要有上下。但仅仅因此,就如此教导未免太过简单、粗暴,因为这样的教导忽略了或忘记了"要遵守秩序,要有上下"的目的和"秩序"应当是什么样的秩序。"齐之以刑"就是用刑罚来保障国家制定的法令制度的执行。

为什么会出现这样的情况呢？因为当时周天子已形同虚设，各诸侯国陷入丛林式的竞争，为了生存、发展乃至称霸，急功近利，不择手段，无所不用其极，为政之时，也就顾不上用"德"了。制定法令制度常常不遵循人的本性和事物的发展规律，强征暴敛，穷兵黩武，为保证这样的法令制度能得以切实执行，也就只能用强权，即刑罚了。当然，这也与当时各诸侯国所处的大环境不无关系。

这会造成什么样的结果呢？结果就是"民免而无耻"，这里的"免"是"苟免"。这不能长久，当"苟免"而不可得之时怎么办？揭竿而起！这在孔子之后中国历史发展中得到了鲜活的印证。孔子之后，秦国采用法家学说，严刑峻法以治国，迅速强大，最终统一中国，建立了强大的秦王朝，可是不久陈胜吴广就因不能"苟免"于死，便揭竿而起，强大的秦王朝转瞬即灭。更耐人寻味的是，在秦王朝灭亡的过程中和灭亡之后，没有谁同情它，为之惋惜，更不用说为之而战了，强大的秦军就像人间蒸发了一样。

可是话又说回来了，秦国也是因此从春秋战国的混乱中生存了下来，而且还建立了统一中国的秦王朝，这样的成就也可算伟大了。丛林式的竞争也有其道，从这点来看，秦国当时所制定的法令制度也是符合丛林式竞争之道的。只是秦国变成秦朝后，丛林式的竞争没有了，可是其法令制度却没有因之而变，已不符合道、不符合德了，所以行不通了，这时就不是"为政以德"了，就是"齐之以刑"也不行了。由此可见，"道之以政，齐之以刑"并非一无是处，尤其是法令制度自觉或不自觉的符合道、德时，还是可以取得很大的功效的。老实说，中国历史上的大多数时期还达不到秦国当时的为政水平，不教而诛、因人因事而废立法度之事例数不胜数。如此为政有缺憾、不够完美，主要表现在它不能得到人们发自内心的认同，口服而心不服，不以遵守它为荣，也不以违反它为耻，因此当人们一旦可以不遵守它，便会毫无留恋的抛弃它；当人们一旦无法再遵守它，便会拼死的推翻它。那么怎样为政才更好、更完美呢？那就是"道之以德，齐之以礼"。

第二是"道之以德，齐之以礼，有耻且格"。

首先，"道之以德，齐之以礼"并不是对"道之以政，齐之以刑"的否定，至少不是全盘的否定，前面说过，真正做到"道之以政，齐之以刑"也是可以取得很大的成就的，况且孔子从没有否定过"刑罚"的作用，实际上在过去崇尚孔子思想的两千多年中，中国历朝历代，没有哪个朝代废除过"刑罚"，相反都有一个叫"刑部"的衙门。

其次,"道之以德,齐之以礼"是"道之以政,齐之以刑"的升华,不仅能治国而且可以安民。为什么会有此功效呢?这就要求我们对"德"和"礼"的含义有所认知。有关于此,笔者在前言中已经有较为详细的阐述,在此不再赘述。"道之以德"还是教导民众要遵守法令制度,但这个法令制度是按照事物的本性及其发展规律制定的,是以道为根基的,因而也是通人性的、行得通的和行之有效的,也正因为如此,它才叫德。"齐之以礼"就是用礼来保障法令制度的执行。用刑罚来保障法令制度的执行可以理解,用礼怎么能保障法令制度的执行呢?前面我们说过,"礼"是"德"的外化,是符合"德"的制度,同时我们还说过,"礼"自天子出,也就当然含有"这是我制定的,而我是国君,是代表国家的,我手中有皮鞭"的意思,也就是有强制的作用。而这样的教导和这样的制度,长期被遵守后,人们就会觉得这样做确实是应当的、合理的,是有利于大家并最终有利于个人的,因此人们就会自觉遵守。这样的教导和这样的制度人们是从内心认同的,口服心服,以遵守它为荣,以违反它为耻。也因此,当人们一旦可以不遵守它,还会留恋它;当人们一旦无法再遵守它,还会想办法恢复它。孔子不就是留恋并想办法恢复那些"先王之道"吗?

最后说明一点,此处的"格",过去的学者有将其解释为正、纠正,也有将其解释为到、来。这些解释都是有依据的,句意也是说得通的。但笔者认为后一种解释其含义更为贴切、深远。"到""来"干什么?当然是归附。为什么会归附?因为内心认同。

第三讲一点感悟,本章孔子之言,对教育子女非常有借鉴意义,我想读过此章的人都或多或少、或隐或现的有所体悟。我们是家长,不管是正的还是副的,教育子女义不容辞。怎样教育?命令吗?因为我们是家长,孩子不完全懂事,这不可避免!但只有这样吗?还有更好的办法吗?我想读过此章的人一定会有肯定的答案。但做起来可不容易,因为这要有"德",而德是要付出艰辛的努力才有可能获得的。

【编意解】

编者意在通过本章孔子之语,说明为政的一个重要原则,那就是应尽量用德和礼,以此为主,少用政与刑,以之为辅。

2.4 子曰:"吾十有五而立志于学,三十而立,四十而不

惑,五十而知天命,六十而耳顺,七十而从心所欲,不逾矩。"

【译文】

孔子说:"我十五岁时立志于学(先王之道),三十岁时成立,四十岁时不再有疑惑,五十岁时知道了天命,六十岁时再听不到违逆不解之言,七十岁时能够顺从自己的喜好(行事),不逾越法度。"

【注释】

立,1.侸(shù)也。侸,古同"树",本义:笔直的站立,引申为竖立。2.设立、建立。3.存在、生存。4.登上帝王或诸侯的位置。5.立刻、马上。

惑,1.疑惑、分辨不清。2.迷惑、蛊惑。

天,1.颠也。颠者,人之顶也。本义:人的头顶。2.至高无上。天空。3.天体、天象。4.神话中的天上世界、天宫。5.指自然界,引申为自然生成的。6.人们想象中的的万物主宰。7.天气。8.古时候在人的额头刺字涂墨的刑法。

命,1.使也。从口从令。表示用口发布命令。本义:指派、发号。2.命令。3.命运。4.生命、性命。5.取名、命名。

顺,1.顺着,引申为沿着、循着。2.顺应、顺从,与"逆"相对。3.顺理、顺理的。4.和顺。5.通顺。

欲,1.贪欲也。本义:欲望、嗜欲。2.想要。3.欲望、愿望。4.爱也。爱好、喜爱。5.将要。

矩,1.本义:矩尺,画直角或方形的工具。2.法度。

【原文解】

本章是孔子自言的心路历程,也可以说是简单的自传、年谱,借以告诉人们学习的历程和相应的境界。那么孔子的心路历程是怎样的呢?孔子以自己不同年龄所做的事情或达到的境界来描述。

第一,"吾十有五而立志于学"。这不是说孔子十五岁时才开始学习。前面说过,孔子是鲁国的小贵族,在很小的时候就已经要开始学习,但这是被动的,只是到十五岁时立志于学,这是主动的。开始学和立志于学是明显不同的。古人十五岁时开始入大学,大学就是大人之学,即格物致知、诚意正心、修身齐家、治国平天下之类。孔子立志于学,是学"先王之道",何谓"先王之道"?前面已经说过(详见1.12章)。为什么要学"先王之道"?因为"先王之道"曾使"天下平"。

第二,"三十而立"。就是说孔子十五岁立志于学后,经过十五年的学习,所

学成立。此处的立是竖立的意思。什么叫"所学成立"？就是对"先王之道"学无遗漏，并能坚守之。说简单点，就是在这个领域里，该学的都学了，并能照着做，就是"知其然"。

第三，"四十而不惑"。就是说孔子三十岁所学成立后，又经过了十年心理历练，达到对所学不再有疑惑。有人会问，这时孔子才对所学不再有疑惑，难道之前对所学存有疑惑？孔子不是十五岁时就立志于学了吗？笔者认为，孔子十五岁时立志于学是因为他看到了行"先王之道"可以实现"天下平"的理想，也因此，在其"所学成立"时能坚守之。坚守有勉强之意。而此时的不疑惑，是知道了"先王之道"为什么能实现"天下平"，也就是"知其所以然"，是发自内心的不疑惑，是真信、真以为然，境界明显不同。

第四，"五十而知天命"。就是说孔子四十岁时不再有疑惑后，又经过了十年心理历练，感知到了天命。什么是天命？从字面上理解就是上天的命令。孔子四十岁时对所学就不再有疑惑，深信不疑。孔子这时可能就会想，这些已不被人们（尤指统治者）遵循且已经快要被遗忘的"先王之道"，为什么他有机会学到并深以为然？是天意吗？答案是肯定的。他得到这些后又该做些什么呢？就是将"先王之道"推广于当时，流传于后世。这就是孔子自感之使命——"天命"！子曰"文王既没，文不在兹乎？天之将丧斯文也，后死者不得与于斯文也；天之未丧斯文也，匡人其如予何"（详见9.6章）。唐代诗人李白有句诗，叫做"天生我材必有用"。其实每个人生来都是有一定的使命的，但不是人人都能认识到的。认识不到是很可悲的事情，一辈子浑浑噩噩，不甘心、不满足，又不知道方向和目标，十分郁闷，只能用满足自身的肉欲和虚荣来填补空虚和无聊。那么如何才能知道自己的天命呢？从孔子的经历来看，就是不断的学习、深入的探索、用心的体会，无论在哪一方面。

第五，"六十而耳顺"。孔子六十岁时再听不到违逆不解之言。就是说孔子在五十岁时知道了天命后，又经过了十年心理历练，达到了耳顺之境界。什么是"耳顺"？从字面理解就是听什么话都顺，没有不顺的。也就是听不到违逆不解之言。这时也许有人会问，孔子又不是什么达官显贵，怎么会听不到违逆之言？就是皇上还能听到逆耳之忠言呢！孔子虽然智慧，可糊涂的人更多，糊涂人的糊涂语孔子也能理解吗？回答这些疑问要了解一个前提，那就是孔子在四十岁时就已不惑，已经是得"道"之人；孔子在五十岁时已知天命，已经认为将"先王之道"推广于当时并使之流传于后世是自己的使命，为此孔子出仕为官、周游列国、开坛讲学,又经过了十年。此间(实话、假话;有见解的话、没有见解的话;奉承的话、污蔑的话)什么样的话没有听见过?可早已得道,又经过二十年心理历练的孔子,这时一听到别人说话,就知道他们心里是怎么想的,为什么说这些话,既然知道这些又有什么听不顺的呢?这时孔子已达到甚至超过了"人不知而不愠"的境界了。帝王虽然位高权重,但他未必得"道";至于"糊涂人的糊涂语",如果你知道他是真糊涂还是假糊涂,为什么糊涂,糊涂在哪里,还有什么不能理解的呢?就像一个成年人听到小孩子说的一些幼稚的、违逆的、发狠的话,你会感到有什么不能理解的、不顺的吗?这使笔者不禁想起了"盲人摸象"的故事,一个看过大象的人,听到盲人所得出的关于大象的认识,能够听起来不"耳顺"吗?能够觉得违逆不解吗?

第六,"七十而从心所欲,不逾矩"。孔子七十岁时能顺从自己的心意(行事),但不逾越法度。就是说孔子六十岁时达到了耳顺之境界后,又经过了十年心理历练,达到能顺从自己心意(行事),不逾越法度的境界。这时也许有人会问,顺从自己心意行事和不逾越法度怎么会不冲突呢?可以不冲突。为什么这样讲呢?当然这里的法度符合"先王之道",孔子这时经过几十年的心理历练、精进,已达到心、道合一,其所欲与"先王之道"合,那么当然即使顺从自己心意行事也不会逾越法度。那么所处环境的法度不符合或有违于"先王之道"呢?其实"先王之道"中就有一条叫"不立于岩墙之下"(《孟子·尽心上》)。

第七,收获。从上面孔子自言的心路历程,也可以说是简单的自传或年谱中,笔者认为至少有以下两点收获:第一,通过孔子自言的心路历程,为我们树立起一个个标杆,用于自检,看看我们到了什么程度。第二,我们知道,中国人是很注重回顾自己的一生的,可在孔子简单的自传中,我们没有看到孔子说自己在什么时候当了什么官,在什么时候干了什么事业,在什么时候挣了多少钱,只是在说学到、历练到什么程度和境界。应当说明的是,关于孔子所达到的境界的解读和体会,"立志""而立""不惑"和"知天命"这四项,笔者或有所经历,或有所耳闻目睹。至于"耳顺"和"从心所欲,不逾矩"这两项,笔者未曾有过经历,也未曾有过耳闻目睹,所谓的解读和体会未必可信。

【编意解】

编者意在通过本章孔子之语,说明为政的一个重要原则,那就是不断的学习,这也是获得"德"的主要途径。笔者认为事在人为,众人之事也是一样,要靠人来办,因此从政者或者领导就很重要。那么这个从政者或领导应当是什么样的呢?编者在此用孔子的话进行了描述。这时可能有人会问,编者的要求是不是太高了?像孔子这样的人有几个?笔者认为这是误解了编者的意思,本章孔子对自身境界的描述也是有层次的,是随着时间而提高的,不是一蹴而就的。而从政者或领导也有大有小,有不同的岗位,什么样的岗位用什么样的人也是很有学问和很有讲究的。孔子对自身境界的描述可以做一个标杆。任命一个领导,要看他达到什么样的程度。但笔者认为,无论任命谁做领导,最起码这个人要有志。什么志?从政之志,用毛泽东主席的话叫"为人民服务"之志;学习之志。光有"为人民服务"的心是不行的,还要有"为人民服务"的能力,这是要学的。不仅要学而且要学有所成,什么叫学有所成?最起码也要达到"立"的程度,当然,能达到"不惑"甚至"知天命"的程度,那就更好了。

2.5 孟懿子问孝。子曰:"无违。"樊迟御,子告之曰:"孟孙问孝于我,我对曰,无违。"樊迟曰:"何谓也?"子曰:"生事之以礼,死葬之以礼,祭之以礼。"

【译文】

孟懿子问孔子(怎样做是)孝。孔子说:"不要背离。"樊迟为孔子驾车,孔子告诉他说:"孟孙问我(怎样做是)孝,我回答说,不要背离。"樊迟问:"这是什么意思?"孔子说:"父母在的时候,按照礼侍奉他们,父母去世了,按照礼安葬他们,按照礼祭祀他们。"

【注释】

孟懿子,姓仲孙,名何忌,谥(shì)号"懿",鲁国大夫,曾遵其父孟僖子仲孙貜之命学礼于孔子,本应有孔门弟子之名,但《史记》弟子传无记载。据传是因为孟懿子不尊礼行事,既负其师又负其父。

违,1.离也。本义:离开、避开。2.违背、违反。3.邪恶。

樊迟,姓樊,名须,字子迟,孔子弟子,比孔子小四十六岁,"七十二贤"之一。

御,1.使马也。本义:驾驶车马。2.驾驭、控制、治理。3.侍奉,多指侍奉君主。4.进献,多指进献君主。5.与皇帝有关的事物。6.抵挡、阻止。

丧,1.(sàng),亡也。本义:丧失、失掉。2.(sàng),逃亡、流亡。3.(sàng),悲伤、哀伤。4.(sāng),死亡、死人的事情。5.(sāng),灵柩。6.(sāng),丧事、办丧事。

祭,祀也。本义:祭祀。祭者,所以追养继孝也(《礼记·祭统》)。是对死者表示追念的仪式。

【原文解】

此处是孔子通过别人的询问在论述什么是孝。包括本章及之后的三章共有四章。孔子对不同的人的询问之回答是不同的,这使我们不仅能看到孔子因人施教的教学方法,更能领会到编者如此编排所要表达"孝"的四个逐步递进的境界。

第一个境界,就是本章所谓的"生事之以礼;死葬之以礼,祭之以礼"。孟懿子是奉父命向孔子学礼,本有不情愿之意,孔子早就看出来了,因此在其问孝时,孔子回答"无违",表面意思就是不要违背父命。深层次的意思是什么呢?孟懿子不是不愿学,就是学习不求甚解,没问,孔子也就没有再往下说。可能后来孔子也觉得应当把意思说清楚,便有了下面与樊迟的对话,希望樊迟能向孟懿子转述。

对孔子与樊迟的对话应有两方面的体会。首先,樊迟比孟懿子好学,求甚解,知道不懂就问。从另一个方面讲,好学与否可以通过是否好问、求甚解来判断和自我判断;其次,"孝"的基本原则是"生事之以礼;死葬之以礼,祭之以礼"。这些是基本的,也就说是最重要的,必须做到的,同时也说明这些是不完美的、低层次的和有待提高的。

为什么说"生事之以礼;死葬之以礼,祭之以礼"只是"孝"的基本要求呢?因为这都是礼的要求。前面我们说过,"礼"是一种制度,而制度的要求总是最低的,也是最基本的。违反制度的规定是要受到谴责甚至处罚的,当然,违反不同种类和性质的制度,所受到的谴责、处罚及其程度也是不同的。我们通过以下几章孔子对"孝"的阐述,也可以得出这样的结论。

生养死葬是孝的内容,这大家很好理解,那么祭呢?这就要了解祭的含义。祭者,所以追养继孝也(《礼记·祭统》),是对死者表示追念的仪式。

【编意解】

编者意在通过本章及之后三章的孔子之语,系统而有层次地论述孝,进而说明为政的一个重要原则,那就是"孝"——遵守和提倡孝道。"孝"是基础,过去中国有句古话叫做"以孝治天下"。

2.6 孟武伯问孝。子曰:"父母唯其疾之忧。"

【译文】

孟武伯问孔子(怎样做是)孝。孔子说:"父母只对子女的疾病担忧。"

【注释】

孟武伯,姓仲孙,名彘(zhì),谥号"武",鲁国大夫孟懿子的儿子。

疾,1.病也。从疒从矢。"疒"与"矢"连起来表示"人体中箭"。本义:人体中箭。引申义:外伤。泛指病。2.痛苦、疾苦。3.缺点、毛病。4.厌恶、憎恨。5.嫉妒。6.快、急速。

忧,1.愁也。本义:担忧、发愁。2.居丧。3.忧患、祸患。

【原文解】

这是"孝"的第二个境界。

准确理解这句话的意思,首先要了解孟武伯这个人。前面讲了,孟武伯是鲁国的贵族,孟懿子的儿子,鲁国大夫,谥号"武"。谥号是古代皇帝、贵族、大臣、杰出官员或其他有地位的人死后所追加的带有褒贬意义的称号,后期赐谥权高度集中于皇帝手中。谥是某种意义上的盖棺定论,中国人是很重视的,也应是很严肃的事。孟武伯谥号"武",在当时"武"为"刚强直理、威疆睿德、克定祸乱、邢民克服、大志多穷"。由此可见,谥号"武"是很高的评价,比如汉武帝(刘彻)、岳武穆(岳飞)。至于孟武伯有什么事迹我们不得而知,据称其"生于世禄之家,凡骄奢淫逸声色狗马皆切身之疾"。由此看来,孟武伯所以谥号"武",完全是因其权势所致,也由此可见,所谓谥号的客观性和真实性是不可信的,至少不能全信。知道了孟武伯这个人,孔子此章的话就好理解了,就是孟武伯做到让父母只为其疾病担心就算孝了,其中的含义就是,不要再做"骄奢淫逸声色狗马"这些有害身体的事。

其次,如果除去本章孟武伯这个对话对象,孔子的话的境界就更明显地体现出来了。那就是做到"父母只对子女的疾病担忧"就是孝。为什么这样说呢?前一章说的是做,主动的做,按礼去做,就是孝。而本章是不做,不做什么?不做让父母担心的事,让父母只为自己的疾病担忧。不得病不是更好吗?但这不可能,尤其在过去,医学很不发达,疾病非人力所能免,其实现在又何尝不是如此,只是程度不同罢了。父母爱子女可谓无所不及,尤其是子女的身体,身为人子应"以父母之心为心",要爱护好自己的身体,不要做有损于自己身体的事,使自己处于危险的境地,否则就是不孝,或不够孝。现在很多人,尤其是年轻人,平时对父母也不错,但有熬夜、酗酒等情况,甚至是习惯,也知道这些都有损自己的身体,但没有意识到自己的这些行为,会让父母极为担心,也是一种不孝的行为。曾子"启予足,启予手"(详见8.3章)之语就是一个生动的事例。

【编意解】

编者意在通过本章孔子之语,说明孝的第二个境界,那就是不要做让父母担心的事情。

2.7 子游问孝。子曰:"今之孝者,是谓能养。至于犬马,皆能有养;不敬,何以别乎?"

【译文】

子游问孔子(怎样做是)孝。孔子说:"今天的孝,是说能够供养。至于犬马,都能有所供养;没有尊敬,用什么来区分呢?"

【注释】

子游,姓言,名偃,字子游,亦称"言游""叔氏",春秋末吴国人,孔子的著名弟子,"孔门十哲"之一,以文学著称,比孔子小四十五岁。

是,1.直也。从日正,本义:正、不偏斜。2.正确、是。与"非"相对。3.指示代词。这、这个、这样。4.凡是。5.商业、职业或政府的事务、业务或国务。

养,1.供养也。养活、使生活下去。2.养育。3.保养。4.教育。5.给养、生活资料。6.饲养。7.厨师。8.通"痒"。

别,1.分解也。本义:分解。2.分离、分开、分出。3.区分、辨别。4.离别、告别。5.另、另外。

【原文解】

这是"孝"的第三个境界,就是要"敬"。

前面两章讲了孝应当做什么,不应当做什么,本章则是态度——"敬"。也许子游是孔子的得意弟子之一,因此当子游问孝时,孔子的要求就高了,告知的境界也就高了。父母老了总是要和子女生活在一起的,这在过去也是当然的。现在很多父母老了却独居在一处,原因很多,也很堂皇,但这些都是真正的理由吗?都是无法克服的吗?父母老了和子女生活在一起,不仅仅是要子女对其有所供养,为父母做些什么。如果仅仅是这样,狗可以看家、马可以代步拉车,也可以为父母做些事,那么子女和犬马又有何区别?区别就在"敬",因为犬马可以为人、为父母做许多事,但不会"敬",如果子女也不敬父母,那也确实与犬马

没有什么区别了。其实,随着社会经济的发展,越来越多的父母并不需要子女在物质上有所供养,"敬"的问题在现时就更为突出了。

【编意解】

编者意在通过本章孔子之语,说明孝的第三个境界,那就是态度要端正,要敬。

2.8 子夏问孝。子曰:"色难。有事,弟子服其劳;有酒食,先生馔,曾是以为孝乎?"

【译文】

子夏问孔子怎样是孝。孔子说:"脸色很难。有事时弟子奋力以赴去做;有好吃好喝的给父母吃,这难道就是孝吗?"

【注释】

难,1.(nán),困难,与"易"相对。2.(nàn),灾难、患难。3.(nàn),反驳、质问对方。4.敌、仇怨。

劳,1.本义:努力劳动、使受辛苦。2.费力、吃力。3.疲劳、劳累。4.功劳。5.慰劳。

馔(zhuàn),1.陈设或准备食物。2.食物,多指美食。3.吃、喝。

【原文解】

这是"孝"的第四个境界,就是"色难"。

"色难"是说侍奉父母时做到面有愉色很难。人的脸色与心相通,很难作假,是真心的欢笑还是皮笑肉不笑、强颜欢笑这大家都能看出来。"有事,弟子服其劳;有酒食,先生馔"这已经是很不错的了,有"敬"之意,现在真正能做到的人,说老实话并不多,尤其是有事时弟子奋力以赴去做这一点。可是在孔子眼里,这还不够,还要面有愉色。为什么?因为要真正的面有愉色,就必须有对父母的真爱、深爱。其实只要有对父母的真爱、深爱,这一切也就都是自然而然的事,没有什么可为难的。否则就勉为其难的做吧!

说明一下,"先生"字面的意思就是指年龄比自己大的人,此处指父兄。以此外延为对有一定地位、学识、资格的人的称谓。古汉语中"先生"一词是对有学问者的尊称,并非所有人都可称为先生,现在衍变成对成年男性的一种普通称呼。

通过这四章的学习,笔者不禁想到了庄子在《天运》中的一段论述:

以敬孝易,以爱孝难;以爱孝易,以忘亲难;忘亲易,使亲忘我难;使亲忘我易,兼忘天下难;兼忘天下易,使天下兼忘我难。

意思就是:用尊敬来行孝容易做到,但用爱心来行孝就有点困难;用爱心来行孝容易,但行孝时忘记双亲比较困难;行孝时忘记双亲容易,但使双亲忘记我更加困难;行孝时使双亲忘记我容易,我同时忘记天下人尤其困难;我同时忘记天下人容易,使天下人忘掉我的存在,那才是难上加难啊!

这里庄子又向我们阐述了"孝"的五个境界,但笔者认为,庄子的论述在以爱行孝之后的境界太过理想化,已非常人所能,所以孔子未作阐述,但作为个人的修养目标,不妨努力一下。

【编意解】

编者意在通过本章孔子之语,说明孝的第四个境界,那就是内心要对父母有真爱、深爱,只有如此,一切才可能是自然的。

2.9 子曰:"吾与回言终日,不违,如愚。退而省其私,亦足以发,回也不愚。"

【译文】

孔子说:"我与颜回说了一整天的话,(颜回)都没有不同意见,好像很笨。(颜回)退出之后,(我)观察他私下与同学交谈,足以发挥所学,颜回不愚。"

【注释】

颜回,曹姓,颜氏,名回,字子渊,亦称颜渊,鲁国人,孔子最得意的弟子,比孔子小三十岁,以德行著称,不幸早亡。

愚,1.戇也。本义:愚蠢、愚昧。2.欺骗。3.自称之谦词。

发,1.(fā),射发也。本义:放箭。2.(fā),出发、派遣。3.(fā),兴起、产生、发作。4.(fā),表现、显露。5.(fā),打开、开掘。6.(fā),发放。7.(fà),头发。

【原文解】

读到这里,可能有人会感到有些奇怪,前面说为政以德、说孝,中心明确,可说得好好的,怎么突然说起颜回愚还是不愚了。笔者认为,前面几章在说为政者(或统治者)应秉持的思想和自身应有的修养,但为政并不仅此而已。政乃

众人之事,众人之事当然要靠众人来做。不能光靠一两个为政者(或统治者),还要靠下面的人去推行。这就牵扯到用人的问题,而用人的前提是知人。这是个大问题,"患不知人"(详见1.16章)嘛!笔者认为,本篇本章以及之后的五章都在讲知人,包括知人的方法和判断一个人是否具备君子的某项品行(因为君子在孔子看来是最理想的从政者或领导)。本章是孔子在讲自己如何认知自己最得意的弟子颜回的。从本章中我们应有两方面的体会。

首先,知人一定要"退而省其私"。千万不能只从表面的表现来认知一个人,尤其是认知比自己地位低的人。我们知道,颜回这个人非常好学且聪明,说他好学其实是孔子向外人介绍颜回时的评价,因为是自己的弟子,有些自谦,其实根据《论语》中关于颜回的记载,颜回可谓是乐学者。但就是这样的一个颜回,以孔子之明,初见时也不能准确认知。孔子教其终日,颜回却没有任何质疑,这说明什么呢?要么是太蠢,完全没有听懂,提不出什么问题。应当说明的是,这种人极少。要么就是虽然有没听懂的地方,却因性格孤僻,不善沟通交往,不会或不敢提问题。应当说明的是,不善沟通交往,不会或不敢提问题,这也是愚蠢的表现,对于一个学生来讲尤其如此。要么就是非常聪明,完全听懂并赞同,没有什么疑问。应当说明的是,这种人更是极少的。

孔子不认为颜回是第一种情况——完全没有听懂,因为孔子所教的是其之前两千多年逐渐形成的思想,这个思想建立在人间和今生,而非上天与来世,更是符合人性的,作为土生土长的颜回,就是再笨,也不可能一点都听不懂。但孔子也不认为颜回是第三种情况——非常聪明,完全听懂并赞同,因为孔子所教的毕竟是其之前两千多年才逐渐形成的思想,是非常深刻的。所以孔子认为颜回是愚——不善沟通交往,不会或不敢提问题。可是这次孔子看错了,因为经过"退而省其私",孔子发现颜回非常聪明,不但完全听懂了,还能发挥所学,与同学之间的沟通也很顺畅。当然,这次孔子看错了也情有可原,因为第一是颜回什么都没问、没说;第二是颜回的聪明确实少有。

其次,为政要用颜回这样的人。第一是志同道合,孔子和颜回就是志同道合;第二是聪明,至少不能笨,能听懂并领会上级的意思和指令;第三是能与人沟通。能将上级和自己的意思明确地告诉别人,同时也能够让别人充分表达自己的意见。

【编意解】

编者意在通过本章孔子之语,说明为政的一个重要原则,那就是要知人,进而用人。而知人的一个重要方法就是"退而省其私"。同时也告诉我们,为政要用什么样的人。颜回这样的人最好。

2.10 子曰:"视其所以,观其所由,察其所安。人焉廋哉?人焉廋哉?"

【译文】

孔子曰:"看他近期所做的事,仔细看看他以前所做的事,审查他(办完事)之后的表情。人怎能隐匿(事情)呢?人怎能隐匿(事情)呢?"

【注释】

视,1.瞻也。瞻,临视也。在近处看。考察、察看、审察。2.看待、对待。3.比照、比较。4.效法。

以,1.用也。本义:用。2.率领。3.认为、以为。4.原因。5.介词,因为。6.凭借、根据。7.介词,在……时候。8.连词,用法相当于"而"。

观,(guān),1.谛视也。谛(dì),审也。本义:仔细看。引申为观察。2.观赏。3.给人看、显示。4.认识、看法。5.(guàn),宗庙或宫廷大门外两旁的高大建筑。6.(guàn),道教的庙宇。

察,1.复审也。本义:观察、仔细看。2.明察、知晓。3.调查、考察。4.考察后予以推举、举荐。

廋,1.隐匿也。2.古同"搜",索求。

【原文解】

本章还是在讲如何识人、知人,只是更系统。通过本章孔子之语,我们应有两方面的认知:

第一是知人的方法。孔子告诉我们的方法由浅入深的分为三个步骤。

首先是"视其所以"。本章的视、观、察都是仔细看的意思,但是有细微的差别。其中,视是在近处看。"以"在本章是用、做的意思。"视其所以"的意思就是看一个人最近所做的事,有一个直观的印象。有人将本句理解为看一个人的行事动机。此解笔者认为不通,因为一个人的行事动机是很难从外部看到的,更别说看清了。

其次是"观其所由"。观的意思也是详细的看,但这种看往往是在较为高远的地方看,是看全局。那么对于一个人来讲什么是全局呢?当然是其以往的经

历、以前所做的事。"由"在本章的意思是经、由。"观其所由"就是仔细看一个人以往的经历。一个人以前所做的事只能通过档案或证人来记载、了解。当然,档案记载的或证人记得的一般都是这个人的非常之事,因此,"观其所由"也有了解这个人怎样做非常之事的意思。这有利于更全面地了解一个人,从某种意义上知道一个人的过去,就知道一个人的将来。

最后是"察其所安"。察的意思也是详细的看,但这种看并不仅仅是用眼睛看,还要用心看,有分析判断的成分。那么察什么?察其安——心之所安。审查一个人做完一件事后的神态、表情。神态、表情与脸色一样与心相通,很难作假。为什么要审查一个人做完一件事后的神态、表情呢?因为这能知晓这个人对他所做的事的态度,进而判断这个人的善恶丑美。一个人做了不好的事,之后是很懊悔还是安之若素?一个人把好事没有做好,之后是很懊悔还是安之若素?其中的区别想必大家都能体会判断。

第二是我们应当怎样做。本章孔子所谓的知人方法十分精辟而实用,不管是对中国的过去还是现在都有巨大而深远的影响,人们(无论是统治者还是普通人)都或多或少的在用这种方法识人、知人。从逻辑的角度讲,大家都在识人、知人,其实也都在被人识、被人知。我们不是也十分希望被人识、被人知吗?通过本章的学习,我们就应知道别人是在用什么方法认识我们的,那么我们应当怎样做呢?其实无非也就是三点:

一是认真做好眼前的每一件事。大事、非常之事要认真,小事、平常事也要认真。因为大事、非常之事很少,而小事、平常事却是天天有,认真是一种态度,也是一种习惯。

二是要做有道理的事、好事,少做错事,决不能做恶事。今天所做的事,在明天就是自己的历史,不要给自己留下重大或过多的不良记录,别人会看到的。

三是表里如一的做人做事,不要伪装,不要刻意奉迎。说到这里,笔者想起一个有意思的故事:一个小伙子找对象,先找到了甲姑娘,小伙子很满意。一天晚上,小伙子送甲姑娘回家,路过一个十字路口,当时没有车辆通行,但对面红灯却亮着,这时小伙子坚持要遵守交通规则,等待绿灯亮了再过马路。后来甲姑娘不愿再和小伙子交往了,理由是小伙子太死板,不懂得变通,如果一起生活很难有前途;后来小伙子又找到了乙姑娘,小伙子也很满意。又是一天晚上小伙子送乙姑娘回家,又路过一个十字路口,同样当时没有车辆通行,但对面红灯却亮着,这时小伙子想起了上次的教训,便要和乙姑娘一起,不等绿灯亮就过马路。后来乙姑娘也不愿再和小伙子交往了,理由是小伙子不能遵守起码的交通规则,如果一起生活会很危险。

【编意解】

编者意在通过本章孔子之语,说明为政的一个重要原则,即知人的方法,那就是"视其所以,观其所由,察其所安"。

2.11 子曰:"温故而知新,可以为师矣。"

【译文】

孔子说:"复习旧所闻进而获得新意,(这样的人)可以为人师。"

【注释】

故,1.使为之也。缘由、原因。2.旧也,原来的、旧时的。与"新"相对。引申为老朋友。3.事、事故。4.副词,故意。5.连词,所以、因此。

【原文解】

通过本章的学习,我们应有两方面的认知:

第一,人师应有什么样的素质?那就是能够"温故而知新",就是通过对以往知识(历史、学说及知识等各方面)的学习、思考能得出新的(我们未必一次学习就能达到前人的境界)理解认识,甚至是前人没有的,只有这样才能成为人师。否则为人师就没有什么太大意义了,旧的知识就在那里,只要愿意,费点劲完全可以自学,有老师也就是能快一些而已。

第二,我们自己应当怎么学习?也是"温故而知新"。我们学习以往的知识,如历史、学说等,如果仅为了知道曾经的故事、说法,充其量是作为茶余饭后的谈资、人身进阶的敲门砖、讨饭的碗而已,根本谈不上"修身、齐家",更无论什么"治国、平天下"了。我们应当从中得到新的知识,从以往的历史中总结经验教训,从以往的学说中辨其真伪善恶,择其真善者而信之、行之、发展之。其实这也是以往知识的来源。因此,"温故而知新"是可以做到的,而且已经有很多人这么做了。至于如何才能做到,孔子在本章没有说,这就要靠我们自己去体会和实践了。其实作者认为,无非就是用心而已,俗语说"天下无难事,只怕有心人"。

【编意解】

本章字面上是孔子再说为人师者的一个必要条件,那就是"温故而知新"。

但编者意在通过本章孔子之语,说明为政的一个重要原则,即知人的方法,因为"温故而知新"是一种能力,一种很强的能力,一个人能不能"温故而知新"反映着其能力的强弱。当然,这不是说不能"温故而知新"的人就不能用,因为能"温故而知新"的人并不多。但是"温故而知新"的人肯定更优秀,更应当优先任用或委以重任。

2.12 子曰:"君子不器。"

【译文】

孔子说:"成就了德行的人不是器皿(只有单一的才能)。"

【注释】

器,1.皿也。本义:陶器。泛指器具。2.才能。3.度量、气量。

【原文解】

这里的君子是指成就了德行的人。那么"君子不器"是什么意思呢?这就要理解什么是器。器就是用具,说通俗些就是有用的东西,是工具,比如汽车、飞机。汽车能在地上跑,但不能在天上飞。飞机能在天上飞,但不能在地上跑。这也说明器的用处单一(或有限),一器一用。将人比作器,就是说这个人像器一样,只有单一(或有限)的才能。比如善于做饭的是厨师;善于驾驶汽车的是司机;善于设计的是工程师、设计师;精通法律的是律师、法官,等等。"君子不器"就是说君子不像器皿,只有单一的才能。前面说过,此处的君子是指成就了德行的人,一个成就了德行的人怎么可能只有单一的才能呢?他们下可"修身",中可"齐家",上可"治国、平天下"。至于用于谋食("器"一样)的才能,又岂在话下。舜之前就是一个农夫,傅说之前是个泥瓦匠,斯宾诺莎是个磨镜片的匠人,尼采是个教授语言的教授。当然,他们并不是最好的农夫或泥瓦匠,孔子种田就不如老农,那是因为他们非志于此。他们志于道,因此对于事物的本质有着超强的认知和把握,适于做导师、统帅、舵手。

通过本章的学习,我们应有两方面的认知:首先,我们要成为一个器,要有用,要有谋食之技。只有这样,我们才能对社会有所贡献,进而才能有所获取,才能生存并立足于这个社会。其次,我们不能以器自限,以有一技之能自满,当然更不能像有些人那样,因为有一技之能,便看不起别人,甚至是看不起领导、上级。且不说"术业有专攻",如果再碰到对方是一个成就了德行的君子,那笑话可就大了。说到底,器就是一个工具。那么君子应当是什么呢?本章孔子没有说,但《论语》在之后有专篇阐述(详见《论语·公冶长第五》《论语·卫灵公第十五》等),在此不再赘述。关于本章,我们应当清楚的是,只有单一(或有限)的才能的人肯定不是君子。

【编意解】

"君子在位"这在儒家来说是最佳状态。编者意在通过本章孔子之语,说明为政的一个重要原则,即知人的方法,因为"不器"是君子的一个标志,当然"不器"不等于君子,这逻辑很明显。因此,"不器"可能是一种超强能力的表现,对于一个"不器"的人要慎重考察、判断,不要武断的抛弃,免得后悔。

2.13 子贡问君子。子曰:"先行,其言而后从之。"

【译文】

子贡问怎样才是君子。孔子说:"先做,然后再说(所做之事)。"

【原文解】

首先是"先行"。为什么要"先行"?"先行"些什么?这个问题很大也很复杂。简单地说,是因为如此可以更好地做事,当然也包括为政。这主要表现在以下几个方面:一是先有所准备;二是能起到表率甚至榜样的作用;三是更能做到名副其实。如果具体地说,那就太多了,不是三言两语能够说清楚的,之所以如此说,是因为笔者认为《论语》有专篇对此进行了阐述,可参见《论语·子路》。

其次是说明了什么?本章除了上面所说的应该"先行"之外,从某种意义上讲,也说明在孔子眼中,行比言更重要。子曰"听其言而观其行"(详见5.10章)。

应当说明的是,过去对本章孔子之言还有另外一种断句,即"先行其言,而后从之",意思就是说"先把(自己)说过的做到,(别人就会相信你说的)就会遵从"。此种断句的意思与前一种断句的意思有所差异,但不大,笔者认为前一种具有更广泛的指导意义。不管怎样断句,中心意思是基本相同的,就是要名副其实,说到做到,做不到的不要说,更不能说得多做得少,甚至只说不做。俗话说"光说不练假把式",没人信。

【编意解】

编者意在通过本章孔子之语,进一步说明判断君子的标准,那就是"先行,

其言而后从之"——名副其实。同时在孔子眼中,君子是理想的在位之人,而信——名副其实对于为政的重要不言而喻。

2.14 子曰:"君子周而不比,小人比而不周。"

【译文】

孔子说:"君子合群而不与人勾结,小人与人勾结而不合群。"

【注释】

周,1.密也。本义:周密、周到。2.合。3.环绕、循环。4.周遍、遍及。5.周济、救济。6.朝代明,周朝。

比,1.密也。二人为从,反从为比。本义:并列、挨着。2.勾结。3.及、等到。4.和顺。5.比较。6.比拟,和……一样。7.比喻。

【原文解】

首先是对"周"和"比"的理解。"周"和"比"都有亲密之意。"周"本身又有普遍、全面之意,也就是说其亲密是对普遍的、全面的,也即对整体的。对整体亲密,就会考虑整体,因而有公之意。而"比"据《周礼》记载,五家为比,可见比的范围很小,是个小团体,对小团体亲密,就只会考虑小团体的利益,不会顾全大局,因而为私之意甚重。因此,本句从某种角度也可以理解为:君子公而不私,小人私而不公。

其次是对"小人"的理解。《论语》读到这里,我们第一次接触到"小人"一词,之后我们还会更多地接触到这个词。在儒家经典里,"小人"常常被定义为与"君子"相对的一类人,凡是"君子"应具有的品质或素质,"小人"基本都没有,甚至是具有相反的品质或素质。前面说过,君子原是对人的尊称,主要是指在上位者、在位者、先人、好学者和男子。自孔子以后,儒家赋予"君子"新的具体含义,将成就了德行的人称为"君子"。那么与上位者和在位者相对应的是什么人呢?是地位较低的人,或是没有官位的平民百姓(过去叫庶人);与好学者相对应的是什么人呢?是安于现状的不求上进的人;与成就了德行的人相对应的是什么人呢?是没有成就德行或德行较少的人。因此,过去"小人"的指向很多,如平民百姓、男子对地位高于己者或平辈谦虚的自称、人格卑鄙的人、奴仆、小一辈的人,等等。正因如此,应强调说明的是,不能将"小人"理解为坏人,甚至是十恶不赦的人。比如本章说小人是自私的,自私当然不是很好,但自私又有什么错或什么大错呢?绝大多数的人或多或少都有私心。君子无私心,前面说过君子乃是成就了德行的人,可这样的人又有几个,恐怕连接近的人都没有多少。但孔子仍然提倡、赞扬君子又是为什么呢?是希望人们(当然首先是他的弟子们)不要自甘于做大多数或绝大多数,而要力争成为那极少数的"君子"。这难道不也是天下父母内心深处的愿望吗?

【编意解】

编者意在通过本章孔子之语,进一步说明判断君子的标准,那就是"周而不比"。同时,在孔子眼中,君子是理想的在位之人,对在位之人自然就有不同于常人的要求,要求其"周而不比"——无私也是应有之义。

2.15 子曰:"学而不思则罔,思而不学则殆。"

【译文】

孔子说:"只学习(先王之道)而不思考就会迷惘,只思考而不学习(先王之道)就会陷入危险。"

【注释】

罔(wǎng),1.同"网",本义:渔猎用的网。引申为张网捕捉。2.联结。3.骗取、欺骗。4.无、没有。5.副词,不、不要。6.迷惘。

殆,1.危也。本义:危险。2.近于、几乎。3.副词,大概、恐怕。

【原文解】

本章孔子意在言说学与思的辩证关系。那就是既要学习,也要认真思考、辨析,学、思不可偏废。

首先,我们要学习。当然本章是指学习先王之道,即圣人之言。至于为什么要学习圣人之言,前面已经阐述过,在此不再赘述。圣人之言就在那里,很多条文,如果我们不假思索的生吞活剥,结果就会像看到一张网一样,密密麻麻,错综复杂,忽上忽下,忽东忽西,使自己陷入迷惑,进而失意(对圣人之言感到失望),甚至因为对圣人之言没有准确、深刻的理解,断章取义的、错误的阐述圣人之言,诬枉圣人之道。这一点在很多初学《论语》的人的身上多有体现,比如很多人因"半部《论语》治天下"的论断,慕名打开了《论语》,可读到《论语》的第一句话"学而时习之,不亦说乎",就产生了疑问,学习怎么会愉悦呢?应该是很艰苦的才对。便得出《论语》不通人情,由此便放弃了。再比如有些人学到本篇孔

子回答别人怎样是"孝"时,看到孔子对不同的人有着不同的回答,不也是迷惑了吗?其实只要认真地思考一下,就不难理解。圣人之言是先贤反复实践、思考所得出的结论,不学我们不知道,但我们读它、学它,只是知其然,认真思考、实践才可能使我们知其所以然,只有知其所以然我们才能真正理解、把握和接受圣人之道,才不会迷惘。

其次,我们要思考。思考什么?当然是思考为什么,为什么要学圣人之言,圣人之言为何是如此(关于此,本章前面已经阐述,不再赘述)。因为我们必定要生活在某一个特定的社会中,我们要立足于这个社会,就不可避免地要与他人交往。那么我们应当以什么原则和方法来与他人交往呢?这些原则和方法光靠我们思考行吗?孔子说那将使我们陷入危险和困境之中。因为作为中国人,我们生来就生活在中国这个特定的社会里,这个社会有一个很特别之处,就是在我们之前已经存在了几千年。在这几千年中,这块土地的先民们已经沉积形成了一整套价值观和行为规范,这在《论语》中被称之为"先王之道"(因孔子的整理和阐述而冠以"孔子思想"之名),也即圣人之言。也正因为它是几千年沉积形成的,说明它是通人性的、行得通的和行之有效的,人们愿意遵循它,并对这块土地上的人们影响极其深远。如果光靠思考,我们能思考出什么样的结果呢?无非是三种结果。

第一种结果,我们思考出的价值观和行为规范符合这个社会的价值观和行为规范,但这不可能,因为我们的人生有限,而这个社会的价值观和行为规范是经过几千年沉积形成的。就算你天生睿智,所思考出的价值观和行为规范符合这个社会的价值观和行为规范,那也是徒劳无益。还不如将此天生睿智用于践行和发展圣人之道呢。

第二种结果,我们思考出的价值观和行为规范不符合这个社会的价值观和行为规范。那可就麻烦了,别人都这样做,而你认为应当那样做,别人认为应当诚信、孝顺父母,而你认为可以欺诈、可以不管甚至遗弃年迈的父母,你怎么与别人交往?不但无法交往,可能还会受到惩罚,这岂不是使自己陷入了困境,甚至是危险的境地?

第三种结果,我们没有思考出价值观和行为规范。那同样很麻烦,这就会导致我们在不得不与别人交往时,不知所措,进退失据,这同样会使自己陷入困境,甚至是危险的境地。

说到这里,笔者想起法国皇帝拿破仑·波拿巴。他年轻时家境贫寒,十岁时就被送到军校读书,期间无钱消费娱乐,只能以读书自娱,他无意间读到了《罗马法》(又称为《民法大全》,形成于罗马帝国时期,前后历经一千二百多年。在罗马帝国覆灭后的中世纪被废止),深以为然。后来他成了将军、法国执政、法国第一执政直至法国皇帝,其间,他不断地(被动或主动的)从事着征服欧洲的战争和对法国进行重大的改革。拿破仑在对法国进行重大的改革中,最重要的一项就是在依据和参考《罗马法》的基础上制定了《法国民法典》(又称《拿破仑法典》)。该《法典》制定的异常成功,影响巨大而深远,直到现在法国还在实行,并随着拿破仑征服的足迹而推行到欧洲其他地区,并成为许多欧洲国家后来制定本国《民法典》的蓝本,从某种意义上讲,它确立了现代西方的基本社会制度。拿破仑用武力征服欧洲的战争以失败告终,但他所确立并推行的制度却真真正正的征服了欧洲。拿破仑至今仍为世人尤其是欧洲人铭记,正是因为他在《罗马法》的基础上制定了《拿破仑法典》并极力推行之。

最后,说句题外话,孔子的时代,科学技术很不发达,孔子对科学技术也没有什么论述。但笔者认为,孔子所言(不限于本章)同样适用于人们对科学技术的学习、掌握、运用和发展,大家可能对科学技术的学习、掌握、运用更多一些,可以认真体会一下,看看是否如此?因为都是道嘛!

【编意解】

本篇前面阐述了许多为政的原则(包括方法),而这些从何而来呢?就是学与思。同时应说明的是,这也是提高自身修养的方法。

2.16 子曰:"攻乎异端,斯害也已。"

【译文】

孔子说:"攻击其他(自己不认同)的思想或学说,这是有害的。"

【注释】

攻,1.击也。本义:进攻、攻打。2.抨击、指责。3.制作。引申为深入研究、专心从事。4.精善。5.坚固。

异,1.不同、不同的。引申为奇特、与众不同。2.奇怪、惊奇。

端,1.直也。正也。本义:站得直。2.端正、正直。3.事物的一头或一方。引申为开头、头绪。4.仔细、详审。

已,1.本义:停止。2.副词,已经。3.副词,太、过分。4.副词,随即、不久

就。5.语气词。

【原文解】

关于本章孔子之语字面意思的理解有很多种,这是因为"攻"和"已"的字意多样,主要的理解有:

1.攻击其他(自己不认同)的思想或学说,其害就会停止。此处的"攻"是攻击的意思,此处的"已"是停止的意思。

2.攻击其他(自己不认同)的思想或学说,这是有害的。此处的"攻"是攻击的意思,此处的"已"是语气词,无实意。

3.专心研究其他(非先王之道)的思想或学说,这是有害的。此处的"攻"是专心研究的意思,此处的"已"是语气词,无实意。

上述理解都是有根据的,但其意相差甚远。结合《论语》的学习以及历史和现实,作者认同第2种理解。理由如下:

首先,关于第1种理解。该理解既不符合孔子"温良恭俭让"的形象,也不符合孔子"无攻人之恶"(详见12.21章)的明确主张,更不现实。"异端"就一定有害吗?那是自己的认识和感觉。"异端"因为攻击就会不起作用甚至消失吗?恐怕未必甚至相反。同时,攻击带来的害处却是显而易见的,因为这必将激化矛盾,甚至演化为战争。这些已经被无数的历史和现实反复证明了。

其次,关于第3种理解。该理解从逻辑上是讲不通的,既然认为是"异端",又有谁会去专心研究呢?为了避免这种逻辑矛盾,持此观点的人认为,此处的"异端"是指小道,而非大道。如此解释"异端"过于牵强,缺乏根据,况且即便如此,也与理欠通。小道也是道,为什么就不能专心研究呢?况且研究探索小道也是很有用的嘛!虽说"君子不器",但君子毕竟是少之又少的,况且孔子在本章之语前面并没有说君子嘛!

最后,关于第2种理解。有鉴于第1、第3种理解的问题,该理解也就是自然而然的了。同时,它也体现和符合孔子"和而不同"(详见13.23章)的思想和中国古人所谓的"有容乃大"的精神。

对于本章的体会。笔者认为至少有三点:

第一,孔子的先见之明。古往今来,有多少的战争和黑暗的统治不都是由于攻击、排除所谓的"异端邪说"而产生的吗?这些战争和黑暗的统治所产生的灾难可谓罄竹难书。

第二,孔子的自信。孔子相信自己所倡导的思想是正确的,不需要通过攻击别人来确立和维持,正所谓坚者自坚。

第三,孔子思想的包容性。从某种意义上说也是中国文化有极大的包容性。正因为如此,我们至今还可以近乎完整地看到和学习到两千多年前百家争鸣时期其他各家的学说;也正因如此,佛教在中国能流传一千多年,并成为中国文化的一部分。

不过应当说明的是,不攻击不等于没有批判,不等于什么都不做,更不等于赞同。讨论、辩论甚至争论还是要有的,不是说理越辩越明吗?

【编意解】

编者意在通过本章孔子之语,阐述另一个为政的原则,就是不要刻意地去攻击"异端"——自己所不认同的思想,这对为政是有害的。

2.17 子曰:"由!诲汝知之乎!知之为知之,不知为不知,是知也。"

【译文】

孔子说:"由!教你知道(的原则和方法)!知道就说知道,不知道就说不知道,这就是知道(的原则和方法)。"

【注释】

仲由,姓仲,名由,字子路,又字季路,春秋末鲁国人,比孔子小九岁,是孔子的得意门生,也是侍奉孔子最久的弟子,"孔门十哲"之一。子路以政事见称,为人伉直鲁莽,好勇力,事亲至孝。除学诗、礼外,还为孔子赶车,做侍卫,跟随孔子周游列国,深得器重。周敬王四十年(前480),卫乱,父子争位,子路为救其主孔悝,被叛臣杀死,并砍成肉泥。

诲,1.说教也。本义:教导。2.教导的话。

知,1.识也。本义:知道。2.见解、见识。3.知识。4.知觉、感觉。5.了解、赏识。6.交好、相亲。7.知己、知心人。8.主持。9.通"智",智慧。

女,此处同"汝",你的意思。

【原文解】

关于本章孔子之语字面意思的理解,在过去有些分歧,主要是对"诲汝知之乎!"的理解。这主要因为"知"的字意多样而产生,主要的理解有:

1.(我)教你的你都知道明白了吗?这里的"知"是知道、知晓的意思。如

此一来本句就是一个问句。

2.（我）教你知道（的原则和方法）。这里的"知"通"智"，是智慧的意思。

笔者认同第2种理解。首先，关于第1种理解，看似通顺，但是应当等子路回答或有所表示之后，才会有之后孔子的话，可是原文中没有。其次，第2种理解就没有上述的问题，同时孔子作为子路的老师，主动教授是可以理解的，不需要像对待他人那样，要等别人问才予以教授。

应当说明的是，虽然存在上述理解的不同，但这并不影响我们对本章的理解，因为本章的实质是在之后孔子说的话，即"知之为知之，不知为不知，是知也"。关于这句话的理解，不存在争议。

本章要说明的问题是，孔子在此告诉子路，同样是告诉我们怎样求学、求知，那就是"知之为知之，不知为不知"。为何是如此呢？道理很简单。因为知道了就说知道，老师就可以教下面的、教新的了；不知道就说不知道，老师就会再教，答疑解惑，最终也就知道了。不能因为好面子或怕批评等，就强不知以为知，这样老师以为你知道了，就不会再教了，自己也不好意思再问了，只好自己琢磨，时间长了没有琢磨懂，也就只好放弃，最终还是不知道。不仅如此，由于基础没有打好，后面老师教的就更难懂了，就会有更多的不知道，出道以后，有损师名。这真是自欺欺师，害己害师。说了这么多，其实道理很简单，就是一个"诚"字，这也是智慧的根基。不知道不丢人，最终知道了就好，如果不诚实，那可就是真丢人了。

【编意解】

编者意在通过本章孔子之语，阐述一个为政的原则，就是要诚实，不要自欺欺人，要说实话、办实事。

2.18 子张学干禄。子曰："多闻阙疑，慎言其余，则寡尤；多见阙殆，慎行其余，则寡悔。言寡尤，行寡悔，禄在其中矣。"

【译文】

子张向孔子学习（如何）求取俸禄（官职）。孔子说："多听，把有疑问的放置起来，对于其他（确信）的也要谨慎言之，这样就会少有过失。多看，把不能确定的放置起来，对于其他（确定）的也要谨慎行之，这样就会少有懊悔。说话很少有过失,做事很少有懊悔,俸禄(官职)就在其中。"

【注释】

子张,复姓颛(zhuān)孙,名师,字子张,春秋末陈国人,孔门著名弟子,比孔子小四十八岁。虽学干禄,未尝从政,以教学终。

干,(gān),1.本义:盾牌。2.犯也。冒犯、冲犯。3.求取。4.水边、河岸。5.干,与"湿"相对。6.(gàn),树干。7.(gàn),才干。8.(gàn),管理、治理。

禄,1.福也。本义:福气、福运。2.官吏的薪俸,即俸禄。

阙,1.(què),门观也。古代宫殿、祠庙或陵墓前的高台。通常左右各一,台上起楼观。二阙之间有道路。2.(què),宫殿。引申为朝廷。3.(quē),豁口、空隙。4.(quē),损害。5.(quē),缺点、过错。6.(quē),缺少、空缺。引申为束之高阁之意。7.(jué),挖掘。

疑,1.惑也;本义:疑惑、疑问。2.怀疑、猜疑。3.惑乱。

尤,1.异也。怪也。本义:最优异。2.过失,罪过,引申为指责、归罪。3.副词。特别、尤其、更。

悔,1.恨也。本义:悔恨、懊悔。2.灾祸、不吉利。与"吉"相对。

【原文解】

孔子在本章通过子张的求问为官,向我们阐述了为官之道。

首先是"多闻阙疑,慎言其余",意思就是多学、多听。能学到的、能听到的东西很多,不是什么都能理解,能够确信不疑的就更少,那么对于不能确信的应当怎么办呢?孔子说"阙疑","阙"就是把它空着,先放起来,不要谈论,有时间、有机会再去学习、了解。那么对于能够确信的应当怎么办呢?孔子说"慎言其余",就是对于那些确信不疑的要谨慎地说。

其次是"多见阙殆,慎行其余",意思是多看、多考察。看到的、考察到的事情很多,尽管都是亲眼所见,也不是什么都能看清楚、看全面,能够确信行得通、办得成的事就更少了。对于不能够确信行得通、办得成的事应当怎么办呢?孔子说"阙殆",就是把它空着,先放起来,不要去做。此处的"殆"是危险的意思,什么是危险呢?当然是不能确定的事情。那么对于能够确信行得通、办得成的事应当怎么办呢?孔子说"慎行其余",就是要谨慎地去做,按轻重缓急一个个、一批批地去做。如果一股脑地去做,也可能还是行不通。

最后,笔者认为,做官即要行政,政乃众人之事,事关重大,更何况官场险恶,因此言行必谨慎,言必有物,行必见功是当然之理。不过话又说回来,笔者

没有做过官,无从体会,前言不可信。但孔子做过官而且不小(在当时是最大的官,再往上基本都是世袭的了),应有体悟,况且孔子乃成德之人,照此做人办事应当没错。

【编意解】

本章虽然字面上是在讲为官,其实为政与为官有着千丝万缕的联系,做不好官也就为不好政,这想必应当很好理解。至于如何为官,《论语》还有专篇阐述(详见《论语·雍也》),在此不再赘述。编者意在通过本章孔子之语,阐述一个为政的原则,就是"多闻阙疑,慎言其余""多见阙殆,慎行其余"。一句话就是要谨慎,谨慎,再谨慎,因为政是大事。

2.19 哀公问曰:"何为则民服?"孔子对曰:"举直错诸枉,则民服。举枉错诸直,则民不服。"

【译文】

鲁哀公问(孔子)说:"怎样做才能使民众信服?"孔子回答说:"选拔正直的人,废弃不正派的人,民众就会信服。选拔不正派的人,废弃正直的人,民众就不会信服。"

【注释】

哀公,鲁哀公(前521—前468),姬姓,名将,鲁定公之子,春秋时期鲁国第二十六任君主,公元前494年至公元前468年在位,谥号"哀"。

举,1.对举也。本义向上托。引申为举起、抬起。2.提出、举出。3.推荐、推举。4.检举。5.举动。6.攻下、占领。7.全。

直,1.正见也。本义:不弯曲,与"枉""曲"相对。引申为行为正直。2.正确的道理。3.面对、遇到。4.价值。引申为工钱。5.副词,仅、只是。6.径直、一直。7.副词,特意。

错,1.金涂也。本义:用金涂饰、镶嵌。2.磨刀石,引申为磨。3.交错、交叉。4.通"厝",放置、安置。5.通"措",施行。6.通"措",废弃、放弃。

枉,1.邪曲也。本义:弯曲、不正,与"直"相对。2.不正直、不正派。3.歪曲。4.冤屈、冤枉。5.屈尊、去就。6.徒然、白白的。

【原文解】

第一是"民服"。字面意思就是使民众服从。为什么？道理很简单，前面说过，"政"乃众人之事，众人之事也要众人来做，众人做事必定要有组织、筹划和指挥的人，同时也自然要求民众服从指挥。这是为政的前提，也是应有之意。问题在于如何服从？一是口服心服，二是口服心不服。口服心服就是要众人从内心里服从指挥，就必须使众人内心里信服组织、筹划和指挥的人，否则就只能通过强力来推动，用强力来推动是有风险的，因为它必然会遇到阳奉阴违，甚至反抗。那么怎样才能使民众口服心服呢？

第二是"举直错诸枉，则民服。举枉错诸直，则民不服"。那么什么样的人是正直的人，什么样的人是不正直的人呢？为什么选拔正直的人，废弃不正直的人，民众就会信服——口服心服呢？简单地说，笔者认为正直的人至少应当具备以下两种品质，一是说话算数，讲信用；二是无贪念，不会见利忘义。而不正直的人是不具备这两项品质的。那么为什么选拔正直的人，废弃不正派的人，民众就会信服——口服心服呢？因为在这样的人领导下，人们的行为及其结果是可预期的，而古往今来许多领导者、管理者，在办事前为了让众人或民众积极参与和付出，会许下许多好处。可等到事情办完了，要履行诺言，要向众人或民众兑现好处时，贪念又起，觉得给众人或民众的太多了，而自己得的太少了，要扣下来一部分甚至大部分归于己有。这样的人，这样办事怎能使众人或民众信服呢？不可能！正直的人不会这样，他们会遵守承诺，把应当分给众人或民众的分给他们，当然也会把应当留给自己的留下，这样众人或民众得其应得之利，自然信服，道理显而易见。

【编意解】

编者意在通过本章，阐述一个为政的原则，那就是"民服"——这是有效甚至高效为政的前提，也是为政的应有之意。而使"民服"的方法就是"举直错诸枉"。

2.20 季康子问："使民敬、忠以劝如之何？"子曰："临之以庄，则敬；孝慈，则忠，举善而教不能，则劝。"

【译文】

季康子问(孔子)："使民敬、忠和勉励(其向善)怎样做？"孔子(回答)说：

"面对民众谨严持重,则(民众)就会敬;自己做到孝慈,则(民众)就会忠;抬举褒奖善并且教育不能的人,则可以勉励(民众向善)。"

【注释】

季康子,即季孙肥。姬姓,季氏,名肥,谥康,史称"季康子"。季康子系季桓子之子,春秋时期鲁国的正卿,事鲁哀公,此时鲁国公室衰弱,以季氏为首的三桓强盛,季氏宗主季康子位高权重,是当时鲁国的权臣。

劝,1.勉也。本义:勉励。2.劝说。3.勤勉、努力。

庄,1.庄重、严肃。2.四通八达的道路。

临,(lín)1.监临也。本义:从高处往低处察看。2.引申为从上监视着、统治。3.降临,引申为到。4.面对。5.(lìn),哭吊。

慈,1.爱也。本义:慈爱。2.对父母孝敬。3.特指母亲。

【原文解】

第一是"民敬、忠以劝"。从下文看,此处的"以"是"与"的意思。前一章鲁哀公问"民服",而此处季康子问的是"民敬、忠以劝"。"民敬、忠以劝"当然有服的意思,但是境界要高得多。从某种意义上也能看出鲁哀公为什么叫鲁哀公,而季康子又什么是权臣了,因为他们的境界和出发点不一样,季康子要比鲁哀公高多了,至于做到做不到另说。为什么要"民敬、忠以劝"?道理很简单。前一章说了"民服",但有口服心服,也有口服心不服。"敬、忠以劝"就是口服心服的表现。

第二是"临之以庄,则敬;孝慈,则忠,举善而教不能,则劝"。这是孔子对季康子所问的回答,向我们阐述了为政者如何才能使众人或民众敬、忠和努力向善。

首先,为政者、领导在众人或民众面前,自己首先要庄重。庄重含有认真、严肃之义,只有为政者、领导认真、严肃了,众人或民众才会心起敬意。如果领导、为政者自己都不认真、不严肃,下面的人怎么可能对其恭敬?我们平时对待孩子也是一样,有些事我们认真、严肃了,孩子也会变得听话一些;有些不是什么原则性的事,我们不那么认真、不那么严肃,孩子也会变得无所谓。这道理很简单。

其次,领导、为政者自己在平时要做到"孝慈"。前面讲过,"孝"就是善事父母,推而广之,就是为政者、领导要善事上级。这是榜样的力量,前面曾子说过,如此可使"民德归厚",这样众人或民众才可能跟着学,善事为政者、领导。

"慈"就是爱。过去讲"父慈子孝",父爱子为慈,父慈子才会孝。推而广之,就是为政者、领导爱众人或民众。如何爱众人或民众?就是与之利。让他们得到应得的利益。这样众人或民众才会感到是为自己的利益在做事,这样才会尽心竭力地去做。

最后,为政者、领导要"举善而教不能"。"举善"就是奖励那些做得好的人,这个奖励可能是物质上的,也可能是精神上的,还可能是地位上的。对那些没有能力做好的人,不能只是去责怪甚至处罚他们,而是要教他们如何去做,使他们看到希望,不可不教而诛。这样才能使人们在生产生活中力争上游。

总之一句话,要求别人做的,自己先做到,把事情做到前头。正如孔子在回答子路问政时所说的话:"先之,劳之"(详见13.1章)。

【编意解】

编者意在通过本章,阐述一个为政的原则,一个比"民服"更高的原则,那就是"民敬、忠以劝"。而使"民敬、忠以劝"的方法就是"临之以庄""孝慈"和"举善而教不能"。笔者认为,上面两章孔子的论述,是出于民众法上而行、逐利而行的本性,是通人性的,也必然是行得通的,也是行之有效的。

2.21 或谓孔子曰:"子奚不为政?"子曰:"《书》云:'孝乎惟孝,友于兄弟,施于有政。'是亦为政,奚其为为政?"

【译文】

有人对孔子说:"先生为什么不(为官)从政?"孔子说:"《尚书》中说:'孝啊只有孝,(用其)友爱兄弟,(用其)作为为政的旗帜。'这也是为政,为什么一定要做(官)才是为政呢?"

【注释】

或,1.邦也。本义:国家。2.有的、有的人。3.也许、或许。4.又。5.语气词,常用在否定句中加强否定语气。6.通"惑",迷惑。

谓,1.报也。本义:告诉,对……说。2.说。3.叫做、称为。4.认为、以为。

奚,1.女奴隶、奴隶。2.疑问代词。哪里,什么,为什么。

惟,1.凡思也。本义:思考、思念。2.只,只有。3.由于。4.和、与、同。5.虽然。6.语气词。

施,1.旗貌。本指旗帜。2.予也。给、给予。3.设置、安放。4.施行、实行、

推行。5.加、施加。6.通"驰"。弃置、改变。

【原文解】

第一是"子奚不为政?"意思就是有人问孔子为什么不去从政为官,处理政事。这个人为什么会有此一问? 因为这个人知道孔子有处理政事的本事、能力,也有愿望,而孔子却没有做官。那么孔子为什么没有当官呢? 是孔子不愿意呢? 还是孔子没有能力呢? 答案应当都是否定的。如果孔子不愿意,孔子又为什么要学先王之道呢? 又为什么要周游列国呢? 如果孔子没有能力,又如何能被称为成德之人呢? 其实孔子做过官,而且官还不小,几乎是最大的官了,因为在当时再往上的官就都是世袭的了。当然,我们无法考证这个人的提问是在孔子为官之前还是之后。如此一来结论只有一个,那就是孔子不愿为当官而当官,孔子认为当官不是目的,而是手段,是为了推行、施行自己的理念、思想,而这在当时的情况下不允许。所谓情况不允许,无非就是当权者不认同孔子的理念、思想。正所谓"道不同,不相为谋"(详见15.40章)。

第二是"《书》云:'孝乎惟孝,友于兄弟,施于有政。'是亦为政,奚其为为政?"此处的《书》,又称《尚书》或《书经》。"尚"即"上",《尚书》就是上古的书,它是中国上古时期的历史文献和部分追述古代事迹的著作汇编。《尚书》原有100篇,孔子编纂并为之作序,是儒家经典之一。这句话的字面意思是很清楚的,问题在于说明的是什么? 笔者认为至少说明以下两点:

首先是孔子的为政原则。孔子的为政原则在本章孔子的论述中已经十分的清晰了,就是"孝"。"以孝治天下"(无论是实质上的还是形式上的),这在孔子之后的两千多年几乎是所有中国统治者标榜的为政原则。至于为什么孔子的为政原则是"孝",前面已有相关解析,在此不再赘述。只强调一点,从本章来看,这个原则并不是孔子的独创或发明,而是中国自古以来就有的。

其次是孔子的为政方法。孔子对"子奚不为政"的上述回答,说明孔子并不认同自己没有为政,孔子的为政就是在倡导孝,并实际遵守和践行。这必然会对自己身边的人产生影响,当然影响力的大小因人而异,尤其是在位与不在位的区别更大,但总还是有的。这也说明孔子为政的一个重要的方法,就是践行。同时孔子认为,人人都可以也应当为政,实际上都是在为政。因为政乃众人之事嘛! 正如明代顾炎武所谓的"天下兴亡,匹夫有责"。也许有人会认为这是一句大话、空话,是一种自我膨胀。是吗? 当然不是。孔子就是一个典型的例子。以孔子当时的身份和地位,在当权者的眼里几乎就是一个匹夫。但结果是什么呢? 孔子的思想不仅影响了他的众多学生,而且成为之后中国两千多年为政的准则,孔子本人也成为万世师表。其实看看中国的历史,这样的人并非只有孔子一人,只不过孔子的影响最大而已。

【编意解】

本章的编者之意是很明确的,那就是为政的原则是孝,对于孝的建立和推广在于遵守和践行,而人人都有这样的责任和能力,只是程度不同而已。

2.22 子曰:"人而无信,不知其可也。大车无輗,小车无軏,其何以行之哉?"

【译文】

孔子说:"一个人没有信用,(我)不知道这样是可以的。如果大车没有车辕和横木衔接的活销,小车没有车辕与横木相连接的销钉,车用什么来行走呢?"

【注释】

輗(ní),大车辕端持衡者,指古代大车车辕和横木衔接的活销。

軏(yuè),古代车辕与横木相连接的销钉。

【原文解】

本章是孔子论述信在为政中的作用。

首先,要准确理解"輗"和"軏"。当时的车分为大车和小车,大车是用牛拉的车,牛劲比较大,但比较慢;小车是用马拉的车,马劲比较小,但比较快。但不管是大车还是小车,都有辕,辕端链接有一个横木,牛或马的拉力作用在横木上,再由横木传递到辕上,进而带着车辆移动。因此,辕端与横木之间不仅要连接牢靠,还要能够转动自如,否则拉车的牲畜(或牛或马)用力不齐,就会使辕或横木折损,为此辕端与横木是用一个销子链接在一起的,为了可靠连接且转动自如,这个销子就变得很关键,在当时这个销子是用金属制作的。这个金属销子在大车上叫輗,在小车上叫軏。孔子将一个人的信比喻为车上輗或軏,认为这是人与人交往或做事情的纽带,是关键。

其次,信与不信在自己,在个人。但作为一个人,前面说过,是必定要生活在一个社会或一个国家里的,那他就必然要和其他人交往。而一个人要与他人交往,没有信可以吗? 孔子认为是不可以的。因为孔子认为,信在人与人的交往中,就像车上的"輗"或"軏",是关键。车没有"輗"或"軏",车体和牛马就没

有交接之处,就不能行走,发挥不了车的功用。同样,在人与人的交往中,如果没有信,人与人之间也就没有了交接之处,也就没有交往的可能了,也就谈不上交易或合作了。这个道理十分简单而明显,相信没有人会不认同的。这里要说的是,《论语》的编者,将孔子的这句话编排在这里,笔者认为其意是在说明信是为政的关键。其实道理也很简单,前面说过"政"乃众人之事。众人之事也要众人来做,众人做事必定要有组织、筹划和指挥的人。这就必然会产生人与人的交往,尤其是领导者与众人、上级与下级,要交往必须要有信。至于信对为政的必要性与重要性,在1.5章已有详论,在此不再赘述。

【编意解】

一个人生活在社会中,要与人交往、办事就必须要有信用,那么为政呢?当然也需要,而且更需要。因为政是众人之事,是大事,需要众人为之。更为重要的是,这里强调的是在上位者和在位者,对下属甚至民众要讲信用,由于地位的不同,更需要强调。编者意在通过本章孔子之语,阐述一个为政的原则,那就是要讲信用。

2.23 子张问:"十世可知也?"子曰:"殷因于夏礼,所损益,可知也。周因于殷礼,所损益,可知也。其或继周者,虽百世,可知也。"

【译文】

子张问(孔子)说:"(以后)十个朝代的政治制度可以知道吗?"孔子说:"商代的(政治制度)是基于夏代的政治制度制定的,所废除和增加的,可以知道;周代的(政治制度)是基于商代的政治制度制定的,所废除和增加的,可以知道。或许有继周代而建立的朝代,就算一百个,其(政治制度)也是可以知道的。"

【注释】

世,1.三十年为一世。2.父子相继为一世。引申为继承、世代相承。3.后代、继承人。4.一生、一辈子。5.人世、世间、世界。6.朝代。世族、世系。

殷,(yīn),1.作乐之盛称殷。本义:盛乐。2.盛、众多。引申为富足、富裕。3.忧虑或情意深。4.中国历史上商朝的别称。5.(yān),暗红色。

夏,1.中国之人也。本义:古代汉民族自称。2.夏季,四季的第二季。3.大。引申为高大的房屋。4.朝代名,夏朝。

损，1.减也。本义:减少。与"益"相对。2.损害、伤害。3.丧失。

益，1.饶也。本义:"溢"的本字。水漫出来。2.富裕、富足。3.增加。4.好处或利益，与"害"相对。5.副词，更、更加。6.渐渐地。7.古州名，在今四川一带。

【原文解】

第一是对"夏""殷""周"的认知。

"夏"在此处是指中国历史上的第一个朝代——夏朝。夏朝(约前2070—前1600)是中国传统史书中记载的第一个中原世袭制朝代。禹死后，他的儿子启夺得王位。启改变了原始部落的禅让制，开创了中国近四千年世袭制的先河。夏朝共延续约四百七十一年，后为商朝所灭。夏朝是中国历史上的第一个王朝，拥有较高的历史地位，后人常以华夏自称。

"殷"在此处是指中国历史上继夏朝之后的第二个朝代——商朝(前1600—前1046)。由夏朝诸侯国——商部落首领汤率诸侯国于鸣条之战灭夏后，在亳(bó,今商丘)建立。之后，商朝国都频繁迁移，至其后裔盘庚迁殷(今安阳)后，国都才稳定下来，所以商朝又称为"殷"或"殷商"。商朝延续五百五十四年，于末代君王纣在牧野之战被周武王击败后自焚而亡。

"周"在此处是指中国历史上继商朝之后的第三个朝代——周朝(前1046—前256)。周朝分为西周(前1046—前771)与东周(前770—前256)两个时期。西周由周武王姬发创建，定都镐京(今陕西西安西南)，成王五年(前1038)营建东都成周洛邑(今河南洛阳)。公元前770年(周平王元年)，平王东迁，定都洛邑(今河南洛阳)，此后周朝的这段时期被称为东周。史书常将西周和东周合称为两周。其中，东周时期又称"春秋战国"，以晋国的韩、赵、魏三家分晋为分水岭，分为"春秋"与"战国"两部分。孔子生活在春秋中晚期。

第二是对"因"和"损益"的理解。此处的"因"是基于、沿袭的意思。既然是基于、沿袭，那就说明后一个朝代的政治制度的基本部分和核心部分与前一个朝代是一致的，因此，后一个朝代制定政治制度时对前一个朝代的政治制度所做的废除和增加，也即"损益"是有限的，是非基本的和非核心的，是皮毛的。那么前后朝代政治制度一致的基本内容和核心又是什么呢？孔子在这里没有说，过去通说是"三纲五常"，即"君为臣纲、父为子纲、夫为妻纲"三纲和"仁、义、礼、智、信"五常，这有一定的道理。但笔者并不完全认同，因为在孔子时代，并没有"三纲五常"这一说法，倒是有"孝、悌、忠、信、礼义、廉、耻"的要求。之

所以说"三纲五常"有一定的道理,是因为二者有千丝万缕的联系,但毕竟还是有所不同的。这一点需要读者慎思之、明辨之。

【编意解】

编者意在通过本章孔子之语说明两点:第一,为政的基本原则和方法要借鉴之前的好办法——符合人性、行得通和行之有效,同时也要根据实际情况有所"损益";第二,孔子的思想不是凭空而来的,是人性和历史的选择,也是经过历史检验的。这在孔子之前和之后的四千多年里基本没有变,今后会不会变?我们拭目以待吧!你认为"孝、悌、忠、信、礼、义、廉、耻"哪些是可以改变的呢?

2.24 子曰:"非其鬼而祭之,谄也。见义而不为,无勇也。"

【译文】

孔子说:"不是自己的祖先而去祭祀他,是求媚。见到应当且适宜做的事却不去做,是没有勇气。"

【注释】

鬼,1.人所归为鬼。本义:中国认为人死后有"灵魂",称之为"鬼"。2.指万物的精灵。3.隐秘,不可捉摸。

谄,奉承,巴结。

勇,1.气也。本义:果敢、胆大。2.勇气、勇力。

【原文解】

第一是对"非其鬼而祭之,谄也"的理解。

首先是其本义。"祭"就是祭祀的意思,这在前面已有注释(详见2.5章)。祭祀是华夏礼典的一部分,其地位最为重要,《礼记·祭统》有载:"凡治人之道,莫急于礼。礼有五经,莫重于祭。"祭祀就是事神致福。但是神有很多,中国古人并不主张见神就拜。祭祀对象分为三类:天神、地祇、人鬼。中国古代有"神不歆(xīn,嗅闻,古指祭祀时鬼神享受祭品的香气)非类,民不祀非族"之说,不同的人祭祀的对象有严格的等级限制和区别。比如,天神地祇只能由天子祭,山川由诸侯、大夫祭,士和庶人只能祭自己的祖先和灶神。而"其鬼"就是自己(包括自己族类)已经死去的长辈,或者叫祖先。自己的祖先当然应当祭祀,而别人的祖先我们为什么要去祭祀呢?如果一个人去祭祀别人的祖先,这说明了什么？孔子认为这个人在"谄"。"谄"的意思就是奉承、巴结，就是求不应得之富贵，避不应避之灾祸。

其次是说明的问题。祭祀是包括《论语》在内的很多中国古代经典经常提到的，为什么？笔者认为，中国过去有一个词是"宗庙社稷"，宗庙就是祭祀祖先的场所；社稷就是古代帝王诸侯所祭的土神和谷神。两者连在一起就是指国家。从某种意义上讲，能够进行祭祀，说明这个国、家还在，这不仅是对祖先最基本的尊敬，也是自身存在的根本。古语有云"国之大事，在祀与戎"（《左传》成公十三年），如果把保有祭祀视作为政的宗旨或目的的话，那么这个宗旨或目的用现在的话讲就是保家卫国及保有保家卫国的能力。这表现在哪些方面呢？笔者认为表现在两个层面，在外表现为国富兵强，在内表现为安定和谐。因此，一切为政的原则和方法都应该或主要应该是实现这个目标，以此作为衡量标准。而祭祀在过去从某种意义上讲，是在建立和巩固一种价值观，一种信仰。没有价值观、信仰，或者价值观、信仰混乱（这里的混乱主要是指没有主导，而非多元）的社会是不可能安定和谐的，更谈不上国富兵强。

第二是对"见义而不为，无勇也"的理解。首先，关于"义"，在本书的前言中已经有较为详细的阐述，在此不再赘述。大体可解释为应当且适宜做的事。其次，什么是应当且适宜做的事？这因人而异，不能简单地、孤立地就一件事进行分析判断，有时要全面分析判断。譬如，一个小孩溺水了，我们应不应当去救？当然应当去救。是不是要跳到水里去救？这就要分析一下了，如果你的水性足够好（至少可以自保），就要跳到水里去救（因为这样最快、最直接），这就是适宜的。如果你的水性不好甚至不会游泳，那就不要跳到水里去救，因为这是不适宜的。如果你这时跳到水里，不但对救人没有任何帮助，而且还要麻烦别人再来救你，这是添乱。如果你因此溺亡，则是不孝、不仁、不义。当然，如果你的水性足够好，却因为怕冷、怕脏、怕感冒，而没有跳到水里去救那个溺水的小孩，又怎么能说你是有勇气的人呢？这时可能会有人问：要勇气干什么？因为坚守义——价值观、信仰是要付出的，有时甚至要付出鲜血和生命。没有勇气怎么能行？没有勇气你又能干什么、干成什么呢？

【编意解】

编者意在通过本章孔子之语说明以下两点：一是为政必须要明确宗旨，这个宗旨就是祭祀——为保家卫国树立和巩固信仰；二是实现这个目标是需要有勇气的。

八佾第三

3.1 孔子谓季氏:"八佾舞于庭,是可忍也,孰不可忍也?"

【译文】

孔子谈到季氏,说:"(他)用八列人(的规模)在自己的庭院中奏乐舞蹈,这样的事(他)都忍心去做,还有什么事情(他)不可以狠心做出来呢?"

【注释】

佾(yì),列也。舞行列也。本义:古代乐舞的行列,一行八人叫一佾;

庭,1.宫中也。本义:厅堂。2.庭院、院子。3.通"廷",朝廷、公堂、官署。

忍,1.能也,耐也。本义:忍耐、容忍。2.抑制、克制。3.狠心、忍心。引申为残忍。

【原文解】

第一是对"八佾舞于庭"的理解。字面意思很清楚,就是八行人(总数六十四人)在庭院里奏乐跳舞。问题在于这说明了什么?根据《周礼》规定,只有周天子才可以使用八佾,诸侯为六佾,卿大夫为四佾,士用二佾。季氏是鲁国的正卿(当然也是权臣),是卿大夫,依礼只能用四佾,而他却是"八佾舞于庭",是明显的违礼,这在过去叫做僭越。也进而说明季氏不想遵守礼,认为自己的权势和实力不仅仅是卿大夫,而是诸侯、天子。

第二是"是可忍也,孰不可忍也"。这是孔子对于"八佾舞于庭"的评价。此处的"忍",有人将其解释为容忍、忍受,这句话的意思就变为"这样的事都可以容忍,还有什么是不可以忍受的呢",其意亦通,但语气甚为激烈,以孔子之"温良",以及下一章孔子之言,笔者认为将此处的"忍"解释为"忍心、狠心"较为适宜。更为重要的是,前面有"孔子谓季氏"之语,也就是本章孔子之语是在谈论季氏,这里的"忍"应当是季氏的心理,而非他人的。但不管怎样解释,孔子对季氏"八佾舞于庭"的做法持明显的否定态度,这是明确的。

【编意解】

通读本篇,笔者认为本篇是在阐述"礼"。关于"礼",在本书的前言中已经有较为详细的阐述。这里只强调一点,礼从广义上讲还包含乐,是指礼乐。"佾"的数量在礼中有明确的规定,因此此处的"佾"就是指礼。编者意在通过本章孔子之语,说明礼是应当被遵守的,而且应是从内心深处去遵守。下一章也有此意。

3.2 三家者以《雍》彻。子曰:"'相维辟公,天子穆穆',奚取于三家之堂?"

【译文】

三家唱着《雍》来撤(祭)。孔子说:"(《雍》中说)'诸侯来助祭,天子温和肃敬',因何(将这首诗)用于三家的殿堂呢?"

【注释】

相,1.省视也。本义:察看、仔细看。2.辅佐、扶助。3.交互、互相。

彻,1.通也。本意是通达、贯通。引申为深透、透彻。2.通"撤",撤去、拆除、撤退。

维,1.车盖系也。本义:系物的大绳。引申为对事物起重要作用的东西,常与"纲"连用,指国家法度。2.系、联结。3.隅、角落。4.通"惟",思考。5.只、只有。6.由于。7.和、与、同。8.语气词。

辟,(bì),1.法也。用法者也。本义:法律、法度。2.治理。特指治罪、惩罚。3.罪、罪行。4.君主。5.通"避",回避、躲避。6.(pì),开也。本义:打开、开启。7.(pì),开辟、开拓。8.(pì),通"僻",偏僻、邪僻。9.(pì),通"譬",比如、打比方。

公,1.平分也。本义:公正、无私。2.公,与"私"相对。3.共同的。4.公然、公开。5.古代五等爵位的第一等。6.旧时对男性的长者或老人的尊称。

天子,顾名思义,天之子。是臣民对帝王的称谓。

穆,1.禾也。本义:禾名。2.和畅、美好。3.和睦。穆穆,指温和肃敬之貌。

取,1.捕取也。本义:割取耳朵。引申为捕获。2.拿,与"舍"相对。3.从中取出。4.攻下、夺取。5.娶妻。

堂,殿也。本义:殿堂、正屋。引申为公堂。

【原文解】

第一是"三家",指仲孙、叔孙、季孙,"三孙"是鲁桓公的子孙,鲁国的卿大夫,实际掌握鲁国的大权。当时大夫称家,故称"三家"。

第二是对"相维辟公,天子穆穆"的理解。这是孔子引用《诗经》的一句诗,出自《诗经·周颂·臣工之什·雍》,是一首描写周武王祭祀周文王的叙事诗,也是祭祀的乐歌,也正是三家所用的乐歌,意思是"助祭都是公和侯,主祭天子温和又肃敬"。后用于古代天子祭宗庙完毕撤去祭品所奏的乐歌。而"三家者以《雍》彻",明显不合适,无论是歌词的含义还是场合,同样也是明显违背当时礼制的。对此孔子说:"奚取于三家之堂?"孔子对"三家者以《雍》彻"的做法持明显的否定态度也是十分明确的。

第三说明的问题。本章和前一章以现在的角度来看,这都是些唱歌跳舞的小事,为什么"温良"且主张为人应"隐恶扬善"的孔子对季氏"八佾舞于庭"和"三家者以《雍》彻"的做法会持明显的否定态度,而且还会被《论语》的编者编排在其中呢?是否有些小题大做?笔者认为不是小题大做,原因基于以下两点:

首先,季氏的"八佾舞于庭"和"三家者以《雍》彻"不是一般的违"礼",而是违背"礼"中关于等级的规定,有犯上之意,已经违背了儒家的核心价值观念(详见1.2章之解),必须态度鲜明地予以反对。

其次,"季氏"和"三家"不是一般的人,而是鲁国的大夫,是实权在握的人,也即是在位之人,甚至是在上位之人,不仅名义上权力很大,而且实际上的实力更大。这样的人违"礼",而且是违背"礼"中关于等级的规定,有犯上之意,是非常危险的,其一旦犯上作乱,必是生灵涂炭。

【编意解】

本章编者之意与上一章基本相同。为什么编者会编排基本意思相同的两章在此?笔者认为是基于两点:一是两章并不完全一样,前一章佾的数量礼中是有明文规定的,而后一章所谓《雍》是乐歌,从某种意义上是在乐的范围,进而明确礼的包含范围,即礼乐;二是突出礼乐的重要性,应当被遵守。

3.3 子曰:"人而不仁,如礼何?人而不仁,如乐何?"

【译文】

孔子说:"一个人没有仁心,他怎么能实行礼呢?一个人没有仁心,他怎么

能运用乐呢?"

【原文解】

本章字面意思比较清楚,是孔子的一种结论性的认知,即仁是礼乐的核心和实质。为什么?这首先要对"仁""礼"和"乐"有所认知。关于"仁"和"礼",在本书的前言中已经有较为详细的阐述,在此不再赘述。至于"乐",字面上就是指音乐,其实质还包括诗歌和舞蹈等,是表达人们思想情感的一种形式,在古代,它也是礼的一部分。前面说过,礼是"德"的外化表现,既然是外化表现,就一定有其内在的实质,这个实质就是"德",就是对道——万事万物(包括人自己)固有的天性及其演化发展的规律的正确认知和践行。而道在古人眼中又分为天道、地道和人道。但这些并没有直接的指向,或较为具体的说明,在这里孔子说了,是"仁"或者叫"仁道"。

【编意解】

编者意在通过本章孔子之语,直接说明"仁"是礼乐的实质和核心,礼乐的施行应依据这个实质和核心——仁,脱离了仁,礼的施行是没有意义的,也是不可能的。

3.4 林放问礼之本。子曰:"大哉问!礼,与其奢也,宁俭。丧,与其易也,宁戚。"

【译文】

林放问礼的根本。孔子说:"这个问题很大啊!礼,与其奢华铺张,宁可俭约;丧礼,与其面面俱到,宁愿忧愁悲伤。"

【注释】

林放,鲁国人,字子丘,有人说是孔子的门人。

奢,1.张也。本义:铺张,不节俭。与"俭"相对。2.过分、过度。3.多、丰厚。

宁,1.愿词也。宁可,宁愿。2.岂,难道。3.安定、安宁。4.(归宁)女子回娘家探视父母。

戚,1.戉(yuè)也。本义:古兵器名,斧的一种。2.亲戚、亲属。3.忧愁、悲伤。

【原文解】

本章所讲仍是礼的实质和核心。

第一是对"俭"和"奢"、"戚"和"易"的理解。

首先,俭是爱物、节省财物。财物皆人力所创造,爱物、节省财物既是对别人劳动的一种珍惜,也是对自己劳动的一种尊重——因为如果自己所拥有的钱财不是非法所得,那就应当是劳动所得。因此,爱物、节省财物从某种意义上讲就是"爱人"的一种表现,就是"推爱及物",也就是"仁"的一种表现。而"奢"则是与俭相对的。

其次,"戚"在本章的意思是明确的,就是忧愁、悲伤,是指人的一种情感。本章的"易"是治理的意思(详见1.7章注释),也就是在形式上各方面都做得很好,面面俱到。应当说明的是,面面俱到是非常困难的,尤其是对正处于"戚"——忧愁、悲伤的人而言,当然也是需要大量钱财的。"戚"和"易"代表着内心和形式。

第二是说明的问题。

首先,从孔子本章所讲,绝不能得出"礼"应当或就是"俭"和"戚"这样的结论(因为很多人读过此章后,理解就是这样的)。道理很简单,从"与其……宁……"这样的句式,就可以看出"奢"和"易"、"俭"和"戚"都不是"礼"所应当的,宁"俭"和"戚"只是一种无奈的、退而求其次的选择。从"奢"和"俭"、"易"和"戚"的相对性来看,"奢"和"俭"不是过分就是不及,"易"和"戚"也是一样。而大家都知道,孔子说过"过犹不及"(详见11.16章)。但这不等于就是说过分和不及是一样的,没有差别,而是"犹"。孔子在本章这一无奈的、退而求其次的选择就是一种说明。同时更重要的是,说明了"礼贵中",既不要过分,也不要不及。当然,既不过分也没有不及是很难做到的,在做不到的情况下,就需要权衡取舍,而标准就是其实质、核心的要求。

其次,孔子在本章为什么选择了"俭"和"戚",而没有选择"奢"和"易"呢?这是因为"俭"从某种意义上讲就是"仁"的一种表现,近乎仁;而"戚"是一种真情的表现,是"诚",孔子认为这是礼的根本。当然,"俭"和"戚"有些过或不足,"根本"并不是全部。前面说过,礼是"德"的外化表现,既然是外化表现,就一定要有形式,而"奢"和"易"就是这种表现形式,当然这是一种过分的表现形式。在形式与根本不能平衡、适中的时候,选择有些过分的"根本"也就是很自然的了。说到这里,笔者想起古人的一句话,"仁也、中也、诚也,礼之本也"。

【编意解】

编者意在通过本章孔子之语,继上一章进一步说明礼乐的实质和核心,那就是仁、中与诚。当然,仁在前一章已经阐述,本章应当是着重说明中与诚。

3.5 子曰:"夷狄之有君,不如诸夏之亡也。"

【译文】

孔子说:"夷狄有(或心中有)君主,不像诸夏无(或心中无)君主。"

【注释】

夷狄,古称东方部族为夷,北方部族为狄(西方部族为戎,南方部族为蛮)。常用以泛称除华夏族以外的各族。

诸夏,本指华夏民族各诸侯国,后用来称呼中国。

亡,1.(wáng),逃也。本义:逃离、出走。2.(wáng),外出、不在。3.(wáng),失去、丢失。4.(wáng),灭亡、死亡。5.(wú),通"无",没有、不。

【原文解】

首先,"礼"的根本是仁,而仁的根本又是什么呢?是孝悌,有子曰"孝弟也者,其为仁之本与"(详见1.2章)。那么儒家讲孝悌,提倡孝悌,又是为什么呢?是为了使人们不要犯上作乱,要有秩序,遵守秩序。而有秩序就有上下。而上下最根本、最核心的表现,在当时就是君臣,就是有"君",现在可以将"君"理解为国家。因此,礼作为仁德的表现,从某种意义上讲其最根本、最核心的就是"有君"。应当说明的是,没有君主——国家及其权威是一件非常可怕的事情,这就必然会导致政出多门,而政出多门必然会产生矛盾,在产生矛盾的情况下,又没有权威界定,则必乱,而乱的结果是百姓饱受流离战乱之苦,这一点在中国有无数的史实予以证明。

其次,也正因如此,不能将本章中的"如"理解为"比得上",如此一来,本章的意思就成了"夷狄有(或心中有)君主(因为夷狄没有'礼'),还不如诸夏无(或心中无)君主(因为诸夏有'礼')",这不仅明显不通,而且是本末倒置,非常牵强。之所以有这些理解,是因为在过去中国(也就是诸夏)自认为有"礼",是礼仪之邦,而"夷狄"没有(更准确地说是少)礼,比较落后,便自以为是地过分夸大"礼"的形式作用。

最后,就是对"有"和"无"理解。这两个字不仅仅是指客观上、形式上有什么东西、没有什么东西,还指主观上,也即"心中有""心中无"之意。实际上,在孔子生活的时代,客观上、形式上一直都有周天子、鲁君,但在很多人心中并不把他们当作君主看待,不尊奉君命,甚至无视他们的存在。

【编意解】

编者意在通过本章孔子之语,继上两章后进一步说明礼乐的实质和核心,那就是有君——真正的有君。用现在的话讲,即心中要有国家、有社会,甚至上级领导。

3.6 季氏旅于泰山。子谓冉有曰:"女弗能救与?"对曰:"不能。"子曰:"呜呼!曾谓泰山不如林放乎?"

【译文】

季氏(将)要去(祭祀)泰山,孔子对冉有说:"你不能制止(这件事)吗?"(冉有)回答说:"不能。"孔子说:"呜呼!难道说泰山(神)还不如林放(知礼)呢?"

【注释】

旅,1.本义:古代军队的编制,五百人为一旅。引申为军队。2.众人。3.陈列。4.寄居、旅行。5.旅客。6.祭祀之名。

冉有,姓冉,名求,字子有,通称"冉有",鲁国人,孔子弟子,"孔门十哲"之一,比孔子小二十九岁。周文王第十子冉季载的嫡裔,以政事见称,尤擅长理财,曾担任季氏宰臣,随孔子周游列国,后说服季康子迎回了在外流亡十四年的孔子并予以多方照顾。

救,1.止也。本义:止、禁止、阻止。2.助也。挽救、拯救。3.援助、帮助。

【原文解】

第一是对"泰山"和"旅"要有所认知。

首先,"泰山"是山的名字,今山东省泰安市中部,位于当时齐国和鲁国的交界处。泰山在中国可不是一座普通的山,而是一座具有极其特殊意义的山。传说泰山为盘古开天辟地后其头颅幻化而成,气势雄伟磅礴,素有"五岳之首"(五岳,中国五大名山的总称,分别是东岳泰山、南岳衡山、西岳华山、北岳恒山、中岳嵩山)之称。因此,中国人自古崇拜泰山。

其次,"旅"的字面意思就是去旅行,但这样单纯的解释明显不通,无法解释

孔子之后的否定评价。据过去的学者考证,"旅"还是一种祭祀的名称,"国有大故,天子陈其祭祀而祈之,则旅为天子祭山之名"。因此,笔者将本章的"旅"理解为去祭祀。

第二是对"曾谓泰山不如林放乎"的理解。这句话的字面意思是很清楚的。但是让人很迷惑,因为泰山是山,而林放是人,如何相比?其实在中国古人的认知里,每一个山川都是有神的,而这里的"泰山"是指泰山之神。那么"泰山不如林放"是指哪一方面呢?这就要看林放都做了些什么?通过前面的学习,我们知道林放曾向孔子请教"礼之本",也就是说林放不清楚"礼之本"但想知道。那么泰山之神比林放强在哪里呢?应该就是知道"礼之本"。那么这里的礼之本是什么呢?这应该从泰山之神的角度来看。那么泰山之神应当知道什么呢?其实祭祀就是祈福,就是祈求被祭祀的神施福,施福给祭祀的人。那么泰山之神应当给谁施福呢?是给所有祭祀他的人都施福吗?应该不是,否则泰山之神不就成了"有奶便是娘"的俗物了吗?这就要从过去礼的规定中寻找答案了,因为祭祀是礼的规范,应当是依据礼来进行的。那么对于此,礼都有什么规定呢?首先,依据当时的礼制,"天子祭天下名山大川……诸侯祭名山大川之在其地者"(《礼记·王制》)。意思就是说,名山大河只有天子和名山大河所在地的诸侯才能祭。而季氏既非鲁国国君,更非天子,只是鲁国的大夫,依礼不能祭泰山,季氏要去祭泰山是明显的违礼,有犯上之意;其次,依据当时的祭礼,祭祀必须合乎礼制,神才能接受这样的祭祀,神才有可能施福献祭的人,否则神不能接受,也不可能施福献祭的人。这是礼的一个原则,违反这个原则,神不能接受,祭了也白祭。因此,季氏违反礼制去祭祀泰山,是不可能得到其想要的结果的。

林放是一个普通人,就是这个普通人,还知道问礼的根本,想探知礼的根本。难道季氏就不明白?当然不是,而是贪心、自我膨胀蒙蔽了他。其实,世界上的道理尤其是大道理都很简单,但人们却往往忘记了这些道理尤其是大道理,去做了许多违背道理尤其是大道理的事情,最终使自己陷入困境,原因又是什么?贪、嗔、痴、自卑、虚荣、鼠目寸光、自我膨胀,等等。

【编意解】

编者意在通过本章,继上三章后进一步说明礼乐的实质和核心,那就是有神明——真正的神明,神明可不是能够糊弄的。这时有个问题,真的有神明吗?这个问题很难讲,可以自己体会一下。笔者认为还是有的好。所谓神明,用现在的话讲,可以叫作命运、良心等。这在以后的《论语》学习中,还会有详细的阐述。

3.7 子曰："君子无所争。必也射乎！揖让而升,下而饮,其争也君子。"

【译文】

孔子说："君子没有什么(与别人)争的,倘若说有的话,那就是射箭。比赛时,先相互作揖谦让再上场。赛完后下来要喝(酒),这就是君子之争。"

【注释】

争,1.(zhēng),彼此竞引物也。本义:争夺、竞争。2.(zhēng),争辩、争论。3.(zhèng),"诤"的本字。强谏、规劝。

必,1.分极也。本义:区分的标准。2.必须、一定要。3.完全肯定。4.倘若、假如。

射,(shè),1.弓弩发于身而中于远也。本义:射箭。2.射手。3.射出、喷射。4.猜度。5.比赛、赌博。6.追求、攫取。7.(yì),厌、厌弃。

揖(yī),1.本义:拱手行礼。2.让出、逊主。3.通"壹",专一。

饮,(yǐn),1.喝,多指喝酒。2.喝的东西,多指酒。3.(yìn),给……喝。

【原文解】

第一是"君子无所争"。此处的"君子"是指成就了德行的人,孔子认为君子不会再去与别人争夺什么。问题是将此句编排于此又有什么深意呢？本篇是在讲礼,君子既然是成就了德性的人,当然也是尊礼、守礼的典范,因此可以说礼的核心表现就是"不争"。这与前面有子所谓的"礼之用,和为贵。先王之道,斯为美"(详见1.12章)可相印证。《左传》载"让者,礼之主也"(《左传》襄公十三年)。

第二是"必也射乎！揖让而升,下而饮,其争也君子"。

首先是"射"。射是古时候的"六艺"之一("六艺"指礼、乐、射、御、书、数),是古之君子必备之才能。此技能的高低好坏极易判别、比较,而作为必备之才能,均应努力提高,因此,相互比较在所难免,如果把这叫争的话虽有些勉强,但也可。但更重要的是,射箭之类的比赛与其他的比赛相比有一个十分特别之处,《礼记·射义》载:"射者,仁之道也。射求正诸己,己正而后发,发而不中,则不怨胜己者,反求诸己而已矣。"就是说,射箭符合仁的道理,成绩的好坏,完全

在自己的修为,与别人(或说对手)无关,更怨不得别人。不像别的比赛,损害其他竞争者、给其他竞争者制造困难是获得胜利的一个重要策略和手段。其次即便是争,君子也是十分讲究礼仪的,"揖让而升,下而饮"。这就是君子之争,求诸己,不害人,依礼而行,这样的争是不是很不同呢?

【编意解】

编者意在通过本章孔子之语,表明礼乐的另一个实质和核心,那就是不争——"无所争"。

3.8 子夏问曰:"'巧笑倩兮,美目盼兮,素以为绚兮',何谓也?"子曰:"绘事后素。"曰:"礼后乎?"子曰:"起予者商也!始可与言诗已矣。"

【译文】

子夏问:"'美好的笑好漂亮啊,漂亮的眼睛黑白分明,素粉之上加彩饰啊'。这几句诗说的是什么?"孔子回答说:"绘画之事后于洁白的丝绸。"子夏说:"礼也在后面吗?"孔子说:"子夏启发了我,现在可以与你谈论《诗经》了。"

【注释】

倩,(qiàn),1.本义:古代男子的美称。2.笑时面颊美的样子。3.美好。4.(qìng),女婿。5.请别人代自己做事。

盼,1.目黑白分也。本义:眼睛黑白分明的样子。2.视也。看。引申为照顾、照看。

素,1.白致缯也。本义:没有染色的绢。2.白色的。3.空。4.无荤腥的。5.朴素、本质。6.真情。7.清贫。8.向来、一向。9.旧交。

绚,文貌。本义:美丽、漂亮有文采的样子。

绘,1.会五彩绣也。本义:五彩绣品。2.绘画。

起,1.能立也。本义:由躺而坐、由坐而立。2.兴起、发动。3.起用。4.出现、产生、开始。5.建造。

【原文解】

首先是"巧笑倩兮,美目盼兮,素以为绚兮"。前两句出自《诗·卫风·硕人》,后一句出处不可考。子夏在学习上述诗句时,不甚理解其含义,便问孔子。孔子回答说"绘事后素",意思就是说要画好一幅画,首先用于画画的材料(丝绸、画布或纸)要好,要洁白。当然,"素"还有朴素、本质的意思,因此也可以说要画好一幅画,首先画画的人要好,不但要有高超的绘画技艺,更要有一颗纯洁而真诚的心。

其次,子夏听到老师孔子的上述解答,有所感悟,便问:"礼后乎?"意思就是说"礼"是否就是一幅画?至于礼后于什么,子夏没有说明,但结合前几章的记述,应当为仁德、诚心、中道,因为只有依据仁德、中道才能制定出真正的、符合人性的、行得通的、行之有效的"礼";只有诚心之人才能体会仁德、中道,才能学好"礼",用好礼。对于子夏的有感之问,孔子深以为然,表示赞同。并认为子夏之感启发了自己,可以与子夏一起谈论诗了。为什么?因为诗就是真情的表露。

说到这里,孔子的意思已经非常明确了,"礼"就是一幅图画,这幅图画要好,甚至这幅图画能称之为画,绘画的人——制定或运用"礼"的人,要有一颗纯洁而真诚的心,要有颗仁德、中道之心,要有高超的技艺,要选用好的材料,只有这样才能画出绚烂的图画,才能制定出符合人性的、行得通的、行之有效的"礼",并运用好它。

【编意解】

本章有着承上启下的作用。本章之前本篇一直在阐述原则、实质和核心,但总的一句话就是本质要好。什么是好?用本章的话讲就是"素"——仁德之心、中道之心和真诚的心。具体到礼的制定和运用(这是本篇以下各章讨论的问题),同样如此。

3.9 子曰:"夏礼,吾能言之,杞不足徵也。殷礼,吾能言之,宋不足徵也。文献不足故也,足,则吾能徵之矣。"

【译文】

孔子说:"夏代的礼我能说个大概,杞国(的典籍、贤人)不足以验证;商代的礼我能说个大概,宋国(的典籍、贤人)不足以验证。这是典籍、贤人不足的缘故。(典籍、贤人)足,我就能验证(夏商之礼)。"

【注释】

杞,1.枸杞也。本义:木名,枸杞。2.周朝一诸侯国名。
徵,(zhēng),1.召也。本义:征召。2.追究、追问。3.证明、验证。4.应验。

引申为迹象、预兆。5. 求、取。6. (zhǐ)，古代五音之一。

宋，1. 周朝一诸侯国名。在今河南商丘。2. 朝代名。3. 姓氏。

献，1. 宗庙犬，名羹献。犬肥者以献之。本义：献祭。引申为奉献。2. 特指主人向宾客敬酒。3. 熟知史实的贤人。

【原文解】

第一是对"杞""宋"的了解。"杞"在本章是指周朝的一个诸侯国，在今河南杞县。据史料记载：武王克商，求夏禹苗裔，得东楼公，封杞以奉禹祀。也就是说，杞国的贵族是夏禹的后代。"宋"在本章也是指周朝的一个诸侯国，在今河南商丘。据史料记载：武王克商，封商纣王子武庚于商旧都。成王时，武庚叛乱，被杀，又以其地封予纣的庶兄微子启，号宋公，为宋国。也就是说，宋国的贵族是商汤的后代。这些后代对自己祖先的资料保存得相对于其他人或地方更为全面、详细。尽管如此，在孔子的眼中仍是不足的，无法印证其所学到的关于夏商时期的礼法制度。

第二是说明的问题。由前述可知，孔子是鲁国的小贵族，而鲁国是周公的封地，由于周公在周朝中的特别地位——周武王之弟，曾辅佐周成王并代成王摄政当国，制礼乐，奠定了周朝的统治。为褒奖周公的功绩，周天子特许"鲁有天子礼乐"（《史记·鲁周公世家》）。因此，对于周朝的礼法制度保存得非常完整，这使孔子有机会学习到非常完整的周礼，就这样孔子也不满足，还专门到周朝的国都洛阳去学习——"适周问礼"（《史记·孔子世家》）。而由本章孔子之语来看，孔子并未满足于此，他还对夏礼和商礼有很深入的研究，以至于"能言"而且能对"杞""宋"两国的史料进行辨别。由此可见，孔子对于礼的研究可谓博大精深。但问题是孔子为什么在研究周礼的同时，还要花如此大的力气去研究夏礼和商礼呢？原因很简单，那就是夏礼和商礼与周礼是有很深的联系的，应当是一脉相承的，"殷因于夏礼""周因于殷礼"（详见2.23章），只有如此，才能全面、深刻地认知礼。孔子自称"述而不作"，这也就说明了孔子思想是之前两千多年的社会生活的结晶，万不可轻言其非。

【编意解】

编者意在通过本章孔子之语，表明礼乐的制定不能只着眼于眼前、现实，而且要借鉴之前的礼乐。同时也说明，夏、商之礼在孔子时代的状况，就是连孔子这样的礼的专家，也不能完全知晓和印证，已经残破不全了。

3.10 子曰:"禘自既灌而往者,吾欲不观之矣。"

【译文】

孔子说:"禘祭之礼自斟酒浇地完成之后,我就不想再看了。"

【注释】

禘(dì),1.祭也,古代祭祀名,帝王诸侯祭祀始祖。2.宗庙中夏季举行的祭祀。

既,1.本义:吃罢、吃过。2.尽、完了、终了。3.副词,已经。

灌,1.灌水也。本义:浇、灌溉。2.注入、倒进去。引申为浇铸。3.祭祀的一种仪式。斟酒浇地以求神降临。4.丛生的矮小树木。

【原文解】

前一章是在说夏、商之礼在孔子时代的状况,而本章则是说周礼在孔子当时的状况。当然,在此处孔子没有像前一章一样对周礼进行概括性的总体论述,而只是说了其中的"禘"礼。这里要注意的是,通过前面的注释,我们可以知晓,"禘"礼是一种大礼,是一种具有代表性的礼,那么这个"禘"礼在当时是怎样的一种状况呢？孔子说:"自既灌而往者,吾不欲观之矣。"至于为什么"不欲观之矣",孔子没有明确说明,但可以想见当时人们举行"禘"礼时的所作所为肯定是一塌糊涂,至于是因为不懂还是蓄意违反那就不得而知了。不过像"禘"礼这样一种大礼,这样一种具有代表性的礼,人们应当是十分重视、慎重的,但却被做得一塌糊涂,那其他的周礼的境遇也就可想而知了,所以说当时是礼崩乐坏的时代。那么礼崩乐坏又如何呢？能说明什么呢？或者说又有什么不好的呢？且看下一章。

【编意解】

编者意在通过本章及上一章孔子之语,表明在孔子时代已经是礼崩乐坏。

3.11 或问禘之说。子曰:"不知也。知其说者之于天下也,其如示诸斯乎?"指其掌。

【译文】

有人问"禘"礼的学说。孔子(回答)说:"不知道。天下对于知道'禘'礼学说的人来说,就像显示在这!"(孔子)指他的手掌。

【注释】

示,1.给人看。引申为显示、表示。2.教导、指示。

【原文解】

首先是"不知也"。孔子真的不知道吗？显然不是。这从前一章的文义明显可知。如果孔子真的不知道，又如何能"不欲观之矣"。至于孔子为什么明明知道却回答说"不知也"，古人解释很多：一是因为鲁国国君在行"禘"礼时，做得是一塌糊涂，所以不愿说，是"为鲁君讳也"。在过去，"臣为国讳恶"是礼的要求；一是因为"禘"礼是一种大礼，有"先王报本追源之意……非仁孝诚敬之至,不足以与此"，而在本章的问禘之人或是没有这个资格，或是没有这个境界，不足以知之；等等。

其次是"知其说者之于天下也,其如示诸斯乎"。为什么？前章说过，"禘"礼是一种大礼，是一种具有代表性的礼，可以说是周礼的代表或缩影。"礼"是"德"的外化表现，而"德"又是对"道"的正确认知和施行，因此真正认知"禘"礼之学说，就必定知道"禘"礼的本质，就是知道西周初年周文王、周武王和周公等圣贤制定"周礼"时所依据的"道""德"。而我们知道，周文王、周武王和周公以一个诸侯之国，推翻了暴虐的商纣王，建立了繁荣昌盛的西周王朝，这个西周王朝在孔子眼里已经达到了"天下平"的"至善"境界。简单地说，从某种意义上讲，本章的"禘"礼就是"周礼"，而"周礼"正是周文王、周武王和周公等圣贤的"道""德"的外化表现。因此，孔子认为"知其说者之于天下也,其如示诸斯乎"也就是自然而然的事了。

最后是"指其掌"。"掌"就是手掌，就是前一句中的"斯"。问题是将天下示于自己的手掌又是什么意思呢？有人说是天下事很容易看明白，有人说是天下很容易治理。笔者认为第一种认识理解比较合适，因为自己的手掌长在自己身上，可以经常看到，容易看明白。真正知道"禘"礼（周礼）的道理，就知道了平天下的"道"了，有了辨别是非、轻重、缓急的依据和标准，对天下的事物就能看得更清楚、更透彻，这比较容易理解、比较符合逻辑。至于说知道了平天下的"道"，就能很容易的治理天下，这就有些过了，这就像是说知道了道理就能把事情做好一样。世界上知道道理的人很多，但知道道理的人又能切实地按道理去做的人却很少。大家都知道要孝顺父母、好好学习、努力工作，但真正能切实做到这些的又有多少？这里最大的障碍是自己个人的贪欲无法克制，眼光短浅。孝顺父母、好好学习、努力工作都是要付出代价的，尤其是刚刚开始做的时候，甚至是比较痛苦的，要付出很多，却一时半会儿看不到结果——应有的收入或愉悦的感受等,因此,许多人早早地就放弃了,也因此,孔子强调"克己复礼"。当然这是后话,之后我们会专门学习。

【编意解】

编者意在通过本章孔子之语,表明礼的作用。礼蕴含着齐家、治国、平天下的道理,是齐家、治国、平天下非常重要的方法。同时,也间接说明礼崩乐坏的可怕。

3.12 祭如在,祭神如神在。子曰:"吾不与祭,如不祭。"

【译文】

祭祀(祖先)就要像(祖先)在(眼前),祭祀神就要像神在(眼前)。孔子说:"我不亲自参加祭祀,就像没有祭祀。"

【注释】

神,1.<u>本义:神灵。</u>2.人死后的灵魂。3.精神。4.神态、表情。5.神奇、特别高超。

【原文解】

首先要对祭祀有所了解。祭祀从表面上是表达对祖先、神灵的敬意,但其十分重要的实质或者叫目的,是想得到祖先、神灵的指示和保佑。祭祀的形式就是使人们心静、心起敬意,进而使心境达到某种状态,以感悟祖先、神灵的垂示。古语云:"祭然后能见不见之见者。见不见之见,然后知天命鬼神。"意思就是说,祭祀然后才能见到已经见不到的或平时见不到的(譬如已经逝去的祖先或山神、河神,等等),见到已经见不到的或平时见不到的,然后才能知道天命鬼神的垂示。笔者认为,且不说鬼神是否存在,人们确实是需要时不时地处于这种肃然起敬的、安静的心境,以有所感悟和反省,至于得到的是否是鬼神的垂示,则是无所谓的。

其次,"祭如在,祭神如神在"通说是一句(孔子之前的)古语,孔子本章的话是对这句古语的解释。通过前面的学习,其意思也应当很容易理解,既然"祭然后能见不见之见者",你不亲自参加祭祀又怎能"见不见之见"?又怎能"知天命鬼神"?所以"不与祭,如不祭"。

最后应当强调说明的是,祭祀之礼是礼非常重要的组成部分,同时又是礼

的表现形式的起源,从某种意义上讲,对于行祭祀的要求也就是对于遵行礼的要求,要身体力行,严格遵循。

【编意解】

编者意在通过本章,表明遵行礼的一个原则,那就是要亲力亲为,否则就不能叫做遵礼,更达不到其应有的效果。笔者认为,这句话的现实意义极其重大。现在有多少人是与年老的父母生活在一起?亲自为父母端茶送水?现在有些人不就是单纯花钱雇保姆照顾年老的父母,或者干脆将年老的父母送到养老院吗?现在有些人不就是在"清明""十月一初"时花钱雇人去扫墓上坟吗?孔子讲"生,事之以礼;死,葬之以礼,祭之以礼"(详见2.5章)。扪心自问,这一古礼我们是否应当遵行?遵行得怎么样?曾经与父母一起亲爱而平实的生活还剩下几分?

3.13 王孙贾问曰:"与其媚于奥,宁媚于灶,何谓也?"子曰:"不然。获罪于天,无所祷也。"

【译文】

王孙贾问(孔子)说:"与其逢迎取悦于奥神,宁可逢迎取悦于灶神,是什么意思?"孔子说:"(这种说法)不对。得罪了上天,就无处告事求福了。"

【注释】

奥,1.宛也。室之西南隅。本义:古时指房屋的西南角。古时祭祀设神主或尊者居坐之处。2.隐蔽、机密的地方。3.重要、机密的职务。4.深。引申为深奥、含蓄。

媚,1.说也。本义:爱、喜爱。2.谄媚、讨好。3.美好、可爱。

灶,1.炊穴也。本义:用砖石等砌成,供烹煮食物、烧水的设备。2.灶神。

然,1.烧也。是"燃"的本字。本义:燃烧。2.指示代词。这样、那样。3.应也。是、对。4.认为……是对的。5.形容词词尾。表示"……的样子"。6.不过、但是。

获,1.猎所获也。本义:猎得禽兽。2.俘获、缴获。3.得到、取得。4.收割庄稼。5.女奴隶。

祷,告事求福也。祷告。

【原文解】

第一是对"奥"和"灶"的理解。"奥"古时指房屋的西南角,常为尊者居坐之处,"奥神"是祭祀的神主,代表国君、家长。"灶"就是做饭的炉子,"灶神"又称灶王爷,也就是厨房之神,主管人们平时的饮食,而饭是天天要吃的,因此"灶神"很重要,权力切身。由此可以看出,"奥神"比"灶神"尊贵。但对于一般老百姓来说,"奥神"或国君、家长虽然尊贵但离得很远,对其权威没有什么感觉;而"灶神"或低级官员却很近,是现管,有直接的利害,一般老百姓对其权威的感觉十分强烈。因此,一般老百姓很害怕那些有实权的又直接管事的低级官员,相反对那些地位很高却不具体管理自己事务的高级官员却不怎么在乎,因为他们平时也接触不到这些高级官员。由于此,在过去就有"与其媚于奥,宁媚于灶"的说法,用现在的俗话来说就是"县官不如现管"。而这对一个国家和社会是极其有害的,轻则使政令、军令不通,重则会导致割据、分裂。

第二是对本章对话的背景要有所了解。王孙贾是卫国的大夫,却不是权臣,据考证,当时卫国的权臣是弥子瑕。对于王孙贾来说,卫君就是奥神,而弥子瑕就是灶神。可能是王孙贾因为不知道应讨好卫君,还是应讨好权臣弥子瑕,举棋不定,才有这样的问题,问当时在卫国的孔子。当然这样问是比较含蓄的。

第三是对"不然。获罪于天,无所祷也"的理解。这句话是孔子对王孙贾问题的回答。这里的"不然"是"不对"的意思,是不应当"媚于灶"?还是不应当"媚"?笔者认为是二者皆不应当。先"灶神"后"奥神"乱了秩序,本末倒置肯定不对,同时祭神或对长官应诚、应敬,因此"媚"也不对。这都是"礼"的要求和表现,也是"道"和"德"体现,当时的人们认为"道"和"德"出自上天,如不遵循"礼"的要求,尤其是不遵循"礼"的基本和原则性的要求,就会"获罪于天",如果"获罪于天",当然也就再也没有什么地方和办法去祷告求福了。

【编意解】

编者意在通过本章,表明遵行礼的一个原则,那就是按秩序等级进行,要以诚敬的心而非谄媚的心去遵行。

3.14 子曰:"周监于二代,郁郁乎文哉!吾从周。"

【译文】

孔子说:"周(礼)鉴于(夏、商)二代,文采美盛!我认同周(礼)。"

【注释】

监,(jiān),1.临下也。本义:监督、察看督促。2.古代主管检察的官名。3.官署名。4.太监。5.(jiàn),照影。6.(jiàn),镜子。7.(jiàn),通"鉴",借鉴。

郁,1.草木丛生、茂盛。2.(云、气)浓盛的样子。3.忧郁、愁闷。4.积结。5.(郁郁)草木茂盛的样子。

从,(cóng),1.随行也。本义:随行、跟随。引申为追赶。2.顺从、听从。引申为听任、听凭。3.参与。4.由、自。5.副,与"正"相对。6.(zòng),南北方向。7.放纵、纵容。

【原文解】

第一是对"吾从周"的理解。其字面意思是很清楚的,就是孔子认同、遵从周礼。问题是为什么?根据本章孔子之语,原因有二,且看下文。

第二是对"周监于二代"的理解。这是原因之一。关于"周监于二代",前面已经有所阐述(详见2.23章),在此不再赘述。问题在于这说明了什么?笔者认为,这至少说明周礼不是凭空产生的,而且应当是比"二代"强,毕竟是"监于二代"而来的嘛!应该是符合人性的,是可行的,也就是正确的。

第三是对"郁郁乎文哉"的理解。这是原因之二。所谓"郁郁乎文哉",是说周礼从表现形式上看,十分繁多,但更重要的是这种繁多是有条理的、华丽的,也就是"文哉",达到了文质彬彬的状态,因此《中庸》有云:"优优大哉!礼仪三百,威仪三千。"这也是其与"二代"之礼最显著的区别。可这又说明了什么呢?说明其条文很多,很详细,进而也就说明其好遵行,可操作性强,即行之有效。

【编意解】

编者意在通过本章孔子之语,表明礼应当有条理、详细明确——"郁郁乎文哉",只有这样才好遵行,可操作性才强,即行之有效,符合人性,也就是正确。这是礼的根本和基础。

3.15 子入太庙,每事问。或曰:"孰谓鄹人之子知礼乎?入太庙,每事问。"子闻之,曰:"是礼也。"

【译文】

孔子进入太庙(周公庙),(见到)每件事物都问。有人说:"谁说孔子知道礼? 进入太庙,每件事物都问。"孔子听到这些话,说:"这就是(知)礼。"

【注释】

太,1.过于、过分。引申为最、极。2.对高一辈人的尊称。3.对远祖的尊称。

庙,1.尊先祖貌也。本义:宗庙,供奉祭祀祖先的处所。2.过去供奉神佛、祭祀有才德的人的处所。3.朝廷,帝王处理政事的地方。

鄹(zōu),古邑名。春秋鲁国地,孔子家乡。在今山东省曲阜市东南。

【原文解】

本章的字面意思不很清楚,要准确理解还应注意:

第一是对"太庙"和"鄹人之子"的理解。首先,此处的"太庙"应是鲁国的太庙,而鲁国是周公的封地,故应为周公庙。其次,"鄹"是地名,也是孔子的故乡,而孔子之父是该邑大夫,故此处的"鄹人之子"是指孔子。

第二是对"每事问"的理解。这句话的字面意思是很清楚的。问什么?这也很清楚,太庙中的事物当然基本上都与礼有关,当然是问礼了。这从后面的"或曰"也可以得到证明。问题在于其说明了什么?说明孔子不知道礼吗?显然不是。从"或曰"的内容上看,孔子在当时就以知礼而著称,况且通过《论语》的学习,我们可以确认孔子实际上也是知礼的。那说明了什么呢?笔者认为至少说明以下几点:

第一,孔子是如何认知周礼的。我们知道,周礼是非常多的,而且孔子认为周礼是"先王之道"很好的体现,因此,其"每事问"或出于不知晓某礼,或出于不确信某礼已经全面知晓,或出于想探究某礼所体现的"先王之道",以期全面而深刻地知晓其礼——知其所以然。也正是因为孔子对礼有这样严谨而不懈的学习和探究,孔子才会被人们认为是知礼之人。这也许就是孔子所谓的"是礼也"的原因吧。其实真正的大家,往往都是这样,提出的问题在常人看来似乎都是常识,都是应当知道的,但其真正的含义常人并不知晓或理解,这大概就是所谓的大智若愚吧。什么是常识? 常识一般是指从事某项工作或学术研究所需具备的相关领域内的基础知识。这想必不难理解。笔者在这里要强调的是,常识并不等于真理,而且因人层次境界的不同而不同,常识也是有层次的,可以粗略地分为接近真理的常识和更接近真理的常识。人们只有对前一种常识有所质疑甚至拷问,进而有所研究,才能探寻到后一种。而《论语》告诉我们的就是后一种常识,因此其常常会出乎我们的意料,同时在我们用心学习体会之后,

又会感觉到就应当是这么个理。

第二,孔子对运用礼的态度是非常谨慎的,不存在丝毫想当然。通过前面的学习我们知道,太庙在过去是一个非常庄严的地方,也是礼运用的地方。但应当说明的是,对一件事物的知晓和具体实际的运用该事物并不是一回事。譬如,我们知道发射卫星的原理,并不等于我们就一定能够发射卫星,真正发射卫星是一个十分严谨的过程。又譬如,一个有丰富法律知识的人,并不一定能够成为一个合格的法官。一个合格的法官在适用法律处理案件时,应当是十分谨慎的,要查明每一件与案件有关的事实,不能有丝毫的想当然。这也就是孔子所谓的"是礼也"的真正含义。

【编意解】

编者意在通过本章,表明对礼的适用应当谨慎、严谨,不仅要知其然,还应当知其所以然,决不能想当然。

3.16 子曰:"射不主皮,为力不同科,古之道也。"

【译文】

孔子说:"(礼)射不以射中(或贯穿)靶心为主,因为(射箭的人)力量有不同等级,这是古时所行之道。"

【注释】

皮,1.剥取兽革者谓之皮。本义:剥皮。2.兽皮。带毛的叫皮,去掉毛的叫革。3.兽皮做的箭靶。4.表面的、浅薄的。

科,1.程也。本义:品类、等级。2.法律条文。引申为依法判决。3.科举制取士的名目、科举考试。4.量词,棵。

【原文解】

首先是"皮"。当时射箭以布做靶,在靶中心设有一块兽皮,作为中心,就是所谓的"鹄(gǔ)的"。因此,此处的皮就是靶心的意思。所谓"主皮",就是以射中靶心为主。应当说明的是,过去有学者将"主皮"理解为以贯穿靶心为主。之所以如此,是因为文献记载的"武王克商,散军郊射,而贯革之射息"(《礼记·乐记》),因此这种理解也是有依据的。但是笔者认为这并不重要,重要的是,是否能射中,以及是否能"贯革"在一定程度上都与射箭人的力气有很大的关系。射中的前提是要将箭射得足够远,这也是需要力气的。

其次是"射"。如前所述(详见3.7章),当时有"六艺"之教,射为其中之一。而射有军事之射,又有平时的行礼之射,这里指的是礼射。中国古人认为,看一个人射箭可以看出这个人的德行。为什么呢?因为"内志正,外体直,然后持弓矢审固;持弓矢审固,然后可以言中"(《礼记·射义》)。意思就是说要射好箭,在内要沉着冷静,在外要姿势正确,然后专心致志地瞄准,才有可能射中。从中可以看出一个人的用心和方法,而用心和方法是成功的基础。礼射一般分为三次,第一次射是看射箭的仪容体态是否合于礼;第二次射是看是否能射中靶心,也就是那块兽皮;第三次射是看射箭的节奏是否合于乐。"其容体比于礼,其节比于乐,而中多者,得与于祭"(《礼记·射义》)。在孔子之前的古时,礼射看重的是是否合于礼乐,而把是否能射中(或贯穿)靶心看得比较轻。应说明的是,把是否能射中(或贯穿)靶心看得比较轻,也仅仅是看得比较轻而已,而不是不看,更不是舍去不要。在孔子当时,由于周室衰微,礼崩乐坏,各诸侯国兵争不已,人们在进行礼射时则是更看重是否能射中甚至射穿靶心,孔子因有此语。

【编意解】

编者意在通过本章孔子之语,说明礼的运用应当让所有的至少是绝大多数的人通过自身的努力都可以做到,应尽量看初心、态度和方法,减少成败论的情况。但应强调说明的是,本章孔子之语,并未否定成功的意义,只是在减少这种意义,因为最终成功的人毕竟是少数,而礼的适用人群是数量庞大的。

3.17 子贡欲去告朔之饩羊。子曰:"赐也!尔爱其羊,我爱其礼。"

【译文】

子贡想去掉在行告朔之礼时用作祭品的羊。孔子说:"赐啊!你爱这只羊,(而)我爱这(告朔)礼。"

【注释】

告,1.牛触人。本义:告诉。2.告诫、劝勉。3.请求。4.告发、控告。5.古代官吏休假。

朔(shuò),1.月一日始苏也。本义:农历每月初一。2.初、始。3.北、北方。

饩(xì),1.本义:赠送人的谷物、饲料或牲口。2.活的牲口。3.生肉。

【原文解】

首先是"告朔"。古代天子在每年冬季,把来年每月的政事(古称为朔政)颁告于诸侯,诸侯于来年每月初一祭告于太庙以受朔政,称为"告朔"。

其次是当时的时代背景。当时的交通和通讯极为落后,告朔之礼(制度)是先前天子治理天下的一个很重要的方法。告朔之礼(制度)可以使人们经常知道还有一个天子在,人们所做的事情是在奉天子之命,天下统一行动,以示威于天下。自东周以后,周天子逐渐衰微,告朔之礼(制度)也渐渐地不能得到认真的贯彻执行。具体在鲁国,自鲁文公开始,在行告朔之礼时,鲁君已经不亲自参加了,但行告朔之礼时必备的祭品仍然还是供的。子贡曾为鲁相,见到鲁国如此行告朔之礼,觉得既已如此,还不如把作为祭品的羊也去掉,免得还要杀生浪费。这里要说明的是,饩羊虽然本义是生羊,但在当时生与腥是相同的,而腥是与熟相对,饩也有生肉的意思,因此在这里饩羊应是已被宰杀而未做熟的羊,否则子贡也不会不忍杀生,不会觉得浪费。孔子知道子贡的想法后,认为如果把作为祭品的羊也去掉,那么如此重要的告朔礼,可能就会被人们更为忽视甚至遗忘掉,因此就有"尔爱其羊,我爱其礼"之语。

【编意解】

编者意在通过本章,说明礼在运用时,其形式也是很重要的,是不能少的。礼贵"中",不能过也不能不及,这就包括了礼的形式。这也充分说明,"礼,与其奢也,宁俭"(详见3.4章),不是在提倡俭,更不是不要形式,而是一种无奈的选择,单纯的俭并不合"礼"。

3.18 子曰:"事君尽礼,人以为谄也。"

【译文】

孔子说:"侍奉君主完全按照礼制,人们会以为是谄媚。"

【原文解】

要深刻理解本章的意思,就要对当时以及之前的情况有所了解。在过去,人们是十分讲究上下尊卑的,这也是秩序使然。因此,在礼制中对于如何侍奉君主有着繁多而严格的规定。而到孔子的时候,由于礼崩乐坏,加之臣强君弱,许多人在侍奉或对待君主的时候,已经很少按或不按礼制的规定行事,久成自然。因此,在当时如果有谁完全按照礼制的规定侍奉君主,人们就会以为他是谄媚之人,以期求不应得之福、躲不应避之祸。现在已经没有君主了,这句话还有现实意义吗?笔者认为不但有而且很重大。现在作为君主的某个人是不存在了,但作为实质上的君主——国家和社会并没有消失,要忠于国家和社会、服务于国家和社会的原则精神没有变。那么怎样才是忠于国家、服务于国家呢?最基本的表现就是严格遵守法律,因为它是以国家的名义颁布的。法律要求人们诚实守信、照章纳税、遵守交规,我们能严格遵守吗?现在不诚实、不守信、偷税漏税避税、违章行驶甚至闯红灯的现象可谓屡见不鲜,渐成自然。如果一个人严格遵守诚实守信、照章纳税,遵守交规及相关法律规定,人们现在可能不会认为这个人谄媚,但很有可能认为这个人迂腐、傻。可这又说明什么呢?这是一个否定性的评价。当然,这只是一般人的否定性的评价,可面对这样的评价,我们会怎样做呢?绝大多数人的选择都是回避,想尽办法避免,原因很简单,"人言可畏"嘛!那么你会这样做吗?你愿意成为这个绝大多数吗?

【编意解】

编者意在通过本章孔子之语,说明在礼的运用时,有时是要有勇气的,要勇敢。

3.19 定公问:"君使臣,臣事君,如之何?"孔子对曰:"君使臣以礼,臣事君以忠。"

【译文】

鲁定公问:"君主支使臣子,臣子侍奉君主,应当怎样做?"孔子回答说:"君主用礼制支使臣子,臣子用忠心侍奉君主。"

【原文解】

本章字面意思十分清楚,且意义重大。孔子本章之语是中国历代遵循的君臣相处之道。要深刻理解本章的意思,就要对当时以及之前的情况有所了解。上一章讲过,古时人们十分讲究上下尊卑,因此在礼制中对于如何侍奉君主有着繁多而严格的规定。同样为了防止在上位的人(君)恣意妄为,礼制中对君主如何支使臣子也有相关的规定。在孔子时,礼崩乐坏,臣强君弱,不仅臣事君不忠,君使臣也无礼,尤其是那些强势的权臣对自己的家臣、下属的支使。这一点从鲁定公"君使臣,臣事君"的问话中就能得到一定的体现。只讲原则,没有规矩和约束,推到极致不是恣意妄为,就是流于形式,这会使国家、社会混乱不堪,

因此有孔子本章之语。学习本章应着重体会以下几点：

第一，为君者或在上位的人（领导）对自己的下属不可恣意妄为的支使，要受礼的约束。拿现在的话讲就是要守法、依法行政、依法管理，不能任性。

第二，臣侍奉君主（国家）、下属对待上级要忠。关于"忠"前面已经讲过（详见1.4章），就是要尽心竭力。前一章孔子讲了"事君尽礼"，这是应该的，但通过本章的学习，"事君尽礼"只是为臣之道的基本，并不是全部，更高层次的是"事君以忠"。因为如果仅仅强调"事君尽礼"，可能导致臣子下属的行为流于表面和形式，没有实效。

第三，这时可能会有人问，为什么要忠？《礼记》中有"君仁臣忠"（《礼记·礼运》）之语，在本书的前言中，我们已经明确，德是对于道——仁道的取得，而礼是德的外化，是仁道的明文。由此可见，此处的仁与礼是统一的。而有仁的存在，则说明君臣是志同而道合的，因此臣要尽忠，也就是很自然的了。

【编意解】

编者意在通过本章孔子之语，强调礼在运用时要有自觉性，能自我约束，尤其针对那些有权力、有地位的上级领导甚至国家。一句话，按规矩办事，尽心竭力办事。

3.20 子曰："《关雎》乐而不淫，哀而不伤。"

【译文】

孔子说："《关雎》（的作者或所描写的人），喜乐时不过分，悲哀时不受伤害。"

【注释】

淫，1.侵淫随理也。本义：浸渍。2.过度、无节制、滥。引申为邪恶。3.不正当的男女关系。引申为好色、纵欲。

哀，1.闵也。痛也。本义：悲痛、悲伤。2.怜悯、同情。

伤，1.创也。本义：皮肉破损处、创伤。2.损伤、伤害。3.诋毁、中伤。4.哀伤、哀痛。

【原文解】

首先是对《关雎》这首诗的了解。《关雎》是《诗经》的第一篇，通常认为是一首描写男女恋爱的诗，下面是《关雎》的原文：

关关雎鸠,在河之洲。窈窕淑女,君子好逑(hǎo qiú)。

参差荇(xìng)菜,左右流之。窈窕淑女,寤寐求之。

求之不得,寤寐思服。悠哉悠哉,辗转反侧。

参差荇菜,左右采之。窈窕淑女,琴瑟友之。

参差荇菜,左右芼(mào)之。窈窕淑女,钟鼓乐之。

据说这首诗描写的君子是指周文王,他想找一个"窈窕淑女"作为自己的伴侣,什么是"窈窕淑女"?就是贤良美好的女子(窈,深邃,喻女子心灵美;窕,幽美,喻女子仪表美。淑,好,善良)。谁说君子不好色?但德为先,正所谓"贤贤易色"(详见1.7章)。

见到这样的"窈窕淑女"怎样?追!追不上——"求之不得"怎样?哀!表现为怎样?"寤寐思服""辗转反侧"。之后呢?继续追!怎样追?"琴瑟友之"。之后呢?经过努力追到了。追到了又怎样呢?乐!表现为怎样?"钟鼓乐之"。

从中可见,被孔子推崇为圣人的周文王,亦有哀与乐。而其哀与乐的表现又是怎样的呢?就是孔子所说的"乐而不淫,哀而不伤"。因此,对于孔子所说的"乐而不淫,哀而不伤",通过对《关雎》的阅读、理解和欣赏才能深刻的理解。

其次,这说明了什么?前面说过,周文王被孔子推崇为圣人,当然也是制礼、尊礼、守礼、行礼的典范和榜样,同时他也是人,也有七情六欲,也会感情宣泄,因此其制定的礼以及在运用礼时也必然会考虑到情的因素。

【编意解】

编者意在通过本章孔子之语,强调礼中有情,礼的规定要给情——个体的人性本能留有空间。这在礼的制定和运用中都要注意。但要适度,不能过分或僵硬。用现在的话讲,法中应有情,法在制定和执行的时候,一定要考虑到个体的人性本能,但不能因此就徇私枉法,突破法律的底线。

3.21 哀公问社于宰我。宰我对曰:"夏后氏以松,殷人以柏,周人以栗,曰使民战栗。"子闻之曰:"成事不说,遂事不谏,既往不咎。"

【译文】

鲁哀公向宰我问社(木),宰我回答说:"夏代的人用松木,商代的人用柏木,

周代的人用栗木,意思是说:使民众战栗。"孔子听到这些,说:"已成定局的事就不要再评说了,已经做完的事就不要再劝谏了,已经过去的事情就不要再追究了。"

【注释】

社,1.地主也。本义:土地神。2.祭祀土地神。3.古代一种居民组织。二十五家为一社。引申为民间社团组织。

宰我,姓宰名予,字子我,亦称宰我,春秋末鲁国人,孔子著名弟子,比孔子小二十九岁,"孔门十哲"之一。

战,1.斗也。本义:作战、打仗。2.惧也。害怕的发抖。

栗,1.栗木也。本义:木名,果实也称栗。2.坚硬。3.通"慄",害怕的发抖。

成,1.就也。本义:完成、成就。引申为成功,与"败"相对。2.成为、成长。3.已定的、现成的。4.和解、不打仗。5.重叠。十里见方的地方为一成。

遂,1.田间水道。2.通、达。3.路径、通道。4.前进、前往。5.进荐、举荐。6.成就、顺利的做到。7.终、境、终于。

谏,1.证也。本义:直言规劝。主要是规劝君主、尊长或朋友。2.纠正。

咎,1.灾也。本义:灾祸、灾殃。2.罪过、过失。引申为归罪、责怪。

【原文解】

应当说明的是,依据古礼,当时祭祀土地神的时候,要立一根木头,用来象征土地神,名为"社主"。这个木头选用的是当地适宜生长的树木,因为夏商周三朝的国都所处地域不同,所以选用的木质也就不同,本没有特别的意义。

而祭祀本身就有使民众产生敬畏、恐惧,进而崇拜、服从的含义,因此宰我说"使民战栗"也无可厚非,但敬畏、恐惧是低层次的、初级的,最终的目的是让人们崇拜、服从。宰我仅以"周人以栗",便说是"使民战栗"未免有些牵强和狭隘。《左传》有云:"国之大事,在戎与祀。"这里的祀就是祭祀,而作为国君的鲁哀公,尤其是鲁国的国君怎会不知"社主"所用之木? 不知祭祀的含义和作用? 另一方面,宰我也不笨,真的就会因为"周人以栗",便认为是"使民战栗"吗? 显然不太可能。

因此,要深刻理解本章的意思,就要对其背景有所了解。鲁哀公(名蒋)在位期间(前494—前468,孔子于哀公十六年去世),国事日非,内有"三桓"把持朝政,外有吴、越、齐交相侵逼,虽贵为周公苗裔而无从防御。鲁国内政外交的这种窘境,尤其是"三桓"把持朝政由来已久,已成定势。鲁哀公对此不甘,欲除去三家权臣,却又不敢明言,因此有此一问,宰我妄对曰"使民战栗",以表示对鲁哀公欲除去三家权臣想法的认可。可是鲁哀公本人却无德、无能,认为"三桓"无礼,而自己却带头失礼、乱礼;"三桓"把持朝政是冰冻三尺,他却妄图一举铲除;自己无力,失国失民,却欲想借别国之力。后来鲁哀公与"三桓"翻脸,欲到外国求兵以除"三桓"不成,客死别国(越国),为天下哀,亦为天下笑。

针对当时鲁哀公之想,宰我之谏,洞察世事的孔子便有"成事不说,遂事不谏,既往不咎"之论。果然在孔子去世多年后,鲁哀公事败身死。从孔子的话中,我们看不到孔子对鲁哀公和宰我所想、所言的否定,也就是说孔子也认为(至少是默认)"三桓"作为大夫,架空国君,把持朝政是错误的,应当纠正,这其实从前面孔子的多处论述中已经可知,原因很简单,这有违礼制,乱了秩序。但错误应当纠正是一回事,是道理,而错误实际上能不能被纠正则是另一回事,要讲究方式方法,讲究时间、地点和人物,也就是孟子所谓的"天时地利人和",要看是否适宜。

【编意解】

编者意在通过本章的故事及孔子之语,表明礼本身应当是使人敬畏、恐惧,进而崇拜、服从的。但它是人定的,也是人来运用的,因此在对其运用尤其是在纠正违礼、不守法的行为时,要讲究方式方法,懂得权衡变通,不要做那些行不通的事。

3.22 子曰:"管仲之器小哉!"或曰:"管仲俭乎?"曰:"管氏有三归,官事不摄,焉得俭?""然则管仲知礼乎?"曰:"邦君树塞门,管氏亦树塞门。邦君为两君之好有反坫,管氏亦有反坫。管氏而知礼,孰不知礼?"

【译文】

孔子说:"管仲的器量小啊!"有人说:"管仲节俭吗?"(孔子)说:"管仲有多处宅第,家人都不兼职,怎么能说节俭?"(这人又说)"那么管仲知礼吗?"(孔子)说:"国君在门内树立(照壁、屏风)以挡住大门,管仲也在门内树立(照壁、屏风)以挡住大门;国君在宴请他国国君时,(设立)有(放空酒杯)土台,管仲也有(放空酒杯)土台。管仲如果知礼,那谁不知礼?"

【注释】

管仲(约公元前723年—公元前645年),姬姓,管氏,名夷吾,字仲,又称管仲,后被尊称为管子。

归,(guī),1.女嫁也。本义:女子出嫁。2.返回、回来。3.归还。4.归附、归属、归到一起。5.归趋、归宿。6.(kuì),通"馈",赠送。

摄,1.引持也。拉、拽。2.拘捕。3.收敛、聚。4.整顿、整理。5.假借为"代"。代理、兼理。6.夹处。7.通"慑",恐惧、害怕。

树,1.生植之总名。本义:种植。引申为竖立、建立。2.树木。3.屏、影壁。

坫(diàn),古代设于堂中供祭祀、宴会时放礼器和酒具的土台。低者用来供诸侯相会饮酒后放置空杯,叫反坫。

【原文解】

第一,管仲是我国古代重要的政治家、军事家、思想家,也是先秦诸子中的代表人物,其思想集中体现于其所著《管子》一书(收录于《国语》和《汉书》)。该书篇幅宏伟,内容复杂,思想丰富。其名言是"国多财则远者来,地辟举则民留处,仓廪实而知礼节,衣食足而知荣辱"。管仲的父亲管庄是齐国的大夫,后来家道中衰,到管仲时已经很贫困。管仲与好友鲍叔牙分别辅佐齐僖公之子公子纠和公子小白(后为齐桓公)。公子纠和小白争夺君位期间,管仲曾射杀公子小白,但因射中公子小白的金属衣带钩,公子小白侥幸未死。公子小白即位成为齐桓公后,管仲为阶下囚。后经鲍叔牙举荐和劝说,管仲出任大夫,辅助齐桓公四十年,进行了内政、经济、军事等多方面的改革,使齐国有了雄厚的物质基础和军事实力,并适时打出了"尊王攘夷"的旗帜,以诸侯长的身份,挟天子以伐不服,九合诸侯,一匡天下。管仲死后不久,齐国发生内乱,霸业开始衰落。孔子曾称赞管仲:"微管仲,吾其被发左衽矣"(详见14.17章)。意思就是说,要是没有管仲,我们都会披散头发,左衣襟,成为野蛮人了。这一评价是相当高的,甚至带有感激之情。有如此成就的管仲,无论从何种角度来看,都堪称大才,甚至是不世之才。

第二是对"管氏有三归,官事不摄,焉得俭?""邦君树塞门,管氏亦树塞门;邦君为两君之好有反坫,管氏亦有反坫。管氏而知礼,孰不知礼"的理解。这两句话其实是孔子在说明管仲为小器的理由,那就是不俭朴、不知礼。这里应当说明的是,所谓大小是比较而言的,至于比较有不同的比法,有自己和自己比,有自己和他人比,这里所谓的小是与自己比,就是管仲和管仲自己比,也就是说管仲可以做得更好。

首先,"管氏有三归,官事不摄,焉得俭",这里的"归"在过去有很多解释,有的说管仲娶了三个姓氏的女子,有的说管仲有三处宅第,有的说管仲有三处存储财物的库房,都有一定的根据。但总之是说明管仲的富有非同一般。至于"官事不摄",则还是同样的意思,就是不差钱,可以雇很多的人。总之一句话,管仲有很多的钱,而且不吝惜花钱,当然也就谈不上节俭。

其次,"邦君树塞门,管氏亦树塞门;邦君为两君之好有反坫,管氏亦有反坫。管氏而知礼,孰不知礼?"这句话的意思是很明确的,就是国君才能享有的,他管仲也享有,这是违礼,当然也就是不知礼。

第三是说明的问题。对于本章,宋代朱熹总结得非常准确。朱熹说:"言其不知圣贤大学之道,故局量偏浅,规模卑陋,不能正身修德以至于王道。"意思是说,以管仲的大才和不世的机遇,如果他能深知"先王之道",就会有更大的格局和器量,就可以通过正身修德以至于使天下平。也正因为如此,他也只辅佐齐桓公成为一霸而已。齐桓公因管仲的辅佐成为一霸而带来的和平随着管仲的离去,也随之消失,天下没有保持较为长久的和平和安宁,实在令人扼腕叹息。

为什么说宋朝朱熹说得非常准确呢?首先,俭朴是衡量一个人格局、才能的重要标志,尤其是对于为政之人。一个人尤其是为政之人、干大事之人,俭朴就说明其不会分心于外,不易为外界的繁华所干扰,这样看问题、看事情,就会看得简单、清晰和全面,这对所专注的事业十分有益。因此,俭是老子的三宝之一。老子有云:"我有三宝持而保之:一曰慈,二曰俭,三曰不敢为天下先。……俭故能广"(《道德经》第六十七章)。其次,至于礼——知礼,对一个人尤其是为政之人的重要性前面已经说过很多,不再赘述。这里要着重说明的是,这里的不知不是说一点都不知,甚至不是说知道的不多,而是说管仲缺乏对礼深刻的认知和完全自觉的遵行。这从他的一些有违礼制的行为可推知。因为管仲对礼其实是有很好的认知的,也很重视礼的运用。管仲认为,国有四维,四维张,则君令行。何谓"四维",就是著名的"礼、义、廉、耻"。而管仲将礼列在"四维"之首,其对礼的认知和重视可见一斑。而其自身却未完全依礼而行,可见其缺乏对礼深刻的认知和完全自觉的遵行。

说到这里可能会使人糊涂,前面孔子才说"成事不说,遂事不谏,既往不咎",现在却又对一百多年前的管仲进行指责,这不矛盾吗?这不是在追究管仲的责任,也无法追究。"既往不咎"不是说对已经过去了的事无所作为,相应的

评判、总结也是十分必要和有益的,这也是中国人十分注重历史的主要原因,目的是从中吸取经验教训,这就是以史为鉴。其实,孔子本章之语更多的是带有深深的遗憾而非责备。

【编意解】

那么本章被编排在此的意义又是什么呢？这要和前两章结合起来说。在前一章,鲁哀公和宰我盲目而僵化地遵礼、行礼,结果是事败国失,身死异乡。在本章中,管仲不能全面而自觉地知礼、遵礼,不仅其事业没有达到更高之水平,而且随其身去而化为乌有,遗憾后世。两者相比较于《关雎》及文王之事业,其意不言自明。

3.23 子语鲁大师乐,曰:"乐其可知也;始作,翕如也;从之,纯如也,皦如也,绎如也,以成。"

【译文】

孔子对鲁国乐官谈论(演奏)音乐,说:"(演奏)乐(的道理)是可以知道的;开始演奏,各种乐器合奏,声音繁美;继续展开下去,悠扬悦耳,音节分明,连续不断,最后完成。"

【注释】

大(tài)师,乐官名。

乐,1.(yuè),五声八音总名。本义:音乐。引申为乐器。2.(lè),快乐、高兴。引申为乐意。3.(lè),爱好、喜爱。

翕(xī),1.收缩、收敛。2.和好、和谐。

纯,1.丝也。本义:蚕丝。2.纯正、纯粹。3.美、善。

皦(jiǎo),1.玉石之白也。光亮洁白。2.分明、清晰。

绎,1.抽丝也。本义:抽丝。2.找出头绪、探究。3.连续不断。4.陈述。

【原文解】

此章言乐。

乐在儒家思想乃至中华文化中占有十分重要的地位,在过去是礼、乐并行的。我们知道,在西周初建之时,周公旦始"制礼作乐";在东周时,周天子势微,天下大乱,这时叫"礼崩乐坏",所以有时中华文化也叫"礼乐文化",中华文明也叫"礼乐文明"。因此,乐是中华文化的重要组成部分。然而由于笔者对于音乐、舞蹈等实在是一窍不通,在这里只能人云亦云,以便引起大家对乐的重视。

在"礼乐"中,"礼"前面说过就是指社会的典章制度和道德规范,"乐"则包括音乐和舞蹈。从中国历史文明的发展来说,是先有"乐",然后随着历史的发展,逐渐发展为"礼乐"并重。《礼记·乐记》载:"乐者,音之所由生也;其本在人心之感于物也。""是故先王慎所以感之者。故礼以道其志,乐以和其声,政以一其行,刑以防其奸。"《孝经》有云:"移风易俗,莫善于乐。"由此可见,乐是人们对事物的感觉和反映。执政者通过乐可以感知当时当地的社会风气和民心所向,同时也可以通过制定相应的乐来表达自己的思想,继而影响社会风气和民心所向。这也是中华文化十分重视乐的原因。其实,每一个时代随着社会的变迁和执政者意志的转变都会产生和流行不同的和相应的乐,只是由于准确记述之前的音乐和舞蹈十分困难,加之社会的长久演变,我们很难完整、准确地听到和看到古代的音乐和舞蹈。但随着科技的发展,近代以来的乐我们还是能听到、看到和体会的。从中我们可以体会不同时代不同的社会风气和民心所向,以及"乐"的制定、运用水平和实际效果的不同。

【编意解】

编者意在通过本章的故事及孔子之语,表明乐的运行之道,具体何指有待后人体会、挖掘。

3.24 仪封人请见,曰:"君子之至于斯也,吾未尝不得见也。"从者见之。出曰:"二三子何患于丧乎?天下之无道也久矣,天将以夫子为木铎。"

【译文】

仪地长官请求见(孔子),他说:"凡是贤者到这里来,我从没有见不到的。"(孔子的)随从学生引他去见了孔子。他出来后(对孔子的学生们)说:"你们何必为(孔子)失去官位而担心呢?天下无道已经很久了,上天将用孔夫子作为宣扬教化的人。"

【注释】

封,1.加吐培育树木。引申为聚土为坟。2.古代帝王在泰山上筑坛祭天。3.封闭、封合。4.边界、界域。5.帝王授予臣子土地或封号。

铎(duó),大铃也。古代宣布政教法令或战事时使用。

木铎,以木为舌的大铃,铜质。古代宣布政教法令时,巡行振鸣以引起众人注意。此处喻指宣扬教化的人。

二三子,诸位、你们的意思,往往是长辈对晚辈或地位较低的众人的称呼。

【原文解】

首先,本章的"仪"是地名,是当时卫国的一个邑。据传,孔子辞去鲁国司寇之职后,周游列国至卫国仪邑,仪邑之长官请见孔子,见孔子后,仪邑之长官说了一句话,"天将以夫子为木铎"。通过前面的注释,我们知道这是一种极高的评价。这番话有两层意思,一是对孔子思想的认可,甚至是赞扬;二是认为孔子的思想是可行的,应当也必将得以推广施行。总之,说明仪邑之长官是十分认可孔子思想的。

问题是仪邑之长官的认可很重要吗?或者说又能说明什么呢?这要从本章的前奏说起。首先,仪邑之长官不太认识孔子,充其量只是有所耳闻。当然孔子更不认识他;其次,仪邑之长官是在位之人,有一定的为政经验;最后也是最重要的,仪邑之长官要求见孔子之前说,"君子之至于斯也,吾未尝不得见也",说明这个长官在之前已经见过许多贤人、名人,是一个很有见识的人。鉴于以上几点,可以说明,其对孔子思想的认识是有根据的,是客观公正的,是深刻的。从之后发生的事来看,仪邑的这个长官虽未见其名,可还真是一个高人。这在中国是常有的,这种人叫隐士。

【编意解】

编者意在通过本章的故事及仪封人之语,表明孔子所认同甚至宣扬的礼及其运行之道是正确的、可行的,也是必将被施行的。

3.25 子谓《韶》:"尽美矣,又尽善也。"谓《武》:"尽美矣,未尽善也。"

【译文】

孔子在评论韶乐时说:"(韶乐)形式完美,实质内容也极好。"在评论周武王之乐时说:"形式完美,(但)实质内容不尽美好。"

【注释】

韶,1.<u>虞舜乐也。本义:传说中的虞舜时代的乐曲名</u>。2.美好。

善,1.吉也。本义:吉祥。2.<u>好、好的、善良的</u>。3.友好、亲善。4.善于、擅长。5.爱惜。6.好好地。

【原文解】

本章仍在说乐。本章字面意思很清楚,但至于韶乐与周武王之乐的区别到底在哪里?现在我们听不到了,不得而知,孔子在本章中也没有说明。舜和周武王同为天子,其所行之政亦都为后世所颂扬(至少在孔子眼里是这样),那么他们的区别又在何处呢?其最大的区别在于,舜是因禅让而得天下、为天子;而周武王是因伐无道(商纣王)而得天下、为天子。这也许是其中的区别。

【编意解】

编者意在通过本章孔子之语,表明乐在形式和实质上都应当是美好的。

3.26 子曰:"居上不宽,为礼不敬,临丧不哀,吾何以观之哉?"

【译文】

孔子说:"居于上位的人,不能宽厚(待人),行礼时不严肃认真,参加丧礼时不悲伤,(这)我怎么能看得下去呢?"

【原文解】

本章表面上是孔子在说当时"礼崩乐坏"的情况,及其对此不满的心情,其实是指出了礼的根本。

居于上位的人应以宽厚为本,宽厚即是爱人、即是仁,"居上不宽"即失仁,而仁乃礼之本;为礼应敬,应严肃认真、严格遵守,不能过也不能不及,更不能违反。"为礼不敬"即不中,也是不诚;临丧应哀,是真情所致,"临丧不哀"即是走形式,不是出于真心,是不诚。孔子认为应当的状况是"居上宽""为礼敬""临丧哀",其来源是仁、中、诚,而这是礼的根本,正如前面所引用的古语:"仁也、中也、诚也,礼之本也。"

【编意解】

本章是本篇的最后一章。编者意在通过本章孔子之言,对礼乐做以总说,即由孔子对当时"礼崩乐坏"情况的描述,及孔子的否定态度,全面说出礼乐之本。

里仁第四

4.1 子曰:"里仁为美。择不处仁,焉得知?"

【译文】

孔子说:"居处在有仁者(之风俗)的地方是美好的。选择(立身处世时)却不以仁道,怎么能是智慧的呢?"

【注释】

择,1.柬选也。本义:选择、挑选。2.区别。

【原文解】

德国思想家马克思指出:"人的本质是一切社会关系的总和"。笔者认为,这一论断是非常深刻的。前面说过,一个人必定要生活在一个族群、一个社会乃至一个国家中,脱离了就无法生存。在这个族群、社会或国家里,人们要生存、生活下去,不可避免地、或多或少地要与他人交往。那么作为我们个人,我们希望与什么样的人交往呢?或者说我们希望自己生活在一个什么样的社会环境中呢?在回答这个问题的答案中,"里仁为美"应当是最佳的。有谁不认为与"温良恭俭让"的人交往是美好的呢?又有谁不认为一个充满"孝悌忠信礼义廉耻"风气的社会是美好的呢?这是一个普通而又真切的感受和认知,无需问为什么,而这一切的根本就是"仁"。

同时我们也应认识到,在我们必定要生活在一个族群、一个社会乃至一个国家中的同时,我们也不可避免地成为这个族群、社会或国家的一分子,当我们希求这些"仁"所衍生的美好事物的时候,如果我们自身却不能以"仁道"修身、处世,这就是一个悖论,因此孔子说"焉得知"。

【编意解】

通览本篇,笔者认为编者意在通过本篇,阐述"仁"——"仁道"。本章是本篇的第一章,编者意在通过本章孔子之语,用人们一个普通而又真切的感受和认知,以及简单的逻辑推论,开宗明义地说明"仁"是美好的,我们应当以仁道立

身处世。

4.2 子曰:"不仁者不可以久处约,不可以长处乐。仁者安仁,知者利仁。"

【译文】

孔子说:"没有仁道(坚守)的人,不能长久的身处于穷困,不能长久的身处于安乐。有仁道(坚守)的人安心于仁道,有智慧的人(取)利于仁道。"

【注释】

约,1.本义:绳索。2.缠束也。捆缚、套。3.约束、束缚。4.简明、简要。<u>引申为贫困</u>。5.订约、约定。6.大约。

利,1.铦也。本义:刀剑锋利、刀口快。与"钝"相对。引申为语言锋利、会说话。<u>2.利益、好处</u>。3.顺利。4.利润。

【原文解】

第一是对"不仁者不可以久处约,不可以长处乐"的理解。

首先,这里的穷困和安乐更多的是指物质的、外在的,是衡量人们物质欲望得到满足的程度。

其次是为什么。穷困说明一个人的物质欲望没有得到满足,有很大的缺憾。一个人如果长期处于穷困的状态,而又没有其内在制约因素的话,这个人是不会甘于此的,一定会想办法去改变。采取什么办法?应该是采取社会秩序所不允许的办法(如果采取社会秩序允许的办法可以改变的话,他就不可能长期处于穷困状态),甚至是盗窃、抢劫、贪污、受贿等违法犯罪的行为。这必然会伤害到社会和他人,最终也很可能伤害到自己。那么一个人如果长期处于安乐的状态又如何呢?一个人如果长期处于安乐,说明这个人的物质生活已经得到了很好的满足,是富贵之人,富贵就会去享乐,长期处于富贵的状态,而享乐又没有内在制约的话,就会享乐过度,甚至自我膨胀,做出于法不容的事情,譬如吸毒、聚众淫乱等等。过度即为淫,淫必伤身,这样的例子简直是不胜枚举,等到真伤了身了,违法被惩罚了,谁还乐得起来? 穷困是人之所恶,然而不是所有的穷困都能通过自身的勤奋努力可以改变的;富贵是人之所好,没几个人愿意放弃,然而淫也不是谁都能戒除的。况且富贵、穷困还有一个感觉的问题,其实是相比较而言的,有的人看着富贵,但他却认为自己很穷困,因为他认为比起一些人，自己的财富还太少；有的人看着穷困，但他却认为自己很富贵，因为他认为比起一些人，自己的财富还是很多的。如此一来，任何人都有可能因不甘于穷困而违法犯罪，或因富贵而伤己伤人，甚至违法犯罪。总之一句话，这样的人没有或缺乏内在的坚守。这种内在的坚守就是自身的价值，而这种价值在孔子看来就是仁道。

最后是怎么办。很显然，既然穷困和富贵是人们物质过度的欲望，即贪欲所致，那么人们就应当有所克制，避免将物质需求变成最高的甚至是唯一的价值追求。其实对物质的追求，不应当实际上也从未是一个社会或个人的最高的或最终价值，如前面所言，生存和发展才是人的本性。之所以对物质的追求会成为许多人最高的甚至是唯一的价值追求，完全是人的贪欲，因为物质的多少（至少在最初）直接地、立竿见影地影响着人们的生活水平，即人们欲望实现的程度；又因为许多人存有的短视和惰性，他们看不到较远的地方，并为物质左右的习以为常——人性的一种异化，以致在思维中根深蒂固地认为追求财富是实现自身欲望的唯一途径。人们应当树立并增强非物质方面，即精神上的价值追求。说到这里，笔者想到雷锋有句名言："吃饭是为了活着，但活着不是为了吃饭。"那么精神上的价值标杆是什么呢？不同的人有不同的认识。孔子认为应当是"仁"。那么孔子所谓的"仁"是什么呢？在整部《论语》中，虽然对"仁"有很多的论述，但没有一个关于"仁"的明确的、总的定义，读者只能从这些论述中仔细体会。

这里应说明的是，孔子所主张的"仁"，并不是孔子凭空想出来的，是在孔子之前就有的。可以肯定的是，首先，"仁"是出于人的本性。仁之本在于孝，而孝是人们感恩天性的表现，"孝弟也者，其为仁之本与"（详见1.2章）；其次，"仁"能给社会带来稳定甚至和谐。"仁"是中国历来建立社会秩序的基础，"其为人也孝弟，而好犯上者，鲜矣；不好犯上，而好作乱者，未之有也。君子务本，本立而道生。孝弟也者，其为仁之本与"（详见1.2章）。中国在这种基础上建立的社会基本上是稳定的，尽管和谐的时期不多，但动乱的时期也很少，而且所谓的动乱也往往是仁道没有得到遵守，尤其是统治者、在上位者不遵守仁道，他们非仁者，"不可以久处约，不可以长处乐"；最后，"仁"能给个体带来益处，这不仅表现在其能使个体生活在一个有秩序、安全甚至是和谐的环境中，更重要的是能给个人带来美好的感受。道理很简单，"里仁为美"（详见4.1章）。

第二是对"仁者安仁，知者利仁"的理解。首先是"仁者安仁"。就是说仁

者能得到安,并安于仁。其次是"知者利仁",这里的"利"是获益的意思,也就是说智者可以从仁中获益。问题是如何获益或者说获得什么益?很简单,从表面上讲,智者从仁道中可以获得稳定和安全,在这种环境下更有利于智的发挥;从深层次上讲,仁道给智者提供了一个是非观,一个值得追求的价值观,如此智者就有了一个终身践行的目标。是非是道而方法是术,没有是非又何来智慧?"择不处仁,焉得知"(详见4.1章)。

【编意解】

编者意在通过本章孔子之语,说明仁道是一种价值观,是一种内心的价值追求和坚守,以及它能给人们带来的好处或者说能力,就本章而言是"可以久处约""可以长处乐",也就是可以安。以下几章均有此意。

4.3 子曰:"唯仁者能好人,能恶人。"

【译文】

孔子说:"只有仁者能够(真正)喜好人,能够(真正)讨厌人。"

【注释】

唯,1.诺也。本义:高声应答、急声回答声。2.只、只有。3.虽然。4.由于、因为。5.语气词。

好,(hǎo),1.美也。本义:美、貌美。引申为好、善。2.友好。3.(hào),喜欢、喜爱。

恶,1.(è),过也。罪过、不良行为,与"善"相对。2.(è),丑,与"美"相对。引申为坏、不好。3.(wù),讨厌、不喜欢。4.(wū),疑问代词,哪里、怎么。5.(wū),叹词。

【原文解】

为什么只有仁者能够真正喜好人,能够真正讨厌人?难道其他人就不能真正喜好人、真正讨厌人了吗?道理很简单。一个小孩会因为一个人给了他一块糖果,就会喜爱这个人,也会因为这个人拿走了他的糖果,就会讨厌这个人。这很常见。但你会认为这个小孩能够真正喜好人、能够真正讨厌人吗?恐怕不会!因为这个小孩并不能真正了解一个人(包括自己),不知道什么是对自己真正的好、真正的坏,其好恶是肤浅和不稳定的。给他糖果的可能只是一个路人,甚至是一个图谋不轨的骗子。而拿走他糖果的却可能是他的一个小伙伴,甚至是他的父母(因为糖吃多了对身体不好)。所谓"真正",有真实、确实和端正的意思。要真正好恶一个人,前提条件之一就是自己要有真正的辨别是非的能力。真正的辨别是非的能力,就是要对自己和社会有真正的认知,如此才能知道根本利益何在,继而才能有自己的价值观,一个值得坚守的价值观。而孔子认为"仁"就是这样的一个价值观,因为这个价值观有利于社会秩序的建立,也有利于个人的生存和发展。至于为何如此,前面已多有论述,不再赘述。既然"仁"是一种价值观,那就是一个标准,是为人处事的标准,符合了就叫人,因此有"仁者人也"之说。

【编意解】

编者意在通过本章孔子之语,说明仁道是一种价值观,能够使人有爱憎的能力。

4.4 子曰:"苟志于仁矣,无恶也。"

【译文】 孔子说:"心如果真的在于仁,(就)不会讨厌(一个人或事物)。"

【注释】

苟,1.苟草也。本义:草名。2.苟且、不严肃。3.姑且、暂且。4.连词,如果、假使。

【原文解】

首先,前一章说过"仁者能恶人",这一章又说"无恶也",是怎么回事?"能恶人"是有能力做,"无恶也"是不会去做。能不能做和会不会去做是两回事。

其次,前一章讲了"仁"是为人处世的标准,"仁者人也"。而本章则解释"仁"的另一个更高层次的含义和境界,那就是"爱",爱人、爱物,即"仁者爱人也""推爱及物为仁也"。"志于仁"则心有爱,心有爱则"无恶",理所当然。应当说明的是,爱和不讨厌、不憎恨不是一回事,其中区别是很大的。不能因为仁中有爱,就得出仁者什么都爱,更不能得出其爱没有差别。

【编意解】

编者意在通过本章孔子之语,说明仁道是一种价值观,其核心是爱,也因此才能使人具有不会讨厌(一个人或事物)的能力。

4.5 子曰:"富与贵,是人之所欲也;不以其道得之,不处

也。贫与贱,是人之所恶也;不以其道得之,不去也。君子去仁,恶乎成名?君子无终食之间违仁,造次必于是,颠沛必于是。"

【译文】

孔子说:"富有和显贵是人们都想要得到的,(如果)不是用符合仁道的方法得到它,(君子是)不会去享受的;贫穷与低贱是人们都厌恶的,但不用符合仁道的方法得以去除,(君子是)不会去摆脱的。君子(如果)离开了仁道,又怎么能叫君子呢?君子连吃完一顿饭的时间都不会背离仁道,就是在仓猝急迫的时刻也一定会坚守仁道,就是在困顿挫折的时候,也一定会坚守仁道。"

【注释】

处,(chǔ),1.停留。2.居住。引申为处于、处在。3.占、占据。4.相处、交往。5.(chù),处所、地方、位置。6.(chǔ),安排。

贱,1.买少也。本义:价格低,与"贵"相对。2.卑也。地位低下。3.鄙视、轻视。4.谦词,表示谦虚。

造,1.就也。本义:到、往某地去。2.制作、作。3.始。4.成就、功绩。

次,1.舍也。本义:临时驻扎和住宿。2.第二、居其次。3.量词。

颠,1.顶也。本义:头顶。引申为物体的顶部。2.跌倒、倒下。引申为颠倒、倒置。3.精神失常。

沛,1.沛水(河名)。2.杂草丛生的湖泊。3.水奔流的样子。引申为广阔、大。4.行动迅速的样子。

【原文解】

本章字面上的意思是比较清楚的。深入分析一下,笔者认为有三方面的意思。

第一,明确对物质的追求是人们共同的价值追求("富与贵,是人之所欲也""贫与贱,是人之所恶也"),也是十分重要的价值追求,在孔子认为,它仅比仁道分量轻些。但对于君子来说,除了物质的追求,还有更高的价值追求,那就是仁道("不以其道得之,不处也""不以其道得之,不去也")。

第二,仁是符合道的("君子去仁,恶乎成名")。为什么这样说呢?前面我们说过,君子是成就了德行的人。德又是什么呢?德者得也。得什么?得道。何谓道?道为万事万物(包括人自己)固有的天性及其演化发展的规律。孔子认为君子不可去仁，也就是认为仁是之所以成为君子的根本。前面说过，君子是成就了德性的人，那么孔子认为仁是符合道的也就是自然而然的了。儒家认为孝是人们感恩天性的表现，而孝又是仁的根本（"孝弟也者，其为仁之本与"），因此，认为仁是道也是名副其实的。

第三，君子对仁道的坚守标准——"不可须臾离也"（《中庸》）。这个要求是很高的，那就是"无终食之间违仁，造次必于是，颠沛必于是"。所谓"终食"，就是吃一顿饭的时间，以言其时间短；所谓"造次"，从字面上理解就是到临时住的地方。为什么会到临时住的地方，一般是因为有紧急的或迫不得已的情况，因此造次有仓猝、急迫之意，以言其时间紧；所谓"颠沛"，字面意思就是遇到了困顿、挫折之境，以言其境遇危机。总之，在任何情况下君子都要、也都会坚守仁道。

【编意解】

从本章起，编者主要是在讲仁道的坚守和践行，践行是坚守更主动、更高层次的表现。编者意在通过本章孔子之语，说明对仁道的坚守和践行的总体标准，也是最高表准，即"无终食之间违仁，造次必于是，颠沛必于是"。

4.6 子曰："我未见好仁者，恶不仁者。好仁者，无以尚之；恶不仁者，其为仁矣，不使不仁者加乎其身。有能一日用其力于仁矣乎？我未见力不足者。盖有之矣，我未见也。"

【译文】

孔子说："我没有见过喜好仁道的人，（也没有见过）厌恶不仁的人。喜好仁道的人，是再好不过的了；厌恶不仁的人，在实行仁道的时候，不让不仁的人（以不仁之事）影响自己。有（人）能一天把自己的力量用在实行仁道上吗？我还没有看见力量不够的。这种人可能还是有的，但我没见过。"

【注释】

尚，1.曾也。本义：尚且。2.上。引申为早先、久远。3.超过、高出。4.崇尚、尊重。5.仰攀婚姻，特指取公主为妻。6.主管帝王的事物。

盖，(gài)，1.本义：用芦苇或茅草编成的覆盖物。2.车盖、器物的盖子。3.遮蔽、掩盖。引申为胜过、超过。4.建造。5.副词，大概、大约。6.连词，连接

上一句(或段),表示推论原因。7.(hé),通"盍",何不。

【原文解】

首先,成为仁者或者是对仁道的坚守和践行很难。前面说过,仁是符合道的,也是符合人性的,同时成为仁者、实行仁道也是很美好的事情,于己、于人、于社会也都是有好处的,应该没有人不愿意成为一个仁者。可是以孔子之阅人无数,却一个也没有见到("我未见好仁者,恶不仁者")。由此可见,成为一个仁者或者说成为一个孔子眼中的仁者是很难的。

其次,成为仁者也很容易。那为什么孔子一个仁者也没有见到过呢?因为孔子没有见到能一整天把自己的力量用在实行仁道上的人。这句话从另一个角度讲,可以理解为能一整天把自己的力量用在实行仁道上的人,就可以称之为仁者或者说成为一个孔子眼中的仁者。能一整天把自己的力量用在实行仁道上很难吗?想一想,应该不是很难,因为孔子"未见力不足者"。

最后,难与不难关键是一个"诚"字。既然孔子"未见力不足者",为何又没有见到"能一日用其力于仁"的人呢?那就只能说这个人不是真心地想要成为一个仁者,或者说诚心不足。为什么会诚心不足呢?因为还有放不下的东西,使之不能将仁道置于最高处,这个东西就是人们对富与贵的追求,更准确地说是贪求。此欲已成俗流,渐有横流之势。我们甘于做一个俗人吗?我们甘心陷于俗流吗?如果不,那就要像曾国藩那样"立志自拔于流俗"。"自拔"一词用得可是真好啊!

【编意解】

编者意在通过本章孔子之语,说明对仁道的坚守和践行很难也很容易,关键在于一个"诚"字,要出于真心。以下各章主要是说这个诚、这个真心。

4.7 子曰:"人之过也,各于其党。观过,斯知仁矣。"

【译文】

孔子说:"人们的过失,各有它晦暗不明的(缘由)。仔细考察过失的(缘由),就可以知道仁道了。"

【注释】

过,1.度也。本义:走过、经过。引申为过、过去。2.超越、胜过。3.过分、太甚。4.错误、过失。5.犯错误。

党,1、不鲜也。本义:晦暗不明、不鲜明。2.袒护、偏袒。3.结伙。4.古代地方户籍编制单位,五百家为党。5.集团。"党"指集团时,在古代一般只用于贬义,与现代汉语不同。6.亲族。

【原文解】

本章的字面意思很清楚,问题在于为什么?

"人谁无过"(《左传》)。以孔子之圣,也只是在五十岁之后才能做到无大过;以颜回之贤,也只能做到"不贰过"(详见6.3章)。这是一个客观事实,我们必须有清醒的认知。

既然人之过不可避免,就不能因其有过失,就否认他的仁。况且前面说过,儒家认为仁存在于人性之中,每个人都有仁,只有多少的不同(详见1.3章)。既然仁存在于人性之中,人从主观上讲,应该不会去做错事,可为什么人又不可避免地去做错事,甚至主动地去做错事呢?这或许是因为对仁道认识不够,或许是因为对仁道的坚守不够(不够诚),等等。比如,交通法规是大家都认可也应当遵守的,但随着流通量的日益增加,交通法规也随着时日的增加和地域不同,而日益变得复杂和精细。一个从偏远地区到大都市的人可能会因为对当地的交通法规不够了解而违反交通法规,一个当地的人可能因为心存侥幸而违反交通法规,另一个当地的人可能因为有危急情况(如乘车人突发疾病)而违反交通法规。如果这些人违反的是同一交通法规,你会认为他们是一样的吗?应该不会。为什么呢?因为其背后的缘由是有显著差别的。应当说明的是,无论哪一种情况,都是违反了交通法规,都是不对的,都是一种过。说到此,笔者想起一句古语,叫作"无心为恶,虽恶不罚;有心为善,虽善不赏"(《聊斋志异》)。虽然笔者并不完全赞同这句话,认为其有些过于追求主观动机。既便如此,为恶就是恶,再无心也只能是不罚,不能因为无心而赏;为善就是善,再有心也只能是不赏,不能因为有心而罚。

说到这里,"观过,斯知仁矣"的意思也就好理解了。但问题是,第一,为什么要"观过"知仁呢?笔者认为,只有在过失中才能看到一个人仁性的多少,以及不同的人之间仁性的差别,就像一份满分的考卷,我们看不出这个考生的水平到底有多高,同样两份满分的考卷,我们也看不出这两个考生的水平有何差别;第二,知谁的仁呢?是知道有过失的人的仁呢?还是知道"观过"的人的仁呢?孔子没有明确说明,笔者认为两者都有。首先,是知道有过失的人的仁,这一点很明确,前面已有论述,不再赘述;其次,是知道"观过"的人的仁,这一点也

在情理之中。我们作为父母,或作为上司,对子女或下属的过失,能不能做到以及在多大程度上做到"观过",不也体现着我们自身所具有的仁吗?

【编意解】

前一章说对仁道的坚守和践行关键在于一个"诚"字,要出于真心。那么这是如何体现的呢?编者意在通过本章孔子之语,说明"仁道"在人的心中,在一个晦暗不明的地方,它不能被人们轻易地知晓,是需要真心去探究的,也是需要探究真心的。

4.8 子曰:"朝闻道,夕死可矣。"

【译文】

孔子说:"早晨得知了(仁)道,当天晚上死去也心甘。"

【注释】

朝,1.(zhāo),旦也,本义:早晨。2.(zhāo),引申为一日、一天。3.(cháo),朝见、接受群臣的朝见。4.(cháo),朝廷。5.(cháo),拜见。6.(cháo),官府的大堂。7.(cháo),朝代。一代君主统治的时期。8.(cháo),对着、向着。

夕,1.莫也。本义:黄昏、傍晚。2.夜。

【原文解】

本章的字面意思很清楚,问题在于说明了什么?笔者认为至少说明两方面问题。

第一,是说仁道之难求,更进一步明确了前两章的意思。"朝闻道,夕死可矣。"从另一个角度讲,就是说有人(实际上是大多数人)至死都未曾闻道,足见其难。这时也许会有人问,《论语》所云,难道不是仁道吗?人们读了《论语》,理解了《论语》,难道不是"闻道"了吗?首先,这里所谓的道,不是指一般的道理,而是"至道"(朱熹语),《论语》所言是不是"至道"?很可能是,因为笔者至今未见出其右者,但不能因此就断定其就是"至道"。谁能保证今后没有出其右者?更重要的是,你虽然读了《论语》,甚至理解了《论语》,可你真的对《论语》所言之道坚信不疑吗?真的达到了孔子所谓的"不惑"(详见2.4章)的境界了吗?

第二,是说仁道是值得去寻求的——"夕死可矣"。仁道也是道,是道就会被寻求,因为人都有一颗好奇的、不安的心。对于高山上的、山那边的风景,人们总是会情不自禁地想去看一下。道就是高山上的、山那边的风景。因为人们平日里习以为常的景象,总是与其实质是有出入的,甚至是相反的(这种情况不胜枚举),这使人们困惑不已,极为不安。为了免除这种困惑和不安,无数志士仁人为此进行了不懈的探索,并因此奉献一生,甚至甘冒生命之险的例子也是屡见不鲜的。其实,平常人也有此行,只是他们没有如此决绝,如此付出罢了,也因此,绝大多数的人至死都心有不甘,心有不安。

【编意解】

编者意在通过本章孔子之语,说明"仁道"难得,需要极大的勇气和决心。

4.9 子曰:"士志于道,而耻恶衣恶食者,未足与议也。"

【译文】

孔子说:"读书人有志于仁道,却认为穿不好的衣服、吃不好的饭食是可耻的,(这样的人)是不值得与他谈论(仁道)的。"

【注释】

士,1.事也。本义:古代男子的美称——有能力做事。2.古代贵族最低一级。3.读书人。4.武士、士兵。5.执法官。6.通"事",事情、从事。7.通"仕",做官。

足,1.本义:脚,引申为器物的脚。2.足够、充足。3.补足。4.够得上、值得。

议,1.语也。谋也。本义:商议、讨论。引申为议论、评论。2.主张、建议。

【原文解】

首先,要对"耻"有较深的理解。耻,辱也。本义是耻辱、可耻的事情(详见1.3章注释)。"耻"字的繁体从"心",是人们从心中产生的惭愧,继而耳红、耳烧。知耻之心是人之天性。中国文化尤其是儒家对"耻"非常看重。管仲就曾把"礼、义、廉、耻"称之为国之"四维"(《管子·牧民》)。孟子曰:"耻之于人大矣"(《孟子·尽心》)。有鉴于此,如果一个人认为什么事是可耻的事情,那他对这件事的厌恶将是非同一般的,是深恶痛绝的,将会竭尽全力避免这种事的发生或摆脱这种境遇。

其次是"耻恶衣恶食"。衣食乃是人们对物质财富的追求,是人之所欲。前

面说过,人们如果对物质财富过于追求,则无论是对自身还是对社会都是不利的,甚至是有害的(详见4.2章),更何况恶衣恶食还是比较而言的。"耻恶衣恶食",从某种意义上讲,意味着对美衣美食的追求是没有穷尽的。没有最好,只有更好,如此追求,必将耗费一个人的大部分精力。这样还何言志道、学道、行道。这样的志道之士,不是假的就是不可能有所成就的,"未足与议也"也就是自然而然的了。

最后应说明的是,孔子此语绝不能理解为:志道之士不应该摆脱"恶衣恶食"去追求美衣美食;更不能理解为:志道之士就应该是"恶衣恶食"。因为美衣美食毕竟是人之所欲,前面说过,孔子的思想是有其人性基础的,因此孔子是不会说出无人性的话的。孔子在这里说的是不要以"恶衣恶食"为"耻",而且是对志道之士而言。孔子不也说过"食不厌精,脍不厌细"(详见10.7章)吗?

【编意解】

编者通过本章孔子之语,意在表明志道之士应把对仁道的追求放在第一位,放在对物质财富追求之上,由于人们精力有限,又加之仁道隐晦难求,志道之士应当适当降低一些对物质财富的追求。从某种意义上讲,这也是志道之士真心求道的表现和要求。

4.10 子曰:"君子之于天下也,无适也,无莫也,义之与比。"

【译文】

孔子说:"君子对天下(的人和事),没有(固有的)认可,没有(固有的)否定,是按照'义'去考校(判断)的。"

【注释】

适,1.之也。往也。本义:往、到。2.归向。3.女子出嫁。4.符合、适合,引申为满足。5.舒适。6.副词,正好、恰好。7.刚刚、方才。8.(dí),旧时指正妻。<u>9.专主、主张。</u>

莫,1.(mù),日且冥也。本义:日落时。引申为一年将尽。<u>2.(mò),表示否定</u>,相当于"不"。3.(mò),表示劝诫。不要、不可、不能;4.(mò),没有什么,没有谁。

比,1.本义:并列、挨着。2.副词,接连地。引申为处处、到处。3.勾结。4.及、等到。5.顺从、和顺。<u>6.比较、考校</u>。7.比拟、认为和……一样。8.比喻。

【原文解】

首先是对"适"与"莫"的理解。通过上面的注释,"适"与"莫"在本章的意思是很清楚的,就是认可和不认可。这里要说明的是,认可和不认可是有很强的主观性的,有很多个人的好恶、成见甚至利益。

其次是对"义"的理解。关于"义"的含义,在本书的前言中已经有较为详尽的阐述,在此不再赘述。这里要说明的是,"义"从某种意义上讲,就是"仁道"的浓缩,代表着"仁道"主要的和根本的方面。不同的人对仁道可能有不同的认识,但这种区别往往是在枝节上,而在其主要的和根本的方面分歧往往不大,甚至是相同的,其具有很强的客观性,十分固定。

最后,基于上述的认知,所谓"义之与比"的含义就很明确了。就是以"义"为标准,进行取舍。应明确的是,义含有两方面的含义:一是"义"是种价值的表现(信仰);二是"义"表示事有轻重缓急之分(宜也)。义作为价值(仁道)的表现,其内容很多,如孝、悌、忠、信、礼、义(宜)、廉、耻等等。而具体做一件事的时候,可能涉及不同的、具体的价值追求,当这些不同的、具体的价值追求发生矛盾,不可兼得的时候,就会面临取舍,这时就要运用智慧去抉择,取其大而弃其小,这就是义(宜)。如前面所讲的"抱柱而死"的故事(详见 1.13 章),那样的守信就是不义。因此,孟子也说"大人者,言不必信,行不必果,惟义所在"(《孟子·离娄》)。当然,这种义(宜)也包括量的取舍,孟子也曾说过"鱼,我所欲也,熊掌,亦我所欲也,二者不可得兼,舍鱼而取熊掌者也"(《孟子·告子》)。

【编意解】

编者通过本章孔子之语,意在表明坚守和践行仁道,要抛弃自己的主观认识,以"义"——"仁道"的浓缩为标准和归宿,也就是"无适也,无莫也,义之与比"。当然,自己的主观认识与"义"一致更好。这是不是也是真心的一种表现呢?

4.11 子曰:"君子怀德,小人怀土。君子怀刑,小人怀惠。"

【译文】

孔子说:"君子(平日里)思的是(如何)修德,小人(平日里)思的是(如何)取得财富;君子(做事时)想的是(不受)刑罚,小人(做事时)想的是(取得)好处。"

【注释】

怀,1.思念也。本义:想念、怀念。2.归向、依恋。3.安、安抚。4.胸口、怀抱里。引申为怀孕。5.心里存有、怀藏。

土,1.地之吐生物者也。本义:泥土、土壤。2.土地、田地。3.测量土地。4.乡土、故乡。5.本地的。6.领土、地方、地区。7.五行之一。8.八音之一。

惠,1.仁也。本义:仁爱。2.恩惠。3.恩爱、宠爱。4.惠赠、给予好处。

【原文解】

第一是要对"德""土""刑"有一定的了解。

首先是"德"。对此本书的前言已经有较为详细的阐述,不再赘述。在此需说明的是,德是需要探索和实践的,也是探索和实践的产物,因此本章的"德"字,可理解为修德。

其次是"土"。"土"原指土地、田地,意思很明确。在此需说明的是,土地尤其是田地在过去可以说是最重要的物质财富,就是现在也没有多大改变,因此,本章的"土"字通常理解为财富。

最后是"刑"。"刑"是指对犯罪的处罚,任何违法的行为理论上都应受到处罚,而刑是对犯罪的处罚。那么什么是犯罪呢?就是十分严重的违法行为,严重到需要适用刑罚进行处罚的违法行为。而刑罚的具体措施,在过去有鞭子抽、刀砍、杀等等,是十分严厉甚至是残酷的。现代社会,每个国家几乎都有一部《刑法》,刑罚就规定在里面,主要是剥夺人身自由(如有期徒刑、无期徒刑)或生命(如死刑),虽然不像过去那么残酷,但同样十分严厉,因此干什么都不能触犯《刑法》。

第二是要认真理解和体会本章的"怀"字。这个"怀"字在本章短短的两句话中,出现了四次。"怀"字本意是思念,是心存之念。心存之念的不同,一念之差便是君子与小人的分界。"君子怀德"和"小人怀土"、"君子怀刑"和"小人怀惠"的差别实质上也就是将对仁道和自身安全的追求放在第一位,还是将对物质财富的追求放在第一位甚至是唯一的。应当说明的是,对自己身体的保全,不仅是对自己有利的,而且是孝的一种基本表现。

【编意解】

编者意在通过本章孔子之语,意在表明坚守和践行仁道,最初在于心存之念,一念之差便是天壤之别。正所谓"君子慎始,差若毫厘,谬以千里"(《礼记·经解》)。我们要心存何念呢?就是"怀德""怀刑"。那么"怀土""怀惠"

有什么不好吗?且看下章。

4.12 子曰:"放于利而行,多怨。"

【译文】

孔子说:"无所顾忌地追求利益,(会招致)很多的怨恨。"

【注释】

放,(fàng),1.逐也。本义:驱逐、流放。2.解脱、释放。3.放纵、放任。4.开导。5.安放、搁。6.(fǎng),通"仿",依照、仿效。

怨,1.恚(huì)也。本义:怨恨、仇恨。2.责怪、埋怨。3.讥讽。

【原文解】

第一是对"放于利而行"的理解。"放"字在本章的意思是没有约束、放纵的意思,笔者将其解释为无所顾忌。利乃人之所欲,追求利益本也无可厚非,但利不应该是人的最高欲望,更不是唯一的欲望,因此不能无所顾忌地去追求。

第二是对"多怨"的理解。意思很清楚,就是招致很多怨恨。问题是为什么?这就要看"放于利而行"会触犯什么了。笔者认为至少有以下两方面。

第一是法律。无所顾忌地追求自身利益的过程,就有可能违反法律,甚至是刑法。因为一个社会的秩序一定是要兼顾甚至平衡各方面利益的,因此也是要约束全体成员的。违反法律就是对社会秩序的侵犯,就是对社会利益的损害,那就很有可能招致国家的怨恨和处罚,至于为什么特别强调不能违反刑法,因为违反刑法招致国家的处罚,那将是刑罚,前面讲过刑罚是十分严厉的,不是谁都能承受的,就算有人能够承受,也会深感极其的得不偿失,悔不该当初,抱憾终生。

第二是他人。在无所顾忌地追求自身利益的过程中,就有可能损害他人的利益,这里的利益包括他人的物质利益,也包括他人的情感。损害他人的利益,会招致他人的怨恨,这很好理解。至于招致怨恨的害处,不言自明,引用一句俗语叫做:"多个朋友多条路,多个敌人多堵墙。"总之,"多怨"是对自身十分不利的情况。

【编意解】

本章是对上一章孔子之语的补充,说明"怀土""怀惠"——"放于利而行"的害处,那就是"多怨","多怨"是对自身十分不利的情况。这时可能有人会

问:那么"怀德""怀刑"呢? 从简单的逻辑上看,应当对自身是有好处的,也不应当招致他人的怨恨。但人不是理智的动物,会不会招致一些小人的怨恨呢? 有可能。因为君子坚守和践行仁道,多少都会妨碍一些小人"放于利而行",但问题是值不值? 做不做? 孔子讲"无求生以害仁,有杀身以成仁"(详见 15.9 章),孟子讲"不可得兼,舍生而取义者也"(《孟子·告子上》),当然也有人讲"识时务者为俊杰"。自己定。

4.13 子曰:"能以礼让为国乎? 何有? 不能以礼让为国,如礼何?"

【译文】

孔子说:"能够用礼让原则来治理国家,那还有什么困难呢? 不能用礼让原则来治理国家,怎么能实行礼呢?"

【原文解】

第一,要对"让"有一定的认知。

首先是从字面上理解。"让"的本义是"责备"的意思,也有"退让、谦让"的意思(详见 1.10 章注释)。这两者看似不相干,甚至有些相矛盾。其实细想一下,如果一方退让、谦让了,其实就说明另一方在争,说明是对另一方争的否定,进而也隐含着对另一方"争"的行为的责备,因此,"让"字中"责备"和"退让、谦让"的含义是有一定的联系的。

其次是从文化思想上的理解。"让"在中国文化思想中占有十分重要的地位。《左传》有云"让,礼之主也"(《左传》襄公十三年),也就是说让是礼的原则精神。那么这时就会产生一个问题,前面说过礼是德的外化,而德是对道的正确认知,而道又是万事万物(包括人自己)固有的天性及其演化发展的规律,那么"退让、谦让"在道中的体现又是如何呢? 笔者认为,也许"退让、谦让"并不是人所愿,因为它是个人权利的让渡、欲望的克制。但它却是一个国家、一个社会得以正常运转,甚至得以存在的基础。《荀子·论礼》载:"礼起于何也? 曰:人生而有欲,欲而不得,则不能无求。求而无度量分界,则不能不争;争则乱,乱则穷。先王恶其乱也,故制礼义以分之,以养人之欲,给人之求。使欲必不穷于物,物必不屈于欲。两者相持而长,是礼之所起也。"

第二,要对"为国"有一定的认知。"为国"的意思就是治理国家,而国家是由很多人组成的,因此"为国"就是为政。"以礼让为国"就是在众人之中推行礼让,也就是将仁道向外推行。

第三,关于"何有""如礼何"的理解。基于上述的理解,本章"何有""如礼何"的意思应当是比较明确的。先王以礼为国,而当时的诸侯国的国君,基本都是先王或先王功臣的子孙,所以这些诸侯国的国君也声称是以礼为国,但是他们所谓的礼或在礼的实行当中,已经没有"让"的精神了。先王以"让"为原则的礼治国很成功,因此孔子说:"能以礼让为国乎?何有?"让为不争,当然易治。而当时的礼已经没有了"让"这个原则,礼已徒有其表,又怎能真正实行礼呢?("如礼何?")

【编意解】

那么本章被编排在此的意义又是什么呢?笔者认为,编者至少有以下三层意思:一是守礼——守法;二是要让;三是要为政、从政。这些都是坚守和践行仁道所应当做的。这里要强调说明第三点,即为政、从政——"为国",这是一个更高的要求,一个有仁德的人不能只为自己,也要为大众,而为大众最有效的办法就是为政、从政,原因前面已经有所阐述,不再赘述。当然,这最终也会使自己受益——生活在一个仁道的社会中,即"里仁"。那么我们应当对为政、从政持有一个什么样的心态呢?且看下一章。

4.14 子曰:"不患无位,患所以立。不患莫己知,求为可知也。"

【译文】

孔子说:"不担忧没有官位,担忧如何建立(言、功、德)。不担忧没有人知道(自己),追求(自己)值得被别人知道(的事物)。"

【注释】

位,1.列中廷之左右谓之位。本义:官吏在朝廷上站立的位置,官位。2.位置、方位。3.座位。4.官位、爵位。5.鬼神的灵位。6.职位。

【原文解】

首先,前面讲过(详见1.16章),孔子的思想是要学以致用,最好有大用,然而要有大用,则不仅要有大德,也要有好的机遇,说白了这个机遇就是有官位。这个机遇很重要的部分是别人,特别是有地位的人知晓甚至是赏识,这样

才能得到官位(权力)——在当时世袭制的社会尤其如此,进而才能更好地做事,做大事(立功)。从中我们可以看出,得到别人的知晓甚至是赏识,以及得到权力是"大用"的一个条件,而要使别人了解自己、赏识自己,甚至重用自己也是有一定的方法的,这就是"所以立""为可知",要学习和掌握它,足以让我们担忧("患")。当然,这是表面上的理解,比较浅。

其次,既然是机遇,就有可遇而不可求的成分,过分担忧又有何用?而有大德、有真才实学对于君子或有志于道的读书人才是根本,才是"所以立""为可知"的根本。而大德是通过自身的努力可以达到的,当然也只有有大德、有真才实学才可能被人赏识、得到权力——官位并同时把事做成,即真正的"立功",否则即便被人赏识,进而得到权力,但到做事甚至是做大事时,却因没有大德,没有真才实学,结果只能是把事做砸了,那时不仅自己身败名裂,为他人笑,还会造成他人(甚至国家)受苦受难。

最后,应当说明的是,儒家所谓的"立"不仅仅是做事立功,甚至不主要是做事立功。《左传》有云"大上有立德,其次有立功,其次有立言,虽久不废,此之谓不朽"(《左传》襄公二十四年),这就是儒家所追求的"三不朽"。而其中的"立言"和"立德"并不一定需要别人的赏识和得到官位(权力),当然,有别人的赏识和得到官位(权力)更好。顺便说一句,孔子在当时就不怎么被有地位的人赏识,也没有什么权力。

【编意解】

编者意在通过本章孔子之语,对上一章的内容进行进一步说明。这是儒家在从政为官方面所持有的态度,即君子或有志于道的读书人并非无所求,而是有所求,求"所以立",求"为可知"。

4.15 子曰:"参乎!吾道一以贯之。"曾子曰:"唯。"子出,门人问曰:"何谓也?"曾子曰:"夫子之道,忠恕而已矣。"

【译文】

孔子说:"参啊!我的思想学说可以用一个(中心原则和宗旨)贯通(始终)。"曾参说:"是。"孔子出去之后,同学问:"这是什么意思?"曾参说:"老师的思想学说(中心原则和宗旨),'忠、恕'罢了。"

【注释】

贯,1.钱贝之贯也。本义:穿钱的绳子。2.穿、穿连。引申为通、贯通。3.连贯、连续。4.籍贯。5.事例、惯例。6.同"惯"。

恕,1.用自己的心推想别人的心、体谅。2.宽恕、原谅。

【原文解】

第一,是对"一以贯之"的认识。笔者认为,任何一个高明和深刻的思想学说,大都会有一个中心原则或宗旨贯穿其中,这从某种意义上是判断一个思想学说是否高明和深刻的标准之一,否则这个思想学说就会变得杂乱无章,甚至不可避免地出现严重自相矛盾的情况。同时,我们在学习和了解某种思想学说时,尤其是那些体系庞大的思想学说,如果能掌握这个思想学说"一以贯之"的中心原则或宗旨,那么就会比较容易理解这种思想学说。就像我们面对一棵枝繁叶茂的大树,要想真正看清它、了解它,最重要的也是最简便的方法就是先找到它的根、它的主杆,这一点大家应有所体会。其实,万事万物都是如此。学习《论语》至此,尽管我们试图把握其中的脉络,我们是否仍有杂乱无章之感呢?因此,了解孔子思想学说的"一以贯之"的中心原则或宗旨就变得十分重要了,其他都是由此衍生出来的,以这个中心原则或宗旨去看、去理解就会容易一些,就会少些偏差,就更准确。

第二,是对"忠、恕"的理解。

首先是忠。忠是尽其全力的意思(详见1.4章注释)。尽其全力干什么?当然是做事。这个事可能是自己的事,也可能是为别人做的事。但主要应当是指为别人做的事,因为一般来说做自己的事,都会尽其全力(当然也不尽然),而为别人做事就难说了,因此曾子说"为人谋而不忠乎"(详见1.4章)。这是在说我们做事所持有的态度。

其次是恕。恕的本义是用自己的心推想别人的心、体谅的意思。《说文解字》解释为"仁也",一般认为"己所不欲,勿施于人"就是"恕"的解释。这一点从"恕"的字面结构就很容易看出,"恕"就是"如心","如自己的心",将心比心,就是"己所不欲,勿施于人"。即自己不希望(别人对自己做)的,就不要对别人做(详见15.22章)。这决定了我们可以以及不可以做什么事,也即做事的范围。

再次,"忠、恕"就是曾子所谓的"一以贯之"于孔子思想学说的"夫子之道",完全是从心出发,以真心贯穿。如果我们能以此去理解《论语》中各篇各章

所表达的意思,就会容易一些,就会少些偏差,就会更准确。

第三,本章的结构。本章的字面意思很清楚,而且十分的重要,但所表达的意思并不多,似乎可以用"夫子一以贯之之道,忠恕而已矣"即可概括。可为什么却写了这么多,这么详细? 理解这一点,就要注意以下几方面的细节。

首先,孔子育人,是因材施教,一般是弟子问,孔子答,而本章是孔子主动叫弟子曾参而告之。而曾参是集孔子思想学说之大成的弟子,当时应是已有所成的,换一句话说,孔子并不认为每一个弟子都可以理解和掌握其一以贯之之道。况且,告诉一个人他不能理解的道理,对这个人并没有好处,只能让其陷入茫然甚至混乱。

其次,"门人"与弟子是有区别的,一般来说,门人是指再传弟子,相比于弟子的修养程度一般来说是较差一些的。

最后,"忠""恕"二字并非出自孔子之口,而是在门人的询问下,出自曾参之口。前面说过,门人的程度和水平是较差一些的,曾参会将孔子思想学说的一以贯之之道直接告诉门人吗? 曾参是集孔子思想学说之大成的弟子,孔子是有教无类的,曾参也应是如此,更何况曾参常自省"习不传乎"(详见1.4章),曾参会不将孔子思想学说的一以贯之之道告诉门人吗?

正是基于上述原因,后来有人认为,曾参所告知门人的并非孔子所谓的一以贯之之道,而是十分接近、又较易于理解和践行的"忠""恕"。《中庸》有云"忠恕违道不远。"但不管怎样,"忠、恕"之道对于我们(刚刚入门的人)来说已经是足够了,要了解真正的孔子思想学说的一以贯之之道,只要努力践行"忠""恕",就可体会,因为其已"违道不远"。

【编意解】

编者意在通过本章的故事,言明君子或有志于道的读书人求"所以立"、求"为可知"的途径和方法,那就是秉持"忠、恕",力行"忠、恕"。说明一下,"贯"字还有行的意思。那么如何来秉持或践行"忠、恕"呢? 且看以下几章。

4.16 子曰:"君子喻于义,小人喻于利。"

【译文】

孔子说:"君子知晓义,小人知晓利。"

【注释】

喻,1.告也。本义:告知。2.知道、了解、明白。3.比喻。

【原文解】

首先,本章所谓的君子应是指那些在位之人或好学的志道之士,他们知晓或者说应当知晓义。

其次,本章所谓的小人应是指那些庶民百姓或安于现状的人,他们知晓利,或者说只知道利。因为利是人的基础欲望或本能的反应,因为他们没有机会去求道,或无志于求道。

最后也是最重要的是,说明了什么?"君子喻于义,小人喻于利"是一个客观的描述,更准确地说是理应如此的描述。庶民百姓或安于现状的人知晓利,关注利,这作为君子也是知晓或者说应当知晓的。为何如此?因为在位者治民(为政),好学的志道之士欲治民(为政),而治民必因民之利而利之。对民之情不了解又如何谈论治民?儒家认为,因民之利而利之就是义,而且是大义所在。

【编意解】

编者意在通过本章孔子之语,言明秉持或践行"忠""恕"之道,首先要知晓义,同时也要知晓"小人喻于利"。

4.17 子曰:"见贤思齐焉,见不贤而内自省也。"

【译文】

孔子说:"见到(品德、才能)高于(自己)的(人或行为),就想着向其看齐(学习),见到(品德、才能)不好的(人或行为),就要自我反省(看看自己有没有相同的缺点、会不会犯相同的错误)。"

【原文解】

本章的字面意思很清楚,但我们应有更深刻的体会。

第一,学习要向内求,求诸己。读到这一章,很容易让人想起曾子的"三省吾身"(详见1.4章)。学习最终是要靠自己。自己的内心要有动力,要有主动性,要思齐自省。如果只是被动地依靠别人的灌输,你又能吸收多少?别人又能给你灌输多少?你又如何能青出于蓝而胜于蓝?如果不可能青出于蓝而胜于蓝,你学习的意义又有多大呢?充其量是养家糊口而已。

第二,人生处处是学问。"贤"与"不贤"何处可见,学校里?书本里?有,

但太少。大千世界万紫千红、千变万化,只要留心,到处都有值得思齐、自省的人和事。因此要做有心人。有什么心?上进的心、好奇的心、自省的心、仔细的心等。总之是一颗真心、诚心。

【编意解】

编者意在通过本章孔子之语,言明秉持或践行"忠""恕"之道,要学习,不断的学习,处处去学习。

4.18 子曰:"事父母几谏,见志不从,又敬不违,劳而不怨。"

【译文】

孔子说:"侍奉父母,(如果父母有不对的地方)要委婉地规劝,(如果)见到父母打心眼里不愿听从,还是要对他们恭恭敬敬并不违(于礼),(待父母平和之时)反复规劝而不怨恨。"

【注释】

几,(jī),1.坐所以凭也。矮而小的桌子,用以陈放东西或依靠休息。微也,殆也。2.事物、政事。3.将近、几乎。4.检查、查看。5.表示疑问,问数量。6.(jǐ),隐微、不明显。特指事情的苗头、或预兆。危险。

【原文解】

侍奉父母是人生的根本大事。善事父母者为孝。何谓善事父母?有人认为就是"顺",就是孝顺。而儒家认为,于礼而言"阿意曲从,陷亲不义"是不孝,列"三不孝"之首。父母也是人,甚至大多数父母只是普通人,怎能无过?父母有过时,作为子女应当怎样做?是一味顺从吗?从本章来看应当不是,因为其于礼不合,而在前面我们学习过孝的四个境界,最基础的就是无违于礼,就是"生,事之以礼"(详见2.5章)。那么作为子女应当如何做呢?那就是谏。谏的本义是直言规劝。子女要直言规劝父母吗?不是,因为那不合于礼。所以孔子说是"几谏"。"几"的本义是微。"几谏"就是轻微地规劝,委婉地规劝。这对我们是十分有警示意义的。现在的子女,在见到父母有过错的时候,别说"几谏"了,能做到"谏"——直言规劝就不错了,甚至有很多人都是犯颜直谏甚至是训斥父母,这与古礼不合,要有则改之,无则加勉。

"几谏"而父母不从又如何呢?父母不从,还是父母,这是无法改变的,因此还要"事之以礼",还要恭敬,还要无违。这里的无违是无违于礼。要说明的是,礼既要求子女无违于父母,也要求子女不能陷亲于不义。那怎么办呢?首先就是要"又敬不违",待时机和情况允许时,反复"几谏",这就是"劳",这就是努力避免使父母陷于不义。

这样做后如果父母仍是"志不从"又会怎样呢?父母有可能很生气,甚至发怒,恶言相向甚至拳脚相加也是有可能的。这时的子女又应当如何呢?孔子说"不怨"。为什么要不怨呢?因为在过去人的眼里,父母子女是一体的,怨父母,就是怨自己,自己怨自己,于理不通。孔子说了这么多,我们做子女也好,做父母也好,有无思齐、自省之处?

【编意解】

编者意在通过本章孔子之语,言明秉持或践行"忠""恕"之道,具体方法首先就是孝以及如何行孝。而我们知道,孝是人生的根本大事,也是仁的根本——"孝弟也者,其为仁之本与!"(详见1.2章)。以下三章均是此义。

4.19 子曰:"父母在,不远游,游必有方。"

【译文】

孔子说:"父母在世,不要远游;(不得已)要远游,也必须有一定的方向。"

【注释】

游,1.在水上漂浮,泛指游泳。2.水流。3.虚浮、不切实际。4.游玩、游览。引申为旅行,出外求学或求官。5.交往、交际。6.流动。7.纵、放纵。

【原文解】

第一,是为什么?要认识这一点,就要对当时的情况有所了解。在当时,人们的交通和通讯手段是极其落后的,因此,远离家乡到远方去是要花很长时间的,同时也是比较危险的,不仅路途中可能有豺狼虎豹,甚至强盗匪徒,甚至他乡的法律风俗也可能与家乡相去甚远。这又如何呢?其实说到这里,我们应当想起前面学习过的孝的四个境界,第二个就是不要做让父母担心的事,就是不要做有损于自己身体的事,不要使自己处于危险的境地。"父母唯其疾之忧"(详见2.6章),这首先应当体会的是父母的心。

第二,是对"不远游,游必有方"的理解。首先,从下文看,"不远游"是一个原则,意思就是能不远游就不要远游。既然是原则,就有例外,例外是什么呢?

就是不得已的情况。那么什么是不得已的情况呢？孔子没有明说。在过去，一般认为是指为官、求学和谋生。那么这时应当怎样处理呢？孔子说"必有方"，必须要有一定的方向。理由很简单，这样父母就会稍有心安，知道子女到哪里去了，有机会好通信，有事好去找。

第三，是对现实的指导意义。首先要了解这句话的内含之意。这句话的内含之意有两方面，一是前面说过的，不要做让父母担心的事；二是不要离开父母太久。尽管现代社会的交通、通讯已经十分发达，社会治安也比古时好了许多，经济条件就更不用说了，但这些并不是全部，更不是根本。因为这些都代替不了家人一起平实而亲密的共同生活，也不能从根本上免除父母的担心。其实，父母真正需要子女花费精力照顾的时间并不多，不要到"子欲养而亲不待"的时候，抱憾终生。真的有那么多的"不得已"吗？

【编意解】

编者意在通过本章孔子之语，言明行孝的一个宗旨是不要做让父母担心的事情，其中一个方法就是尽可能地与父母生活在一起。

4.20 子曰："三年无改于父之道，可谓孝矣。"

【译文】

孔子说："（父亲去世后）长时间没有改变父亲的观念做法的，（这样的人）可以称作孝了。"

【原文解】

本章之语曾在之前出现过（详见1.11章），只是没有将孔子的原话引用全，具体理解不再赘述。

【编意解】

编者意在通过本章孔子之语，言明行孝要知敬，不可擅改"父之道"，子曰"不敬，何以别乎"（详见2.7章）。当然，为什么要"三年无改"也是值得深思的。

4.21 子曰："父母之年，不可不知也。一则以喜，一则以惧。"

【译文】

孔子说:"父母的年纪,不可以不知道,一方面(为他们的长寿而)高兴,一方面(又为他们的衰老而)恐惧。"

【注释】

年,1.谷熟也。收成、年景。又指一年的收成。2.时间单位,十二个月为一年。3.年节。<u>4.年纪、岁数</u>。5.帝王的年号。

喜,1.乐也。<u>本义:快乐、高兴</u>。2.喜爱、爱好。3.喜事。4.妇女怀孕。

惧,1.恐也。<u>本义:害怕、恐惧</u>。引申为担心。2.使恐惧、恐吓。

【原文解】

第一,"父母之年"为什么要"不可不知也"?虽然"生老病死"不可免,但面对"生老病死"时人们也不都是无能为力的,无论过去还是现在。保持心情的愉悦、适当的休息和锻炼、较好的饮食习惯等,都可以适当地延缓一个人的衰老,预防一些疾病的发生,延长一些寿命。而使父母保持心情的愉悦、适当的休息和锻炼、较好的饮食习惯等,作为子女是可以有所作为的,甚至是可以大有作为的。而一个人衰老的程度和疾病的发生往往是与这个人的年纪息息相关,作为子女该如何去做?知道父母的年纪是一个十分重要的前提,因此,对父母的年纪是不可以不知道的。

第二,为什么要"一则以喜,一则以惧"?其实这不是一个"要不要"的问题,而是一个"会不会"的问题。首先,"喜""惧"乃是内心的感受,是发自内心的,不是想要就会有的,也不是你不想要就会没有的;其次,子女的"喜""惧"对于父母的"生老病死"应该也没有什么影响。至于"会不会"因知道父母的年纪而"喜""惧",则完全取决于子女是否真心爱父母。说到这里,我们应当想起前面学习过的孝的四个境界,第四个就是有对父母的真爱、深爱,就是"色难"(详见2.8章)。

【编意解】

编者意在通过本章孔子之语,言明行孝要用心,要出于真心,要用真心。秉持或践行"忠""恕"之道也是如此。

4.22 子曰:"古者言之不出,耻躬之不逮也。"

【译文】

孔子说:"古代人不(或不轻易)把话说出口,(因为他们)以自己做不到(自己说出的话)为耻。"

【注释】

古,1. 故也。<u>本义:古代</u>。2. 久也。久远、古老。3. 质朴。

躬,1. 身也。本义:身体。引申为<u>自身</u>、亲自。2. 稍微向前弯身,以表尊敬。

逮,<u>1. 行相及也。本义:及</u>、达到。2. 趁、趁着。3. 捉拿、逮捕。

【原文解】

第一是关于"古者"的理解。"古者"本身的意思很明确,就是古代的人,已经逝去了很久的人。那么这里言"古者"又是何意呢?难道古人与今人有什么不同吗?古人就比今人好吗?笔者认为,古人、今人都是人,也许生活的环境有所不同,行为也许会有所不同,但都是人,本质上、人性上应该没有不同。那些行为的不同也仅仅就是不同,并不表示古人的所作所为就好。古人有做得好的,也有做得不好的。之所以此处言"古者"(其实在很多古书中都有),应理解为古之贤者,或者是因为后人记住了他们的好(甚至添附给他们的好),隐去了他们的不好,而后人记住的他们的好(甚至添附给他们的好),后人却做不到了,这出于中国人"隐恶扬善"的传统。另外,中国人还有一个传统,就是"盖棺定论"。因此,万不可认为古人就比后人强,那不成了一代不如一代了吗?古人能做得好的,后人也可以也应该做得好,甚至更好。《孟子·滕文公上》有载:"颜渊曰:'舜何人也?予何人也?有为者亦若是。'"

第二是对此处"不"字的理解。为什么笔者要在译文中加一个"不轻易"呢?要知道"不说"和"不轻易说"是有性质上差别的。首先,在有些版本的《论语》中,"古者言之不出"写作"古者言之不妄出";其次,"言之不出"的标准实在是太高了,能做到"言之不妄出"也是很不错的。这时可能会有人问,"古者言之不出",后人何以得闻?这不难,或见之或闻于见者。否则,前面讲的"三不朽"中的"立功""立德"如何立?

【编意解】

编者意在通过本章孔子之语,言明秉持或践行"忠""恕"之道,在具体做的方面就是要力行——"古者言之不出";要耻于说到做不到、名不副实——"耻躬之不逮也"。

4.23 子曰:"以约失之者鲜矣。"

【译文】
孔子说:"因为约束(自己)而犯错误的很少见。"

【原文解】
第一是对"约"的理解,或者说是对"约"的范围的理解。"约"字前面已有注释(详见4.2章注释),其本义是绳索的意思,引申为缠束、束缚、约束,甚至是贫困、简要之意。因此,本章中"约"的意思是比较清楚的,就是约束,就是不要放纵。至于"贫困"显然是不合适的,因为贫困乃人之所恶。至于是约束谁?笔者想应该是自己,这一点应该没有什么歧义。为什么要自我约束?这个也很简单,因为我们生活(更准确地讲是生存)于社会当中,这一点决定了我们常常在枷锁当中。仁道也是枷锁,但是一个最好的枷锁(对个人和社会两方面而言),没有枷锁是不可能的。因此,不自我约束也是不行的,就会受到外界的约束,那是要吃亏甚至是吃大亏的。问题是约束什么?或者说是在哪些方面约束自己?孔子没有明说。应当是方方面面的,"孝、悌、忠、信、礼、义、廉、耻"都是约束,《礼记·曲礼》有云"敖不可长,欲不可从,志不可满,乐不可极",等等。但笔者认为,这里的方方面面,并非全部,应当是或主要是指为人处世、待人接物的方面,而在某些自身的内心追求则不必如此,比如求"道"、求"仁道"、求"中道"之心,是否也要"不可长""不可从""不可满""不可极"呢?

第二是对"鲜"的理解。"鲜"字前面也已经有所注释(详见1.3章),是很少的意思。很少不等于没有。为什么都"约"了,还不能免于错误和过失呢?因为"约"并不完全符合道、德、礼的要求,道、德、礼的要求是"中",既不能"过",也不能"不及",而"中"是很难掌握和做到的,在此情况下,孔子做了退而求其次的选择。这使我们想起林放问礼之本。子曰:"大哉问!礼,与其奢也,宁俭;丧,与其易也,宁戚"(详见3.4章)。同时我们要注意的是,这里的"很少"不仅仅是指数量上的很少,更多的是指程度上的很少(轻)。《礼记·表记》有云:"子曰:'恭近礼,俭近仁,信近情,敬让以行此,虽有过,其不甚矣。'"

【编意解】
编者意在通过本章孔子之语,言明秉持或践行"忠""恕"之道,具体方法就是要自我约束,不能放纵自己,更不能肆无忌惮。

4.24 子曰:"君子欲讷于言而敏于行。"

【译文】

孔子说:"君子希望(自己)语言迟钝,而行动敏捷。"

【注释】

讷(nè),1.言难也。本义:语言迟钝,不善于讲话。2.忍而少言。

【原文解】

第一,此处的君子是指好学者或志道之士。

第二是对"欲"的理解。"欲"在本章中是希望的意思。既然是希望的,就是在追求的,也就是还没有达到的境界。从另一个角度讲,希望的境界往往是相对很高的。

第三是对"讷于言"的理解。读到本章,不禁使我们联想到孔子的另一句话,即"敏于事而慎于言"(详见1.14章)。那么"慎于言"和"讷于言"又有什么区别呢?笔者认为,这里存在着层次上的差别。"慎于言"是因为惧怕或担心某些事情而少说话,存在着刻意的因素;而"讷于言"是出于习惯的和自然的,从某种意义上讲,"慎于言"时间长了,形成了习惯,就变成了"讷于言"。因此,"讷于言"的层次较"慎于言"为高。所以孔子说"慎于言"是好学者的一种表现,而"讷于言"则是"好学者"所希望达到的一种境界。想要达到"好学者",就应从"慎于言"做起。那么为什么会说"讷于言"是一种自然的状态呢?其实道理也很简单,你努力学了,钻进去了,一方面你知道的道理会增多,另一方面你也会发现自己不知道的东西也在增多,这时就越发不敢、不肯或不愿多言。

第三是对"敏于行"的理解。其字面意思很清楚,也是一种习惯成自然的事,对此可参见1.14章和4.22章,关于"敏于事"和"耻躬之不逮也"的理解,不再赘述。

【编意解】

编者意在通过本章孔子之语,言明秉持或践行"忠""恕"之道,具体方法就是要少说勤做。

4.25 子曰:"德不孤,必有邻。"

【译文】

孔子说:"有德的人不会孤独的,一定会有亲近(之人)。"

【注释】

孤,1. 无父也。本义:幼年丧父,即孤儿。2. 孤,独也。单独、孤独。3. 独特。4. 古代帝王的自称。5. 辜负。

邻,1. 五家为邻。本义:古代的一种居民组织。2. 近也。相邻、邻近。3. 亲密,亲近。

【原文解】

第一是对"德不孤"的理解。

首先是对"德"的理解。这在本书的前言中已经有较为详细的阐述,不再赘述,忘记的可以温习一下。

其次是对"孤"的理解。"孤"有孤单、孤独的意思,但这两个词的意思是不同的,所谓孤单是指没有人愿意与他交往;所谓孤独是没有人知道他的心,也就是没有人理解他、没有知音,因此他不愿意与他人交往,更准确地说是深入交往。其表现表面上也许是相同的,都令人沮丧,甚至令人痛苦,但原因是大相径庭的,在层次和境界上是非常不同的。那么此处的"孤"的含义是什么呢?笔者认为两种都有。因为有德之人就是能正确而充分地认识万事万物(包括人自己)固有的天性及其演化发展规律并能循而行之的人,其行其言必符合人性、规律,"同声相应,同气相求"(《易传·文言传·乾文言》),怎么会孤独呢?懂得他的与不懂得他的人都会与之交往。懂得他的人自不用说,不懂得他的人也会与之交往,因为"里仁为美"嘛!但从孔子之后的说辞看,本章的"孤"更多的是指孤独,因为真正能懂得他的人应该是很少的。

第二是对"必有邻"的理解。"必"字在此处作必然、一定讲,这应当没有什么异议。问题是在这里用一个"必"字,有肯定的意思,但同时也说明"邻"不多,不常见。为什么呢?笔者认为其中的一个原因就是"言之不出""约""讷于言"。可即便如此,孔子仍然认为不用太担心,"必有邻"。由此可见,此处的"邻"更多的是指知音。

【编意解】

编者意在通过本章孔子之语,言明秉持或践行"忠""恕"之道,是不会陷入孤独的,一定是会有知音的,因此要大胆地、勇敢地去做。

4.26 子游曰："事君数,斯辱矣。朋友数,斯疏矣。"

【译文】

子游说:"侍奉君主(上级)多次(谏),就会受到侮辱。(对待)朋友多次(劝),就会被疏远了。"

【注释】

数,1.(shǔ),计也。本义:点数、计算。2.(shù),数目、数量。3."六艺"之一,算术。4.几、几个、若干。5.规律、必然性。6.天命、命运。7.道术、方法、谋略。8.责也。数落、责备。9.(shuò),屡次。

疏,1.通也。本义:疏导、开通。2.分开、分散。3.粗糙、粗劣,引申为疏忽、不周密,浅薄、不精。4.疏远,与"亲"相对。5.稀,与"密"相对。6.分条陈述,引申为给皇帝的奏议。7.注释的一种。8.通"蔬",蔬菜。

【原文解】

第一是对"君"和"朋友"的理解。首先,前面讲过,可以把"君"字理解为国家或上级,根据上下文的意思,现在将此处的"君"理解为上级比较合适;"朋友"就是志同道合之人。最后应说明的是,"君"和"朋友"与这个人是没有血缘关系的,但与这个人的关系又非常的特殊和重要,君臣关系和朋友关系是被列入"五伦"中的,而"五伦"的其他三伦(父子、夫妇和长幼)是一家人。一家人的关系当然与非一家人的不同,一家人更多的是讲亲情,非一家人则是讲义。

第二是对"数"的理解。

首先,过去学者对此章的"数"有不同的理解,有人理解为多、多次,有人理解为数落、责备。这些都是有依据的。笔者认为前一种理解比较合适,当然这时候"数"有两种读音,即 shù 和 shuò。理由是君是上级,朋友是地位相同的人,应该不会或极少有对其数落、责备的情况发生,更谈不上当面。如果这种情况发生,也说明这个人不知礼。

其次,"数"为什么会招致"侮辱"和"疏远"?这里没有说。这就要探究一下,为什么会有君臣关系或者说上下级关系?为什么会有朋友关系?那是因为有或者以为有共同的信念,也就是义(义有价值观、信仰的意思),古语有云:"君臣朋友皆以义合,故其事同也。"那么在交往过程中有什么会使上下级关系、朋友关系发生不和谐、甚至产生矛盾呢?当然应当是出现了彼此的价值观、信仰也就是义不合的情况。那这时我们应当怎么办呢?作为"君"的下级,我们就应当"谏";作为"朋友",我们就应当"劝"。如果"谏""劝"不听怎么办?是否向对待父母那样再三(数)地"谏""劝"——"劳而不怨"呢？就本章之意，不应当再三地"谏""劝"。因为父母子女的关系乃是天然的("以天合")，是一体的，不会改变，而上下级关系、朋友关系并非如此("以义合")，并非一体，更不会不可改变，如果多次地"谏""劝"，结果就是被上级"辱"，被朋友"疏"，上下级关系、朋友关系也就没有了。那么我们在这种情况下应当怎么办呢？笔者认为，那就要看双方分歧的性质和大小了。如果是非根本性的小分歧，则应当止，上下级关系、朋友关系还在，没有受到多大的损害；如果是根本性的大分歧，则应当去——离开，正所谓"道不同，不相为谋"(详见15.40章)，好合好散，别弄得跟仇人似的，对双方都不好，产生不必要的矛盾。至于什么是根本性的，什么不是根本性的，什么是大，什么是小？因人而异，自己判断。

【编意解】

编者意在通过本章孔子之语，意在言明在为人处世时，如何秉持并力行"忠""恕"之道。前面讲了"孝"，那是人生的根本大事，接下来又讲了为人处世的一般原则，而本章则在讲如何处理上下级关系、朋友关系，"君臣""朋友"列在五伦之中，也是大事。

公冶长第五

5.1 子谓公冶长:"可妻也,虽在缧绁之中,非其罪也。"以其子妻之。

【译文】

孔子评论公冶长说:"可以把女儿嫁给他,(他)虽然被关在牢狱里,不是他有错呀。"(后来孔子)把自己的女儿嫁给了他。

【注释】

公冶长,公冶氏,名长,字子长、子芝。春秋时鲁国人,孔子弟子,"七十二贤"之一。

缧(léi),捆绑犯人所谓大绳子。

绁(xiè),1.牵牲畜的绳索。2.系、拴或捆绑。

缧绁,拘禁、囚禁。

非,1.违也。本义:违背、不合。2.不对的、不合理的,与"是"相对。3.责怪、非难。4.不是。5.无。

罪,1.犯法也。本义:作恶或犯法的行为。2.有罪的人或国家。3.过失、错误。4.惩处、判罪。引申为怪罪。

【原文解】

第一,孔子对公冶长是非常认可的。这一点很好理解,孔子把自己的女儿都嫁给他了("以其子妻之"),这样的认可,可是非同一般。

第二,孔子认可公冶长什么?从本章的内容来看,就是"虽在缧绁之中,非其罪也!"可这又说明了什么?这就要了解公冶长这个人了,遗憾的是,关于公冶长可考证的事迹几乎没有,有些传说(说其能解鸟语),均不可信。所能确信的就是孔子本章所言。那么孔子本章所言又说明了什么呢?这又要去了解公冶长是一个什么样的人了。可是刚刚才说过他没有可考证的事迹,又怎么去了解呢?前面我们也说过,公冶长是孔子的弟子,"七十二贤"之一。可这又能说

明什么呢?这首先要了解什么是"七十二贤",《史记·孔子世家》记载:"孔子以诗、书、礼、乐教,弟子盖三千焉,身通六艺者七十有二人。"笔者认为,这至少说明三点:一是公冶长是认可孔子的思想的;二是公冶长是相当有文化的;三是公冶长不是一个愚人。公冶长认可孔子的思想,他就会有一定的力行;公冶长是相当有文化,他就应当知晓什么行为是被当局规定为犯罪的,或者有可能被冤枉为犯罪的,而犯罪是会遭受刑罚,会坐监狱的;公冶长不是一个愚人,他就应当知晓遭受刑罚、坐监狱是很痛苦的,是要尽量避免的。可公冶长为什么没有犯错却又坐了监狱呢?鉴于上述认知,就只有一种解释,那就是他对孔子思想(因为认可也成了自己的信念)十分坚定的坚守和力行。当时社会无道之极,有些刑罚规定与孔子的思想不合甚至相悖,当遇事如此该如何?退缩还是前行?公冶长选择了后者。公冶长没有错,践义而行,而当权者、在位之人却认为他不仅是犯了错,而且是犯了罪,所以他坐监狱了。能如此行事的人,一定是有十分坚定信念的人。这颇有些"杀身成仁""舍生取义"之意。这大概就是孔子认可公冶长的原因。

【编意解】

通览本篇,笔者认为编者是在阐述君子。这里的君子是儒家所谓的成就了德行的人。编者意在通过本章孔子的言行,说明君子应当是有坚定的信念,并有实现或践行这个信念的非凡勇气。

5.2 子谓南容:"邦有道不废,邦无道免于刑戮。"以其兄之子妻之。

【译文】

孔子评论南容说:"国家有道时,(他)不会被(国家)废弃不用,国家无道时,他可以避免刑戮(之祸)。"(于是孔子)把兄长的女儿嫁给了他。

【注释】

南容,即南宫适,字子容。孔子的学生,"七十二贤"之一。

废,1.屋顿也。本义:房子倾倒,泛指崩坏、倒塌。2.衰败。3.废弃、停止。引申为废黜、罢官。4.残废。

免,1.免除、避免。2.脱也。脱去、去掉。3.罢免。4.分娩、生育。

戮,1.杀也。本义:斩、杀。2.羞辱、耻辱。3.并力也。合力。

【原文解】

本章字面意思比较清楚。要深刻理解可以参考上一章的理解方式,但要体会其中的异同。

第一,孔子对南容也是非常认可的。理由同上一章。

第二,孔子认可南容什么?南容可考的事迹也没有多少,在《论语·先进》中有这样的记载,即"南容三复《白圭》"(详见11.6),说明南容对言语是十分谨慎的,力求无瑕。同时,南容也是孔子的学生,"七十二贤"之一,也应当是认可孔子的思想的,也是相当有文化的,也不是一个愚人,也是身处混乱无道之世。那他是怎样做的呢,或者说他做到了什么呢?从前面关于南容的事迹记载来看,他行事十分谨慎,同时也很有智慧,能在有道之世有所作为,在无道之世能免于刑罚之祸。这大概就是孔子认可南容的原因。

第三是公冶长和南容有什么不同,或者说孰优孰劣呢?两者之间的不同应当是很明显的。至于孰优孰劣,或者哪一个更好一些?一般人都觉得南容的所作所为更好一些。但笔者认为这样的比较不妥。因为两人在大的方面没有什么差别,他们都认同孔子的思想,而且都在坚守力行。应说明的是,一个有信念的人,在乱世中好好地活着,也是一种坚守,当然也是一种智慧,因为道是要人来传承和弘扬的。至于对信念怎样坚守,是像公冶长那样刚毅直行,还是像南容那样"免于刑戮",则是因人而异,取决于个人的性格,无所谓好坏。也因此,孔子对这两种做法都是认可的。

这时可能会有人问:那为什么孔子将自己的女儿嫁给了公冶长,而将兄长的女儿嫁给了南容呢?问题是这又能说明什么呢?是说明孔子更爱他兄长的女儿呢?还是说明孔子更爱他自己的女儿?其实除了说明孔子对这两个弟子非常认可之外,什么都说明不了。因为孔子根本就没有去比较,否则的话,孔子就应当把她们嫁给颜回、子贱。但没有说他俩是君子。男大当婚,女大当嫁,什么时候(年纪)说什么话、办什么事。你知道公冶长和南容年纪相差多少,孔子的女儿和侄女年纪又相差多少?

【编意解】

编者意在通过本章孔子的言行,说明一个君子应当有坚定的信念和实现或践行这个信念的非凡勇气。当然表现是多样的。

5.3 子谓子贱:"君子哉若人!鲁无君子者,斯焉

取斯?"

【译文】

孔子评论子贱说:"君子呀,就像这个人(子贱)。(如果)鲁国没有君子,他又是怎样成这样的呢?"

【注释】

子贱,姓宓(fú),名不齐,字子贱,春秋末期鲁国人,孔子的学生,"七十二贤"之一,比孔子小四十九岁。

若,1.顺也。本义:顺从。2.像、如、好像。3.第二人称代词,你(们)、你(们)的。4.指示代词,此、这个。5.连词,假如、如果。6.连词,与、和。7.连词,相当于现在的"或"。8.至、至于。

【原文解】

本章字面意思不是十分清楚,要准确理解本章的意思还要结合前两章的内容和子贱的事迹来综合分析。通过前面两章的学习,我们对公冶长和南容的品行已经有所了解,同时我们确信,孔子对他们的品行是非常认可的,可是孔子并没有说公冶长和南容是君子。

我们知道,能被孔子认为是君子的人不多,此处却说君子像子贱,而且鲁国还有君子。为什么呢?在这里,有必要对君子进行再认识。前面讲过,君子原是对人的尊称,主要是指在上位者、在位者、先人、好学者和男子。自孔子以后,儒家赋予"君子"新的具体含义,即能正确而充分地认识道并能循道而行的人,而能做到如此的人,就是成就了德行的人,也就是儒家所说的"君子"。由此我们可以看出,孔子对君子所应具备的品质和条件,要求是很高的,甚至是极高的。那么子贱到底做了些什么使孔子对他有如此的认可,甚至是赞扬呢?

据文献载,当时鲁国国君任命子贱为单父这个地方的长官,子贱向鲁君要了两个能书写的助手,鲁君答应了。到了单父后,子贱让这两个助手书写文书,可是在两个助手写字的时候,子贱在旁边不时地拽他们的胳膊,之后子贱又因两个助手写的字很难看而怪罪他们,两个助手很不满,便辞职而去,并把这件事告诉了鲁君。鲁君听后说,这是子贱害怕我骚扰(干涉)他,使他不能好好地按自己的方法治理单父。于是就对身边的人说,不要擅自干涉子贱。之后子贱在单父多年,"弹鸣琴,身不下堂,而单父治"(《吕氏春秋》),达到了"民不忍欺"(《史记》)的状态。孔子知晓后问子贱是如何做到的,子贱说,在单父,被我当作父亲看待的有三个人,当作兄长看待的有五个人,当作朋友看待的有十一人,当作老师看待的有五人。孔子听后很高兴,据传因此便有此章之语。据文献载,当时有一个叫巫马期的人也曾当过单父的长官,他费尽心力("以星出,以星入,日夜不居,以身亲之"),才使单父得以治理。巫马期便问子贱是什么原因,子贱说,我的做法是任用人,你的做法是用力,用力的所以劳累,用人的所以闲逸。

在知晓子贱的事迹后,我们能否理解孔子对子贱的赞扬呢? 笔者认为应该能,原因至少有三点。第一,子贱认可孔子的思想并能力行。他在单父推行的是孝道、仁道,他把当地的人民当父亲、兄长看待,这就是孝悌;他使单父治,治到"民不忍欺"的状态,百姓安居乐业,这就是大仁;第二,子贱十分有智慧,扯肘劝谏、访贤问能、善用贤能,以致"鸣琴而治",这不是智吗? 第三,虽处乱世,却仍能有所作为。子贱和公冶长、南容都是孔子的弟子,应当是同时代的人,同处在乱世之中,可子贱仍能抓住机遇,运用智慧,推行仁道,关键是最终有所成就(使单父治)。这是不是与公冶长、南容的不同之处呢? 这也许就是孔子赞扬子贱的原因吧。由此我们也可以看出孔子对君子的要求有多高,不仅要有仁心,而且要有仁道,并用仁道把事情办成,最终实现仁心、仁道。

这里应说明的是,孔子说的是"君子"像子贱("君子哉若人"),并没有直接说子贱是一个君子。笔者认为是有一定区别的。前面说过,君子是成就了德行的人,可见君子是要力行的,而人生从某种意义上讲是相当漫长的,一个人过去或者现在能够力行,并不等于今后仍能如此力行,今后是否仍能如此力行,到时才能知道。因此,"君子哉若人"只能理解为子贱目前的行为是符合君子的标准的,或者说子贱目前是个君子。没有盖棺何以定论? 当然,有些人盖棺了也不一定能够定论,尤其是对那些伟大的思想家(包括孔子在内)而言,在他们的身后充满了种种的误解,或罔顾事实的崇拜,或罔顾事实的批驳,或以小人之心度君子之腹,等等。但是即便如此,孔子对子贱的评价也是极高的。

至于孔子为什么在这里说鲁国还有君子("鲁无君子者,斯焉取斯"),其实说到这里已经很清楚了。子贱为什么能成功? 因为有一群志同道合的人在与他一起做事。既然与子贱志同道合,说明这些人也应是认同孔子思想的;在一起做事,说明这些人也在力行;子贱成功了,也说明这些人有智慧、成功了。这样一来,子贱是君子,这些人当然也就是君子了。没有这些人,子贱是不可能成这样的。

【编意解】

编者通过本篇前三章,给我们列举了三个不同的却又均被孔子非常认可的人,进行分析判别,最终得出子贱的品行符合君子的标准。而子贱的不同之处就在于成功了。通过本篇前三章,我们对"君子"应该有一个大致轮廓,那就是有自己坚守并能力行的价值信念,在孔子来说,这个价值信念就是"仁道",同时要有智慧,能行得通,做得成——从某种意义上讲就是以成败论。

5.4 子贡问曰:"赐也何如?"子曰:"女器也。"曰:"何器也?"曰:"瑚琏也。"

【译文】

子贡问孔子:"我这个人怎么样?"孔子说:"你就是个器具(有用之才)。"子贡又问:"是什么器具呢?"孔子说:"是瑚琏(一样的大才)。"

【注释】

瑚(hú),1.珊瑚也。本义:珊瑚。2.古代宗庙盛黍稷的礼器。

琏(liǎn),宗庙中盛黍稷的器皿。

【原文解】

第一是要对子贡这个人有所了解。关于此前面我们介绍过(详见1.10章注释和1.15章)。这里要说明的是,子贡是孔子弟子中非常特别的一个,他不仅很有才华,而且表现在很多方面。首先,子贡的人品很好,子贡与孔子的师生关系十分亲密,他对孔子的思想、学问十分推崇,也对孔子十分尊敬。孔子去世后,别的弟子守孝三年,独子贡在孔子墓旁守孝六年;其次,子贡很聪明,尤善言语,是"孔门十哲"之一。《论语》中也有很多关于其言行的记载,通过对《论语》的学习我们应有所体会;再次,子贡非常有能力,办事通达。子贡曾任鲁、卫两国之相,并善于经商,家资巨富,"所至国君无不分庭与之抗礼"(《史记·货殖列传》)。子贡的"诚信"经商之道,被称为"端木遗风",其被誉为中华儒商第一人,儒商文化创始人。子贡的事迹很多,不仅在《论语》中多有记载,而且在《史记》中也有多处记载,如《史记·孔子世家》《史记·仲尼弟子列传》和《史记·货殖列传》等,其为孔子思想的传播起了非常重要的作用。总的来说,子贡人品好、聪明、官做得大、钱挣得多。这样的人在一般人看来简直就是一个完美无缺的人了,就可以叫"端木无缺"了,可是孔子怎么看呢?

第二是要理解"器"的意思。其实我们学习到这里,很容易想起孔子前面说过的一句话,"君子不器"(详见2.12章)。"女器也"的评价,从另一个角度讲,就是你还不是君子。那么子贡是一个什么样的"器"呢?

第三是对"瑚琏"的理解。瑚和琏都是宗庙中盛黍稷的器皿,在夏时叫瑚,在商时叫琏,在周时叫簠簋(fǔ guǐ)。稷即粟,为五谷之长,因此过去帝王奉稷为谷神:即"社稷","社稷"在中国文化中就是指国家。"瑚琏"是盛黍稷之器,当然就是很重要的礼器,以玉装饰,因此是"玉"字旁,是器中贵重而华美者。这就说明孔子认为子贡之"器",不是一般的器,而是大器、重器,有大才,可以用"贵重而华美"形容。

第四说明了什么?笔者认为,首先,不能用具体才能或取得成功的多少、大小来判别或衡量一个人是否是君子。再大的"器",仍旧是器。在一般人的眼中,子贡几乎是不可企及的,已经达到完美的境界了。他尊师重道、才思敏捷、官至国相、富可敌国。可是在孔子的眼中,他的这些成就并没有达到君子的标准。那么君子的标准是什么?这可以通过前三章,尤其是上一章子贱的所作所为与子贡的成就做一对比,其中的差别值得我们细细体会。

【编意解】

编者意在通过本章孔子对子贡的评价,以及前三章对其他三个弟子的不同评价,大致勾勒出君子的形象。那么君子具体的标准又是什么呢?接着向下学习。

5.5 或曰:"雍也仁而不佞。"子曰:"焉用佞?御人以口给,屡憎于人。不知其仁,焉用佞?"

【译文】

有人说:"冉雍有仁德却不善言辞。"孔子说:"何必要口才呢?与人交往用口舌,会经常招致别人的憎恨厌恶。我不知道冉雍是不是仁,但何必要口才好呢?"

【注释】

雍,姓冉,名雍,字仲弓,春秋末期鲁国人,孔子弟子,"孔门十哲"之一,以德行著称,比孔子小二十九岁。

佞,1.巧谄高材也。本义:能说会道。引申为巧言谄媚。2.有才智。

给(jǐ),1.相足也。本义:衣食丰足、充裕。2.供给、供应。3.供事、供职。

屡,多次。

憎,恶也。本义:憎恨厌恶。

【原文解】

第一是对"佞"字的理解。"佞"似乎是个贬义词,但据考证,"佞"字从仁,与仁相近,在春秋甚至之前的时期,"佞"字是口才好的意思,是中性词,甚至还有些褒义,因此当时人们以佞为贤。而孔子是春秋时期的人,本章对话也应在春秋时期,因此本章的"佞"字应理解为口才好、善言辞。这一点从对仲弓充满遗憾的评价中也可见一斑。

第二是对"御人以口给,屡憎于人"的理解。这是用"佞"的后果或者说坏处。为什么?因为逞口舌之力而不用仁道,别人可能说不过你,但心里并不服气,便心生怨恨,这一点还是比较好理解的,在我们日常生活中都会遇到。问题是"屡憎于人"的后果是很让人担心的,君子是要做事的,要能行得通,做得成。有人憎恶你,就会不帮你,阻碍你甚至损你、害你,你就可能没有机会做事,或者行不通,做不成。因此,君子是不能"佞",这也是符合"慎于言"(详见1.14章)、"讷于言"(详见4.24章)的要求的。

第三是对"不知其仁,焉用佞"的理解。其意思是很清楚的,没有仁道、不用仁道,能说会道没有什么用。这时可能有人会说,口才好不也能劝说别人来帮你做事、劝别人不要妨碍你做事吗?这或许能有一时之效,但别人最终会不会帮你做事,在于是否与你同道同德,在于能否从中获益;别人最终会不会妨碍你做事也是如此。这靠的是仁道,而非言辞、口才。言辞、口才是皮毛,不是本质,好也罢,不好也罢,不用太费心力,更不能本末倒置。

【编意解】

编者意在通过本章孔子之语,并结合上一章,意在表明,君子的判别或衡量标准或者是主要标准在于道、德。当然,这个道、德在孔子来说就是"仁道""仁德",因此,君子的判别或衡量标准或者是主要标准就是是否有仁道、用仁道。其他的都是皮毛,无论是才能(包括口才),还是官位、财富等。

5.6 子使漆雕开仕。对曰:"吾斯之未能信。"子说。

【译文】

孔子让漆雕开做官,(漆雕开)回答说:"我对这个事还不能确信。"孔子(听后感到)愉悦。

【注释】

漆雕开,姓漆雕,名启,字子开,又字子若,孔子的学生,比孔子小十一岁。

仕,<u>1. 本义:做官、官职</u>。2. 学也。学习政事,见习试用。3. 通"事",从事、做事。

【原文解】

第一是对"未能信"的理解。"未能信"就是不能确信。那么漆雕开不能确信什么?笔者认为无非就是两个方面。

一个就是不能确信自己,认为自己还没有足够的能力做好这件事。但这种理解在本章说不通,因为首先漆雕开是孔子的学生,孔子对他应该是了解的,认为他有这个能力才会让他去做官,而且前面讲过,孔子的思想本身就是学以致用的,而做官能够更好的致用,难道孔子识人有误?其次即便如此,自己的学生,跟着自己学习了那么长的时间,却没有能力去做官,或者不愿意做官,这也不是为师者应当愉悦的事,而是应当自省、自责才是,何来"子说"?

另一个就是不能确信别人,这里的别人(如果他做官的话)包括他的上级、同事、下级以及被管理的民众,等等。这里的确信包括他对别人的信任,也包括别人对他的信任。这种相互之间的信任对于做官、从政是必要的,也是十分重要的。道理很简单,"政"乃众人之事,众人之事要靠众人合力来做,彼此不能相互信任,这事就很难做成。而这种相互之间的信任,既不是孔子所当然能够了解的,也不是漆雕开通过个人的努力就一定能够实现的。这大概应当是漆雕开不能确信的事情吧,而没有这种信是万万不能为官的,因为这是为官的基础,是为官必备的条件。

第二是对"子说"的理解。意思就是孔子感到愉悦,为什么呢?漆雕开"未能信",就不能努力的试一下吗?前面说过,做官就是从政,政乃众人之事,而众人之事就是大事,不可不慎,不可轻言一试。众人之事,不是个人的事,一旦失败,不仅可能使自己身败名裂,为天下笑,更重要的是会使许多人遭殃,使许多人的心血付诸东流,其损失有可能是虽百死而莫能赎的,那时将何以自处?说到这里,笔者想起法国皇帝拿破仑说过的一句话:"一切不道德事情中最不道德的,就是去做不能胜任的事情。"知道自己什么事情可以胜任,什么事情不能胜任,这是有自知之明,也是一种大智慧;不去做自己不能胜任的事情,是一种高尚的品德,它来源于"仁德",既是"仁德"的一种表现,也是对"仁德"的一种坚守。漆雕开做到了,因此孔子听后感到愉悦("子说")。

【编意解】

编者意在通过本章孔子之语,并结合上一章,意在表明,"仁道""仁德"的力行方式,其中很重要的一个方法,就是要有智慧,君子要有自知之明,有所不为,这也是"君子"应具备的品质,这也是源自于"仁道""仁德"的。我们不能把"仁道""仁德"简单地理解为好心,甚至认为只要是出于"好心"就什么都可以做,什么都敢做,失败了还以此辩解,不知反省,不知错在何处。这是非常不道德的。

5.7 子曰:"道不行,乘桴浮于海。从我者,其由与?"子路闻之喜。子曰:"由也好勇过我,无所取材。"

【译文】

孔子说:"(我主张的)道(在这里)行不通,(我想)乘上木筏子到海外去(推行)。跟从我的只有仲由吧?"子路听到这话很高兴。孔子说:"仲由啊,好勇超过了我,(其他)没有什么可取的。"

【注释】

桴(fú),1.栋名。本义:房屋的二梁。2.鼓槌。3.小的竹、木筏子。

浮,1.泛也。本义:漂、漂浮。与"沉"相对。引申为行船。2.虚浮。3.浮躁、轻浮。4.超过、多余。5.罚人饮酒。

材,1.木挺也。本义:木材、木料。引申为材料、原料。2.通"才",才能,引申为有才能。3.通"裁",成、成就。

【原文解】

第一是对"浮于海"的理解。就是说孔子要出海。出海干什么?当然不是逃避或者归隐,因为海上不适于人类生存。当然更不是去自杀,还拽上一个(子路),于理不通。剩下的就只有是通过海路到别的地方去推行他的思想,这样上下文才通顺。那么到哪里去呢?孔子没有说,看看地图,从山东出发向北可以到辽东半岛,向东可以到朝鲜和日本,向南可以到吴越之地(现今的江浙一带),但这些并不重要。重要的是要知道孔子为了推行他的思想打算出海。

第二是"子路闻之喜"。子路为何喜？不外乎一是喜于得到了孔子的赏识，二是喜于冒险（"好勇"）。

第三是对"由也好勇过我，无所取材"的理解。这句话是在解释"从我者，其由与"的原因，因为依据当时技术条件，出海是十分危险的，这也就意味着在当时出海是需要胆量和勇气的。而孔子为了推行他的思想，愿意冒这样的风险，也有这个胆量和勇气，当然这是因为他的思想在当地及其周围"不行"（这是孔子周游列国，在其思想不能推行的情况下的无奈之举）。那么还有谁有这样的胆量和勇气呢？孔子认为子路有，而且更甚。这就显示出孔子与子路的差别，孔子有胆量和勇气去冒险，是为了推行自己思想的无奈之举，而子路则是喜欢冒险（"好勇"）的性格，而这是为孔子所不取的，故言之以"好勇"。

【编意解】

编者意在通过本章表明，"仁道""仁德"的力行，其中很重要的一个方面，就是要有勇气。君子有所为，是"君子"应具备的品质，这也是源自于"仁道""仁德"的。结合上一章，就是君子有所为，有所不为。至于何时为？何时不为？这要因地制宜、审时度势地去判别选取。

5.8 孟武伯问："子路仁乎？"子曰："不知也。"又问，子曰："由也，千乘之国、可使治其赋也，不知其仁也。""求也何如？"子曰："求也，千室之邑、百乘之家，可使为之宰也，不知其仁也。""赤也何如？"子曰："赤也，束带立于朝，可使与宾客言也，不知其仁也。"

【译文】

孟武伯问（孔子）："子路（做到了）仁吗？"孔子（回答）说："我不知道。"（孟武伯）又问。孔子说："仲由嘛，在拥有一千辆兵车的（大）国里，可以让他管理赋税，我不知道他是否（做到了）仁。"孟武伯又问："冉求怎么样？（做到了仁吗？）"孔子说："冉求嘛，在一个有千户人家的城镇或有百辆兵车的（大夫）家里，可以让他当总管，我不知道他是否（做到了）仁。"孟武伯又问："公西赤怎么样？（做到了仁吗？）"孔子说："公西赤嘛，缚上腰带（穿上礼服）站在朝廷上，可以让他接待宾客，我不知道他是否（做到了）仁。"

【注释】

赋,1.敛也。税也。本义:征收。2.兵赋。3.给予、授予。4.论述、陈述。5.朗诵。6.创作。7.一种文体,有韵,句式像散文。

宰,1.罪人在屋下执事者。本义:充当家奴的罪人。2.宰者,官也。古代官吏的通称。3.辅佐国君执政的最高官吏。4.卿大夫的家臣。5.主宰。6.杀牲畜、割肉。

赤,姓公西,名赤,字子华,亦称公西华,春秋末年鲁国人,孔子弟子,"七十二贤"之一,比孔子小四十二岁。

束,1.缚也。本义:捆绑。2.结、系。引申为约束、限制。3.把、小捆,据考证十为一束。

带,1.绅也。本义:大带,束衣的腰带。2.泛指狭长形条状物。3.佩带、携带。引申为带着、夹杂着。4.相连的地区、地带。

【原文解】

第一是对"不知也"和"不知其仁也"的理解。

首先,孟武伯之问实质是在问仁。而"仁"是孔子思想的核心,孔子岂有不知之理?问题是孟武伯的"问"实在是太大了,正所谓"仁道至大,不可全名也",只可用心细细体会。其实历史上很多的大思想家,对自己所主张的道,都未有直言之定义。你见过老子本人对"道"的定义吗?你见过马克思本人对"共产主义"的定义吗?你见过尼采本人对"权力意志"的定义吗?反正笔者没有见过。其实道理也很简单,道至大而难求,孔子说过"朝闻道,夕死可矣"(详见4.8章),而前述先贤对道的探索和追求是全身心的,越深入,在知道得越多的同时,所感觉不知道的也就越多,也就无法用简单的语言来下定义,这一点一定要注意。

其次,子路、冉求和公西赤都是孔子的学生,而且是孔子的得意门生,孔子对他们应当是很了解的,而"仁"又是孔子思想的核心,孔子对他们是否做到了仁怎么会不知道呢?当然知道。孔子说"不知其仁也",实际上就是说他们没有做到仁,更准确地说是没有完全做到仁,是一种比较委婉的说法。

第二,对子路、冉求和公西赤这些孔子的得意门生的才能的描述是通过他们能够承担的责任或能完成的事项来表现的,这些都是很大的责任和事物(包括军事、经济和外交等),其所体现的才能也是很大的,但由于没有完全做到仁,因此不能被称为君子,由此可见,才能不是衡量君子的核心标准。但问题是孔子还是赞许这些才能的,说明这也是君子应当具备的,尽管他们可能只是皮毛。皮毛也有皮毛的作用,没有皮毛也是不完整的,因此,才能也是君子应具备的品质之一。

【编意解】

编者意在通过本章孔子之语,表明君子应当行仁道,而行仁道需要有才能,而且是大才能。经过前面四章的学习,我们可以总结出君子在大的方面应具备的品行,一是仁,二是智,三是勇,四是能,而这些以仁为根本。那么这四项品行是如何得来的呢?且看下文。

5.9 子谓子贡曰:"女与回也孰愈?"对曰:"赐也何敢望回?回也闻一以知十,赐也闻一以知二。"子曰:"弗如也,吾与女弗如也。"

【译文】

孔子对子贡说:"你和颜回谁更胜一筹呢?"(子贡)回答说:"我怎么敢和颜回相比呢?颜回他听到一分就可以推知十分(全部);我呢,听到一分,只能推知两分。"孔子说:"不如他呀,我和你(都)不如!"

【注释】

望,1.出亡在外望其还也。本义:远望。2.盼望、期望。3.瞻望、景仰。4.名望、声望。5.祭祀山川。6.埋怨、责怪。7.指月光满盈时,即农历十五或十六。

【原文解】

第一,天资很重要。人的天资是有差别的,有时候这种差别还很大,不管我们愿不愿意承认,这是事实,我们必须面对。对有志于求道、行道的人来说,最终能否有所成就,天资的好坏是很重要的,这不能否认。可话又说回来了,有时候上天也是公平的,一个人在这方面的天资较差,说不定在另一方面就会较强。比如子贡在求道、行道方面的天资比颜回差了许多,可他在经商方面的天资就比颜回强得多。颜回温饱都勉强,而子贡却富可敌国。同时应说明的是,天资并不是唯一的条件,从本章看,孔子的天资就不如颜回,曾参的天资就更差了——"参也鲁"(详见11.18章),但他们的成就并不比颜回差(当然,颜回早死是一个重要原因),为什么呢?

第二,要好学,要做有心人,正所谓勤能补拙。子贡何以能"闻一以知二",颜回又何以能"闻一以知十",其根本是子贡和颜回好学、有心,否则你能做到闻一以知一就不错了,说不定还是闻一以知零点几,甚至是充耳不闻。那还了得?你如何才能超越?不能超越,又有多大的意义呢?

【编意解】

编者意在通过本章,说明成为一个君子,首先要有必要的天资,至少不能差得太远;其次更重要的就是要好学,做有心人,因为只有如此才能"闻一以知二"以至"闻一以知十"。其实从某种意义上讲,这才是天资的真正表现。以下各章均有此意。

5.10 宰予昼寝,子曰:"朽木不可雕也,粪土之墙不可杇也。于予与何诛?"子曰:"始吾于人也,听其言而信其行;今吾于人也,听其言而观其行。于予与改是。"

【译文】

宰我白天睡觉。孔子说:"腐烂的木头不可雕刻,满是灰尘的墙面不可涂抹。对于你我还怎么责备呢?"又说:"起初我对于人,听了他怎么说就相信他会怎么做;现在我对于人,听了他怎么说还要观察他怎么做。对于我来说,由于宰予的事而改变。"

【注释】

宰予,字子我,亦称宰我,鲁国人,孔子弟子,"孔门十哲"之一,比孔子小二十九岁。

寝,1.卧也。躺着休息、睡觉。2.寝室、卧室。3.息、止。4.相貌丑陋。

朽,1.腐也。本义:腐烂。2.磨灭、消散。3.衰老、衰弱。

雕,1.本义:大型猛禽。2.雕刻、刻镂。3.通"凋",衰败。

粪,1.弃除也。本义:扫除、出去秽土。2.施肥。3.屎、粪便。粪土:扫除出来的土、脏土。

杇(wū),同"圬"。泥瓦匠用的抹子。引申为抹灰等泥瓦工作。

诛,1.讨也。本义:声讨、谴责。2.讨伐。3.杀死。引申为铲除。4.要求、索取。

【原文解】

第一是"昼寝"为什么会被孔子骂?"昼寝"的意思就是在白天睡觉,这也是错吗?就算是,又是多大的错呢?以至于让"温良恭俭让"的孔子如此恼火?

首先,这要对当时的情况有所了解,当时的社会生产力很不发达,人们基本上是日出而作,日落而息,没有电灯,就是有油灯,不仅要花钱,光线也很差,尤其是对读书写字而言。日出而作,日落而息,这也说明晚上休息的时间是足够的。而且孔子一再强调要抓紧时间学习——"君子食无求饱,居无求安"(详见1.14章),可宰我却白天睡觉,这简直就是浪费时间,让孔子如此生气也就可以理解了。

其次,宰我是孔子比较得意的弟子,"孔门十哲"之一,尤善"言语"且排名还在子贡前面。孔子对宰我还是比较欣赏的,因此对其责备也就更厉害,正所谓"爱之深,责之切"。

最后,也是最重要的一点,那就是宰我是孔子弟子,他是来学习的,说不定他还向孔子保证过要努力学习——"听其言",可他的行为(昼寝)却与他的目的甚至是言语不一致,这说明他不诚实,这恐怕是孔子最不能原谅的了。而"诚"是学有所成的根基和基本保证,因此孔子说宰我的行为是"朽木不可雕也,粪土之墙不可杇也",是根上出了问题。

第二是观人之法,学习之法。本章在孔子对宰我的批评过程中,也进行了自我批评——"始吾于人也,听其言而信其行;今吾于人也,听其言而观其行。于予与改是"(此处的予是宰我的名),同时也向我们提供了一种观人和学习的重要的方法。

首先,就是观人要"听其言而观其行",连宰我这样的贤人都不能完全做到心言一致、言行一致、心行一致,其他人恐怕就更甚了,而知人又是十分必要的,子曰"患不知人也"(详见1.16章)。

其次,是要在生活中学习。"听其言而观其行"这一重要的观人方法是怎样来的?本章说得很清楚,那就是孔子在生活中学习总结来的,没有人教,书上也没有写。这不也是"闻一以知十"的生动例子吗?

【编意解】

编者意在通过本章的对话,说明成为一个君子,要有诚心,要诚实。要以诚心去学、去行,要心言一致、言行一致、心行一致。当然,有了诚心,抓紧时间学、随时随地去学也就是自然而然的事情了。

5.11 子曰:"吾未见刚者。"或对曰:"申枨。"子曰:"枨也欲,焉得刚?"

【译文】

孔子说:"我没有见过坚强不屈的人。"有人回答说:"申枨(就刚强)。"孔子说:"申枨这个人欲望多,怎么能刚强呢?"

【注释】

刚,1.强断也。坚也。本义:坚硬。2.刚强、坚强。3.方才、刚才。

申枨(chéng),姓申名枨,字周,鲁国人,孔子弟子,"七十二贤"之一。

【原文解】:

第一是对"欲"的理解。在此处,"欲"不能简单地理解为欲望。人怎么可能没有欲望呢?想去追求道、仁道不也是一种欲望吗?"欲,贪欲也"(《说文解字》),贪是贪婪,多欲而不知满足。因此此处的"欲",应理解为过多的或过度的欲望。什么是过多的欲望?就是既"欲"求道、行道,又"欲"求财,还"欲"求美色,等等,这些欲望又没有轻重主次之分。什么是过度的欲望?就是既"欲"求道、行道,又"欲"求财,还"欲"求美色,等等,这些欲望是有轻重主次之分的,可是在具体的追求中却超过了相应的度。比如,我们将求道、行道为主要的、第一位的追求,那么其他的追求(如财、色)就要摆在次要的位置了。在"求道、行道"的追求中,即使是全身心的投入,也不为过;而在对"财、色"的追求中,就要适度,适可而止,不应全身心的投入,你有几个"全身心"啊?多了更好,少些也无所谓,但不能没有,正所谓"食无求饱,居无求安"(详见1.14章)。

第二是对"欲"与"刚"关系的理解。可以说在所有的欲望或追求中,只有"求道、行道"无求于人,其他的欲望或追求都必有求于人,既然有求于人,如何能坚强不屈,如何能"刚"?这时可能会有人说,"求道、行道"不也得向有道之人求教吗?是的。但那不是求。向有道之人求教,那是同志,而"同志曰友",友在一起给彼此带来的是快乐,何求之有(详见1.1章)?况且,"道"就在那里,不会因为谁得到了一些就会减少;也不会因为一个人得了多些,就会使另一个人得的少些。

【编意解】

编者意在通过本章的对话,说明成为一个君子,要刚强,要把"求道、行道"

放在第一位,减少对其他欲望的追求。

5.12 子贡曰:"我不欲人之加诸我也,吾亦欲无加诸人。"子曰:"赐也,非尔所及也。"

【译文】

子贡说:"我不愿别人强加于我的(事),我也想没有强加给别人。"孔子说:"赐呀,这不是你所能做到的。"

【注释】

加,1.语相增加也。本义:添枝加叶说假话、虚报。2.加在……上面。引申为施加。3.增加。4.副词,更、更加。5.连词,加上、加之。

【原文解】

第一是对"非尔所及也"的理解。这句话的意思是孔子认为这是子贡做不到的。问题是为什么?子贡本人已经认识到应当如此行事,而且在《论语·卫灵公》有这样的记载:"子贡问曰:'有一言而可以终身行之者乎?'子曰:'其恕乎!己所不欲,勿施于人。'"(详见15.24章)孔子能够告诉子贡"己所不欲,勿施于人",就是认为子贡能够做到或通过努力能够做到,为什么在这里又说子贡做不到"我不欲人之加诸我也,吾亦欲无加诸人"呢?

首先,知道并不等于就能做到,行比知要难得多,这很容易理解。

其次,也是最重要的是,"无"和"勿"是有差别的。"无"的意思是"没有"(详见1.8章注释),而"勿"的意思是"不要"。宋代程颐认为:"我不欲人之加诸我,吾亦欲无加诸人,仁也;施诸己而不愿,亦勿施于人,恕也。恕则子贡或能勉之,仁则非所及矣。""无"是自然而然的意思,而"勿"是禁止的意思,有明显的自我克制的成分。"无加诸人"是仁,而"勿施于人"是恕。一字之别,则境界大不相同。"无加诸人"的境界明显要高于"勿施于人",前者出于自然,是本心;而后者是出于强制(不管是他人强制还是自我强制),非本心。因此,孔子认为子贡做不到"无加诸人"。

第二是对此处"人"的理解。此处的"人",笔者认为并不是指除了自己以外的其他人,它并不包含与自己存在着特殊关系的一些人,尤其是父母子女等家人、师生,有时还可扩大至朋友。这种理解可以说具有普遍的意义。否则,作为父母和老师又如何要求甚至是命令子女、学生去做某些他们并不愿意去做的

事情(比如说好好学习)呢? 在过去,人们认为父母和子女是一体的,在父母或子女的眼中,子女或父母不是别人。而师生有类似父母子女的关系。这一点必须明确,尤其是在学习《论语》的过程中。

【编意解】

编者意在通过本章的对话,说明成为一个君子,要能做到"我不欲人之加诸我也,吾亦欲无加诸人"。前面三章讲的是成为君子应有的品质和态度,即要天资聪颖(至少不能太笨),要好学,要真诚,要刚强。本章则是在说"行",我们知道,孔子的思想非常强调"行",绝非坐而论道之学。笔者认为以下各章均有此意。

5.13 子贡曰:"夫子之文章,可得而闻也。夫子之言性与天道,不可得而闻也。"

【译文】

子贡说:"老师(讲授)的《诗》《书》《礼》《乐》,能够听得见、看得到;老师关于人性和天道的理论,是不能够听得见、看得到的。"

【注释】

章,1.乐竟为一章。本义:音乐的一曲。引申为文章或作品的一篇。2.规章。3.奏章。4.印章。5.花纹。引申为有花纹的纺织品。6.明显、显著。7.表彰、表扬。

性,1.质也。本义:人的本性。2.事物的固有特点。3.性情、性格。4.性命、生命。

【原文解】

第一是对"文章"的理解。"文章"在过去指古代的文献资料,此处也可以笼统地理解为现在意义上的文章。问题是我们知道孔子本身是"述而不作"的,因此这里的文章不是指或不主要是指孔子所写的文章,而是向学生们教授的文章或者说是古代的文献资料。而《史记·孔子世家》载,孔子"以诗书礼乐教",因此,本处的文章笔者译为《诗》《书》《礼》《乐》。

第二是对"性与天道"的理解。"性与天道"的意思很明确,就是人的(本)性和天道,有形而上的含义。人性从总体上是能在一定程度上理解和把握的,但具体到个体,则因人而异,有时相差还比较大。至于天道,则是生生不息的,变化无穷的,老子有云"道可道,非常道"(《道德经·一章》),很玄,"玄之又玄"。

第三是对"不可得而闻也"的理解。

首先,本章的"不可得而闻也"是子贡说的,只能说明子贡没有听到过或者说是子贡在说这句话之前没有听到过,这不能得出孔子对其他弟子也没有讲过,因为子贡虽是"孔门十哲"之一,但子贡并不是学问最好的学生。

其次,更不能得出孔子的思想和"性与天道"无关,或者是孔子不知"性与天道"这样的结论。我们前面讲过,孔子思想的核心是仁,仁之本是孝,而孝本身又是人类感恩天性的一种表现。笔者认为,检验一种学说的基本标准就是它是否符合人性,只有符合人性,它才可能行得通,进而行之有效。否则是不可长久的,必将被淘汰的。同时我们也知道,孔子"五十而学易",这里的"易"就是指《易经》,是儒家的五经之一,其本身就是探索天道及其变化规律的一部书。孔子不但学了《易经》,还为《易经》作了传。但因此就说孔子知道了"天道",这也未必,其曾试图深入了解"天道"并有所得,应该是确定无疑的。其实,《论语》本身就含有许多与此相关的内容(详见《子罕第九》和《季氏第十六》),我们在之后的学习中就会接触到。那么子贡为什么又说"夫子之言性与天道,不可得而闻"呢?笔者认为,可能是"性与天道"实在是太大、太玄,难以名状,必择人而授或待人自悟,否则会反受其乱也。

【编意解】

编者意在通过本章子贡之语,说明欲成君子,要从基础做起,要行"人道",不要好高骛远,不要动不动就去谈论那天边的彩云。天边的彩云时不时地看一看、感受一下就行了,不可沉迷其中。

5.14 子路有闻,未之能行,惟恐有闻。

【译文】

子路听到(一个道理),还没能(亲自)实行,唯恐又听到(新的)道理。

【注释】

恐,1.惧也。本义:惊恐、害怕。2.恐吓、使之害怕。3.恐怕,表示估计兼担心。

【原文解】

为什么子路"惟恐有闻"？其实原因很明确,结合前句,就是子路怕知道了新的道理,但不能去实行。因为以前知道的道理还没能实行,新的道理怕没有精力或能力去实行,不能做到知行合一。不能知行合一,是不诚实的表现,也是没有勇气的表现,应当引以为耻。其实这也是子路最突出的有点,也是其能够成为"孔门十哲"之一的缘由,更是大多数人所缺乏的,非常值得我们学习。

【编意解】

编者通过对子路的描写,意在言明,欲成君子,要力行,要马上、立刻去力行,要知行合一。子路是"敏于行"(详见4.24章)的典范。

5.15 子贡问曰:"孔文子何以谓之'文'也?"子曰:"敏而好学,不耻下问,是以谓之'文'也。"

【译文】

子贡问(孔子)道:"为什么给孔文子一个'文'(的谥号)呢?"孔子说:"(他)思想敏锐而且好学,不以向(比他)地位低下的人请教为耻,所以给(他谥号叫)'文'。"

【注释】

孔文子,姓孔名圉(yǔ),卫国大夫,"文"是谥号,"子"是尊称。

【原文解】

第一是对"敏"的理解。"敏"在这里的意思是思想敏锐、反应快,这一点应该没有多大的异议。问题是这个"敏"是天生的？还是后天养成的？笔者认为都有。我们不能否认人的天资的差别,有时差别还很大。但思想敏锐、反应快还是有很多后天的因素。一个人学了很多,历练了很多,对于一些相对简单的、低层次的问题就会很快地给予准确的答案或解决办法和思路,这也是"敏"的表现。但更重要的是,敏是一种事实状态,而孔文子在这种事实状态下,仍然好学且不耻下问,这是我们应当学习和理解的。

第二是对"下"的理解。这里"下"的意思是地位低下,但这里所说的地位不能简单地理解为社会地位,还包括学问相对少、年龄相对年轻等,应做广义的理解。而不耻下问则是很难做到的,我想这一点大家都有所体会。为什么呢？因为这要求我们克制虚荣心,要求我们实事求是。同时我们也必须清醒地认识到,道是无穷的,这体现在其无穷的多和无穷的深,任何人哪怕他是圣人、君子,也不可能完全掌握,相反,其所能掌握的只是沧海一粟(当然他们的这一粟要比一般人的大很多)。因此,十分有必要向他人请教学习。其实这也是他们之所以是圣人、君子,他们的一粟很大的重要原因。

【编意解】

编者通过对孔文子的评价,意在言明,欲成君子,不仅要"敏"、要"学"(这些前面已经说过),而且要"好学",要"不耻下问"。

5.16 子谓子产:"有君子之道四焉:其行己也恭,其事上也敬,其养民也惠,其使民也义。"

【译文】

孔子评论子产说:"他(的行为)有四个方面符合君子的方式:他自己行为庄重,他为国家办事认真,他保养百姓(使他们得到)恩惠,他役使百姓符合义。"

【注释】

子产,姬姓,氏公孙,名侨,字子产,号成子。子产出身于郑国贵族,郑简公十二年(前554)为卿,相郑简公、郑定公二十余年,春秋时期政治家、思想家。子产与孔子是同时期的人,但年长于孔子,孔子非常赞赏其所作所为。

【原文解】

第一是对"有君子之道四焉"的理解。这句话的字面意思是很清楚的。要强调的是,这里的四个方面是君子之道中的四个方面,是一部分,而不是君子之道的全部,从本篇来看,所谓君子之道绝不仅仅只有本章的四个方面,这一点要注意。

第二是对"恭""敬"的理解。"恭"和"敬"现在经常是连在一起用,即恭敬或恭恭敬敬。在过去,他们的意思是有区别的。"恭"主要是突出容貌的严肃,而"敬"则主要是突出内心的严肃,正所谓"在貌为恭,在心为敬"。其中差别可细细体会。

第三是对"义"的理解。"义"的意思前面已经说得很多了,这里要强调,此处义的含义是全面的,既包括信仰、价值方面的含义,即做正确的事,兴修水利、铺路架桥等;也包括适宜的含义,即做能做的、适宜做的事,如"使民以时"(详见1.5章)等。

【编意解】

编者通过孔子对子产的评价,意在言明,欲成君子,要做到"其行己也恭,其事上也敬,其养民也惠,其使民也义"。应当说明的是,这四种行为方式也是有层次的,先是修己——"其行己也恭",这是基础;再是为国家、社会办事——"其事上也敬",这是手段;最终是爱民、为民——"其养民也惠,其使民也义",这是初心,也是目的。应当说明的是,"使民也义"也是爱民、为民的一个重要表现,这一点可以参见"使民以时"(详见 1.5 章)的理解。一般人做到其中一点就已经很不容易了,况且是四点,更何况这四点只是君子之道的一部分,由此可见,君子的标准有多高。

5.17 子曰:"晏平仲善与人交,久而敬之。"

【译文】

孔子说:"晏平仲善于与人交往,时间久了人们都很尊敬他。"

【注释】

晏平仲,即晏婴(前578—前500),名婴,字仲,谥号"平",习惯上多称平仲,又称晏子。齐国大夫,历任齐灵公、庄公、景公三朝,辅政长达五十余年。春秋时期著名政治家、思想家、外交家。

【原文解】

第一,为什么人们会对晏子"久而敬之"?这要对晏子的事迹有所了解。晏子是中国历史上很有名的人物,可考的和不可考事迹很多,罗列起来甚为繁杂,而且这些事迹更多的是在说其有何主张、做了什么事,而与人如何交往则记载较少。况且孔子在本章所说的"晏平仲善与人交",到底具体指哪一件事,因为孔子没有明说,也不得而知。其实,孔子也不可能是专指某件事,因为"久而敬之"说明是一个较长时间的过程,对其尊敬的人也应当不只是某个人或某几个人,而是很多人,甚至包括反对他的人(这一点在史书上是有明确记载的)。因此,我们应当从晏子的一贯作风来了解。据《史记·管晏列传》记载,晏子以节俭力行,见义勇为,进思尽忠,退思补过。假使晏子还活着,我(司马迁)即使替他拿鞭子赶车,也是非常高兴和向往的("假令晏子而在,余虽为之执鞭,所忻慕焉")。看来司马迁对晏子的评价是非常高的。笔者认为,人们之所以会对晏子"久而敬之",可能就是在于晏子一贯是节俭力行,见义勇为,进思尽忠,退思补过。当然这只是笔者的一种推测。

第二,说明了什么? 笔者认为更重要的是"久而敬之"这一结果,也就是孔子认可的是这样一种状态,只有达到这样的状态或者结果,才能叫"善与人交"。如何才能达到这样的状态或者结果呢? 那就要遵循人与人交往的准则和规范。其实这也是《论语》一书的重要内容,虽然这些准则和规范基本都是原则性的,实际生活中还有更多。这时也许有人会问,在如此多的规范中生活,我们难道不会感到束缚和压抑吗? 笔者认为,这种感觉是错误的,或者说是不真实的。首先,《论语》中的原则性规范本身是根植于人性的,因此这些规范遵行起来应当是自然的;其次,我们必定要生活在人群中,必定要与人交往,如果没有规范,或者不遵守规范,任性而为,结果必将是动辄得咎,恐怕那时你感受到的就不是束缚和压抑,而是无尽的烦恼甚至是灾难;最后,只有正确地遵守这些规范,你在社会中才可能如鱼得水(水对于鱼来说又何尝不是约束? 但鱼只能在水中生存,在水中才有自由),才可能轻松地做自己喜欢做的事("从心所欲"),这反而是一种释放,得到了自由,一种规则中的自由。

【编意解】

编者通过孔子对晏子的评价,意在言明,欲成君子要"善与人交",而其检验标准是"久而敬之"。前面说的是欲成君子要行、要力行,但更多的都是自己的行、内在的行,而行还包括外在的行,那就是与人交往。本章只是说要"善与人交",要"久而敬之",这是总的要求,而具体的原则要求,则是在以下各章中说明。

5.18 子曰:"臧文仲居蔡,山节藻棁,何如其知也?"

【译文】

孔子说:"臧文仲藏了一只大龟,(藏龟的屋子)山节藻棁,他这个人怎么能算是有智慧呢?"

【注释】

臧文仲(? —前617),姬姓,臧氏,名辰,谥"文",谓臧孙辰。臧哀伯次子,故死后又称臧文仲。春秋时鲁大夫。

蔡,1.草也。本义:野草。2.占卜用的大龟。3.周代诸侯国名,在今河南省上蔡、新蔡等县一带。

山节藻棁(zhuō),古代天子的庙饰。山节,刻成山形的斗拱;藻棁,画有藻文的梁上短柱。

【原文解】

第一是对臧文仲要有所了解。臧文仲的基本情况在注释中已经介绍了一些。这里要说明的是,臧文仲登上鲁国政治舞台的时候,正值齐桓公开始称霸诸侯,而齐鲁两国相邻但力量对比悬殊,他受命于危乱之际,负斡旋之重任,充分显示出其军事及外交方面的才能,使鲁国得以保全,因此当时人们都认为臧文仲十分有智慧,这也是孔子本章之语的前提。

第二是对"蔡"的了解。本章的"蔡"是指占卜用的大龟。当时及其之前的人们由于对自然的了解不够深刻,遇到疑难之事,不知是福是祸,应当如何抉择的时候,往往是通过占、卜来判断、解决。其中,卜就是通过烧烤龟壳或兽骨,观察其裂纹来进行分析判断,然后将结果刻在上面,这也就是甲骨文的由来。至于用来占卜的龟为何叫"蔡",说法不一,有的说蔡这个地方产的龟好,也有的说大而圆的龟被叫做蔡,等等。通过占、卜来判断和解决疑难之事,这种做法在现在看来是比较愚昧的,但在当时尤其是周朝之前的商代是十分盛行的。连政府都设有专门的机构和人员从事占、卜并进行管理,而臧文仲当时就是鲁国主管此事的官员,即守蔡大夫。

第三是为什么孔子说臧文仲不智呢?鲁国国君尽管在诸侯中地位比较特殊(其先祖是周公旦),但其毕竟不是天子,用天子的庙饰——"山节藻棁"是属违礼,但这与智何干?问题在于臧文仲乃守蔡大夫,其有龟非私藏,乃为国而藏,其违礼而用山节藻棁也非为私,甚至可能是奉命行事,所以因此说其违礼似有不妥。但"山节藻棁"确实是用了,臧文仲又如何做了呢?是对国君有所劝谏吗?看来没有,相反有乐见其成的意思。这又说明了什么呢?笔者认为,至少说明臧文仲对占卜是非常认可和笃信的,也因此被孔子认为不智。

说到这里,笔者想起唐代诗人李商隐的一首诗:"宣室求贤访逐臣,贾生才调更无伦。可怜夜半虚前席,不问苍生问鬼神。"这里的贾生就是汉代的贾谊(著有《论治安策》《过秦论》《论积贮疏》和《吊屈原赋》等)。此诗出自一个典故,说汉文帝素爱鬼神之事,对国家社稷则不思进取,而贾谊是当时有名的学士。有一次,汉文帝召见贾谊,不问天下苍生之事,却问起鬼神之事,而且越听越专注,渐渐情不自禁地向前挪出席子(古人跪坐在席子上)。而贾谊最终也未得重用,郁郁而死,年仅三十三岁。以此与人交往,如何为智?如何得到尊敬?

这时可能会有人问:既然占卜在当时很受人重视,而且孔子本人也很重视学习有占卜作用的《易经》,为什么却说臧文仲不智呢?因为臧文仲不惜山节藻棁(违礼)以藏龟,说明其过于相信占卜,而占卜是有意窥视天道。"天道远,人道迩(ěr),非所及也,何以知之"(《左传》昭公十八年),而孔子主张的仁道(人道),是"敬鬼神而远之"(详见6.21章)。

【编意解】

编者通过孔子对臧文仲行为的评价,意在言明,欲"善与人交"并且得到"久而敬之"的结果,要用人道,不能用天道,或其他什么不可知的、别人不懂的东西和原则。

5.19 子张问曰:"令尹子文三仕为令尹,无喜色。三已之,无愠色。旧令尹之政,必以告新令尹。何如?"子曰:"忠矣。"曰:"仁矣乎?"曰:"未知,焉得仁?""崔子弑齐君,陈文子有马十乘,弃而违之。至于他邦,则曰:'犹吾大夫崔子也。'违之。之一邦,则又曰:'犹吾大夫崔子也。'违之,何如?"子曰:"清矣。"曰:"仁矣乎?"曰:"未知,焉得仁?"

【译文】

子张问孔子说:"令尹子文几次做(楚国的)令尹,没有显出高兴的样子,几次被免职,也没有显出丝毫生气的样子。(他每一次被免职)一定把(自己的一切政事全部)告诉给继任的新令尹。(这样做)怎么样?"孔子说:"可算得是忠了。"子张问:"算得上仁吗?"孔子说:"不知道。这怎么能算得仁呢?"(子张又问)"崔杼杀了(他的君主)齐庄公,陈文子家有十辆车(四匹马拉的车),舍弃不要,离开了齐国。到了另一个国家,他说:'(这里的执政者)和我们齐国的大夫崔子差不多。'就离开了。到了另一个国家,又说:'(这里的执政者)和我们齐国的大夫崔子差不多。'又离开了。(这样做)怎么样?"孔子说:"可算得上清了。"子张说:"可说是仁了吗?"孔子说:"不知道。这怎么能算得仁呢?"

【注释】

令尹,楚国的官名,相当于宰相。

子文,姓鬭(dòu 斗),名穀於菟(hù wū tú),字子文。

崔子,齐国大夫,名杼。

旧,1.久、历时长的。引申为过时的、陈旧的,与"新"相对。2.从前的、原先的。3.故交、老交情。

弑(shì),臣杀君也。本义:古代称子杀父、臣杀君为弑。

陈文子,齐国大夫,名须无。

清,1.本义:水清,与"浊"相对。引申为明晰、清楚。2.清洁、洁净。3.清高、清廉。4.太平。5.清爽、清凉。6.朝代名,公元1644年至公元1911年。

【原文解】

第一是加深对"忠"的理解。前面讲过,曾参每日三省,其中之一就是"为人谋而不忠乎"(详见1.4章),忠的意思按通说的解释就是"尽己之谓忠"。可见与人交往"忠"是十分必要的,这在儒家已经是一个共识,但"尽己"只是一个原则要求,是一种内在的内心态度。如何做才叫"忠",或者"忠"应有哪些表现?曾参没有说。而此处孔子给我们确定了"忠"的两个表现,那就是为政者"不喜、不愠"和"必以告新"。

"不喜、不愠"乃是公心,是没有私利的表现。因为其不认为得到官职会获得私利,也不认为失去官职会有损私利,只是做事拿俸禄,不做事不拿俸禄,很公平,没有喜愠的理由。而无私心才有可能将政事——众人之事办成、办好,才是对国家、对民众的忠,其中道理不再赘述。

"必以告新"乃是尽力的表现。俗话说"铁打的衙门流水的官",衙门是过去对国家办事机构的称呼。国家的办事机构什么时候都是存在的,因此叫"铁打的衙门"。国家的办事机构本身不能办什么事,办事要由具体的人来做,这个人就是官,具体做官的人不可能永远与国家的办事机构同在,是经常要变化的,因此叫"流水的官"。但现实要求国家的政策要有一定的连续性,不能朝令夕改,否则人们将会对自己行为的结果没有预测性,就会手足无措。那么前一任官员将任内的政事详尽而忠实地告诉新任的官员,这对国家的正常运转,就显得十分重要了,尤其是在过去信息记载和传递技术都十分不发达的时代。因此,"必以告新"是对国家、对民众忠的一种表现。

第二是对"清"的理解。清的本义是水清,与"浊"相对。但在此处不能将其简单理解为和自己有一点不同的人,就不与之交往,或者离开这个人。和自己不同的人很多,怎么可能都离开呢? 不可能。古语有云:"故水至清则无鱼,人至察则无徒。"(《大戴礼记·子张问入官篇》)宽容是孔子思想的一个重要的组成部分,况且孔子及其弟子、门人不是隐士,是要入世与人交往的。本章陈文子为什么离开呢?是因为"崔子弑齐君"。古代称子杀父、臣杀君为弑。弑父、弑君乃十恶不赦之罪,不仅是犯上,而且是作乱,已彻底违背了儒家的核心价值观(详见1.2章)。不仅如此,陈文子和崔子又同时是齐国的大夫,陈文子如果不离开就必定要与崔子共事——共谋齐国政事,从本章看,这恐怕也是陈文子离开齐国的主要原因。孔子说过一句话,叫作"道不同,不相为谋"(详见15.40章)。因此,本章的"清"是指在大道上、原则上要清清楚楚、明明白白,不能有丝毫的混淆和迁就。

【编意解】

编者通过孔子对子文和陈文子行为的评价,意在言明,欲善与人交往并且得到"久而敬之"的结果,要"忠"、要"清"。

5.20 季文子三思而后行。子闻之,曰:"再,斯可矣。"

【译文】

季文子(每件事要)考虑多次才去做。孔子听到(后),说:"考虑两次就可以了。"

【注释】

季文子(?—前568),即季孙行父。姬姓,季氏,谥"文",史称"季文子"。春秋时期鲁国的正卿,公元前601年至公元前568年执政。

再,1.一举而二也。本义:第二次。2.两次。3.重、重新。4.更、更加。

【原文解】

"思"字在前面已经有所注释(详见2.2章注释),本义是思考、想、考虑。"思"本是"人心之良能",儒家其实是十分重视思的作用的。子曰:"学而不思则罔,思而不学则殆"(详见2.15章),《中庸》有云:"有弗思,思之弗得,弗措也。"由此来看,季文子"三思而后行"应当是被认可的,应当是好事,可为什么孔子并不认可呢?这就要从以下几点来理解。

首先,由之前的注释来看,"思"在《说文解字》中被解释为"容也"。为什么被解释为"容"呢?"思曰容,言心之所虑,无不包也"。可见一件事如果再三思考,会涉及很多的方面内容,想清楚、权衡清楚是很费时费力的。

其次,事有小有大,有简有繁,有些事无需三思,甚至不需要再思,而有些事

则恐怕三思都不够,甚至要四思、五思。而事有缓急,做事也要讲究时机,凡事均"三思而后行",必有事被耽误,正所谓"当断不断,反受其乱"(《史记·齐悼惠王世家》)。笔者认为,本章孔子所说的"再斯可矣",是针对季文子有可能存在的优柔寡断而言(当然季文子是否真的优柔寡断不得而知),其实质是说,不必凡事"三思而后行"。

【编意解】

编者通过孔子对季文子行为的评价,意在言明,欲善与人交往并且得到"久而敬之"的结果,要干脆一些,当断则断,不可优柔寡断。与人交往,就不可避免地要"为人谋","为人谋"而优柔寡断,思之再三,不免会被认为是患得患失,心不甘情不愿,如何得敬?

5.21 子曰:"宁武子邦有道则知,邦无道则愚。其知可及也,其愚不可及也。"

【译文】

孔子说:"宁武子这个人,当国家有道时,他就(显示出)智慧,当国家无道时,他就(装)傻。他(显示出)的智慧(别人)可以达得到,他(装出)的傻别人就达不到了。"

【注释】

宁武子,姓宁,名俞,卫国大夫,"武"是他的谥号。

【原文解】

"愚"字前面已经有所注释(详见2.9章注释),其本义就是愚蠢、愚昧,这一点应当没有什么异议。问题是本章宁武子的"愚"是什么样的状态?真愚、假愚还是别人以为愚?真愚显然不是,因为前面孔子说了宁武子是有智慧的("邦有道则知"),尽管他并不特别的智("其知可及也"),但也算是否定其愚了。

那么是假愚?可以说得通。过去有相当多的人是如此理解的。假愚就是佯装的愚。为什么要佯装呢?因为"邦无道",要保全性命,以待后用。这不禁使人想起了南容"邦无道免于刑戮"(详见5.2章),这是一种智慧的表现。只不过在这方面宁武子做得比南容好,因为其"愚不可及也",而南容只是"免于刑戮"。那么为什么宁武子可以做到"愚不可及"呢?当然是他佯装的真实、不假。那么他为什么能佯装的真实呢?笔者认为,是因为他在某一方面达到了君子的状态,即"人不知而不愠"(详见1.1章),只有达到这种状态,才会对别人的不解、误解,甚至是反对坦然接受,而这种接受是真实的。应当说明的是,这里的接受不等于认可,更不等于赞同。

那么此处的"愚"可以理解为别人以为愚吗?也可以说得通,过去也有人是如此理解的。人以为愚就是别人认为他(在邦无道时)的做法是愚蠢的,站错了队,不识时务。为什么要站错了队,不识时务呢?因为尽管"邦无道",仍要保持立场和信仰,不同流合污。这不禁使人想起了公冶长"虽在缧绁之中,非其罪也"(详见5.1章)。这是一种信念坚定的表现。只不过在这方面宁武子做得比公冶长好些,因为公冶长已在"缧绁之中",而宁武子没有,这可能是因为宁武子更幸运,或更有智慧。

至于此处的"愚"到底做何理解,因为孔子没有明言,而宁武子的相关事迹又不可考,不好确定。如何选择,"仁者见仁,智者见智"吧!但笔者认为,根据"邦有道则知,邦无道则愚"的论述,在本章将"愚"理解为假愚比较合适。

【编意解】

编者通过孔子对宁武子行为的评价,意在言明,欲善与人交往并且得到"久而敬之"的结果,有时要"愚"一下,"难得糊涂"。智者难愚,至愚者至智。

5.22 子在陈,曰:"归与!归与!吾党之小子狂简,斐然成章,不知所以裁之。"

【译文】

孔子在陈国,说:"回去吧!回去吧!家乡的门人学生志大才疏,(说话文章)很有文采,不知道怎样来修正(自己)。"

【注释】

狂,1.猘(zhì)犬也。本义:狗发疯。引申为失去常态、疯癫。2.放荡、不受约束。3.气势猛烈。

简,1.本义:竹简,古代书写了文字的狭长竹片。2.书信。3.简易、简单。4.忽视、怠慢。5.选拔、选择。6.检阅、检查。

斐,1.分别文也。本义:五色相错的样子。2.有文采的。

裁,1.制衣也。本义:裁制、剪裁。2.裁决。3.删除、削减。4.成、成就。5.样式、风格。6.通"才",副词,仅仅、刚刚。

【原文解】

第一是对"狂简"的理解。"狂"就是狂妄、狂放的意思。为什么会如此？因为他们很自以为是，认为自己知道的"道"很多、很高、很大，自己要干大事，能干大事。"简"的意思就是简单、稀少。简单、稀少什么？就是实际上知道的"道"没有那么多，没有那么高，没有那么大，真本事不足。当然，也有人将"简"字认为是"狷"字，或与"狷"同意。一是因为两字读音相近，二是"狷"的意思与"狂"相对。而且孔子曾说过"不得中行而与之，必也狂狷乎！狂者进取，狷者有所不为也"（详见13.21章）。况且《孟子·尽心下》有载，万章问曰："孔子在陈曰：'盍归乎来！吾党之士狂简，进取，不忘其初。'孔子在陈，何思鲁之狂士？"孟子曰："孔子'不得中道而与之，必也狂狷乎！狂者进取，狷者有所不为也。'孔子岂不欲中道哉？不可必得，故思其次也。"但不管怎样理解，"狂简"肯定是与中道不合的，不是不足就是过了，不符合孔子所谓的君子标准。应当说明的是，所谓"狂简"也好，所谓志大才疏也好，并不是一件坏事，相反可能还是相当不错的一件事，原因很简单，首先能行中道的人并不多，更准确地说极少；其次，志大总比志小好，更无论无志。而才疏毕竟还有些才，可以通过学习来提高和丰富。

第二是对"归与！归与！"的理解。这句话的字面意思很清楚，就是"回去吧！回去吧！"。问题是谁回去？从整章文意来看，应该是孔子自己，因为当时孔子在陈国，没有在家乡。可是为什么要回去？或者说回去干什么？很明确，就是"不知所以裁之"，就是去"裁之"——教育。

【编意解】

编者通过孔子之语，意在言明两点：首先，欲善与人交往并且得到"久而敬之"的结果，对人不可求全、求备。对于有缺点的人也要与之交往，当然此缺点不能是原则上的、本质上的，只能是量上的，否则就应当像陈文子那样离开；其次，对这些有缺点的人，尤其是年轻人、后辈，如果他们是你的学生，要有所教育（"裁之"）。应当说明的是，教育后辈也是力行仁道的一种重要表现，也是君子所应为，也是赢得尊敬的因素。

5.23 子曰："伯夷、叔齐不念旧恶，怨是用希。"

【译文】

孔子说："伯夷、叔齐两人不念念不忘（别人）过去的过失、错误，（别人对他

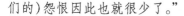

们的)怨恨因此也就很少了。"

【注释】

伯夷、叔齐,商代末年孤竹国国君的两个儿子,长子伯夷,三子叔齐。古之贤人。

念,1. <u>常思也。本义:常思、思念、惦念</u>。2. 念头、想法。3. 思考、考虑。

希,1. <u>罕也。稀少、罕见</u>。2. 稀疏。3. 望、看。引申为仰慕。4. 迎合。

【原文解】

第一是对伯夷、叔齐的了解。关于这两个人的基本情况在注释中已经介绍了,至于这两个人的生平事迹,司马迁的《史记》中有专门的记载,因《史记》中记载的这两个人的生平事迹与本章联系不大,在此就不再复述。要说明的是,孔子对伯夷、叔齐这两个人的评价是很高的——"古之贤人也"(详见7.15章)。《史记·伯夷叔齐列传》也较其他列传特别,篇幅不长,记事不多,可评论和感慨却很多,有兴趣的可以读一下。

第二是对"念"的理解,"念"的本义是常思,笔者将其理解为念念不忘。因此,"不念"就是不念念不忘,不念念不忘并不是忘记了,只是不念念不忘,不是一直抓着不放,这一点应当注意,其中差别也不难体会。

第三是对"恶"的理解。"恶"此处读"è",本义是错误、过失,这一点应当没有什么歧义。问题是这里的"恶"——错误或过失是对谁的?仅仅是曾经对伯夷、叔齐做了错事呢?还是泛指曾经做了错事的人呢?有人认为是前者,因为如果是后者,伯夷、叔齐未必知晓,也没有必要记住。这种理解似有不妥。首先,如此的话,伯夷、叔齐的心胸未免有些狭隘,不太符合孔子对他们的评价;其次,前面说过,伯夷、叔齐是王子,也就是领导,做事任人当然要对所用的人有所了解,怎么可能因为不是自己犯的过错就不闻不问呢?尽管他们不会念念不忘;最后,一个人犯了错,不一定只有当事人知道,尤其是在犯了大错的时候,尤其是对于信息获取较方便的领导,更何况在信息如此发达的今天。

第三是对"希"的理解。"希"是稀少、罕见,但不是没有。为什么呢?因为"不念"不是忘记了,犯了错没有改,或者罪大恶极,这都不是可以被忘记的或轻而易举就能被原谅的。你能要求别人在这种情况下会不怨恨你吗?这些道理都简单而明确。

【编意解】

编者意在通过孔子对伯夷、叔齐的评价,言明欲善与人交往并且得到"久而

敬之"的结果,要"不念旧恶"。人谁无过,改了就好(除非罪大恶极),不能将人一棒子打死,要给人出路。

5.24 子曰:"孰谓微生高直?或乞醯焉,乞诸其邻而与之。"

【译文】

孔子说:"谁说微生高直率?有人向他讨点醋,(他没有),向邻居讨了给人家。"

【注释】

微生,姓微生,名高,鲁国人,素有直名。据传就是"抱柱而死"中的尾生(详见1.13章)。

乞,(qǐ),1.谓行匄(gài,古同丐)也。本义:向人求讨。2.求也。请求、希望。3.(qì),给。

醯(xī),醋。

【原文解】

本章中的微生高据传就是"抱柱而死"的尾生。本章字面的意思比较清楚,但要深刻理解本章的意思还要注意对其中的"醯",也就是醋的了解。醋就是一种调味品,有了它饭菜对有些人来说会香一些,没有它,饭菜还是那个饭菜,吃下去该饱还是饱,该饿还是饿。从这个角度讲,醋乃是可有可无的,小事一桩。如此小事,完全可以直言相告。此时还要乞之于邻以应求者,微生高用意委曲可见一斑,说其不直率乃是当然。问题是,如果一个快要饿死的人向我们要些饭食,而我们这时又的确没有,我们应该怎么办呢?我们会不会、应不应该向邻人要些饭食给他呢?笔者认为我们会这样做,也应该这样做。孔子是讲中道的,凡事都有一个度,超过了这个度,就走向相反的方面了,有时还会引起质的改变。譬如,同样一个快要饿死的人向你要些饭食,你确实没有,但你有能力向别人要一些饭食给他,而你却因为所谓的直率而没有做,因此这个人饿死了,这时你是否做到了直率不得而知,但你肯定已经做了不义的事。

其实这些通过前些章的学习,大家应该有所体会。我们要与人交往,我们不得不与人交往,因此我们要善于与人交往,并希望得到"久而敬之"的结果,就要忠但不能愚忠,要清但不能至清,要思但不能久思不决,要智但有时也要愚一下,要与君子交往但与狂简之人也要交往(哪有那么多的君子),要不念旧恶但也不能忘记过去,要直率但也不能事事直率。那么这个度在何处?怎样把握呢? 一切以仁、义为归依、标准。

【编意解】

说到这里,本章被编排于此的用意也就清晰了,那就是编者意在言明,欲善与人交往并且得到"久而敬之"的结果,要"直"。

5.25 子曰:"巧言、令色、足恭,左丘明耻之,丘亦耻之。匿怨而友其人,左丘明耻之,丘亦耻之。"

【译文】

孔子说:"巧言、令色、过分恭敬,左丘明耻于如此,我也耻于如此。隐藏(对一个人的)怨恨而结交这个人,左丘明耻于如此,我也耻于如此。"

【注释】

左丘明,姓氏、名字问题颇为复杂。一说复姓左丘,名明;一说姓左,字丘,名明。左氏世为鲁国太史,至丘明则约与孔子同时,但年辈稍晚。他是当时著名的史家、学者与思想家,著有《春秋左氏传》(后简称《左传》)、《国语》等,其中,《左传》《国语》对中国传统史学影响深远。他品行高洁,为孔子所推崇。司马迁亦称其为"鲁君子",是自己著述《史记》的先型典范。

匿,亡也。藏也。本义:隐藏、躲藏。

【原文解】

为什么孔子会认为"巧言、令色、足恭"和"匿怨而友其人"是可耻的? 笔者认为理由很简单,因为这四种行为不仅不合乎人性,而且通身是假的,是伪装的,不真诚。更为重要的是,有这些行为的人有贪念,甚至心怀叵测,或是求得其不应得之福,或是求避其不应避之祸,甚至还怀有害人之心,等等。

同时,鉴于孔子对左丘明的高度认同,左丘明的一些话、一些论述可以作为我们理解孔子思想的参考。这一点很重要,谨记。

【编意解】

编者通过本章孔子之语意在言明,欲善与人交往并且得到"久而敬之"的结果,不要"巧言、令色、足恭"和"匿怨而友其人",也就是要真诚。前些章讲的是应当怎样做,本章讲的是不应当怎样做。

5.26 颜渊、季路侍。子曰:"盍各言尔志?"子路曰:"愿车马衣轻裘与朋友共,敝之而无憾。"颜渊曰:"愿无伐善,无施劳。"子路曰:"愿闻子之志。"子曰:"老者安之,朋友信之,少者怀之。"

【译文】

颜回、子路两人侍立(在孔子身边),孔子说:"何不各自说说你们的志向?"子路说:"希望(拿出自己的)车马、衣服、皮袍,同我的朋友共同(使用),用坏了也不抱怨。"颜渊说:"希望没有夸耀(自己的)优点、长处,没有施加烦劳(之事给别人)。"子路(向孔子)说:"想听听老师的志向。"孔子说:"(我的志向是)让老年人安心于我,让朋友们相信我,让年轻的子弟们怀念我。"

【注释】

裘,皮衣也。本义:皮衣。

愿,1.谨也。本义:谨慎、老实、质朴。2.心愿、愿望、希望。3.仰慕。

敝,1.败衣。本义:破旧、坏。2.疲惫、衰败。3.对自己或自己一方的谦称。4.通"蔽",遮蔽。

憾,1.恨也。本义:遗憾、不快、不满。2.怨恨。

伐,1.击也。杀也。本义:砍杀。2.砍伐。引申为敲打。3.讨伐、进攻。引申为声讨。4.功劳。引申为夸耀。

【原文解】

据过去很多学者考证,本章的"轻"字应是误写,本无此字。当然,后来也有"轻裘"的用语,是指重量很轻的皮衣,我们知道皮衣虽然很保暖,但一般是比较重的,因此"轻裘"就更为贵重了。而"车马衣轻裘"在当时都是很名贵的东西,因此,此处是"裘"还是"轻裘",意思没有太大的差别,基本相同。

本章字面的意思较清楚,但要深刻理解本章的意思还要注意体会三个人志向的不同及其境界的差别。

第一是子路的"愿车马衣轻裘与朋友共,敝之而无憾"。这说明了什么呢?说明子路轻财重义,可与朋友同富贵。这很不容易,一般人可共患难,却不可同富贵。这十分值得我们学习。但其境界相对于后面颜回和孔子的境界则较低、较狭隘。

第二是颜回的"愿无伐善,无施劳"。这又说明了什么呢?从某种意义上讲,子路的上述做法多少还是有一点"伐善"之意,不管他有无此心。"无伐善"就是不夸耀自己的优点、长处,就是不骄傲;"无施劳"就是没有施加烦劳之事给别人,就是"无加诸人"(详见 5.12 章),就是"仁"。一个人不骄傲、有恕行,则不招人怨。应说明的是,"无"是"没有"的意思,而不是"不要"的意思,两者是有差别的。这样的境界是很难达到的,因此是"愿"——但愿达到如此。

第三是孔子的"老者安之,朋友信之,少者怀之"。这又说明了什么呢?首先,这是一种结果或者状态,就像前面孔子说过的"久而敬之"(详见5.12章)一样。从这角度我们可以看出,孔子的志向是要达到一种结果或者状态,而不是像颜回那样要达到一种心态境界,这明显更难、更高,要能行得通,行之有效。颜回的志向只是其更多的关注于自身。其次应理解的是,如何才能达到"老者安之,朋友信之,少者怀之"?使"老有所养"才能达到"老者安之"的状态,作为个人首先要赡养好父母,进而促使别人及整个社会能够赡养好老人;"朋友信之"的要求是我们自己首先可以被相信;使"少有所长"才能达到"少者怀之",作为个人首先要教养好子女,进而促使别人及整个社会能够教养好后辈。而这一切的前提是自己要有德,甚至是要有大德。由此看来,孔子的志向所要达到一种结果或者状态是很高的。

【编意解】

编者通过本章孔子之语,意在言明君子之志或者说是君子之力行所要达到的结果或标准,那就是"老者安之,朋友信之,少者怀之"。

5.27 子曰:"已矣乎!吾未见能见其过而内自讼者也。"

【译文】

孔子说:"罢了!我没有见过能见到自己的过失,而在内心自我批评的。"

【注释】

讼,1.争也,以手曰争,以言曰讼。本义:争论。引申为诉讼、打官司、控告。2.为人辩冤。3.责备、检讨。4.公开。5.通"颂",歌颂、颂扬。

【原文解】

第一是对"过"的理解。"过"有错误、过失的意思,这一点很明确。但"过"

在过去也通"祸",就是灾难、灾殃,失败对于一个人来说也是一种灾难。人们对于自己的错误、过失、失败和灾难往往还是有自知的,能自见的。

第二是对"讼"的理解。"讼"的本义是争论,一般是指别人和我们争论,隐含的意思是别人不认同甚至是反对我们的认识或做法,因而"讼"有谴责、责备的意思。但由于"讼"的本义是争论,因此这种谴责、责备不是简单的否定,而是一种建立在分析和说理基础上的否定,是批评。"自讼"就是自我批评。

第三是对"未见"的理解。"未见"就是没有见过,问题是孔子的"未见"说明了什么?以孔子之阅历,"未见"说明了难得,说明了"能见其过而内自讼"极难做到。为什么会极难做到呢?人们或是因为害怕受到批评,或是害怕付出代价,或是懒于改正,对于自己的错误、过失往往不愿意承认,这一点想必大家多少都有些体会。连承认都不愿意,连别人的批评都不愿承受,自我批评就更不用说了。这还只是对自己的错误、过失而言,如果是对于自己的失败或所遭受的灾难(比如穷困),那就更难了,因为他自己根本就认识不到自己有什么错误和不足,认为自己做得已经很好了,是时运不济、社会不公,因而怨天尤人。难道仅仅只是时运不济、社会不公吗?自己有没有足够的努力?对社会、环境有没有足够的正确认识?对事物的发展规律和人性有没有足够的正确认识?

【编意解】

编者意在通过本章孔子之语,言明要成为一个君子,要有"见能见其过而内自讼"的工夫。这时可能会有人问,前面说了那么多要怎样做,不要怎样做,为什么编者在孔子说了君子之力行所要达到的结果或标准(详见前一章)之后,又编怎样做的章节(本章)于此,是否有些混乱?笔者认为,本章和前一章及后一章是对本卷总结性的阐述。就是说要成为君子,就要立志做到"老者安之,朋友信之,少者怀之",要做到如此,就要"能见其过而内自讼",什么是"能见其过而内自讼"?就是学,就是"见贤思齐焉,见不贤而内自省也"(详见4.17章),就是向先贤学、向生活学。如何能学到如此?好学!另一方面,前面虽然说了那么多要怎样做、不要怎样做,照着做当然好。但是这些是全部吗?现实世界是何其丰富多彩和千变万化,这些要怎样做、不要怎样做,你能把握得恰到好处吗?未必。这些都要以"能见其过而内自讼"的工夫来弥补和完善。

5.28 子曰:"十室之邑,必有忠信如丘者焉,不如丘之好学也。"

【译文】

孔子说:"即使只有十户人家的小村子,也一定有忠信像我一样的人,(但)不像我那样好学罢了。"

【原文解】

丘乃孔子之名,此处的丘乃是孔子的自称。

第一是对"忠""信"的理解。"忠""信"这两个字在前面已经做过解释,此处再温习强调一下,因为"忠""信"在孔子思想中占有很重要的位置。忠的意思是尽其全力;信乃诚也,意思是真心诚意。根据孔子本章之言,"忠""信"乃是成为君子的基础,是君子必备的品质。那么具有这样的基础和品质的人多吗?这要看从哪个角度讲,如果是从有没有的角度讲,应该有而且不少,因为"忠""信"是人与人交往所必需的,因此出于私利的角度,人人都会或多或少秉持"忠""信"。但如果是从程度上讲,那就不好说了,因为程度不好确定。但是我们知道,孔子很强调"忠""信",其"忠""信"的程度要求应该是很高的,至于高到多少,我们不得而知,也没有必要知道,但我们应该知道其并非高不可及,因为"十室之邑,必有忠信如丘者"。

第二是对"好学"的理解。前面讲了,根据孔子本章之言,"忠""信"是成为君子的基础,是君子必备的品质。也就意味着光有"忠""信"并不能自然而然地成为君子,哪怕是有了像孔子一样的"忠""信"。那么还要怎样呢?"好学"。注意这里是好学,不仅仅是学,也不仅仅是努力学。因为"忠""信"本身就有真心诚意、尽其全力的意思。忠信之人一定会去学,其中相当一部分的人也会努力去学。但这不够,这是知学不是"好学"。什么是"好学"?这里的"好"读去声,是喜爱的意思。关于好学,孔子前面曾有论述,即"食无求饱,居无求安,敏于事而慎于言,就有道而正焉,可谓好学也已"(详见1.14章)。那么如何才能"好学"呢?笔者认为,首先要知学,要知道学的好处,进而知道应该学,进而努力学,进而形成习惯,进而成为自然,进而体会其中的愉悦。至于最终能否体会到其中的愉悦,这可不一定,但概率应该是很大的。

【编意解】

编者意在通过孔子之语,言明要成为君子,就要秉持"忠信而好学"。这是本篇的最后一章,也是综述之语,也是点睛之笔,其总体涵盖了本篇之前章节的内容。同时也是通过孔子之语,对人们进行鼓励。君子并非高不可攀,只有十

户人家的小村子就一定会有像孔子一样忠信的人,这说明这样的人并不少,再加上好学,就能成为君子。

雍也第六

6.1 子曰:"雍也可使南面。"

【译文】

孔子说:"冉雍这个人,可以让他去做官。"

【注释】

面,1.颜前也。本义:脸。2.外表、表面。3.部位、方面。4.朝向、面对、面向。5.麦末也。面粉。

【原文解】

第一是对雍即冉雍的认识。关于冉雍前面已经有所介绍(详见5.5章注释)。这里应当强调的是,冉雍是"孔门十哲"之一,以德行著称。孔子很欣赏冉雍,对他的评价也很高,本章就是一例。冉雍曾做过季氏私邑的长官,他为政"居敬行简",主张"以德化民"。但是在季氏"仕三月,是待以礼貌,而谏不能尽行,言不能尽听,遂辞去,复从孔子。居则以处,行则以游,师文终身"。

第二是对"南面"的理解。"南面"即面朝南。古代以坐北朝南为尊位,故帝王诸侯见群臣,或卿大夫见僚属,皆面向南而坐,因此用以指居帝王或诸侯、卿大夫之位,后泛指居尊位或官位。

第三是总体理解。基于上述认识,本章的真实意思就不难理解了,那就是德行好的人才可以从政做官。至于德行的意思,前面已经多次解说过,不再赘述了。至于从政做官者应具备什么样的德行(能力),通过本篇的学习将会有所领悟。

【编意解】

通览本篇,笔者认为是在讲如何从政做官——"使南面"。这时可能会有人问,《论语》第二篇不是讲了为政吗?此处又讲如何从政做官是否有些重复?笔者认为不重复,《论语》第二篇讲为政,主旨是在讲如何处理政事,如何办理众人之事,而本章是讲从政做官,即怎样做官、做领导,其中的区别还是比较明显的。

当然,由于事在人为,怎样做官、做领导和如何办理众人之事还是有许多相同或相近的地方,譬如《论语·为政》的第一章讲的就是"为政以德",因此要注意融会贯通。编者将本章编排在此,意在开明宗义地表明本篇是在讨论如何从政做官,并通过本章孔子对冉雍的评价,说明从政做官者首先德行要好。

6.2 仲弓问子桑伯子。子曰:"可也,简。"仲弓曰:"居敬而行简,以临其民,不亦可乎?居简而行简,无乃大简乎?"子曰:"雍之言然。"

【译文】

仲弓问(孔子)子桑伯子这个人怎么样。孔子说:"此人还可以,办事简要而不烦琐。"仲弓说:"内心严肃认真而行事简要,如此治理百姓,不是也可以吗?(但是自己)内心简易不认真,又以简要的方法办事,这岂不是太简单了吗?"孔子说:"冉雍这话说得对。"

【原文解】

子桑伯子是何人,众说纷纭,其事迹亦不可考,但笔者认为这不重要,重要的是对孔子师徒对话内容的理解。

第一是对"居敬"的理解。居者蹲也,是处在、处于的意思;敬者肃也,是严肃认真的意思。严肃认真是一种态度,当然是内心状态的描写,因此,"居敬"是内心严肃认真的意思,这应该没有什么异议。问题是为什么要"居敬"。人不能总是处于严肃认真的状态,这样谁也受不了,也就无所谓什么"居敬"了,因此"居敬"是一个相对而言的状态。"居敬"肯定是面临大事、重要的事。什么是大事、重要的事?很多,也因人而异。但政事肯定是大事、重要的事,因为这是众人之事。然而也正因为是众人之事(表面上看不是自己的事),往往从政为官的人并不是很重视,不能做到"居敬",也因此本章有所强调。

第二是对"行简"的理解。"行简"的意思就是行事简单。问题是为什么要"行简"?其实简与不简,只要不影响别人,无所谓应当不应当。但要影响到别人就不一样了。从政为官者是处理众人之事的人,其行为不仅会影响到别人,而且影响很大,这就不是无所谓的了。那么从政为官者为什么要"行简"呢?政者众人之事,众人之事要靠众人来做,从政为官者虽然是处理众人之事的人——非常关键的人,但不是唯一的人。要做好众人之事,很重要的一点就是要发挥众人的能力。如果从政为官者的言行很繁琐，什么都要管，什么都要说，如此不但效率低下，不仅不能发挥众人的能力，还会束缚众人的手脚，甚至会导致众人的不解——不明白其意图，如此又如何能将众人之事办好、办成？因此，从政为官者一定要"行简"，让众人能听得明白、看得明白，能充分发挥。

第三是对"居敬"和"行简"的关系的理解。本章当冉雍问子桑伯子时，孔子回答说"可也，简"。这里的"可"虽然是认可的意思，但是比较勉强的，可以解释为"还可以吧"。可当冉雍对"简"进行了一番区别、论述后，再问孔子时，孔子的回答是"然"。"然"也是认可的意思，但是是十分明确的肯定。为什么会如此呢？笔者认为，是因为冉雍看清楚了"居敬"和"行简"的关系，看清楚了什么是真正的"简"。只有"居敬"才能"行简"，只有建立在"居敬"基础上的"行简"才是真正的"简"。因为只有"居敬"才能真正地看清事物，才能抓住事物的根本和关键，才能从根本和关键处找原因、想办法，才能"简"。如果是"居简而行简"，则很可能坏事，所以冉雍说"居简而行简，无乃大简乎？"此处的"大"读太，也同太。

【编意解】

编者意在通过本章孔门师生的对话，表明从政为官者在处理政事时要"居敬而行简"。说到此，笔者想起《四书说约》（明代鹿善继撰）中的一句话："治民全在不扰，而省事本于劳心。"

6.3 哀公问："弟子孰为好学？"孔子对曰："有颜回者好学，不迁怒，不贰过，不幸短命死矣。今也则亡，未闻好学者也。"

【译文】

鲁哀公问孔子："（你的）学生中谁是好学的？"孔子回答说："有叫颜回的好学，（他）不迁怒于人，不再犯同样的错误，但不幸短命死了。现在没有了，没有听说谁是好学的。"

【注释】

迁，1.<u>登也、徙也、移也。**本义：迁移**</u>。引申为变更、变动。2.调动官职，一般是晋升。3.放逐、流放。

贰，1.副、益也。本义：副的。2.不专一。引申为从二主。3.离心、背叛。

4.不一致。5.重复。6.数字"二"的大写。

幸,1.吉而免凶也。本义:幸运。2.侥幸。3.幸亏。4.希望。5.宠爱。6.特指皇帝到某处去。

【原文解】

颜回具体去世的日期不可考,但应在孔子晚年之时。

第一是哀公所问的意义。这里的哀公就是鲁哀公,鲁国当时的国君,有治理鲁国的职责。鲁哀公此章之问当然有求贤才以辅佐自己的意思。什么是贤才?在鲁哀公看来应是好学之人。前面说过,鲁哀公是一个十分不怎么样的国君,但他也能认识到这一点,如此看来"好学"应当是一个好的从政为官者必备的品行,这是一个共识或常识。为什么呢?道理也很简单,好学才能认识道,才能得道;得道进而才能有德、有才能,有为政为官的能力。

第二是对"不迁怒"和"不贰过"的理解。"不迁怒"和"不贰过"本身的意思不难理解,就是不迁怒于人,不再犯同样的错误。问题是"不迁怒"和"不贰过"放在此处是何意?是对好学的解释吗?从语序结构看应该是,但实质上呢?笔者认为不是,至少不全是。因为我们知道,孔子对什么是好学有过解释,那就是"食无求饱,居无求安,敏于事而慎于言,就有道而正焉,可谓好学也已"(详见1.14章),无此两项。如果说1.14章所说的是大原则,是基本要求,那么也说明"不迁怒"和"不贰过"不是好学的主要表现,而是非主要的表现或要求。

那么本章的"不迁怒"和"不贰过"实质意义又是什么呢?笔者认为是孔子对鲁哀公的劝谏。因为鲁哀公是孔子父母之邦的国君,向自己求贤而自己又没有举荐出符合要求的人,过意不去,便用这种十分委婉的方式(以颜回好学的表现即鲁哀公实际上不能或没有做到的事情)向鲁哀公进行了劝谏。为什么如此劝谏?笔者认为,一个"迁怒"和"贰过"的人是做不好领导的。为什么呢?道理也很简单,众人之事要众人来做,领导一定有下属,领导"迁怒",迁怒谁?肯定是下属,下属能愿意吗?当然不愿意;领导"贰过",就是一错再错。众人之事乃事之大者,领导又有十分优厚的资源(包括人力资源和财力资源),一错已经是不应该了,还要再错,那还了得。可为什么会这样呢?不知吸取教训,不能从谏如流。这样能做好事、做成事吗?当然不能。这样的领导又有谁愿意与其共事?当然没有。难道孔子如此多的学生就真的无所举荐吗?当然不是。那孔子为什么没有举荐呢?因为你鲁哀公"迁怒"和"贰过",所以无所举荐。将人举荐给"迁怒"和"贰过"的领导者,不但于事无补,反而会害了被举荐的人。后面的"今也则亡,未闻好学者也",说明好学之人难得之外,也是一种托词。

【编意解】

编者意在通过本章的故事尤其是孔子之语,表明一个从政为官者必须具有至少是力求具有好学、不迁怒、不贰过的品行。

6.4 子华使于齐,冉子为其母请粟。子曰:"与之釜。"请益。曰:"与之庾。"冉子与之粟五秉。子曰:"赤之适齐也,乘肥马,衣轻裘。吾闻之也,君子周急不继富。"

【译文】

公西赤出使齐国,冉求替他的母亲(向孔子)请求补助一些谷米。孔子说:"给他六斗四升。"(冉求)请求增加一些。孔子说:"再给他二斗四升。"而冉求却给了公西赤八百斛。孔子说:"公西赤到齐国去,乘坐着肥马(驾的车子),穿着轻便的皮袍。我听说的是,君子只是周济急难的人,而不是接济富有的人。"

【注释】

粟,1.嘉谷实也。本义:粟子。谷子未去皮壳者为粟,已舂去糠则为米。2.粮食的统称。3.沙粒等细小植物。

釜(fǔ),1.本义:古炊器,类似现在的锅。2.古代的容量单位。据考证一釜合六斗四升。

庾(yǔ),1.本义:露天的谷仓。引申为一般的粮库。2.古代的容量单位,容二斗四升,一说十六斗为一庾。

秉,1.禾束也。本义:禾把、禾束、一把庄稼。2.执也。手拿着、手持,引申为主持、掌握。3.通"柄",权力、权柄。4.古代的容量单位。十六斛(hú,十斗为一斛)。

急,1.急躁、着急。2.迫切、紧急。引申为急需的、紧急严重的事情。3.疾速、快捷。4.紧、紧缩。

继,1.续也。连续、紧接着。2.承接、继承。3.接着、跟着。4.增益。

【原文解】

第一是公西赤出使齐国,应不应给予补贴? 当然应当给,出差比较辛苦(相对于在家),尤其在过去,不但时间很长而且还有风险。但此处要注意的是,公西赤出使齐国是公事,其本身是有俸禄(工资)的,冉求所求是一种补贴。再就是

公西赤本身很富有("乘肥马,衣轻裘")。基于此,孔子同意给的补贴并不多。

第二是对"周急"的理解。"周急"本身的意思很明确,就是周济急难的人。急难的人是遇到紧急危难的人,可能是贫穷的人,也可能是富有的人,这一定要准确理解。孔子没有说要周济贫穷的人。当然,现实中贫穷的人往往会经常遇到紧急危难,但不能因此得出贫穷的人要被周济。因为这要看贫穷的人是因何而贫穷,是因为好逸恶劳,还是因为没有机会或能力,还是因为天灾人祸。如果是好逸恶劳,则没有什么好周济的,只能鞭策;如果是没有机会或能力,那也没有什么好周济的,因为这样不解决问题,从政者应当提供给他们的是机会(好的政策,公平的政策),培养他们的能力;如果是天灾人祸,这就是紧急危难,当然应当周济,但只能是一时的(也只应是一时的),灾祸过去,就应会好起来。

第三是对"不继富"的理解。为什么?因为从从政者、当政者的角度来讲,他们虽然希望其属下和子民变得越来越富有,但他们更希望其属下和子民的贫富差距越来越小("不患寡而患不均"),因为贫富是相对而言的,贫富差距越大则社会就越不安定,而如果社会不安定就会发生动乱,则一切都免谈。"继富"只能使一少部分富有的人变得更富有,进而使贫富差距拉大,再进而使社会变得更不安定甚至发生动乱,没有什么好处,还不如一概而论地周济贫穷的人呢!儒家最高目标是"平天下"或"天下平",而不是"富天下"或"天下富"。为何如此,要好好体会!之后《论语》各篇还有详论。

【编意解】

编者意在通过本章的故事和孔子的论断,表明从政者对待属下和民众的原则,那就是"周急不继富"。

6.5 原思为之宰,与之粟九百,辞。子曰:"毋!以与尔邻里乡党乎!"

【译文】

原思给孔子家当总管,(孔子)给他俸米九百(斗),原思推辞。孔子说:"不要推辞。(如果有多的)用来分给你的乡亲们吧!"

【注释】

原思,即原宪,字子思,宋国人。孔子弟子,"孔门七十二贤"之一。原宪出身贫寒,孔子为鲁司寇时,他曾做过孔子的家宰。

毋，1.止之也。本义：表示禁止的词。相当于莫、勿、不要。2.同"无"，没有。3.不。4.没有人。

【原文解】

第一是对"毋"的理解。"毋"本身的意思不难理解，就是莫、勿、不要的意思，有制止别人某些行为的意思，否定的态度比较明确。孔子此处在制止什么？制止原宪的"辞"。那么原宪在"辞"什么？原宪在"辞"孔子给他的俸禄（"粟九百"）。为什么呢？也许是原宪认为是在为老师办事，也许是原宪（家境贫寒）认为"粟九百"太多了，原宪没有说，不得而知。但不管怎样，孔子还是制止了他的做法，问题是孔子为什么要制止呢？

说到这里，笔者想到了《吕氏春秋·先识览·察微篇》中的一段记载，原文是：

> 鲁国之法，鲁人为人臣妾于诸侯，有能赎之者，取其金于府。子贡赎鲁人于诸侯，来而让，不取其金。孔子曰："赐失之矣。自今以往，鲁人不赎人矣。"取其金，则无损于行；不取其金，则不复赎人矣。子路拯溺者，其人拜之以牛，子路受之。孔子曰："鲁人必拯溺者矣。"

意思是说，鲁国的法令规定，鲁国人在其他诸侯国给人当奴隶，有能赎出他们的，赎金可以从国库中支取。子贡从其他诸侯国赎出了做奴隶的鲁国人，回来却推辞，没有从国库中支取赎金。孔子知道后说："子贡你做错了。从今以后，鲁国人不会再赎人了。"按规定从国库支取应得的金钱，对其品行并没有什么损害，不支取金钱，就不会有人再赎人了。而子路救了一个溺水的人，那个人用牛来酬谢他，子路收下了牛。孔子知道后说："鲁国人一定会救溺水的人了。"

孔子为什么会得出这样的结论呢？很简单，子贡和子路都是当时的名人。子贡赎人，做了好事，而不按规定支取赎金，大家会说其品德高尚，可是人人都会像他那样高尚吗？不可能，更不都会像他那样富有。别人赎人之后怎么办？领赎金，就会被人与子贡相比较，会被骂；不领赎金，则自己亏损一大笔钱，不甘心。如此结果会怎样？可想而知，一般人是不会再去赎奴隶了，进而鲁国的赎人之政也就被破坏了。相反，子路做得就比较好。不过应注意的是，子路事先、事后都没有索要报酬，当然也没有拒绝受益者的事后酬谢。这样不仅自己做了好事，为社会做了好的榜样，同时也没有妨碍后来人继续做好事。

说到这里，我们恐怕就不难理解孔子为什么要制止原宪了。因为"粟九百"是原宪做"宰"的俸禄，孔子当时是鲁国的司寇（大夫），依据当时的制度，其家

应有"宰",因此原宪做"宰",是正当的官职,因此是有俸禄的。这俸禄是原宪应得的,在孔子看来也是不应辞让的。你原宪不领俸禄,那么你的下属怎么办?你的同僚呢?你的上司呢?你的继任者呢?领还是不领?如此会造成许多不必要的混乱,于政事有害无益。

第二是对"以与尔邻里乡党"的理解。这句话的字面意思很清楚,就是"粟九百"的俸禄如果有多的,可以用来分给你的乡亲们。我们要注意的是,孔子没有让原宪将多出的俸禄分给贫穷的人,而是分给原宪的乡亲们,为什么呢?没有让原宪将多的俸禄分给穷人的原因前面已经讲过,不再赘述;分给原宪的乡亲们则是一种感恩的表现,当然这种表现可以从多个角度理解,首先,一个人的成长,父母当然是付出最多的,但并不是全部,多少还有与之一起生活的乡亲的付出,因此要有所报答;其次,自己学有所成,可以拿到很高的俸禄,通过分给乡亲们,一方面可以展示国家或上级的认可(过去是讲"君恩浩荡"),另一方面可以激励他人(尤其是后辈们)奋发向上;最后,也从某种角度说明,孔子所主张的爱,不是无差等的爱,而是有差等的爱。

【编意解】

编者意在通过本章的故事和孔子的论断,表明从政为官者要做属下和子民的榜样。什么样的榜样呢?力行"道"的榜样,只有这样的榜样才是可以长久的榜样,才是人们可以也可能照着做的榜样。这样遵纪守法的榜样首先是依照法纪去做,其次才是不违法。而不是自以为是的榜样。这也是孔子成为万世师表的重要原因。

6.6 子谓仲弓,曰:"犁牛之子骍且角,虽欲勿用,山川其舍诸?"

【译文】

孔子对冉雍说:"耕牛产下的牛犊长着红色的毛而且角(也长得端正),(人们)虽想不用(它做祭品),山川(之神)难道会舍弃它吗?"

【注释】

骍(xīng),赤色的马。引申为赤色。

角,(jiǎo),1.兽角也。本义:动物的角。引申为形状像角的东西。2.角落。3.古代军中的一种乐器。4.(jué),古代盛酒的器具。5.(jué),五音之一。

6.(jué),比试、较量。

【原文解】

第一是对"犁牛之子骍且角"的理解。我们知道,周礼十分注重祭祀,对祭祀的贡品有很高的要求,要用赤色的牲口,而且这个牲口的角还要长得端正。因此,将牲口也分成了三六九等。犁牛就是用作耕地的牛,当然地位比较低。那么"犁牛之子骍且角"的意思就是,一个地位比较低的牛所生的牛,却长着红色的毛而且角也长得端正,符合做祭品的条件。这里以人类比就是,一个出身低微的人,却学有所成,可堪大用。

第二是对"欲勿用"的理解。"欲勿用"的意思就是人们(当权者、从政者)不想用,但这个"不想用"还含有其可用、能用的意思。为什么呢?因为出身不好。这在理上是不通的,是十分荒唐的,但这却又是现实中确确实实大量存在的,无论古往今来,还是古今中外。为什么会这样呢?

首先,从客观和整体的角度来讲,出身好的人,相对条件就好、机会就多,就有更多的时间和精力去学习,就有更多的机会去见识、去体验,因此,出身好的人往往较出身不好的人学识和见地为高,但这也仅仅是"往往",不是必然。

其次,从主观上讲,是人们的虚荣心在作祟,其实质是懒惰。人们往往能够忍受出身高的人超过自己,因为这时他们可以辩解说,自己已经尽力了,可客观条件不行,没办法。反之则无法自辩,因为他们不愿意承认自己不够努力。当然,这也不仅仅是表现在用人上,可以推而广之地反映在许多事物上,名牌商品和非名牌商品、名人作品和非名人作品,等等。但不管怎样,还是前面说的那句话,这种现象在现实中确确实实大量存在,无论古往今来,还是古今中外,只是程度不同而已。

第三是对"山川其舍诸"的理解。这句话的字面意思就是,山川(之神)难道会舍弃它吗?其实质意思就是,好就是好,你不用别人就也不用吗?就算别人也不用,难道社会、历史就会放弃吗?他就不起作用了吗?为政不是只有当官,"《书》云:'孝乎惟孝,友于兄弟,施于有政。'是亦为政"(详见2.21章)。孔子就没有被重用,难道山川之神舍弃他了吗?看来没有。

【编意解】

编者意在通过本章孔子之语,说明从政为官的人应怎样选拔人才,那就是不要过于看重一个人的出身,应看重其本身的能力——德。应说明的是,关于本章有很多人将"犁牛之子"解释为是在指冉雍,因为据称冉雍之父"贱而行

恶",孔子意在希望冉雍不要因此气馁,要好好努力,就算得不到重用,也不会被社会和历史抛弃。此说其意虽通,但笔者认为不妥,理由有四:首先,冉雍之父"贱而行恶"虽见于史书记载,但其具体表现却无从可考;其次,即便冉雍之父确实"贱而行恶",孔子也不会当着冉雍的面或是在评论冉雍的时候说,因为贬斥父亲而称赞儿子的事,圣人是不会做的;第三,此种理解没有根据,属猜测;第四,此种理解放在本篇中,其意与上下文不和。

6.7 子曰:"回也,其心三月不违仁,其余则日月至焉而已矣。"

【译文】

孔子说:"颜回这个人,他的心可以在长时间内不离开仁,其余(的学生)则只能在短时间内做到仁而已。"

【原文解】

首先是对"三月"和"日月"的理解。"三月"和"日月"字面上只是时间长短的差别,好像没有其他的差别。但问题是"仁"是一种水准,是一种状态,也是一种境界,是要通过一定努力才能达到的。在一种需要努力才能达到的水准、状态或境界中,能够保持多长的时间,这就体现了一种厚度,一种稳定的程度。比如说跳高,甲乙两个人都能跳过两米的高度,但甲跳十次有九次都能跳过去,而乙跳十次只能跳过去一两次,你能说甲乙的跳高水平是一样的吗?恐怕不能。

其次是对"其余"的理解。"其余"本身的意思没有什么难理解的。问题在于说明了什么?说明在孔子或儒家来说,"仁"是衡量所有人的一个基本标准。

【编意解】

编者意在用本章孔子之语,说明从政为官的人应具备一定的"仁德"。所谓"一定的",意思就是不那么充分,但也不能没有。要有充分的"仁德",这样的要求太高了,没有几个人能达到,不现实。所谓"仁德",是与"德"做区别,"德"没有价值取向,而"仁德"是有价值取向的。对孔子来说,仁本身是符合道的,是人与人交往的道,是道的一部分,没有本质的区别。当然,还有别的领域的道,比如天道。

6.8 季康子问:"仲由可使从政也与?"子曰:"由也果,

于从政乎何有?"曰:"赐也可使从政也与?"曰:"赐也达,于从政乎何有?"曰:"求也可使从政也与?"曰:"求也艺,于从政乎何有?"

【译文】

季康子问孔子:"仲由,可以让他从政为官吗?"孔子说:"仲由(做事)果断,对于从政为官有什么呢?"季康子又问:"端木赐,可以让他从政为官吗?"孔子说:"端木赐通达事理,对于从政为官有什么呢?"又问:"冉求,可以让他从政为官吗?"孔子说:"冉求有才能,对于从政为官有什么呢?"

【注释】

果,1.木实也。本义:果子、果实。2.成为事实、结果。3.充实、饱。4.果敢、坚决。5.副词,果然、果真。6.副词,究竟。

达,1.行不相遇也。通也。本义:道路畅通。引申为通晓。2.到达、通到。3.豁达、心胸宽阔。4.通行的、共同的。

艺,1.种也。本义:种植。2.技能、才能、本领。3.度、准则。

【原文解】

第一是对"何有"的理解。"何有"字面上的意思很好理解,就是"有何",就是"有什么"的意思。但问题也就在这里,孔子这一句"何有"到底是肯定子路等人能够从政为官呢? 还是只有某些特长(优点),尚有不足,不能从政为官呢? 不明确。古往今来持这两种理解的人都有。但笔者认为,不必为此争论,这不是重点,重点是"果""达""艺"这三种品行,在孔子认为是从政为官者所应有的品行,这一点确定无疑。

第二是对"果""达""艺"的理解。从政为官者就是要处理政事的人,处理好政事要具备"达"(通达事理)和"艺"(才能),这比较好理解。那么为什么孔子还强调了"果"(果断)呢? 前面讲过,政乃众人之事,也是大事,正因为如此,从政为官者对如何处理事务往往十分重视,以致思之再三,久拖不决,结果可能不是错过了时机无法去做,就是过于迟延而使之应有的意义丧失殆尽,甚至最终没有(或没有必要)去做。其实,正因为政乃众人之事,是大事,往往也是比较紧急的事,应做的事。其实,做事是要讲究条件和时机的,条件和时机成熟了就要果断去做,哪怕结果并不尽如人意。笔者认为,有时候做了总比不做强,注意总结经验教训就行了。

【编意解】

编者意在用本章孔子之语,说明从政为官的人应具备"果""达""艺"这三种品行。

6.9 季氏使闵子骞为费宰。闵子骞曰:"善为我辞焉!如有复我者,则吾必在汶上矣。"

【译文】

季氏派人请闵子骞去做费邑的长官。闵子骞(对来请他的人)说:"(请你)妥善替我推辞吧。如果再来召我,那我一定跑到汶水北边(的齐国)去了。"

【注释】

闵子骞(前536—前487),姓闵,名损,字子骞,后世尊称闵子。祖籍鲁国,徙居宋国相邑。孔子弟子,在孔门中以德行著称,为"孔门十哲"之一。

辞,1.讼也。纷争辩讼谓之辞。本义:讼辞、口供。引申为解说、申辩。2.言词、词句。引申为告诉、讲话。3.推辞、不接受。4.文体的一种。

【原文解】

"汶"是一条河的名字,在当时是鲁国和齐国的界河,南边是鲁国,北边是齐国。"上"本是形容高低的,因为地图的方位是上北下南,所以在此解释为北面。

问题是为什么闵子骞不愿意去做费邑的长官呢?或者说为什么闵子骞如此不愿意接受季氏的邀请呢?这应当是很重要的,但本章没有说清楚。对此过去有很多解释,有人认为是因为季氏是权臣,闵子骞不愿与其同流合污;有人认为是因为季氏的这次邀请是图私利(因为费邑是季氏的采邑);还有人认为是因为季氏没有重用孔子,没有用孔子之道,道不同,等等。笔者认为这些解释都没有依据,也说不通。应说明的是,在孔子为鲁国司寇时,闵子骞曾为费宰,孔子去鲁后,闵子骞亦辞官,本章是孔子十四年后返鲁,季氏又欲请闵子骞为费宰。孔子很多的学生,都曾在季氏处为官,比如子路、冉雍等。

其实也正是因为这些"说不通",才是能说通的。为什么呢?因为人与人不同,即便他们都是孔子的学生,也不能僵化地理解为他们都是一样的,是整齐划一的,子曰"君子和而不同"(详见13.23章)。也许闵子骞认为季氏是权臣,不守礼法,不可救药,不愿与其同流合污,因此拒绝做他的官;也许子路、冉雍等认为季氏虽然是权臣,不守礼法,但百姓还是百姓,自己能去做官,利用自己的才能推行仁道,使百姓少受些苦,同时还有机会利用自己所学的仁道劝季氏改过向善,因此做了他的官。你说哪个对?哪个错?都对,都有道理。

【编意解】

编者意在通过本章闵子骞的言行,表明从政为官的人应当有一定的信仰和坚守,不能为了从政为官就什么都不顾忌了。

6.10 伯牛有疾,子问之,自牖执其手,曰:"亡之,命矣夫!斯人也而有斯疾也!斯人也而有斯疾也!"

【译文】

伯牛病了,孔子去探望他,从窗户外面握着他的手,说:"没有道理,这就是命运吧!这样的人竟会得这样的病啊!这样的人竟会得这样的病啊!"

【注释】

伯牛,姓冉,名耕,字伯牛,世称"冉伯牛"或"冉子"。孔子弟子,比孔子小七岁,"孔门十哲"之一。以德行著称,官至中都宰。

问,1.讯也。本义:问、询问。与"答"相对。2.追究、考察。3.问候、慰问。4.管、干预。

牖(yǒu),穿壁以木为交窗也。本义:窗户。

【原文解】

本章中的"亡"通"无",也读 wú,是"没有"的意思,不能读 wáng,更不能理解为死亡的意思,因为孔子是去看望病人的,怎么可能当着病人的面说病人要死了呢?这极不通情理。以下是对本章的理解。

第一是对冉伯牛这个人的了解。史料关于冉伯牛的记载并不多,能确定的是,他是孔子的弟子,官至中都宰。孔子对其德行非常认可,在这方面将其与颜回、闵子骞并列。

第二是对"自牖执其手"的理解。孔子为什么没有见冉伯牛的面,而是从窗户外面握着冉伯牛的手。对此过去有很多解释,有人认为是当时冉伯牛欲以面君之礼见孔子,孔子不敢当,便没有直接见面;有人认为是当时冉伯牛已知病入膏肓,形象不好,不愿面见孔子;还有人认为当时冉伯牛所得之病是"恶疾"(传染病),怕传染给孔子,所以不愿面见孔子。但笔者认为两人没有直接见面一定是有原因的,但上述理解均无实据可考,不可全信,问题是这些并不十分重要,

在无实据可考的情况下,不必深究。

第三是对"命"的理解。关于"命",孔子多有提及,但也未对"命"做任何解释和定义。那么什么是"命"呢? 真是不好说,凡是有一定生活经历的人多少都会有这样的体会,对有些事物我们无法做确定的认知与预测,但其又确实存在,而且对我们要做的事情又有很大的影响。因此,就反映在有些事情真是不可人为改变的,是有定数的,但这种定数又都无从把握,也许这就是对"命"最好的诠释,就按自己的体会去诠释吧。比如有人说"天道酬勤",有人说"天道无亲",都是对自己生活经历的体会。鉴于"命"的确实存在而且事关重大,《论语》有专门的篇章进行阐述,详见《论语·子罕》和《论语·季氏》。有关于此,通过之后的学习,我们会有更加深刻的领悟。

【编意解】

编者意在通过本章的故事及孔子之语,表明从政为官的人应对"命"有一定的认识,在能否从政为官以及其过程中是有"命"的存在的,存在不可预知的因素,并非努力了就一定会有收获,更不用说努力一分就要有一分的收获了。

6.11 子曰:"贤哉,回也! 一箪食,一瓢饮,在陋巷,人不堪其忧,回也不改其乐。贤哉,回也!"

【译文】

孔子说:"贤(境界高)啊颜回! 一箪饭,一'葫芦'水,住在简陋的屋里,别人都忍受不了这种穷困清苦,颜回却没有改变其所乐。贤(境界高)啊颜回!"

【注释】

箪(dān),笥也。本义:古代盛饭的圆形竹器。

瓢,1.瓠(hù)的一种。也称"葫芦"。2.用葫芦干壳做成的勺。

陋,1.边远地区。2.简陋、狭小。引申为见闻少、知识浅薄。3.丑、坏。

巷,1.从共从邑。邑中所共也。城中的胡同,人们共同使用的道路。直为街,曲为巷。大者为街,小者为巷。2.住宅。

堪,1.地突也。本义:地面高起。2.指天道。3.经得起、忍受。4.能够、可以。

【原文解】

第一是对"贤"的理解。"贤"本身的意思是"有德行、多才能"的意思,这前面已经注释过(详见1.7章)。问题是颜回的贤体现在何处?颜回既没有什么钱(很穷),也没有去从政为官,也没有完成令人敬仰的事业,也没有说出令人振聋发聩的话语或写下令人千古传阅的文章,何贤之有?他的德行和才能又体现在哪里?笔者认为,这正是孔子认为颜回"贤"的重要原因。颜回的处境如此的令人"不堪",而其表现却是别人所无法理解、更无法做到的。别人如果处在颜回的处境,一定无法忍受,一定会竭尽全力去改变。那么颜回的表现是什么呢?本章写得很明确,就是"不改其乐"。这又说明了什么呢?至少说明两点:一是颜回能忍受别人不能忍受的苦;二是颜回有别人不能理解的乐。也正是颜回有别人不能理解的乐,才能忍受别人不能忍受的苦。能如此,非一个人刻意所能为之,这个人一定是达到了某种境界,因此笔者将此处的"贤"理解为"境界高"。

第二是颜回之乐是什么呢?孔子没有明说。过去有些人认为,既然孔子没有明说,就不要猜,自己去学,达到一定程度,自己体会;还有些人说是乐"道"。笔者以后者为然,理由有二:一是既然颜回之乐别人不能理解,那颜回之乐就应是别人不认为是乐的事情,而绝大多数人共同认为不值得乐的事,非"学道"莫属;二是颜回自言学孔子之道,使其"欲罢不能"(详见9.11章)。

读罢本章,笔者不由地又想起古人所谓的"三不朽",前面说过,颜回没有什么常人所羡慕的功业、文章,其所以为后人所知、所敬仰,几乎都是来自于他的老师孔子和同门师兄弟对其品行的描述,这是不是就是"三不朽"中的"立德"呢?

【编意解】

编者意在通过本章孔子之言,并结合上一章,表明如果"命"使你无法从政为官或成就一番功业,你也不要气馁,自暴自弃,还有很多事可做,要像颜回那样"不改其乐"(当然,此乐与彼乐不一定相同),毕竟学首先是为了自己。

6.12 冉求曰:"非不说子之道,力不足也。"子曰:"力不足者,中道而废。今女画。"

【译文】

冉求说:"(我)不是不喜欢老师的道,(而是我的)力量不够呀。"孔子说:

"力量不够是到半路才停下来,现在你是自己给自己划了界限(有力量而不想前进)。"

【注释】

画,1.界也,像田四界,聿所以画之。本义:划分、划分界线。2.绘画、作画、成品画。3.汉字中的一笔叫一画。4.计也,策也。谋划、策划。

【原文解】

冉求就是冉有,前面已经有所介绍(详见3.6章注释)。要强调说明的是,冉求是"孔门十哲"之一,以政事见长,办事能力很强("求也艺""千室之邑、百乘之家,可使为之宰也"),也干过很多事,比如曾率领鲁国军队成功抗击了齐国的入侵,这件事得到了孔子的赞许;作为季氏的家臣帮助季氏进行田赋改革,聚敛财富,这件事受到了孔子的严厉批评。就是这样一个冉求,孔子并不满意,认为还缺些什么。还缺些什么呢?本章没有说,但从本章的表述("非不说子之道,力不足也")来看,孔子认为冉求还缺少对"道"的追求和力行。什么是"道"?在孔子来说当然是"仁道"。正因为冉求还缺少对"仁道"的追求和力行,行事就缺少对"仁道"的坚守和力行,少了远大的理想和目标,只求把眼前的事情办好、办成,而不问或很少问这个事情应不应该做,所以他做的很多事情虽然成功了,但却得到了不同甚至相反的评价(孔子的评价)。一个缺少对"道"的坚守和力行的人,就是能力再强,也不可避免地成为一个"器"。"器"即为人所用之物,一把刀可能被来砍柴切菜,也可能被用来行凶杀人。

【编意解】

编者意在通过本章孔子师生的对话,表明从政为官的人,尤其是那些想成为政治家的人,应当对"道"有一定的坚守,并利用从政为官的机会和便利,去力行"道"。像子贱那样既把上级交办的事情办成了,又弘扬了其所信奉的"道"。从某种意义上讲,这是一个政客和一个政治家的区别。

6.13 子谓子夏曰:"女为君子儒,无为小人儒。"

【译文】

孔子对子夏说:"你要做君子儒,不要做小人儒。"

【注释】

儒,1.术士之称。本义:术士、读书人、学者。2.春秋时用诗书礼乐进行礼仪教育的知识分子。3. 儒家。孔子和他的弟子一家的学说。

【原文解】

第一是对"儒"的认识。"儒"在本章的注释中已有相关解释,但那是结论。"儒"从字形上的解释,就是人之所需,指人们所需要的人,这应是"儒"字最本质的含义。应说明的是,人们所需要的人各种各样,其中有君子,但绝大多数都不是君子(或者说是小人,是器),哪有那么多的君子啊!也正是如此,孔子才会要求子夏要为"君子儒"。

第二是对"君子"和"小人"有所认知。关于"君子"前面已经说了很多了,笔者甚至认为《论语·公冶长》整篇都是在讲什么是"君子",在此就不再赘述。那么什么是"小人"呢?其实《论语》中对小人没有专门的定义。笔者认为,从某种角度讲,"君子"和"小人"是一个相对的概念,一般来说,君子所具有的品行小人往往不仅不具有(更准确地说是很少具有),相反小人往往具有的是相反的品行。但应说明的是,这里所说的品行是指大方面的、原则性的,譬如说"君子"是具有"仁道"和"仁德"的,而"小人"没有(更准确地说是很少)。这时可能会有人问,其区别又表现在哪里呢?表现在很多方面,譬如说君子喻于义,可以久处约可以长处乐、能好人能恶人、能造次颠沛必于是、能怀德怀刑、能礼让、能行忠恕、能比义而行,等等。总之,具有或者具有较多"仁道"和"仁德"的人就能有所坚守,就能辨别是非,就能有所为有所不为,就能有所力行。相反,没有或少有"仁道"和"仁德"的人,就少有坚守,是非的辨别能力较差,会无所不为甚至肆无忌惮。

【编意解】

结合上一章,笔者认为,编者意在表明一个好的从政为官的人,尤其是那些想成为政治家的人,应当是成为"君子儒",具备或具备一些君子所应有的品行。之后的各章也是在阐释如何做一个好官甚至是政治家,也就是"君子儒"。

6.14 子游为武城宰。子曰:"女得人焉尔乎?"曰:"有澹台灭明者,行不由径,非公事,未尝至于偃之室也。"

【译文】

子游做了武城的长官。孔子说:"你在那里得到了人才没有?"子游回答说:"有一个叫澹台灭明的人,不走小路,非因公事从不到我屋子里来。"

【注释】

澹(tán)台灭明,复姓澹台,名灭明,字子羽,鲁国人。孔子弟子,比孔子小三十九岁,"孔门七十二贤"之一。

径,1.步道也。本义:步行小路。引申为取道、经过。2.直往。3.直截了当。4.直径。

【原文解】

第一,孔子为什么要问子游"女得人焉尔乎"。很简单,因为子游是"武城宰",是一个从政为官的人——而且当的官还不小,当然要处理政事。前面说过,政乃众人之事,是大事,也是需要众人来做的事。一个从政为官的人,尤其是做比较大的官的人,要想把政事处理好,必须要有帮手,要有帮手就要会识人、用人——"得人"。

第二,得什么样的人?是不是随便一个只要能帮助自己的人就行?这就涉及对澹台灭明这个人的认识。澹台灭明这个人可能有很多特点或个性,这里要了解的是本章子游所阐述的特点,即"行不由径,非公事,未尝至于偃之室也"。偃是子游的名字。

首先是"行不由径"。"径"在此处的字面意思就是用于步行的小道。问题是再小的小道也是用来行走的,为什么澹台灭明"行不由径"却得到称许呢?这要从"径"的原始意义来了解。最初,"径"和"道"(道路)是相对的。中国古代实行井田制,道在田地的外边或在沟渠的上方,而"径"在田中,是农民到田里种地所走小道,为了避免对农作物的损害或崴脚,在"径"上行走时要非常小心而且是需要一定技术的。因此,过去"径"是不准一般人走的,一般人只能走"道"。到了孔子的年代,这些规定还在,可是已经没有多少人遵守了。了解了这一点,我们就可以想象,到一个地方去,走"道"——大路可能会远一些,为了快一些,少走些路,很多人就会抄小路——"行由径"。而由前述可知,"行由径"是有些危险的,是需要一些技术的,否则可能会崴脚或对农作物造成伤害——当然有些人为了自己的方便并不在意对别人的损害。

其次是"非公事,未尝至于偃之室也"。体会其中含义的一个重要前提是,子游是澹台灭明的上级领导。非公事到上级领导的房子里干什么?即使不是拉关系、走后门、谋私利,也会有这样的嫌疑。

最后,我们对澹台灭明的印象是什么呢?笔者认为,澹台灭明是一个遵纪守法的模范,是一个走大路、进正门的光明磊落之人。那么这时就会有一个问题,一个从政为官的人为什么要找这样的人做帮手呢?笔者认为原因有二:第一,既然是帮手,其行为就代表着从政为官者。从政为官者应当也必然会选择同德之人作为自己的帮手,这也就隐含着遵纪守法、光明磊落是一个从政为官者应具有的品行;第二,这些帮手接触百姓的机会更多,他们的行为作风更能影响百姓。上行下效是普通百姓的特点,选用这样的人做帮手,十分有利于端正一方之风化——"民德归厚",继而有利于为政。

【编意解】

编者意在通过本章的故事,表明一个好的从政为官者,尤其是当了比较大的官的人,应当知人用人并有这样的能力,同时也应当是遵纪守法的模范,是光明磊落的人。

6.15 子曰:"孟之反不伐,奔而殿,将入门,策其马,曰:'非敢后也,马不进也。'"

【译文】

孔子说:"孟之反不自我夸耀。败退的时候,他走在最后(掩护)。快进城门的时候,(他)鞭打着自己的马说:'不是我敢于殿后,是马不前进。'"

【注释】

孟之反,姓孟,名之侧,字之反,鲁国大夫。

奔,1.本义:快跑。2.逃跑(特指战败逃跑)。3.逃亡。4.旧时把女子不依礼教的规定而私自投奔所爱的男子称为"奔"。

殿,1.堂之高大者也。古代泛指高大的房屋,后专指供奉神佛或帝王受朝理事的地方。2.行军走在最后的。3.镇抚、镇守。

策,1.本义:竹制的马鞭,引申为驾驭马匹的工具,包括缰绳之类。2.鞭打、鞭策。3.竹杖、拐杖。4.中国古代用竹片或木片记事著书,成编的叫作策。5.帝王对臣下封土、授爵或免官的文书。6.策问。7.计策、计谋。

【原文解】

本章字面的意思比较清楚,但要深刻理解还要注意对"不伐"的理解。"伐"字前面已经有所注释(详见5.26章注释),在本处的意思就是夸耀——自我夸耀,"不伐"的字面意思就是不自我夸耀,这很好理解。问题是为什么要"不伐"?笔者认为回答这个问题之前,应该想一想另外一个问题,那就是为什么要

"伐"？要自我夸耀？一个从政为官的人，本来就应当把政事处理好，这是分内之事。如果一个从政为官的人有这样的认识，那么当他把政事处理好就不会自我夸耀，从某种意义上讲，也只有有如此之认识才能够真正地把事情办好。否则，当他把分内之事做好了就会自我夸耀，又怎能真正办好事情？应当说明的是，这种要求或境界在现实当中是很高的，很少有人能做到，能做到把分内之事做好后才自我夸耀一番已经是很不错的了，往往很多人是连分内之事都没有做好，却仍然在自我吹嘘。同时，自我夸耀对自己又有什么影响呢？笔者认为，弊大于利，尤其是自我吹嘘。对糊涂的人尤其对糊涂的上级，自我夸耀甚至自我吹嘘一番，可能会有一时的(蒙蔽)作用。但人们尤其是上级是糊涂的吗？就算是糊涂的，他们会一直糊涂吗？如果不是，岂不遭殃或者最终遭殃，有谁会甘于被欺骗呢？自我夸耀尤其是自我吹嘘，更多的只是自欺、自我安慰而已。

【编意解】

编者意在通过孔子对孟之反的评价，意在表明一个好的从政为官的人，要从内心深处深刻地认识到：把政事处理好，是尽了本分而已，没有什么值得夸耀的。

6.16 子曰："不有祝鮀之佞，而有宋朝之美，难乎免于今之世矣。"

【译文】

孔子说："如果没有祝鮀那样的口才，或宋朝的美貌，那在今天的社会上就难免(灾难)。"

【注释】

祝，1.祭主赞词者。本义：男巫，祭祀时主持祝告的人，即庙祝。2.祝祷。祝愿。3.剪断、断绝。

鮀(tuó)，字子鱼，卫国大夫，有口才，以能言善辩受到卫灵公重用。

宋朝，即宋公子朝，有美色，曾获卫灵公及夫人南子宠幸。

【原文解】

第一是对"不有祝鮀之佞，而有宋朝之美"的理解。要深刻理解这句话的意思，本应对鮀、宋朝两个人进行深入了解，但遗憾的是，关于这两个人可考的事迹很少。就笔者的认知，此句可以简单地理解为"巧言令色"。关于"巧言令色"(详见 1.3 章)前面已经解释过,不再赘述。

第二是对"免"的理解。"免"字前面已经有所注释(详见 5.2 章注释),在本处的意思就是免除——免除灾难,这应该没有什么歧义。问题是难道不巧言令色就一定会有灾难吗?如果是这样的话,我们是不是应当巧言令色呢?首先,这要看对"灾难"的理解。笔者认为,灾难不应做简单的和狭隘的理解。一个人努力学习并且成绩很好却不能上大学,对这个人是不是灾难呢?一个人有很好的技能并且十分勤奋却生活贫困,对这个人是不是灾难呢?一个"平实明白"的"君子儒"却得不到重用,甚至得不到任用,对这个人是不是灾难呢?其次,孔子说的是"今世",也就是当时的社会——乱世,并不是所有的社会都是如此。最后,一个"巧言令色"的人得到任用甚至重用,他能走多远?能任用他的上级又是什么样的人?这样的上级又能走多远?能善终的也是侥幸——"幸而免"(详见 6.19 章)。

【编意解】

编者意在通过本章孔子之语,表明一个好的从政为官者,不应巧言令色。

6.17 子曰:"谁能出不由户?何莫由斯道也?"

【译文】

孔子说:"谁能不经过屋门而走出去呢?为什么没有人走(我所指出的)这条道路呢?"

【注释】

户,1. 半门曰户。本义:单扇门。2. 泛指门。3. 住户、人家。一家称一户。4. 洞穴。5. 阻止。6. 酒量。

【原文解】

第一是对"谁能出不由户"的理解。这句话的意思就是,谁能不经过屋门而走出去呢?如果抬杠的话,有人就会反问,难道不经过屋门就出不去吗?当然可以,可以翻窗而出。问题是谁会这样?为什么会这样?不是作奸犯科的人,就是慌不择路、急功近利的人。

第二是对"道"的理解。"道"的字面意思就是道路。通过前面的学习,孔子本章所说的"道",应当就是"仁道"。问题是孔子所谓的"仁道"是不是就是指进出房屋的门呢?这要自己去学习、体会和判断,反正孔子认为是,这一点确

定无疑。

【编意解】

编者意在通过本章孔子之语,表明一个好的从政为官者,行事应光明正大,依道而行,不能急功近利,更不能作奸犯科,最好要施行"仁道"。

6.18 子曰:"质胜文则野,文胜质则史。文质彬彬,然后君子。"

【译文】

孔子说:"质朴多于文采,就像个粗俗的乡下人;文采多于质朴,就像个虚浮的文官。(只有)质朴和文采配合恰当,才是君子(应有的品行)。"

【注释】

质,1.以物相赘也。本义:抵押、以…作人质。2.抵押品、人质。3.素质、本质、禀性。4.对质、验证。5.朴实、朴素。

野,1.郊外也。本义:城郊和郊外。2.原野、田野。3.指民间,与朝廷相对。4.非家养的、野生的。5.不驯服、不受拘束。6.粗鲁、粗野、野蛮、不文雅。

史,1.记事者也。本义:史官。2.史册、历史。3.古官名,职别各异。如刺史、御史等。4.中国古代图书四大类别之一,包括各类历史书籍。为经、史、子、集四部之一。

彬,古文份。份,文质备也。本义:文质兼备的样子。

【原文解】

第一是对"野"的理解。"野"在过去是相对于"邑"(城)而言的。城墙之外是郊区,就是野。在当时住在城里的往往是贵族、官员和富人,这些人受过良好的教育,比较文雅;而住在郊区的往往是农民和奴隶,是贫穷的人,这些人没有受过教育,十分质朴,直来直去,不知婉转行事,给人的感觉比较粗俗。

第二是对"史"的理解。"史"在过去是掌管文书的官,因此笔者将其译为"文官"。这些人往往受过很好的教育,见多识广,也因此办事瞻前顾后,患得患失,给人的感觉不甚真诚,比较虚浮。

第三是对"文质彬彬"的理解。从前面两句话所表达的意思中不难理解"文质彬彬"的意思,那就是质朴和文采配合恰当。问题是"文质彬彬"现在已经演变成形容人文雅有礼貌的意思,并非古意。我们读《论语》或者其他古代文献的时候,经常会遇到这样的情况,文献中有些字、词、句和现代的一样,使用对现代字、词、句的理解去理解古代文献,这可能会使我们误解其原本的意思,这一点一定要注意。

第四是对"君子"的理解。关于"君子"的意思,前面已经说了很多(详见1.1章)。问题是此处的"君子"是应当理解为成就了德行的人呢?还是应当理解为从政为官的人(在位者)呢?有人会认为后者较为合适,因为本篇不就是在讲如何从政为官吗?对此笔者不能认同。前面说过,《论语》是孔子弟子及其再传弟子编写的,虽然笔者认为其编写看似有些杂乱,但其实是有很强的逻辑性的。其中的每一章并不是事先按照编者的意图或逻辑形成的,其形成具有其独立性,有其独立且深刻含义,所以我们在学习《论语》的过程中,对每一章本身的含义及这一章被编排在此处的含义都要有深刻的学习和体会。如果就本章进行单独的理解,这里的"君子"理解为成就了德行的人比较合适,因为"文质彬彬"本身就是"中道"的一种表现,而成就了德行的"君子"在孔子看来必是行"中道"的,"中道"是"君子"必备的品行之一。当然,从本章被编排在此处的角度看,将这里的"君子"理解为从政为官的人(在位者)也能说得通,因为本篇的这一部分是在讲"君子儒"。

【编意解】

编者意在通过本章孔子之语,表明一个好的从政为官者,应当是"文质彬彬"的。

6.19 子曰:"人之生也直,罔之生也幸而免。"

【译文】

孔子说:"(一个)人的生存是在于正直,不正直的人(也有)能生存的,那是他侥幸避免了(灾祸)。"

【原文解】

第一是对"直"和"罔"的理解。"直"和"罔"前面已有注释(详见2.19章和2.15章注释)。"直"的本义是不弯曲,也有正和直爽的意思,引申释义有正直的意思,因此作者在此处译为"正直";而"罔"的本义是渔猎用的网,也有诬陷、欺骗和蒙蔽的意思。鉴于本章的语句结构,"罔"的意思应是与"直"相对的,因此笔者将此译为"不正直"。而"不正直"在现实中的表现方面很多,具体到此

处的表现应参照"罔"本身的含义,如诬陷、欺骗和蒙蔽等,不可做过于宽泛的解释。其实诬陷、欺骗和蒙蔽都有不诚实的意思,而"直"本身也是有诚实的意思,或者说是诚实的表现,这样理解比较对应,于理也通顺。

第二是对"人之生也直"的理解。"人之生也直"本身的意思很明确,就是(一个)人的生存是在于正直。问题是为什么?笔者认为:首先,"正直"是人们本身很愿意的,这样生活很简单、轻松,也心安。只是在现实当中为了趋利避害,很多人放弃了这一生活态度;其次也是最重要的,前面说过,人都是生活在某个社会中,必须遵守这个社会的规则和秩序,而这个社会出于本能——整体的生存和发展的需要,必定会要求其成员要正直——诚实守信,不能"罔",不能诬陷、欺骗和蒙蔽,否则这个社会将陷入一片混乱,无法生存和发展。

第三是对"幸而免"的理解。"幸而免"本身的意思很明确,就是侥幸避免(灾祸)。问题还是为什么?原因也很简单,社会的规则和秩序是由人来制定和执行的,而人不是神,不可能洞察一切,也不可能绝对的公正无私,因此某些行罔之人就可能侥幸避免灾祸。这时有人可能会问,那么正直的人是否就可以避免灾祸了呢?当然不是,原因一样。正直的人遭到了灾祸那只能说是不幸了。应当说明的是,幸与不幸都是小概率的事件。说到这里,笔者想起两句话,一是"君子有不幸而无有幸,小人有幸而无不幸"(《论衡·幸偶篇》);二是"惟君子得祸为不幸,小人得祸为恒;君子得福为恒,而小人的福为幸"(韩愈《与卫中行书》)。

【编意解】

编者意在通过本章孔子之语,表明一个好的从政为官者,应当是正直的。正直地制定和执行法律制度,办理政务。

6.20 子曰:"知之者不如好之者,好之者不如乐之者。"

【译文】

孔子说:"懂得它的人不如爱好它的人;爱好它的人又不如以它为乐的人。"

【原文解】

第一是"知""好""乐"什么?有人会因为这是孔子说的,就理解为"知""好""乐"道或仁道。这样理解不能说错,但笔者认为这样理解至少是不全面的。首先,孔子没有明确这样说,也没有前后文的推理基础,不应妄猜;其次,其实做任何事情都是这样的,这句话都是适用的,哪怕就是一种游戏也是如此。

第二是如何才能"知""好""乐"。有些人认为不存在"如何才能"的问题,这是被个人本身的性格或者说是天性所决定的。笔者认为如此理解过于偏颇和绝对。不错,这里确实是有个人本身的性格或者说是天性的因素,有时这一因素甚至是十分重要的——对于"好"和"乐"来说。但问题是如何才能"知"?不"知"如何能"好"以至于"乐"呢?人非圣贤,孰能生而知之?只能学而知之。此时之学大多或出于利在其中,或出于亲、师的要求,等等,非本人自愿,勉力为之,进而才能知之。知之后才能知道全貌,进而才能验证利是否真在其中,才能判断(或感觉)自己是否好之。如好之则会一心一意以求之,进而才能深谙其道,期间或能体会其中之乐趣,能体会其中之乐趣就会进一步琢磨、钻研,以期长乐于其中。

譬如围棋,对于一个没有接触过的人,你问他是否爱好围棋,他应该无从回答你这个问题。那么人们是怎样去了解和学习围棋的呢?大多数或出于父母的要求,或出于羡慕其高雅之名,或出于羡慕职业棋手的丰厚收入,等等。可当人们真的开始学围棋后,我们会发现这样一个现象,随着时间的推移,继续钻研围棋的人越来越少了,最初离开的人虽然水平不是很高,但应当是知道围棋是怎么回事了,对于围棋而言,这些人可谓是"知之者";后来离开的人的水平相对于最初离开的人往往会高很多,而且这些人中的大部分终身都会保持着对围棋的爱好,应当是围棋的"好之者";而那些始终一直在钻研围棋的人,水平应当是最高的了。那么是什么支撑着他们如此呢?原因可能很多,能从围棋中体会到乐趣应是最重要的原因,当然也不乏利益——丰厚收入的驱动。但笔者认为,就是那些为利益所驱动的围棋一流高手,如果不是真正的爱好围棋,并从中体会到乐趣,其水平也达不到一流的水平,当然也就不可能取得利益——丰厚收入。这些人应当就是围棋的"乐之者"。

综上可知,"知""好""乐"是从学或者说主要是从学而来,不仅表明一个人对于所学、所做之事的态度,更表明其对于所学、所做之事掌握的程度和状态。没有一定的程度和状态,则无所谓"知""好""乐",尤其是"好"与"乐";当然,没有一定的态度,也就无所谓程度和状态,尤其是"好"与"乐"。这是相辅相成的。

【编意解】

编者意在通过本章孔子之语,表明一个好的从政为官者,对于自己要处理

的政事甚至从政为官本身,要尽量做到知之,进而好之,进而乐之。同时,对于自己要处理的政事不能自以为是,自己有可能做不到知之、好之、乐之,因为要处理的政事多种多样,涉及各种专业,这时就要请人帮忙,那么请什么样的人帮忙呢?这时就应当知道"知之者不如好之者,好之者不如乐之者"。

6.21 子曰:"中人以上,可以语上也;中人以下,不可以语上也。"

【译文】

孔子说:"具有中等(水平)以上的人,可以与他讲高深的(学问),在中等(水平)以下的人,不可以与他讲高深的(学问)。"

【注释】

语,1.论也。本义:谈论、说话。2.言也。言论、话。3.告诉、使知道。4.谚语、俗语。

【原文解】

第一是这里的"中"是指的什么?这里的"中"明显是中等的意思,问题是什么中等,是指学识水平还是指天资?笔者认为应当是指学识水平,因为如果将其理解为天资则于理不通且与实际不符。天资再好的小孩你能直接告诉他高深的道理吗?但是一个天资虽然不怎么样的人,经过努力学习达到一定水平之后,你就可以告诉他相对高深的道理。譬如说在孔子认为,曾参的天资就不怎么样——"参也鲁"(详见见11.18章),可孔子在曾参达到一定水平的时候,就告诉过曾参其思想的"一以贯之"之道(详见见4.15章),最终也是曾参全面地传承了孔子的思想。在过去,有人将人的品识大致分为上、中、下三等,其中每一等又可再细分为三等,即上等细分为上上、上中、上下,中等细分为中上、中中、中下,下等细分为下上、下中和下下。其中,上上者为圣人,圣人生而知之,不需要教;下下者为愚人,愚人不移,也不需要教;其余则需要教。这种说法流传已久,可做了解。但是否正确值得思考。譬如孔子被后人称为圣人,但其却"非生而知之"(详见见7.20),而是学而知之的。

第二是这里的"语"是指的什么?这里的"语"是告诉、谈论的意思,问题是告诉、谈论什么?有人会因为这是孔子说的,而且孔子本身就是因材施教的,就理解为告诉、谈论"道"或者是高深的"道"。这样理解不能说错,但笔者认为这样理解至少是不全面的。首先,孔子没有明确这样说,也没有前后文的推理基础,不应妄猜;其次,其实做任何事情都是这样的,这句话都是适用的,不管是教人还是为政。

第三是为什么要如此呢?其实道理很简单,不这样就行不通。谁会告诉一个小学生或与一个小学生谈论微积分、相对论呢?那么如果真的这样做了,会有什么结果呢?可想而知。

【编意解】

编者意在通过本章孔子之语,表明一个好的从政为官者,要知道"中人以上,可以语上也;中人以下,不可以语上也",并按照这个道理去做。为什么呢?还是那句话,因为政乃众人之事,要众人去做。从政为官的人是领导者,尤其是级别比较高的领导还会有下级,要对众人和下级沟通和传达自己的想法,而要使这个沟通和传达有效地进行,就必须要注意这一点。说到这里笔者想起这样一件事,新中国成立后要建立一个什么样的社会呢?作为一个马克思列宁主义者,毛泽东主席当然是要建立一个社会主义社会。可什么是社会主义社会呢?这可就复杂了,十分的高深。如何才能向广大的中下级官员和民众说明并取得他们的理解和支持呢?这时,毛泽东主席便有了这样的口号:"人民当家做主""多劳多得,少劳少得,不劳动者不得食"。"人民当家做主""多劳多得,少劳少得,不劳动者不得食"就是社会主义吗?显然不是,它们只是社会主义的一个表现形式和应有的分配原则。但这却是人们最关心的,又都能容易理解的,尤其下级官员和民众。其实到后来,在老百姓心中,社会主义就应当是一个"人民当家做主""多劳多得,少劳少得,不劳动者不得食"的社会,这样的理解有错吗?

6.22 樊迟问知。子曰:"务民之义,敬鬼神而远之,可谓知矣。"问仁。曰:"仁者先难而后获,可谓仁矣。"

【译文】

樊迟问(孔子怎样才算是)智。孔子说:"致力于黎民百姓应当做、宜于做的,尊敬鬼神但要疏远它,这就可以说是智了。"(樊迟)又问(怎样才算是)仁。孔子说:"仁人先艰难(付出)然后收获(成果),这可以说是仁了。"

【原文解】

第一是何谓"民之义"?"民之义"字面的意思就是黎民百姓应当做、宜于

做的。问题是什么是黎民百姓应当做、适宜做的？这个问题太大了,黎民百姓应当做的非常多,如果加上"适宜做"这个条件会将范围缩小一些。但如果从原则上和本性上讲,那就是能够生存和发展下去的事。那具体是什么事呢？笔者认为应该就是《礼记·礼运》所说的"使老有所终,壮有所用,幼有所长,矜寡孤独废疾者,皆有所养"。这句话的意思是,使老年人都能安度晚年,壮年人都有工作可做,年幼的人都能健康成长,矜(同"鳏",老而无妻的人)、寡(老而无夫的女人)、孤(无父也,即孤儿)、独(无子孙的老人)和残废有病的人都能得到社会的照顾。当然要做到这一点,首先要有一定的物质财富,而物质财富是要通过劳动才能得到的,因此要劳动,这一点没有问题。问题是怎样才能有物质财富？当然是依靠黎民百姓的劳动。但光有物质财富就可以了吗？显然不行,还要有实现这一目的的秩序。没有这样的秩序,如何能"使老有所终,幼有所长,矜寡孤独废疾者,皆有所养"？甚至"壮有所用"都无法实现,你想种地可无地可种,你想工作可没有工作的能力、机会。怎么办？只能靠一定的秩序来维持。要通过一定的秩序使那些遗弃老人孩子的人受到处罚,向民众提供必要的受教育和工作的条件和机会,向"矜寡孤独废疾者"提供必要的帮助。对从政为官者来说,制定和落实这样的秩序就是"务民之义"。那么制定这样的秩序的原则是什么呢？同样在《礼记·礼运》中有这样一句话,叫作"何谓人义？父慈、子孝、兄良、弟弟、夫义、妇听、长惠、幼顺、君仁、臣忠十者,谓之人义"。当然,这里说的是"人义",但笔者认为,考虑到民是与君、官的对称,那么除了"君仁、臣忠"二者,其他都应是"民之义",至少在当时是这样的。至于现在可能会有所不同,但"务民之义"的原则要求应当是一致的。

第二是为何要"敬鬼神而远之"？要深刻理解这个问题,首先要解决什么是鬼神,到底有没有鬼神的问题。《礼记·祭义》云:"众生必死,死必归土,此谓之鬼。"《孟子·尽心下》云:"圣而不可知之谓神。"现在很多人认为鬼神是不存在的,是唯心主义的说法,它的产生是由于以前人们的认识世界的能力有限,在碰到许多未知的事情时,不能用当时的科学知识来解释,于是就臆造出了鬼神。这种解释并不能令人满意,现在人们就能用科学知识来解释一切吗？还是未来的人们能了解一切科学知识并进而解释和控制一切呢？如果进一步追问,科学知识能解释一切吗？比如命运、价值等问题。答案显然是否定的,至少是极为悲观的。笔者认为,所谓鬼神其实质是人们对于未知事物的一种标识,只要人们还有未知的,这种标识就会一直存在。同时,所谓对鬼神的敬畏,在某种意义上讲是一个价值取向的问题,是人们对未知事物的一种敬畏,是不要对未知事物轻易施加某种作为的自我约束。有句古话叫作"举头三尺有神明",还是有的比较好,比较有利——这让人们能有所敬畏,避免肆无忌惮。在历史上因为人们过于的自以为是,所付出的代价是极其沉重的,其事例可谓数不胜数。同样也正是因为其未知,我们就不要过于追究其详,要"远之",在历史上因为人们过于的妄自菲薄,沉迷于对鬼神的研究和敬仰,所付出的代价同样也是极其沉重的。

第三是何谓"仁者先难而后获"?"先难而后获"的字面意思就是,先艰难(付出)然后收获(成果),说简单一点就是劳而后获,这一点应当没有太大的异议。其作为"仁"的基本标准也是应当的,但应当说是非常低的。问题是为什么孔子要对樊迟强调这一点?其实从本章被编排在此,可以推断出,本章的问答前提很可能是樊迟即将从政为官时向孔子的请教。那么从政为官何难之有?笔者认为,说不难也不难,说难也难。说从政为官不难,是因为一旦从政为官,就会有很大的权力,也就意味着有很多的资源,有很多的人为你出谋划策,有很多的人力、物力听你调遣,这时做一些事会很难吗?说从政为官难,同样是因为一旦从政为官,就会有很大的权力和很多的资源,问题是这样大的权力和这样多的资源,你要用在哪里,用于干什么?理论上讲这不是一个问题,从政为官当然是要处理政事——众人之事。这时笔者想起《论语·为政》的一句话,叫作"思无邪"(详见2.2章)。而要做到这一点就必须要有一颗公心。难就难在这里,要有公心,就要减少私心,就要克制自己的私欲,因此过去有人讲"当务为急,克己为难",笔者认为很有道理。说到这里,再看看古往今来那些从政为官之人实际的所作所为,也就不难理解为什么孔子要对樊迟强调这一点了。同时,"获"就是收获、收成的意思。那么这里的收获具体指的是什么呢?笔者认为,对于一个从政为官的人来说,无外乎功、名、利、禄。其实这也都是人们希望追求的。由此看来,孔子在强调公心的同时,并没有否认人们私欲应得到满足的正当性,只是要求一个从政为官的人把私欲往后面放一放,"先难而后获"。

【编意解】

编者意在通过本章孔门师生的问答,表明一个好的从政为官者,要智、仁双全,所谓智就是"务民之义,敬鬼神而远之";所谓仁就是"先难而后获"。

6.23 子曰:"知者乐水,仁者乐山。知者动,仁者静。知

者乐,仁者寿。"

【译文】

孔子说:"聪明人喜爱水,有仁德者喜爱山;聪明人活泼,仁德者沉静。聪明人快乐,仁者长久。"

【注释】

动,1.作也。本义:移动、震动、运动。与"静"相对。引申为行动。2.变动。3.感动。4.动不动、常常。

静,1.静止,与"动"相对。2.平静、安静。3.通"净",洁净。

寿,1.久也。本义:长寿。引申为寿命。2.老年人。3.祝寿、祝福。4.生前准备的与丧葬有关的事物。

【原文解】

第一是对"乐"的理解。"乐"本身的意思很明确,就是喜爱、喜好的意思。问题是为什么"知者乐水,仁者乐山"?这个问题其实也比较简单,因为水和山的特性本质上很像自己的性格。从某种意义上讲,这句可以理解为"聪明人像水,有仁德者像山"。那么水和山有什么特性呢?对于此不同的人有不同的看法,这里介绍两位先贤的理解。

一是汉代韩婴《韩诗外传》中的看法:"夫水者,缘理而行,不遗小间,似有智者;动而下之,似有礼者;蹈深不疑,似有勇者;障防而清,似知命者;历险致远,卒成不毁,似有德者。天地以成,群物以生,国家以宁,万事以平,品物以正。此智者所以乐于水也。夫山者,万民之所瞻仰也,草木生焉,万物植焉,飞鸟集焉,走兽休焉,四方益取与焉。出云道风,忾乎天地之间。天地以成,国家以宁。此仁者所以乐于山也。"

二是宋代朱熹《四书集注》中的看法:"知者达于事理而周流无滞,有似于水,故乐水;仁者安于义理而厚重不迁,有似于山,故乐山。"

那么我们应怎样理解呢?这需要有深刻的体验和心灵的历练。这里说一句题外话,那就是本章的语言结构,为什么孔子不直接说仁是什么,智是什么呢?这其实反映了语言的局限性。孔子对仁、智这样重要的概念及其区别的深刻体会,已经无法用直白的语言准确表达,只能借助这种比喻的方式表达,这同时也造成了后人理解上的歧义。其实这种语言上的局限性不仅仅表现在此处,许多哲学家对自己思想的表述都存在这种情况,比如庄子、尼采等,他们的重要著作甚至是用寓言写出的。要想理解这样的思想学说,必须要用心体会。

第二是对"动"和"静"的理解。这比较好理解,就是水和山的表现形式及差别。同时也意喻着智者和仁者的表现形式及差别。

第三是对"乐"和"寿"的理解。这也比较好理解,就是智者和仁者所达到的状态及不同点。宋代朱熹认为:"动而不括(束也。约束)故乐,静而有常故寿。"笔者认为比较有道理。很多人将"寿"理解为长寿,此种理解不能说是错的,但比较狭隘。有人反对这种理解,其中一个理由就是,颜回虽仁,但早死。虽然这个理由有以偏概全之嫌,但也说明将"寿"理解为长寿的狭隘。在注释中我们知道,"寿"者久也。老子有云:"不失其所者久,死而不亡者寿"(《老子·三十三章》)。颜回虽早死,但其品行至今不亡,难道不是寿吗?

【编意解】

编者意在通过本章孔子之语,承上一章之意,以明智、仁之意及其分别。

6.24 子曰:"齐一变,至于鲁;鲁一变,至于道。"

【译文】

孔子说:"齐国一改变,可以达到鲁国(这个样子),鲁国一改变,就可以达到先王之道了。"

【注释】

变,1.更也。本义:变化、改变。引申为事变、兵变、突然发生的事件。2.灾异、异常的自然现象。

【原文解】

第一是对齐、鲁两国的了解。

齐国是周代诸侯国,被周天子封为侯爵,分为姜齐和田齐两个时代,其疆域主要位于今山东省大部,国都是临淄(今山东淄博市临淄区),始封之君为周武王国师、军师太公望姜尚(公元前1046年至公元前1015年在位)。据《史记·齐太公世家》载:"太公至国,修政,因其俗,简其礼,通商工之业,便鱼盐之利,而人民多归齐,齐为大国。"传至齐桓公(公元前685年至公元前643年在位)时,成为春秋五霸之首。传至齐康公时,大夫田和放逐齐康公,自立为国君(亦称齐太公)。公元前386年,田和被周安王列为诸侯,姜姓齐国被田氏取代,但田氏仍沿用齐国名号,世称"田齐",成为战国时代七雄之一,于公元前221年为秦国所灭。

鲁国也是周代诸侯国。周武王灭殷之后,就把少昊之墟封给了周公,国号

为鲁。周公因为辅助成王的缘故没有前往封地就国,于是让嫡子伯禽(公元前1043年至公元前997年在位)前往封地就国,因此伯禽就成了鲁国实际的开国君主。鲁国国都为曲阜,疆域在泰山以南,今山东省南部。据《史记·鲁周公世家》载:"鲁公伯禽之初受封之鲁,三年而后报政周公。周公曰:'何迟也?'伯禽曰:'变其俗,革其礼,丧三年然后除之,故迟。'太公亦封于齐,五月而报政周公。周公曰:'何疾也?'曰:'吾简其君臣礼,从其俗为也。'及后闻伯禽报政迟,乃叹曰:'呜呼,鲁后世其北面事齐矣!夫政不简不易,民不有近;平易近民,民必归之。'"鲁国先后传二十五世,三十六位君主。鲁顷公二十四年(前256),鲁国为楚考烈王所灭。

第二是对孔子之时齐、鲁两国情况的了解。孔子生活在鲁昭公、鲁定公和鲁哀公时期,在齐国是齐景公和齐悼公在位时期。那么孔子之时的齐鲁两国到底是怎样的呢?用宋代朱熹的话讲,"孔子之时,齐俗急功利,喜夸诈,乃霸政之余习。鲁则重礼教,崇信义,犹有先王之遗风焉,但人亡政息,不能无废坠尔"。那么哪个好一些呢?在一般人的眼中齐国当时仍很强大,而鲁国弱小,当然是齐国要好一些。可通过本章孔子之语,似乎在孔子的眼中齐国不如鲁国好,为什么呢?其实鲁国所谓的"弱小",根据《史记》的相关记载,这在周公听取齐太公和鲁公伯禽报政时,从各自为政方式的不同中就已经预见到了,不足为奇。但问题是,周公为什么没有因此给鲁公伯禽任何改正的建议呢?鲁公伯禽毕竟是周公的儿子嘛!其实原因也很简单,那就是周公并不认为鲁公伯禽所实施的政策有什么不好,或者说周公并不认为齐国那样的"强大"是一件好事。从另一个角度看,齐国一直很"强大",却很早就灭国了(所谓姜姓的齐国在公元前391年就已经灭亡了),早鲁国灭国一百三十多年,你说哪一个好些?再说一个后来的例子,秦国当时是何等的强大,灭六国而一统中国,可在统一中国后极短的时间(不到十五年)就灭亡了,可以说是中国历史上统一王朝中寿命最短的一个。你说秦国究竟是真强大呢还是假强大?这个所谓的"强大"是好呢还是不好?什么又是真正的强大呢?这值得深入研究和认真思考。

第三是对"道"的理解。本章的"道"应当是指"王道"或"先王之道",也就是孔子认为的一个国家应遵循的道。由本章孔子之语看来,孔子对齐鲁两国所奉行的治国之道都不满意,要达到"王道"境界都要变,怎样变?首先是"齐一变至于鲁"。就是齐国要把鲁国有的而自己缺少的引进来,要"重礼教,崇信义",把功利往后放一放;其次是"鲁一变至于道"。就是鲁国要把自己缺少的建立起来,要任贤用能,重振纲纪,也就是要改变"人亡政息"的状态。应当说明的是,这时的鲁国已经不是当时的、现实的鲁国,而是一个由齐国"一变至于"的鲁国。否则孔子只需说一句"鲁一变至于道"不就行了,何需多一句"齐一变至于鲁"?

【编意解】

本章编者意在表明一个好的从政为官者,要从之前的、当世的为政经历中汲取经验教训,要依道而行。

6.25 子曰:"觚不觚,觚哉!觚哉!"

【译文】

孔子说:"觚不像个觚了,这也算是觚吗?!这也算是觚吗?!"

【注释】

觚(gū),1.乡饮酒之爵也,盛行于商代和西周的一种酒器。2.古代一种写字用的木简。3.棱角、棱形。4.有棱角的器物。

【原文解】

第一,什么是觚?由注释可知,觚有很多的指向,但据先前的儒家学者考证,本章的觚是指当时的一种酒器,用青铜制成,口呈喇叭形,细腰,高足,腹部和足部各有四条棱角,容量三升,一说是二升。

第二,怎么就"觚不觚"了?孔子没有明说,后代儒家学者有许多考证和推测:有的说古代的人制作器皿都有象征性。过去人们认为天圆地方,觚上面是圆形象征天,下面是方形象征地,这样放着稳。可到了孔子的时代,有人把觚的下面也做成了圆的,改变了古制,因此孔子有此感叹。有的说古代的酒器有很多种,也相应有很多的名字,而这些种类和名字都是有含义的,比如说,能装一升酒的叫爵,爵有尽的意思,意思是不多可以喝完。能装二升酒的叫觚,觚有少的意思,意思是不要多喝。能装三升酒的叫觯(zhì),觯有适的意思,意思是好了,差不多了。能装四升酒的叫角,角有触的意思,意思是触犯底线了,错了。能装五升酒的叫散,散同讪(谤也),意思是喝酒没有节制,让人看不起。而当时的人贪酒又不愿落其名,所以不是拿着觚反复的装酒,就是将觚做得容量扩大。因此孔子有此感叹。还有的说,依制觚是有棱的,但当时所制作的觚却没有棱了,因此孔子有此感叹。上述说法都有一定的道理,但毕竟都有推测的成分。依笔者看,"觚不觚"的意思就是东西不成为东西了,已经失去了其本身的应有

之意义了。

第三,"觚不觚"又怎样？如果仅仅是觚不觚,没什么了不起的,觚不就是一个酒器嘛！但如果什么都"觚不觚",那问题就大了。君不像君、臣不像臣、父不像父、子不像子,从政为官的不像从政为官的,那天下岂不大乱？

【编意解】

编者意在通过本章孔子的感叹,表明当时很多事物都已经是"觚不觚"了,包括从政为官的不像从政为官的。通过孔子的感叹,亦在表明：一个好的从政为官者,就要知其本义,行其本职。

6.26 宰我问曰："仁者,虽告之曰'井有仁焉',其从之也？"子曰："何为其然也？君子可逝也,不可陷也；可欺也,不可罔也。"

【译文】

宰我问道："有仁德的人,即使告诉他'井里掉下人啦',他会跟着下去(救)吗？"孔子说："为什么要这样做呢？君子可以去(救人),却不可以陷入(井中)；君子可能会被欺骗,但不可能会被迷惑。"

【注释】

虽,(suī),1.虽然。2.即使、纵然。3.(wéi),通"惟",仅、只。

逝,1.往也,行也。本义：去、往。2.死亡、去世。3.句首语气词,表示强调。4.通"誓",发誓。

陷,1.高下也。一曰陊(duò 同"堕")也。本义：陷阱。引申为坠落、陷入、深入。2.陷害。3.穿、刺穿。4.攻破。

欺,1.诈欺也。本义：欺骗、欺诈。2.欺负、欺凌。3.压倒、超过。

【原文解】

第一是对"井有仁焉"中的"仁"的理解。这里的"仁"很多人理解为人,因为过去这两个字时常是通用的。但也有人将其理解为仁人、好人。笔者认为这两种理解都欠妥,首先第二种解释明显不合适,难道不好的人掉到井里就不应该救了吗？这明显不是仁者应有的标准；其次,去救掉到井里的人,本身就是仁,而且是大仁,是仁者应为之事,因此此处的"仁"不能简单地理解为人,凡是仁者应做的事都是。

第二是对"可逝也,不可陷"的理解。这句话的意思是很明确的,就是我们可以去救人——做仁者应做的事,也应当去做,但不能因此使自己陷入危险的境地。道理也很简单,自己都陷入危险了如何去救人?不但不能去救人,还要让别人来救自己,这是添乱。如果最终两人都死了,那就更令人痛心疾首了。可这个简单的道理,有些人,尤其是年轻人、青少年就未必懂。有些则是平时懂,可事到眼前的时候,却不能照着这个道理做。现实中不就有许多这样的例子吗?事关重大,特别强调一下。

第三是对"可欺也,不可罔也"的理解。这句话的意思是很明确的,就是君子可能会被欺骗,但不可能会被迷惑。问题是被欺骗和被迷惑的区别在哪里?宋代朱熹有这样的解释:"欺,谓诳之以理之所有;罔谓昧之以理之所无。"什么意思呢?笔者认为,欺是用符合道理的假的事实去欺骗,罔是被没有道理的说法所蒙蔽。其实本章前面的内容是对本句很好的解释。有人说"有人掉到井里了",这句话不一定是真的,但"有人掉到井里了"就应当去救,这是符合道理的,尤其是对于儒家所谓的君子而言,因此,君子就会去救;也因此,君子可能会被欺骗。但是怎样去救?救的原则是"不可陷也",这个道理君子是懂得的,否则怎能称之为君子?所以君子是"不可罔也"。说简单一点,作为君子不可能什么事实都知道,但道理是应当知道的,因此君子可能被不知道的事实所欺骗,但不会被没有道理的说法所蒙蔽。譬如说,明明没有救人的能力,却要强行去救,最终反而是添乱,甚至使不幸的事情更加不幸——"陷",这是没有道理的。如此做不是不懂道理,就是被歪理蒙蔽。

【编意解】

编者意在通过本章孔门师徒的对话,表明一个好的从政为官者,要有君子的某些品质,那就是要知道道理,知道轻重缓急、本末终始,要做到"不可陷""不可罔"。

6.27 子曰:"君子博学于文,约之以礼,亦可以弗畔矣夫。"

【译文】

孔子说:"君子广泛地学习文化典籍,并以礼来约束(自己),也就可以不离经叛道了。"

【注释】

博，1. 大通也。本义：大，与"小"相对。2. 宽广、广搏。3. 众多。4. 广泛。特指知识渊博、通达。5. 古代一种赌输赢的游戏（与棋相仿）。6. 换取、讨取。

【原文解】

第一是对"博学于文"的理解。这句话的意思很清楚，就是"广泛地学习文化典籍"。问题是为什么要这样？这样问似乎有些多余，但作为对本章完整形式的解读要求，就不显得多余了。因为所谓文化典籍，无非就是记载了别人的观点、方法、经验和教训，当然这些观点、方法、经验和教训都是有一定深度的，不然也不会被记载并流传。广泛地学习文化典籍，能扩展自己的见识，增长自己的能力。

第二是对"约之以礼"的理解。这句话字面的意思很清楚，就是以礼来约束。问题是为什么要"约之以礼"？这非常重要。回答这个问题，又要从什么是"礼"说起了。对此笔者在前言中已经有比较详细的说明，不再赘述，大家有必要的话可以温习一下。这里强调说明的是，此处的"礼"，即是孔子倡导的周礼，是可以作为判断是非的标准的，同时也应当成为人们的价值取向。了解这一点，就不难理解这句话了。首先，我们在"博学于文"的过程中，会接触到各种不同著者所论及的观点及其学说成立的理由，其中有的甚至是大相径庭，如果我们自身没有一个明确的判断是非的标准和价值取向，就会觉得都有道理，无从判断，陷入茫然——"罔"；其次，我们在"博学于文"的过程中，会了解到各种不同的处理和解决问题的措施和方法，如果我们没有这样一个明确的判断是非的标准——礼，在现实中就可能违礼——违法。其后果是很严重的，轻则归于无效，重则还可能受到惩罚或制裁。

第三是对"弗畔"的理解。"弗畔"的字面意思就是"不违背"。问题是不违背什么？孔子没有明说。前文说"约之以礼"，当然就不会违背礼，而这里的礼是德的外化，而德又源于道，因此我们就可以合理地推演这里的"弗畔"就是不违背"道"。

【编意解】

编者意在通过本章孔子之语，表明一个好的从政为官者，要具备上一章"不可陷""不可罔"的能力、方法和途径，那就是要"博学于文，约之以礼"，如此才能不离经叛道，也就是"不可陷""不可罔"。

6.29 子见南子,子路不说。夫子矢之曰:"予所否者,天厌之!天厌之!"

【译文】

孔子见了南子,子路不高兴。孔子发誓说:"如果我做了什么不正当的事,就让上天嫌弃我吧!就让上天嫌弃我吧!"

【注释】

矢,1.弓弩矢也。本义:箭。2.正直、端正。3.通"誓",发誓。4.陈、陈列、陈述。5.通"屎",人或动物排出的粪便。

厌,(yàn),1.本义:吃饱。2.饱、满足。3.合于心。4.讨厌、厌恶。引申为嫌。5.(yā),泛指压制、抑制。6.(yā),堵塞。

【原文解】

第一是应对"南子"和本章对话的背景有所了解。南子原是宋国公主,后嫁卫灵公为夫人。南子淫乱,与宋国公子朝私通。卫灵公更无道,对此非但不加阻止,反而纵容南子,召公子朝与其在洮地相会。孔子周游列国时,有到过卫国。据《史记·孔子世家》记载:"灵公夫人有南子者,使人谓孔子曰:'四方之君子不辱欲与寡君为兄弟者,必见寡小君。寡小君原见。'孔子辞谢,不得已而见之。夫人在絺帷中。孔子入门,北面稽首。夫人自帷中再拜,环珮玉声璆然。孔子曰:'吾乡为弗见,见之礼答焉。'子路不说。孔子矢之曰:'予所不者,天厌之!天厌之!'"意思是说,南子派人对孔子说:"各国的君子凡是看得起我们国君,愿意与我们国君建立像兄弟一样交情的,必定会来见见我们南子夫人,我们南子夫人也愿意见见您。"孔子推辞谢绝,最后不得已去见她。南子夫人坐在葛布做的帷帐中等待。孔子进门后,面朝北叩头行礼。南子夫人在帷帐中拜了两拜,她披戴的环佩玉器首饰发出了叮当撞击的清声响。事后孔子说:"我本来不愿见她,现在既然见了,就得还她以礼。"子路不高兴。孔子发誓说:"如果我做了什么不正当的事,就让上天嫌弃我吧!就让上天嫌弃我吧!"

第二是子路为何"不说"。本章没有明说。推测一下,一是子路认为南子人品不好,孔子不应与其相见。难道人品不好就不能见面了吗?好像说不通;二是子路认为南子人品不好,孔子不应与其单独相见,怀疑可能做了不应该做的事情。可子路又没有看到,凭什么怀疑?三是即便孔子见南子是谈论正事,子路认为也不应该和一个女人谈,而应当和卫灵公谈,不能屈身以行道。要知道,

南子当时正当权,与当权者谈有何不可?当然,上述都是推测,尽管不无道理但毕竟还是推测。关键是结果,子路因为自己的推测或想当然不高兴了。

第三是对"矢"的理解。本章的"矢"通"誓",发誓的意思,这一点是很明确的。问题是孔子为什么会赌咒发誓?这对于"温良恭俭让"的孔子来说是极为罕见的。孔子赌咒发誓的原因很清楚,那就是子路不高兴了,对孔子产生了误解,孔子想消除这样的误解,可又没有什么证据证明子路误解了自己,所以只能赌咒发誓了。这时问题又来了,孔子不是说"人不知而不愠"吗?子路误解了就误解呗,为何还要赌咒发誓?笔者认为不能如此理解,"人不知而不愠"中的人是"别人"的意思,问题是子路对于孔子来说是"别人"吗?他们是师生,而且是关系非常好的师生,也正因为如此子路才会"不说"。关于这一点前面已有所论述(详见5.12章)。问题是子路不高兴了,对孔子产生了误解,说明了什么?孔子对此赌咒发誓又说明了什么?首先,以子路与孔子的关系,尚且能如此,别人也就可想而知了;其次,孔子赌咒发誓说明孔子害怕,为什么?因为"人之多言亦可畏也"(《诗经·郑风·将仲子》)。

【编意解】

编者意在通过本章的故事,表明一个好的从政为官者,尽量不要做那些容易引起人们误解的瓜田李下的事情,否则会很麻烦——尤其是对要处理政事的人来说。以孔子和子路之间的关系和信任尚有如此之误解,何况他人?

6.30 子曰:"中庸之为德也,其至矣乎!民鲜久矣。"

【译文】

孔子说:"用中致和作为对道的认识和遵循,这该是最高的了吧!民众缺少(这种对道的认识和遵循)已经很久了。"

【注释】

中,(zhōng),1.和也。本义:中心、当中。2.内、里面。与"外"相对。3.半、中途、半中腰。4.不高不下、中等。5.不偏不倚、正。6.(zhòng),合于、符合。引申为射中目标。7.(zhòng),中伤、诬陷别人使受损害。

庸,1.用也。本义:用、任用。2.受雇用、出卖劳动力。3.常也。平常。4.平庸、不高明的。5.功劳。6.副词,难道。

【原文解】

第一是对"中庸"的理解。"中庸"这个概念在孔子及儒家学说中非常重要,在儒家经典中被经常提到。我们知道,在儒家经典的"四书"中,就有一部书叫作《中庸》,也正因为如此,对"中庸"的意思就有非常多的解释,莫衷一是,有的解释甚至是玄之又玄,不知所云。笔者认为,其实不妨简单一些,从"中庸"这两个字的本义进行解释和理解。

所谓"中"就是中心、当中,不偏不倚,无过无不及,就是中道。这时可能会有人问,那为什么上面的注释,"中"的第一个解释是和?这其实也很简单,中心、当中,不偏不倚,无过无不及,是中的表现形式——用中、行中,而和是用中、行中后事物所应达到的状态或效果。前面有子所谓的"礼之用,和为贵。先王之道,斯为美"(详见1.12章)就有这个意思。孔子要行中道,孔子又十分认同"先王之道",那么就可以推导出孔子认为"先王之道"就是中道,行"先王之道"的结果——达到的状态或效果就是"和"。

所谓"庸",就是用,或者是经常用、平常都用,因为"庸"还有常的意思。

所谓"中庸"就是中道常用,或者叫"庸中",常用中道。那么怎样才能知道是不是真的用了"中"呢?一个检验的标准就是是否达到了和。所以笔者将"中庸"简单解释为"用中致和"。当然这说起来简单,做起来是极其困难的,这一点可想而知。

另外,"中庸"用陕西话或河南话甚至山东话读,就是中用,中用就是管用,所谓管用就是能够解决问题。就是没有了矛盾、纠纷,达到了和的状态。笔者之所以有如此解释,缘于西周起源于陕西岐山,缘于孔子是山东人,其祖先是宋国人,其后孔子所谓的周游列国也基本是在现今河南、山东一带。

第二是对"民鲜久矣"的理解。这句话的意思很清楚,就是民众缺少(这种对道的认识和遵循)已经很久了。问题是"民鲜久矣"说明了什么?说明民众没有中的概念,没有用中、行中,进而说明不和,进而说明有争,进而说明乱。为什么会这样?很简单,上行下效。谁是上?官。也就是官员已经很久没有用中的概念了,不用中了。

【编意解】

编者意在通过本章孔子之语,表明一个好的从政为官者,要有"中庸"之德,要行中道,达到和的状态或效果。看来编者对一个好的从政为官者的要求是越来越高了。

6.31 子贡曰:"如有博施于民而能济众,何如?可谓仁乎?"子曰:"何事于仁!必也圣乎!尧、舜其犹病诸!夫仁者,己欲立而立人,己欲达而达人。能近取譬,可谓仁之方也已。"

【译文】

子贡说:"假若(有一个人)能给民众很多好处又能周济大众,怎么样?可以算是仁人了吗?"孔子说:"岂止是仁人,简直是圣人了!尧、舜尚且难以做到呢!至于仁人,自己想要站得住,也要帮助别人站得住;自己想要达到的,也要帮助别人达到。能就近实行此原则,可以说就是实行仁的方法了。"

【注释】

圣,1.通也。本义:通达事理。2.具有最高智慧和道德的。3.指儒家所尊称的道德、智能极高超的理想人物。4.古之王天下者,也是对帝王的极称。

病,1.疾加也。本义:病情加重。2.泛指病、生病。3.缺点、毛病、弊病。4.担心、忧虑。

譬(pì),1.喻也。本义:譬如、比喻。2.了解、领会。

【原文解】

第一是对"圣"的理解。"圣"的本义是通达事理。问题是世间事物何止千万,对于方方面面都能通达这是极其难能的。也正因如此,中国过去很多思想家(尤其是儒家)把全"德"的理想人物叫作圣人。同时也正因圣人是理想的人物,因此具体的形象也是一种想象,集所有美好于一身(甚至是"生而知之"这样的美好想象)。问题是这种想象的意义是什么呢?笔者认为,这种意义有正反两个方面:从正面讲,正因为这个理想的人物如此的高大完美,从而总能印照出我们自身的不足,进而激励我们不断地向前;从反面讲,正因为这个人物如此的高大完美是理想的,可能会使我们错误地确立一个不切合实际的目标,好高骛远。

第二是对"己欲立而立人,己欲达而达人"的理解。这句话的字面意思是很清楚的,就是自己想要站得住,也要帮助别人站得住;自己想要达到的,也要帮助别人达到。人之欲略同,自己想要的,将心比心,可能也是别人想要的。在完成和满足自己欲望的同时,也要帮助别人完成和满足欲望,不能只管自己不管别人,更不能为了自己而去妨碍别人。说到这里,有许多人会想起孔子说的另一句名言,"其恕乎!己所不欲,勿施于人"(详见 15.22 章)。这两句话有什么差别?发生了矛盾怎么办?笔者认为,这两句话都是孔子所谓的恕的表现,"己所不欲,勿施于人"是从不作为方面表现的,是基础也是原则,之所以得出这样的认识,可以参考一下 15.22 章的原文:"子贡问曰:'有一言而可以终身行之者乎?'子曰:'其恕乎!己所不欲,勿施于人。'"从中我们可以看出,"己所不欲,勿施于人"是"终身行之"之道;同时"己所不欲,勿施于人"中的"勿"是禁止的意思。而"己欲立而立人,己欲达而达人"是从作为方面表现的,是恕的延伸。能延伸就延伸,不能延伸就要回归基础,不能突破原则——"己所不欲,勿施于人"。因为人之欲略同,也仅仅是略同。自己想要的,可能是别人想要的,也可能不是别人想要的,甚至是别人厌恶的。比如说酒、肉,你自己想喝、想吃,别人就一定想喝、想吃吗?显然不是。虽然大多数人都想(否则就不会那么贵),但现实中,确实有很多人厌恶饮酒,有些人甚至是素食者。再比如说当官,你想当官,别人就一定想当官吗?不见得。有些人厌其烦而希望逍遥自在。

第三是对"能近"的理解。这句话的字面意思就是能从近处(着手)。这里的近处,既有空间的指向,也有心理的指向,可以是身边的人,自己所管辖的人,也可以是与自己关系近的人,譬如亲人、朋友甚至是熟人。总之要有一点关系。孔子认为,力行仁道要从近处做起,能做一点是一点,由近及远。其实,若仁者如都能如此,也是星星之火,可以燎原。

【编意解】

编者意在通过本章孔子师生的对话,表明一个好的从政为官者,要行仁道,以践行"己欲立而立人,己欲达而达人"的原则。同时在施行仁道时,不可好高骛远,应从近处着手。这时可能会有人问,那么子贡所谓的"博施于民而能济众"到底能不能实现呢?从孔子的回答看是实现不了的。为什么?因为人欲难平。人的欲望或需求是不断增长的,而且这种增长很难看到尽头。"博施于民而能济众"可能永远只是一个目标了。但是只要有目标就好办,就能激发我们不断向前。这恐怕也是编者将本章编排于此的原因,给我们树立了一个从政为官的目标,使我们投入到无限的为人民服务之中。但这时可能会产生另一个更为深刻的问题,那就是民众的欲望的方向在哪里?有没有界限?它会不会将人类带入万劫不复的深渊?这非常值得我们深思。《礼记》有云:"敖不可长,欲不可从,志不可满,乐不可极。"笔者认为,民众作为整体而言是愚蠢的,同时也因

为民众作为整体,其欲望是非常难以束缚和修正的。那怎么办?对此孔子的回答是"教之"(详见13.9章)。至于教什么?如何教?这有待于我们不断地学习、思考。尤其是在科技突飞猛进、制度不断创新的今天。

述而第七

7.1 子曰:"述而不作,信而好古,窃比于我老彭。"

【译文】

孔子说:"(自己只是)传述(已有的思想)而不创设(新的思想),相信并且喜好古代的,我私下把自己比做老彭。"

【注释】

述,1.循也。本义:遵循。2.陈述、记述。3.著述。

作,1.起也。本义:起来、起身。2.兴起。3.开始。4.制作、创作。5 劳作、劳动。6.做、进行工作或活动。7.充当、充任。8.为、成为。

窃,1.盗自中出曰窃。本义:偷。2.篡夺、窃取。指非其有而取之,不当受而受之。3.谦词,私下、私自。

【原文解】

第一是对"述而不作"的理解。这句话的字面意思是很清楚的,就是(只是)传述(已有的思想)而不创设(新的思想)。问题是为什么孔子会这样做?笔者认为主要是出于两个原因。

首先,中国在孔子之前的两千多年里,已经逐步形成了一整套完整的、通人性的、行得通的和行之有效的价值观及其行为规范——思想。通过学习,孔子相信并且喜好这一古老的思想。为了使人们能够安宁的生活,为了这一思想不致灭绝,才整理和传播它,也才没有创作。关于这一点,笔者在前言中有较为详尽的阐述,在此不再赘述。

其次,我们要知道,这里"述而不作"的是思想——价值观及其行为规范。而价值观及其行为规范,尤其是适用于整个社会人群的价值观及其行为规范是不应当轻易变动的,对其变动,尤其是对其核心和主要部分进行轻易变动往往是危险的,是要付出代价的,甚至是非常危险的,是要付出极其高昂的代价的。这往往意味着革命,意味着流血牺牲,甚至是血流漂杵。进一步的问题是,危险

冒了,代价付了,变动后的价值观及其行为规范是正确的吗?答案往往是否定的。对此,不管是翻开中国历史还是世界历史,这样的答案不难得出。这时可能有人会问,自孔子至今两千多年又过去了,世界变化如此,难道还不应该变吗?笔者认为不是不能变,但不能为变而变,要看为什么变?变什么?时间的迁延和世界变化不是理由,因为人还是那个人,今人古人都是人,人同此心,心同此理,不能为变而变。"孝、悌、忠、信、礼、义、廉、耻"你认为应当变哪个?其实变的已经很多了,环顾一下我们的周围,"孝、悌、忠、信、礼、义、廉、耻"还有多少?可变的结果又如何?这需要我们用真心去感觉、体认。再有,孔子真的没有"作"吗?笔者认为,那要看怎样理解这个"作"了,孔子对过去已经有的东西并不是不假区分地、机械地全盘转述,而是有拣选、成系统地阐述,这叫"作"吗?这也需要我们用真心去感觉、体认。

第二是对"信而好古"的理解。这句话的字面意思是很清楚的,就是相信并且喜好古代的。古代的什么?古代的思想——价值观及其行为规范,这一点应该没有什么歧义。问题是要理解,"信而好古"是"述而不作"的原因和基础,最重要的是一个"信",有了这个确信,才会"述而不作"。这时就又产生了两个问题:

首先,为什么要信?因为这种思想是古代的,确实曾经存在过。仅仅如此吗?因为其曾经长期存在过,而且效果十分好。这样的事实有谁能够枉顾,不信能行吗?

其次,为什么要好?因为其所导致的非常好的效果是人们(至少是孔子)非常赞许和向往的,因为信,而进行的探索和研究所取得的发现——这种古代的思想是符合人性的,是行得通的,是行之有效的。

第三是对"老彭"的理解。"老彭"是谁?古说不一,有的人认为是老子,有的人认为是商朝的一个叫老彭的"贤大夫",有的人则认为是两个人,老子和彭祖。令人莫衷一是。但笔者认为这不是很重要,重要的是对前面语句的理解。

【编意解】

本篇形式上主要记载的是孔子自身的言行,当然主要是孔子自我的表白,这与第十篇《乡党》是有区别的。笔者认为,编者意在通过孔子的自我表白和所作所为,展现一个真实的、生动的孔子——圣人。更为重要的是展现了孔子之所以为圣人,这主要表现为孔子的学与教,因此笔者认为本篇是在讨论为学、为教,简而称之是为学,因为学与教是一个问题的两面。而本章编者意在通过孔子之语,言明为学首先要向前人学习——"信而好古",学习前人的积累,包括经验、教训、心得,等等。不可轻言发明创造,要"述而不作"。

7.2 子曰:"默而识之,学而不厌,诲人不倦,何有于我哉?"

【译文】

孔子说:"默默地认知(所学的或所研究的),学习不觉得厌烦,教人不知道懈怠,这些对我有什么呢?"

【注释】

默,1.本义:狗突然窜出追人。2.闭口不说话。3.寂也。幽静、安静。4.私下、暗中。

识,(shí),1.知也。本义:知道、懂得。2.见识、知识。3.相知的朋友。4.(zhì),通"志"。记忆、记住。引申为标记。5.(zhì),记载。

倦,1.疲也。本义:疲倦、劳累。2.厌倦、不耐烦。

【原文解】

第一是对"默而识之"的理解。这句话的字面意思是很清楚的,就是默默地认知(所学的)。

什么是"默默地"?为什么要"默默地"?此处的"默",过去有些人解释为不说话,笔者认为此种理解过于简单和表面。"默"的本意是狗突然窜出追人。这是一种什么情形啊?就是狗紧盯着目标,十分安静而隐蔽的接近目标,使人没有察觉,进而使人感到突然。"默"同时还有寂静、幽静的意思。综合上述的意思,笔者认为此处的"默"就是安安静静,沉下心来的意思,不是仅仅默于口,更是默于心。为什么要如此呢?其实这是深刻体认所有事物奥秘的第一要务,无论是自然科学还是人文科学。所谓事物奥秘无非是事物的本源及其变化规律。而这些是无声无臭的,是深藏于事物内部的,不是仅从表面就能感知的。其实我们从事物表面所看到的往往是假象,这样的例子举不胜举,一定要注意。那么要深入地探索事物的本源及其变化规律,就要心无旁骛,沉下心来感知和体认。应当说明的是,这种感知和体认很重要的一个方面就是对我们的自身、我们的心,因为我们的自身、我们的心也是世界的一部分,而且是非常重要的一部分,我们是自然界几十亿年进化的体现,孟子有云:"万物皆备于我矣,反身而

诚,乐莫大焉"(《孟子·尽心上》)。为何会乐?其实很简单,那就是有所得,大有所得。因此,《大学》有"知止而后有定,定而后能静,静而后能安,安而后能虑,虑而后能得"的论述。高僧达摩有面壁九年的举动。至于思想家、科学家,"默"的例子更是不胜枚举了。

"识"的本义是知道、懂得。问题是如何才能知道和懂得?不能简单指望通过书本的学习,还要思考和体会,要融会贯通,因此笔者将其解释为认知。那么知道、懂得了事物的本源及其变化规律又意味着什么呢?就是通达事理,就是圣。

第二是对"学而不厌,诲人不倦"的理解。这句话的字面意思是很清楚的,就是学习不觉得厌烦,教人不知道懈怠。这其实无需过多的解释,问题是为什么?也很简单,因为其中有悦、乐(详见1.1章)。从某种意义上讲这是一种状态,也是一种结果——"默而识之"到一定程度的结果。进一步的问题是这样做意味着什么呢?这里引用子贡的一句话来做一下解释,这句话叫做"学不厌,知也。诲不倦,仁也"(《孟子·公孙丑》)。

第三是对"何有于我哉"的理解。这句话的字面意思是很清楚的,就是这些对我有什么呢?问题是这句话的深层含义不甚清楚。到底孔子认为这些对他来说不难,都做到了呢?还是孔子认为这些对他来说很难,都没有做到呢?对此过去的解释众说纷纭,各执一词。在笔者认为,都对也都不对。

说前者对,说孔子都做到了,是因为这应该是符合事实;说不对,是因为以孔子的修养应该不会如此不谦虚,甚至有些自夸。

说后者对,说孔子都没有做到,因为是孔子自谦之语,这比较符合孔子的修养;说不对,是因为这不符合事实且与孔子的其他言语不符,孔子在其他场合中说过自己是好学的,是学不厌、诲不倦的(详见5.28章和7.34章)。

那么这句话到底是什么意思呢?这就要看站在什么角度来理解了。"默而识之,学而不厌,诲人不倦"乃至圣之方法。孔子认识到了,那他就会努力地去做到。如果从其自身的角度讲,他所做的相对其理想的状态是否还有差距?还留有遗憾?应该是有的,因此他会说自己没有做到;如果从引导学生的角度讲,他会告诉学生这不难。到底难不难?说难也难,说不难也不难。说难,以孔子之圣尚不能完全做到;说不难,不就三条嘛,能难道哪里去?就看你愿不愿意去做了。

【编意解】

编者意在通过本章孔子之言,表明获取孔子之学的方法,不难,就三条——"默而识之,学而不厌,诲人不倦"。但要真正做到也不容易。

7.3 子曰:"德之不修,学之不讲,闻义不能徙,不善不能改,是吾忧也。"

【译文】

孔子说:"对德不去修养,学问不去研讨,知道义不能去跟从,(知道)不对的不能改正,这些都是我所忧虑的(事情)。"

【注释】

修,1.饰也。本义:修饰、装饰。2.修养。3.整治、治理。引申为修建。4.研究、学习。5.长也。长、高。6.善、美好。7.著、撰写。

讲,1.和解也。本义:讲和、解。2.研究、讨论。引申为练习。注意:在古代,"讲"无"讲话"之意。

【原文解】

第一是对"修德"的理解。其字面的意思就是,建立和提高自身的"德"。那么什么是德?这有点老生常谈,德就是正确而充分地认识了道并能循道而行,简而言之就是对道的认识和遵循。修德的意思就是建立和提高自身对道的认识和遵循。这不禁会使人想起前一章的"默而识之"的"之"。笔者认为,"默而识之"的"之"就是道,"识之"就是修德。

第二是对"讲"的理解。不能将"讲"字按照今天的意思理解为讲话。其本身的意思是"和解",和解不仅仅是讲话,更主要的是对问题的一种处理,是对自身权利的一种坚守和让度,是对自身信念的遵守,其实是一种应用。而应用的表现方式是很多的,如讨论、练习和实际应用等。因此,讲还有练习、操练甚至是用的意思。过去有人将"讲"理解为"习"是有一定道理的。这时我们也许会想起"学而时习之"这句话。学而不讨论、演习,则不能验证所学是否正确,不能深刻体会。学而不用,则无用。

第三是对"是吾忧也"的理解。这句话的字面意思是,这些都是我所忧虑的(事情)。问题是这句话的深层含义不甚清楚。到底孔子认为这些对他来说很难,不能都做到,因此忧虑?还是孔子认为世人尤其是其弟子和身边的人,都没

有做到,因此忧虑呢?说简单一点,就是忧虑自己呢?还是忧虑世人呢?其实回答这个问题,跟前一章原则一样,既忧虑自己也忧虑世人,看站在哪个角度来理解。

【编意解】

编者意在对前一章中的"默而识之"作进一步阐述,尤其是如何具体认识和做到"识之",不难,也是三条,即学而讲、闻义能徙、不善能改。这里的"修德"是根本,是纲,而讲、徙、改是目。

7.4 子之燕居,申申如也,夭夭如也。

【译文】

孔子闲居(在家里的时候),其容貌舒展,其神色愉悦。

【注释】

燕,1.本义:燕子。2.通"宴",用饭食招待客人。3.通"宴",安逸、安闲。4.国名。

申申,容貌舒展的样子。

夭夭,神情愉悦的样子。

【原文解】

孔子能如此说明了什么?其实要理解这些,不妨反身自省一下,当我们闲居之时会是一种什么状态,这时可能会有不少人说,如果自己真的能闲居的话,也会容貌舒展,神色愉悦。其实这说明你对本章的闲居没有真正的理解,或者说明你平时的所作所为并不是你想做的,是在勉为其难,能得以摆脱,才会有所谓的"容貌舒展,神色愉悦"。如果设想一下,你想做而又有能力去做的事(比如从政为官、做生意挣大钱),却因为种种原因不能去做,被迫赋闲在家,而你的家中又没有电视网络,甚至连电都没有,这时你会感觉如何?还会容貌舒展,神色愉悦吗?这时你恐怕感觉到的只是无聊寂寞,表现出的只是愁眉苦脸,尤其是长时间被迫赋闲在家。不信你试试。而孔子情况就是如此,他想从政为官,以推行自己的"道",也有这个能力,但是不能,只能被迫长期赋闲在家,而他的家中连电都没有,更不用说电视网络了。可孔子在此情况下的表现却是容貌舒展,神色愉悦。为什么?因为他还能"默而识之,学而不厌,诲人不倦",他还能学而讲、闻义能徙、不善能改。而这些不需要外界的条件,凭自身的能力就能完成,更重要的是,这是一种更根本的追求。因为这是为了自己,同时这也是自身能力的基础。也正是因为这是为了自己,所以闲居时才能容貌舒展,神色愉悦。这是一种状态,更是一种境界。但应注意的是,其基础是真正知道学是为了自己学。这时笔者不禁想起孔子评价颜回的一句话:"贤哉回也!一箪食,一瓢饮,在陋巷,人不堪其忧,回也不改其乐"(详见6.11章)。这师徒俩还真像。

【编意解】

编者意在通过孔子闲居时的表现,表明孔子之学所能达到的状态及境界,用俗语讲叫功用,那就是在闲居之时,也能容貌舒展,神色愉悦。这种状态是以为了自己而学的心态为基础才能达成的,也是为了自己而学的一种表现。

7.5 子曰:"甚矣吾衰也!久矣吾不复梦见周公!"

【译文】

孔子说:"我衰老得很厉害了!好久我都没有再梦见周公了。"

【注释】

衰,(shuāi),1.衰退、衰弱、衰老。2.减少、削弱。3.(cuī),等级次第的差别。4.(cuī),古代丧服的一种。

【原文解】

第一是对周公的了解。周公,姓姬名旦,是周文王姬昌的第四子,周武王姬发的弟弟,爵为上公,故称周公。周公是西周初期杰出的思想家、政治家。周公曾先后辅助周武王灭商、周成王治国。武王死后,其子成王年幼,由周公摄政当国。平定三监之乱,大行封建,营建成周(洛邑),制礼作乐,后还政成王,不仅在巩固与发展周朝统治上起了极其关键而重要的作用,而且对中国历史的发展产生了深远影响。自春秋以来,周公被历代统治者和学者视为圣人,他被尊为儒学奠基人,也是孔子最崇敬的古圣之一。这里要强调说明的是,周公摄政当国期间制礼作乐,其礼即周礼。周礼是周公在总结前人经验的基础上,损益夏、商旧礼,结合周族原有的习惯,制定出的一套宗法人伦制度和行为规范体系。周礼集中体现了周公——即儒家的价值观及其行为规范,孔子对此极为认同。

第二是对梦的了解。科学对梦的成因与目的目前仍无定论。心理学家弗洛伊德认为:梦是潜意识欲望的满足,人在清醒的状态中可以有效地压抑潜意识,使那些违背道德习俗的欲望不能为所欲为。但当人进入睡眠状态或放松状

态时,有些欲望就会避开潜意识的检查、作用,偷偷地浮出意识层面,以各种各样的形象表现自己,这就是梦的形成。中国有一个俗语叫作"日有所思,夜有所梦"。

从孔子本章之语,可以推测,在孔子没有衰老之前,孔子是经常梦见周公的,为什么呢?因为孔子想成为周公那样的人。那么孔子与周公的区别在哪里呢?如前所述,孔子是非常认同周公的思想,以孔子之好学,其在此领域的思想水平必不在周公之下。那么孔子与周公的区别就在于,周公将其思想成功地推行于天下了,而孔子没有完全做到——尽管其一直在不懈地努力。原因是什么呢?很重要的原因是,周公有权力而且是很大的权力,摄政当国乃天子之权。这时可能会有人说,孔子是想造反,想当天子。错!以孔子认同的周公制定的周礼所体现的价值观及其行为规范,孔子是不会这样想的,更不会这样做。在其"从心所欲"之时,也"不逾矩"(详见 2.4 章)。这时可能会有人说,孔子是想当官。说对了一半。孔子是想从政为官,实际上也当过官而且还不小,但这不是目的,只是手段或途径,因为一旦从政为官就会有很多的权力和资源,而孔子的目的是像周公那样成功地推行思想。这一点在孔子当官后在不能推行其思想时便挂冠而去中可见一斑。所以孔子是想像周公那样成功地推行思想。但眼看自己已经衰老了,没有多少时间和精力了,像周公那样成功地推行思想的想法,实现的希望越来越渺茫,因此也就梦不到周公了。

【编意解】

编者意在通过本章孔子之语,表明孔子之学的目的不仅仅是要满足自身,还要推而广之。这是不是一种恕的表现呢?是不是"己欲立而立人,己欲达而达人"呢?

7.6 子曰:"志于道,据于德,依于仁,游于艺。"

【译文】

孔子说:"立志于认知道,根据德(去做),依照仁(去做),活动于艺之中。"

【注释】

据,1.杖持也。本义:手靠着、靠着。引申为依靠、凭借。2.依据、根据。3.占据、盘踞。

依,1.倚也。本义:靠着。2.依靠、依托。3.依照、按照。

【原文解】

这是孔子一生活动的原则。

第一是对"志于道"的理解。这句话的字面意思就是立志于认知"道"。要深刻理解这句话的意思,就要准确地理解"志"与"道",这可能又有些老生常谈,但笔者仍认为很有必要。"志"字前面已经有所注释(详见1.11章注释),志者意也,心之所向。道,所行道也,引申为万事万物(包括人)固有的天性及其演化发展的规律。此处的万事万物既包括自然科学也包括人文领域,当然,在本章主要是指人文领域。问题是为何要志于道?很简单,这是由于人们的本性所决定的。前面讲过,人们的本性从根本上讲就是生存和发展。而对于道——万事万物(包括人)固有的天性及其演化发展的规律的认知和遵循,对人们的生存和发展具有基础性和关键性的作用,这一点不言而喻。同时我们也知道,"道"是博大精深且深藏不露的,很难被认识和掌握,极可能穷尽一生也无法全面认知。但从另一方面讲,尽一分力,就应能进一步,就应能得到一分。同时也不可否认,对于深藏不露的东西,人们都有探知的欲望,这恐怕就是所谓的好奇心。好奇心是人的本性非常重要的一方面。好奇心的满足甚至是满足的过程都是一件非常愉快的事情,更何况这种满足与人们的生存和发展息息相关。"道"是应当去被认知的,也是值得立志去认知的,因此,孔子说:"朝闻道,夕死可矣!"

第二是对"据于德"的理解。这句话的字面意思就是根据德(去做)。要深刻理解这句话的意思,就要准确地理解"据"与"德"。据者杖持也,有根据、凭借之意。"德"的意思已经说的很多了,就是正确而充分地认识了道并能循道而行,说简单一点,从某种意义上讲就是能力。"据于德"的意思就是根据自己的能力去做事。换一句话讲,就是不要做自己没有能力去做的事。这一点很重要。只有做自己有能力去做的事才能将事做成、做好,而做自己没有能力去做的事,则往往做不成,做坏。做自己力所不能及的事情,于人于己都不好,尤其是涉及他人,甚至是处理政事的时候,这就上升到道德的问题了。用法国皇帝拿破仑的话讲,这是最不道德的事情。道理虽然很简单,但实际上去遵守却往往不容易,这样的例子在现实中比比皆是。见别人写书出了名,也不想想自己行不行,就也去写书,结果贻笑大方;见别人开公司挣了钱,也不想想自己行不行,就也去开公司,结果血本无归。因此,孔子说"为政以德"。

第三是对"依于仁"的理解。这句话的字面意思就是依照仁(去做)。要深刻理解这句话的意思,就要准确地理解"依"与"仁"。"依"就是遵照、根据、依照的意思;"仁"的意思已经说的很多了,说简单一点就是人与人交往的准则,从某种意义上讲就是一种价值观念、价值取向、价值标准。这时可能会有人问,孔子既要"据于德"又要"依于仁",难道德与仁是一回事吗? 这样问是有问题的,因为答案不是"是"或"不是"。前面说过,就是正确而充分地认识了道并能循道而行,从某种意义上讲就是能力。而道则是万事万物(包括人)固有的天性及其演化发展的规律。而"仁"是仁道,是人与人交往的准则。当然,孔子所谓的"仁"就是人与人交往的道。笔者认为,孔子所谓的"仁"只是道的一部分。那么"据于德"和"依于仁"的区别在哪里呢? 笔者认为,"据于德"就是根据自己的能力去做事。而一个人可能会有很多才能,同时一种才能又可以用在许多方面。但这并不意味着只要他能做的事都可以去做。"依于仁"就是要按照仁的要求或标准去做事。从某种意义上讲,"据于德"就是你能够做什么,而"依于仁"是你应该做什么,不应该做什么。比如说,一个人有很高的化学造诣,他能够制造出药品,也能够制造出毒品,但他是不是都可以去做? 如果他"依于仁"的话,那他就应该去制造药品,去救人,而不应该去制造毒品,去害人。孔子说:"志士仁人,无求生以害仁,有杀身以成仁。"

第四是对"游于艺"的理解。这句话的字面意思就是活动于艺之中。要深刻理解这句话的意思,就要准确地理解"游"与"艺"。"游"字前面已经有所注释(详见 4.19 章注释),本指人或动物在水里浮行或潜泳,也有移动的意思,从某种意义上讲是一种生存的技能。"艺"字前面已经有所注释(详见 6.8 章注释)。"艺"者种也,本义是种植,进而有才能的意思。我们知道,游泳是一项技能,游的好则更要好好地练习。同时我们也知道,种植是为了收获,所以"艺"这种才能是可以带来收获的才能。那么"游于艺"是什么意思呢? 笔者认为,要有可以带来收获的才能,即可谋食之技,可生存立足于当世之技。那么这里的技——艺具体指的是什么呢? 过去很多人将其理解为"六艺",即礼、乐、射、御、书、数。笔者认为如此解释仅就本章而言没有问题,如推而广之,则显不够全面,因为此"六艺"仅仅是当时士大夫阶层不可或缺的技能,那其他人呢? 比如说农民、工匠。笔者认为,只要是能使一个人生存立足于当世的才能都算"艺"。应当说明的是,如此理解的层次和境界是比较低的,游还有游玩的意思,而游玩是一种享受。因此,"游于艺"也可以理解为享受可以带来收获的才能。会有这样的情况发生吗? 当然。因为才能就是德,就是对道的探索、认知和运用,只是这种谋食之技所探索、认知和运用的道,可能是小道——分殊之理。但它也是道,对其探索、认知和运用也一定会有快乐,譬如庖丁之解牛。

【编意解】

编者意在通过本章孔子之语,向人们展示孔子之学的总体状态,即志存高远、惟道是从、秉道而行、立足现实。

7.7 子曰:"自行束脩以上,吾未尝无诲焉。"

【译文】

孔子说:"只要拿一小捆干肉以上的(礼物来见我的人),我从来没有不给他教诲的。"

【注释】

脩,1.脯也。本义:干肉。2.同"修"。

未尝,未曾、不曾、从来没有。

【原文解】

这是孔子教诲他人的原则。

第一是对"束脩"的理解。"束脩"的字面原始意思是很清楚的,那就是一小捆干肉,据相关考证,十为一束,因此可以更直白地解释为十条干肉。当然这只是其原始的意思,其延伸的意思又是什么呢?对此过去有不同的理解,一是士、大夫向人请教问题时,或向士、大夫请教问题时所送的礼物;二是指年纪在十五岁以上的人;三是指年纪在十五岁以下的人(童子)。问题是哪一个解释较为准确呢?笔者认为后两种解释欠妥。首先,如果"束脩"是指年纪在十五岁以上的人,那整句话的意思就是说,凡是十五岁以上的人孔子都曾教诲过。真有这种情况吗?孔子是那种不管别人喜欢不喜欢都去教诲他人的人吗?不可能,因为这有违"恕"道,况且,凡是十五岁以上的人都去教诲,那得花费怎样的精力,一个人无论如何是做不到的;其次,如果"束脩"是指年纪在十五岁以下的人,就更说不通了,除了前面所述的理由之外,谁会认为孔子会教诲一个正在牙牙学语的孩子?就是这个孩子是孔子的儿子,孔子也未必会去教诲他。因此,笔者认为还是第一种理解更为准确。

第二是孔子为什么要这样?难道是孔子爱财,不送礼的就不教?孔子是个人,应当是爱财的,但笔者认为还不至于爱到如此地步。至于是不是不送礼的就不教,本章没有明说,也不能想当然的如此推论。那么孔子为什么要这样?

笔者认为原因很简单,首先,孔子本身就是大夫,向大夫请教问题依礼就应当有此礼节。一般来说,能向孔子请教问题的也多为士大夫,是有知识学问的人;其次,孔子能教诲人们什么?礼应当是一个很重要的方面,而来请教的人守礼,应当是一个基础,如此才能说明双方有最起码的共同基础;最后,也是最重要的一点,一个人送礼来请教问题,则更能以实际行动表明,这人是真心诚意地向孔子请教。因为孔子识人的方法,自发现宰我昼寝之后,就改为"听其言而观其行"了(详见5.10章)。我们知道,孔子的一个行为原则是"己所不欲,无施于人",这也就说明,孔子在不能确信对方是真愿意得到教诲的情况下,他是不会教诲这个人的。孔子的如此行为,难道不是一种"恕"道的表现吗?这时可能会有人问,"束脩"到底是多还是少?说多也多,尤其是在那个物质十分匮乏的年代,很多人连饭都吃不饱,"七十者可以食肉矣"(《孟子·梁惠王上》)都是理想,十条干肉还真是不少。可说多也不多,十条干肉就能得到圣人的真知灼见,继而可安身立命,你说多不多?再想一想孔子为获得这些真知灼见所付出的心血,你说多不多?其实是多还是少,并不重要,重要的是这是礼,是礼的要求。前面讲过,对礼的遵守,最好的状态是无过无不及。

【编意解】

编者意在通过本章孔子之语,向人们阐述教诲他人的原则——这也是孔子之学的原则态度,那就是对真心想要得到教诲的人,都要去教诲。

7.8 子曰:"不愤不启,不悱不发。举一隅不以三隅反,则不复也。"

【译文】

孔子说:"(教导学生)不到他想弄明白而不得的时候,不去开导他;不到他想说却说不出来的时候,不去启发他。告诉他事物的一个方面,他却不能由此推知其他三个方面,就不再教他了。"

【注释】

愤,1.懑也。本义:郁结于心、憋闷、烦闷。2.愤怒、怨恨。同"忿"。3.发奋。

启,1.开也。本义:开、打开。引申为开发、开拓。2.启发、教育。3.开拓、开创。4.萌芽、开始。5.陈述。

悱(fěi),想说而说不出的样子。

隅,1.陬(zōu)也。本义:山水弯曲边角处。2.角、角落。3.靠边的地方。

反,(fǎn),1.覆也。本义:手心翻转。2.翻转。3.反,与"正"相对。4.违反。5.通"返",返回、回归。引申为归还。6.反叛、造反。7反而。8.(fān),翻案。9.(fǎn),通"贩",做买卖。10.(fǎn),反切,中国古代的一种注音方法,用两个字拼成一个字的音,用上一个字的声母,和下一个字的韵母和声调相拼。

【原文解】

这也是孔子之教的原则,过去有人认为与上一章应同属一章。

第一是对"不愤不启,不悱不发"的理解。"不愤不启,不悱不发"的字面意思就是不到他想弄明白而不得的时候,不去开导他;不到他想说却说不出来的时候,不去启发他。问题是为什么要这样?回答这个问题就要对"愤""悱"有较深刻的理解。"愤"者懑也,本义是郁结于心、憋闷。"悱"的意思也是很清楚的,就是想说而说不出的样子。这种"愤""悱"的状态是怎样产生的?笔者认为,这种状态是百思不得其解之后的状态。这时笔者想起孔子说过的另一句话,叫作"学而不思则罔"(详见2.15章)。也就是说,"思"对孔子来说是非常重要和不可或缺的。当孔子教一些东西给学生后,学生明白了当然很好(像颜回一样),如果学生不明白,那孔子就要搞清楚学生不明白的原因,是思考之后还不明白,还是就没有经过思考所以不明白。怎么判断呢?思考之后还不明白的表现就是"愤""悱",这时去启发他才有必要,也才会有好的效果。如果没有经过思考,那你再如何启发他又有什么用呢?孔子如此,意在督促学生们思考。同时说明,老师教很重要,但前提是学生自己要努力。有关于此,其例子在《论语》中有很多,大家可以学习体会。

第二是对"举一隅不以三隅反,则不复也"的理解。"举一隅不以三隅反"其实就是成语"举一反三"的出处。问题是举一反三说明了什么?一个人能举一反三,说明这个人对相关的问题或道理有了真正的认识,真的懂了。知道了这一点,"举一隅不以三隅反,则不复也"也就好理解了,就是说一个人对之前所学的没有弄懂之前,就不再教他下面的或更多的了。之所以如此,道理也很简单,贪多了嚼不烂,消化不了。饭得一口一口地吃,山得一步一步地攀。应当说明的是,"则不复也"不可理解为从此再也不教他了,否则孔子岂不是只教聪明的学生,不教笨一点的学生了?那么"诲人不倦"又如何体现呢?

【编意解】

编者意在通过本章孔子之语,说明孔子之教的原则,督促学生思考,学生学懂了再往下教。这时有一个问题,"不愤""不悱"就不教了吗?这似乎是说不通的。譬如一个小学生,他是不会"愤""悱"的。对于这个问题,要有不同层面的认知。首先,这里要搞清楚一个情况,那就是孔子所教之人是什么样的人?其实孔子所教之人绝大多数都是真心求教的人——"自行束脩以上"(详见7.8章),也是非常有水平、有境界的人——譬如孔子的那些弟子们、《论语》的编者们。这一点很重要,也因此孔子的话或相关回答,其中的深意不可仅仅以一般人的水平和境界从表面理解,否则就会感到不切实际。道理很简单,孔子教的就不是一般人,《论语》本身既不是凡夫俗子所编,也不是为凡夫俗子所编,而是为那些立志自拔于俗流的人所编。其次,"不愤""不悱"的人怎么办?不教了吗?当然不是。那就要想办法使之"愤""悱"。如何才能使之"愤""悱"呢?"循循然善诱"(详见9.11章)。《论语》的第一篇第一章就是典型的一例。

7.9 子食于有丧者之侧,未尝饱也。

【译文】

孔子在有丧事的人旁边吃饭,不曾吃饱过。

【注释】

食,(shí),1. 六谷之饭曰食。本义:饭、饭食。2. 粮食。3. 食物的通称。4. 接受、享用、取得俸禄。5. 吃、吃饭。6.(sì),供养、给……吃。7.(sì),喂养、饲养。8. 日食、月食。

【原文解】

第一是对"未尝"的理解。"未尝"的本义就是不曾、从来没有,这应该没有什么歧义。但笔者认为,这个"未尝"说明孔子"食于有丧者之侧"并不是偶尔的一两次,而是多次甚至可能是经常性的。为什么会这样呢?这其实也是很好理解的,通过前面的学习,我们知道当时的社会强调礼,礼又以丧礼为重,强调"死,葬之以礼,祭之以礼"(详见2.5章),而孔子又是以知礼著称,因此很可能经常被人们请去主持或指导丧礼。其实,当时很多的政治活动都是以祭祀的形式完成的,当时的士大夫的一项重要工作就是主持、指导或参与相关礼的活动。

第二是对"饱"的理解。"饱"字前面已经有所注释(详见1.14章注释),

"饱"的意思古今没有什么区别,就是吃足、充足、多的意思。一个人家中有丧事,很多人来帮忙,以使这家人能完成葬礼——"葬之以礼",这家人为表达感谢,请帮忙的人吃顿饭,乃人之常情。真心请别人吃饭,当然会希望别人吃饱,被请的人出于对主家的尊重,也会尽量多吃一些,这也是人之常情。可是孔子为什么会"未尝饱也"呢?难道孔子不通人情?显然不是,那是为什么呢?这时笔者想起前面学习过的一句话,叫作"祭如在,祭神如神在"(详见3.12章)。如何才能做到"祭如在,祭神如神在",那是要有一颗诚心的。也正是孔子有了这颗诚心,进而受到了丧者之悲的感染,因此才没有了心情吃饱。这不是一种矫揉造作,而是情之所至。饱与不饱谁知道?主家肯定不知道,只有与之经常生活在一起的人才能知晓,如弟子们,而谁又会在经常生活在一起的人面前表演呢?那很累,也做不到。

【编意解】

编者意在通过孔子在丧礼中的表现,说明学与教就是真诚地去做,一如既往地去做。这说明学礼、教礼、行礼是孔子之学的十分重要的部分,只有真诚地去做,才能对所学的内容有深刻的认知和认同。

7.10 子于是日哭,则不歌。

【译文】

孔子在这一天(为吊丧而)哭泣,就不再歌唱。

【注释】

哭,1.哀声也。本义:悲痛出声,声泪俱下。2.吊唁,祭奠死者并慰问家属。
歌,1.咏也。本义:唱。2.歌颂、赞美。3.作歌、作诗。4.歌曲、歌词。

【原文解】

过去有人认为本章与上一章应同属一章。

第一是对"哭"的理解。"哭"的本义是哭泣,在过去,"哭"一般特指为哀悼死者而哭泣,是一种礼仪。因此,笔者将此处的"哭"译为(为吊丧而)哭泣。

第二是对"歌"的理解。"歌"在本章的意思就是唱、歌唱。这很好理解。人们什么时候才会歌唱呢?一般应当是心情比较好的时候,当然也有悲歌。但问题是为什么"子于是日哭,则不歌"呢?有人会觉得这不是个问题,孔子这一天都哭了,心情肯定不好,当天不再歌唱乃人之常情。这种理解不能说错,但过

于简单。因为前面说过了本章的哭是一种礼仪,或者说是礼的要求。既然是要求,那哭可能也就只是形式而已。而"子于是日哭,则不歌"说明,此处孔子之哭不只是形式,而是情之所至。

【编意解】

本章被编排在此的意义,笔者认为同上一章一样。

7.11 子谓颜渊曰:"用之则行,舍之则藏,惟我与尔有是夫。"子路曰:"子行三军,则谁与?"子曰:"暴虎冯河,死而无悔者,吾不与也。必也临事而惧,好谋而成者也。"

【译文】

孔子对颜渊说:"任用我呢,我就去干;舍弃我,我就隐藏起来,只有我和你才能做到这样吧。"子路说:"老师(如果)统帅三军,您和谁在一起(共事)呢?"孔子说:"徒手与老虎搏斗,徒步涉水过河,死了也不会后悔的人,我是不会和他一起(共事的)。一定要(合作的话,也)是与遇事小心谨慎,善于谋划而能做成的人。"

【注释】

用,1.可施行也。本义:使用、采用。2.任用。3.用处、作用。4.费用、资财。5.介词,因为、由于。6.介词,以。

舍,(shè),1.市居曰舍。本义:客舍,引申为房舍。2.止息之处。3.住宿、休息。4.中国古代行军以三十里为一舍,如退避三舍。5.(shě),释也,放弃、不要。6.(shě),除去、离开。7.(shě),施舍、布施。

藏,1.(cáng),本义:把谷物保藏起来,引申为收藏、储藏。2.(cáng),匿也,隐匿。3.(zàng),收藏财物的府库。4.(zàng),埋葬。5.(zàng),内脏。6.(zàng),佛教、道教经典的总称。

军,1.圜围也。本义:围成营垒。2.驻扎。3.军队的编制单位——万有二千五百人为军,大国三军。4.军队。

暴虎冯(píng通"凭")河,此为一成语,最早出自《诗·小雅·小旻》,本义为徒手与虎搏斗,徒步涉水过河。比喻有勇无谋,鲁莽冒险。

惧,1.恐也。本义:害怕、恐惧。2.惊慌失措的样子。3.使恐惧、恐吓,引申为担心。

述而第七

【原文解】

本章体现了孔子对从政、为政的认识。

第一是对"用之则行,舍之则藏"的理解。

首先是要对其中的"用"字有深刻理解。"用"字在本章的意思就是任用,这一点应当是明确的。问题是任用孔子干什么事?或者说孔子有什么想干的事,需要被任用才能去干?是求学、教学,还是整理编纂古代的文献典籍?看来都不是,因为这些不需要别人的任用,仅凭自己的力量就可以完成。事实上对于孔子而言,做这些事情并没有别人的任用,仅凭自己的力量就已经做得非常好了。那会是什么事呢?笔者认为就是从政、为政。笔者之所以如此认为,一是从政、为政是要被任用的;二是子路之谓"行三军"就是政事。德国军事理论家克劳塞维茨说过:"战争无非是政治通过另一种手段的延续"(《战争论》);三是"政乃众人之事",乃事之大者,因此才需"临事而惧"。

其次是要对其中的"舍"字有深刻理解。"舍"字在本章的意思就是舍弃,与"用"字相对,就是不被任用的意思。问题是,以孔子之大德(才能),怎么会不被任用呢?原因其实也很简单,那就是孔子之从政、为政不是为当权者捞取财富进而使自己荣华富贵的。孔子之从政、为政乃是为了更好地推行自己的思想,孔子是有理想和信念的。这一点前面已多有阐述,在此不再赘述。

最后是要对其中的"藏"字有深刻理解。"藏"字在本章的意思就是隐匿、隐藏。问题是为什么要隐藏起来?因为不藏起来会有危险,隐藏起来是为了保存自己,使自己能够活下去,只有活下去才能使自己的思想一代一代传下去,才有机会实现自己的理想。为什么会有危险呢?因为那是一种思想——价值观及其行为规范,而当一种思想与当权者的思想不一致甚至是抵触的时候,这种思想如得以实现就会触动当权者的既得利益,就会带来危险。因此有时活着,也是一种坚守,也是一种智慧。

第二是对"惟我与尔有是夫"的理解。这句话的字面意思很清楚,就是只有我和你才能做到这样吧!问题是这说明了什么?很明显,能够这样做的人很少。为什么?因为很难。孔子之学本身就有很强的致用性,从政、为政则是非常重要的表现。关于此,通过之前《论语·为政》和《论语·雍也》的学习我们应当不难理解。同时,从政、为政又能带来显赫的地位和大量的财富。也正因为如此,许多受教于孔子的人,将从政、为政作为学习的最终甚至是唯一的目的,孜孜以求。

第三是对"临事而惧,好谋而成"的理解。

首先要对其中的"惧"字有深刻理解。"惧"字本义就是害怕、恐惧。问题是什么事会让人"临事而惧"？应该不是一般的事,更不是每件事。一般来说应该是大事,应该是那些应该做、但做不好自己又承担不起责任的事。那么对于孔子来说这是些什么事呢？结合本章的上下文,笔者认为应该是政事——众人之事。那么"惧"又是何意呢？"惧"就是怕,怕就想避免失败,想避免失败就要小心谨慎,就要想办法,这些大家可能都有所经历,很好理解。

其次要对其中的"成"字有深刻理解。"成"字在本章的意思就是成就、成功。问题是如何成？一惧二谋。为何要成？因为那是众人之事,不能失败。也正因如此,孔子断然否定了"暴虎冯河,死而无悔"的观念。在有些人看来,有些事情不能失败,否则百身莫赎,所以孔子在这里强调了一个"成"字。笔者认为,对于政事,"成"与"不成"是终极的检验标准,"尽力了""尽心了"等词语都是开脱、逃避之词。

【编意解】

编者意在通过本章孔子师生的对话,向人们展示孔子对从政、为政的认识,以端正学的态度,端正从政、为政的态度。从政、为政是为了推行自己的思想,"用之则行,舍之则藏",因为"古之学者为己"（详见 14.24 章）,不可孜孜以求；政乃事之大者,要"临事而惧,好谋而成",不可"暴虎冯河,死而无悔"。

7.12 子曰:"富而可求也,虽执鞭之士,吾亦为之。如不可求,从吾所好。"

【译文】

孔子说:"（如果）富裕可以去追求,就算是给人执鞭这样的下等差事,我也会去做。（如果）富裕不可以去追求,那就还是按我的爱好去干事。"

【注释】

求,1.索也。寻求、寻找。2.责备、责求。3.索取。4.乞也。乞求、请求。5.贪求、贪婪。

【原文解】

第一是对"富"的理解。"富"字前面已经有所注释（详见 1.15 章）,其本义就是财产多、富裕,与现在富的含义没有什么太大的差别。问题是有多少财富才能叫作富裕呢？这个标准很难确定和统一，因为它不仅因人而异，也因时而异。有的人认为有10万元就很富裕了，而有的人认为有100万元也不够富裕。更要命的是，一个人认为有10万元就很富裕了，可当他真的有10万元的时候，他往往会觉得有100万元才算富裕，这何时是个尽头？还有一个问题，就是如何才能得到财富？这个问题似乎不是一个问题，诚实的劳动、新颖的发明、睿智的经营甚至大胆而又远见的投资等，都是获得财富的合法途径。问题是在孔子的年代有哪些途经呢？其实在孔子生活的年代，获得可能使人富裕的财富的途径极其有限，从政为官几乎是唯一的途径。因此笔者认为，本章的"富"含有官位的意思，求富含有求官位的意思。"执鞭"本身就是一种官职，只不过职责是看守护卫，地位相对低贱而已。应当说明的是，司马迁在《史记》中引用这句话的时候，说的是"富贵如可求，虽执鞭之士，吾亦为之。如不可求，从吾所好"（《史记·伯夷叔齐列传》）。

第二是对"求"的理解。"求"在本章的意思就是寻求、追求的意思。问题是富裕到底是可求还是不可求呢？笔者认为这要分情况而定。如果求富是指从政为官，那就要看你是否有并坚守自己的思想，以及你的思想与当权者是否统一。如果答案是肯定的，那就可以去追求，哪怕只是做一个"执鞭之士"。如果答案是否定的，那就不可以去追求，因为当权者不大可能任用你，就算是任用了你，你也干不成什么事，最终还是要被舍弃，徒取其辱；如果求富是指追求富裕，那就要看你所谓富裕的标准和对这个标准的坚守了。如果你所谓富裕的标准不是很高——比较现实并通过一定的努力可以实现，并且能坚守这个标准，那就可以去追求，因为富裕毕竟是人们都希望得到的。如果你所谓富裕的标准很高——不现实，或者你所谓富裕的标准不是很高——比较现实并通过一定的努力可以实现，但你不能坚守这个标准，那就不可以去追求了。因为富裕是人们都希望的，但要知道人的欲望是无限的，而人的生命和精力是有限的，以有限的生命投入到无限的欲望之中岂不荒唐？除非你同时喜好追求富裕的过程——又有几个人真的喜好这个过程呢？或者追求富裕是你最高的甚至是唯一的目标。

【编意解】

编者意在通过本章，进一步阐述上一章中的"用之则行，舍之则藏"。之所以如此，就是因为其不可求，就是希望得到，但不可去执意追求。为什么？因为还另有所"好"。孔子之所"好"是什么呢？自己思考体会。笔者认为，更应该

思考体会的是我们自己的真正的"好"。我们只有找到自己真正的"好",并能"从吾所好",这样才不枉过一生。

7.13 子之所慎:齐、战、疾。

【译文】

孔子所(特别)慎重对待:斋戒、战争和疾病(这三件事)。

【原文解】

第一是对"齐、战、疾"的理解。"齐"字前面已有所注释(详见2.3章注释),在本章通"斋",亦读"斋"。斋就是斋戒,斋戒是祭祀前整洁身心的活动,其表现形式很多,如素食、沐浴等,目的是为了静心、专心,以期在祭祀时能交于神明;"战"字前面也有所注释(详见3.21章注释),"战"者斗也,就是作战、打仗;"疾"在本章就是疾病的意思。"齐、战、疾"本身的意思还是比较明确的,问题是这三件事有什么共性呢?笔者认为至少有两种共性。

一是这三件事在当时都是大事,非常大的事。首先,"齐"是祭祀的核心活动,从某种意义上讲也就是祭祀,而祭祀在当时是非常重要的,它相当于后来人们对信仰——价值的一种宣示和确立,因此《左传》有云"国之大事,在祀与戎";其次是"战",战争是大事,非常大的事,涉及死生存亡,这不用多说,现在也一样。更为重要的是战争关系着众人的死生和国家的存亡;最后是"疾",疾病则是直接关系到自己的生死。

二是这些事都不可确知。当时是如此,两千五百多年后的今天何尝不是如此。首先是信仰——价值。今天的人们信仰什么?财富吗?好像不是——也不应该是。是其他的什么吗?好像也不是,因为人们都在拼命挣钱。其次是战争。自有人类以来,战争就从未停止过,人们对战争的研究更可谓是前仆后继,从孙武的《孙子兵法》到克劳塞维茨的《战争论》,真是数不胜数,可谁又真正的知晓战争呢?没有人!最后是疾病。以当今的科学技术之发达,却又有如此多的不治之症,可见一斑。

第二是对"慎"的理解。"慎"字前面已有所注释(详见2.3章注释)。"慎"乃真心,谨也,诚也。本义是谨慎、慎重之意,对此应该没有什么歧义。问题是为什么要"慎",这一点从前面对"齐、战、疾"的阐述可以非常清楚的了解,不再赘述。另外一个问题是,难道除了"齐、战、疾"这三件事要慎重之外,其他的事就不需要慎重了吗？就可以怠慢了吗？显然不是。如此理解是比较偏执的。事实上，孔子对很多事都是很慎重的，比如其所学、所教、所编。这里的"子之所慎"，只是对孔子所慎之事的特别强调。

【编意解】

编者通过孔子之慎，向人们展示孔子对齐、战、疾之类重大而又不能确知的事物的态度——慎之又慎。这一点我们通过《论语》的学习应当有所体会，孔子极少谈论与之有关的问题。这不禁使人想起曾参的话："传不习乎"（详见1.4章）。对于无法确信的事情是不能传授的，尤其是这个事物还事关重大。

7.14 子在齐闻《韶》，三月不知肉味，曰："不图为乐之至于斯也。"

【译文】

孔子在齐国听到了《韶》乐，有很长时间不知道肉的滋味，他说："想不到创作乐曲可以达到《韶》这样（的境界）。"

【注释】

图，1.画计难也。本义：想、反复考虑。2.图谋、谋取。3.谋划、设法对付。4.料想。5.图画、地图、版图。6.画。

【原文解】

第一是对"韶"的理解。"韶"前面已经介绍过（详见3.25章），孔子赞其"尽美矣，又尽善也"。至于"韶"究竟如何，遗憾的是我们现在已无从得闻。这里要强调的是，"韶"是一种乐，而乐在中国尤其是古代是非常重要的，它的作用绝不仅仅是娱人耳目，还有治国理政、移风易俗等重要作用。关于这一点前面已有阐述（详见3.23章），不再赘述。

第二是对"三月不知肉味"的理解。"三月"是指时间长，而非确指三个月。肉乃食之美者。"不知肉味"是说尝不出肉的滋味。为什么呢？专注于他物——《韶》，对于所食心不在焉。为什么会专注于《韶》呢？一是因为喜好乐，水平造诣高，能查他人之所不见；二是因为《韶》尽善又尽美；三是因为乐很重要。

【编意解】

编者意在通过孔子"闻《韶》"之后的感受，意在言明孔子之学的终极目标，那就是乐——快乐。当然,这种快乐不是简单的甚至是粗俗的感官快乐即肉欲——"三月不知肉味",而是一种精神上的、灵魂上的美与善——"尽美矣,又尽善也"。

7.15 冉有曰:"夫子为卫君乎?"子贡曰:"诺;吾将问之。"入,曰:"伯夷、叔齐何人也?"曰:"古之贤人也。"曰:"怨乎?"曰:"求仁而得仁,又何怨?"出,曰:"夫子不为也。"

【译文】

冉有(问子贡)说:"老师会帮助卫国的国君吗?"子贡说:"嗯,我这就去问。"(于是)进去问孔子说:"伯夷、叔齐是什么样的人呢?"(孔子回答)说:"古代的贤人。"(子贡又)问:"(他们有)怨恨吗?"(孔子)说:"(他们)寻求'仁'而得到了'仁',又有什么怨恨呢?"(子贡)出来(对冉有)说:"老师是不会帮助卫国国君的。"

【原文解】

第一是要了解当时的"卫君"是什么样的状况。据《史记》记载,当时的卫国国君是卫灵公的太子蒯聩(kuǎi kuì)的儿子,即卫灵公的孙子卫出公辄(zhé)。卫灵公在位时,太子蒯聩因不满卫灵公的夫人南子(详见6.29章),欲杀之而不成,事发后卫灵公十分愤怒,太子蒯聩就逃到了晋国。卫灵公去世前欲传位给其小儿子郢(yǐng),郢不受,认为自己能力不足,且太子蒯聩的儿子辄还在。于是卫灵公去世后卫国人立辄为国君,即卫出公。而就在这时,逃亡在晋国的卫灵公的太子蒯聩(卫出公的父亲)却要回国抢夺君位。于是卫出公辄发兵阻挡,蒯聩夺位未成。对此感兴趣的人可详细阅读《史记·卫康叔世家》。这是在争夺君位,且是父子相争。

第二是了解"伯夷、叔齐何人也?"他们做了些什么让孔子为之称道?关于伯夷、叔齐这两个人的生平事迹,《史记·伯夷、叔齐列传》中有专门的记载:

伯夷、叔齐,孤竹君之二子也。父欲立叔齐,及父卒,叔齐让伯夷。伯夷曰:"父命也。"遂逃去。叔齐亦不肯立而逃之。国人立其中子。于是伯夷、叔齐闻西伯昌善养老,盖往归焉。及至,西伯卒,武王载木主,号为文王,东伐纣。伯夷、叔齐叩马而谏曰:"父死不葬,爰及干戈,可谓孝乎?以臣弑君,可谓仁乎?"左右欲兵之。太公曰:"此义人也。"

扶而去之。武王已平殷乱,天下宗周,而伯夷、叔齐耻之,义不食周粟,隐于首阳山,采薇而食之……遂饿死于首阳山。

伯夷、叔齐是(商朝末年)孤竹君的两个儿子。父亲想要立三子叔齐为国君,等到父亲死了,叔齐要把君位让给长子伯夷。伯夷说:"这是父亲的遗命啊!"于是逃走了。叔齐也不肯继承君位,也逃走了。国人只好拥立孤竹君的次子。这时,伯夷、叔齐听说西伯昌(周文王)能够很好地赡养老人,就想何不去投奔他呢!可是到了那里,西伯昌已经死了,他的儿子周武王追尊西伯昌为文王,并把他的木制灵牌载在兵车上,向东方进兵去讨伐殷纣。伯夷、叔齐拦住周武王的马谏诤说:"父亲死了不葬,就发动战争,能说是孝顺吗?作为臣子去杀害君主,能说是仁吗?"武王身边的随从人员要杀掉他们。太公吕尚说:"这是有节义的人啊。"于是搀扶着他们离去。后来周武王打败商纣,天下都归顺了周朝,可是伯夷、叔齐却认为这是耻辱的事情,他们坚持仁义,不吃周朝的粮食,隐居在首阳山上,采摘野菜充饥,最终饿死在首阳山。

那么伯夷、叔齐上述的什么行为是孔子所赞赏和称道的呢?本章没有明说。笔者认为,肯定不是全部。首先,伯夷、叔齐反对武王伐纣,孔子就不会赞成,因为周武王是孔子非常推崇的一个圣人,而周武王一生的主要功业就是成功伐纣,如果伐纣是不应该的,或者是错误的,那么周武王还有什么值得孔子推崇的呢?其次,伯夷、叔齐"义不食周粟……遂饿死于首阳山",孔子是不会赞成的。因为西周是孔子非常推崇的一个社会,而在这个社会中却自饿而死,就是反对西周社会的一种极端表现,孔子怎么会赞成呢?况且孔子是主张"舍之则藏"的。那么伯夷、叔齐剩下的行为就是对君位的谦让和对自己价值——其所认为的君臣应有的关系的坚守。笔者认为,谦让是仁的一种比较高层次的表现,而坚守则是勇气的表现。更何况伯夷、叔齐所谦让的是君位,其坚守是以生命为代价的。这应当是孔子所赞同的。

第三是对"怨"的理解。"怨"字前面已有所注释(详见 4.12 章注释)。怨者恚(huì)也,本义是怨恨、仇恨的意思。问题是子贡在此处为何由此一问?其实很简单,因为孔子认为伯夷、叔齐的言行是贤,可结局却很惨——至少在普通人的眼里是如此,他们饿死了,更准确地说是自饿而死。

第四是对"仁"的理解。关于"仁"在前言中有较详细的阐述。"仁"简单地说就是人与人的相处之道,也就是"仁道"。当然这是一个定义性的描述,至于"仁道"的具体内容则因人而异,是一种价值或价值取向。孔子有孔子的仁道,

伯夷、叔齐有伯夷、叔齐的仁道,其他人也许还有其他的仁道。比如说伯夷、叔齐认为君臣关系是绝对的,君王即便是像商纣王那样暴虐,臣子也不应该反对和讨伐。可孔子也许就不那么认为。因此笔者认为,本章"求仁而得仁"一句中的仁应当是打了引号的,是伯夷、叔齐的仁,并不是或不全部是孔子所谓的仁。只可惜我们的先人们当时没有创造标点符号。那么伯夷、叔齐的仁是什么呢?笔者认为就是谦让和对自己的价值——其所认为的君臣应有的关系的坚守。

第五是对"夫子不为也"的理解。这是结论,是子贡对冉有所问的回答。问题是子贡为什么得出这样的结论?因为孔子赞同伯夷、叔齐的言行,赞同伯夷、叔齐的让与坚守。而卫君呢?是争,而且是父子相争。这与孔子是"道不同","不相为谋"(详见15.40章)也就是自然的事情了。

【编意解】

编者意在通过孔子对伯夷、叔齐所作所为的赞同,对上一章的《韶》进行说明,说明其好就在于体现了仁道。同时也说明,孔子之学就是为了仁道,其仁道的核心之一就是让,就是不争,而且必须要有所坚守。

7.16 子曰:"饭疏食饮水,曲肱而枕之,乐亦在其中矣。不义而富且贵,于我如浮云。"

【译文】

孔子说:"(就是)吃粗粮喝白水,弯着胳膊当枕头,(所)乐也在其(心)中啊。不义得来的富贵,对我来讲就像是天上的浮云一样。"

【注释】

曲,(qū),1.器曲受物之形。弯曲,与"直"相对。引申为曲折周到。2.偏邪、不正直。3.局部、不全。4.(qǔ),乐曲。

肱(gōng)肘臂节也。本义:上臂,手臂由肘到肩的部分,后泛指胳膊。

枕,1.卧所荐首也。本义:枕头。2.枕着。引申为靠近、临近。

【原文解】

第一是对"乐亦在其中矣"的理解。笔者认为,这里的"其"绝不是指"饭疏食饮水,曲肱而枕之"。因为"饭疏食饮水,曲肱而枕之"是一种在物质层面十分窘困的状况,有谁会愿意处于这种境遇呢?更别说是感到快乐了。即便圣人也是如此,因为圣人也是人,人的基本人性应当是相同的,至少不应是相悖的。这里的"其"应该是指这个人的内心,是因为内心有着别样的快乐,所以对于"饭疏食饮水,曲肱而枕之"这种窘况,他才不以为然,才可以忍受。那么这个别样的快乐是什么呢?本章没有明说,但可以肯定的是,这种快乐是非物质层面的。这不禁使笔者想起了孔子对颜回的描述,"一箪食,一瓢饮,在陋巷,人不堪其忧,回也不改其乐"(详见6.11章)。如同此中的颜回之乐绝不是"一箪食,一瓢饮,在陋巷"一样。

第二是对"浮云"的理解。本章的"浮云"与现在语言中的浮云的意思没有什么不同,就是飘浮在天空中的云彩。问题是飘浮在天空中的云彩对于我们来说意味着什么?对此不同的人有不同的理解。但其所具有的实质的特性是一致的,是飘忽不定,忽聚忽散,未有定处,同时也是人们无法真正拥有的。

【编意解】

编者意在通过孔子之语,说明孔子之学旨在于乐,旨在于行义。

7.17 子曰:"加我数年,五十以学《易》,可以无大过矣。"

【译文】

孔子说:"再给我几年时间,到五十岁(再)学习《易》,就可以没有大的过错了。"

【原文解】

第一是对"五十以学《易》"的理解。首先,这句话绝不应理解为孔子到五十岁才学习《易》。因为《易》号称群经之首,在孔子出生之前就已经存在了。《周易》相传系周文王姬昌所作,而周文王又是孔子极为推崇的古代的圣人之一,孔子怎么可能到五十岁才学习圣人之作?况且当时的书籍并不多。如果真是这样的话,孔子在晚年回顾自己的一生时,又怎么能说"三十而立,四十不惑"(详见2.4章)?其何以立、何以不惑?况且孔子在说这句话时,如果没有对《易》有相当深刻的理解,甚至没有学习过《易》,又如何能知道学《易》之后"可以无大过矣"?正因为如此,笔者认为这句话应理解为,到五十岁再次学习《易》。其实有些书是可以也值得反复学习研究的,尤其是经过几千年的岁月仍流传下来的经典。比如说《论语》,笔者就读过许多次,每隔三五年就会读一次,每读一次都有许多新的或更深刻的体会。

说到这里,笔者想再重申一下对于书籍的认识。关于书籍,古代和现代有很大的差别。在古代,人们写书主要是为了把自己的思想传承下去,他们不图名,更不图利。相反,为了实现把自己的思想传承下去的愿望,许多作者(尤其是先秦的作者)甚至甘愿隐姓埋名,将自己的文章以他人(主要是作者推崇的前代名人,比如老子、庄子、管子等)的名义公开。当然,在当时写一本书也带来不了什么物质利益,相反还要雇人刻写、抄写,如果相关思想与当权者不合,还可能会有生命危险,因此他们所担心的只是自己的思想不够真诚,缺少真知灼见,经不起考验,不能传承下去,或流传下去为后人所笑。也正因为如此,中国过去有一句古话叫作"开卷有益"。而现在许多作者则是相反。由于历史的沉淀,科学技术的发展,尤其是出书可能带来的丰厚利益,现在的书籍实在是太多了,今后会更多,"开卷有益"这句话已经不再普遍适用了。那么面对如此局面,我们应怎样读书呢?这个问题不好回答,因人而异。但总的来说笔者有这样一个认识,就是人生精力有限,而现在的书籍实在是太多,可以说是无限,但可读的只占很少的一部分,而值得再次阅读的就更少了,至于值得反复学习和研究的则是凤毛麟角。我们应当本着这样的认识,来适当规划自己的读书生涯,以免该读的书没有读,留下遗憾。

第二是对"可以无大过矣"的理解。这句话的字面意思是很明确的,就是可以没有大的过错了。问题是这句话说明了什么?以孔子之圣,对自己的要求之严,一般人认为是正确的甚至是非常好的言行,在孔子那里可能都是不正确的甚至是非常差的。而孔子在年近五十的时候,还需要通过再次学习和研究《易》来修正自己的行为。这里引用孔子对《易》的两句评语:"洁静精微""穷理尽性以至于命"。能理解吗?恐怕很难,没有认真学习和研究过《易》是很难理解和体会这两句评语的。

【编意解】

编者意在通过本章孔子之语,言明孔子之学旨在减少过失,为此要不断地、反复地对古代经典进行学习,正所谓"温故而知新,可以为师矣"(详见2.11章)。同时借孔子之口,隆重推出儒家的经典——《易》。

7.18 子所雅言,《诗》《书》,执礼,皆雅言也。

【译文】

孔子用规范的语言,讲读《诗》《书》,执行礼事时,都用的是规范的语言。

【注释】

雅,1.正也。正确的、合乎规范的。2.高尚、不俗。3.素常、向来,引申为交往、交情。4.甚、很。5.《诗经》中的一类。

执,1.捕罪人也。本义:拘捕、捉拿。2.握、持,引申为持有某种主张。3.掌握、控制,引申为主持、管理。4.执行、施行。

【原文解】

第一是对"雅"的理解。雅者正也,意思就是正确的、合乎规范的,"雅言"的意思就是规范的语言。什么又是规范的语言呢？我们知道,中国很大,由于地理位置等原因,不同地方有不同的方言,有的方言彼此的差异是很大的,比如一个北方人可能就听不太懂一个南方人说的方言,有时甚至是完全听不懂。因此,为了解决这个问题,我们一直在普及普通话。这种情况在当时也是同样存在的,而那时所谓的规范语言是指周天子都城所在地的语言。周天子都城西周时在今天陕西省的关中地区,东周时在今天河南省的洛阳一带,我们知道,孔子是鲁国人,而鲁国在今天山东省的西南部地区,语言肯定有所不同。那时所谓的雅言在某种意义上讲就是今天的普通话。那么问题又来了,我们知道方言听起来可能会有很大的不同,但字还是那个字,用方言讲解不是更容易使当地人理解吗？这话要看在什么层面来理解了。作为一般人对待一般的事物来说这句话不无道理,但作为孔子对待古代经典来说,就有问题了,使用方言就有可能与原本的意思有所不同,而稍有差错,再以错传错,必将谬之千里,况且在当时不仅文字的读音没有统一,就是文字本身也未完全统一,因此才有后来秦始皇的"书同文"。由此我们可以看出,孔子对于学习、传播和执行古代经典的态度是多么的严谨,是力求准确和完整的理解和表述。

现在,通过方言来研究相关文献已经渐渐成为一种学术方式,譬如有人就在试图用湖北话来研究《楚辞》。对此笔者颇有些体会,譬如对"中庸"的理解,当你用陕西话或河南话,甚至是山东话来读,它的意思就较为明确,就是管用的意思,有关于此,可参见6.30章。因为陕西话或河南话在当时就是所谓的雅言,而孔子和《中庸》的作者子思都是山东人。

第二是对"执"的理解。本章的"执"就是执行的意思。我们知道,孔子以知礼著称,前面我们也说过,孔子日常的活动有相当一部分就是主持、指导或参

与相关礼的活动,这些可以大而化之地统称为执礼。执礼就要说话,说关于礼的话,而孔子在此时说的都是"雅言"。

【编意解】

那么本章被编排在此的意义又是什么呢?笔者认为与上一章一样,编者意在表明孔子对古代经典的态度,那就是极其严肃认真,力求准确和完整地理解和表述。同时借孔子之口,又推出了儒家的经典——《诗》《书》《礼》。关于本章,很多儒家学者认为与上一章可以合而为一。

7.19 叶公问孔子于子路,子路不对。子曰:"女奚不曰:'其为人也,发愤忘食,乐以忘忧,不知老之将至云尔。'"

【译文】

叶公向子路问孔子(是个什么样的人),子路不答。孔子(对子路)说:"你为什么不这样说:'他这个人,发愤用功,连吃饭都忘了,快乐得把忧愁都忘了,(连自己)快要老了都不知道,如此而已。'"

【注释】

叶公,名诸梁,字子高,食采于叶地,僭越称为公,楚国大夫。

【原文解】

第一是对"愤"的理解。何为"愤"?"愤"从何来?"愤"的基本含义有两个,一是懑也,即郁结于心、憋闷;二是发奋。在笔者看来,一是欲望得不到满足;二是精力无从释放,或不知向何处释放——其本质还是欲望的问题,就是对自己真正的欲望无知。问题是什么样的"欲望"?或者是如何选择"欲望"?这两个问题合起来就是"愤"从何来?在笔者来看,"欲望"本身取决于一个人的本性,更准确地讲是一个人的特性。这不是一个可以选择的问题,而是一个认知的问题。一个人的本性——欲望是多方面的,有些是大体相同但层次较低、较基础的,比如食、色,其主要是为了维持个体的生存和种族的繁衍;而有些则是大不相同但层次较高的,比如"志于道"。当然,这里的道有大道和小道之分,大道如自然之道、人伦之道,小道如琴棋书画、诗词歌赋以至于百工之技(如庖丁之解牛)等。这些本性——欲望的追求和实现会给自己带来无限的快乐,同时也给别人展现出美,同时更是美在自己心中。从某种意义上讲,这就叫作"尽性"。当然,这种"性"需要每个人自己去发现,去认知,因为他们不会向前一种

"性"那样,在得不到满足和实现的时候,直接就会感觉到生理上的痛苦。同时也不会在得到充分满足和实现的时候,会感觉到无聊。那么孔子为何所"愤"?本章没有明说,但通过对本篇前面各章的学习,应该不难探究。孔子"志于道",在对《易》《诗》《书》《礼》这些古代经典的学习时出现求而未得的情况应是很常见的,其"愤"也是自然的。

第二是对"忘食"的理解。"忘食"就是忘记了吃饭。不是"不食",也不是"无食",那样会死人的,是活不到老的。为何会"忘食"?原因也很简单,因为乐在其中。应当说明的是,人在实现自己的欲望或宣泄自己旺盛精力的时候,也是会感到快乐的,欲望越强烈或精力越旺盛,所获得的快乐就越强烈,相信这一点大家或多或少都有过一些感知。"忘食"从某种意义上讲也是欲望或精力的一个表现程度。

第三是对"不知老之将至"的理解。这句话字面的意思就是快要老了都不知道。问题是为什么会有这样的感受?因为乐、愉快,人在乐、愉快境遇中,对时间的感知就会较为麻木,就会感到时间过得很快,那些一天一天熬日子的人肯定是不快乐的。那么孔子为什么会感到快乐呢?因为孔子认知到了自己特有的本性,并能尽情发挥,即"尽性"了。那么"老"又是什么意思?这个问题似乎有些多余。"老"下面就是死,人到老了,就说明他的一生已经过去了大部分时间了,快要过完了。问题是孔子这句话说明了什么?笔者认为,至少说明了孔子一生的大部分时光是在愉快中度过的。

第四是对"子路不对"的理解。这句话字面的意思就是子路不答。为什么?过去有很多人猜测,但都没有什么依据,不足信。笔者认为,"子路不对"的原因很简单,就是子路不知道。这一点从孔子的话中就可以看出来,因为子路没有"发愤忘食,乐以忘忧,不知老之将至"的体会和境界,也无从对孔子进行如此的总结。

【编意解】

编者意在通过本章孔子之言,进一步说明孔子对《易》《诗》《书》《礼》这些古代经典的态度和从中的收获,那就是"发愤忘食,乐以忘忧,不知老之将至"。

7.20 子曰:"我非生而知之者,好古,敏以求之者也。"

【译文】

孔子说:"我不是生来就知道(事理)的,而是爱好古人的(道理),并急速以求得的。"

【原文解】

首先,孔子本章此语因何而来?本章没有明说,但从逻辑上讲,应当是有人或者有相当一些人认为,孔子知道的不仅很多,而且孔子所知道的是这些人闻所未闻的,这一点通过前面的学习我们可能多少有所体会,因此这些人便认为孔子是"生而知之"。过去人们认为圣人就是生而知之之人,可见孔子当时就已有圣人之名。这些话或头衔传到孔子耳中,便有孔子本章之语。

其次,是否有"生而知之者"?可能会有非常多的人认为这个问题十分的荒唐可笑,因为答案是常识性的。问题是当持这种观点的人静下心来想一想之后,可能会觉得答案真的是如此确定吗?反正以孔子之圣,不仅没有否定"生而知之者",反而说"生而知之者上也"(详见16.9章),他只是说他自己非生而知之。其所知是因"好古,敏以求之者也",是从古人和生活中学来的。那么古人所知道的道理又是从哪里来的呢?万事万物总应该有个源头吧。从另一个角度讲,笔者认为人的本性是大致相同的,也是多方面的,但每个人又都有一些不尽相同、独特之处——个性、特性,这个个性、特性决定了这个人在特定的领域会有非凡的造诣。当然,这些个性、特性有待于自身的发现和认知。而这些个性、特性又是从何而来的呢?怕是生而有之的吧。

最后,孔子的学问从何而来?这一点很明确,不仅在本章说得很清楚,通过本篇的前几章乃至《论语》之前篇章的学习,清楚地显示孔子的学问是学来的。这里要强调的是,孔子之学极其重要的一方面就是向古人学习,这在之前的《论语》学习中已经有多次的强调,而这正是我们现在所缺乏或忽视的。我们的缺乏或忽视导致了我们的认识缺乏深度,甚至没有了根基。

【编意解】

编者意在通过本章孔子之语,表明孔子之学对天分或天资的态度,那就是不管你有多么高的天分或天资,多么的知性、知命,哪怕像孔子一样,还是要学习的,而且要迅速地去学习,尤其是向古人学习。

7.21 子不语怪、力、乱、神。

【译文】

孔子不(与人)谈论,怪异、力量、悖乱、鬼神。

【注释】

怪,1.异也。本义:奇异、奇怪、不常见。2.怪物、怪事。3.奇怪、惊疑。4.责怪、埋怨。

力,1.筋也。本义:体力、力气。2.力量。3.威力、权势。4.尽力、竭力。

乱,1.本义:理丝。治理。2.扰乱、使乱。3.无秩序、不太平,与"治"相对。4.叛乱、动乱。5.横渡。6.乐曲的最后一章、辞赋中最后总括全篇要旨的一段。

【原文解】

第一是对"不语"的理解。首先是"语"。"语"字前面已经有所注释(详见6.21章注释)。语者论也,是谈论、辩论的意思。"不语"就是不(与人)谈论、不辩论的意思,而不是不说。问题是为什么?因为"怪、力、乱、神"不合于孔子的思想——价值标准及其行为规范,甚至是相悖的。这时可能会有人问,难道因此就不谈论、不辩论了吗?不是说理越辩越明吗?是的,理是越辩越明,但谈论和辩论必须有一个基础,必须有一个共同的价值基础,必须有一个范围。而基础价值是一个人或一群人根据自己的本性和利益进行的选择,是一个公理,没有道理可讲,没有谈论和辩论的空间。"怪、力、乱"与孔子的核心价值标准是完全相悖的。同时,通过前面的学习我们也知道,孔子的思想核心是"仁道"——做人的道理,而"神"不在人道之中,因此也没有谈论和辩论的空间。所以过去有人讲"圣人语常而不语怪,语德而不语力,语治而不语乱,语人而不语神"。另一方面,"不语"也具有否定的意思,而且是一种充分和彻底的否定,尤其对"怪、力、乱"而言。世间有一种否定就是无视、不语。至于"神",孔子的态度是很明确的,那就是敬而远之(详见6.22章)。

第二是对"怪、力、乱"的理解。为什么说"怪、力、乱"与孔子的核心价值标准是完全相悖的?

首先,"怪"就是怪异的意思。所谓怪异,就是那些于理不通、让人感觉奇怪的现象或事物。其实这种现象或事物大多分为两类,一类是有人为哗众取宠或其他不可告人的目的,或刻意杜撰,或有意夸大,因此而感到奇怪甚至以讹传讹的人是不智的,"流言止于知者"(《荀子·大略》);一类是确实见到了这种现象或事物,但因为自己或出于胆怯,或出于懒惰,没有去探究其中的原因和道理,进而感到奇怪的人是无勇的,"善学者尽其理,善行者究其难"(《荀子·大略》)。

其次,"力"就是勇力、用力的意思。人不是单纯的动物。人是要讲道理的,动物才是讲肌肉、力气,并以此解决纠纷和问题的。

最后,"乱"就是悖乱、无秩序的意思。而讲秩序是孔子思想的核心价值之一(详见1.2章)。

【编意解】

编者意在通过孔子的言行,界定孔子之学的范围,当然这种界定是一种反向的,剔除式的,即不包含怪、力、乱、神。

7.22 子曰:"三人行,必有我师焉:择其善者而从之,其不善者而改之。"

【译文】

孔子说:"(我们)三个人一起,其中必定有我可以学习的(东西);我选择其中美好的效法,(看到)不善的就(引以为戒)改掉(自己的)缺点。"

【注释】

师,1.二千五百人为师。本义:古代军队编制的一级。2.泛指军队。3.众也。众人。4.老师。5.效法、学习。6.擅长某种技术或在某个领域里有特殊技能的人。

【原文解】

第一是对"三"的理解。从前后文的意思看,很显然此处的"三"是指多数,包括自己在内。问题是为什么要是三个人或三个人以上?两个人就不行吗?笔者认为,之所以要三个人或三个人以上是出于客观上的要求。如果只有两个人,还包括自己,这就成了两个人不同行为的对比选择,而且是自己与别人不同行为的对比选择。能不能对比选择,当然也可以,但要意识到,人们对自己的行为都会或多或少地有意识或无意识的辩解,进而不免有失客观和公允。如果是三个人或三个人以上,情况就会大有改观。这时我们看到的是另外两个或两个以上的人的不同行为,这时再做对比选择,结果就会相对客观和公允。

第二是对"师"的理解。"师"本身有老师的意思,也有效法、学习的意思。在本章这两个解释都能说得通,但笔者认为,此处"师"解释为效法、学习更为准确和贴切,因为"择其善者而从之"是学习,"其不善者而改之"也是学习。

第三是对"善""恶"的理解。善就是好、美好的意思。"恶"就是坏、丑的意思。但对"善""恶"的理解要注意以下几个方面。首先,"善""恶"是一个价值选项,标准因人而异。同时也要清楚,只有具备一个坚定而稳固的标准才能有判定"善""恶"的能力,或者说能够进行"善""恶"的选择,子曰"唯仁者能好人、能恶人"(详见4.3章);其次,"善""恶"是有层次的。一个事物通常并不能用一个简单的好与不好就可以准确描述的,有好的,有更好的,有不好的,还有更不好的,譬如《论语》对孝就列有多个层次(详见2.5章至2.8章)。最后,"善"与"恶"又是相对而言的。一个事物或行为,在这个环境或这个人来说是好的,在另一个环境或另一个人来说就可能是不好的。比如酒,对于喝酒的人来说就是好的,而对于不喝酒的人来说就是不好的,甚至是恶的。就是对于喝酒的人来说,喝好了就好,喝醉了就不好。

【编意解】

编者意在通过本章孔子之言,说明孔子之学的另一个更高的层面,那就是向生活学习、向现实学习。前面各章也在讲孔子的学,那些基本上是向古代学、向古代的经典和文献学,而本章是讲孔子向生活学习、向现实学习。有时笔者倾向于认为,如果本章编在7.20章之后,结合对7.20章的理解将会更深刻。

7.23 子曰:"天生德于予,桓魋其如予何?"

【译文】

孔子说:"上天把德赋予了我,桓魋能把我怎么样?"

【注释】

桓魋(tuí),又称向魋,春秋时期宋国人,任宋国司马,掌控宋国兵权。他的弟弟司马牛是孔子的弟子。

【原文解】

第一是要对此章孔子之语的背景有所了解。关于孔子的这段经历,《史记·孔子世家》有专门的记载:

> 孔子去曹适宋,与弟子习礼大树下。宋司马桓魋欲杀孔子,拔其树。孔子去。弟子曰:"可以速矣。"孔子曰:"天生德于予,桓魋其如予何!"

意思是说,孔子(周游列国)离开了曹国到达宋国,与弟子们在大树下演习礼仪。宋国的司马桓魋想杀害孔子,就把树砍掉了。孔子只得离开这个地方。

弟子们催促说:"我们可以快点走了。"孔子说:"上天把德赋予了我,桓魋能把我怎么样?"

至于桓魋为什么要杀害孔子,是害怕孔子得到宋君的重用,影响到自己?还是反对孔子的思想?我们不得而知。但桓魋此时是想杀害孔子,孔子遇到了危险是确定的。

第二是对"天生德于予"的理解。这句话的字面意思就是,上天把德赋予了我。这里又有一个"德"字。关于"德"的意思,前面已经讲过多次了,但因为对该字的正确理解对本章乃至整个孔子思想的正确理解有着十分重要的意义,这里有必要重申一下。德者得也。得什么?得道。何谓道?道的最初意思是道路,后来引申为方法措施,进而引申为万事万物(包括人)固有的天性及其演化发展的规律。正确而充分地认识了道并能循道而行,即为德。如果做简单一些理解,也可以将其理解为"能力"。在重温了对"德"的认识之后,对于"天生德于予"这句话的意思就比较好理解了。笔者认为,这句话至少表达了以下几层意思:

首先,孔子的思想,即孔子所学、所获得的能力得于天。这里的天是指人们的本性(天有自然生成的意思),是对人们本性的正确认识,不是从主观出发的自以为是。

其次,孔子的思想合于天,即是符合天命的。这里的合于天是指孔子的言行是循道而行,非恣意而行,也是对天命的遵循。其中蕴含着使命感。

这时可能会有人问,既然如此,孔子为何要离开呢?待在原地不行吗?君子有德、有自信也有使命感,但不能因此就成了愚人。君子"不可陷也""不可罔也"(详见6.26章)。

第三是对"桓魋其如予何"的理解。这句话的字面意思很清楚,就是桓魋能把我怎么样?这是一种自信的表现。这种自信正是来源于"天生德于予"。循道而行,遵循天命,有何可惧,"君子坦荡荡"。相反桓魋怎样?是理直气壮地来杀害孔子吗?不是。而是"欲杀孔子,拔其树"。真是"小人常戚戚"啊!这同时也表现出了孔子(圣人)之处变。

【编意解】

编者意在通过本章孔子之语,表明孔子之学源于人们的本性。"道"要用真心去体会,要有自信,要有使命感。

7.24 子曰:"二三子以我为隐乎?吾无隐乎尔。吾无行而不与二三子者,是丘也。"

【译文】

孔子说:"学生们,你们以为我有什么隐瞒吗?我没有隐瞒什么!我没有实际做的就不教给你们,这就是我孔丘。"

【原文解】

本章字面的意思不是很清楚,要深刻理解本章的意思就要对"行"有所理解。"行"有做、实际地做的意思,也有行为的意思。

笔者认为,此处的"行"解释为做、实际地做更为准确和贴切。因为这更能准确地体现孔子教的原则,那就是要传授给学生正确的,至少是孔子确信是正确的。那么孔子怎样才能确信其所传授的学问是正确的呢?很简单,当然应当是经过自己实践检验的。这不禁使人想起曾子的一省——"传不习乎"(详见1.4章),孔子和曾子在教的原则上应该是一脉相承的!

当然,将此处的"行"解释为行为也是能说得通的,过去很多人就是这么解释的。这时,"吾无行而不与二三子者,是丘也"的意思就变成我没有什么行为不展示给你们的,看我孔丘。持这种观点的人认为,本章的"与"作"示",是展示的意思;本章的"是"作"视",是看的意思。这时本章的意思是说,孔子不但言传,而且身教——"作止语默无非教也"。但此说笔者总觉有些牵强,而且被编排在7.25章之前有些不妥。

【编意解】

编者意在通过孔子之语,表明孔子教的原则是"无隐""无行而不与",是扎扎实实的,可以安身立命的。

7.25 子以四教:文,行,忠,信。

【译文】

孔子从文、行、忠、信四个方面教授(学生)。

【原文解】

第一是对"文"的理解。"文"在这里就是指文献典籍。以"文"教,就是教授文献典籍所记载的道理。那么这种教有什么特点呢?文献典籍所记载的道理博大精深,但是比较呆板,不生动,也没有办法向先贤直接请教和讨论。

第二是对"行"的理解。"行"在这里就是指行为。那么这里的行为是指谁的行为呢?是孔子的行为还是弟子们的行为呢?笔者认为都有。在孔子来说,就是用自己的行为来示范,为弟子们做榜样;在弟子们来说,就是孔子指导他们如何行事。这比较生动具体,但所涉范围很窄,老师的精力是有限的,而且遇到孔子这样的老师更是万幸。

第三是对"忠"的理解。"忠"前面已经有所注释(详见1.4章注释),意思就是尽心竭力。这在儒家来说是做事、学习和工作应有的态度,是一种心存之念。孔子以"忠"教,乃是以心教。

第四是对"信"的理解。"信"前面已经有所注释(详见1.4章注释),意思就是诚实,不欺骗,不怀疑(详见1.4章)。这在儒家来说是与人交往应有的态度,也是一种心存之念。孔子以"信"教,也是以心教。

第五是要对"文、行、忠、信"四个方面的关系有所理解。这四个方面的差别通过上面的讲述应该是比较清楚的了。那么他们的关系又是什么呢?笔者认为,这是一个递进的关系,由浅入深,以"文"教是使其知之,以"行"教是使其行之,以"忠""信"教乃是使其心存之。应说明的是,"忠"和"信"从细处讲也有层次的不同。这是顺着讲,倒过来讲,则是以"忠""信"为本,"文""行"为末。

【编意解】

编者意在说明孔子教的内容和方法,那就是"文、行、忠、信"。

7.26 子曰:"圣人,吾不得而见之矣;得见君子者,斯可矣。"子曰:"善人,吾不得而见之矣;得见有恒者斯可矣。亡而为有,虚而为盈,约而为泰,难乎有恒矣。"

【译文】

孔子说:"圣人我是没有机会看到了,能看到君子也就可以了。"孔子又说:"善人我是没有机会看到了,能见到长久(如一)的人,这也就可以了。没有却装作有,空虚却装作充实,穷困却装作宽裕,这样的(人或行为)是难于长久(如一)的。"

【注释】

恒,1.常也。本义:永久,永恒。2.经常、常常。3.寻常、普通。4.指恒山,在湖南,五岳中的南岳。

虚,1.大丘也。本义:大土山。2.通"墟",废址、废墟。3.空也。空虚、与"实"相对。4.虚假、不真实。5.虚弱。6.谦虚。7.徒然、白白地。8.集市。

盈,1.满器也。充满、充实。2.圆满。3.富裕、有余。4.自满、满足。5.增加、增长。

泰,1.侈也。奢侈。2.过分、过甚。引申为最、极。3.大也。大之极、极大。4.宽裕、大方。5.通。6.安也。安定、安定。7.泰山。

【原文解】

第一是对"善人"的理解。前面解释过,善就是好的意思,那么"善人"简单直接地理解也就是好人的意思。问题是好与不好是一种评价,是他人或社会的一种评价,符合他人或社会的价值取向才能得到肯定,才能被称为好人。当然,在本章是孔子的评价,那也就是本章所谓的"善人"是符合或基本符合孔子所主张的价值或基本价值的人。那么孔子所主张的价值或基本价值是什么呢?可能会有很多人回答是"仁"。这种回答不能说是错,但是比较宽泛和空洞。什么是"仁"?这前面已经多有阐述,在此不再赘述。这里强调的是"仁"的最基本的含义或定义,那就是"仁"者人也,人之道也。那么什么是人之道?这可能是因人而异的。其实我们更应该关心的是,孔子所主张的人之道是什么样的,更准确地讲,是其所建立的基础或者是其所要达到的目的是什么样的。这在前面也已经讲过多次,其基础就是人的本性,其目的就是使人能够生存和发展下去。我们要清楚的是,这里的人和人们是两个既有紧密联系同时又有不同的事物。说他们有紧密联系,是因为人——作为个人是必须要生活在人们——族群、国家当中的,而族群、国家则又是由个人所组成的;说他们有不同,是因为作为个人和作为人们的族群、国家其生存和发展的条件是不同的,有许多地方是此消彼长的,有矛盾的。比如说,作为个人,其生存和发展的条件是自由——尤其是思想的自由和物质财富等;而作为国家要生存和发展的条件是强大,这就要团结——要统一思想,要有军队、武器,而这些都是要花钱的,钱从何而来?当然是从个人手中来。认识到这一点,那么对于仁——人之道就会有一个较深刻的认识和理解。也就是说,要做到仁,就要在人与人们之间找到一种平衡,也就是说不能任由自己的性子来,要有所隐忍、克制,因此子曰"克己复礼为仁"(详见12.1章)。那么什么是本章孔子所说的善人呢?善人就是仁人吗?不能这么简单的等同,但笔者认为善人应当是有一定能力克制自己欲望、约束自己行为的人,而且这种克制和约束是真心的,是损己利人的——表面上看如此!

第二是对"恒"的理解。恒者常也,就是永久、长久的意思,也就是不变来变去的意思。这本身不应当有什么歧义。问题是如何才能"恒"?这其实很明确,那就是要真——真实、真诚、率真,只有如此才能够长久不变,那些虚假、伪装的是不能长久的,因为这不符合人的本性,有谁会愿意虚假、伪装呢?都是迫不得已。因此,孔子认为那些"亡而为有,虚而为盈,约而为泰"的虚伪的人或行为是很难长久的。也因此从另一个角度讲,有恒者就是一个真实、真诚、率真的人。这时可能会有人问,我们究竟应是选择真还是善?其实这个问题是一个不符合逻辑的问题。真假是一个客观性的问题,真的就是真的,假的就是假的,不会因人而异。而善恶是价值,是一个主观性的问题,会因人而异。两者没有必然的联系,尽管一般来说真的往往也是善的、好的,但这并不必然。譬如烟、酒,真的就好吗?譬如毒品,也许还是假的好一些。

第三是对本章全面的理解。从本章孔子之言可以看出,孔子对人是有一定分类的,即虚假的人、真诚的人、善人、君子、圣人,当然这只是我们在本章所见到的,我们知道《论语》中还有小人、贤人等分类称呼。这时可能会有人问,人一定要分类吗?对于这个问题笔者认为,首先,这不是要不要的问题,这是一个客观存在,古今中外都是如此;其次,这是应该的,从某种意义上讲,分类就是评价,就是价值,没有评价就没有价值、没有进步;最后,我们更应该关注的是分类的原则,孔子对人的分类是以层次境界为标准的,其根本的区别在于个人的选择和努力程度,而非以血统、出身、门第和财富等为原则。这一点在当时简直就是破天荒的,就是现在这也是难能可贵的。

问题是如此又说明了什么?这应当是很明确的,那就是向人们展示了一个清晰的、自拔向上的台阶,使人们可以拾阶而上。那么基础的台阶是什么呢?很清楚,就是"恒"。先做一个有恒之人,而做一个有恒之人的前提就是要真实、真诚、率真,不可"亡而为有,虚而为盈,约而为泰"。当然,这也是孔子之学的前提和基础。继而成为一个"善人",而做一个"善人"的前提就是要有所克制。那么有所克制是否与真实、真诚和率真相矛盾呢?是也不是。所谓是,是表面上的、显而易见的。所谓不是,因为这是客观现实和需要,因为个人是要生活在人群之中的,要受到规则和目的——生存和发展的约束。而当我们真正的认知到这种现实和需要,我们就会出自真心地去遵守。再进一步就是成为君子、圣人,这是"克己复礼"的养成——"从心所欲,不逾矩"(详见2.4章)。至于君子和圣人的区别,笔者实在是说不清,因为没见过,但从孔子本章之言,应是有所区别的,这有待于后来者去体会和认知。

【编意解】

编者意在通过孔子之语,表明孔子之学的基础就是要真实、真诚、率真,由此一步一步地走向圣人的境界。说到这里,笔者不禁想起德国哲学家尼采说的一句话:人是一种过渡,是悬在禽兽和超人之间的一条绳索。

7.27 子钓而不纲,弋不射宿。

【译文】

孔子只用钓竿钓鱼,而不用大绳抓鱼;射猎,不射巢或窝中歇宿的鸟兽。

【注释】

钓,1.钓鱼也。本义:以钩饵取鱼、钓鱼。2.诱取。

纲,1.维纮(hóng)绳也。本义:渔网的总绳。引申为起决定性的部分。2.唐、宋时成批运输货物的组织。

弋(yì),1.缴射也。用带绳子的箭射。2.泛指射猎。3.取。

宿,(sù),1.止也。本义:住宿、过夜。2.停留、驻扎。3.住宿的地方。引申为夜、隔夜的。4.平素、素来就有的。5.多年的。6.老、久于其事。7.(xiù),星宿,特指二十八星宿。

【原文解】

第一是对"钓"和"纲"、"弋"和"宿"的理解。

首先,"钓"就是钓鱼也,就是以钩饵取鱼,与现在的钓鱼没有什么不同,就是一根鱼竿一个钩;而"纲"本义是指提网的总绳,也就是一根比较粗的绳子。那这样一根粗绳子怎样抓鱼呢?据考证,主要有两种方法。一种是将这根粗绳横置在河流上,并在这根粗绳上放下许多鱼钩来钓鱼;另一种是将这根粗绳横置在河流上,并在这根粗绳上放下横着的渔网来捕鱼。这两种方式的捕鱼方法,效率明显要大大高于钓鱼。

其次,"弋"就是将一根细绳子系在箭或标枪的后面进行的射猎行为,这样可以有利于收获猎物及回收箭或标枪;"宿"在本章就是指在巢或窝中过夜的鸟兽。

第二是"钓而不纲,弋不射宿"说明的问题。这句话是孔门弟子对孔子日常狩猎行为的一种描述。应当说明的是,狩猎在当时的意义和现在是不一样的,

首先,狩猎的技能和当时打仗的技能有很多相通的地方;其次,狩猎所获得的猎物不仅是当时人们食物的重要来源,同时也供祭祀之用。前面讲过,当时国家的大事就是祀与戎,因此当时人们对狩猎是非常重视的,国家经常举办相关的活动,这种活动是一种国务活动,不像现在狩猎几乎仅仅是一种奢侈的娱乐。也正因为如此,人们也发明创造了许多狩猎的方法和工具。那么在这样一种情况下,孔子对于狩猎的态度是什么呢?那就是"钓而不纲,弋不射宿"。笔者的认识是,不废,取之有节。狩猎就是捕杀动物,比较残忍,对自身也有危险,按儒家的观点是不应当去做的。但是天生万物,人类要生存,必要取之,此乃天道,不可废。那么如何取之?有节。人类的欲望是没有止境的,同时人类又非常聪明,但聪明并不等同于有智慧,这一点现在已经得到了充分的证明,现在狩猎几乎仅仅是一种奢侈的娱乐就是一种证明,因为已经没有那么多的猎物了,很多猎物已经灭绝或成为了濒危保护动物了。两千五百多年前的孔子的智慧,人们现在才理解,是可悲呢?还是万幸呢?

  这时可能会有人心存这样的疑问:两千五百多年前的孔子真的对环境、资源有如此深刻的认识吗?当时人们连自己所生活的世界到底有多大、是圆的还是方的都不完全知道。这样的疑问不无道理,但有些偏颇。如果说两千五百多年前的孔子真的对环境、资源有如此深刻的认识,这确实是有些使人怀疑,我们不能把孔子神化。但笔者认为,孔子之所以如此行事,更多的是基于他对"道"尤其是仁道、中道的把握和认知,前面讲过仁的含义,其中仁的第三层含义就是"推爱及物为仁也"(详见1.2章)。孔子应当已经达到了这样的境界,所以才能做到"钓而不纲,弋不射宿"。而所谓中道就是"过犹不及"(详见11.16章)。

  那这又与上面的疑问有什么关系呢?万事万物相互都是有联系的,这些联系虽然纷繁复杂,但实际是有条理的、和谐的。同时,这些联系有些是总的、根本性的联系,有些则不是;有些我们知晓,也有些我们不知晓或不完全知晓。这就产生了面对我们不知晓或不完全知晓的事物,我们应如何面对的问题。前面说过,应当谨慎。如果不得不做呢?那就应当按照已经知晓的正确的方法和原则去做,这样往往会避免触犯我们所不知晓或不完全知晓的规律。而仁道、中道就孔子当时而言,是已经认知的正确的而且具有根本性的"道",因此就应当按照仁道、中道的要求去做。

  这时可能会有人问:取之有节难道就不能用比较高效的工具和方法吗?这两者之间矛盾吗?不矛盾。但我们不要忘了,当时狩猎还有提高技能——打仗的技能的作用,因此在少取的前提下,使用效率不高的工具或人为设置一些限制,增加一些难度,才能保障提高技能这个目的的实现。

【编意解】

编者意在通过孔子平日所行,展示孔子行、教,即行仁、用中。本章表现在狩猎方面。

7.28 子曰:"盖有不知而作之者,我无是也。多闻,择其善者而从之,多见而识之,知之次也。"

【译文】

孔子说:"大概有什么都不懂却在创作的人,我没有这样做过。多听,选择其中好的来效法;多看,然后记在心里,这是次一等的知道。"

【原文解】

第一是对"作"的理解。"作"字前面已经有所注释(详见7.1章注释)。"作"在本章就是创作——著书立说的意思,这应该没有什么歧义。问题是一个人创作是为了什么?笔者认为其最基本的初衷应当是为了把自己的思想和真知灼见告诉时人并传之于后世,这当然也会衍生出名利,因此有的人也会以获取名利为初衷。那么怎样才能实现这些初衷呢?当然应当是"知而作"。道理也很简单,只有真知灼见的思想才能得以真正流传。当然,也有人因为名利的诱惑,不免"不知而作",以异想天开之见,哗众取宠。这种事情孔子不会去做也是当然的。那怎么才能有真知灼见呢?真知灼见本身即是正确而透彻的见解。要想有真知灼见,就要用心地、竭尽全力("忠")地去学、去习、去探究。说到这里,笔者不禁想起德国哲学家尼采说的一句话:心血就是精神。

第二是对"知之次也"的理解。笔者认为,"多闻,择其善者而从之,多见而识之"这样的方法是次一等的方法。问题是什么才是上一等或第一等的方法呢?孔子没有明说。过去有很多人认为上一等或第一等的方法是"生而知之"。对此笔者不能苟同。因为孔子没有明说,这是一种推测。推测不是不可以,但要有依据,要符合逻辑。"生而知之"有什么依据?果真如此的话,孔子自己不也是"非生而知之"(详见7.20章)吗?怎么还能说别人是"知之次也"?笔者认为,应当按照"多闻,择其善者而从之,多见而识之"这种方法与孔子自己认同的方法来分析、理解和推测。"多闻,择其善者而从之,多见而识之"这句话是什

么意思？大家可能觉得比较好理解，因为我们前面学习过孔子的另一句话："三人行，必有我师焉。择其善者而从之，其不善者而改之"（详见7.22章）。这两句话虽有不同，但基本意思相近。那么孔子除了"三人行"这种向生活学习的方法还有什么别的方法呢？通过本篇的学习，笔者认为至少还有三种方法，首先是"默而识之"（详见7.2章），而非简单的"见而识之"；其次是要注重对古典文献的学习，"好古，敏以求之也"（详见7.20章），而非仅仅是向现实生活学习；最后也是最重要的，孔子对其所见、所问、所知还要行之，"吾无行而不与"（详见7.24章）。正因为有如此多的不同，孔子才会有"知之次也"的结论。

【编意解】

编者意在通过孔子之语，展示孔子对于创作的态度，这种态度不是以一种直接肯定的方式表达的，而是以一种否定排除的方式表达的，那就是不能"不知而作"，也不能仅凭"多闻""多见"就创作。这时可能会有人问，以孔子如此之见识，却"述而不作"，到底要不要创作呢？"述而不作"是孔子自己，至于其为何"述而不作"，前面已经说了很多了（详见前言和7.1章），不再赘述。事实上，其他人在不停地"作"，否则哪来的《四库全书》？至于有多少真知灼见，那就因人而异了。肯定有不少，但这些真知灼见，绝不是仅仅靠"多闻""多见"得来的，更无论异想天开了。那么本章与孔子之学与教有什么关系呢？当然有，就是教以"忠""信"。"不知而作"就是不信，就是自欺欺人。而欲有知——真知灼见，就必须用心地、竭尽全力地去学习，就是要付出心血，竭尽全力就是忠。

7.29 互乡难与言童子见，门人惑。子曰："与其进也，不与其退也，唯何甚？人洁己以进，与其洁也，不保其往也。"

【译文】

互乡（一个）很难与人谈话的少年受到了（孔子的）接见，学生们感到迷惑。孔子说："我肯定他的进步，不是肯定他的倒退。何必做得太过分呢？人家改正错误以求进步，（我们应当）肯定他改正错误，不要总抓住他的过去不放（或想确保他的将来）。"

【注释】

童，1.本义：男奴仆。2.儿童、少年。引申为未长成的、幼小的。3.山无草木。引申为人无头发。4.幼稚无知、愚昧无知。5.通"瞳"，眼珠。

洁,干净、清洁。使干净、使清洁。

保,1.养也。护养、育。引申为安抚、安定。2.保护、保全、守住。3.保持。4.保证、担保。5.小城(此义后来写作"堡")。6.通"褓",婴儿的被子。

往,1.之也。本义:去、到…去,与"来""返"相对。2.从前、过去。3.以下、以后。4.送去。

【原文解】

第一是对"互乡难与言童子见"的理解。

首先,据考证,"互乡"是一个地名。对于本句的理解,首先是对这句话的断句。过去很多人的断句是"互乡难与言,童子见"。意思是说,互乡这个地方的人很难与人谈话,有一个童子受到了(孔子的)接见;还有一些人的断句是"互乡难与言童子见",意思是说,互乡(一个)很难与人谈话的童子受到了(孔子的)接见,理由是孔子曾经说过"十室之邑,必有忠信如丘者焉"。怎么可能一个乡的人都是一样的呢?笔者赞同后者的理解。其次是对"难与言"的理解。这句话的字面意思就是很难与人谈话。问题是为什么?本章没有明说,也许是不讲道理、不讲逻辑,也许是价值观念与众不同,等等。但有一点是肯定的,那就是孔子的门人弟子认为是不对的;最后是对"童子"的理解,"童子"在过去不是像今天仅仅是指少年儿童,其指向比较广泛,凡是未成年的人都叫"童子",甚至那些没有结婚的男子或者尚学无所成的男子都叫"童子"。在本章,"童子"绝对不能理解为儿童,而应当理解为一个有所学却尚未成年的年轻人。

第二是对"不保其往"的理解。通过注释我们知道,"保"有守住的意思,也有保证、担保的意思;而"往"有从前、过去的意思,也有以后、将来的意思。两种解释在本章都能说得通,也都符合本章的意思。宋代朱熹认为这句话的意思是"不追其既往,不逆其将来",很深刻、全面。

【编意解】

编者意在通过孔子之语,表明孔子之教对于施教对象的原则和态度,那就是只要你愿意向我学,我就教,不太在乎这个人之前的是与非,也不苛求今后的结果,能做一点是一点。

7.30 子曰:"仁远乎哉?我欲仁,斯仁至矣。"

【译文】

孔子说:"仁难道(离我们)很远吗?我想达到仁,仁就来了。"

【原文解】

第一是对"仁远乎哉"的理解。关于"仁",前面已经说得很多了,它既是孔子思想的核心,同时也是分层次的,仁者人也,仁者爱人,推爱及物为仁也,等等。也正是因为如此,人们对其认识有时反而会产生模糊感,觉得"仁"十分高远,不可触摸。也可能正是因为如此,孔门的弟子们会有此疑惑,也才有孔子本章之言。

第二是对"我欲仁,斯仁至矣"的理解。要理解这句话的意思,首先就要理解这个"欲"。"欲"在此处就是想、希望的意思。怎么想、希望?当然是用心想、真心希望。那么是否就是说"仁"就在我们心中呢?这种说法对也不对。说它对,是因为每个人的心中都有仁性(详见1.3章),而孔子的思想之所以能够影响我们几千年,并流传至今,其中一个很重要的原因是它符合人性;说它不对,是因为仁就是人与人的相处之道,不可能只在心中,必须有外在的表现,要用行动来表现、来成就。也正因为如此,孔子说"斯仁至矣"。但仁来了并不等于就是你的,仁来了说明仁也会走,要想成为你的,你必须抓住它,怎样抓住它?那就是践行。欲仁则仁至,行仁则仁成。那么孔子践行了吗?当然。看看上一章就可见一斑。这样一来,有人可能会问,真的这么简单吗?说简单就这么简单,但说难也非常难。毛泽东主席在为雷锋题词"向雷锋同志学习"的时候,曾经说过这样一句话,"一个人做一件好事并不难,难的是一辈子只做好事不做坏事"。同样,一个人欲一次仁、行一次仁不难,难的是一辈子欲仁、行仁。

【编意解】

编者意在通过孔子之语,表明孔子对于所学、所教之仁的认识,那就是仁离我们不远,你想它,它就会到你眼前。同时笔者认为,将本章与上一章连在一起,就能更好地理解,两章合为一章也无不可。

7.31 陈司败问:"昭公知礼乎?"孔子曰:"知礼。"孔子退,揖巫马期而进之,曰:"吾闻君子不党,君子亦党乎?君取于吴,为同姓,谓之吴孟子。君而知礼,孰不知礼?"巫马期以告,子曰:"丘也幸,苟有过,人必知之。"

【译文】

陈司败问:"鲁昭公懂得礼吗?"孔子说:"懂得礼。"孔子退出来后,陈司败向巫马期作了个揖,请他走近自己,对他说:"我听说君子是没有偏私的,难道君子还包庇别人吗?鲁昭公娶了吴国(一个女子为夫人),是国君的同姓,称她为吴孟子。(如果)鲁昭公是知礼的,还有谁不知礼呢?"巫马期把这句话告诉了孔子。孔子说:"我真是幸运。如果有错,人家一定会知道。"

【注释】

陈司败,陈国的司败。司败是陈国的官名,相当于当时的司寇。

巫马期,姓巫马,名施,字子期,亦称巫马期。鲁国人,一说陈国人,孔子弟子,"七十二贤"之一,以勤奋著称(详见5.3章)。

揖(yī),1.本义:拱手行礼。2.让出、逊主。3.通"壹",专一。

【原文解】

第一是对相关的历史背景要有所了解。本章的昭公是鲁国的国君鲁昭公,我们知道孔子是鲁国人,也就是说昭公是孔子的国君。鲁国最早是封给周文王(姬昌)的儿子周公(姬旦)的,因此鲁昭公姓姬。而吴国最早是封给周文王的伯父太伯(泰伯)的,因此姬是吴国的国姓。在周朝取得天下后,所制定的周礼中有同姓不得通婚的明确规定,就像现在法律规定近亲不得结婚,是一样的道理,只是没有现在那么严谨和科学。而鲁昭公却娶了一个同姓姬的吴国女子为夫人,这明显违背了周礼的规定。

第二是对"陈司败问:'昭公知礼乎?'孔子曰:'知礼。'"这句话的理解。这句话的字面意思是很清楚的,问题是鲁昭公娶同姓女子为夫人明显违礼,孔子为什么还说鲁昭公知礼?难道孔子不知道鲁昭公娶同姓女子为夫人这件事?笔者认为这不可能。因为前面说过,夫妇乃人伦之始,婚礼在过去是很受重视的,更何况鲁昭公是国君,其娶何女子为夫人在当时的鲁国是一件很大的事,孔子作为曾经的鲁国大夫,且十分重视周礼,不知道是无论如何都说不过去的。

那孔子为什么还说鲁昭公知礼呢?笔者认为主要是基于两个原因。首先是陈司败的问。陈司败的问题是,鲁昭公懂得礼吗?这个问题很大、很笼统,也具有一定的挑衅性,是在设圈套。说这个问题很大、很笼统,是因为礼的范围很广,包括方方面面,一个人不可能都知道、都做好,要判断就要从总体上去判断。这个问题就好像是在问"这个人是好人吗",如果这个人不是特别的坏,一般得到的回答都是"是好人"。据史料记载,鲁昭公还真是比较懂礼、执礼的(有兴趣

的读者可以看一看相关的史料),尽管其作为国君并不怎么样,但从总体上看,孔子说鲁昭公知礼是有一定依据的。如果陈司败的问题是"鲁昭公娶同姓女子为夫人,是懂得礼吗",是不是就具体一点了呢?说这个问题有一定的挑衅性,是在设圈套,是因为鲁昭公毕竟是孔子的国君,对孔子来说是"尊者"。向孔子问这个问题,就像一个人问你"你的上级(或老师、或父亲)是一个好人吗",你会有怎样的感觉?你又会怎样回答这个问题呢?至于是否在设圈套,这其实通过后面的文字记载已经能充分说明了。其次是礼的要求。前面说过,礼的范围很广,其中就有为尊者讳(讳,避忌。有顾忌而躲开某些事或不说某些话)的要求。《左传》有云:"讳国恶,礼也。"《春秋公羊传》有云:"为尊者讳,为亲者讳,为贤者讳。"而由前述可知,鲁昭公对孔子来说就是"国家""尊者"。这时可能会有人问,如果陈司败的问题是"鲁昭公娶同姓女子为夫人,是懂得礼吗",那么孔子会怎样回答?这可真不好回答,也许不回答这样的问题是一个比较好的选择。

第三是对"丘也幸,苟有过,人必知之"的理解。孔子为什么会感到幸运?笔者认为应当从两方面来体会。一是就本章所述之事而言,鲁昭公明显违礼,孔子却出于各种原因,说鲁昭公知礼。如果陈司败不挑明鲁昭公的违礼之处,别人尤其是孔门弟子会如何理解鲁昭公娶同姓女子为夫人这件事?因为孔子本人是不会主动说的——"为尊者讳",这就可能导致后人的认识混乱,所以孔子认为陈司败的直言是自己的幸运;二是就自身的过错而言,人都会有过错,问题是很多过错并不是自己主动或故意要犯的,因此人们的很多过错自己并不知道,没有意识到。在此情况下,你是希望别人知道你的过错呢?还是不知道?理性地讲,应当是希望别人知道。因为别人知道了,才有可能将你的过错告诉你或传达到你,这样你才能认识进而改正自己的错误,取得进步,这对自己来说不是一件值得庆幸的事吗?但现实是一般的人出于各种原因,或怕受到惩罚,或怕丢面子等,并不这样想,总是希望别人不知道自己的过错,这也就是一般的人和孔子(圣人)的差别之一。另外,对这句话中的"必"字要有所体会,为什么孔子之过"人必知之"?笔者认为,这是因为孔子有自己坚定的、旗帜鲜明的"一以贯之"之道,只有这样的人,其言行一旦发生矛盾,人们就会发现。

【编意解】

编者意在通过孔子之语,表明孔子之所学、所教对过错(这里的过错既包含自己的过错,也包含别人的过错)的态度,那就是对自己的过错闻过觉幸,对别人的过错隐恶扬善,"为尊者讳,为亲者讳,为贤者讳"。同时也展示了孔子对礼的认识和遵守的原则,那就是要全面,要"和为贵",不要制造矛盾和混乱。设想一下,如果我们不对别人隐恶扬善、"为尊者讳,为亲者讳,为贤者讳",那我们的社会和我们的生活将变成什么样子? 其实这些道理,人们现在已经不怎么遵守了,我们的社会和我们的生活是什么样子,我们自己有最切身的体会。

7.32 子与人歌而善,必使反之,而后和之。

【译文】

孔子(如果)认为一个人歌唱得好,一定要请他再唱一遍,然后和他一起唱。

【原文解】

本章"和"读 hè,应和、跟着唱的意思。本章字面的意思很清楚,但我们要深刻体会孔子对音乐的态度和修为。首先,孔子对音乐是十分喜爱的,也正因为如此才会"歌而善,必使反之",这里的"必"就很能说明问题。其次,孔子的音乐修养是十分高的,也正因为如此才会"而后和之",听一遍,再听一遍,就能跟着唱。应当注意的是,当时的音乐也好,歌也好,可不是一般的业余爱好,而是被用来治理社会的一种十分重要的手段,与礼并行。我们知道,中国的文化又称作礼乐文化,关于这一点,前面笔者人云亦云的有所介绍(详见 3.23 章),不再赘述。

当然,更重要的是这说明了什么? 孔子喜爱音乐,孔子的音乐修养是很高。因喜好所以修为就会高吗? 未必。还是要学、习——"必使反之,而后和之"。从某种意义上讲,笔者认为一个人喜好什么是一种天分。一个人不可能对什么都喜好,找到自己喜好的事物并不容易。但是天分再高也还是要学、习的,而且需要不断地学、习。

【编意解】

编者意在通过孔子对音乐的态度和修为,表明即便是天分再高,也仍然是要学、习。

7.33 子曰:"文莫吾犹人也,躬行君子,则吾未之有得。"

【译文】

孔子说:"就书本知识来说,大约我和别人差不多,做一个身体力行的君子,那我还没有做到。"

【注释】

躬,1. 身也。本义:整个身体。2. 自身、自己。3. 亲身、亲自。4. 稍微向前弯身,以表尊敬。

【原文解】 本章字面的意思比较清楚,至于对其更准确、深刻的理解,笔者认为应与下一章连起来理解,因为这两章合起来显得完整。过去也有人认为两章应是一章。

7.34 子曰:"若圣与仁,则吾岂敢?抑为之不厌,诲人不倦,则可谓云尔已矣。"公西华曰:"正唯弟子不能学也。"

【译文】

孔子说:"如果说到圣与仁,那我怎么敢当?不过(向圣与仁的方向)不厌烦地去做,教诲别人也从不感觉疲倦,则是可以这样说的。"公西华说:"这正是我们学不到的。"

【原文解】

这两章字面的意思比较清楚,要深刻理解还要注意以下几个方面。

第一是对"躬行君子,则吾未之有得"和"若圣与仁,则吾岂敢"的理解。这两句话的字面意思是很明确的,就是都没有做到。问题是真的没有做到吗?过去很多人认为不是孔子真的没有做到,而是孔子的自谦之词。笔者认为如此理解不能说错,但过于偏颇。所谓谦虚之词要看从哪方面来理解。从我们的角度理解,没有问题。因为通过本篇前述各章的学习,编者已基本上将一个真实的、生动的孔子展现在我们面前。孔子的境界之高,实在令人叹为观止。如此而不圣、不仁、不君子,则何谓圣人、仁人、君子?但如果从孔子的角度理解,这就有问题了。因为孔子的境界非我们所能企及,其所处之境,所能见到的风景,也非我们所能想象的。那里肯定有更高的山峰,更绚丽的风景,孔子还没有达到,所以上述之语在孔子来说并非谦辞,而是一种客观事实的描述,只是这种客观事实在我们现阶段无法看到,更谈不上体悟。正所谓没有最好,只有更好。

第二是对"为之不厌,诲人不倦,则可谓云尔已矣"的理解。就是对圣、仁之道,能"为之不厌,诲人不倦",这一点孔子做到了。问题是"为之不厌,诲人不倦"与圣人、仁人、君子有什么关系?笔者认为,圣人、仁人、君子是目标,而"为之不厌,诲人不倦"则是方法和途径。应当说明的是,关于圣人、仁人、君子这些目标的界定,会因为境界的不同而不同,会被修正。同时还要说明两点,一是"为之不厌,诲人不倦"说明有圣、仁之道,否则如何能"为"、能"诲"?二是"不厌""不倦"说明不苦,有乐,乐在其中。

第三是对"正唯弟子不能学"的理解。这句话的字面意思是很明确的,没有什么歧义。这里笔者要强调的是,这真是一句大实话。想"为"、想"诲"的人有之且不少,能"为"、能"诲"的人有之但不多,而"不厌""不倦"的人有吗?

【编意解】

编者意在通过孔子对自身之言,言明孔子之学要"躬行",要"为之不厌,诲人不倦"。只有这样才能不断提高,以达到圣人、君子。这是方法和途径。

7.35 子疾病,子路请祷。子曰:"有诸?"子路对曰:"有之;《诔》曰:'祷尔于上下神祇。'"子曰:"丘之祷久矣。"

【译文】

孔子病情严重,子路请求向鬼神祈祷。孔子说:"有这事吗?"子路说:"有的。《诔》文上说:'向天地神灵祈祷。'"孔子说:"(如果是这样)我已经祈祷很久了。"

【注释】

祇,1.(qí),地祇也,本义:地神。2.(zhī),仅仅、只。

诔(lěi),1.谥也。叙述死者生前事迹,表示哀悼(多用于上对下)。2.哀悼死者的文章。

【原文解】

第一是对"子疾病,子路请祷"的理解。这句话的字面意思是很清楚的。问题是这句话说明了什么。首先,前面说过,在过去医学很不发达,得病是一件危险的事情,更何况是重病,人们往往束手无策,常常眼睁睁地看着病人死去。然而生老病死又是人的宿命(现在也何尝不是如此),谁也摆脱不了。其次,这时"子疾病",孔子得了重病,怎么办?子路就请求向鬼神祈祷,以求保佑孔子能熬过去。这里的"请"有请求的意思,说明平时子路并不认为这有什么用,或者孔

子平时要求弟子不要做这些事。现在孔子病重,没别的办法了,所以"子路请祷"。

第二是对"诔"的理解。"诔"的意思是哀悼死者的文章。问题是"子路请祷"的时候孔子还没有死,子路怎么会用哀悼死者的方式来祈祷呢?据考证,汉字中还有一个"讄"字,读音与"诔"相同。"讄"的意思是"累功德以求福也"。"讄,施于生者以求福;诔施于死者以作谥"。后来两字通用。

第三是对"丘之祷久矣"的理解。这句话的字面意思是很清楚的。问题是前面孔子还在说"有诸",子路说有,孔子就说"丘之祷久矣",这不矛盾吗?到底有没有?前面"有诸"的意思是有这事情吗?子路说有,并举出了例证,就是"诔"。孔子在了解了子路的真实意思是"讄"——累功德以求福之后,孔子认为自己平时的言行俯仰无愧,应合于神明,如果按子路理解的"祷"的意思,那么自己平时的言行就是在"祷",在累功德,因此有"丘之祷久矣"之言。那么到底有没有神祇呢?祈祷到底有没有用呢?有没有神祇孔子没有明说,但孔子说过"敬鬼神而远之"(详见6.22章)。至于祈祷到底有没有用,从本章来看,孔子没有死,活过来了;从最终看,孔子还是因病去世了。你说祈祷到底有没有用?应当强调的是,孔子之"祷"是自己平时的言行,而非所谓的"仪式"——专门的活动,更非临时抱佛脚。

【编意解】

编者意在通过本章之故事,言明孔子之学对鬼神的认识和态度,那就是在于平时不懈的行——"丘之祷久矣"。这里的行不是单单行祷告的仪式,更多的是现实中按照正确的观念和方法(或者说是符合鬼神要求的观念和方法)去做人做事。至于鬼神的有无,前面已经有所阐述,即"敬鬼神而远之"(详见6.22章),还是有的好。

7.36 子曰:"奢则不孙,俭则固。与其不孙也,宁固。"

【译文】

孔子说:"奢侈了就会不恭顺,节俭了就会鄙陋。与其不恭顺,宁可有鄙陋。"

【注释】

孙,1.(sūn),子之子曰孙。本义:儿子的儿子,泛指孙子以后的各代。

2.(sūn),再生的、细小的。3.(xùn),通"逊",谦逊、恭顺。4.(xùn),通"逊",逃遁。

【原文解】

本章之语我们似曾相识。《论语》第三篇曾记有孔子的另一句话,"大哉问!礼,与其奢也,宁俭;丧,与其易也,宁戚"(详见3.4章)。由此看来,本章是对礼而言的。本章的字面意思是比较清楚的,但要深刻理解,还要注意以下三个方面:

第一是对"奢则不孙"的理解。这句话的字面意思是很清楚的,问题是为什么?奢者张也,本义是铺张、不节俭(详见3.4章注释)。首先,铺张、不节俭本身就有违仁道(不甚爱人、不甚爱物);其次,有违于礼的要求,做过了。应当说明的是,这是有能力守礼而不守;最后,也是最重要的,是其主观认识错误。这样的人以为鬼神和他一样是爱财的,因此以为铺张一下,多花点钱财,鬼神就会对他更青睐一些,更照顾一些。这是对鬼神的一种侮辱,当然也就是"不孙"。

第二是对"俭则固"的理解。这里的"固"是鄙陋的意思(详见1.8章注释)。这句话的字面意思也是很清楚的,问题是为什么?原因很简单,没有按礼的规定去做,钱没有花到,当然就会有所欠缺和不足。笔者认为,如果是故意的俭,显然是一种不逊,这种人以为鬼神容易欺骗。当然,大多数俭以执礼的人是因为确实没有那么多的钱财或者是过分爱惜财物(因为那些财物是得来不易的)。当然,俭以执礼在客观方面还是节省了人力、物力。

第三是对"与其不孙也,宁固"的理解。为什么?通过前面的分析阐述(详见3.4章),这已经是很明显的事了。这里要强调的是,奢与俭都不符合礼,俭是一种无奈之选,次之之选。

【编意解】

编者意在通过孔子之言,言明孔子之学对礼的原则,那就是严格按照礼的要求去做,不要过或不及,不要俭,更不能奢,无奈的情况下宁俭勿奢。当然,所谓不要过或不及,也就是中道的表现,亦是孔子之学的重要部分。

7.37 子曰:"君子坦荡荡,小人长戚戚。"

【译文】

孔子说:"君子心里坦坦荡荡,小人心里经常忧愁。"

【注释】

坦,1. 安也。本义:平直、宽广。2. 豁达、开朗。3. 安然、无所谓。4. 露出、吐露。

荡,1. 本义:洗涤。2. 摇动。引申为动摇、不安定。3 放纵、放荡。4. 平坦、广阔。

戚,1. 戉也。本义:古兵器名,斧的一种。2. 亲、亲属。3. 忧愁、忧伤。

【原文解】

第一是对"君子坦荡荡"的理解。"坦荡荡"是一种心态。之所以如此,是因为君子不强求私利,而且是比义而行。首先,君子不强求私利,而不是没有私利,也不是不喜富贵,但君子并非将其放在首要的位置,志在必得。"不义而富且贵,于我如浮云"(详见7.16章),"富而可求也,虽执鞭之士,吾亦为之。如不可求,从吾所好"(详见7.12章);其次,君子也并非无所求。孔子就说过"君子疾没世而名不称焉"(详见15.20章),但君子比义而行。前面我们说过,君子是成就了德行的人。如何成就?这在于自己对道的认知和践行,完全在于自己。如果对道没有正确和全面的认识,是自己努力不够,悟性不好,怨不得别人,因此孔子说"君子求诸己"。自己如果对道有正确和全面的认识,那就会依道而行,可以做什么,不可以做什么,什么事能成,什么事成不了,风险在哪里,都心中有数,那还有什么忧愁的呢?

第二是对"小人长戚戚"的理解。为什么?这比较好理解,因为小人"怀土""怀惠"(详见4.11章)。利从何处来?当然是从别人那里(这主要是指要依靠别人的行为来成就,包括从别人那里取得,也包括通过别人的行为来实现),因此孔子说"小人求诸人"。可谁又真的心甘情愿地给予呢?因此孔子又说"放于利而行,多怨"(详见4.12章)。正因为如此,孔子说"其未得之也,患得之;既得之,患失之"(详见17.15章),不"长戚戚"才怪。

【编意解】

编者意在通过孔子之言,言明孔子之学最终所达到的状态或境界,这种状态或境界的内在表现就是"坦荡荡"。

7.38 子温而厉,威而不猛,恭而安。

【译文】

孔子温和而又严厉,威严而不凶猛,恭敬而又安详。

【注释】

厉,1.本义:磨刀石。引申为磨、磨炼,此意后来写作"砺"。2.激励、勉励。3.严厉、严肃。4.猛烈。5.祸患、危害。6.恶鬼。7.不脱衣服涉水。

威,1.畏也。威力、威风、威严。2.害怕、恐惧。3.震慑、使……害怕。

猛,1.健犬也。本义:健壮的狗。2.凶猛。引申为勇猛、气势壮。3.严厉。

【原文解】

本章的字面意思是比较清楚的,但要深刻理解本章的意思,就要注意了解一下我们普通人一般是怎样的?我们普通人如果温和就不会严厉,如果威严就免不了让人感到凶猛,如果恭敬就显现不出安详。而孔子给弟子们的感觉却与众不同,孔子是"子温而厉,威而不猛,恭而安"。这到底是一种什么状态?为什么孔子会是这样一种状态——是否是"坦荡荡"的外在表现?是否就是仁道、中道的外在表现?这真的是值得我们认真思考,反复体味的。

【编意解】

编者意在通过对孔子外在形象的描述,言明孔子之学最终所达到的状态或境界,这种状态或境界的外在表现就是"温而厉,威而不猛,恭而安"。与上一章合起来就是一个圣人的形象,当然也是一个"万世师表"的形象。

泰伯第八

8.1 子曰:"泰伯,其可谓至德也已矣。三以天下让,民无得而称焉。"

【译文】

孔子说:"泰伯,他可以说是德行最高的人了。几次把君位让出去,老百姓(却)找不到什么来称赞他。"

【注释】

至,1. 鸟飞从高下至地也。本义:到来、到达。2. 极、最、达到了顶点。3. 至于。

称,1.(chēng),称量。2.(chēng),举起、推举、举用。3.(chēng),称颂、赞许。4.(chēng),称作、称号。5.(chèng),称量物体轻重的器具。6.(chèn),符合,相当。

【原文解】

第一是对"泰伯"这个人和他的事迹要有所了解。关于"泰伯"及其事迹——"三以天下让",很多古书都有记载,包括《史记》《韩诗外传》《孟子》等,但具体细节不尽相同。"泰伯"及其事迹大致如下:周原是商王朝的一个诸侯国,原在豳(bīn)地(陕西彬县),传至姬亶(dǎn)——轩辕黄帝第十五世孙,后被尊称为古公亶父,周武王姬发建立周朝时,追谥他为"周太王"。因受异族侵犯,古公亶父率领族人由豳迁到岐山下的周原(今陕西岐山北)。古公亶父生有三子,即长子泰伯、次子仲雍和少子季历。其中季历的儿子姬昌(即周文王),深受古公亶父的喜爱,古公亶父认为其有圣人之瑞相,能兴周,因此有意将君位传给季历,并最终使姬昌登上君位。但按当时的规矩,君位是应该传给长子泰伯的。泰伯和仲雍知晓父亲的意思后,为了不使父亲为难,便在父亲生病的时候,以采药为名到了江南的吴地,并依当地习俗,断发文身。兄弟二人已出走,季历就只能在家事父。古公亶父临终,遗嘱要季历报丧给泰伯和仲雍。季历按父亲

遗嘱接回泰伯和仲雍。丧事毕,季历不受君位,泰伯说,自己已经文身断发,不可以继承君位,并与仲雍再次出走至吴地。季历遂立为君,并将君位传给了儿子姬昌,周文王姬昌的儿子姬发伐纣而得天下为王(即周武王),并尊姬昌为周文王,封泰伯于吴。

第二是对"至德"的理解。"至"在本章的意思就是极、最、达到了顶点的意思。"德"的意思前面已经说过多次了,在此还要重申明确一下,因为"德"的含义不仅十分重要,而且笔者认为《论语》本篇就是在讲"德"。德又写作"悳"——直心,德者得也。得什么?得道。何谓道?道的最初意义是道路,后来引申为方法措施,进而引申为万事万物固有的天性及其演化发展的规律。正确而充分地认识了道并能循道而行,即为德,如果做简单一些理解,也可以将德理解为"能力""功用"——对道认识的越多、越充分、越正确,越能遵循,则能力就越强,功用就越大。当然在孔子的思想中,道是指或主要是指人道——仁道。通过上面的学习,"至德"的含义就很清楚了,就是最高的德行。问题是泰伯的所作所为怎么就成了"至德"?这就要对泰伯的所作所为进行以下详细的分析。泰伯的所作所为前面已经进行了概述,过去的分析笔者认为很好,现摘录如下:"让之为德既美矣,至于三,则其让诚矣。以天下让,则其所让大矣。而又能隐晦其迹,使民无得而称焉,则其让也非有为名之累矣。此其德所以为至极而不可以有加也。"首先,"让之为德既美",为什么?前面学习过,有子曰:"礼之用,和为贵。先王之道,斯为美。"(详见1.12章)而谦让是和的基础,争夺怎么可能和?其次,"至于三,则其让诚矣",多次让当然就是诚心诚意的。先是父亲古公亶父在世时离去,这是让。后来父亲古公亶父去世时奔丧,以已"断发文身"为由不受君位,还是让。再次,"以天下让,则其所让大矣"。天下当然很大,当然这里的天下,是指因泰伯之让,最终经文、武二王的努力而得到的天下而言。就算是当时周只是一个诸侯国,以国相让也是很大的了;最后,"能隐晦其迹,使民无得而称焉,则其让也非有为名之累矣"。从前文可知,泰伯之让先是以为父采药为名离开,后又以已"断发文身"为由不受君位,无让之名,因此一般的民众都不知道泰伯实质上是在让,因此"民无得而称焉",说明其让不是为名。当然,一般的民众不知道,不能因此就说圣人孔子就不知道,季历就不知道,文、武二王就不知道。

尽管过去的人分析得很好,但在笔者看来,还不够深入或不够明晰,我们还要看到泰伯的原因,让当然是礼的明确要求。"让者,礼之主也"(《左传》襄公十三年),"以礼让为国"(详见 4.13 章),那是不是因此就无缘由地、一味地让呢?当然不是,子曰"当仁不让"(详见 15.36)。那么泰伯让的缘由是什么呢?从初衷来看是顺从父亲的意思,过去讲"孝""顺",顺是孝的一种更高层次的表现,有句古话叫做"千孝不如一顺";从结果来看是让贤能,周最终经文、武二王的努力而得天下。由此看来,孔子是因为泰伯让,因礼而让,因孝而让,因贤而让,而且让的诚、让的大、让的"民无得而称焉",因此是"至德"。

【编意解】

通览本篇,笔者认为,本篇主要是在讲德,编者意在通过孔子对泰伯的评价,表明德尤其是大德、至德的首要核心就是让。

8.2 子曰:"恭而无礼则劳,慎而无礼则葸,勇而无礼则乱,直而无礼则绞。君子笃于亲,则民兴于仁;故旧不遗,则民不偷。"

【译文】

孔子说:"只是恭敬却不依礼而行,就会徒劳无功;只是谨慎却不依礼而行,就会畏缩不前;只是勇敢却不依礼而行,就会扰乱秩序;只是直率却不依礼而行,就会急切刻薄。在上位的人能厚待自己的亲属,老百姓当中就会兴起仁的风气;在上位的人能不遗弃老朋友,老百姓就不会对人冷漠无情。"

【注释】

葸(xǐ),畏缩、胆怯。

绞,1.缢(yì)也,两绳相交而紧谓之绞。本义:用绳索勒。2.缠绕。3.拧、挤压。<u>4.急切</u>。

笃(dǔ),1.马行顿迟也。<u>2.忠诚、厚道</u>。3.坚定,引申为深、甚。4.重,特指病重。

偷,1.苟且也。本义:苟且、马虎。<u>2.浅薄、不厚道</u>。3.盗也。窃取(注意在先秦时期无此意,汉代也少有此意)。

【原文解】

第一是对"恭而无礼则劳,慎而无礼则葸,勇而无礼则乱,直而无礼则绞"的理解。本句的字面意思很清楚,也很容易理解。问题是什么是礼?甚至什么是孔子所谓的礼?关于什么是礼在前言及《论语·八佾》中已经有所介绍,但鉴于

礼在孔子思想中占有十分重要的地位,有必要再次重申一下。礼原是宗教祭祀仪式上的一种仪态,后演化为中国古代社会的典章制度和道德规范,是古代法律的重要组成部分,是由天子制定的。礼在孔子以前已有,夏、殷、周三代之礼,因革相沿,到周公时代的周礼,已比较完善。《礼记》云:"礼者所以定亲疏,决嫌疑,别同异,明是非也。"

这时就会产生一个问题,礼既然是天子制定的,那么不同的天子就可能制定出不尽相同的礼,就可能有好有坏,有的人们愿意遵守,有的不愿意遵守——尽管可能在现实中不得不遵守。那么本章中的礼是哪一种礼呢?当然是孔子认可的礼。那么孔子认可的是什么样的礼呢?前面说过,在孔子的思想中,礼应当是德的外化表现,应该是和德相统一的。有这样的一种礼吗?有,也应当有。在孔子来说那就是周礼。

再有一个问题就是,是不是只有恭、慎、勇、直要受礼的节制呢?通过前面的学习,我们知道,恭、慎、勇、直都是很好的品质,但做过了都不行,就会产生劳、葸、乱、绞等不好的局面或结果。同时我们通过前面的学习也知道,孔子还提倡很多其他好的品质。笔者认为,这些好的品质也要受到礼的节制,因为什么东西过了都不好,当然不及也不好,孔子的思想讲的就是一个"中"。

第二是对"君子笃于亲,则民兴于仁;故旧不遗,则民不偷"的理解。本句的字面意思很清楚,也很容易理解。问题是这句话说明了什么问题?笔者认为,至少说明两个重要的问题。首先,这句话使笔者不禁想起之前学习过的曾子的一句话,"慎终追远,民德归厚矣"(详见1.9章)。这说明在孔子的思想中,民——民众、老百姓的思想是不稳定的,有效仿在位的人、在上位的人的特点。这种认识可能说出来不那么好听,可问题是这种认识是否正确?是否符合实际?笔者的答案是肯定的,这一点对理解《论语》的一些话是很重要的;其次,也正因为民众有上述特点,君子——在位的人、在上位的人应当怎样做呢?很明显,那就是以身作则,这是一种很重要的方法。

【编意解】

编者意在通过孔子之语,表明德的三个重要方面,那就是守礼(法)、厚待亲友、以身作则。

8.3 曾子有疾,召门弟子曰:"启予足!启予手!《诗》

云:'战战兢兢,如临深渊,如履薄冰。'而今而后,吾知免夫!小子!"

【译文】

曾子有重病,把学生召集到身边来,说道:"(解开衣服)看看我的脚!(解开衣服)看看我的手臂(看看有没有损伤)!《诗经》上说:'小心谨慎呀,好像站在深渊旁边(唯恐掉下去),好像踩在薄冰上面(唯恐陷下去)。'从今以后,我知道我是不再会担心身体(受到损伤)了!弟子们!"

【注释】

兢兢(jīngjīng),1.小心谨慎的样子。2.强健的样子。

【原文解】

第一是对"启予足,启予手"的理解。问题是在"曾子有疾"的时候,为什么会有这样的举动?这就要从中国孝道的理念上去认识。儒家有一部经典叫作《孝经》,相传是孔子及其门徒所述,其首章"开明宗义"章即明言:"身体发肤,受之父母,不敢毁伤,孝之始也。"也就是说,在儒家的思想观念中,孝的基础就是爱护好自己的身体。这不禁使作者想起了《吕氏春秋·孝行览》记载的一个故事,原文是:

乐正子春下堂而伤足,瘳而数月不出,犹有忧色。门人问之曰:"夫子下堂而伤足,瘳而数月不出,犹有忧色,敢问其故?"乐正子春曰:"善乎而问之!吾闻之曾子,曾子闻之仲尼:父母全而生之,子全而归之,不亏其身,不损其形,可谓孝矣。君子无行咫步而忘之。余忘孝道,是以忧。"故曰,身者非其私有也,严亲之遗躬也。

意思是乐正子春(曾子的弟子)下堂时伤了脚,可脚伤好了却几个月都不出门,脸上仍然有忧愁的神色。学生们就问他:"先生下堂时伤了脚,可脚都好了几个月还不出门,脸上还有忧愁的神色,请问这是什么缘故?"乐正子春说:"你们问这个问题好啊!我从曾子那里听说,而曾子又是从孔子那里听说这样的话,父母完好地把孩子生下来,孩子要完好地把身体归还父母,不亏损自己的身子,不毁坏自己的形体,这才可以叫孝。君子一举一动都不能忘记孝道。我却忘记了孝道,因此才忧愁。"所以说,身体不是自己私有的,而是父母留给你的。

这个故事对我们现在是很有启发和借鉴意义的,这种认识在儒家传统保留的比较好的地方(如韩国等)还能体会到。在韩国的电视剧中,经常可以看到这

样的场景:当子女受伤或生病的时候,见到父母的第一句话是说"对不起",他们是在向父母道歉,为自己没有好好保护父母给予的身体向父母道歉,这种行为就是儒家孝道的一种表现。反观我们——包括我们自己和我们的孩子,在同样的情况下,有谁向父母道过歉?几乎没有。因为极度缺乏这样的思想和意识,这真是让人汗颜。应当说明的是,其实保护好自己的身体,最大的受益者是我们自己,因此儒家的要求也是极为符合人性的。

第二是对"战战兢兢,如临深渊,如履薄冰"的理解。这句诗出自《诗经·小雅·小旻(mín)》,其意思也是十分明确的,就是要像"如临深渊,如履薄冰"时那样小心谨慎。问题是对待什么事情要如此小心?从前后文看,不难理解是对于保护好自己的身体这件事。这时可能会有人问,身体是要伴随我们一生的,如此岂不是说我们一生都要处于"战战兢兢"的状态,那不是很累吗?是很累。可是设想一下我们的身体遭到伤害时,甚至变成残疾时的痛苦,还是累一点的好,时间长了就习惯了。

【编意解】

编者意在通过本章曾子之语,表明德的一个重要方面,那就是孝。关于孝,通过前面的学习,我们知道孝有很多不同层次的表现,在本章中曾子强调的是保护好自己的身体。笔者认为,编者将本章编排于此的另一个含义是在说明,德的一个重要方面是保存好自己,道理也很简单,人都没了,还如何行道,还能有什么功用或能力?

8.4 曾子有疾,孟敬子问之。曾子言曰:"鸟之将死,其鸣也哀。人之将死,其言也善。君子所贵乎道者三:动容貌,斯远暴慢矣;正颜色,斯近信矣;出辞气,斯远鄙倍矣。笾豆之事,则有司存。"

【译文】

曾子有病,孟敬子去看望他。曾子对他说:"鸟快死了,它的叫声是悲哀的;人快死了,他说的话是善意的。君子重视道的表现有三个方面:变动容貌(庄重严肃),这样可以远离粗暴和轻慢;端正神色(一本正经),这样就接近于诚信;说话的言辞(语气平和),这样就可以避免轻视和违背。至于祭祀和礼节的事,有主管的官吏来负责。"

【注释】

孟敬子,姬姓,鲁国孟孙氏第十一代宗主,名捷,世称仲孙捷,谥号"敬",是前面说过的孟武伯(详见2.6章)的儿子。

容,1.<u>盛也</u>。本义:容纳。2.宽容、容忍。3.允许、许可。4.<u>仪容、容貌</u>。5.或许、可能。

貌,1.颂仪也。"面之神气曰颂,面之形状曰貌"。<u>本义:面容、容貌,引申为样子、神态</u>。2.外表的形象、外观。3.描绘。

慢,1.<u>不畏也。傲慢、对人无礼貌</u>。2.怠慢、懈怠。3.慢慢地走,引申为缓慢。

颜,1.眉目之间也。本义:印堂。2.额头。引申为面容。3.门框上的横匾。4.<u>颜色,面容、脸色</u>。

辞,1.讼辞、口供。引申为解说、申辩。2.言词、词句。3.<u>告诉、讲话</u>。4.辞别、告别。5.推辞、不接受。6.文体的一种。

气,1.云气也。本义:云气。2.<u>"气谓嘘吸出入者"。空气</u>。3."天有六气…六气曰阴、阳、风、雨、晦、明也"。气象、天气。4.人的精神状态、情绪。5.气味。6.古代哲学名词,指构成宇宙万物的物质性的东西。

鄙,1.周代基层行政区划,五百户为鄙。2.边疆、边远的地方。3.庸俗、浅陋。4.<u>看不起、轻视</u>。5.对自己谦称。

倍,1.反也。背向、背着,2.背弃、背叛。后作"背"。3.<u>通"背",违反、违背</u>。4.一倍、加倍。

笾,竹豆也。古代祭祀和宴会时盛食品用的一种竹器。

豆,1.<u>古食肉器也。本义:古代一种盛食物的器皿</u>。2.古代容器,亦为容量单位,四升为一豆。3.古代重量单位。十六黍为一豆,六豆为一铢,二十四铢重一两,十六两为一斤。4.豆假借为菽(shū)。豆类植物的总称。

司,1.<u>臣司事于外者。本义:职掌、主管</u>。2.官员、官吏。3.官署。4.观察。5.通"伺",侦察、探察。

【原文解】

第一是对"鸟之将死,其鸣也哀;人之将死,其言也善"的理解。这句话的字面意思是很明确的。问题是为什么?笔者认为,人将死,对名利已无所求,无说谎害人的动机,所言应是真心之语,因而是善言。但这也只是笔者的一种猜测,毕竟笔者现在尚非将死之人。也许真实的原因只有将死之人才能真正知晓。

第二个问题是曾子为什么要说这样的话?笔者认为,这很好理解,就是想让对方认识到自己之后所说的话是真心之语,是善言,进而能够认真听,听进去,照着做。

第二是对"动容貌,斯远暴慢矣;正颜色,斯近信矣;出辞气,斯远鄙倍矣"的理解。这句话的字面意思不是很明确。

首先,有必要知晓一下其他儒家经典的相关表述。《礼记·冠义》有载:"礼义之始,在于正容体、齐颜色、顺辞令。容体正,颜色齐,辞令顺,而后礼义备。"同时我们还要回想一下,我们平时与人交往,尤其是与相对陌生的人交往的情形,这时我们往往是先看到这个人的整体外观(主要是衣着面容),之后就会注意这个人的面部表情和神态,最后是听这个人说话。这样的回想会有助于了解这句话的层次结构。这句话的层次结构就是按照这个顺序来讲的。

其次,"动容貌,斯远暴慢矣"。为什么"动容貌"就是要变得庄重严肃?《礼记》云:"容体正。"同时我们平时的经验也告诉我们,在与人交往,尤其是在与相对陌生的人交往的时候,我们往往是穿着所谓的"正装",而不是休闲装,更不能衣冠不整,要修须梳头甚至化妆。这样做并非只是出于礼貌,更重要的是表示自己的庄重严肃并引起对方的注意,进而也旨在使对方能尽可能的庄重严肃,对方能尽可能的庄重严肃,我们不就远离被粗暴或被轻慢的对待了吗?当然,穿着"正装"并不舒服,修须梳头甚至化妆也很麻烦,所以这里用了一个"动"字。

再次,"正颜色,斯近信矣"。为什么"正颜色"就是要变得一本正经?《礼记》云:"颜色齐。"颜色本义是神色表情,正是端正的意思,齐是使整齐的意思。"正颜色"的本义就是端正神色表情,是整齐划一,不能轻佻,不能皮笑肉不笑。可这跟"信"又有什么关系呢?当然有关系了,前面孔子讲过"色难"(详见2.8章)。一个人的神色表情是很难伪装的,因此能"一本正经"地说谎话的人不多,"一本正经"说出的话却被别人认为是谎话的情况也不多。当然,也不排除有"喜怒不形于色"的人,因此这里用了一个"近"字。

再次之,"出辞气,斯远鄙倍矣"。为什么"出辞气"就是要语气平和的说话呢?《礼记》云:"顺辞令。"笔者认为,"出辞气"就是说话要像呼吸一样自然,正常的呼吸就应当是平和的,也只有平和才能是顺畅的。为什么要语气平和的说话呢?因为我们是在说道理,道理就是道理,不会因为声音的大小而改变(当然声音太小别人就听不见了),更不会因为添加某些情绪而改变。相反,如果在说道理的时候添加了某些情绪因素,往往会使听者对所说的道理产生怀疑甚至逆反,认为是一厢情愿的认识和强加,进而以轻视或违背对待之。当然,一厢情愿的认识或强加并非没有作用,也不一定会遭到轻视或违背,但因为是被迫的,概率会增加,因此这里用了一个"远"字。

第三是对"笾豆之事,则有司存"的理解。笾、豆在当时都是礼器,在这里是借指礼的形式。意思就是礼的形式不是很重要,有专门的官员可以处理。礼的形式真的不重要吗?这好像与之前的学习不一致。其实重要与不重要是相对而言的,比起实质和目的来说,形式就不是很重要,但不是因此就可以不要形式了,不是"则有司存"嘛。

【编意解】

编者意在通过曾子之语,表明德的一个重要方面,那就是要能表达自己的想法。这里的"能"是指,使听者能够认真听、听进去并相信自己的意思。这一能力的重要性不言而喻,如何才能如此?那就是"动容貌""正颜色""出辞气"。

8.5 曾子曰:"以能问于不能,以多问于寡;有若无,实若虚,犯而不校;昔者吾友尝从事于斯矣。"

【译文】

曾子说:"自己有能力却能向没有能力的人请教,自己才能多却向才能少的人请教;有能力却像没能力一样,才能充实却像很不足;被人侵犯却也不计较。从前我的朋友就是这样做的。"

【注释】

犯,1.侵也。本言犬犯人。触犯、侵犯。引申为犯罪、犯人。2.危害、侵害。

校,1.(jiào),木囚也,古代一种拘束犯人的刑具。2.(jiào),栅栏。3.(jiào),对抗、较量。4.(jiào),校对,引申为比较、计较。5.(jiào),计算、计数。6.(xiào),教学之宫。学校。7.(xiào),古时军队的编制。

【原文解】

第一是对"以能问于不能,以多问于寡;有若无,实若虚"的理解。为何要这样?这样做是不是有些矫揉造作?其实读到这句话不禁使人想起孔子入太庙时的情形,"子入太庙,每事问"(详见3.15章)。因为"每事问",所以有人认为孔子并不"知礼",孔子真的不知礼吗?答案明显是否定的,但孔子的回答更耐

人寻味——"是礼也",意思是这就是(知)礼,说得更直白一些,正是因为"每事问"所以才知礼。当然,这也同时反映出孔子对礼的慎重态度。我们知道,在孔子的思想中,礼就是德的外化,而德就是对道的正确而充分的认识和遵循,简单一些可以理解为"能力"。道是万事万物固有的天性及其演化发展的规律,这种天性及规律则是混沌不清、千变万化而又无所不在的,有待于人们去认识和发现。如何认识和发现?方法很多,"问"——请教就是一种十分重要的方法。"问"谁?所有知道或可能知道的人,无论这个人是否比自己知道得多。要理解这一点,还要对道的千变万化有进一步的理解,道的千变万化说明道的表现形式是十分繁多的,同时又非一成不变的。一个人用心多一些,了解的方面就可能多一些或在某一方面了解的就可能更深入一些,但一个人的精力是有限的,不可能全然了解,不可能没有遗漏的方面,或在所了解的方面都超过别人,因而才能或能力的大小、强弱则是一个整体的概念,也就是说,一个人的才能或能力比另一人强,并不等于说方方面面都强。只有真正理解这一点,我们才能认识到这句话的重要性和必要性,才能诚心诚意地照此去做。其实,正是因为有些人能"以能问于不能,以多问于寡",他才成了能人;同时也正是因为有些人知道了很多、很深刻,他才越觉得道很多、很深,进而感觉到自己知道的其实很少(因为道是无穷无尽的,而这一点只有深刻了解"道"才能体认),感觉自己很"虚",也只有感觉自己很"虚",他才能吸收和容纳更多的东西,进而才能够更充实。毛泽东主席说的"虚心使人进步"就是这个意思。

第二是对"犯而不校"的理解。这句话的字面意思是很清楚的,就是别人侵犯了我也不计较。问题是这似乎极不近人情。要深刻地理解这句话就要对下面几个方面有所理解:首先是什么是"犯"?谁会侵犯我?对此我们首先应当对"犯"的本义进行了解,"犯"的本义如注释,是"犬犯人",人、犬非同类也。当然,在本句明显不是指"犬犯人",而是人犯人。但是笔者认为人与人也是有分类的,这个分类的标准是价值观。跟我有相同或相近价值观的人会侵犯我吗?一般不会,除非我们都认为侵犯别人是正当合理的,更何况我是一个十分谦虚谨慎的人。其次是对"校"的理解。"校"在本章的意思就是计较、理论甚至较量、报复的意思。问题是为什么"不校"?设想一下,一个人被动物侵犯了,这个人会与这个动物计较、理论甚至较量、报复吗?有人会,也有人不会。对于那些没有与这个动物计较、理论甚至较量、报复的人,人们往往是可以理解的,因为动物与人并非同类,这样做不仅是没有意义的——得不到其悔不该当初的认识,同时也是在浪费时间和精力。那么一个人被另一个人——尤其是价值观迥异的人侵犯了,这个人会向另一个人报复吗?很多人会,但也有极少数人不会。对于这些极少数人的行为,人们往往不能理解,其实仔细想一想,道理有什么不同吗?更何况如此冤冤相报何时了?如此冤冤相报又置国家法度于何处?同时我们也要明白一点,"不校"不是一种软弱,更不是一种认同。忍耐本身是需要勇气和胸襟的,有一种深重的指责叫作"不校"。

第三是对"吾友"的理解。这是指谁?过去很多人说是指颜回,尽管很有道理,但毕竟没有凭据。其实笔者认为这并不重要,重要的是"吾友"一语所表现出的含义,首先表示曾子对前述行为的赞同;其次是在说明自己还没有做到这种谦虚。

【编意解】

编者意在通过曾子之语,表明德的一个重要方面,那就是要谦虚谨慎。只有具备了谦虚谨慎的能力,才能获得更大的能力——德。

8.6 曾子曰:"可以托六尺之孤,可以寄百里之命,临大节而不可夺也:君子人与? 君子人也。"

【译文】

曾子说:"可以把年幼的(君主)托付给他,可以把国家的政权托付给他,在紧要关头而不动摇。这样的人是君子吗? 是君子啊!"

【注释】

尺,1.十寸也。本义:十寸。一种长度单位。2.尺子、量长度的器具。3.中医切脉部位名称之一。

寄,1.托也。本义:寄居。2.寄托、托付。3.递送、递送。

【原文解】

第一是对"可以托六尺之孤,可以寄百里之命,临大节而不可夺也"的理解。

首先,何谓"六尺之孤"?字面意思就是六尺(或不到六尺)高的孤儿。尺是一种长度单位,一尺到底有多长,在过去,不同的时代有不同的标准,但一般都比现在要短。这里要说明的是,据称在当时一个人的身高也有衡量年纪的作用,一尺代表两岁半岁,那么六尺(或不到六尺)是指15岁(或15岁以下),而"孤"前面说过,是指幼年丧父的人,也就是孤儿。

其次,何谓"百里之命"?"百里"就是指方圆百里,而在过去,一个较大的诸侯国的封地就是方圆百里,因此此处的"百里"就是指一个(诸侯)国。命就是命令。"百里之命"就是一个国家的政权命令,这是一个很大的权力。

最后,何谓"大节"?"节"在本章就是关键的意思,"大节"就是关键中的关键。那么什么情况是"大节"?"大节"在本章的意思就是紧要关头。问题是谁的紧要关头?怎样是紧要关头?笔者认为,这可能是这个诸侯国内乱或受敌国的入侵等;但更可能是受托之人的诸侯国内乱或受敌国的入侵,甚至是幼主的成年。为什么呢?因为内乱、敌国的入侵,受托之人面临着是否要交权以自全的考验。幼主成年后受托之人也面临着是否要交权归政的考验。

第二是对"君子"的理解。关于君子前面我们已经学习了很多,君子就是成就了德行的人。问题是曾子为什么说"可以托六尺之孤,可以寄百里之命,临大节而不可夺也"的人是君子呢?这就要温习一下君子应有的品质或标准,笔者认为,那就是智、仁、勇、成。而这里的"可以"二字就体现了智和成,"六尺之孤"是需要教育的,"百里之命"是要耗费很多精力的,更不用说"临大节"了。这些要处理好,将一个完整的国家再交给一个能胜任的君主,这不是谁都可以做到的。而"托""寄"二字就体现了一个"信"字,而且是大信,因为那是"六尺之孤""百里之命",同时完成这样的重托本身就是仁的表现,这体现了对秩序的维护;"不可夺"则是坚守——勇的一种生动表现。现实和历史上托孤的事情很多,如周公之于周成王、王莽之于汉平帝、诸葛亮之于蜀汉后主。其中只有极少数的受托人能完成自己的承诺,如周公。绝大多数的受托人并没有完成自己的承诺,有的甚至背叛了自己当时的承诺,取而代之。如诸葛亮、王莽。应说明的是,诸葛亮虽然最后将蜀汉政权交给了蜀汉后主刘禅,但这个蜀国已是筋疲力尽的了,而蜀汉后主刘禅在诸葛亮的多年教育下,却是一个"暗弱"之主;至于王莽,他自己虽然很有思想,也锐意改革,但终因其废汉自立,改革失败,致使天下大乱,自己也身首异处。当然这里说的都是大事件,其实在现实生活中,也有许多托孤之事,虽不见经传,但也大都与上述情况差不多。

【编意解】

编者意在通过本章曾子之语,表明德的一个重要方面,那就是要能信。要注意这里讲的是能信,而非仅仅是一个"信"字。其中的"能"字要好好体会,信只是简单的信,只有具备了能力,才是真正的信,才是"可以托""可以寄""不可夺"的,那才是真正的能力——德,而这是智、仁、勇、成的综合表现。

8.7 曾子曰:"士不可以不弘毅,任重而道远。仁以为己任,不亦重乎?死而后已,不亦远乎?"

【译文】

曾子说:"士不可以不(心胸)宽广、(意志)强韧,因为他责任重大而又道路遥远。把(践行)仁作为自己的责任,不也重大吗?(奋斗终生)死而后已,(道路)不也遥远吗?"

【注释】

弘,1.弓声也。本义:弓声。2.大也。假借为"宏"。大的。3.推广、光大。

毅,有决也。本义:意志坚强、果断。

任,1.抱也。本义:挑担、荷、肩负。2.负荷、担子、行李。3.负担、担任。引申为承担。4.胜任、能够。5.信任。6.任用。7.能力。8.凭借。9.听凭、放任、无拘束。10.通"妊",怀孕。

【原文解】

第一是对"士"的理解。"士"本是中国古代社会一个阶层的名称,在先秦时期是指贵族的最低等级,地位次于大夫。后引申为有意愿提高自身能力并愿为他人服务的读书人。在本章是指奉行孔子思想的读书人。

第二是对"弘毅"的理解。"弘毅"的字面意思就是(心胸)宽广、(意志)强韧。问题是为什么要如此?道理很简单。因为"任重而道远"。没有广阔的心胸,如何能容下重任?意志不强而韧,又如何能担起重任并远行?

第三是对"任重而道远"的理解。"任重道远"是一个成语,现在还在用,意思也没有什么不同,就是担子很重且路很远。问题是为什么是如此?因为是"以仁为己任",就是要把践行仁道——人道作为自己的责任或目标。这时问题就又来了,为什么践行仁道是任重道远的呢?前面不是说仁是符合人的本性的吗?既然是符合人的本性,为什么践行起来却又如此的困难?这就要从仁道的本身讲起,什么是仁道?笔者认为,仁道就是人道,说简单一点就是做人的标准,就是人与人的交往之道。我们说仁是符合人性的,这里的人既是指每一个人,同时也是指人们。因为人是群居的,是必定要生活在一定的人群之中的,这也就意味着一个人必然要与其他的人打交道,而打交道又是有一定规则的,这个规则就是人道。而这个人道——规则的形成和制定也不是凭空而来的,不

是某个有权力的人任意制定的,而是由这个族群的生存环境、生活方式决定的,逐渐演变和总结而来的,因而也是与个人的人性是有一定的矛盾的,需要外力强制的。对于孔子来说,周礼就是最好的总结,但由于周天子的衰微,周礼在当时已经残破不堪,因此孔子要对其整理和转述,其实这也就是孔子的思想或是其思想的主要方面。了解了这些,我们就能比较好地理解为什么既说仁是符合人的本性的,同时又说践行仁道是任重道远的了。因为个人和群体毕竟是不同的,是有区别的,这两者的本性和需求以及实现的方式也不尽相同,要有一定的平衡,所以个人要践行人道,就要对个人的某些欲望有所克制,因此孔子讲"克己复礼为仁"(详见12.1章)。如果一个人要终身践行仁道,那么对自己的某些欲望就要终身有所克制,而克制自己的欲望本身就是很困难的,终身的克制则是很长久的,因此"任重而道远"。不过话又说回来了,个人和群体毕竟不是完全不同的,但其相同之处远多于不同,人道从总体上和根本上讲还是符合个人的本性和需求的,只是由于绝大多数人目光短浅,认识不到而已,否则就不是什么"任重而道远"了,而是根本就担不起、行不动,更谈不上学而悦了。

【编意解】

编者意在通过本章曾子之语,表明德的一个重要方面,那就是要践行仁道——人道。应当说明的是,德本身就是对道的认识和遵循,而人道是道的一部分。同时我们应当认清,要践行仁道就要有弘毅的品质。其实笔者认为,不仅是践行仁道要有弘毅的品质,践行任何道都需要有弘毅的品质!

8.8 子曰:"兴于《诗》,立于礼,成于乐。"

【译文】

孔子说:"从《诗》开始,立足于礼,成就于乐。"

【注释】

兴,1.(xīng),起也。本义:起来,引申为兴起、建立。2.(xīng),发动。3.(xīng),兴旺、兴盛。4.(xìng),诗歌的表现方法之一。以他事引起此事叫起兴。5.(xìng),兴致、兴趣。

【原文解】

第一是对"兴于《诗》"的理解。这句话的字面意思就是从《诗》开始,也可以说是从学《诗》开始。问题是为什么?要回答这个问题,就要对诗有所了解。

这里的诗有两层意思,一是指诗歌本身;二是指《诗经》,也就是"诗三百"。关于诗或《诗经》前面已经有过介绍(详见1.15章),不再赘述。那么为什么要"兴于《诗》"呢?笔者认为,首先作为诗歌本身,诗乃言志之语,也是真诚之言,率性、尽性之言。多读诗有利于找到和认识自己的本性,进而立志——立符合或基本符合自己本性的志向;其次是《诗经》,我们知道,《诗经》中的诗是来自于当时的中国各地,由于过去交通和通信十分落后,而中国的地域又很大,人们往往是通过读《诗经》来了解不同地域的风土人情,《诗经》在当时起着百科全书的作用。而这正是一个人修身的起点,《大学》有云:"古之欲明明德于天下者,先治其国;欲治其国者,先齐其家;欲齐其家者,先修其身;欲修其身者,先正其心;欲正其心者,先诚其意;欲诚其意者,先致其知。致知在格物。"读《诗经》在某种意义上讲就是在"格物"。

第二是对"立于礼"的理解。这句话的字面意思就是"立足于礼"。问题是为什么?要回答这个问题,同样要对礼有所了解。关于礼前面已经讲得很多了,这里不再赘述,只是简单重复一下。礼就是德的外化,表现形式就是各种规章制度。了解这些以后,对于"立于礼"就比较好理解了,那就是要学礼、知礼并守礼。为什么?这要从两个方面来理解。

首先是从个人和老百姓的角度理解。这道理也很简单,你可以想一下,一个人如果不学礼、知礼和守礼,拿现在的话比较牵强地讲就是不学法、不知法、不守法,那这个人将是一个什么样的境遇?肯定是烦恼和麻烦不断,处于这样的境遇他又如何尽"性"地去做自己想做的事情呢?几乎是不可能,甚至都无法立足。除非他是远离人类社会的隐者或是以无理造反为己任的人——如果是有理的造反,那他仍受理的束缚,但这也几乎是不可能的。法国哲学家卢梭曾经说过这样一句话:"人生而自由,却又无往不在枷锁之中。"意思就是说每个人都有权利去做自己想做的事,但是社会(规则)却是一个无法摆脱的枷锁。那怎么办呢?只有适应。能改变吗?当然可以,但改变不等于就没有了,充其量是更合理一点而已。能消灭它吗?在可预见的未来是不可能的。

其次是从在位之人甚至是君主(现在可以理解为国家)的角度理解。这道理也很简单,礼用现在的语言可以理解为法律制度。从前述可知,一个国家和社会的确立,是必须要有秩序的,而这个秩序最重要的表现就是法律制度——无论其形式和实质内容如何。它是确立秩序进而也是确立一个国家和社会的基础。所谓文明,笔者认为就是明文,就是将秩序以明确的文字进行明确的宣

示,而这种明确的宣示,从某种意义上讲就是礼。

第三是对"成于乐"的理解。这句话的字面意思就是"成就于乐"。问题是为什么?过去人们很少涉及这个问题,就是涉及了也不是很深刻。笔者认为,要回答这个问题,同样要对乐有所了解。关于乐前面已有介绍(详见3.23章),这里再简单复习一下,乐本义就是音乐。《礼记·乐记》载:"乐者,音之所由生也;其本在人心之感于物也。"音乐给人的感觉就是和谐而美妙,能引起人们的共鸣。一个人对待一个事物或干一件事,能达到和谐而美妙,能引起人们的共鸣的程度,也就是音乐的程度,那就可以说他在这个领域里已经有所成就了。可前面说了,"人生而自由,却又无往不在枷锁之中"。枷锁之中又如何能成就于音乐,这岂不是矛盾的吗?矛盾到处都存在,不可避免,但这并不意味着无理可循,不能和谐而美妙,这个世界本身不就是和谐而美妙的吗?说到这里,笔者不禁想起"庖(páo)丁解牛"的寓言故事,记载于《庄子·内篇·养生主》,原文是:

> 庖丁为文惠君解牛,手之所触,肩之所倚,足之所履,膝之所踦,砉(huā)然响然,奏刀騞(huō)然,莫不中音,合于桑林(传说中商汤王的乐曲名)之舞,乃中经首之会。文惠君曰:"嘻,善哉!技盖至此乎?"庖丁释刀对曰:"臣之所好者道也,进乎技矣。始臣之解牛之时,所见无非全牛者;三年之后,未尝见全牛也;方今之时,臣以神遇而不以目视,官知止而神欲行。依乎天理,批大郤,导大窾(kuǎn),因其固然。技经肯綮(qìng)之未尝,而况大軱(gū)乎!良庖岁更刀,割也;族庖月更刀,折也;今臣之刀十九年矣,所解数千牛矣,而刀刃若新发于硎(xíng 磨刀石)。彼节者有间而刀刃者无厚,以无厚入有间,恢恢乎其于游刃必有余地矣。是以十九年而刀刃若新发于硎。虽然,每至于族,吾见其难为,怵然为戒,视为止,行为迟,动刀甚微,謋(huò)然已解,如土委地。提刀而立,为之而四顾,为之踌躇满志,善刀而藏之。"文惠君曰:"善哉!吾闻庖丁之言,得养生焉。"

庖丁以解牛为业,好道并能循道而行,游刃于有余之地,进而"莫不中音,合于桑林之舞",使一项谋生的技术变成了艺术——音乐,这是否就是"成于乐"呢?笔者对此是持肯定态度的,并认为人之于仁道、之于礼的道理也是相同的。否则孔子也不会有"发愤忘食,乐以忘忧,不知老之将至"这种状态了。

【编意解】

编者意在通过孔子之语,说明一个人修养成德的历程,同时也对上一章曾子之语进行补充说明。"弘毅"是应当的,但其给人的感觉好像是被迫的,充满着艰辛和痛苦,但其实并非如此,其中也充满着快乐。

8.9 子曰:"民可使由之,不可使知之。"

【译文】

孔子说:"民众可以使他们按照我们的意志去做,不可以使(民众)懂得为什么要这样做。"

【原文解】

第一是对"民可使由之"的理解。这句话的字面意思就是民众可以使他们按照我们的意志去做。问题是为什么?其实很简单,因为孔子的思想或者儒家的思想宗旨之一,就是要让民众过上安宁的生活,这也是民众想要的,在出发点和落脚点上是相同的,同时孔子的思想是经过几千年的演化和总结的结果,是符合人性的、行得通的并行之有效的。同时这也是可行的,因为作为由个人组成的群体——民众是愚蠢的、善变的,这说起来不好听,可这是事实,子曰"君子之德风,小人之德草,草上之风,必偃"(详见12.19章)。

第二是对"不可使知之"的理解。这句话的字面意思就是不可以使(民众)懂得为什么要这样做。这句话是孔子之语中争议最大的一句话之一,因为人们尤其是现代人很难接受。但笔者认为,能不能接受是一回事,是真是假则是另一回事,圣人孔子不会因为人们喜欢或不喜欢就说或不说什么话。那么这句话到底是真的还是假的呢?笔者认为是真的,事实就是这样。为什么这样说呢?这首先要对"不可"的意思有所了解,"不可"就是不可以的意思,其中包含着不应该的意思,也包含着不能够、行不通的意思。不能够、行不通的事当然是不应该去做的事,但这句话反过来说是不通的。那么我们就来看一看让民众"知之"是否能行得通、做得到?笔者对此持否定的态度,理由如下:

首先,民众是愚蠢的。很多人可能不屑于这个观点,但这是事实。应当说明的是,这里说的"民众"是作为一个整体而言,而不是指民众中的具体的每个人。笔者就是民众的一分子,但笔者自认为还不蠢。那为什么说民众是愚蠢的呢?一是组成民众的个人繁多而认识水平又相差甚远,其作为一个整体所形成

的意志（如果能形成的话）一定是一个经过大幅度妥协或叫求同存异的结果,这种意志不可避免的是浅薄的、片面的和短视的。二是组成民众的个人,其绝大多数的认识水平相对是十分低下的,但这些人在表决或形成一个意志的时候,却起着决定性的作用,这样的群体几乎不可能形成确定的意志,即便形成了也几乎是在某些人的煽动下形成的,也就是说并不是他们的意志,更不用说形成高瞻远瞩的意志了。罗斯福和希特勒都是通过合法选举上台的。

其次,这时也许会有人问,难道就不能提高绝大多数人的认识水平吗?不要说在孔子的年代,就是在经济、信息如此发达的今天也是不可能的,因为为此要付出的代价是任何社会都无法承担的。《论语》我们读到今天,花费了很多的精力,但你认为自己对孔子的思想有多少了解?又能遵行多少?况且,《论语》并不是孔子思想的全部。马克思说"全世界无产者联合起来",可谁能告诉我为什么要如此?要真正了解为什么,近200万字的《资本论》在那里等着你呢。你可以看、可以学,但没个十年八年你连门都入不了。当然,对于有志于此的人,这并不是什么问题,相反还可能是一件快乐的事,但要让民众都去看、去学,这可能吗?这样的代价又是哪个社会能够承担得起的呢?而现实是四书五经、《资本论》等先贤的文章书籍,网上一搜,随处可见,可又有几个人认真地去看、去学呢?当然,有志之士是不甘去当这个大多数的。

第三是关于本章的断句。中国过去没有标点符号——这很遗憾,因此过去也有人将本章断句为:"民可使,由之,不可使,知之"。这样一来,本章的意思就变成了"民众能按照我们的意志去做,就由着他们,不能按照我们的意志去做,就使(民众)懂得(为什么要这样做)"。这是对孔子煞费苦心的维护,可问题是这是真的吗?"知之"能行得通吗?孔子不需要人维护,更不需要人为之辩护。如果说孔子有什么需要的话,笔者认为孔子需要的是别人、后人正确理解他的话和他的思想。

【编意解】

编者通过本章孔子之语,意在表明德的一个重要方面,那就是要对民众有一个正确的认识,即"民可使由之,不可使知之"。应当说明的是,本篇之前的各章主要是从自身角度阐述德,而自本章开始,主要是从对待他人、社会的角度来阐述德。

8.10 子曰:"好勇疾贫,乱也。人而不仁,疾之已甚,乱也。"

【译文】

孔子说："喜好勇敢而又痛恨（自己）穷困，就会作乱。对于不仁德的人，憎恶得太厉害，也会出乱子。"

【原文解】

第一是对"好勇疾贫，乱也"的理解。这句话的字面意思是很清楚的，道理也很简单明晰。应当注意的是，勇本身在孔子看来是一个好的品质，但凡事都不能过，好勇就有些过了，而且好勇者往往不安分守己，并认为勇力是改变事物的一种方法，甚至是主要的方法、唯一的方法。疾在这里是憎恨的意思，是厌恶的一种极端的表现。贫就是贫穷的意思，应说明的是，贫穷是相比较而得出的。贫穷任谁都不愿意，都想改变。那么怎样去改变呢？一般人往往是通过发挥自己的聪明才智或辛勤的劳动来改变，但对于一个好勇之人，就有可能通过使用勇力来改变，这必然是违背秩序的，是扰乱秩序的，也就是乱。

第二是对"人而不仁，疾之已甚，乱也"的理解。这句话的字面意思是很清楚的，道理也比较简单。应当注意的是，厌恶"不仁"的人，在孔子看来也是一个好的品质，但同样不能过，过了就变成了憎恨，憎恨就是要想方设法地改变他人，逼着"不仁"的人改变甚至消灭他。这个不仁的人可以分为两种，一种是在上位的人，一种是在下位的人。对于前者，如果他不改变，就有可能被推翻，这就是乱；而对于后者，如果他不改变，就有可能被逼到绝境，这时他就有可能造反，同样是乱。

第三是对"乱"的理解。乱就是无秩序，而儒家是讲究秩序的，仁就是人与人相处之道，就是秩序，没有了秩序就无所谓仁。因此，乱在儒家而言是不仁的，因而也是坚决反对和尽量避免的。应当说明的是，治与乱是一对矛盾，也是相互依存、相互转化的，尽管人们喜欢治，不喜欢乱，但这并不由人们的意志所决定，不得不乱的时候，那也没有办法，这时乱一下也好。以商纣王之暴虐，不乱可能吗？武王伐纣难道不是好事吗？武王伐纣之后不是天下大治了吗？

【编意解】

编者意在通过孔子之语，表明德的一个重要方面，那就要知乱之源。乱之源很多，这里孔子只说了两种情况，但这两种情况很耐人寻味，勇是好的，但好勇是不对的，可能致乱；恶不仁者是对的，恶之过分也可能致乱，这非常值得深思。

8.11 子曰:"如有周公之才之美,使骄且吝,其余不足观也已。"

【译文】

孔子说:"(一个在上位的人)即使有周公那样美好的才能,如果傲慢自大而又吝啬小气,那其他方面也就不值得一看了。"

【注释】

才,1.草木之初也。本义:草木初生。2.才能、人才。3.副词,刚刚、仅仅。4.通"裁",裁决。5.副词,刚刚、方才。

吝,1.恨惜也。本义:顾惜、舍不得。2.吝啬、小气。3.认为耻辱。

【原文解】

第一是对"周公之才之美"的理解。这里又提到了周公,关于周公我们前面已经多次说到(详见7.5章),这里有必要再简单说一下周公的事迹或功绩。笔者认为,周公一生的功绩主要体现在四个方面,即辅佐武王伐纣、平定三监之乱、制礼作乐、还政成王。这在过去哪怕是成就一件,也能名垂青史。问题是周公这一生的功绩说明了什么?概括起来说就是周公有德,而且是有大德,有多方面的大德,即其自谓"予仁若考能,多材多艺"(《尚书·金縢》)。

第二是对"骄且吝"的理解。"骄且吝"的字面意思很清楚。问题是为什么?首先,"骄"与"谦"是相对的,关于谦虚与德的关系,前面已经有所论述(详见8.5章),在此不再赘述。其次,"吝"就是吝啬小气,就是把财富看得很重,不愿与人分享。至于把财富看得很重,甚至放在首位的害处,前面也已经讲了很多了(详见《论语·里仁》篇),这里不再赘述。最后要强调说明的是,如前所述,周公是一个为政者,作为一个为政者,周公做并且做成了很多大事,这需要多方面的才能。而这些大事不是仅凭周公一人之力就可以完成的,是需要很多很多人的帮助。这些人为什么会帮助周公?是因为志同道合吗?有这样的人,但应当是非常有限的,大多数应当是为名、利而来。那么这时的周公如果"骄且吝",这些"大多数"的名、利何来?没有名、利,这些"大多数"又怎会帮助周公?没有这些"大多数"的帮助,周公又如何能做成如此多的大事?因此,"使骄且吝,其余不足观也已"。

【编意解】

编者意在通过孔子之语,表明骄、吝就是损德、毁德。

8.12 子曰:"三年学,不至于谷,不易得也。"

【译文】

孔子说:"学了三年,还做不了官的,是不易找到的。"

【注释】

谷,1.本义:两山之间的水道或夹道。2.困境、没有出路。3.庄稼和粮食作物的总称。

【原文解】

第一是对"三年学"的理解。这句话的字面意思就是学了三年,或者是通过三年的学习,当然这里的"三年"也可以理解为与三年时间差不多的几年。据考证,当时是三年一考,所以将本章的"三年"直接理解为三年应当问题不大。要说明的是,此处的"学"可不是今天一般意义上的学校学习,现在在学校学上三年还谈不上安身立命,更无论从政为官。这里的学是学习相应的价值观及其行为规范,也即思想学说。

第二是对"不至于谷"的理解。

首先是对"谷"的理解。"谷"在字面上的意思就是粮食,但这种本意放在本章是明显不通的。相关学者的考证,当时官员的俸禄是用谷物来发放的——这一点通过前面的学习也能够有所了解(详见6.4章),因此,"谷"从某种意义上讲也是俸禄的意思,进而也就代表着做官。

其次是对"至"的理解。"至"的本义就是到来、到达。"不至于谷"的意思就是还做不了官。问题是学与做官有什么联系呢?笔者认为,学就是学本领——使自己具有某种德行,而做官就是从政为官,就是要办理政事,也就是为政,为政是要有德行的——"为政以德"(详见2.1章),这就是两者的直接关系。"至于谷"从某种意义上讲,就是具备了从政、为政最基本的德行了。这里应说明的是,有些人将本章的"至"解释为"志",理由是"至"与"志"读音是相同的,可能有误写的情况,如此本章意思更通。对此笔者不能认同,在没有确凿证据的情况下,不应擅改经文;而且,读书学习是为了从政、为政,本就是孔子思想的应有之意(当然不是最主要之意),没有不通之处,相反对大多数人而言,读书学

习不是为了从政为官才不通,不尽人情。同时要了解的是,在过去也有人将本章断句为"三年学不至,于谷不易得也"。这时意思就变为:不经过三年(或多年)的学习,(想)从政为官是不容易得到的。其意思与本章原有的断句意思大体相同,可作为参考。

最后是对"不易得也"的理解。这句话的字面意思是非常清楚的。问题是说明了什么?从前述可知,从政为官——"至于谷"是需要能力的,而"三年学"在孔子来说就应当能够胜任一定的官职,这说明的问题就很清楚了,那就是学是长德、成德的主要而高效的途径。当然,这里的学是真心的学、认真努力的学,而非三天打鱼两天晒网、似是而非、徒有其表的学。这里的从政为官——"至于谷"的能力是比较低甚至是最低的。通过对《论语》尤其是对《论语·雍也》的学习,我们知道要做一个好官,甚至是政治家仅仅"三年学"是明显不够的。

【编意解】

编者意在通过孔子之语,表明长德、成德的主要而高效的途径是学,真心的学,认真努力的学。

8.13 子曰:"笃信好学,守死善道。危邦不入,乱邦不居。天下有道则见,无道则隐。邦有道,贫且贱焉,耻也;邦无道,富且贵焉,耻也。"

【译文】

孔子说:"坚定相信(道)并好学,遵守到死并善于运用道。不进入政局不稳的国家,不居住在动乱的国家。天下有道就出来(做官),天下无道就隐居不出。国家有道而自己贫且贱,是耻辱;国家无道而自己富且贵,也是耻辱。"

【注释】

守,1.官守也。本义:官吏的职责、职守。2.掌管、管理。<u>3.遵守、奉行。</u>4.保卫、防守,与"攻"相对。5.守候、看守。6.保持、保有。7.官名,郡州一级的最高长官。

危,1.(wēi),在高而惧也。本义:在高处而畏惧。2.(wēi),高。<u>3.(wēi),危险。</u>4.(wēi),危害。5.(wēi),正、端正。6.(wēi),屋脊。7.(guǐ),通"跪",脚。

【原文解】

第一是对"笃信好学,守死善道"的理解。

首先是"笃信"。笃者厚也,"笃信"就是坚定相信(道)。要相信道,这我们可以理解,因为道是不以人们意志为转移的客观存在,不相信道,不循道而行,我们迟早是要吃苦头的,最终也是行不通的。但为什么这里孔子要求要"笃信"呢?笔者认为,其一由前述可知,道并不是显而易见的,而是混沌不清,不能直接从表面看出来的,有待于探索的,这时往往会有各种各样的貌似正确、深刻的见解出现,这些见解充满了迷惑性——尤其是对初学者而言;其二是现实的生活充满了各种各样的诱惑,而真正的道往往是人们——尤其是个人所不满意的,循道而行往往也是需要克制自己的。

其次是"善道"。这里的"善"与前一句中的"好"是相对应的,应理解为"善于(运用)"。这时可能会有人问,道既然是不以人们意志为转移的客观存在,我们循道而行不就行了嘛,有什么善于不善于的?这就是对道的僵化理解,《老子》有云:"道可道,非常道。"学道是为了用道,是为了解决问题,而事有本末、轻重和终始,所以实事求是、因地制宜是不可或缺的。

第二是对"危邦不入,乱邦不居。天下有道则见,无道则隐"的理解。这句话的字面意思是很清楚的,要深刻理解,还要注意对"危""乱""见""隐"的理解。"危"就是危险的意思,结合本章前后,应理解为有乱的危险。应注意的是,"危邦不入"不是"危邦不居",危毕竟还没有乱,作为一个"笃信"仁道的人,如此时已在危邦就应当能做一点是一点,过去讲临危受命。"乱"就是已经没有了秩序,人们已经无法对自己行为的后果进行预见了。在这样的地方待着不知什么时候就会毫无意义的枉死,当然不能居于此地了。"见"在此处同"现",就是显现出来的意思,与"隐"相对。对儒家来讲,显现出来的主要表现就是从政为官。为什么要"见"或"隐"呢?原因也很简单。"天下有道"就应当出来从政为官,造福百姓,这是孔子思想的应有之义。天下无道,你从政为官又是为了什么呢?为民造福,不可能,行不通,否则就不叫天下无道了。为自己升官发财,那你还是"笃信"仁道的人吗?

第三是对"邦有道,贫且贱焉,耻也;邦无道,富且贵焉,耻也"的理解。这句话的字面意思是很清楚的,要深刻理解,还要注意对"耻"的理解。"耻"就是羞耻的意思。问题是为什么?首先,邦有道,你为何会贫且贱?如果你是一个"笃信"仁道的人,那就只有两个原因,要么是没有能力,而没有能力又说明什么呢?

说明懒,没有好好学;要么就是不愿意去从政为官为民造福,那你还是"笃信"仁道的人吗?肯定不是,这在孔子来说当然是"耻也";其次,邦无道,你为何会富且贵?这只有一个解释,那就是顺"无道"而行,助纣为虐而得富贵,这在孔子来说当然也是"耻也"。

【编意解】

编者意在通过孔子之语,表明用德之法,那就是"善道"。"善道"的原则是存身、顺势而为,也要有所不为(知耻)。

8.14 子曰:"不在其位,不谋其政。"

【译文】

孔子说:"不在那个职位上,就不谋划考虑那职位上的事。"

【原文解】

首先,这是理所应当的,天下事务繁多,应各司其职,政出一门。其次,不在其位而谋其政,不仅行不通,而且极其有害。不在其位就很难全面地知道其政的实际情况,不知道实际情况就很难找出正确有效的方法,更何况随着人类社会的发展,政事的专业性和技术性要求越来越高,不经过一定的学习和实际调查是无法有效行政的。同时,人的精力是有限的,不在其位而谋其政,那自己的事情怎么办?试想一下,一个国家的公民都在谋划考虑总理的事,一个企业的职工都在谋划考虑总经理的事,这个国家、这个企业将是什么样子?能好得了吗?应当说明的是,这即包括下对上,也包括上对下,还包括同级之间,总之是全方位的。

谋曰虑难(详见1.4章注释),这说明谋是一种十分深入具体的考虑,要解决的是很难解决的具体事务,这与一般的原则性考虑和指导是有区别的。

这时可能会有人问,那孔子一介布衣整天在干什么?问得好!孔子虽一介布衣,但他是思想家、教育家,他在干思想家、教育家应该干的事。难道不是吗?而思想家、教育家是不需要职位的。

这时可能又有人会问,难道孔子就没有告诉他人如何为政吗?当然告诉过。但应当注意的是,孔子在告诉他人如何为政时,往往是应他人之请,并只是告诉他人为政的原则,而非具体问题的解决办法,这正是一个思想家、教育家应该干的事。况且此时孔子已是应他人之请而得"其位"。

【编意解】

编者意在通过孔子之语,表明用德之法,那就是"不在其位,不谋其政",不要干涉他人的事,专心干好自己的事。

8.15 子曰:"师挚之始,《关雎》之乱,洋洋乎盈耳哉!"

【译文】

孔子说:"从太师挚演奏的序曲开始,最后以演奏《关雎》结尾,丰富而优美的音乐在我耳边回荡。"

【注释】

洋洋,1.水大的样子。引申为盛大众多的样子。2.美好。3.无家可归的样子。

【原文解】

第一是对"乱"字的理解。"乱"字前面已经有所注释(详见7.21章注释),是一个会意字,本义是理丝,即用手整理乱了的丝线。因此在当时有治理、治乱的意思,当然也有混乱的意思。这给本章的解释带来了很多想象的空间。据考证,"乱"在诗歌、乐曲的领域里,还有它独特的意义,那就是指诗歌、乐曲的最后一部分,与始相对,此解释证据非常充分。而本章明显就是在说诗歌、乐曲,字面意思就是孔子在赞扬一个叫挚的乐师所演奏的乐曲,因此将本处的"乱"字理解为乐曲的结尾应当是确定的。但这样一来本章的意思好像就很难理解了,不就是一句赞扬乐师演奏乐曲的话,有必要将其放在编者精心编排的《论语》之中吗?但笔者不这么认为,如果是这样的话,孔子倒不如说"师挚之始,之乱,洋洋乎盈耳哉!"这样更为简明,赞扬之意更浓。要理解其中道理,就要了解当时的乐,当时的乐并不能简单地理解为今天的音乐歌舞。关于这一点,前面已有所阐述(详见3.23章),如果想更深刻地理解可以读一读《礼记·乐记》。《礼记·乐记》有云:"是故先王之制礼乐也,非以极口腹耳目之欲也,将以教民平好恶而反人道之正也。"那么如何"教民平好恶而反人道之正"呢?这正是本章中《关雎》的意义所在。正因为"《关雎》之乱",也即乐师挚所演奏的乐曲,最终归结于《关雎》,孔子才认为是"洋洋乎盈耳哉!"为何?这就要对《关雎》有所认识。

第二是对"《关雎》之乱"的理解。关于《关雎》,前面我们已经有所介绍(详

见 3.20 章），这里不再赘述。笔者要强调的是，《关雎》是《诗经》的第一首诗，同时也是国风中的第一首诗，是描写男女之情的诗。而我们知道，儒家的价值观核心就是仁道，而仁道的核心就是秩序，而秩序的核心就是人伦，而人伦之始就是男女——夫妇之道，也就是"生民之本、王化之端"，也就是问题的根本或初端。有了上面的理解，那么"《关雎》之乱"就好理解了，就是一切都是围绕或回归到了仁道的根本。这也就是说挚所演奏的乐曲是有一个中心的，这个中心就是仁道，而且是孔子所认同的仁道，这才是孔子认为其"洋洋乎盈耳"的根本原因。

【编意解】

编者通过孔子之语，意在表明用德之法，那就是一切都要归结于或着眼于事物的根本或初端。

8.16 子曰："狂而不直，侗而不愿，悾悾而不信，吾不知之矣。"

【译文】

孔子说："狂妄却不正直，无知却不谨慎，表面上诚恳却不守信用，我不知道这样的人（会是什么样子）。"

【注释】

侗，1. 幼稚、无知。2. 大貌也，高大。

悾悾，诚恳的样子。

【原文解】

第一是对"狂而不直"的理解。狂在本章就是狂妄的意思。问题是什么是狂妄？狂妄的人又是什么样的人呢？狂妄就是指极其自傲自大的人，总是认为别人干不了事情，自己都能干、都想干。用孔子的话就是"不得中行而与之"，一个不行中道的人，是"进取"之人，就是想进一步取得的人。但同时我们也应当看到，这从另一个方面也说明这个人是有一定能力的，甚至是很有能力的——尽管没有他自己认为的那么有能力，也是一个勇于任事的人。如果这样一个有能力又勇于任事的人，他不正直，做事不加选择，那可想而知，麻烦可就大了。应当说明的是，人无完人，或者说极少有完人，绝大多数人都会有这样或那样的优点，也会有这样或那样的缺点，这很正常。当我们有了某项缺点，我们应当知道如何避免这种缺点给社会进而给自己带来的灾难。狂妄本身是一个缺点，但这个人如果正直，那么对社会还是有些益处的，即便因此做错了些什么，别人也会因为他的初衷是好的，多少原谅他一些，否则就"不知之矣"了。

第二是对"侗而不愿"的理解。"侗"在本章就是无知、幼稚的意思，也就是没有能力或能力很差的意思；"愿"字前面已经有所注释（详见5.26章），在本章就是谨慎、老实的意思。一个没有什么能力，却又不谨慎，什么都想做、抢着做，结果会怎样呢？可想而知，事事不成，劳民伤财，伤己、害人，甚至既伤己又害人。这样的人又怎能"知之矣"呢？

第三是对"悾悾而不信"的理解。"悾悾"在本章就是表面上诚恳的意思。这使笔者想起了曾子的"动容貌""正颜色""出辞气"（详见8.4章），这些都是为了表现出自己的诚恳，为了让别人相信自己，可在别人相信自己之后，自己却又不守信用，这只有一种解释，那就是存心的欺骗。"人而无信"孔子已"不知其可也"（详见2.22章），"悾悾而不信"可就"不知之矣"了。

【编意解】

编者通过孔子之语，意在表明用德之法，那就是"直""愿""信"——正直、谨慎、讲信用。因何得出？其实能力的大小是相对的，是因比较而得出的，所以不论怎样，都要正直、谨慎，至于信，则是基本的，是人与人交往的最基本的条件，关于这一点前面已有所阐述（详见1.5章和2.22章），不再赘述。

8.17 子曰："学如不及，犹恐失之。"

【译文】

孔子说："学习既要像赶不上什么那样，（又要）像担心失去（和遗漏）什么那样。"

【注释】失，1.纵也。本义：失掉、丢失。2.错过。3.遗漏。4.过错、错误。

【原文解】

第一是对"学如不及"的理解。此句的意思很明确，就是学习要像赶不上什么那样。问题是为什么？如何做？因为人的精力有限，而道却无所不在且深藏不露，了解掌握道，是要花工夫去学、习的，因此要趁早，要有紧迫感。关于这一点，前面已经有所阐述，子曰"君子食无求饱，居无求安"（详见1.14章），不再赘述。

第二是对"犹恐失之"的理解。此处的"犹"与前一句的"如"字相对,就是好像的意思。理解本句的重点在于对"失"字的理解。"失"有失去的意思,也有错过、遗漏的意思,放在本句中都是能够说得通的。"失"作为失去讲,就有一个自然的逻辑前提,那就是曾经得到或拥有过。本句意在说明,我们学到的东西也是有可能失去的,这个道理其实也很简单,大家也都深有体会,曾经学到的、知道的,过了一段时间没有学、没有用就忘记了,失去了。那么要想不失去怎么办?也很简单,那就要不断地温习。其实这对于我们的德——能力也是同样的道理,不要以为我们曾经拥有就会永远的拥有。要想长久的拥有、拥有得更多,就要不断地、反复地学、习。"失"作为错过、遗漏讲,意在说明我们对所学习的领域,没有一个全面的和整体的认识,虽然在学习实践,但有些方面却没有涉足,存有先天的缺陷,这是很可怕的。比如我们学习中国文学,只学习了现代文学,却忘了还有古代文学,或者我们学习了古今的文章,却忘了还有诗歌。这都是要不得的。因此我们在学习认知某个事物的时候,应首先对其有一个大致的全面了解,在学习过程中不要错过、遗漏。对于德也是如此。

【编意解】

编者通过孔子之语,意在表明得"德"之法,那就是"学如不及,犹恐失之"。应当注意的是本章"犹恐失之"之语,笔者认为,它开启了本篇关于德的另一个方面的论述,这个方面就是人们常常遗漏的德,德之另外的(普通人不曾认识到的)领域——"犹恐失之",或者说是更高层次的德。那么是什么呢?通过以下几章的学习,我们就会有所了解。他们都是通过孔子对古代圣王的赞誉和描述来表明的。

8.18 子曰:"巍巍乎!舜、禹之有天下也而不与焉。"

【译文】

孔子说:"多么崇高啊!舜和禹得有天下,却不参与(治理)。"

【注释】

巍,高也。本义:高大。

与,1.赐予也。本义:给予、授予。2.结交、亲附。3.对付。4.和、跟、同。5.参加。6.赞许。引申为帮助。7.句末语气词,表示疑问或感叹。

【原文解】

本章的字面意思不甚清楚,要准确理解其含义,就要对"与"有一定的了解。"与"在过去有很多的意思,如参与,给予,授予,结交,亲附,和、跟,赞许,等等。那么"与"字在本章具体是什么意思呢?过去有很多不同的解释。

一是"与"作"参与"讲,这是"与"的本义。"不与"就是不参与。不参与什么?舜和禹作为天子,其职责当然是治理天下,不参与当然是指不参与天下的治理。但这似乎是讲不通的,舜和禹是孔子所推崇的圣人,得有天下却不参与治理,是不履行自己的职责,怎么会得到孔子如此高的赞扬呢?

二是"与"作"求"讲,其理由是子贡说过"夫子温良恭俭让以得之。夫子之求之也,其诸异乎人之求之与"(详见1.10章)。因此"与"有"求"的意思。问题是"与"字本身并没有这种释意,就是子贡的这句话的本身也得不出"与"有求的意思,很是牵强。况且如此一来,这句话的意思就成了:舜和禹得有天下,却不是求来的。舜和禹得有天下不是求来的,是通过禅让取得的。这不应当说是舜和禹的崇高伟大,而应说禅让给他们的人崇高伟大。话又说回来了,夺得的就不崇高伟大了吗?商汤王、周武王的天下就是夺来的,难道就不崇高伟大了吗?孔子不是同样推崇他们吗?笔者窃以为,从暴君手中夺取天下,更需要勇气,更"有功于民",当然,在这个过程中也会使民众付出沉重的代价。

还有一种解释是将"与"解释为相关,"不与"就是不相关。同样的问题,"与"字本身并没有这种释义。而且舜和禹作为天子却认为天下与其无关,这如何理解?往好的方面理解,舜和禹不以得到天子之位为乐,那他们为什么要干?他们可以推辞或逃走嘛;往坏的方面理解,舜和禹不以天下为然,漠不关心。可理解的空间太大了。

那么到底应该如何解释本章中的"与"呢?笔者认为,应当按照"与"本身的意思去理解,至于其所产生的令人费解之处,再好好想一想,能理解就理解,不能理解就先放着,不能为理解而理解,更不能为理解而曲解,甚至牵强附会。其实,如果我们把《论语》的每一篇当成一篇完整的文章来读,相信你就能理解。

【编意解】

编者通过孔子之语,意在表明德的另一种更高层次的表现,那就是"不与"。笔者认为,这里的"不与"是指不过于主动或不过多地去做某些事,而这些事确实是应当做的,是职责范围内的事情。也就是说要有度。本篇前面所讲的是要做或不要做某些事情,都是一种积极主动的行为,带有强制性。应当说明的是,

不要做某些事情也含在其中。前面说过,孔子对舜和禹是非常推崇的,这在之后我们还可以看到更多。那就说明舜和禹不仅是有德之人,而且是有大德之人,而在本章中孔子对他们的赞扬却是"不与",为什么?且往下看。

8.19 子曰:"大哉尧之为君也!巍巍乎!唯天为大,唯尧则之。荡荡乎!民无能名焉。巍巍乎其有成功也,焕乎其有文章!"

【译文】

孔子说:"真伟大啊!尧这样的君主。多么崇高啊!只有天最高大,只有尧才能效法天的高大。(他的恩德)多么广大啊!民众(不知道)无法言明。他的功绩多么崇高,他制定的礼仪制度多么光辉啊!"

【注释】

则,1.等画物也。本义:准则、法则。2.效法。3.副词,表示肯定,相当于乃、就是。4.连词,表示因果等关系,相当于现代汉语的"就""便""那么"。5.连词,用在对比句中。6.连词,相当于现代汉语的"假如"。7.副词,立即。

焕,1.火光也。本义:火光。2.光亮、鲜明。

【原文解】

第一是对"唯天为大,唯尧则之"的理解。此句意在说明尧之为君何以大。首先是因为尧知道天是最大的,而不是作为天子的自己最大,当然这里的天在主要的含意上是指天道,用现在的话可以勉强地理解为自然规律;其次是因为尧有德且居天子职位,能够效法天(道)来行事。其实中国很多的思想——尤其是孔子的思想很多都是来源于对天道的感悟,如"天行健,君子以自强不息""地势坤,君子以厚德载物",等等。这在前言中已经有所阐述,在此不再赘述。问题是如此的结果或表现又是什么呢?那就是"民无能名""有成功""有文章"。

第二是对"民无能名"的理解。这句话简单地说就是民众感觉不到。为什么?道理很简单,因为尧是效法天(道)来行事,而对于天道的认知大家不会相差很多,依据天道行事就是自然而然的事,大家都会认为本应如此,民众因此也不会感觉到这个人做了什么,好像什么也没有做——似无为。这使笔者想起了据说是流传于尧帝时代的一首民谣,名字叫作《击壤歌》,歌中唱到:"日出而作,日入而息。凿井而饮,耕田而食。帝力于我何有哉!"意思就是说,太阳出来就去田地里耕作,太阳落山就回家里休息。凿一眼井就可以有水喝,种出庄稼就不会饿肚皮。一切都是那么的自然、和谐,帝王的力量对我有什么影响呢。真的没有影响吗?没有"帝力",太阳还没有出来你就可以不工作了吗?太阳落山后你就能回家休息吗?你凿一眼井你就一定能喝到其中的水吗?你耕作所得的收获就一定属于你吗?这些看似再自然不过的事情,没有"帝力"的确立和维护是不行的,也正是有"帝力"的确立和维护才得以实行。可是民众生活在这样平和的社会久了,以为就应当是这样,这就是自然而然的事,感觉不到,因此"无能名"。那么尧真的什么都没有做吗?当然不是。其实,正是尧理解了这种自然之道,并以自己的权力予以确立和维护,进而才得以实行。那么这表现在什么地方呢?其表现就是"民无能名""有成功""有文章",其中,"有文章"是人们能够感觉到的最明显的一个方面。

第三是对"文章"的理解。据考证,这里的"文章"是指礼乐法度,证据非常确实充分,用现在的话可以勉强地理解为法律制度。这也就是说尧制定了非常好的礼乐法度,这就是尧所做的或者说主要的、可考的工作。为什么是非常好的?因为是效法天(道)而制定的,并且使"民无能名"并"成功"。

【编意解】

编者通过本章孔子之语,意在表明两个方面的问题,一是德的另一种更高层次的表现,即按规律办事,则天而行,通过制定制度来办事,尤其是办大事;二是对前一章舜、禹"不与"进行说明。我们知道,尧禅让帝位给舜,舜又禅让帝位给禹,通过本章我们知道,尧已经把天下治理得非常好了,尤其是还制定了非常好的礼乐法度,作为尧的继任者,舜、禹应该没有什么改进的空间,也没有改变的必要,因此才"不与",就是不要多事,更不能自以为是,无事生非,否则就极有可能是画蛇添足,这也是德的另一种更高层次的表现。当然,这是在前人已经做得非常好的情况下。

8.20 舜有臣五人而天下治。武王曰:"予有乱臣十人。"孔子曰:"才难,不其然乎?唐虞之际,于斯为盛。有妇人焉,九人而已。三分天下有其二,以服事殷。周之德,其可谓至德也已矣?"

【译文】

舜有五位贤臣,就能治理好天下。周武王也说过:"我有十个有治理(国家)才能的大臣。"孔子说:"人才难得,难道不是这样吗?(自)唐尧和虞舜的以后,周武王这个时期,人才是最盛了。(十个大臣当中)有一个是妇女,实际上只有九个人而已。(周文王)得了天下的三分之二,仍然事奉殷朝,周朝的德,可以说是最高的了。"

【注释】

予,1.(yú),第一人称代词,我、我的。2.(yǔ),通"与",授予、给予。3.(yǔ),通"与",赞许、称誉。

唐,1.大言也。本义:大话。2.朝堂前或宗庙门内的大路。3.广大。4.空。5.朝代名,唐朝。6.古帝尧政权的称号。

虞(yú),1.本义:神话传说中的兽名,即"驺虞"。2.古代掌管山泽鸟兽的官吏。3.朝代名,古帝舜政权的称号。4.意料、预料。5.谋划好、事先有所准备。6.欺骗。7.忧患。8.通"娱",快乐。

际,1.壁会也。本义:两墙相合之缝。2.交界处、边缘处。3.先后交接的时候,引申为时候。4.彼此之间。5.交际、会合。6.到、接近。

【原文解】

第一是对"舜有臣五人而天下治。武王曰:'予有乱臣十人'"的理解。这句话的字面意思是很清楚的。问题是说明了什么?很明显,说明了人才很重要,帮手很重要,进而也说明,个人的能力再大也是有限的。认识到这一点很重要,尤其对于那些办大事或想办大事的人来说更重要。这里的舜帝和周武王都是有大德、成大功的人,但还是需要有才能的人来帮助,而且还不止一个,更何况我们普通人。

第二是对"才难"的理解。这句话的字面意思就是人才难得。问题是为什么?是人才少还是识人的本领差?恐怕两者都有,但后者的因素可能更多,而且对我们来说更重要,因为后者是我们自己的原因,可以通过学习来提高和改善。这不禁使笔者想起了唐代文学家韩愈的《马说》,有兴趣的话,可以读一读下面的原文。

世有伯乐,然后有千里马。千里马常有,而伯乐不常有。故虽有名马,祇辱于奴隶人之手,骈死于槽枥之间,不以千里称也。马之千里者,一食或尽粟一石。食(通"饲")马者不知其能千里而食也。是马也,虽有千里之能,食不饱,力不足,才美不外见,且欲与常马等不可得,安求其能千里也?策之不以其道,食之不能尽其材,鸣之而不能通其意,执策而临之,曰:"天下无马!"呜呼!其真无马邪?其真不知马也!

第三是对"有妇人焉,九人而已"的理解。这句话的字面意思是很清楚,就是说周武王所谓的"乱臣十人"中,有一个女子,实际上只有九个人而已。问题是孔子为什么这样说?有人认为孔子歧视妇女,这未免过于偏颇。要真正理解其中原因,就要知道这个女子到底是谁?过去有两种说法,一种说法是这个女子是武王的母亲文母。但这种说法有些不符合实际,武王应该不会认为自己的母亲是自己的臣子吧;另一种说法是这个女子是武王的妻子邑姜,但这也是不符合实际。首先,武王妻子的名分和大臣的名分应有不合之处;其次,武王的妻子很贤惠,可她的职责是治内,也就是管理武王的家,而大臣的职责是治外,也就是管理天下国家。鉴于上述两点,说武王的妻子邑姜是大臣无论从名分还是实际来看都是不合适的。另外应说明的是,孔子本章之语,并没有否认这个女子对武王有帮助的事实。

第四是对"三分天下有其二,以服事殷,周之德,其可谓至德也已矣"的理解。这句话就是说,当时在周文王时期,天下已经有三分之二归顺了周,但周仍然尊商王为天子,仍然事奉殷朝,因此孔子认为周朝的德,可以说是最高的了。问题是为什么?道理也很简单,那就是还有三分之一没有归顺周,商王朝还未完全腐败。更重要的是,如果因此就不再尊商王为天子,势必天下大乱,生灵涂炭。当然后来商腐败透顶了,周武王可以说很轻易地就灭掉了商。那么这句话的意思也就很明白了,就是孔子认为不到万不得已,不去破坏原有的秩序。有人说有大乱才有大治,这句话迷惑了很多人,但笔者不以为然。首先,"大乱"是谁造成的,是外界还是自己?其次,大乱是大治的前提吗?还是大乱之后必有大治?这些都经不起推敲和检验;最后,照这个理论,一个社会首先就要付出大乱的代价,这个代价可不是什么社会,在什么时候都能经受得起的。这就如同在说一个人有大病才能有好的身体一样荒谬。

【编意解】

编者意在通过本章,表明两个方面的问题,一是德的另一种更高层次的表现,即要知道个人的德行——能力再高也是有限的,要知道找人才来帮忙,尤其是办大事的时候。同时要知道不到万不得已,就不要去破坏原有的(秩序)。二是对前章(8.18章)舜、禹"不与"进行说明。从某种意义上讲,正是有人才的帮忙,才显得舜、禹"不与"。

8.21 子曰:"禹,吾无间然矣。菲饮食而致孝乎鬼神,恶衣服而致美乎黻冕,卑宫室而尽力乎沟洫。禹,吾无间然矣。"

【译文】

孔子说:"对于禹,我没有什么可以挑剔的了。他的饮食很简单却尽力去孝敬鬼神;他平时穿的衣服很简朴,而祭祀时却尽量穿得华美;他自己住的宫室很低矮,却致力于修治水利设施。对于禹,我确实没有什么挑剔的了。"

【注释】

间(jiān),1.隙也。本义:门缝。2.夹缝、间隙、空隙。3.间隔、间断,引申为间或、断断续续的。4.隔阂、疏远,引申为离间。5.秘密的、悄悄的。6.中间、期间。7.置身期间、参与。8.近来。9.表示房屋的量词。10.(xián),空闲。

菲,1.芴(wù)也。本义:菲菜,一种蔬菜,属萝卜类,又名芴。2.花草的香气很浓(常叠用)。菲菲,香也。3.薄也。微薄、使之微薄。4.通"扉",草鞋、麻鞋。

黻(fǔ),白与黑相次文。本义:古代礼服上绣的半黑半白的花纹。

冕,大夫以上冠也。本义:古代帝王、诸侯及卿大夫所戴的礼帽。

卑,1.庳(bēi)也。地位低微。2.地势低下,与"高"相对。3.衰微、衰弱。

沟,1.水渎,广四尺,深四尺。本义:田间水道。泛指水道。2.护城河。

洫(xù),1.田间水道也。2.泛指河渠。3.护城河。4.水门。5.虚、使虚。6.败坏。

【原文解】

本章要注意的是,前面各章节孔子已经对禹的德有了极高的评价(详见8.18章),但此处却又单独强调禹的特别之处,即"菲饮食而致孝乎鬼神,恶衣服而致美乎黻冕,卑宫室而尽力乎沟洫",这说明了什么呢?其实说明的问题很简单,那就是禹对自身很俭朴,把主要的精力都用在了公事上,用现在的话勉强可以叫作"大公无私",当然也不是绝对的无私。应当说明的是,在过去祭祀鬼神是一项很重要的政治活动,体现着人们的信仰,是对祖先的崇拜和对上天的敬畏。而黼冕则代表着身份、地位,这个身份和地位的背后是职责,"致美乎黼冕"是在突出职责,这种突出是一种自我激励和约束。激励自己履行好职责,不要滥用职权。这突出地表现在禹的"卑宫室而尽力乎沟洫",用现在的话就叫做"大公无私""全心全意为人民服务"。

【编意解】

编者意在通过孔子之语,表明德的另一种更高层次的表现,甚至可以说是最高的表现,那就是"大公无私""全心全意为人民服务"。应当说明的是,这绝非常人所能做到的,这是"至德"的完美的点睛,因此编者将其放在了本篇的最后,以呼应本篇的起始。

子罕第九

9.1 子罕言利与命与仁。

【译文】
孔子很少谈到利益,(因为)认同命运和仁道。

【注释】
罕,1. 网也。本义:捕鸟用的长柄小网。2. 旌旗。3. 稀、少。

【原文解】
第一是对"罕"的理解。"罕"在本章的意思是很清楚的,那就是稀、少的意思。要注意的是,稀、少并不是没有。实际上通过前面的学习,我们也知道孔子并不反对或排斥利,只是没有将其放在首要位置而已。同时这也产生了一个问题,那就是为什么? 这就牵扯到对本章"与"的理解了。

第二是对"与"的理解。"与"有跟、和、同等意思,表示并列关系;也有表示赞同、认同的意思,比如说"吾与点也"(详见 11.26 章)。过去理解本章中"与"的意思,两种都有,也都有一定的道理。

首先是将"与"理解为跟、和、同,则本章的意思就成为:孔子很少谈到利益、命运和仁道。为什么呢? 宋朝二程(程颢、程颐)说,是因为"计利则害义,命之理微,仁之道大",所以孔子很少(与人)谈论这些。但问题是这符合事实吗? 据统计,《论语》一书中谈到仁的有四十二章,不能说少吧? 况且孔子思想的核心就是仁,孔子罕言仁则不太合情理。至于命,首先孔子是认同的,而且也有不少谈论。

其次是将"与"理解为赞同、认同,则本章的意思就成为:孔子很少谈到利益,(因为)认同命运和仁道。持此观点的人认为,如此就能解释为什么孔子"罕言利"了。那就是孔子认同命运和仁道,而利与命运和仁道并不相同,有时还会有很大的不同甚至矛盾。也正因为孔子认同命运和仁道,言利往往要在命运和仁道的框架之中,因此相对说的就少了。笔者赞同第二种观点。

第三是对"命"的理解。"命"从字面的意思就是命运的意思。至于什么是命运？前面已经有所阐述（详见6.10章）。说是有所阐述其实也非常笼统，当然也不可能详细，因为"命之理微"，况以孔子之圣，"五十而知天命"。但有一点是肯定的，那就是命运是存在的，而且对一个人的影响也是很大的，相信大家都有所体会，而且你活得越久感知就会越深。

【编意解】

通览本篇，笔者认为本篇是在讲命或命运。编者以本章开门见山地说明，孔子认同命或命运——"与命"。

9.2 达巷党人曰："大哉孔子！博学而无所成名。"子闻之，谓门弟子曰："吾何执？执御乎？执射乎？吾执御矣。"

【译文】

达巷党这个地方有人说："孔子真伟大啊！他学问广博，（可惜）没有（某一方面的）专长是成名的。"孔子听说后，对他的学生们说："我要（专心）做哪个方面呢？是驾车呢？还是射箭呢？我还是驾车吧。"

【原文解】

第一是对"大哉孔子！博学而无所成名"的理解。这句话的字面意思是很清楚的。问题是说明了什么？这当然是对孔子的认可（"大哉孔子"），但同时也流露出一种遗憾，那就是"无所成名"，也就是说在达巷党人（也有可能是大多数的人）看来，孔子应更进一步，做到有所（专长）成名，比如庖丁之解牛。是应当这样的吗？通过前面我们对《论语》的学习，我们知道，"君子不器"（详见2.12章）。这时可能会有人问，难道君子就不能有成名之技吗？很难。就算有也并非是技冠群雄。因为成为一个君子是十分困难的，要付出极大的精力，尽管如此也不一定能成。同时我们也知道，要技冠群雄也是很困难的，也是要付出很多精力。庄子笔下的庖丁，其解牛之技艺是经过了多少年的探索和历练才达到的啊！那些伟大的思想家、哲学家又有谁还有一项技冠群雄之技呢？也许是笔者孤陋寡闻，反正笔者不知道。既然不能也不应当是这样，那这种遗憾就是一种误解甚至是指责——尽管是出于好心。

第二是对"吾何执？执御乎？执射乎？吾执御矣"的理解。这句话的字面意思是很清楚的。问题是说明了什么？笔者认为这是一种无奈，一种自嘲。这时可能会有人问,孔子不是说过"人不知而不愠"吗?是的,但那是别人。问题是孔子听说了,孔子的门人弟子也知道了,门人弟子可不是"别人",要尽师之道,要有所交代。孔子真的致力于驾车了吗?显然没有。应当说明的是,驾车、射箭是当时的六艺(礼、乐、射、御、书、数)之一,学好了也是很不错的,毕竟不是人人都能成为君子的——尽管人人都可以也应当立志成为君子。孔子因材施教,不可能要求每一个门人弟子都成为君子。

【编意解】

编者意在通过本章的故事表明,他人的误解甚至指责是普遍存在的,是一个人命运的一部分。那么对此应当怎样面对?那就是"吾何执?执御乎?执射乎?吾执御矣"。这不禁使笔者想起意大利文学家但丁说过的一句话:走自己的路,让别人去说吧。

9.3 子曰:"麻冕,礼也。今也纯,俭,吾从众。拜下,礼也。今拜乎上,泰也。虽违众,吾从下。"

【译文】

孔子说:"用麻布制作礼帽,这是礼的规定。现在(大家都)用丝绸制作,比过去节省了,我跟从大家(的做法)。(臣见国君)在堂下就要跪拜,这也是礼的规定。现在(大家都)在堂上才跪拜,这是骄纵的表现。虽然与大家的做法不同,我还是主张先在堂下拜。"

【注释】

麻,1.本义:<u>麻类植物的总名。古代专指大麻</u>。2.古代用麻布做的丧帽、丧带。3.唐宋时的诏书,因为是用黄、白麻纸写的。

【原文解】

第一是对"麻冕,礼也。今也纯,俭,吾从众"的理解。这句话的字面意思是很清楚的。应说明的是,"麻冕"就是用麻布制成的礼帽。据考证,当时制作这种麻布十分的麻烦,十分细密,其经就要2400缕,而当时制作丝绸相对简单,成本较低。但用丝绸是不符合礼的,可是大家都这么做,而且这么做比较节省——"俭",而俭是符合孔子仁道——爱人的价值观的,因此孔子就"从众"了。其实对于这句话的理解与"礼,与其奢也,宁俭"(详见3.4章)是一脉相承的。

第二是对"拜下,礼也。今拜乎上,泰也。虽违众,吾从下"的理解。这句话的字面意思是比较清楚的。应说明的是,据考证,按照周礼的规定,臣子见君主,在堂下就要跪拜,到了堂上还要再次跪拜,因此叫作"拜下"。而到了孔子的时代,臣子的势力越来越大,也就越来越不把君主放在眼里,因此在见君主时,在堂下就不再跪拜,只是到了堂上跪拜一次,因此叫作"拜上"。"拜上"是不符合礼的,虽然大家都这么做,但这是一种骄纵——"泰"的表现,而骄纵则是明显违背孔子基本价值观的表现,因此孔子就"违众"了。这与前面孔子的"从众"的差别是明显的。

【编意解】

编者意在通过本章孔子之语,表明世俗潮流也是命运的一部分,对此应当怎样面对呢?那就是能从的就从,不能从的就不从。那么什么是能从的?什么又是不能从的呢?这就要看自己了,看自己是否有自己的价值观,以及对自己价值观的坚守。子曰:"义之与比。"(详见4.10章)这里应说明的是,潮流尤其是世俗的潮流,对生活于其间的人影响是很大的,但是我们必须明白,其并不一定能长久,更谈不上全都是正确的,不可不加区分地随波逐流或受其裹挟。

9.4 子绝四:毋意,毋必,毋固,毋我。

【译文】

孔子杜绝了四种(弊病):没有(主观)猜测,没有一定要(实现的期望),没有固执(之举),没有自私(之心)。

【注释】

绝,1.断丝也。本义:把丝弄断。2.断、断绝。3.超过、超越。4.高超、绝妙。5.横渡、横穿。

意,1.志也。本义:心志、意图。2.意思。3.怀疑。4.意料、猜测。5.通"抑",表示选择。6.通"噫",叹词。

【原文解】

本章虽然没有"子曰"二字,但据考证,"毋意""毋必""毋固""毋我"确为孔子所言,只是没有合成一句而已。本章的字面意思不是很清楚,语句太简单了,要准确地理解,还要注意以下五点。

第一是对"毋意"的理解。"毋意"的字面意思就是没有猜测,这一点比较明确。问题是为什么？因为有你不可确知的事物，尤其是命运。应注意的是，"意"是猜测的意思，而不是预测，这两者是有区别的，猜测是没有依据或依据很少，而预测是有依据甚至是依据十分充足的。子曰："其或继周者，虽百世可知也。"（详见2.23章）"虽百世可知也"就是一种预测，但这种预测是有大量依据的，那就是"殷因于夏礼，所损益，可知也。周因于殷礼，所损益，可知也"。

第二是对"毋必"的理解。"毋必"的字面意思就是没有一定要（实现的期望），这一点也比较明确。问题是为什么？因为有你不可抗拒或克服的事物，尤其是命运。应注意的是，这里"必"的指向是一个目标，是一种期望实现的目标，如考上某个名牌大学，当上市长、省长，完成一项伟大的发明，甚至是建立并推行一套思想体系，等等，而不是某个或某种行为，如学习、工作、思考、践行，等等。子曰："道不行，乘桴浮于海"（详见5.7章）；"默而识之，学而不厌，诲人不倦，何有于我哉？"（详见7.2章）。

第三是对"毋固"的理解。"毋固"的字面意思就是没有固执（之举），这一点也比较明确。问题是为什么？因为事物都是处于变化当中的，《老子》有云："道可道，非常道。"道尚且如此，更何况命运。为此我们必须实事求是、因地制宜。子曰："危邦不入，乱邦不居。天下有道则见，无道则隐"（详见8.13章）；"用之则行，舍之则藏"（详见7.11章）。

第四是对"毋我"的理解。"毋我"的字面意思就是没有自私（之心）。问题是为什么？不是说"古之学者为己"吗？要理解本句，就要对"我"有比较深入的了解。"我"是第一人称代词，这一点大家都知道，可是在古代第一人称代词有很多，比如吾、余、予等。这些有什么不同呢？这确实很难说。但就"我"字而言，《四书纂笺》的一种理解比较明确，那就是"就己而言则曰吾，因人而言则曰我"。"毋我"也就是说在相对于他人而言是没有自己的，扩展开来，就是相对于道，相对于命运是没有自己的。老子云"天道无亲"（《老子·七十九章》），子曰"为政以德"（详见2.1章）。

第五是对意、必、固、我四者之间关系的理解。对此宋代朱熹讲的笔者认为很好："四者相为终始，起于意，遂于必，留于固，而成于我也。盖意、必常在事前，固、我常在事后，至于我又生意，则物欲牵引，循环不穷矣。"

【编意解】

编者意在通过孔子之言，表明人们在面对命运时应采取的态度，那就是毋意、毋必、毋固、毋我。

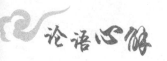

9.5 子畏于匡。曰:"文王既没,文不在兹乎？天之将丧斯文也,后死者不得与于斯文也。天之未丧斯文也,匡人其如予何？"

【译文】

孔子在匡地处于令人恐惧的境遇。说:"周文王已经死了,(周代的)礼乐文化不都在我的身上吗？上天如果要消灭这种文化,那后来的我就不可能掌握这种文化了。上天如果不消灭这种文化,那么匡人又能把我怎么样呢？"

【注释】

畏,1.惧也。恐也。本义:害怕、恐惧。2.敬、敬服。

【原文解】

第一是对"子畏于匡"的理解。对于当时的真实情况,《史记·孔子世家》有比较详细的记载:

> 过匡……匡人闻之,以为鲁之阳虎。阳虎尝暴匡人,匡人于是遂止孔子。孔子状类阳虎,拘焉五日……匡人拘孔子益急,弟子惧。孔子曰:"文王既没,文不在兹乎？天之将丧斯文也,后死者不得与于斯文也。天之未丧斯文也,匡人其如予何!"孔子使从者为宁武子臣于卫,然后得去。

意思就是说,孔子在周游列国期间,经过一个叫匡的地方,因为孔子长得很像鲁国的阳虎,而阳虎曾经很残暴地对待过匡人,所以匡人听说后,以为是阳虎又来了,想报复,就将孔子一行截了下来,当时情况很危险,弟子们都害怕了,这时孔子便说了本章的话。后来孔子派了一个随从到宁武子那里去做卫国的臣子,之后才得以离开。这里的宁武子,据考证就是那个"其知可及也,其愚不可及也"(详见5.21章)的卫国大夫宁武子,而匡属卫国。由此可见,"子畏于匡"对孔子来说,就是命运不济,天降横祸,危险之至。对此孔子如何对待呢？

第二是对"文王既没,文不在兹乎？天之将丧斯文也,后死者不得与于斯文也;天之未丧斯文也,匡人其如予何"的理解。这句话的字面意思是很清楚的。看到这句话,不禁使人想起孔子的另一句话,叫作"五十而知天命"(详见2.4章)。孔子开始周游列国时已五十六岁,应已知天命。也正因如此,孔子在面对飞来横祸之时,才能有此自信与豪言,绝非常人所能。但问题是,这又能解决什么问题呢？能得出知天命的人或者其他有特质的人就能免于灾祸的结论吗？当然不能。颜回如此"贤哉"却早死，盗跖(zhí)"日杀不辜"却能寿终。对此汉代司马迁早在《史记·伯夷叔齐列传》中就有无尽的感慨，唐代杜甫也有"壮志未酬身先死，长使英雄泪满襟"的诗句。要理解这句话的深刻含义，就要了解其说话的环境。这个环境是什么呢？据《史记》载是"弟子惧"。惧就是害怕、恐慌，而害怕和恐慌对于处理危机是十分要不得的。怎么办？必须克服，因此孔子便有了这番话，当然这番话也只有其弟子们能听懂并深以为然。因此也才会有后面的处理措施——"使从者为宁武子臣于卫"。

【编意解】

编者意在表明，飞来横祸也是一个人命运的一部分。对此应当怎样面对？那就是寻找并增强信心，去除恐惧，冷静面对，沉着应付。

9.6 太宰问于子贡曰："夫子圣者与？何其多能也？"子贡曰："固天纵之将圣，又多能也。"子闻之，曰："太宰知我乎？吾少也贱，故多能鄙事。君子多乎哉？不多也。"

【译文】

太宰问子贡说："孔夫子是位圣人吧？（否则）为什么这样多才多艺呢？"子贡说："这本是上天让他将要成为圣人，又使他多才多艺。"孔子听到后说："太宰怎么会了解我呢？我（因为）年少时地位低贱，所以会有许多浅陋的技能。君子会有这么多的技能吗？不会这么多的。"

【注释】

将，1.帅也。本义：将领、带兵的人。2.带领。3.扶也。扶持、扶助。引申为抽象意义上的拿、用。4.送。5.副词，就要、将要。6.副词，且、又。7.连词，和、与、同。

【原文解】

第一是对"夫子圣者与？何其多能也"的理解。这句话的字面意思是很清楚的。问题是说明了什么？笔者认为至少说明以下两点：首先，太宰是当时的官名，本章的太宰具体是哪一个诸侯国的太宰已不可考，可能是宋国的，也可能是吴国的。这个太宰认为"多能"——多才多艺就是圣人；其次，本章的这个太宰的认识应当是具有一定代表性的，当时很可能有许多人都是如此认为的。但

通过前面的学习,我们知道这样的观点是不正确的。

第二是对"固天纵之将圣,又多能也"的理解。这句话的字面意思也是很清楚的。问题是说明了什么?笔者认为至少说明子贡并不认为"多能"是圣人的表现,但认为这种"多能"是一种好事,或者是锦上添花之事。这比太宰有进步,但是对吗?

第三是对"吾少也贱,故多能鄙事。君子多乎哉?不多也"的理解。这句话的字面意思也是很清楚的。问题是说明了什么?笔者认为,首先,孔子的"多能"是因为少年时期的境遇——地位低下。在当时地位低下也往往意味着穷困,也就是说孔子没有生在富贵之家,需要为生存和发展而努力工作——做自己并不想做而又不得不做的事情,因此学会了许多社会需要的并能直接给自己带来物质利益的本领,说通俗一些就是能吃饭、能挣钱的本领,因此"多能"。值得注意的是,孔子将这些本领认为是一些浅陋的技能——"鄙事",为什么?笔者认为,说得自私一点,这些本领不能给我们带来愉悦、快乐——谁会只为了吃饭的事情而愉悦、快乐呢?说得高尚一点,这些本领给社会带来的贡献相对很小。其实学会这些本领花不了多少时间和精力,只要努力,十年足以磨出一把好剑,但这值得我们用一生去追求吗?不过话又说回来了,进入社会就如同进入了江湖,没有一把好剑又怎么能行呢?这很是无奈。其次,此处的"君子"有两方面的意思,一是字面上的意思,就是"君之子",就是出生于富贵之家,并且有事业可继承的人;二是实质上的意思,这些"君之子"无需为生计发愁,能专心致力于学道、行道,并在最后成为真正的君子。这样的君子当然无需"多能鄙事"——"不多也"。这是孔子羡慕的。这时可能会有人问,有这样的人吗?有。比如文王、武王、周公等,当然这非常非常少。

【编意解】

编者意在通过本章的故事,表明家庭出身也是一个人命运的一部分,对此应当怎样面对?那就是当你不是"君之子"——其实绝大多数的人都不是,就要先磨一把好剑,以立足于江湖,尽管这是无奈之举。如果你是"君之子",那就要珍惜,努力成为一个真正的君子。

9.7 牢曰:"子云:'吾不试,故艺。'"

【译文】

子开说:"孔子说过,'我(年轻时)没有被任用(做官),所以会许多技艺'。"

【注释】

牢,姓琴名牢,字子开,又字子张,孔子弟子。

试,1.用也。本义:用、任用。2.尝也。尝试。3.试探,引申为试验。4.考试。

【原文解】

本章的字面意思很清楚,意在说明孔子为什么多才多艺,中心意思与上一章基本相同,因此过去很多人都认为本章与上一章应为一章,只因所记之事非在一时发生,故另编为一章。但笔者认为如此认识过于简单,编者不应会如此简单地、重复地编排。要深刻地理解就要对"吾不试,故艺"这句话有更深刻的理解,这句话说明了什么?笔者认为,至少说明孔子不认为从政为官及其本领是所谓的"鄙事"。理由也很简单,首先,从政为官就是为政,而政者乃众人之事,事之大者;其次,"为政以德",要有德,要对道有深刻而广泛的认知,并正确地遵行。当然,这也同时说明从政为官的人俸禄是很高的,不再会为生计发愁,至少在当时以及之前是如此。这是否也是应当的呢?这非常值得我们思考。

【编意解】

编者意在表明,首先,明确从政为官及其本领不是所谓的"鄙事"。但应说明的是,这绝不能得出除了从政为官,其他的事都是"鄙事"的结论,这通过前面的学习应当是明确的;其次,说明从政为官的人不应再为生计发愁,可以也应当获取相对丰厚的俸禄;最后,也说明能否做官以及能做多大的官也有命运的因素。这个命运因素用逻辑推理,无非就是在位之人的认可并任用,这种认可的一种直接表现就是考试,这在孔子之后的中国社会表现得尤为突出。

9.8 子曰:"吾有知乎哉?无知也。有鄙夫问于我,空空如也。我叩其两端而竭焉。"

【译文】

孔子说:"我有知识吗?(其实)没有知识。有一个乡下人问我,(而我对他的问题)一点也不知道。我询问(探索分析)问题的两端,并将这些全部告诉(他)。"

【注释】

叩,1.本义:击、敲打。2.发问、询问。3.叩头、拜。4.通"扣",拉住、牵住。

竭,1.负举也。本义:背举、用肩背负。2.干涸。3.完、尽。

【原文解】

第一是对"无知也"的理解。这句话的字面意思是很清楚的。问题是前面人们认为孔子"多能"而且孔子本人不也是认可的吗?为何孔子本章又对自己有如此的评价?笔者认为,孔子的这句话既是自谦之词,同时也是一句实话。其实就知识而言,你知道得越多就越能感知到你不知道的更多,这一点只要努力学习过知识的人多少都会有所体会。话又说回来了,你就是知道的再多,相对于知识的海洋,也就是一瓢而已,一瓢水不管有多么的多,相对于大海而言都是可以忽略不计的。同时话又说回来,这一瓢水不管有多么的少,它仍然是海水,与海洋中其他的海水是有很大的同一性的,区别不大。

第二是对"空空如也"的理解。为何会如此?相对于知识的海洋,我们所知道的很少,但也总是有一点的吧,更何况这个"鄙夫"与孔子生活的环境,尤其是孔子早年的生活环境相差的不多。其实问题也正因为如此,产生了两种情况。一是"鄙夫"的问题也许孔子真的就什么都不知道,这时是"空空如也"没问题;二是"鄙夫"的问题孔子正巧就知道,但孔子毕竟没有亲身经历,且事与事、人与人都有不同,孔子并非完全知道,这时往往比一点都不知道更可怕,因为这可能有先入为主的成见,而这是必须要去除的、清空的,所以这时就要"空空如也"。单纯的经验主义是十分有害的。"空空如也"了怎么办?问题总是要面对、要解决的嘛!这就牵扯到对孔子下面话的理解了。

第三是对"叩其两端而竭焉"的理解。这句话的字面意思不是很清楚。要准确理解这句话要注意以下方面:首先是"叩",在此处就是询问的意思,进而引申为探索分析;其次是"两端",就是两头,事物的两方面,其实任何事物都有它的两头或两方面,比如因果、终始、好坏、是非、对错等。因此我们看问题要全面、深入,不能片面、肤浅;其次是"竭",就是完全、穷尽的意思。问题是完全、穷尽什么?这有两层意思,一是从文章字面上理解,那就是将事物的"两端"完全告知"鄙夫",没有保留。至于何去何从由事主选择,但其选择应当也是可以预期的,因为"人同此心,心同此理",不会相差很多;二是从实质上理解,"竭"其"两端"就是认真透彻地探索分析事物的两头。这里应当说明的是,一个事物并不是只有一个"两端",而是在每一个方面都有相应的两端。

【编意解】

编者意在通过本章孔子之语,表明对知识的获取也是一个人命运的一部分,现在不是流行一句话叫作"知识改变命运"吗?但是对整体知识的浩瀚深邃和我们所能认知的渺小浅薄,甚至我们生命的有限性,一定要有充分的认知。面对如此不尽如人意的现实,我们应当怎样面对?那就是保持谦卑的态度,真正认识到自己的无知——"无知也",并掌握获取知识的方法——"空空如也""叩其两端而竭焉",去获取需要的知识并解决所遇到的问题——"鄙夫问于我"。

9.9 子曰:"凤鸟不至,河不出图,吾已矣夫!"

【译文】

孔子说:"凤鸟不来了,黄河中也不出现八卦图了。我这一生也就(如此的)完了吧!"

【注释】

凤,神鸟也。本义:凤凰。中国古代传说中的百鸟之王,常用来象征祥瑞。雄的叫凤,雌的叫凰。

【原文解】

第一是对"凤鸟不至,河不出图"的理解。这里首先要了解关于凤鸟和河图的传说。凤鸟就是一种神鸟,据说帝舜时和周文王时都曾出现。关于河图,据记载,伏羲氏时代在黄河中曾出现一匹龙马,背上有一张图,这张图就是河图,后来伏羲氏根据"河图"作八卦图。伏羲是华夏民族的人文先始、三皇之一,亦是福佑社稷之正神,同时也是我国文献记载的最早的创世神。相传伏羲根据天地万物的变化,发明创造了占卜八卦,创造文字结束了"结绳记事"的历史。他又结绳为网,用来捕鸟打猎,并教会了人们渔猎的方法,发明了瑟,创作了曲子。伏羲称王一百一十年以后去世,留下了大量关于伏羲的神话传说。有鉴于此,后来的人们认为,"凤鸟至""河出图"是圣明君王出现的一种征兆,预示着时代的兴盛、事业的成功。说到这里,"凤鸟不至,河不出图"的意思也就很好理解了,那就是世道不好,天下无道。这又怎样呢?且看下句。

第二是对"吾已矣夫"的理解。这句话的意思很清楚。问题是这说明了什么?我们知道,孔子生于乱世,天下无道。但孔子并未因此消沉,仍然立志于

道,"默而识之,学而不厌,诲人不倦"(详见7.2章),满腹经纶,却因无人重用,而无法将自己所认同的道推行于当世,到了晚年,孔子十分无奈地发出了这样的感慨。说到这里,笔者不禁想起了唐代诗人李白的一句诗,叫作"大鹏一日同风起,扶摇直上九万里"。鹏再大无风又如何?是不是很无奈啊!可话又说回来了,没有风就真的不行吗?《庄子·逍遥游》有载:"鹏之徙于南冥也,水击三千里,抟扶摇而上者九万里。"不过要清醒地认识到"水击三千里"可非一朝一夕的事。也正因为如此,孔子虽没有在有生之年使自己的思想学说推行于当世,但对于后世的影响可谓深远矣。两千五百多年后的今天,我们不是还在从中汲取丰富的营养吗?

【编意解】

编者意在通过本章孔子之语,表明时势也是一个人命运的一部分,不是有人说"时势造英雄"吗?问题是当一个人生不逢时又如何呢?听天由命吗?孔子一生都不逢时,但他依然"默而识之,学而不厌,诲人不倦"。这时可能会有人问,结果呢?结果是"吾已矣夫"的感叹。问题是"吾已矣夫"之后呢?是声震人间,泽被万世!是金子总会发光的,英雄终归是英雄!

9.10 子见齐衰者、冕衣裳者与瞽者,见之,虽少;必作,过之,必趋。

【译文】

孔子遇见穿齐衰丧服的人、当官的人和盲人时,即使他们年纪轻,也一定要站起来;从他们面前经过时,一定要快步走过。

【注释】

衣,1.所以蔽体者也。上曰衣,下曰裳。本义:上衣。2.穿衣。

裳,1.下饰也。本义:下衣。古人穿的遮蔽下体的衣裙,男女都穿,是裙的一种,不是裤子。2.泛指衣服。

瞽(gǔ),1.本义:瞎眼(虽瞎但有眼珠)。2.古代乐师。古代以目盲者为乐官,故为乐官的代称。

趋,1.(qū),走也。本义:快步走。2.(qū),古代的一种礼节,小步快走,表示恭敬。3.(qū),奔向、趋向。4.(cù),通"促",催促、赶快、急促。

【原文解】

第一是对"齐衰"的理解。"齐衰"在此处读作 zīcuī,亦作"齐缞",是过去丧服中的一等,位列丧服制度"五服"(即斩衰、齐衰、大功、小功和缌麻)中的第二等,次于斩衰。因其服以粗疏的麻布制成,衣裳分制,缘边部分缝缉整齐,故名"齐衰"。有别于斩衰的毛边。具体的服制及穿着方式,视与逝者关系亲疏而定。由此可见,"齐衰"者是与逝者关系很亲近的,当然也就十分的悲痛。见齐衰者尚且"作""趋",那见斩衰者就更不用说了。

第二是对"冕衣裳"的理解。字面的意思就是穿戴着帽子、上衣和下衣的人,似乎很奇怪,但据考证,这里的"冕衣裳"是指特定的官服,是指官至大夫的人特定的着装。而大夫在当时是一个比较高的官职,地位仅次于诸侯。官者是为政之人,责任重大,而且官越大责任就越大,当然权力地位也就越高。

第三是对"瞽者"的理解。从字面上讲,就是失明的人,也就是残疾人,残疾人当然很痛苦。这里要说明的是,失明的人相对于一般的残疾人,其残疾程度是很高的,用现在的标准衡量属一级伤残,是最高等级的残疾。失明的人的痛苦可想而知,你蒙上双眼生活一段时间就会有所体会。

第四是对"作""趋"的理解。"作"就是起立的意思,起立就是表示尊重。现在的人们见到上级或地位高的人,大都还会起立以表示敬畏(其实更多的是怕自己的不礼貌得罪这些人而招致不利),很少人会坐着不动,对于此想必大家多少都有所体会。但已经很少有人见到"齐衰者"与"瞽者"会如此。"趋"也是一样。人们对于别人的巨大的悲痛或苦难,已经越来越没有同情或怜悯之心了。

【编意解】

那么本章被编排于此又是何意呢?对此笔者是百思不得其解。本章的意思是比较清楚的,那就是编者意在通过对孔子日常行为的描述,指出人们应当对那些遭受巨大悲痛的人要有由衷的同情,对那些承担巨大责任的人要有由衷的敬畏,对那些承受巨大苦难的人要有由衷的怜悯。但问题是这些意思好像与本篇的主题——命或命运,甚至是与上下文并没有什么关联性。其实过去许多学者也有此疑问。通过考证,学者们认为,本章应是《论语·乡党》中的一章,是其中的脱简,被后人错误地放在了此处。对此笔者比较认同。不过应说明的是,笔者认为《论语·乡党》是在讲"慎",本章所谓"作""趋"都是一种慎的表现,而死亡、疾病和在位之人,这些都是对我们影响巨大的事物,甚至是我们不

可避免的命运,我们应当谨慎对待。因此是否真的是脱简、错简也未可知,需要我们慎思之、明辨之。

9.11 颜渊喟然叹曰:"仰之弥高,钻之弥坚。瞻之在前,忽焉在后。夫子循循然善诱人,博我以文,约我以礼,欲罢不能。既竭吾才,如有所立卓尔,虽欲从之,末由也已。"

【译文】

颜渊感叹地说:"(对于道)我抬头仰望,越望越觉得高。我努力钻研,越钻研越觉得坚硬。看着它(好像)在前面,忽然(又像)在后面。老师善于有次序地引导,用(各种)典籍来丰富我(的知识),又用礼来约束我(的言行),使我想停止(学习)都不能。直到我用尽了我的全力,(道)好像超然独立在我面前,虽然我想要追随上去,却又没有前进的路径了。"

【注释】

仰,1.举也。本义:抬头、脸向上,与"俯"相对。引申为敬慕。2.依赖、依靠。3.旧时公文中上级命令下级的惯用词,有切望的意思。

弥,1.遍、满。2.长、久。3.更加、越发。4.弥补。

坚,1.刚也。本义:泥土坚硬。2.牢固、坚固、结实,引申为坚强、坚定。3.坚持、固执。

瞻,1.临视也。本义:向远处或向高处看。2.瞻仰、恭敬的看。

循,1.行顺也。本义:顺着、沿着。2.遵循、沿袭。3.抚摸,引申为安慰、慰问。4.通"巡",巡视。

诱,1.引也。本义:诱导、引导。2.引诱、诱惑。

卓,1.高也。本义:超然独立、高明、高超。2.高远、遥远。

【原文解】

本章的字面意思不很清楚,笔者认为,这是颜渊在阐述跟随孔子学道的体会,但要准确理解,还要注意以下几个方面。

第一是对"仰之弥高,钻之弥坚。瞻之在前,忽焉在后"的理解。这句话的字面意思是很清楚的,问题是这说明了什么?笔者认为,这是颜回初学道时对道的感受,用宋代朱熹的话就是,不可及——"弥高"、不可入——"弥坚"、不可言状——"在前""在后",用现在的话就是稀里糊涂、无所适从。这种感受我想很多人都有所体会。那怎么办呢?放弃吗?很多人都会这么做,但也有很多的人选择了坚持,这不仅仅是因为知晓道会给我们带来很多好处,更重要的是,知晓道是人们本身所固有的一种欲望,也正因为如此,颜回才会"欲罢不能",当然这样的欲望有强弱的不同。

第二是对"夫子循循然善诱人,博我以文,约我以礼,欲罢不能"的理解。这句话的字面意思也是很清楚的,问题是这说明了什么?笔者认为,这首先说明颜回很幸运,遇到了孔子这个"善诱"之师;其次是说明孔子"循循然""博我以文,约我以礼"的善诱方式;最后是说明孔子善诱的结果,那就是"欲罢不能"。这时就有一个问题了,那就是孔子之前没有孔子,孔子之后也再无孔子。笔者认为,重要的是,颜回已经道出孔子的"善诱"之法,这就足够了。我们的老师多少都会学到一些,再不济我们也可以自我完成。这里应注意的是"博我以文,约我以礼"。这里的"文"是指之前的文献,是前人的发现;这里的"礼"是指制度,是前人的总结。"博我以文"是学习前人已经发现的知识——知,"约我以礼"是按照前人总结制定的制度(当然也包括现行有效的制度)去做——行,合起来就是既要知也要行,知行合一。这不仅适用于认知和践行人道——仁道,在其他方面也同样适用,这是一个总的原则方法。

第三是对"既竭吾才,如有所立卓尔,虽欲从之,末由也已"的理解。这句话的字面意思也是很清楚的,问题是这说明了什么?笔者认为,这说明颜回在孔子的"善诱"之下,通过自己的努力,好像是见到"道"就耸立在眼前。那到底颜回是认知了"道"还是没有?那要看从什么程度上理解了。"好像"的意思就是很可能是真的;道耸立在眼前,只能看到其总体大致的轮廓,因为没有路了,所以没有深入进去,所以也只能说是"好像"。说到这里不禁使人想起孔子的一句话,"朝闻道,夕死可矣"(详见 4.8 章)。能到颜回这样的程度已经是非常难得了。

【编意解】

编者意在通过颜回学道的感受,表明道以及对道的认知也是一个人命运的一部分。前面说过,对道的认知是人们固有的一种欲望,同时也能给人带来很多的好处。但怎样才能认知道呢?以颜回的聪颖、好学和幸运——得孔子之亲授,最终才是个"如有所立卓尔",由此可见,认知道是何等之难?这时可能会有人问,颜回的聪颖、好学和幸运尚且如此,我们又有什么希望呢?这个问题,可以用另外两个问题来回答,那就是孔子有颜回那么聪颖、好学和幸运(这点尤其

重要)吗?再有就是你能真正地克制自己的好奇心不去探究道吗?

9.12 子疾病,子路使门人为臣。病间,曰:"久矣哉,由之行诈也!无臣而为有臣,吾谁欺?欺天乎?且予与其死于臣之手也,无宁死于二三子之手乎!且予纵不得大葬,予死于道路乎?"

【译文】

孔子患了重病,子路派(孔子的)门徒去作孔子的家臣(负责料理后事),后来孔子的病好了一些,(知子路之行后)说:"仲由很久以来就干这种弄虚作假的事情!我明明没有家臣,却偏偏要装作有家臣,我欺骗谁呢?我欺骗上天吗?况且我与其在家臣的侍候下死去,宁可在你们这些学生的侍候下死去!而且即使我不能以大夫之礼安葬,难道就会被丢在路边没人埋吗?"

【注释】

诈,1.欺也。本义:欺骗。2.假装、冒充。

【原文解】

第一是对"子疾病,子路使门人为臣"的理解。首先,病乃疾加也。"子疾病"就是说孔子得了很重的病。应当说明的是,当时的医疗技术是很落后的,人得了病,很难得到有确切疗效的治疗,基本靠自身来扛。如果人得了重病,则更是如此,因此是很凶险的,是要预备后事的。其次,前面说过,当时人们对葬礼是很重视的,根据人的地位的不同,有不同的规定。在当时大夫是有臣子的,叫作家臣。大夫去世后的葬礼的规格比较高,是由其家臣来亲自处理的。而我们知道,孔子曾经是鲁国的司寇,是大夫。但这时孔子已经去职很久,不再是大夫了,也没有家臣。按当时的规定,如果这时孔子去世,只能按照"士礼葬之"。为了孔子在死后能够有一个较高规格的葬礼,子路便有了"使门人为臣"的举动。虽然是好心,但毕竟是不符合事实的,也是不诚实的。

第二是对"吾谁欺?欺天乎?"的理解。首先是"吾谁欺"。我们知道,孔子在当时可是名人,尤其是在鲁国,因此孔子的经历和近况可谓无人不知无人不晓,子路不诚实的举动怎么能欺骗得了世人呢?其次是"欺天乎"。既然不能欺骗世人,那就只能是欺骗上天了,而欺骗上天,就是欺骗自己的心。上天是可以被欺骗的吗?当然不能,就像我们无法欺骗自己的心一样,否则就不叫上天了。

第三是对"且予与其死于臣之手也,无宁死于二三子之手乎!且予纵不得大葬,予死于道路乎"的理解。这句话的字面意思是很清楚的,问题是说明了什么?说明孔子希望在更亲近的人的手中(陪护中)死去,弟子当然比家臣更亲近。那么是否还有更亲近的人呢?当然,还有孩子。孔子有一个儿子叫孔鲤,不幸的是孔鲤先孔子几年已经去世,而孔子说这段话不知是何时。说这些其实与本章本没有什么关系,只是有些感慨,孩子总是诞生在父母手中,在父母的怀抱中长大,可现在又还有多少父母是死在孩子的怀抱中呢?

【编意解】

编者通过本篇前面的编排,向我们展示了命运大致的组成,包括他人的误解甚至指责、世俗潮流、飞来横祸、家庭出身、从政为官、知识的获取、对道的认知,甚至包括疾病、死亡和当权者等,当然也同时十分有针对性地阐述了一些应对办法,但都不具备普遍和总体上的意义,而其普遍和总体上的意义则是在本章之后通过相关编排来加以说明的。就本章而言,编者通过孔子之言,说明面对不可预知的命运,总体上和根本上是要以诚面对,以自己的本心相对,不欺人更不能自欺。话又说回来了,命运既然有其不可预测性,人为的欺骗又有什么意义呢?一个人诚实的活着总是较为轻松和惬意的,不是吗?

9.13 子贡曰:"有美玉于斯,韫椟而藏诸?求善贾而沽诸?"子曰:"沽之哉,沽之哉!我待贾者也。"

【译文】

子贡说:"这里有一块美玉,是把它包裹起来收藏在柜子里呢?还是寻求一个好价钱卖掉呢?"孔子说:"卖掉吧,卖掉吧!我正在等着识货的商人呢。"

【注释】

韫(yùn),1.裹也。藏。2.引申为怀有。

椟(dú),1.本义:木柜、木匣。2.棺材。

贾,1.(gǔ),本义:买,引申为做买卖。2.(gǔ),商人。古时特指囤积营利的坐商,古时候称行商为"商",坐商为"贾"。后泛指商人。3.(gǔ),求取。4.(gǔ),招引、招惹。5.(jià),通"价",价格、价值。

沽,1.沽水,出渔阳塞外,东入海。2.买。多指买酒。3.卖,出售。4.买酒的人。

【原文解】

第一是对"美玉"的理解。玉乃石之美者。"美玉"字面上理解就是好玉，值钱的玉。问题是本章的"美玉"就真的是指一块好玉、值钱的玉吗？应当不是。因为一块好玉，是藏还是卖对于子贡来说不应当是个问题，他又不缺钱花。编者也不会将其编入《论语》之中。那此处的美玉实质上是指什么呢？应该是道、德，是能力、大能力、大本事，是经世济民的本事。

第二是对"韫椟而藏诸？求善贾而沽诸"的理解。前句中那个经世济民的"美玉"谁有呢？作为孔子学生的子贡当然认为老师孔子有。然而孔子未出仕做官，因此有本句之问。这很好理解，但应注意的是"求善贾而沽"。其中的"求"就是寻求的意思，而"善贾"就是好的价钱，此处的贾通"价"，是价格、价值的意思。这样一来，"求善贾而沽"就成了价高者得，似乎有些不择手段，不问是非。那么对此孔子是什么态度呢？又有什么不同呢？且看下句。

第三是对"沽之哉，沽之哉！我待贾者也"的理解。此句有两方面的意思。首先是"沽之哉，沽之哉！"意思很明白，赶快卖，能卖就卖。原因很简单，学习的一个重要目的就是要用，而用不是你想用就能用的，但人生是有限的，错过了这个村就没有这个店了，下一个村有没有店可不知道。其次是"待贾者也"。其中的"待"就是等待，"贾者"就是商人，既然是商人就应当是识货的人。这样一来"待贾者也"的意思就是等待识货的商人来买。所谓识货的，就是也认为你所出售的货物是好的，是物有所值的。如果这个货物是美玉——道、德、经世济民的本事，那这个商人就是志同道合的人，当然也是有钱——有权力的人。这与子贡所谓的"求善贾而沽"是否有所不同呢？

【编意解】

编者意在通过孔子之语，表明面对不可预知的命运，如果有幸拥有"美玉"，有机会卖就赶快卖，因为人生有限，机会难得，但应当卖给识货——志同道合的人，以实现自己的抱负。

9.14 子欲居九夷。或曰："陋，如之何？"子曰："君子居之，何陋之有？"

【译文】

孔子想要到九夷去居住。有人说："那里闭塞不开化，怎么能住呢？"孔子说:"有君子去居住(传播道),怎么会闭塞不开化?"

【注释】

夷,1.东方之人也。本义:东方之人,即我国古代对东部各民族的统称,后泛指少数民族。2.平坦。3.心情平和愉悦。4.同辈、平辈。5.铲平、消除、平定。6.创伤。

九夷,先秦时对居于今山东东部、淮河中下游江苏、安徽一带的部族的泛称,古时谓东夷有九种。《后汉书·东夷列传》载:"夷有九种,曰吠夷、于夷、方夷、黄夷、白夷、赤夷、玄夷、风夷、阳夷。"

【原文解】

第一是对"子欲居九夷"的理解。为什么?其实读到这句话,笔者不禁想起孔子的另一句话,叫作"道不行,乘桴浮于海"(详见5.7章)。为什么?就是因为"道不行"。我们知道,孔子一生都立志于推行"道"于当世,然而当时混乱的世道使其一直都无法实现这一志向。怎么办?孔子就想到九夷去推行"道",所以"欲居九夷"。那么后来孔子去九夷居住了么?看来是没有。为什么?不得而知。

第二是对"陋,如之何"的理解。这里的"陋"不是简陋、狭小的意思,九夷不小,而且物产应当也很丰富,因此,"陋"是其引申出的见闻少、知识浅薄的意思(详见6.11章注释),也就是说九夷之人见闻少、知识浅薄,闭塞不开化的意思。这样的人与之交流是比较困难的。

第三是对"君子居之,何陋之有"的理解。问题是为什么?这就要温习一下什么是君子,君子就是指成就了德行的人。怎样才能成就德行?当然要做。做什么?践行道。这里的践行当然也包括传播和推行。应当说明的是,孔子在这里对君子提出了一个要求,那就是要有传播和推行道的责任。这里还有一个问题,就是"君子"是指谁?是孔子自己吗?孔子有这样不谦虚吗?有人认为这里的君子是指箕子,即商纣王的叔父,在周武王伐纣后,带着商代的礼仪和制度到了朝鲜半岛北部,被那里的人民推举为国君,史称"箕子朝鲜"。但笔者认为,这只是一种猜测,没有任何依据。从语序文理上讲,这里的"君子"就是孔子的自称,这不是什么谦虚不谦虚的问题,这是事实,以孔子之德也担得起这个称谓。否则不是君子的孔子"欲居九夷"干什么?

【编意解】

编者意在通过孔子之语,表明面对不可预知的命运,如果在一个地方或环

境中无法实现自己的理想抱负,那就要考虑换一个地方或环境。不是有句俗语叫"何必非要在一棵树上吊死"。

9.15 子曰:"吾自卫反鲁,然后乐正,《雅》《颂》各得其所。"

【译文】

孔子说:"我从卫国返回到鲁国以后,乐才得到整理,《雅》和《颂》才各有适当的安排。"

【原文解】

第一是对"吾自卫反鲁"的理解。问题是其背景是什么?或者说明了什么?据史料记载,孔子"自卫反鲁",是在鲁哀公十一年(前484),时年六十八岁的孔子在其弟子冉求的努力下,季康子派人以币迎孔子归鲁国。孔子周游列国十四年,至此结束。这时孔子的年纪已经很大了,不可能再从政以实现自己的抱负了,那么孔子干了些什么呢?且看下句。

第二是对"《雅》《颂》"的理解。我们知道,《诗经》在内容上分为"风""雅""颂"三个部分。"风"是周代各地的歌谣;"雅"是周人的正声雅乐,又分"小雅"和"大雅";"颂"是周王庭和贵族宗庙祭祀的乐歌,又分为《周颂》《鲁颂》和《商颂》。那么孔子返回鲁国后都做了些什么?删诗书、定礼乐,专心执教。《史记·孔子世家》有载:"古者诗三千余篇,及至孔子,去其重,取可施于礼义,上采契后稷,中述殷周之盛,至幽厉之缺,始于衽席,故曰:'《关雎》之乱以为风始,《鹿鸣》为小雅始,《文王》为大雅始,《清庙》为颂始。'三百五篇孔子皆弦歌之,以求合《韶》《武》雅颂之音。礼乐自此可得而述,以备王道,成六艺。"

【编意解】

编者意在通过孔子之语,表明面对不可预知的命运,如果经过各种努力仍无法实现自己的理想抱负,那就要考虑换一种(退而求其次的)方式来实现。我们知道,孔子一生都立志于推行"道"于当世。然而孔子在鲁国没有机会实现,周游列国也没有成功,"欲居九夷"也未成行,这时孔子已经六十八岁了(孔子于七十三岁时去世),眼看一生的理想抱负已无法实现,怎么办?无所作为吗?非也。孔子即删诗书、定礼乐,专心执教。也正因为孔子此举,才使古老的中华文明得以延续和发扬光大。

9.16 子曰:"出则事公卿,入则事父兄,丧事不敢不勉,不为酒困,何有于我哉?"

【译文】

孔子说:"在外事奉公卿,在家孝敬父兄,有丧事不敢不尽力去办,不被酒所困,这些事对我来说有什么(困难)呢?"

【注释】

勉,1.强也。本义:力所不及而强作。2.尽力、努力。3.鼓励、使人努力。

【原文解】

第一是对"出则事公卿,入则事父兄,丧事不敢不勉"的理解。这句话的字面意思是很清楚的。这里要注意对"公卿"的理解。"公卿"在当时都是身份和职位很高的人,他们的职责就是治理国、家,处理政事,而且是处理很重大的政事。当然,做这些大事一个人或少数几个人是无法完成的,这就需要别人的帮忙。要谁来帮忙呢?当然是有一定能力和文化的人,这种人当时叫"士",用现在的话就是读书人,因此,"事公卿"其实就是做小的官吏。应当说明的是,尽管只是小官吏,但是是"事公卿",而"公卿"是大官,是在做大事,因此从某种意义上讲也算是从政,要小心谨慎,所以孔子在此处用了"事"字。通过前面的学习,我们知道,"出则事公卿,入则事父兄,丧事不敢不勉"这三件事都是读书人经常做的,也是应当做并能够做好的事,不是什么大事、难事。因此宋代朱熹认为这些是卑事,也是有道理的。当然,其所谓的卑事也就是小事,也是基础的事,也是相对于孔子这样具有大德的人而言的。话又说回来,小事、基础的事都做不好,大事又如何去做?路都走不好又如何去跑?然而大事不是谁都有能力、有机会去做的。大事做不了就把小事、基础的事做好。

第二是对"不为酒困"的理解。这里要注意对"酒"的理解。酒乃饮之美者。当然,酒也是用粮食酿造的,比较贵,尤其是在当时粮食比较缺乏的情况下。那么人们都是在什么时候饮酒或想饮酒呢?一般来说是遇到喜庆的事情或发愁的事情的时候,这比较好理解。那么对于一个读了书的人,却无真才实学,或没有机会去做大事,而只能做一些小事、基础的事——"出则事公卿,入则事父兄,丧事不敢不勉",这个读书人会有什么喜庆的事情呢?恐怕更多的都是发愁的事情。怎么办?借酒浇愁吗?可以适当的浇一下,但不能为酒所困。要

知道酒虽好喝,但喝多了会上瘾的,更重要的是会乱性的。俗话说"借酒浇愁愁更愁",这解决不了任何问题,最多只是麻醉一下自己而已。

【编意解】

编者意在通过孔子之语,表明面对不可预知的命运,如果经过各种努力(包括换一种退而求其次的方式)仍无法实现自己的理想抱负,也要死守其道,在日常的生活中践行其道,把小事、基础的事持之以恒地做好。当然酒是可以喝的,但是不能因此误事,即要"不为酒困"。

9.17 子在川上曰:"逝者如斯夫!不舍昼夜。"

【译文】

孔子在河边说:"消逝(的时光)就像这河水一样啊!不分昼夜(地向前流去)。"

【注释】

川,1.贯川通流水也。本义:河流、水道。2.平地、平野。

【原文解】

本章的字面意思不仅很清楚,而且对于现在的很多人来讲可谓耳熟能详,这是因为毛泽东主席在其著名的诗词《水调歌头·游泳》中引用了这句话。而且笔者认为,这首诗词本身就是对这句话很好的注解,那就是时不我待,只争早夕。这里将其摘录,以供体悟和欣赏。

才饮长沙水,又食武昌鱼。

万里长江横渡,极目楚天舒。

不管风吹浪打,胜似闲庭信步,今日得宽余。

子在川上曰:逝者如斯夫!

风樯动,龟蛇静,起宏图。

一桥飞架南北,天堑变通途。

更立西江石壁,截断巫山云雨,高峡出平湖。

神女应无恙,当惊世界殊。

【编意解】

编者意在通过孔子之语,告诉我们一个客观的事实,也是一个残酷的事实,那就是"逝者如斯夫!不舍昼夜"。因此我们应清楚地认识到,我们的生命是有限的。这些都是事实,也是不可改变的事实,我们也是清楚的,是可预知的。也正因为如此,很多人尤其是年轻人会熟视无睹,感觉不到了,认为时间还很多。那这些与不可预知的命运有什么关系呢?你说呢?编者在下一章中还会通过孔子之语,告诉我们另外一个事实。

9.18 子曰:"吾未见好德如好色者也。"

【译文】

孔子说:"我没有见过像喜好美色那样喜好德的人。"

【原文解】

本章的字面意思很清楚,问题是这句话说明了什么?笔者认为至少说明以下两点。

第一,"好德"是人固有的天性。为什么这样说呢?首先,这要对"德"的含义进行一下温习。德者得也。得什么?得道。简单一些可以理解为"能力""功用"(详见1.9章)。理解这一点,对"好德"是人固有的天性就比较好理解了。这是人们的好奇心使然,当然有了能力就能得利,也才能实现自己的理想抱负,人固然会好之;其次,"好色"也是人固有的天性。无论男女、无论古今中外,有谁不喜好美色呢?孔子将好色与好德相比较,说明其必有共同之处,那就是两者都是人固有的天性。也正是因为"好德"是人固有的天性,通过我们的意志的自我调整,才可能使"好德如好色"。

第二,"好德"的欲望不如"好色"。为什么这样说呢?首先,《礼记·礼运》有载:"饮食男女,人之大欲存焉。"人们见了美色马上就会觉得赏心悦目,就会去追求。应当说明的是,美色即便追不到,人们也会觉得追求的过程是愉快的、值得的,最终追不到也没有什么太大的损失。那么对于德呢?人们见了也会觉得好,也会去追求。但对于德的追求是一个比较艰辛的过程,而且如果没有真正的追求到,损失可就大了,甚至是损失惨重。为什么这样说呢?试想一下,花了这么多精力、功夫,却没有弄懂搞明白,损失岂不很大?如果这时是似懂非懂、自以为懂了、掌握了,到时真正用起来,非但不能得利,反而可能会因此造成重

大的、无法承受的失败。那怎么办呢?就不去追求了吗?没有能力我们又怎么生存呢?我们又怎么能为社会做出大的贡献进而实现自己的理想抱负呢?我们又怎么获利呢?至于怎么办,通过下面各章的学习,我们或许可以找到答案。

【编意解】

编者意在通过孔子之语,告诉我们另一个客观的事实,那就是"好德"是人固有的天性之一,但这种欲望相对于"好色"比较弱。比较弱就容易放弃,就有待增强。

9.19 子曰:"譬如为山,未成一篑,止,吾止也。譬如平地,虽覆一篑,进,吾往也。"

【译文】

孔子说:"譬如(用土)堆山,只差一筐(土)就完成了,这时停下来,那是我自己要停下来的。譬如填平地(上的坑),虽然(只需)倒一筐,去填,那也是我自己要填的。"

【注释】

篑(kuì),竹编的筐子。

【原文解】

本章的字面意思很清楚,问题在于说明了什么?笔者认为至少说明了以下三点。

第一,"为山"是大事、难事,要花很多的功夫。具体要花多少功夫?不知道。所谓"未成一篑"是事后来看的。努力不够,成不了。因此一件事没做成,失败了。自己不努力,放弃了,这就足够了,条件充分。

第二,"平地"是小事,不难。但不做也成不了。自己的努力是做成事情的必要条件。

第三,"譬如为山,未成一篑"和"譬如平地,虽覆一篑"的异同。"为山"与"平地"的差别很大,但从"一篑"的角度来讲,没什么差别。但是成与不成差别可就大了。

【编意解】

编者意在通过孔子之语,表明面对不可预知的命运,事情的成败与否,自己的主观能动性是很重要的,努力是做成事的必要条件,而放弃则是不能做成事的充分条件。

9.20 子曰:"语之而不惰者,其回也与!"

【译文】

孔子说:"我告诉(他)而能毫不懈怠地(去做的),只有颜回吧!"

【注释】

惰,1. 不敬也。本义:不恭敬。2. 懒也。懈怠、懒惰。3. 衰败。

【原文解】

第一是对"语之"的理解。其字面意思是很清楚的。问题是谁告诉?从本章来看当然就是孔子。可这又说明了什么?这就要从孔子的身份及其作风来理解了。

首先,孔子是颜回的老师。如果仅从这个角度去理解,那这句话的意思就是:听老师的话并且不懈怠地去做。这时有人可能会产生疑问,这句话对吗?是不是太绝对了?笔者认为是对的。当然,作为老师的孔子是空前绝后的,找到孔子那样的老师几乎是一种不切实际的奢望。但一般来讲,老师总是比学生在相关方面要强,尤其是对年轻人甚至是未成年人来讲。而且就总体来讲,老师都是希望自己的学生好。更深一层次地讲,即便老师不一定正确,那么照着去做,才能深入的了解,才能真正地感知其错误。

其次,孔子是"无行而不与"(详见7.24章)的老师。也就是说,孔子教给学生的都是经过检验的正确的道理,从这个角度去理解,那这句话的意思就是,按照正确的道理不懈怠地去做。这恐怕不会有人产生疑问了吧。

第二是对"惰"的理解。其字面意思是很清楚的。问题是为什么会惰?笔者认为,主要的原因无非就是两种:一是不解而惰。不解当然没有行动的动力了,这很好理解,但这对吗?不去做一下,又怎能进一步的确定呢?二是畏难而惰。这更好理解,畏难是人的本性,但这对吗?明显不对,因此子曰"克己复礼"。

【编意解】

编者意在通过孔子之语,表明面对不可预知的命运,对老师讲(或正确)的道理,要不懈怠地去做。那么这时可能就有人会问,这就够了么?结果又会是怎样的呢?且看下一章。

9.21 子谓颜渊,曰:"惜乎!吾见其进也,未见其止也。"

【译文】

孔子评论颜渊,说:"可惜呀!我只见他前进,从来没有见过他停止。"

【注释】

惜,1.痛也。本义:哀痛、哀伤、痛惜。2.吝惜、爱惜。3.吝惜、舍不得。

【原文解】

第一是对"吾见其进也,未见其止也"的理解。这是对"语之而不惰者"的结果或状态的描述。这时会有人问,这还会功亏一篑吗?不一定。很可能离成功还远呢!这也是孔子"惜乎"的原因。

第二是对"惜"的理解。其字面意思是很清楚的。问题是为什么?颜回都只进不止了,还要怎样?因为颜回不幸短命,先孔子而早死,孔子是痛惜其命运不济。

【编意解】

编者意在通过孔子之语,表明面对不可预知的命运,要不停地前进,不能停。那么这时可能就又有人会问,这是不是就够了?没有什么是够的,要回答这个问题,且看下一章。

9.22 子曰:"苗而不秀者有矣夫!秀而不实者有矣夫!"

【译文】

孔子说:"庄稼出了苗而不能吐穗扬花的情况是有的,吐穗扬花而不结果实的情况也有。"

【注释】

苗,1.草生于田者。本义:禾苗,未吐穗的庄稼。泛指初生的植物。2.事物的征兆、苗头。3.子孙后代。4.夏天的打猎。春天的打猎叫蒐,秋的打猎叫狝,冬的打猎叫狩。

秀,1.本义:谷物抽穗扬花。引申为植物开花。2.美好、秀丽。3.高出,引申为才能出众、优秀。4.繁茂、茂盛。

【原文解】

本章的字面意思比较清楚,但要深刻理解,要注意这个"苗"字。"苗"是指初生的庄稼,而庄稼是人种的。人们为了有所收获,自然会尽可能为其提供好的生长条件,而作为庄稼,它没有思想,不会懒惰,只要条件合适,它就会奋力生长,可是即便如此,还是有"苗而不秀""秀而不实"的情况发生。为什么呢?我们不知道,也许是科学并没有我们想象的那么完美,这对于苗来说也许就是命运吧!但同时我们也应当看到,"不秀""不实"的毕竟是少数,绝大多数还是既"秀"且"实"的。因此只要"不惰",只要只进不止,成功的几率还是很大的。尽管颜回不幸早死,可早死的情况并不多,况且谁又能说他一点成就都没有呢?只是其成就没有达到孔子的希望而已。

【编意解】

编者意在通过孔子之语,告诉我们一个客观的事实,那就是"苗而不秀者有矣夫!秀而不实者有矣夫"。至于这个事实是一个残酷的事实,还是一个美好的事实,这就仁者见仁、智者见智了。

9.23 子曰:"后生可畏,焉知来者之不如今也?四十、五十而无闻焉,斯亦不足畏也已。"

【译文】

孔子说:"年轻人是不可轻视的,(你)怎么知道下一代就不如上一代呢?(当然)如果到了四五十岁时还无所闻,那他就没有什么可以重视的了。"

【原文解】

第一是对"后生可畏,焉知来者之不如今也"的理解。其字面意思是很清楚的。问题是为什么?首先,"后生"者相对于上一代还有很多的时间,他们也许在这段时间"不惰",只进不止,甚至还更快——因为有前人的积累,而上一代未必做到了这一点;其次,"后生"者也许命运比较好,既"秀"且"实"。如此一来,"后生"者就有可能超过上一代。那么上一代应该怎么办?"往者不可谏,来者犹可追"(详见18.5章)。努力吧,从现在开始。

第二是对"四十、五十而无闻焉,斯亦不足畏也已"的理解。其字面意思是很清楚的。问题是为什么?原因很简单,那就是人的生命是有限的,同时在这有限的生命里,人的精力也不是保持不变的,更不是一直向上的,到了四十、五

十岁,人的精力就开始走下坡路了,逐渐地衰弱了。当然这也不是绝对的,尤其是在科学技术和经济空前发展的今天。但这种趋势是不会根本改变的,只是或许会延迟一些,比如说五六十岁,甚至六七十岁,这都不确定,总之一句话,"莫等闲,白了少年头,空悲切"(岳飞《满江红》)。

这里应当说明的是,此处的"闻"不仅仅是闻名、著称的意思,不是外界的一种感受或评价,而更多的是指自己听到、知晓的意思,也就是"朝闻道"中的闻,也就是自身对道的认知和践行程度。

【编意解】

编者意在通过孔子之语,表明面对不可预知的命运,我们要不停地努力前进,从现在开始,无论老幼。那么具体怎样做呢?且看以下各章。

9.24 子曰:"法语之言,能无从乎?改之为贵。巽与之言,能无说乎?绎之为贵。说而不绎,从而不改,吾末如之何也已矣。"

【译文】

孔子说:"(符合)法律法规的(劝导),谁能不听从呢?但(只有按它来)改正自己的错误才是可贵的。恭顺的赞许,谁能不高兴呢?但只有认真探究它(的真伪是非)才是可贵的。只是高兴而不去分析,只是表示听从而不改正错误,(对这样的人)我拿他实在是没有办法了。"

【注释】

法,1.刑也。本义:法律(刑法)、法令、制度。2.方法、办法。3.效法。4.标准、准则。

巽(xùn),1.八卦之一,代表风。2.通"逊",谦逊、恭顺。3.通"逊",让、退让。

绎,1.抽丝也。本义:抽丝。2.找出头绪、探究。3.连续不断。4.陈述。

【原文解】

第一是对"法语之言,能无从乎?改之为贵"的理解。其字面意思是很清楚的。问题是这说明了什么?笔者认为,这句话说明了对于法律遵守的境界或层次。

首先,法律是国家制定的,违反法律是要付出代价并受到惩罚的,尤其在过去,这个"法"字通常是指刑法,更是如此。人们都不愿受到惩罚,因此要遵守"法",至少在表面上、最初是这样。用法律的规定去劝导人,人们一般都是会听从的,这很好理解。但前面也说了,人们之所以要守法,是因为害怕惩罚,这也就是说从内心里人们是不愿意的,为什么? 因为贪。法是一种约束,而违法通常会带来很大的眼前利益,比如盗窃、抢劫,甚至是遗弃老人、不教育子女等。另外,还有一个十分重要的原因,那就是法是人定的,也是人来执行的,而人不是上帝,其能力是有限的,这主要表现在人所制定的法律不可能面面俱到(尽管人们在不断完善),对于违法犯罪的行为也不可能都查清并处罚(其实这个比例是相当大的)。因此就有人虽然在表面上是遵守法律的,但背地里又心存侥幸,忍不住有另一套做法。但俗话说"常在河边走,难免不湿鞋",一旦被抓住,到那时你就知道什么叫"悔不该当初"。

其次,那如何才是真正的守法呢? 那就是"改之",就是在任何情况下,都要使自己的行为不违反法律,尤其是刑法。那么如何才能做到这一点呢? 那就是认同法律。对此,仅仅知道违法是要受到惩罚的是不够的,还要认识到为什么要有法律,法律能给我们自身带来什么好处。法律就是秩序,一个社会没有秩序是不行的,否则怎么能保证你的劳动成果就是你的? 怎么能保证孩子健康的成长? 怎么能保证我们老了还有饭吃? 等等。大家都能盗窃、抢劫,早晚我们自己也会被盗、被抢;大家都遗弃老人孩子,早晚我们自己也会被遗弃。只有充分认识到了这些,我们才能真正克制住自己的贪婪和侥幸心理,改掉违反法律的毛病,进而能自觉地遵守法律。从某种意义上讲,这也是为什么孔子要讲"克己复礼"。

第二是对"巽与之言,能无说乎? 绎之为贵"的理解。

首先,要注意这个"巽与"。"巽"字的意思在注释中已经列明,就是谦逊、恭顺的意思;"与"字的意思与本篇第一章中的"与"字相同,就是认同、赞许的意思。因此,"巽与"的意思就是恭顺的赞许。问题是为什么恭顺的赞许会让人高兴呢? 说到这里,笔者不禁想起了曾子所谓的"动容貌""正颜色""出辞气"(详见 8.4 章),巽——谦逊、恭顺不正是如此吗? 不正是要给人一种真诚的感觉吗? 得到赞许本身就会使人感到高兴——"说",更何况是真诚的赞许——"巽与",还有谁能不高兴呢? 因为这部分实现了我们发展的欲望,即权力意志。

其次,是要注意这个"绎"。"绎"字的意思在注释中已经列明,就是找出头绪、探究的意思。问题是探究什么? 无非就是真、伪、是、非。这个赞许到底是

不是真的,是不是真诚的。如果是假的、虚伪的,这时你还高兴,那就不可理喻了。那么如果是真的、真诚的呢?这时就要辨别一下是非,因为赞许是别人给的,是别人的认可,这个认可也是你自己所认可的吗?譬如说,你非常热爱绘画,并向别人展示了你的得意之作,可别人看过之后,却是由衷地赞赏画上所题的字,这时你会怎样?当然也会高兴的,因为字也是你写的嘛,字写得好也是好的嘛,但是与你的初衷不符。说到这里,笔者不禁想起了本篇达巷党人的"大哉孔子!博学而无所成名"(详见9.2章)和太宰的"夫子圣者与?何其多能也"(详见9.6章)。

【编意解】

编者意在通过孔子之语,表明面对不可预知的命运,我们要遵纪守法,并知错能改;要知道探究,探究事物的真伪、是非。

9.25 子曰:"主忠信,毋友不如己者,过则勿惮改。"

【译文】

孔子说:"以忠信为根本,不要和不像自己的人交朋友,有过错不要害怕改正。"

【原文解】

本章之语曾出现在1.8章,只是没有前半句"君子不重则不威,学则不固",并且"无"变为"毋"。相关解读详见1.8章,不再赘述。

【编意解】

至于本章被编排于此的意义,其实也很简单明确,那就是编者意在通过孔子之语,告诉我们面对不可预知的命运,要"主忠信。毋友不如己者,过,则勿惮改。"

9.26 子曰:"三军可夺帅也,匹夫不可夺志也。"

【译文】

孔子说:"一国军队,可以夺去它的主帅,(但)一个人,不能丧失(或被强迫改变)他的志向。"

【注释】

夺,1.手持佳(zhuī)失之也。本义:丧失、耽误。2.取也。强取、夺取。3.强行改变。

帅,1.军队中的主将、统帅。2.地方的长官。3.遵循。4.带领、率领。

匹,1.四丈也。本义:中国古代计算布和绸缎长度的单位,四丈为匹。2.量词,计算马的头数的单位。3.单独。4.双、对,引申为配偶。5.力量相当、相等。

【原文解】

第一是对"夺"的理解。首先,"夺"字有两个意思,一是本义,即丧失的意思;二是夺取,进而引申为强行改变。本章根据前后文的语序结构,将"夺"解释为夺取应该没有什么歧义。问题是为什么?原因很简单,三军再强,力量来自于他人(的指挥),故有可夺;个人再弱,其志在于自我,故不可夺,除非自我放弃或改变。那么这与我们的人生有什么关系呢?关系显而易见,有志则能进;无志则止,浑浑噩噩、随波逐流,不知所向、所止。

第二是对"匹夫"的理解。其原本的意思是指贫贱的人。所谓贫,即夫妻两人的衣服只能用一匹布料,我们知道过去讲究的人,穿的都是宽大的长衣,比较费布料,而两人只用一匹布料,所做的衣服就比较窄短。所谓贱,在当时是允许一夫多妻的,有地位的人(如士大夫)依照礼制,都是多妻——更准确地说是一夫多妾,而地位较差的庶人,只能有一个妻子。但在此,孔子并没有轻视这样的人,认为他们同样"不可夺志也"。当然,现在这种情况已经变化了,因此笔者将其解释为"一个人",仅取其力量单薄之意。应当说明的是,"匹夫"并非最低贱的人,他们毕竟还有衣穿,可以(或有能力)娶妻。也就是尚能自立,但只需有这一点点能力,在孔子来说,就不可夺其志,进而也就说明守志并不难。

【编意解】

编者意在通过孔子之语,表明面对不可预知的命运,我们要有志,要保持所立之志,不可被迫改变或丧失。

9.27 子曰:"衣敝缊袍,与衣狐貉者立,而不耻者,其由也与?'不忮不求,何用不臧?'"子路终身诵之。子曰:"是道也,何足以臧?"

【译文】

孔子说:"穿着破旧的丝棉袍子,与穿着狐貉皮袍的人站在一起而不认为是羞愧的,大概只有仲由吧?《诗经》上说'不忌恨,不贪求,这么做不好吗?'"子路(听后)终身背诵这句诗。孔子又说:"(不忮不求)是道,(但仅仅)这样就足够好了吗?"

【注释】

缊,1.本义:以新绵合旧絮。2.乱麻。3.乱也、纷乱。4.包藏。5.通"蕴",深奥之处。

袍,1.有夹层、内着丝棉的长衣。2.衣服的前襟。

忮(zhì),1.很也。恨也。强悍、凶狠。2.忌恨。3.刚愎、狠戾。4.违逆。

臧,1.(cáng),把谷物保藏起来。引申为收藏、储存。2.(cáng),隐藏。3.(zāng),贮藏财物的仓库。4.(zàng),埋葬。5.(zàng),内脏。6.(zàng),好的、美好的、善良的。

【原文解】

第一是对"衣敝缊袍,与衣狐貉者立而不耻者"的理解。这句话的意思是非常明确的。这里之所以要单独列出,是要让大家体会一下。这里的耻是羞愧的意思,是人们的一种内心活动或感受。我们大家应该都有过这样或类似的经历,但是有谁能真正做到一点都不羞愧呢?这是很难的,除非你真正的对此不介意。不介意什么呢?贫穷富贵。要理解这一点,就要对"缊袍"和"狐貉"有所了解。首先,"狐貉"之袍比"缊袍"要值钱得多,这体现了一个人财富的多寡,这很清楚;其次,是不是有钱就可以穿"狐貉"之袍呢?现在是可以的,但在当时恐怕不行,据史料记载,"百工商贾不敢服狐貉",也就是说穿"狐貉"是一种身份的象征。我们知道,在当时的社会,身份更多的是来源于出身。而通过前面的学习,我们知道在孔子的思想中,并不认同这一点,而是以道、德为贵,以努力进取为贵。如何才能不介意呢?只有真正以道、德为第一追求,以道、德为贵,以努力进取为贵的人,才能在此情况下"不耻"。

第二是对"不忮不求,何用不臧"的理解。这是《诗经》里的一句话,出自《诗·邶风·雄雉》,意思也没有什么歧义。问题是为何要"不忮不求"?古语有云:"贫与富交,强者必忮,弱者必求。"这里的"忮"是侵害的意思。这种交往方式是没有文明规则秩序的,是丛林式的。尽管这可能只存在于内心之中,但只要心存此念,就有可能有所行动、有所表现。尽管它是普遍存在的,有其一定存在的基础,但这是人们应当克服的一种兽性或兽性的残余,如果任其发展,人们必将回归于禽兽。至于"何用不臧"则比较好理解,没有害人之心,本此心而行,坦坦荡荡有什么不好呢?况且"忮""求"最终能否获利尚不可知,但以此方式行事,必遭人恨,进而会使自己处于不利而又不测的境地,这却是肯定的。

第三是对"终身诵之"的理解。这句话有什么不好理解的呢?这里之所以要单独列出,是因为笔者想到《论语》的第一句话,即"学而时习之"(详见1.1章)。孔子的思想是要学习的,但更是要来践行的。过去有人说,孔子说过很多的话,我们大多都能理解和接受,但是没有一句是人们能真正做到的,否则此人非圣即贤。这句话乍听起来,过于绝对,但反躬自省一下,我们有没有把孔子说过的某一句话真正做到过?至于子路是否做到过,从后面孔子的话来看很可能是做到了,可见"终身诵之"这种方法,对于我们这些凡夫俗子来说,倒也不失为一种方法。

第四是对"是道也,何足以臧"的理解。这句话的意思很清楚。问题是说明了什么?首先,说明"不忮不求"是道,是道当然应当去做;其次,说明道有很多,"不忮不求"不是道的全部;最后,也是最重要的一点,那就是要不断进取,要往更高层次前进。

【编意解】

编者意在通过孔子之语,表明面对不可预知的命运,我们要"不忮不求"。应当说明的是,在孔子来说,富与贵在很大程度上是由命来决定的——"富而可求也,虽执鞭之士,吾亦为之。如不可求,从吾所好"(详见7.12章)。

9.28 子曰:"岁寒,然后知松柏之后凋也。"

【译文】

孔子说:"到了寒冷的冬季,才知道松柏是后凋谢的。"

【注释】

凋,1.半伤也。本义:草木衰落。2.衰败、衰落。

【原文解】

第一是对"岁寒"的理解。一年有春夏秋冬四季,只有冬季是相对寒冷的,当然现在还有暖冬,此处的"岁寒"是指寒冷的冬季。也就是说,在其他相对温暖的季节,松柏与其他树木相比,没有特别不同的表现,很难看出其中的差别。

第二是对"后凋"的理解。"后凋"不是不凋谢,只是时间有所推迟。当然,这也足以说明松柏相对于其他树木,生命力更加旺盛、持久。但松柏毕竟也还是树木,在"岁寒"之际不会不受到伤害,更不会永生不死。当然,我们也必须清楚地认识到,所谓"后凋"应是一个统计学上的概念,是个大概率事件,对于个体而言并非绝对。

【编意解】

编者意在通过孔子之语,表明面对不可预知的命运,我们要坚持按照本篇之前各章去做,所能达到的效果,那就是"岁寒,然后知松柏之后凋也"。

9.29 子曰:"知者不惑,仁者不忧,勇者不惧。"

【译文】

孔子说:"聪明的人不会迷惑,有仁德的人不会忧愁,勇敢的人不会畏惧。"

【原文解】

第一是对"知者不惑"的理解。这句话的意思是很清楚的,道理也很简单。这里要说明的是,知的基本意思有两个,一是识也,即知道、认知的意思,这与现在的意思是相同的;二是"智"的古字,即智慧、才智的意思。不过话又说回来了,"智"也是建立在知识的基础之上的,因此,在此处无论是哪种意思都能说得通。

第二是对"仁者不忧"的理解。这句话的意思是很清楚的,问题是为什么?原因也很简单,通过前面的学习,仁就是做人的标准,就是人与人的相处之道。一个人按仁道去做,内对得起自己,外对得起他人,上对得起"天地君亲师",下对得起子孙后代,何忧之有?

第三是对本章结构的理解。首先,读到本章,有些人可能会有些疑问,孔子思想的核心是"仁",可本章孔子的话为什么却将"知"放在了首位?笔者认为,"仁"确实是孔子思想的核心,更准确地说是核心目标。我们知道,"仁"实际上是一种价值标准或取向,那么它就一定是建立在对相关事物充分而正确的认知的基础上。《大学》有载:"古之欲明明德于天下者,先治其国……欲诚其意者,先致其知。"这充分说明知是仁的基础和前提。话又说回来了,没有知或智,又如何能择处于仁(详见4.1章)?其实孔子之语经常是将"知"放在"仁"前面的。譬如"知者乐水,仁者乐山。知者动,仁者静。知者乐,仁者寿"等。其次,如何理解"勇"。我们知道,"勇"是孔子非常赞赏的一种品质。"勇"放在"知"和"仁"的后面,笔者认为,在孔子看来,其所赞赏的"勇"是以"知"和"仁"为基础和前提的。没有"知"的"勇"是莽撞,子曰"暴虎冯河,死而无悔者,吾不与也。必也临事而惧,好谋而成者也"(详见7.11章);而没有"仁"的"勇"是乱,子曰"勇而无礼则乱"(详见8.2章),"人而不仁,如礼何?"(详见8.2章);最后,本章孔子之语,也是总体理解本篇结构的提纲。在笔者看来,从某种意义上讲,本篇第2至11章是在说"知";第12至16章是在说"仁";第17至27章是在说"勇"。当然,这些都是相对于不可预知的命运而言的,对不对大家可以回头看一下,体会一下。

【编意解】

编者意在通过孔子之语,表明面对不可预知的命运,我们要坚持按照本篇之前各章去做,所能达到的状态就是不惑、不忧、不惧。这不就是我们希望达到的人生状态吗?

9.30 子曰:"可与共学,未可与适道;可与适道,未可与立;可与立,未可与权。"

【译文】

孔子说:"可以一起学习的人,未必都能学往道;可以一起学往道的人,未必都能够成立;可以一起成立的人,未必都能够权衡变通(以合于义)。"

【注释】

权,1.黄华木也。本义:黄花木。2.称也。秤、秤锤。测定物体重量的器具,引申为称量、衡量。3.权势、权力。<u>4.权变、灵活</u>。5.权且、暂且。

【原文解】

第一是对"可与共学,未可与适道"的理解。"适"的意思就是往、到。问题是为什么?原因可能有很多方面,比如说目标不同,有些人学可能是为了图名图利;性格不同,有些人可能是懒惰、畏难,等等。但笔者认为这不重要,重要的是这的确是一个事实。

第二是对"可与适道,未可与立"的理解。这里的"立"与"三十而立"中"立"的意思相同,就是学无遗漏,并能坚守之的意思。问题是为什么?这其中的原因同样很多,以孔子之聪颖好学,尚且"三十而立",其难可想而知。重要的

是这同样是一个事实。

第三是对"可与立,未可与权"的理解。这里"权"的意思就是权衡、变通。问题是为什么?因为我们不可能全面、深刻、准确地认知所有的道,因为我们面对着不可预知的命运,因此我们经常会处于两难的境地,因为事物并不是只有真假是非,还有轻重缓急。这时我们就必须要权。"权,然后知轻重"(《孟子·梁惠王上》)。记得前面我们讲过一个尾生抱柱而死的故事(详见1.13章)。尾生守信是好事,但大水来了,继续守信就要死,而生也是好事。这时守信和生就成了不能两全的事,怎么办?这时就要权衡一下,孰轻孰重、孰缓孰急?当时当景,生明显重于守信,明显急于守信,然而尾生不知权衡变通,徒死无义。这不禁使笔者想起孟子的一句话,"男女授受不亲,礼也;嫂溺授之以手者,权也"(《孟子·离娄上》),意思是说男女授受不亲,是一种礼(社会规范)的要求;嫂淹入水中,伸手去救,是一种权宜变通。孟子的这两句话已经对"权"做了很好的解释。但笔者这里还要强调说明一点,孔子此语是"可与立,未可与权",也就是说"立"——守道是"权"的前提和基础。"权"在于符合道,如果权衡变通之后是离道甚至是违道,那叫权变、权术;"权"在于符合大道,男女授受不亲是礼的要求,"嫂溺授之以手"是仁的要求,孰轻孰重?孰大孰小?一目了然。不能就小而舍大、害大,因此孟子曰"嫂溺不援,是豺狼也"。豺狼是兽,不是人,没有仁,何来礼?当然,笔者在本章所举的例子比较简单,轻重大小差别很明显,权衡变通起来也容易,但并非事事如此,当事物轻重大小差别不明显而又不能两全的时候,那时就要求权衡变通之人对道、义有极深刻的认知,而这是很难的。因此笔者认为,"权"本身就是道,一种对道更高层次地认知和践行。子曰:"君子之于天下也,无适也,无莫也,义之与比。"(详见4.10章)

【编意解】

编者意在通过孔子之语,表明面对不可预知的命运,不仅要真正达到不惑、不忧、不惧的状态,还要知道"权"——权衡变通。同时,也说明权的基础,那就是立,就是不惑、不忧、不惧。

9.31"唐棣之华,偏其反而。岂不尔思?室是远而。"子曰:"未之思也,夫何远之有。"

【译文】

(有首古诗写到)"唐棣的花朵啊,翩翩地摇摆。我能不想念你吗?只是由于家住的地方太远了。"孔子说:"他还是没有真的想念,如果真的想念,有什么遥远呢?"

【注释】

唐棣,又称"扶栘(yí)""红栒子",一种落叶小乔木,蔷薇科,梨果近球形或扁圆形,栽培供观赏,树皮供药用。

【原文解】

第一是对"思"的理解。思念什么?唐棣之花?还是仁、义、君子、贤人?还是权?都有可能,笔者认为,思念的表面是"唐棣之花",但实质是"权"。因为唐棣之花"偏其反而",看似摇摆不定,但其中心不变,根基不变,与"权"很像。什么是真正的思念?所谓真正地思念是要有行动的。

第二是对"远"的理解。什么远?唐棣之花?还是仁、义、君子、贤人?还是权?都有可能,但笔者认为此处的意思应当是"权"。孔子"十五立志于学,三十而立","可与立,未可与权"。难吧!远吧!真的吗?子曰:"有能一日用其力于仁矣乎?我未见力不足者。"(详见4.6章)

【编意解】

编者意在通过孔子之语,表明"权"是对道更高层次的认知和践行,只要努力,并不远。反之则就是遥不可及的"唐棣之华"。

乡党第十

10.1 孔子于乡党,恂恂如也,似不能言者。其在宗庙朝廷,便便言,唯谨尔。

【译文】

孔子在家乡时显得很恭敬谨慎,像是不会说话似的。(但)他在宗庙里、朝廷上却言辞明白流畅,只是说得比较谨慎而已。

【注释】

乡党,泛称家乡。周制,一万二千五百家为乡,五百家为党。

恂,1.信心也。本义:相信、信任。2.恐惧、害怕。3.畅通。

恂恂,1.恭敬谨慎的样子。2.紧张担心的样子。3.通"循循"。

朝廷,1.君王接受朝见和处理政务的地方。2.指以君王为首的中央政府。

便,1.(biàn),安也。人有不便更之。本义:便利、方便。2.(biàn),灵便,引申为熟习。3.(biàn),时间副词,相当于现代汉语的"就"。4.(biàn),尿、屎、大小便。5.(pián),安逸。6.(pián),能说会道。

便便(piánpián),1.形容言语明白流畅。2.形容巧言利口,擅长辞令。3.腹部肥满的样子。

【原文解】

第一是对"孔子于乡党,恂恂如也,似不能言者"的理解。首先,"乡党"用现在的话讲,就是家乡、故乡。问题是家乡、故乡与别的地方有什么不同呢?不同之处很明显,家乡、故乡就是父兄宗族所在之地,那里有很多人都是自己的宗族长辈和亲戚。问题是在多数情况下,也仅仅是宗族长辈和亲戚而已,没有更多的交集,说白了并非是志同道合,而且所讨论的通常也非大是大非、事关重大的问题。在此环境下,如果畅所欲言甚至固执己见,往往会影响和谐,甚至徒增矛盾或纠纷,因此恭敬谨慎是应该的。其次,"似不能言"不是真的不能言,是恭敬谨慎——"恂恂如也"的一种表现,当然也是一种不赞同对方的比较温和的表

现,因为双方并非志同道合。

第二是对"其在宗庙朝廷,便便言,唯谨尔"的理解。首先,"宗庙朝廷"在当时是很特殊、很重要的场所,宋代朱熹说得好,是"宗庙礼法之所在,朝廷政事之所出",其中所言事关大是大非,是民生经济甚至是生死存亡的事,非常重大,因此有必要把话说明白,表明自己的观点。至于流畅,乃是一个人对某项事物有深刻且成熟的见解的一种自然表现,同时也正因为事关重大,所以也应当谨慎。

【编意解】

那么本章被编排在此的意义又是什么呢?通览本篇,其形式上主要记载的都是孔子自身的言行(主要是行),当然也主要是他人(弟子们)对孔子的描述,而且基本上都是一些细微小事(从表面上看),这与第七篇《述而》是有区别的。在实质上,笔者认为编者意在通过对孔子言行的描述,展现一个真实的、生动的孔子,展现圣人的德行,即真诚(谨慎)的孔子,率性的孔子,不逾矩的孔子,当然主要是在讲"慎",如果与前一篇对应,本篇也有"应命"的意思。"慎"在儒家思想中有着十分重要的地位,它既可以简单地理解为"谨慎",也可以本质性地理解为"诚"。而无论是"谨慎"还是"诚",都是我们应对方方面面——主要是指之前《论语》各篇所阐述的,非常重要甚至是根本的方法,更准确地说是态度。而本章被编排在此,编者意在表明,"慎"首先表现在言语上。

10.2 朝,与下大夫言,侃侃如也;与上大夫言,訚訚如也。君在,踧踖如也,与与如也。

【译文】

(孔子)在上朝的时候,(国君还没有到来),同下大夫说话,和乐而直白;同上大夫说话,恭敬而中正。国君在的时候,则是恭敬而不安的样子,始终面向(国君)。

【注释】

侃,1. 刚直、刚强正直。2. 和乐的样子。

侃侃,1. 刚直貌。2. 和乐貌。3. 从容不迫的样子。

訚(yín),1. 和悦而正直地争辩。2. 谦和而恭敬的样子。3. 香气浓烈的样子。

訚訚,1.和悦的争辩。2.香气浓烈的样子。

踧(cù),1.同"戚",紧迫、窘迫。2.通"蹴",踩、踏。

踖(jí),践踏、跨越。

踧踖,恭敬而不安的样子。

【原文解】

第一是对"下大夫"和"上大夫"的理解。大夫是当时的官职,列在诸侯之下,但此大夫与彼大夫是不同的。依据周礼,诸侯有三卿,即司徒、司马、司空。而司徒之下有两大夫,即小司徒、小宰;司马之下只有一大夫,即小司马;司空之下有两大夫,即小司空、小司寇。这些官员统称为卿大夫,也简称为大夫。细而分之,则卿为上大夫,其他的大夫就是下大夫。我们知道,孔子曾为鲁国的司寇,属下大夫。孔子"与下大夫言"就是与同级官员说话,"与上大夫言"就是与上级官员说话。

第二是对"侃侃"和"訚訚"的理解。"侃"和"訚"的意思在注释中已经列明。但具体到本章中,笔者根据说话的对象的不同(同级或上级),进行了拣选和综合处理。"侃侃"是与同级官员说话,同时又是在朝中,因此将其解释为和乐而直白;"訚訚"是与上级官员说话,同时也是在朝中,因此将其解释为恭敬而中正,应当说明的是,"訚"本身就有中正的意思。当然,这些都是君王不在的时候。无论是上大夫还是下大夫,他们可能政见不同,但是他们有着共同的职责,就是辅佐国君治理国家,同时这种职责是非常重大的。因此,孔子此时不能"恂恂如也,似不能言"(详见10.1章)。

第三是对"踧踖"的理解。踧踖的字面意思是很清楚的,就是恭敬而不安的样子。问题是为什么?因为君主是上级,而且是地位很高、权力很大的上级,甚至有生杀予夺的权力,他的认知、态度或决定对于很多人来说就是命运。面对命运我们能怎样呢?

第四是对"与与"的理解。"与与"在过去的典籍中时有出现,譬如《诗经》《老子》等。对其的理解也多有不同,如繁盛貌、犹豫不决貌、威仪合度貌等,也都是解读的人根据上下文及自己的体会所做出的。宋代朱熹在注释本章时,认为"与与"应解释为威仪中适。朱熹同时又引用了"不忘向君也"这样的解释,认为其于理也通。笔者认为"不忘向君也"比较合适。因为对君主或者是大领导,其下级很多也即其说话的对象很多,其要处理的事情也是多方面的,当然相对来说也是更为重要的。这就要求一个尽职尽责的下级官员在上朝或开会的

时候,时时注意君主或者大领导的言行举止。如何注意?当然就是"不忘向君也",即始终面向国君或大领导。

【编意解】

编者意在对上一章"其在宗庙朝廷,便便言,唯谨尔"进行进一步的阐述说明。说明孔子在朝廷上究竟是如何"便便言"的,又是如何"唯谨尔"的,均表现在言语上的"慎"。

10.3 君召使摈,色勃如也,足躩如也。揖所与立,左右手,衣前后,襜如也。趋进,翼如也。宾退,必复命曰:"宾不顾矣。"

【译文】

国君召(孔子)去接待宾客,孔子神色立即庄重起来,脚步也快起来。他向和他站在一起的人作揖,手向左或向右作揖,衣服前后摆动,却整齐不乱。快步走的时候,像鸟儿展开双翅一样。宾客走后,必定向君主回报说:"客人已经不回头张望了。"

【注释】

摈(bìn),1.相排斥也。排斥、抛弃。2.通"傧",出迎、接引宾客。

勃,1.排也。展也。本义:排、推动。2.兴起、旺盛。3.通"悖"。

躩(jué),1.跳。2.快步行走。

襜(chān),1.衣蔽前也。系在身前的围裙。2.车帷。古时马车四周的布帘。

翼,1.翅也。本义:翅膀。2.用翼遮盖、保护。3.两侧。4.辅助、扶助。5.通"翌",第二天。

顾,1.环视也。本义:回头看,引申为看。2.探望、拜访。3.关心、照顾。4.副词,表示轻微的转折,相当于"而""不过"。5.副词,反而、却。

【原文解】

第一是对"君召使摈,色勃如也,足躩如也"的理解。

"君召使摈",其具体意思就是国君召孔子去接待宾客,其实质的意思是国君让孔子去办事,也就是孔子奉君命(上级命令)办事。不过这里还要对"摈"做一定的解释,因为只有对"摈"有较为深刻的认识,才能对本章之后的词语有所理解和体会。"摈"在此处通"傧",就是做出迎、接引宾客事。这在当时是一个很重要的工作,其实现在也是如此,譬如外交工作,因此比较讲究,也就是礼的相关要求比较多。当时"使摈"通常要三个以上的官员共同来完成,分为上摈、承摈和绍摈。上摈往往是由卿也即上大夫来担任,孔子是司寇,即下大夫,应是承摈。中国古代尚右,因此接待宾客时,承摈是站在中间的,上摈站在承摈的右边,绍摈站在其左边。所以才有孔子在本章之后所说的向左或向右作揖行礼的事情发生。

"色勃如也",字面意思就是脸色立即精神起来了,但这样理解过于直白,因此笔者做了一些变通。但这不是重点,重点是这说明了什么? 这体现孔子对于君命之事(现在可以理解政事、公事)的认真的态度,也是"慎"的另一种表现。

"足躩如也",字面意思就是脚步快起来。这又说明了什么? 说明在行动,而且是很快的行动。这体现孔子对于君命之事的态度,马上行动。当然马上行动也得有马上行动的本事,否则就会出错,这也说明孔子的能力,在平时早就准备好了。

第二是对"揖所与立,左右手,衣前后,襜如也。趋进,翼如也"的理解。有了前面对"摈"这项工作的理解,这句话就比较好理解了。前面说了,"摈"这项工作在当时的讲究也就是礼的相关要求比较多,其外在表现就是作揖、行礼比较多,用今天的话就是比较繁琐。如此频繁的作揖、行礼,孔子的形态又如何呢?"襜如也",就是襜遮盖如旧——整齐不乱。同时孔子对于君命之事(政事、公事)又行动很快,所谓很快的一个表现就是"趋"——快步走。这又有什么问题呢? 我们知道,当时人们的衣服是十分宽大的,尤其是官员的礼服,快步走并不是一件很容易的事,尤其是还要保持端庄。那么在此情况下孔子的表现是怎样的呢?"翼如也",像鸟儿展开双翅一样,既快又整齐。这又说明了什么? 说明孔子工作有条不紊,一丝不乱,不能因为事急、事大就乱,就不讲礼仪,这也是慎的表现。同时进一步说明孔子的工作能力很强,完全能够胜任,否则是难以做到如此恭敬从容的。

第三是对"宾退,必复命曰:'宾不顾矣'"的理解。"宾退"就是宾客走了,作为"摈"这项工作也就完成了,逻辑很简单,但这是一般人的理解。在孔子来说还没有,还有什么呢? 那就是"必复命曰:'宾不顾矣。'"就是要复命,要报告工作的成果。这说明孔子对于君命之事(政事、公事)有始有终、尽职尽责。这不也是慎的表现吗?

【编意解】

编者意在表明孔子对待君命之事（可以理解为政事、公事）的态度和做法，那就是一个字"忠"。这里的"忠"要分三方面理解，一是在事之前，要努力锤炼自己的办事能力；二是在事中，要严肃认真而敏捷；三是在事后，要报告结果，而不是简单的积极努力就可以的。这其中都有一个"慎"字在起作用，没有"慎"就无法这么周全，"忠"也就无从谈起。那些"平时袖手谈心性，临危一死报君王"的人，能叫作忠吗？那叫误国误民、害人害己。

10.4 入公门，鞠躬如也，如不容。立不中门，行不履阈。过位，色勃如也，足躩如也，其言似不足者。摄齐升堂，鞠躬如也，屏气似不息者。出，降一等，逞颜色，怡怡如也。没阶，趋进，翼如也。复其位，踧踖如也。

【译文】

（孔子）走进朝廷的大门，谨慎而恭敬的样子，好像没有容身之地。站，不站在门的中间；过，也不踩门槛。经过国君的座位时，他脸色立刻庄重起来，脚步也加快起来，说话也好像（气）不足一样。提起衣服下摆向堂上走的时候，恭敬谨慎，憋住气好像不呼吸一样。退出来，走下台阶，脸色便舒展开了，怡然自得。走完了台阶，快快地向前走几步，姿态像鸟儿展翅一样。回到自己的位置，是恭敬而不安的样子。

【注释】

鞠，1. 蹋鞠也。本义：古时一种用来踢打玩耍的球。2. 弯曲。3. 抚养、生育。4. 通"鞫"，审讯、审问。

鞠躬：弯腰，表示恭敬谦逊。引申为小心谨慎。

履，1. 本义：践踏、踩。履在战国以前一般只作动词用，而用"屦"称鞋子。2. 实行、做。3. 足所依也。鞋。

阈(yù)，门榍也。门限也。门槛(kǎn)。引申为门。

屏，1. (píng)，屏蔽也。本义：当门的小墙，又称"照壁"，引申为屏风。2. (píng)，屏障。3. (píng)，隐藏、遮蔽。4. (bǐng)，除去、排除。5. 退避、隐退。

逞，1. 通也。本义：通、通达。2. 快心、称意。引申为放任、放肆。3. 炫耀、显示。

怡，1.和也。**本义：和悦的样子。**2.乐也。喜乐的、使人心神感官愉快的。

【原文解】

第一是对"入公门，鞠躬如也，如不容"的理解。首先，此处的"鞠躬"与现在所谓的鞠躬意思并不完全一样，现在所谓的鞠躬从某种意义上讲是一种礼节的形式，就是低头弯腰的一种动作，而在当时，是指一种谨慎而恭敬的样子——谨敬之貌。如果你一直是谨慎而恭敬，那么你就会一直保持这样的形态。不过话又说回来，当一个人谨慎而恭敬的时候，他的形态也应该是头稍低、腰稍弯的，肯定不会是昂首挺胸的。其次，"如不容"就是似乎不容。"公门"一般是很大的，但是不能因此就大大咧咧的，况且来往公门的人很多，包括君主（也可以理解为领导甚至是大领导）。"如不容"是内心恭敬、谨慎的一种表现。

第二是对"立不中门，行不履阈"的理解。"立不中门"就是不站在门中间。为什么？从礼上讲，门中间是君主或上级走的地方，尽管当时君主或上级不在，但一般人或下级也不能在此站立。从客观上讲，你站在门中间，别人通行起来不是很方便。"行不履阈"就是过不踩门槛，要跨过去。为什么？从礼上讲，踩门槛无形中会使自己突然显得很高大，这样不好，不够谦恭。从客观上讲，鞋底是不干净的，踩门槛就会弄脏门槛，进而就会弄脏别人的衣服，对于过去穿宽大衣服的人来说，这种情况就会更为突出。

第三是对"过位，色勃如也，足躩如也，其言似不足者"的理解。首先，这里的"位"是指君主或上级的位置，但这时君主或上级并不在其位，是虚位。尽管如此，也不能轻慢，仍要保持敬畏。"言似不足"，按道理讲既然要保持敬畏，那么在君位附近就不应当讲话，那孔子此时为何还说话？原因很简单，孔子不说，不等于别人不说，不等于别人不找他说，而找他说话的人还可能是他的上级，那孔子就不得不讲话了。但此时孔子是如何讲的呢？尽量小声、简短，因此是"言似不足"。

第四是对"摄齐升堂，鞠躬如也，屏气似不息者"的理解。"齐"在此处读作"zī"，指下衣的缝。"摄齐"意思就是提起衣服下摆。为什么？因为过去人的衣服十分宽大且长，而此时孔子又是"鞠躬如也"，身子必将前倾，因此衣服可能就会坠在地上，而上堂又是要上台阶的，为了能够方便而安全的上去，所以要"摄齐"。这是一种恭敬的表现。其次，"屏"是隐藏、遮蔽的意思，而非憋住的意思，其实"似不息"已经说明了这一点。

第五是对"出，降一等，逞颜色，怡怡如也；没阶，趋进，翼如也；复其位，踧踖

如也"的理解。为什么"逞颜色"？因为之前升堂见君敬畏之情重,且"屏气似不息",脸色肯定不太好,这时出来了,敬畏之情就轻了些,也不用"屏气",脸色当然就会好一些了。"复其位"中的"位",是指孔子升堂之前的位置,也就是说,此时孔子仍在朝位,所以仍旧保持着恭敬而不安的样子——"踧踖如也"。

【编意解】

编者意在通过孔子在朝中的行态,表明士对国家、领导、政事要敬畏、慎重的对待。这表现在点点滴滴之处,别人看得见和看不见的地方都一样。对于此章所述,有人认为孔子善变,像在演戏。问题是孔子为什么要演戏？演给谁看呢？笔者认为,如果并非真的心存敬畏和慎重,是做不来这些的;相反,如果真的是心存敬畏和慎重,这些也就是自然而然的事情了。

10.5 执圭,鞠躬如也,如不胜。上如揖,下如授。勃如战色,足蹜蹜如有循。享礼,有容色。私觌,愉愉如也。

【译文】

(孔子出使别的诸侯国)拿着圭,恭敬谨慎,像是拿不起来的样子。向上举时好像在作揖,放在下面时好像是给人递东西。脸色庄重得像战栗的样子,步子很小,好像沿着一条直线往前走。在举行赠送礼物的仪式时,显得和颜悦色。私下会见的时候,更显得轻松愉快了。

【注释】

圭,1.本义:用作凭信的玉器,长条形,上圆(或尖)下方,特指中国古代帝王或诸侯在举行朝会、祭祀的典礼时拿的一种玉器。依其大小,以别尊卑。又作珪。2.古代测日影的器具。3.中国古代的容量单位,一升的十万分之一。

胜,1.任也。本义:胜任、禁得起。2.尽、完。3.胜利。与"负"相对。4.胜过、超过。5.优美的(山水或古迹)。

享,1.献也。本义:祭献、上供。用食物供奉祖先、鬼神或天子。2.宴享,以食物招待人。3.献。4.鬼神享用祭品。引申为享受。

蹜蹜(sùsù),形容小步快走。

觌(dí),1.见、相见。2.显现。

愉,1.乐也。喜也。说也。本义:和悦、快乐。2.通"偷"。苟且。

【原文解】

第一是对"执圭,鞠躬如也,如不胜。上如揖,下如授。勃如战色,足蹜蹜如有循"的理解。首先是对于"圭"要有一定的理解。从注释中我们知道,"圭"并非是作为大夫的孔子所能持有的。那么孔子又为何能"执圭"?据考证,当时的"圭"有两种,一种是天子或诸侯自己持有的以显示身份的圭,另一种是天子或诸侯交给出使大臣以作为信物的圭,此圭较前一种小一些,牵强的比喻一下,其相当于今天的国书。应说明的是,圭本身并不重,后一种圭就更轻了,那么孔子为何还有"如不胜"之状呢?那是因为孔子"执圭"就是在作为国君的使臣出使他国。代表国家出使他国当然是大事,因此孔子才会感到责任重大,也因此才会有之后的"鞠躬如也,如不胜。上如揖,下如授。勃如战色,足蹜蹜如有循"的表现。其次是对"蹜"的理解。过去的学者注释为脚不离地的走。其实这也很好理解,当一个人搬着很重的东西,同时又怕摔坏或磕碰这个东西时,你说他是怎样走路的?当然,圭毕竟不重,而在当时快步走是对人尤其是上级的一种尊重,因此"蹜蹜"被解释为形容小步快走。

第二是对"享礼,有容色"的理解。首先是"享礼",用现在的话就是献礼。享的本义就是献的意思。"享礼"是使臣出使他国的活动之一。在当时代表国君出使他国时,是要带上礼物的。在使者面见他国国君,说完或办完相关的事情后,要献上所带的礼物,这就叫"享礼"。礼物要罗列满庭,所以也叫"庭实"。其次是"有容色",事情办完了或基本办完了,献上自己所带的礼物,而且礼物很多,这时作为使者,应该是怎样的心情呢?可想而知。

第三是对"私觌,愉愉如也"的理解。"私觌"就是私下会见,既然是私下会见,那就不是为了公事,问题是为什么会私下会见?会见谁?笔者认为,我们可以想象一下,一般应当是自己赏识的人或者是赏识自己的人,总之一句话是志同道合的人,这不禁使我们想起了孔子说的另一句话,叫作"有朋自远方来,不亦乐乎?"我们知道,当时交通是极其不便的,因此"愉愉如也"也就不难理解了。

【编意解】

编者意在通过对孔子在出使他国时形态的描述,表明对重大的事物更要谨慎再谨慎——战战兢兢。

10.6 君子不以绀緅饰。红紫不以为亵服。当暑袗絺绤，必表而出之。缁衣，羔裘；素衣，麑裘；黄衣，狐裘。亵裘长，短右袂。必有寝衣，长一身有半。狐貉之厚以居。去丧，无所不佩。非帷裳，必杀之。羔裘玄冠不以吊。吉月，必朝服而朝。

【译文】

君子(孔子)不用深青透红或黑中透红的布做装饰。不用红色或紫色的布做平常在家穿的衣服。夏天穿粗的或细的葛布单衣，但出去时一定要穿外衣。黑色的羔羊皮袍，配黑色的罩衣；白色的鹿皮袍，配白色的罩衣；黄色的狐皮袍，配黄色的罩衣。平常在家穿的皮袍做得长一些，袖子短一些。睡觉一定要有(盖)被子，要有一身半长。用狐貉的厚毛皮做坐垫。丧服期满(脱下丧服后)，便佩带上各种(宜佩)的饰品。不是礼服，一定要加以剪裁。不穿着黑色的羔羊皮袍和戴黑色的帽子去吊丧。每月初一，一定要穿着朝服去朝拜君主。

【注释】

绀(gàn)，一种深青带红的颜色。

緅(zōu)，青赤色的帛。

饰，1.刷也。本义：刷拭。2.装饰、打扮。3.掩饰。4.修改、修治。5.通"饬"(chì)"，整饬、整治、命令。

亵(xiè)，1.私服也。本义：贴身的内衣，也指家居所穿的便服。2.狎也。亲近而不庄重。引申为轻慢。3.污秽。

袗(zhěn)，1.黑衣。2.单衣。

絺(chī)，细葛也。本义：一种用葛纤维织成的细布。

绤(xì)，粗葛也。本义：粗葛布。

表，1.上衣也。本义：穿在外面的衣服。2.外面，与"里"相对。3.表亲。4.标志、标准。5.表明、表白。6.表彰、表扬。7.古代测量日影、定时的标杆。引申为标准、表率。8.文章的一种，臣下给皇帝上的奏章。9.表格、图表。

缁(zī)，1.帛黑色也。本义：帛黑色。2.黑色。

麑(ní)，小鹿、幼鹿。

袂(mèi)，衣袖、袖子。

佩，1.大带佩也。本义：系在衣带上的装饰品。2.佩带、挂。3.牢记心中。4.钦佩、敬仰。5.同"珮"，系在衣带上作装饰的玉。

帷,围在四周的布幕。

玄,1.黑而有赤色者为玄。本义:赤黑色、黑中带红。2.黑也。泛指黑色。3.深奥、玄妙。4.天也。天、天空。

吉,1.善也。本义:吉祥、吉利。与"凶"相对。2.善、好。3.朔日。农历每月初一。

【原文解】

第一是对"君子不以绀緅饰,红紫不以为亵服"的理解。首先,"绀""緅"都是指颜色。据考证,这两种颜色都是用于祭祀时的装饰,"绀"用于斋祭,"緅"用于丧祭。同时要说明的是,"饰"在当时是指领口和袖口的边缘,因此也有人认为不用绀緅装饰领口和袖口的边缘。其次,红紫在当时被认为不是正色,当时的正色是指青赤白黑黄,红是赤白色,而紫是黑黄色。问题是不是正色就不能用了么?当然不是,至于原因,后人考证有很多种,譬如,有人认为红紫鲜亮,与女子所用之色相近。也有人认为当时的诸侯都喜欢或崇尚紫色,常人穿紫色有僭越之嫌。孔子则是"恶紫之夺朱也"(详见17.18章)。应说明的是,平常在家穿的衣服都不用红紫,其他场合穿的衣服也就可想而知了,就更不会用了。

第二是对"当暑袗絺绤,必表而出之"的理解。这里要注意的是"当暑"二字,就是正当暑天,暑天很热,人们自然也就穿的少了,对于"袗絺绤",笔者认为可以牵强理解为现今暑天在家里穿的单衣、内衣,这样一来就好理解"必表而出之"的意思了。现在又有谁会穿着暑天在家里穿的单衣甚至内衣出门呢?很少,因为很不雅观,但也不是没有。当然,暑天在家中不穿衣服的人确实不少,这也很不雅观。

第三是对"缁衣羔裘,素衣麑裘,黄衣狐裘。亵裘长,短右袂"的理解。据考证,当时"羔裘"都是用黑色羊羔皮做的,都是黑色的,"麑裘"则基本是白色的,"狐裘"则基本是黄色的。应说明的是,当时的皮衣都是带毛的,而且毛都在外边,容易脏,脏了也不好清理,因此都要再穿一件罩衣。这里实质上就是在说明罩衣与裘衣的颜色是一致的。"亵裘长"比较好理解,在家走路不多,而且环境较好、较熟悉,长一些不太碍事,长一些更能保暖。这里的"短右袂"就不好理解了,袖子一长一短,这极不合情理。有人认为这样有利于右手做事,这也说不通。人们做事更多的是左右手配合着做,更何况要是一个左撇子呢?没有人说君子不能是左撇子吧。况且这样的袍子怕是也不符合"中"的观念,也不美观协调。据考证,古字右手的右字并不是现在的写法,而古字"右"只是做"又"字

讲,而"又"是做手讲(见《说文解字》),是个象形字,未分左右。因此笔者此处的译文解释为袖子短一些,而非右边的袖子短一些。为什么要短一些,短一些好做事。如此理解也能对应"亵裘长"。

第四是对"必有寝衣,长一身有半"的理解。有人将"必有寝衣"解释为一定要有睡衣,这极不合情理。为什么一定要有睡衣?还要"长一身有半",这怎么穿?穿上以后又怎样活动?这时有人可能会问,难道一定要有被子就合情理吗?首先,包括东汉《说文解字》在内的汉代以前的文献,被子都解释为寝衣,也就是说寝衣的本义是被子确定无疑;其次,睡觉一定要有(盖)被子,这十分合情理,但似乎是句废话,《论语》怎能记载这样一句废话呢?是不是废话,要看什么场合。天冷了睡觉要盖被子这是一句废话,那么在很热的暑天——"当暑"呢?这时恐怕就不是一句废话了吧。暑天往往有很多人图凉快,就不盖被子了,哪怕是很薄的毛巾被,甚至是赤身裸体,这就不好了。一是极为不雅观。有人说谁看呀?《中庸》有云:"莫见乎隐,莫显乎微。故君子慎其独也"(《中庸·一章》);二是易着凉。晚来风凉,我们的父母不是常常会对我们说,"要盖被子""把被子盖好"吗?这是长时间生活的积累,积累的时间长了,就变得习惯甚至自然了,但这不等于说这种最初的要求就是无意义的。

第五是对"狐貉之厚以居"的理解。"居"字在1.14章有过注释,有居住的意思,也有坐的意思。本处解为坐较为适宜。因为如解释为居住,那么这句话就是说平时在家时穿的是用狐貉的厚毛皮做的袍子,这与前后文不合,如此此句应该紧接着"亵裘长,短右袂",而不是在"必有寝衣,长一身有半"之后。

第六是对"去丧,无所不佩"的理解。中国古人有佩饰的习惯,尤其是佩玉,而且有礼制的要求,《礼记·玉藻》有云:"君子无故,玉不去身,君子于玉比德焉。"什么"故"?适逢丧事或灾难之时。

第七是对"非帷裳,必杀之"的理解。据考证,"帷裳"是古代朝祭的服装。按当时的规定要用整幅布制成,不加裁剪。整幅布很多,因此衣如帷幔。"非帷裳"当然就是指其他的衣服,没有这样要求或不那么正式的衣服。为何"必杀之"?不得而知。或礼制的要求,或是实际的需要,或是为了节省等,都有可能。

第八是对"羔裘玄冠不以吊"的理解。"羔裘"前面解释过了,是黑色的。玄也是黑色的意思。而在当时,"丧主素,吉主玄",穿着吉服去吊丧明显不合适。但是人们平时总是喜欢穿吉服,习以为常。如果对吊丧不够重视的人,就有可能穿着吉服去吊丧,很不好。

第九是对"吉月,必朝服而朝"的理解。首先,"吉月"就是月朔。而朔就是每个月的第一天,在这一天有个告朔之礼,关于此前面已经介绍过了(详见3.17章),不再赘述。这里要说明的是,依据最初的告朔之礼,告朔在祖庙之中进行,听天子之命,之后当天就要在朝中落实天子之命并进行朝会。两个活动内容和形式都有所不同,其中的一个表现就是服装的不同,祖庙之中听天子之命时有专门的服装,在朝中进行朝会则要穿朝服。从3.17章我们知道,由于周室衰微,告朔之礼已经没有人去认真遵守了,甚至都不再举行了。就连子贡都"欲去告朔之饩羊"。一天换两次礼服也是很麻烦,更没有人愿意遵守了。

【编意解】

编者意在通过本章孔子在起居中(主要是衣着方面)的形态,表明人们应当在平时起居中(主要是衣着方面)要谨慎,同时也是对礼制的践行和遵守,那就是严格而细腻。

10.7 齐,必有明衣,布。齐必变食,居必迁坐。

【译文】

斋戒(沐浴之后),一定要有用布做的浴衣。斋戒期间,一定要改变(平常的)饮食,居住地也一定搬移地方。

【注释】

明衣,1.古人在斋戒期间沐浴后所穿的干净内衣。2.古代死者洁身后所穿的干净内衣。3.神明之衣。

【原文解】

第一是对"齐,必有明衣"的理解。此处的"齐"读zhāi,同"斋",即斋戒,是一种祭祀前整洁身心的活动。"古人将祭必斋。斋者,致精明以交鬼神也。"就是说过去的人在祭祀之前一定要斋戒。斋戒是为了使自身达到一种精明的状态,以便能与鬼神接触交往。那么如何才能使自身达到精明的状态呢?首先就是沐浴,把自己的身体洗干净。洗澡会使人很舒服,况且在古代,人们并不是经常都能够洗澡的,洗澡是比较奢侈的,哪怕是比较有地位的人也不可能像现在的人们,想洗就洗,可以天天洗澡,有时甚至一天洗几次。因此,斋戒时要求的沐浴人们都能做到,也愿意去做。但是在刚沐浴完,身体还没有完全干的时候,人们会怎样?很多人就是光着膀子很舒服的等待,但是这很不雅观,也容易着

凉,况且是此时沐浴是为祭祀做准备,很不好。因此当时的礼制要求,要穿"明衣",用现在的话讲就是要穿浴衣。当然,刚沐浴完就穿浴衣,可能会有人感觉之后还得换穿正式的衣服,太过麻烦而且不是很舒服,也可能会有人会感觉太过奢侈讲究,因此就免了。当然有人会说,我是穿浴衣的。那很好,坚持!但不可否认的是,有人不穿,因此此处有个"必"字。那么斋戒的其他要求又是什么呢?就是"变食"和"迁坐"。

第二是对"必变食"的理解。要改变成什么样呢?本章没有明说。过去有很多种说法。譬如不饮酒不吃肉、不饮酒不茹荤,等等。这里要说明的是,"荤"最初的意思不是指肉食,而是指葱蒜类辛臭的蔬菜。古人认为吃了这些辛臭的蔬菜,会"昏神伐性",这当然就有碍于"交鬼神"了。但有一点是肯定的,那就是要变,改变原来已经习惯的饮食,这种改变往往会使人不太舒服,也正因为如此,有些人也就免了。

第三是对"必迁坐"的理解。要迁到何处呢?本章没有明说。过去也有很多种说法。譬如迁出主卧室、不与妻妾同房,等等,没有定论。但有一点是肯定的,那就是要迁,即改变原来已经习惯的居处,这往往也会使人不太舒服,也正因为如此,有些人也就免了。

【编意解】

编者意在表明孔子在斋戒方面对礼制的践行和遵守,那就是真诚,也是谨慎。为何有此结论?从上述可知,明衣、变食、迁坐都是一些小事,而且都是在家里做的小事,做与不做无碍大雅,而且别人也很难知道,只有自己和天才知道,非真诚、谨慎岂能如此?

10.8 食不厌精,脍不厌细。食饐而餲,鱼馁而肉败,不食。色恶,不食。臭恶,不食。失饪,不食。不时,不食。割不正,不食。不得其酱,不食。肉虽多,不使胜食气。唯酒无量,不及乱。沽酒市脯不食。不撤姜食,不多食。

【译文】

饭食不嫌做得精,鱼和肉不嫌切得细。粮食陈旧和变味了,鱼和肉腐烂了,都不吃。食物的颜色变了,不吃。气味变了的,不吃。烹调不当的,不吃。不到时间的,不吃。宰杀分割不正当的,不吃。佐料放得不适当的,不吃。席上的肉虽多，但吃的量不超过米面的量。只有酒没有限制，但不喝醉。从市上买来的肉干和酒不吃。每餐必须有姜，但也不多吃。

【注释】

精，1. 择也。本义：挑选过的好米，上等细米，与"粗"相对。引申为精细。2. 精华、精粹。精锐、精良。3. 精心、专诚。4. 精通。5. 指精气、精神。6. 精灵。7. 明亮。

脍(kuài)，切细的肉、鱼。

饐(yì)，1. 食物因经久而变味。2. 同"噎(yē)"，食物堵住喉咙。

餲(ài)，食物因经久而变味。

馁(něi)，1. 饥饿。2. 鱼腐烂、不新鲜。

饪，烹饪、煮熟。

割，1. 断也。本义：用刀切断、截下。特指切肉、宰割。2. 分割、划分。3. 割取、割去。

酱，1. 本义：用盐醋等调料腌制而成的肉酱。2. 用麦、面、豆等发酵制成的调味品。

脯(fǔ)，1. 本义：干肉。2. 干燥脱水的瓜果。

【原文解】

第一是对"食不厌精，脍不厌细"的理解。要正确理解这句话的意思，就要对"厌"有深刻的理解，关于"厌"前面已经注释过了(详见6.29章)。"厌"主要有两种意思，一是吃饱；二是嫌弃。"厌"作为吃饱讲，这句话的意思就是不因为食物精细就吃饱。食物精细就好吃，人们就会多吃一些，这很正常，但不要吃得饱，甚至撑了。吃得太饱对身体不好，因此在过去，人们讲究只吃七分饱。现在这已经是一种共识，而且是有科学依据的。"厌"作为嫌弃讲，则这句话的意思就是不嫌弃食物精细。食物精细就好吃，有谁会嫌弃呢？这是人之常情。那这时可能就有人会说，如此一来，这句话岂不是有些多余？真的多余吗？吃饭对人们很重要，吃得好也是人生的一个重要的享受，这些话说出来，大家都知道，甚至很多人认为是废话，可是我们反观一下自己和周围的人，有几个能认真对待这件事，恐怕没有几个。别说"食不厌精，脍不厌细"了，就是按时、坐在那里、细嚼慢咽地吃顿饭，都没有几个人能做到。因为什么呢？因为"食精脍细"是需要时间和精力的，比较麻烦。但为了健康和自身的愉悦，有条件讲究一下，就讲究一下吧。"厌"的这两种解释，都能说得通，但笔者认为，"厌"作嫌弃讲，与原

文的记载更为贴切。不过这里要说明的是,"不厌"只是不嫌弃,而不是对"食精脍细"一种刻意的追求,这在程度上是有明显区别的。

第二是对"食饐而餲,鱼馁而肉败,不食。色恶,不食。臭恶,不食。失饪,不食。不时,不食"的理解。首先,"食饐而餲,鱼馁而肉败,不食;色恶,不食;臭恶,不食",这在今天看来比较好理解,就是食物变质甚至腐烂了,吃了有害健康,所以就不吃了,道理很简单。但是在食物比较匮乏的时候,或在有些食品比较昂贵或稀缺的情况下,人们却往往做不到这一点;其次,"失饪,不食"。饪就是烹饪、煮熟的意思。"失饪"就是烹饪不当,烹饪不当会产生什么样的结果呢?很可能是该熟的没熟,也有可能是该去除的毒素没能去除,而这些都对身体有害,不能将就,因此"不食";最后,"不时,不食"。何谓"不时"?"不时"就是不是时候。包括不是时候的食物,也包括不是该吃饭的时候。不是时候的食物,譬如夏天的萝卜、冬天的西红柿等。这些食物,尤其在过去是经过长期储存的,多少都会有些变质腐烂,食之有害健康。当然,现在科技发达了,这些食品都是新鲜的了,可以吃了。至于吃了对身体好不好,就不好说了,反正不太好吃是真的。至于不是该吃饭的时候,就是没有到点就吃饭,也就是不按时吃饭。饥一顿饱一顿,这明显也对身体不好,很好理解。

第三是对"割不正,不食"的理解。这句话过去有些人简单地理解为食物(主要指肉)切的不方正,就不吃。笔者认为如此理解甚为不妥,如此太不近人情了,也正因为如此,后世很多人将孔子视为一个迂腐且不通世故的人。迂腐且不通世故的人又如何能被称为圣人呢?其实,"割"不是切的意思,而是宰杀、分割的意思;"正"也不是方正的意思,而是正当、合适的意思。据考证,在当时及之前,牲畜(尤其是大的牲畜)的宰杀、分割是一件大事,有很多的讲究,甚至有礼制的要求。一个牲畜应当通过什么样的仪式宰杀,如何宰杀,宰杀后应当分割成哪些部分,分割成什么样子,以及什么样身份的人应当分得什么部分,都有相应的规定。如果没有按照这些规定"割",就是不正当的,不合适的,也就是"不正"。对于谨遵礼制的孔子来说,"割不正,不食"也就在情理之中了。其实就是在现今,我们仍能在有些宗教教义或民俗中看到类似的情形。

第四是对"不得其酱,不食"的理解。要准确理解这句话的意思,就要对"酱"有一定的了解。"酱"在当时是用麦、面、豆等发酵制成的调味品,品种有很多,主要是为了中和或去除食物(尤其是肉食)中的有害物质或异味,进而使之更加美味——主要是指已经形成的口味。经过长期的实践,到孔子的时代,什么样的食物配什么样的酱已经有了一定之规,违反了就可能达不到或不能完全达到上述目的。这时可能有人会说,那也不至于"不食"吧?绝对至于。首先,口味一旦形成是很顽固的,就是调味品已经十分丰富的现代,如果山西人吃面没有醋,湖南人吃饭没有辣子,四川人吃饭没有花椒,都很有可能导致他们"不食"。即便他们吃了,也是出于不浪费等原因,是一种迫不得已的行为;其次,食物(尤其是肉食)如果没有调味品是很难吃的,而人们对美味的追求是超乎想象的。当年欧洲的大航海,一个重要的目的就是为了获取香料,甚至为此不惜发动战争。这一点在调味品已经十分丰富的现代,可能是很难理解的,但这是事实;最后,"不得其酱,不食"只是对酱的一种挑剔,解决起来也很容易,换对酱不就可以了嘛,不会导致浪费。

第五是对"肉虽多,不使胜食气"的理解。这句话的意思是很明确的,也是有其科学依据的,人毕竟不是肉食动物,肉虽好吃,但吃多了对身体不好,这道理现在大家都懂,但并不是都能做到,更不用说在孔子的时代了。

第六是对"唯酒无量,不及乱"的理解。这句话的意思是很明确的,道理大家也都懂,但并不是都能做到。至于为何"唯酒无量"?这就牵扯到对酒的理解,但这个话题实在是太大了,所以在此无法展开。这里只介绍一些古人关于酒的理解:酒,就也,所以就人性之善恶(《说文解字》);酒食者所以合欢也(《礼记·乐记》);酒者,所以养老也,所以养病也(《礼记·射义》);酒,百药之长,嘉会之好。酒者,天之美禄,帝王所以颐养天下,享祀祈福,扶衰养疾。百礼之会,非酒不行(《汉书·食货志》)。

第七是对"沽酒市脯,不食"的理解。首先,据考证,鉴于酒的重要性,为了保证酒的质量,过去在承平之世,酒的买卖都是由官方统一控制的,而到了孔子的时代,礼崩乐坏,酒的买卖官方已经不能控制,已经转由民间自行买卖。如此以来,既不合礼制,酒的质量也不能保证,孔子"不食"自然也就很好理解了。其次,脯是干肉,现成的干肉,这使人很难得知其制作方法,甚至原本是什么肉都很难知晓,更不要说知道其"割"的正与不正了,所以孔子"不食"也就很好理解了。其实在过去,有条件讲究的家庭,都是自己酿酒,不到外面吃饭。虽然作为普通人,我们可能没有这个条件,但从正规的渠道买酒,尽量自己做少到外面吃饭,还是可以做到的,至少这样自己心里明白吃的是什么,有利于健康。

第八是对"不撤姜食,不多食"的理解。问题是为什么?这就要对姜有所了解。首先,姜是荤菜,与葱蒜同类,是制作肉食的必备之物。唯有不同的是,姜

不像葱蒜之类,食后不臭,如果食后口中会有异味,这在有些场合就不太适宜了;其次,姜是一种中药,能使人兴奋,影响人的睡眠,因此也不能多食,尤其是在晚上。

【编意解】

编者意在通过孔子在日常饮食方面的行为,说明孔子对养生的(饮食方面的)重视和谨慎对待。应当说明的是,注重养生不仅对自身有好处,同是也是对孝道的一种践行。身体是父母给的,难道不应该好好保养吗?同时应当说明的是,孔子的上述养生之法,还是很有效的,我们知道孔子活了七十三岁,这在当时人类生存的环境下,是非常高寿的。值得我们学习。

10.9 祭于公,不宿肉。祭肉不出三日。出三日不食之矣。

【译文】

孔子参加国君祭祀典礼时分到的肉,(马上分)不留到第二天。(自家)祭祀用过的肉不超过三天。超过三天,就不吃了。

【原文解】

本章的字面意思比较清楚,但要准确的理解为什么,还要注意:

首先,肉是比较贵重的食物,从自然的规律来讲,同时也是容易腐烂的,尤其是在当时,祭祀后孔子分到的肉肯定是已经放了一段时间了,所以要赶快吃(分),而自家祭祀用过的肉则相对放的时间短一些,但也不能长时间的放,所以要在三日内吃(分)完毕。可能会有人问,难道不能腌制保存起来?这就牵扯到下面一个问题了;其次,祭祀所用的肉是献给祖先、献给神的,祭祀完后的肉是祖先和神留下的,有神性,是神的恩惠。对于有神性的、神的恩惠,不好再腌制,也不好独自享用,更不能怠慢不食,否则有不敬之嫌,因此要赶快分而食之。

【编意解】

编者意在通过孔子对待祭肉的行为,既说明孔子对物品的珍惜,更说明其内心对神明的真心敬畏。

10.10 食不语,寝不言。

【译文】

吃饭的时候不说话,睡觉的时候也不说话。

【原文解】

第一是对"食不语"的理解。这句话的字面意思是比较清楚的,但问题是这似乎与现实生活有很大的差异。人是一种群居动物,所以人们大多不喜欢一个人吃饭,而喜欢与人(包括家人)一起吃饭,其中一个很重要的内容就是借机交流。其实社会上很多事都是在饭桌上办的(无论古今中外),这不是秘密,而是事实。那么怎样交流?当然是通过言语了。但是我们也应当清醒地认识到,吃饭的时候说话并不好,尤其是口中有食物的时候,很容易呛着,而这是十分的不雅。其实笔者是这么认为的,这句话的意思是,在你口中有食物的时候,要专心体会食物的滋味,不要说话,并不是在整个与人吃饭的过程中都不说话。

第二是对"寝不言"的理解。很多人认为这是一句废话,谁会在睡觉的时候说话呢?这些人往往是生活条件比较好的现代人,他们有自己单独的宿舍,一个人睡,想说话也没有人跟你说。而对于那些没有自己单独的宿舍,要与人甚至是与多人共住一室的人,比如住集体宿舍的学生们,这就是一个经常会遇到的问题,一个人想睡的时候,另外的人却想跟他说话甚至是讨论问题。当然也有同时都想说话讨论的情况。这就不好了,不仅影响自己和他人的休息,有害健康,而且有时还会显得没有礼貌,讨人嫌。这时这句话就不再是废话了吧!

【编意解】

编者意在通过孔子对不言不语的描述,说明孔子对于吃饭和睡觉的重视。其实,吃饭和睡觉对我们来说是重要的事情,这一点大家都能理解和认可。但在平时又有多少人去慎重对待呢?很少。往往是饿了吃、困了睡。这还是好的。不是有人"废寝忘食"吗?这就很不好了。

10.11 虽疏食菜羹,必祭,必齐如也。

【译文】

即使是粗饭蔬菜汤,(吃饭前)也一定要(把它们取出一些来)祭一下,(而且表情)也一定如斋戒时那样(严肃恭敬)。

【注释】

羹,用肉或菜调和五味做成的带汁的食物。按:上古的"羹",一般是指带汁

的肉,而不是汤。"羹"表示汤的意思,是中古以后的事情了。

【原文解】

本章的字面意思不甚清楚,要准确理解,还要注意:

第一是对"虽疏食菜羹,必祭"的理解。首先是为什么要祭?对此《礼记·礼运》中有所载明,大概意思是说,当初人们不懂得用火,因此只能吃生食,茹毛饮血,后来有圣人教会了人们如何利用火,进而使人们吃到美味营养的熟食,为了不忘本,人们用祭祀来报答往圣的功绩。其次是为什么此处要强调"必祭"?因为这种祭食之礼是将饭食都拿出来少许进行的,而且顿顿如此,而食物是很珍贵的,尤其在孔子那个物质十分贫乏的年代,就有了食物不丰盛不祭祀的说法。但孔子并未受此说法的左右,认为礼更重要,知道感恩更重要,因此"虽疏食菜羹,必祭"。

第二是对"必齐如也"的理解。这句话的字面意思是很清楚的。这不禁使人想起了"色难"(详见2.8章)二字。非处于真诚,何至于此?

【编意解】

编者意在通过对孔子食前必祭的描述,说明人们不能什么都随波逐流,有些事情必须要有所坚持,而且是真心的去坚持,譬如要知感恩。

10.12 席不正,不坐。

【译文】

席子放得不正,不坐。

【注释】

席,1.藉也。本义:供坐卧铺垫的用具。席子。2.座位、席位。3.成桌的饭菜、酒筵。4.凭借、倚仗。

【原文解】

首先,是对此处"不正"的理解。此处的"不正"同"割不正,不食"(详见10.8章)中"不正"的解释。过去在孔子那个时代,还没有凳子,人们是坐在席子上的,更准确地说是跪在席子上的。因此此处的席,就是指现在的凳子、椅子或座位、席位,而古今中外对其摆放和安排都是很讲究的,不能乱放、乱坐。乱放、乱坐就是不正;其次,"席不正,不坐"之后怎么办呢?很简单,摆正了、找准了再坐。其实现在也是如此,尤其是在宴席当中,谁应该坐在什么位置,都是有一定的约定俗成,坐乱了是会使人很尴尬的,甚至会产生不必要的矛盾和纠纷,这一点想必大家都有所体会。

【编意解】

编者意在通过对孔子"席不正,不坐"的描述,说明人们对于礼的遵守要处处周到,不能因小而废。

10.13 乡人饮酒,杖者出,斯出矣。

【译文】

行乡饮酒的礼仪结束后,(孔子)一定要等老年人先出去,然后自己才出去。

【注释】

杖,1. 持也。本义:执、持。2. 通"仗",凭倚、依靠。3. 用棍子打、拷打。4. 走路时手里拄着的棍子,俗称"拐杖"。

【原文解】

第一是对"乡人饮酒"的理解。这句话不能简单地或想象地理解为在家乡喝酒或与乡亲们一起喝酒。"乡饮酒"在过去是一类礼仪形式,据考证主要有四种,其中一种就是为了"正齿位"——尊长敬老。这些在《礼记》中有专门的记载和说明,有兴趣的人可以读一下《礼记·乡饮酒义》。但是应当强调说明的是,这毕竟是饮酒,而且是与乡亲们一起饮酒,气氛比较热烈,尺度很难把握,因此常常"及其礼末,皆以醉为度",就是常常到最后很多人都喝醉了。

第二是对"杖者出,斯出矣"的理解。"杖"在这里就是拐杖的意思,"杖者"就是拄着拐杖的人,谁是拄着拐杖的人?不是年纪大的长者,就是残疾人。让年纪大的长者或残疾人先走,这本身是很简单的道理,一般人也都能做到,更何况前面说了"乡饮酒"本身就有"正齿位"——尊长敬老的含义在其中,有必要强调说明吗?当然有必要,因为前面说过,这种仪式,常常到最后很多人都喝醉了,喝醉了的人就有可能做不到这一点,同时也正因为常常如此,很多人尤其是长者,也就习以为常,不计较了,所以说醉酒后仍能做到"杖者出,斯出矣"的人就更少了。非真诚地遵守孝悌的人,在此情况下是很难做到的。

【编意解】

编者意在通过对孔子饮酒后行态的描述,说明以下几点:首先,这是对"不为酒困"(详见 9.15 章)、"唯酒无量,不及乱"(详见 10.8 章)的生动解说;其

次,说明"杖者出,斯出矣"是孔子平时的知行合一,也正因为如此,形成强大的惯性,才能做到不为酒扰。进而说明对事物的谨慎和真诚要由平时养成。

10.14 乡人傩,朝服而立于阼阶。

【译文】

乡里人举行驱除疫鬼仪式时,孔子总是穿着朝服站在东边的台阶上。

【注释】

傩(nuó),1.本义:行有节奏。2.古时腊月驱除疫鬼的仪式。

阼(zuò),1.主阶也。本义:大堂前东面的台阶。2.古代帝王登阼阶以主持祭祀,因此以"阼"指帝位。

阶,1.台阶。2.凭借。3.旧时官员的品级。

【原文解】

第一是对"乡人傩"的理解。首先是"傩",这是古代一种驱除疫鬼的仪式,而疫鬼是一种会给人们带来伤害的鬼。据考证,在当时这种仪式有三种,一种是由天子主办的,一种是由诸侯等地方官主办的,一种是由民间主办的,即所谓的"乡人傩"。民间主办的"乡人傩",由于其民间的性质,对这种礼仪的意义和遵守就较少,而更多的可能是热闹,因此宋代朱熹说"傩虽古礼,而近于戏"。

第二是对"朝服而立于阼阶"的理解。朝服,又称为"具服",是古代在重大典礼时使用的礼服,后主要用于朝会,是古代君臣百官议政时穿的衣服,其制作是有一定礼制要求的。现在已经没有了,或不再强调了。至于为何要"立于阼阶",这是礼的要求,其意主要是为了防止被驱赶的疫鬼进入大堂伤人。

【编意解】

本章显示的是孔子对于"傩"这种仪式的诚敬,尽管这是一个古老的礼仪,而且已近于游戏。进而说明孔子对鬼神发自内心的敬畏。

10.15 问人于他邦,再拜而送之。

【译文】

孔子托人向在其他诸侯国的朋友问候(送礼),送行时要向受托者拜两次。

【原文解】

本章的字面意思是比较清楚的。问题是为什么要"再拜"？或者说再拜说明了什么？"再拜"的字面意思就是拜两次。据考证，依据当时的礼制要求，士人相见要相互拜两次。孔子是士，其结交的远方朋友也基本都是士，托人向朋友问候，向受托人施拜，就如同向朋友施拜，这样孔子才能将施拜传过去。这是一个小礼节，而且拜不拜对方也看不见，更不会介意，因为在那个年代，能收到远方朋友的问候是极其难得的。尽管如此，孔子仍然躬行不辍，其诚可见一斑。另外，过去到别人处去拜访问候，都是要带礼物的，因此笔者在问候后面的括号中加了"送礼"二字。

【编意解】

编者意在通过对孔子拜托他人问候远方朋友的形态描述，既说明孔子对于礼的遵守的谨慎，也说明其对于朋友的珍重。

10.16 康子馈药，拜而受之。曰："丘未达，不敢尝。"

【译文】

季康子给孔子赠送药品，孔子拜谢之后接受了，说："我对药性不了解，不敢尝。"

【注释】

馈，1.馈赠，以食物送人。2.吃饭。3.通"匮"，缺乏。

药，1.治病草也。本义：治病的物品。2.用药治疗。3.芍药。

尝，1.品尝、尝一尝。引申为试一试、试探。2.副词，曾经。

【原文解】

第一是对"康子馈药，拜而受之"的理解。康子就是季康子，是鲁国的正卿。就是他将晚年的孔子迎回了鲁国，使孔子结束了周游列国的漂泊生活，并多次问政于孔子，对孔子还是很不错的。康子是鲁国的正卿，地位很高，比孔子高，仅次于鲁公，实际权力比鲁公还大。因此其送药给孔子，孔子要"拜而受之"，这是礼制的要求。

第二是对"丘未达，不敢尝"的理解。按照当时礼制的要求，别人送吃的，接受了就应当吃，除非不能吃，比如生食或活物等。问题是本章季康子送的是药，能吃吗？季康子肯定认为是能吃的，对孔子的身体有好处。但他的认为对吗？

要知道中国过去的药基本都是草药,味道辛苦。而天然的东西如果人尝起来是辛苦的,一般都是有毒的,有害于健康的,因此过去中国有句古话叫作"是药三分毒",非对症是不能随便吃的。可是季康子又不是医生,也没有听说他为孔子诊治过病,那么孔子凭什么认为康子送的是对症的药呢?自己吃了不会中毒呢?不能因为是地位高的人、对自己好的人送的,就盲目的吃,盲目的"舍命陪君子",如此一来,又如何对得起自己、对得起父母?这时可能有人会问,那不是违背了礼了吗?首先,礼并没有要求必须吃;其次,即便礼要求必须吃,这礼也不是一个具有原则性的,违背了也仅仅是扫了季康子的脸面而已。这就是"权"(详见9.30章)。而季康子如果认为自己的脸面被扫,那也是自找的,所以别没事乱送人药(现在也是如此)。当然孔子很真诚,直接将自己不吃说了出来,只是说得比较温和,比较婉转而已。

【编意解】

编者意在通过对孔子对他人赠药的形态描述,说明其对于药的慎重态度,那就是必知之而后尝。这同时也告诫我们,平时不要乱送药,也不要乱吃药。

10.17 厩焚。子退朝,曰:"伤人乎?"不问马。

【译文】

马棚失火烧掉了。孔子退朝回来,说:"伤了人吗?"不问马怎么样。

【注释】

厩(jiù),马棚,马圈。

焚,1.烧田也。本义:烧山。2.烧也。

【原文解】

第一是对"伤人乎"的理解。先问"伤人乎",这在现在比较好理解,以人为本嘛。但即便如此,也不是人人都能从心底里认同的,尤其在面对巨大的财产损失的时候。那么在当时呢?我们要知道,当时还是奴隶社会,什么是奴隶社会呢?这个问题很复杂,但其一个特征是比较确定,那就是有些人(奴隶)是没有人格的,只是一种会说话工具,一种财产。如果人仅仅是一种工具或财产,那其价值恐怕还不如马,马匹在当时可是巨大的财富。如果抱着这样的理念,马确实比人重要,因此在当时孔子先问"伤人乎"是值得一记的,就是现在,也不乏警示作用。

第二是关于本章的断句。先问"伤人乎"好理解,但马也是一种有生之物,而且价值不菲,难道就不值得一问吗?问完人再问马不也合情合理吗?况且圣人不是应当"仁民爱物"吗?这话很有道理,因此有人将本章断句为"厩焚,子退朝,曰:'伤人乎?'不。问马"。如此一来,就成了孔子先问"伤人乎",在得到否定的答复后,再问马。比较有道理。但笔者认为这都是细枝末节,是一种推测,因为当时的情况已不可考,而且"不问马"也不是说不通的,是有原因的,譬如,回答问题的人,在回答问题时已一并将马的情况说了,没有必要再问了;或者真的伤了人了,再无暇顾及马了,所以没再问;或者孔子过于关心人的情况,忘了问了,等等。重要的、根本的是要体会孔子对人的关心。

【编意解】

编者意在通过对孔子知马厩被烧后的形态描述,说明其对于人的重视,那就是以人为重,以人为本。这事关大是大非,不能有丝毫模糊。

10.18 君赐食,必正席先尝之。君赐腥,必熟而荐之。君赐生,必畜之。侍食于君,君祭,先饭。

【译文】

国君赏赐给熟食,孔子一定摆正坐席先尝一尝(然后分给大家)。国君赏赐给生肉,一定煮熟了,先给祖宗上供。国君赏赐给活物,一定要饲养起来。同国君一道吃饭,在国君举行饭前祭礼的时候,一定要先尝一尝。

【注释】

腥,1. 生肉、生的。2. 臭也。腥气。

荐,1. 动物能吃的草。2. 草席、草垫。引申为动词垫。3. 一再、频频。4. 献、进献祭品。5. 推荐。

【原文解】

第一是对"君赐食,必正席先尝之。君赐腥,必熟而荐之。君赐生,必畜之"的理解。首先,这里的"君"现在可以理解为国家或上级。其次,"君赐食""君赐腥""君赐生"都是国家或上级的奖赏,是一种恩惠。对于这样的恩惠应当如何对待呢?一是要心存敬意,因此"正席先尝""熟而荐之""畜之";二是要让大家都知道,要分享,因此要分给大家,包括祖先。这里要说明的是,"正席先尝"不是先吃,尝只是吃一点而非吃完,其实在过去国君赐食不会只给一点,是比较

多的,一个人一顿是吃不完的,而熟食易坏,因此尝完之后会很快分给家人或下级。

第二是对"侍食于君,君祭,先饭"的理解。"侍食于君"现在可以理解为陪上级、领导吃饭;"君祭",笔者认为就是10.11章中的"祭祀",现在可以理解为饭前的讲话或其他活动;"先饭",就是自己先吃。这似乎很不合礼,也和现在的风俗讲究不合。现在都是让上级、领导先吃。这就要探究一下臣下先吃的缘由,臣下先吃的原因是先尝一尝,看相关饭食是否冷热合适,烹饪的得当与否,甚至是否有毒,这是对君主的真关心。这种情况现在似乎只能在一些古装的影视剧中看到了。但其实我们在喂自己的孩子或父母食物的时候,有时也会做出这样的举动,这就是真关心的自然流露。当然,父母子女是亲人,不是上级领导,但真关心本身是相同的。

【编意解】

编者意在通过此段的描述,说明孔子对上级领导的尊敬。这种尊敬表现在方方面面,点点滴滴,更重要的是都出于真心,也正因为是出于真心,其表现是方方面面,点点滴滴。用孔子的话讲是"事君尽礼,人以为谄也"(详见3.18章)。

10.19 疾,君视之,东首,加朝服,拖绅。

【译文】

孔子病了,国君来探视,他头朝东躺着,身上盖上朝服,拖着大带子。

【注释】

绅,1. 大带也。古代士大夫系外衣的大带子。2. 绅士。

【原文解】

第一是对"东首"的理解。"东首"的字面意思就是头朝东躺着,为什么?原因有二。首先,太阳从东面升起,古人因此认为东面是生气来的方向,头朝东躺着有利于接收生气,《礼记·玉藻》云"君子……寝恒东首"。这是礼的要求;其次,前面讲过君升自阼,而阼是东面的台阶(详见10.14章注释),这也就是说国君是从东面来的,头朝东躺着是以头迎接国君,这比较尊敬。

第二是对"加朝服,拖绅"的理解。孔子病不能起,因此不能穿戴朝服,系上大带子,可又不能穿着亵服——便服(详见10.6章)见君主、见上级,这样不礼貌,因此便"加朝服,拖绅",身上盖上朝服,拖着大带子。其实对于病人,别人不会苛求，病人怎样舒服就怎样，所以非出于真诚不能如此。

【编意解】

这里还是在讲对上级领导的尊敬，哪怕是在重病之中也是如此，此非出于真诚不能如此。

10.20 君命召，不俟驾行矣。

【译文】

国君召见（孔子），不等车马驾好就先步行走去了。

【原文解】

本章的字面意思很清楚，可能会有人问，就算当时的车没有现在的快，也比步行要快得多吧，孔子有必要这样吗？这就要看你怎样面对君命了。用现在的话讲，就是怎样面对国家或上级领导的召唤。如果真的将其放在心中，放在心中很高的位置，你就会有所表现。应说明的是，"不俟驾行矣"只是这种表现的一种，还可能有其他表现，譬如《诗》云"颠之倒之，自公招之"，意思就是因为君主的召唤，将衣服都穿反了。这时可能又会有人问，孔子不是说"以吾从大夫之后，不可徒行"（详见11.8章）吗？古人说得好，礼仪"逐敬而行，因心而制，岂有常乎？"

【编意解】

编者意在通过本章的描述，仍是说明孔子对上级领导的尊敬。

10.21 入太庙，每事问。

【译文】

孔子到了太庙，每件事都要问。

【原文解】

本章曾在前面出现过（详见3.15章），意思很明确。这里只是强调说明一点，孔子以知礼著称，尚"入太庙，每事问"，非谨慎之至，莫能如此，自大一点就是"臭"。

【编意解】

编者意在通过本章的描述，说明孔子对鬼神的敬重。太庙不就是祭祀鬼神

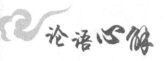

的地方吗?

10.22 朋友死,无所归,曰:"于我殡。"

【译文】

(孔子的)朋友死了,没有亲属负责殓埋,孔子说:"丧事由我来办吧。"

【注释】

殡,1.死在棺,将迁葬枢,宾遇之。本义:停枢待葬。2.灵枢。3.埋葬。泛指丧葬事务。

【原文解】

本章的字面意思很清楚,要注意的是"无所归",这是"于我殡"的前提。一个人去世了,按礼是应当由他的亲属来安葬的,但不是每个人都有亲属的,也不是每个人的亲属都有条件安葬他的,譬如亲属在远方来不了或通知不到,这时怎么办?"于我殡"。安葬一个人不是一件容易的事,不是简单地用土一埋就完事的。但在孔子来说,因为是朋友,义不容辞。

【编意解】

编者意在通过本章的描述,说明孔子对鬼神的敬重。人死为鬼(详见2.24章注释)。

10.23 朋友之馈,虽车马,非祭肉,不拜。

【译文】

朋友馈赠物品,即便是车马,不是祭肉,(孔子在接受时)也是不拜的。

【原文解】

本章的字面意思很清楚,要注意的是,"车马"在当时是很大的一笔财富(其实现在也是如此,只是程度小了一点而已)。在过去,朋友之间"有通财之义",朋友之间相互赠送财物是很常见的,因此车马虽很贵重,也不拜。但朋友送的祭肉就不一样了,那是朋友献给祖先的,是其祖先的余惠,如其先祖所赠,虽然从财富的角度(相对于"车马")讲不算多,但意义不同,所以要拜。

【编意解】

编者意在通过本章的描述,仍在说明孔子对鬼神的敬重。祖先也是鬼神!

当然,这里是朋友家的鬼神。

10.24 寝不尸,居不客。

【译文】

(孔子)睡觉时不会像死尸一样,平日家居也不像作客或接待客人时那样(庄重严肃)。

【注释】

尸,1.神像也。本义:祭祀时代表死者受祭的人。2.木制的死者的牌位。3.主管、主持。4.尸体。5.布阵。

客,1.寄也。本义:寄居、旅居、住在异国他乡。2.外来的人。特指请来的客人。3.食客、门客,即寄食于贵族豪门并为之服务的人。

【原文解】

第一是对"寝不尸"的理解。首先是"尸"。"尸"就是死尸,那么死尸是什么样子?要么是面朝下趴着或面朝上躺着,同时四肢展开,这也许是由临死之时十分痛苦所致;要么是被装殓后一本正经的样子,譬如代表死者受祭的人的样子。以这样的姿势睡觉要么不雅观,甚至有些放肆——至少是十分占地方,要么十分不舒服,同时也不利于健康(譬如趴着睡)。那应当怎样睡呢?既然不是面朝下趴着,或面朝上躺着,或者一本正经,那当然是自然地侧卧了。从现在的医学角度看,也应当是这样的,看来孔子还是很有先见之明的啊!这时可能会有人问,睡着了谁还能控制自己的姿势?是的。但睡着之前呢?

第二是对"居不客"的理解。这句话的字面意思是很清楚的。问题是为什么?过去有人认为"为室家之敬难久也",就是说自己在家时也像作客或接待客人时那样恭敬是很难长久的。笔者认为很有道理。这一点相信大家都有体会,圣人乃至性之人,也是如此。我们不能将其神化,甚至过分的神化,这是对圣人的歪曲甚至是丑化。待客或作客之道,是人与人交往的仁道——人道的一部分,我们应当遵循,但居家过日子不是,应当尽可能的率性而为,当然这种率性不等于也不应是恣意而为,譬如尸寝,因为毕竟还有天在看。

【编意解】

编者意在通过本章的描述,仍在说明孔子对鬼神的敬重。尸的本义就是祭祀时代表死者受祭的人,也就是装死的人,也就是像死人一样的状态。而人死

就是鬼神。对于鬼神不要刻意去模仿,哪怕是在睡觉的时候。

10.25 见齐衰者,虽狎必变。见冕者与瞽者,虽亵必以貌。凶服者式之,式负版者。有盛馔,必变色而作。迅雷风烈必变。

【译文】

(孔子)看见穿齐衰丧服的人,即使是关系很亲密的,也一定会把态度变得严肃起来。看见当官的人和盲人,即使是常在一起的,也一定会有礼貌。(乘车时)遇见穿丧服的人,便俯伏在车前横木上(以示同情)。遇见背着户籍名册的人,也这样(以示敬意)。面对盛馔,一定会神色一变,并站起来致谢。遇见迅雷大风,一定会改变神色(以示对上天的敬畏)。

【注释】

狎(xiá),1.犬可习也。本义:驯犬。2.驯养。3.亲昵、亲近而不庄重。4.拥挤。5.轻视、忽视。6.安于、习惯于。7.更迭、交替。

凶,1.恶也。本义:不吉利、不吉祥。引申为不幸,多指丧事。2.庄稼收成不好。3.凶恶、残暴。引申为杀人、杀人者。

式,1.法也。本义:法式、标准、效法。2.用。3.表示劝令的副词。4.通"轼",车前扶手的横木。引申为扶着轼敬礼。

负,1.恃也。本义:依恃、凭仗。2.背倚、背靠着。3.通"背",背负,以背驮物。引申为遭受、蒙受。4.背弃、违背。引申为辜负、对不起。5.失败,与"胜"相对。6.亏欠。

版,1.筑土墙用的夹板。2.古时写字用的木片。3.名册和户籍。4.古代大臣上朝拿着的手板。

迅,疾也。快、急速。

烈,1.火猛也。本义:火势猛。引申为猛烈、强烈。2.光明、显赫。3.功业、事业。4.通"列",行列。

【原文解】

第一是对"见齐衰者,虽狎,必变。见冕者与瞽者,虽亵,必以貌"的理解。这句话我们似乎在哪里见过?是的。在《论语·子罕》中,原话是"子见齐衰者、冕衣裳者与瞽者,见之,虽少,必作,过之必趋"(详见9.10章)。认真学习和理解过《论语·子罕》这一章的人,对于本章的理解应当不存在什么障碍,在此就不再赘述了。只是要注意"少"与"狎"和"亵"之间的差别,相信大家能够体会。

第二是对"凶服者式之,式负版者"的理解。"凶服者式之"就是对有丧在身的人表示哀悼和敬意,这比较好理解。"式负版者"就是对户籍名册表示尊重和敬意,这又是为什么呢?因为户籍名册是代表着民众,而民众是构成国家的主体,没有民众就无所谓家、国、天下,因此民众就代表着家、国、天下,甚至就是家、国、天下,而不是土地版图,这一点一定要注意。这时有人会说,没有土地又哪里会有国家、天下?有民众就一定会有土地,而没有民众有土地也没有用,也不能称之为国、家。这在古礼中有明确记载:"献民数于王,王拜受之。"(详见《周礼·秋官·司寇·小司寇》)这里献于王者的不是土地数量,而是民众的数量。

第三是对"有盛馔,必变色而作"的理解。这句话不是很清楚,字面意思是,面对盛筵,一定会神色一变,并站起来致谢。什么是盛?是指丰盛吗?显然不能这么理解,否则于情理不通,不丰盛就不致谢了吗?那也太势利吧?笔者认为,这里的盛应当理解为盛情、隆重。怎样是盛情、隆重呢?标准可能因人而异,但有主人在场这恐怕是不可或缺的条件。别人亲自请你吃饭,而且你又认为自己应该去吃这顿饭,那么向主人致谢也就是自然而然的了。

第四是对"迅雷风烈,必变"的理解。要理解这句话,首先要理解古人是怎样看待"迅雷风烈"的。在古人来看,这就是天怒,我们知道,古人对天是十分敬畏的,因此古语有云:"若有疾风迅雷甚雨,则必变,虽夜必兴,衣服冠而坐。"(《礼记·玉藻》)"甚雨"就是大雨,瓢泼大雨。

第五是对"必变""必以貌""必变色"的理解。这都是神色表情的变化,这是装不出来的,是人们内心活动的反映,只有真心才会有的。

【编意解】

编者意在通过本章的描述,说明孔子对不幸者、苦难者、掌权者、国家、有敬于己者和上天由衷的敬重。

10.26 升车,必正立,执绥。车中不内顾,不疾言,不亲指。

【译文】

上车时,一定先直立站好,然后拉着扶手带上车。在车上,不回头看,不高

声说话,不用自己的手指指点点。

【注释】

升,1.本义:容量单位。一斗的十分之一。2.织布时所用的线、麻的粗细数,以八十缕为一升。3.日上。上升、升起。4.上也。登、上。5.提升。

绥(suí),1.车中把也。本义:借以登车的绳索。2.安抚。3.临阵退却。

【原文解】

第一是对"升车,必正立,执绥"的理解。首先要了解一下当时的车,当时的车(无论是马车还是牛车)是比较高的,与现在的车不同,上下车是比较麻烦费劲的,年纪比较大的人更是如此。所谓"正立,执绥"主要就是为了安全。年轻人摔跤不好,年纪大的人摔跤就更麻烦了。

第二是对"车中不内顾,不疾言,不亲指"的理解。看到这句话,不禁使人想起了现在开车或坐车。"车中不内顾",当然现在这种情况已经很少了,那是因为现在有后视镜,要是没有,回头率肯定不会低,但是即便有后视镜,经常看也不安全(尤其是司机),不礼貌。"不疾言,不亲指"就比较好理解了,这些行为都会干扰到驾车的人,比较危险。总之一句话,不安全。

【编意解】

编者意在通过本章的描述,说明孔子对待乘车出行的谨慎,当然这主要是为了安全,但可以推而广之。孟子有云:"知命者,不立乎岩墙之下。"(《孟子·尽心上》)这句话可以说是对本章甚至是本篇很好的解读。

10.27 色斯举矣,翔而后集。曰:"山梁雌雉,时哉时哉!"子路共之,三嗅而作。

【译文】

(孔子在山谷中行走,看见野鸡)神色动了一下,野鸡就飞了起来,盘旋地飞了一会儿落在树上。孔子说:"这些山梁上的母野鸡,得其时呀!得其时呀!"子路设具(诱捕),野鸡叫了几声飞走了。

【注释】

翔,1.回飞也。本义:盘旋地飞。2.通"详",详尽。

集,1.群鸟在木上也。引申为停留。2.集合、聚集、收集。3.集子、诗文的汇集。4.成功。

【原文解】

第一是对"色斯举矣,翔而后集"的理解。其实这种情况对于注意观察的人来说是很好理解的,野生动物都是胆小而谨慎的,当它们发现危险的时候,就会很快的逃避。这些野鸡更是谨慎,孔子仅是神色动了一下,它们就感觉到了并认为可能有危险,就飞了起来,在盘旋了一阵后,落到了相对比较安全的树上。

第二是对"山梁雌雉,时哉时哉"的理解。见野鸡如此谨慎,所以孔子赞其"时哉时哉",何为"时哉"。笔者认为就是识时务,十分谨慎,知道及时躲避危险,进而才能在大自然中活得自由自在。其实这也就是本篇的中心议题。

第三是对"子路共之,三嗅而作"的理解。此处的"共"同"供",是供给食物的意思。这时子路想捕捉这些野鸡,但又抓不到,因此就设具诱捕。所谓设具诱捕,就是设个陷阱,放些食物,引诱野鸡自投罗网。这对野鸡的诱惑可想而知,俗话不是说"人为财死,鸟为食亡"吗?但是这些野鸡如何呢?"三嗅而作"。虽然诱惑很大,但仍很谨慎,没上当。这些野鸡尚能如此,我们人呢?不能连这些鸟都不如吧?

【编意解】

笔者认为,本章是本篇的点睛之笔。进一步阐明了本篇的中心论点,那就是谨慎。身处社会要谨慎,谨慎,再谨慎。只有如此才能全身,才能减少不必要的麻烦,进而才能干自己想干的事情,才能把想干的事情干成,才能自自在在。

论语心解

傅林 著

· 下册 ·

西北大学出版社
· 西安 ·

先进第十一

11.1 子曰:"先进于礼乐,野人也;后进于礼乐,君子也。如用之,则吾从先进。"

【译文】

孔子说:"先学习礼乐(而后再做官)的人,是(原来没有爵禄的)平民;(先当了官)然后再学习礼乐的人,是君子。如果要选用人才,那我主张选用先学习礼乐的人。"

【注释】

进,1.登也。本义:前进,与"退"相对。引申为到朝廷,进而又引申为任官、出仕。2.进献、奉献。3.推荐。

【原文解】

第一是对"先进于礼乐,野人也"的理解。

首先是关于"野"。这个字前面我们已经学习过(详见6.18章),其本义是城郊和郊外。那么"野人"就是城郊或郊外的人。这就会有人问,城郊或郊外的人和城里人有什么不同呢?这要结合当时的环境来理解。当时是什么人住在城里呢?是不用以耕地、渔猎为生的人,是官家、贵族,他们住在城里并用城墙来保护着自己(城的本义就是城墙)。这些人的社会地位比较高,当然也有条件进行学习,我们知道,在当时又是世袭制,这些人长大之后又往往会从政为官,因而被称为"君子"——在位者或在上位者。而那些住在城郊或郊外以耕地、渔猎为生的人就被称为"野人",他们地位低下,没有官位或爵位。当然,这都是在原本意义上进行的解释,其实那些住在城里的人很多也没有官位或爵位,就是贵族的后代也不可能每一个人最终都能得到官位或爵位。所以,"野人"更为宽泛的解释就是指那些没有官位或爵位的人。

其次是关于"进"。"进"的本义是前进,"进于礼乐"就是向"礼乐"前进,或者说是进入"礼乐",如何进入或前进?当然就是学习。前面说过,"礼乐"就是

社会的价值规范、规章制度,用现在的话,勉强可以说是法律制度。

第二是对"后进于礼乐,君子也"的理解。首先是关于"君子"。关于"君子"的定义前面已经讲了很多了,问题是此处的"君子"是特指那些在位者或在上位者。从本章的语序来讲,应该是与"野人"相对应的一类人。前面讲了,在当时是世袭制,虽非绝对,但当时的在位者尤其是在上位者,基本都是世袭而来,正因为如此,往往有很多人在成为在位者或在上位者之前,缺少动力或压力去学习"礼乐"。我们知道,"礼乐"对于从政为官是极为重要的,这些因世袭而成为"君子"的人,这时往往就不得不去学习"礼乐",因此叫作"后进于礼乐",因此此处的君子应是君子的原本意思,也就是君之子。"后进"也不是就成不了"君子"——合格的在位之人,只要知学、好学。当然也不排除有始终不学的。

第三是对"如用之,则吾从先进"的理解。

首先,"如用之"是一种假设,这也就是说在当时的现实中,"从先进"很少存在。其实现在也不多,那些靠关系,甚至是裙带关系占据官位甚至是高位的人,与世袭成为在位者或在上位者的人又有多大的差别呢?

其次,"吾从先进",这是孔子的一种选择,这种选择现在看来十分自然而合理,似乎没有必要过分解读。可是现在社会"从先进"的又有多少呢?其实真的不多。那些靠关系,甚至是裙带关系占据官位甚至是高位的人,与世袭成为在位者或在上位者的人又有多大的差别呢?两千五百年了,改变了多少?孔子的这种选择不仅在当时,就是在现在以及可预见的将来都不是废话。

【编意解】

那么本章被编排在此的意义又是什么呢?本篇主要记载的都是孔子及其弟子的言行,以及孔子对弟子言行的评价和裁正。笔者认为,编者意在向我们展示孔子之教,展现一个真实的、生动的"万世师表"。本章被编排在此,编者意在通过孔子之语,告诉人们孔子之教,是教人以礼乐,即价值观及行为规范,而且应当先学后用,而非用时再学,这是对自己也是对他人负责的做法。

11.2 子曰:"从我于陈、蔡者,皆不及门也。"

【译文】

孔子说:"(曾经)跟随我到陈国、蔡地去的学生,现在都不在我身边受教了。"

【原文解】

第一是对"从我于陈、蔡者"的理解。这里要对孔子在"陈、蔡"发生的事有所了解。孔子周游列国时,曾在陈国停留过三年,后欲往楚国。去楚国要途经蔡地,在陈、蔡之间,绝粮七日。据《孔子年谱》记载,孔子时年六十二岁。当时有许多弟子跟随着孔子,但可考的不多,主要有颜渊、子贡、子路和宰予(即宰我)等。

第二是对"皆不及门也"的理解。这主要在于对"及门"的理解。"门"的意思古今没有什么差别,"及门"就是到门里头。问题是到谁的门里头?我们知道,"门"不仅仅是代表着进入一个空间的门,同时也是这个空间的代表,入了孔门就是去孔子那里学习,就是孔子的弟子,入了诸侯、卿大夫的门就是从政为官。笔者认为,这里的"门",是指孔门而非诸侯、卿大夫之门,首先,这句话字面上就是这个意思;其次,如果是诸侯、卿大夫之门与事实不符,因为至少子贡、子路和宰予是从政为官了。孔子之所以有本章之语,或许只是对当年共患难的弟子的一种思念,一种感慨。但其本身却道出了一个事实,那就是早年追随自己,跟自己学习"礼乐"的学生"不及门"了。问题是到哪里去了呢?不知道。有种可能就是从政为官了,所以不能在孔子身边受教了。其实,孔子的弟子从政为官的不在少数,而孔子之教,从政为官是很重要的一个目标,这在前面已有论述,不再赘述。

【编意解】

编者意在表明从孔子之教的成果(之一),即多学业有成,这在世袭制的社会中,可真是难得之成效,这也说明"先进于礼乐"是有可行性的。

11.3 德行:颜渊、闵子骞、冉伯牛、仲弓。言语:宰我、子贡。政事:冉有、季路。文学:子游、子夏。

【译文】

德行(好的有):颜渊、闵子骞、冉伯牛、仲弓。辞令(好的有):宰我、子贡。政事(好的有):冉有、季路。文献知识(好的有):子游、子夏。

【原文解】

第一是对"德行""言语""政事"和"文学"的理解。这包括其具体的含义及其之间的关系。

　　首先是含义。"德行"就是对道的认知及践行,古语有云:"在心为德,施之为行。"对道有正确的认知并能践行之,就是德行。当然,这里的认知和践行的内容和方式是十分广泛的,包括自身的行为、言语、做事和学习等。"言语"就是言辞、说话。说话是人与人交流的很重要的方式,也是表达自己思想、处理事务的重要方式。说话的方式很重要,什么情况下说什么话,用什么样的措辞,这对表达自己的意思及对方的接受程度,都有很大的影响。适当的甚至是高超的说话,则更能准确地表达自己的意思,同时也更容易使对方理解、接受。当然,最重要的是自己要表达的意思及思想本身,也就是自己对道是否有正确的认知。"政事"前面已经学习过,就是处理众人之事。如何能更好地处理政事?前面也已经学习过,不再赘述。"文学"与现在所谓的文学含义是不同的,在先秦时期,文就是指文字、文献、经典。而"文学"字面意思就是指对过去的文字、文献、经典的学习和研究。为什么学习和研究这些呢?当然是为了传播、传承和借鉴。

　　其次是相互之间的关系。关于这四者之间的关系,过去人们有不同的理解。主要包括两种,一种是认为这四者是德的四种表现形式,即行为、言语、做事和学习;另一种是认为这四者是德的四种递进的表现形式,"文学"是始,学习之后才有认知,认知以后才能处理政事,处理好政事才能说对认知有所检验,进而才能心有所得,才能有所言说,言说忘矣而后才能默而识之所行。这两种理解虽然不无道理,但笔者认为如此理解未免过于简单和牵强,应该是一个循环往复、你中有我、我中有你、相辅相成的整体。

　　第二是对本章所蕴含的意义及影响的理解。

　　首先,本章所记之人,均是孔子的学生,从孔子之教,而各有所长,这说明了在孔子的教育下,学生能尽自己之才,反过来也说明孔子的因材施教。而不像他人尤其是现在的教育,刻板僵化,恨不得教出来的学生都是一个模子刻出来的一样。

　　其次,本章所列的十个人被后来的人称为"孔门十哲",因为这是孔子说的。事实是这样吗?不全是。据史料记载,孔子确实在不同的场合对其中的几个弟子有过本章所记载的评价,但本章不是孔子的原话,因为本章没有"子曰",因此宋代朱熹说本章是"弟子因孔子之言,记此十人"。不排除有的弟子孔子或许没有评价,或者评价了却没有被记载,因此不能断然依从俗论,就说这十人是最高的、最好的。譬如曾子、子张就没有被列入其中。

【编意解】

编者意在表明孔子之教是因材施教,同时也说明孔子之教的成果(之一)。

11.4 子曰:"回也非助我者也,于吾言无所不说。"

【译文】

孔子说:"颜回不是对我有帮助的人,他对我说的话没有不心悦诚服的。"

【注释】

助,1. 左也。佐也。本义:帮助。2. 辅助。3. 增添、增加。

【原文解】

第一是对"助"的理解。"助"的意思很清楚,并且古今没有什么差别。问题是孔子需要什么样的帮助或者增益?那就要考察一下孔子想干什么或干了些什么?其实很简单,那就是探求仁道并推行之(孔子的推行主要是靠教化)。那么在此方面孔子能要求他的学生提供什么帮助呢?说到这里,使我们不禁想起了子夏问诗时,孔子所说的"起予者商也"(详见3.8章)。一方面,通过《论语》中记载的子夏和孔子的问答,使当时其他的弟子及之后的读者对孔子的思想能有更充分的理解;另一方面,通过子夏之问,孔子本人也受到了很大的启发,对自己的仁道思想有进一步的充实。这就是孔子所要求的"助"。而颜回对孔子之言"无所不说",当然也就无所问,无所质疑,当然也就不能引发孔子进一步的思考,也就是无"助"于孔子了。

第二是对"无所不说"的理解。这里首先要对"说"有所注意,这里的"说"同"悦",是真心的赞同。前面讲过,自己的言行及思想,能得到别人的理解已经是很让人欣慰的了,得到别人的认同,甚者是赞同,那将是怎样一种令人喜悦的事啊!而颜回却是"无所不说",真无法形容。然而物极必反,凡事都有遗憾。正因为颜回"无所不说",所以也就无助于孔子。对于这样一个弟子,孔子如何教呢?知无不言,言无不尽——"吾与回言终日"(详见2.9章)。能力强的就多教。

【编意解】

编者意在通过本章孔子之语,表明孔子之教是互动互长的,是教、学一体的。

11.5 子曰:"孝哉闵子骞!人不间于其父母昆弟之言。"

【译文】

孔子说:"闵子骞真是孝顺呀!人们对于闵子骞的父母兄弟称赞他的话,没有什么异议。"

【注释】

昆,1.同也。本义:一起、共同。2.兄也。哥哥、胞兄。3.子孙、后裔。

【原文解】

第一是对闵子骞之孝行要有所了解。闵子骞为人所称道,主要是他的孝行。对此,宋代《太平御览》有这样的记载:

(闵子骞)早失母,后母遇之甚酷,损事之弥谨。损衣皆藁(gǎo,禾秆)枲(xǐ,麻类植物的纤维)为絮,其子则绵纩(kuàng,新丝绵絮)重厚。父使损御,冬寒失辔,后母子御则不然。父怒诘之,损默然而已。后视二子衣,乃知其故。将欲遣妻,谏曰:"大人有一寒子,犹尚垂心。若遣母,有二寒子也!"父感其言,乃止。

意思是说,闵子骞早年丧母,父亲又娶了后母。后母对闵子骞很冷酷,闵子骞侍奉她却很谨慎。后母给闵子骞做的棉衣里面是草秆麻絮,给自己亲生孩子做的棉衣里面却是新丝绵絮而且很厚重。有一天父亲让闵子骞去驾车,因为寒冷,手无法握住缰绳,让后母的孩子驾车则没有这样的问题。父亲很生气的责备他,闵子骞沉默以对。后来父亲查看了两个孩子的棉衣,才知道其中缘由。于是就想休掉后母,这时闵子骞劝谏说:"父亲大人有一个孩子受寒,就如此痛心,若是将母亲休掉,则将会有两个孩子受冻。"父亲被闵子骞感动了,放弃了休妻。这当然只是闵子骞孝行的一部分,但已可见一斑。

第二是对"人不间于其父母昆弟之言"的理解。这句话的字面意思是很清楚的。问题是这说明了什么?闵子骞的父母对闵子骞很好(他的后母后来也对他很好),闵子骞也很孝顺父母,是父慈子孝,这很正常,但值得孔子如此大加赞赏吗?这就要了解一下天下父母之心了。什么心?你对父母好一分,父母就会说你十分的好,就是这个心。也正因如此,当父母说自己孩子如何如何好、如何如何孝顺的时候,人们总是会打折扣的,因为人们看到的不是这样,没有那么好。但是人们对于闵子骞父母的话不打折扣。可这又说明了什么呢?说明闵子骞实实在在地做到了。这又说明了什么呢？我们知道，行孝是孔子思想学说的一个重要部分，这当然也是孔子要教授的，"人不间"则说明了闵子骞不但学了，而且做了。这不禁使我们想起了曾子"三省"中的"传不习乎"（详见1.4章）。

【编意解】

编者意在通过本章孔子之言，表明去做、去身体力行是孔子之教的一项重要内容和要求。

11.6 南容三复白圭，孔子以其兄之子妻之。

【译文】

南容反复诵读"白圭"的诗句。孔子把侄女嫁给了他。

【原文解】

第一是对"南容三复白圭"的理解。关于南容，前面已经有比较详细的介绍（详见5.2章）。南容是十分谨慎的人，也正因为如此，孔子说南容"邦有道不废；邦无道免于刑戮"。那么南容的谨慎有什么体现呢？其中之一就是其"三复白圭"。"三复"就是反复诵读，为什么呢？因为有所感悟，深以为然。那么"白圭"的诗句又是什么呢？"白圭"的诗句出自《诗经·大雅·抑》，原文是"白圭之玷，尚可磨也；斯言之玷，不可为也！"意思是说，白玉上面有污点，尚可琢磨清除干净；开口说话出了毛病，是挽回不成的。因此要慎言。

第二是对"孔子以其兄之子妻之"的理解。这句话的字面意思是很清楚的。关于其理解前面也已经有过说明（详见5.2章）。总之一句话，孔子对南容的谨慎是十分认可的。问题是这又说明了什么呢？很简单，孔子也是十分谨慎的，这在《论语·乡党篇》有详尽的描述。这表现在孔子之教上，那就是孔子对教授弟子的内容也是十分谨慎的。这又不禁使我们想起了曾子"三省"中的"传不习乎"（详见1.4章），想起了孔子所谓的"吾无行而不与二三子"（详见7.24章）。

【编意解】

编者意在通过本章孔子之言，表明孔子之教是谨慎的，是经过检验的，是真才实学。同时也说明，教人以谨慎是孔子之教的重要内容之一。

11.7 季康子问："弟子孰为好学？"孔子对曰："有颜回

者好学,不幸短命死矣,今也则亡。"

【译文】

季康子问孔子:"你的学生中谁是好学的?"孔子回答说:"有一个叫颜回的学生很好学,不幸短命死了。现在再也没有像他那样的了。"

【原文解】

本章的字面意思比较清楚。初见本章似曾相识。不错,鲁哀公也有此问(详见6.3章),因此对于本章的理解可以参照前面,不再赘述。但孔子的回答却不尽相同,这又是为什么呢?对此过去的人有很多解说,主要有两种。一种是鲁哀公有迁怒、贰过的问题,因此孔子"因答而箴之"(规劝、劝诫),而季康子没有这些问题;另一种是鲁哀公是君,孔子是臣,"臣之告君不可不尽",臣也应当希望国君的能力增强,而季康子是权臣,孔子并不希望他更强大。这两种说法都有一定的道理,但这不是重点,重点在于"好学"。如何才能好学?有些人是天生好之,而更多的人是知而后好,是需要培养和引导的。颜回是天生就好吗?恐怕不是,颜回不是说"夫子循循然善诱人……欲罢不能"(详见9.11章)吗?

【编意解】

编者意在表明,孔子之教是十分注重发现和培养学生好学的品质的,这也是因材施教的一种表现。

11.8 颜渊死,颜路请子之车以为之椁。子曰:"才不才,亦各言其子也。鲤也死,有棺而无椁,吾不徒行以为之椁。以吾从大夫之后,不可徒行也。"

【译文】

颜回死了,(他的父亲)颜路请求孔子卖掉车子,给颜渊买个外椁。孔子说:"(虽然颜渊和鲤)一个有才一个无才,但各自都是自己的儿子。孔鲤死的时候,也是有棺无椁。我没有卖掉自己的车子步行而给他买椁。因为我是做过大夫的,是不可以步行的。"

【注释】

颜路,姓颜,名无繇,字路,鲁国人,是孔子早期的弟子之一。他是颜回的父亲,父子俩曾先后在孔子门下求学。

椁（guǒ），葬有木郭也。本义：棺材外面套的大棺材。

鲤，即孔子的儿子孔鲤（前532—前483），字伯鱼，因其诞生时鲁昭公赐给孔子一尾鲤鱼而得名，先孔子而亡。

【原文解】

本章的字面意思很清楚，问题是其中的深意为何？颜回是孔子的得意门生，深得孔子的真传和喜爱，不幸早死，孔子很悲痛，这在前面已经多次提及，在之后各章更有深刻的表现，但他毕竟只是孔子的弟子。而孔鲤虽然学问不如颜回，但他是孔子的儿子。按当时的礼制，什么样身份的人去世后按什么样的规制安葬也是有规定的，同时也要根据家境量力而行。由此可见，颜回的父亲颜路的请求确实有点过分，不合情理。"孔子以诗书礼乐教"（《史记·孔子世家》），当然不能做有违礼制、有悖情理的事，而孔子所认同的礼是符合人的本性的，孔子的儿子死了都没有"椁"，怎么可能为弟子买个"椁"呢？更何况这还要卖掉自己的车子。至于"吾不徒行以为之椁。以吾从大夫之后，不可徒行也"，不是孔子真的不能步行，也不是孔子小气，只是种托词罢了。

【编意解】

编者意在通过孔子在得意门生颜回去世后的言行，表明孔子与学生之间的关系，即孔子是如何看待和处理师生关系的，那就是以礼为准，情不越礼。其实以下三章均有此意。

11.9 颜渊死。子曰："噫！天丧予！天丧予！"

【译文】

颜回死了，孔子说："唉！上天要抛弃我呀！上天要抛弃我呀！"

【原文解】

本章的字面意思很清楚，问题是其中的深意为何？颜回是孔子的得意门生，不幸早死，乃命使然，孔子虽然悲痛，但何以喊出"天丧予"？上天并没有让孔子死，况且孔子还有很多其他的弟子，而且也很优秀。读到这章，我们不禁想到孔子的一句话，"文王既没，文不在兹乎？天之将丧斯文也，后死者不得与于斯文也；天之未丧斯文也，匡人其如予何"（详见9.5章）。本章的"天丧予"中的"予"就是指"斯文"，存于孔子的"斯文"，就是孔子毕生之所学。可是在本章，孔子已经没有了当时的自信和豪气。为什么呢？据考证，颜回死的时候，孔

子已经七十一二岁了,来日无多,而颜回深得孔子真传,孔子本想藉颜回将自己的毕生所学和思想传下去,可颜回却先自己而去,其失望甚至是绝望之情可想而知。因此才有"天丧予"之叹!当然上天最终并没有抛弃孔子,颜回虽然不幸早死,但孔子还有很多其他的弟子,以及弟子的弟子及再传弟子,通过他们的努力,孔子的思想不仅传了下来,而且广为流传。《论语》就是一例。

【编意解】

编者意在通过孔子在得意门生颜回去世后的言行,表明孔子教给学生的是其毕生所学,是真心相授,倾囊相授,并希望学生能将自己的思想传下去。

11.10 颜渊死,子哭之恸。从者曰:"子恸矣!"曰:"有恸乎?非夫人之为恸而谁为?"

【译文】

颜回死了,孔子哭得极其悲哀。跟随孔子的人说:"您悲伤过度了!"孔子说:"是悲伤过度了吗?我不为这个人悲伤过度,又为谁呢?"

【注释】

恸(tòng),1.本义:大哭。2.极其悲哀。

【原文解】

第一是对"恸"的理解。"恸"的本义是大哭,形容极其悲痛,也可解释为痛哭,但"恸"的悲哀程度比"痛"要深一些。

第二是本章说明了什么?根据前面的学习我们知道,丧要守礼,亲人、爱人去世当然是一件令人悲痛的事,但悲痛要适度,要有所克制,否则会伤了自己的身子,对此孔子应当是知道的。但面对颜回的死,孔子"哭之恸",悲痛的有些过度,因此从者感到有些诧异,便有"子恸矣"的感叹。而以孔子的知礼守礼,为何还会如此?那就是情不自禁,真情袒露。这从孔子的"有恸乎"的自问中可见一斑。自己都没有意识到。这说明了孔子对弟子颜回是充满了真爱。

【编意解】

编者意在通过孔子在得意门生颜回去世后的言行,表明孔子之教,老师对学生是充满了真爱。当然这不仅仅表现为对颜回,对同样先孔子而去的子路也是如此。

11.11 颜渊死,门人欲厚葬之。子曰:"不可。"门人厚葬之。子曰:"回也视予犹父也,予不得视犹子也。非我也,夫二三子也。"

【译文】

颜回死了,孔子的学生们想要隆重地安葬他。孔子说:"不能这样做。"但学生们依然隆重地安葬了颜回。孔子说:"颜回把我当父亲一样看待,我却不能把他当亲生儿子一样看待。这不是我的过错,是那些学生们干的呀。"

【原文解】

第一是对"颜渊死,门人欲厚葬之,子曰:'不可。'门人厚葬之"的理解。这句话的字面意思是很清楚的,问题是这说明了什么?说明孔子的弟子们不听孔子的话?表面上看是如此。可这又是为什么?说明了什么?首先,这里所谓的门人包括颜路,也就是颜回的父亲,如何安葬颜回当然是颜路说了算;其次,孔子有"哭之恸"的表现,弟子们也就认为厚葬颜回也没有多大的错。这同时也说明弟子们是十分愿意厚葬颜回的。为什么呢?因为感情好。由此可见,在孔子的教育下,学生之间是十分有爱的。

第二是"回也视予犹父也,予不得视犹子也"的理解。这句话的字面意思是很清楚的,问题是这说明了什么?从前一章中我们看到,孔子对弟子是真爱,那么如此付出的结果是什么呢?那就是弟子们视师如父,也是真爱。这时可能会有人产生疑问:认为这是孔子对颜回特别喜爱而产生的个别情况,凭孔子自己的一句话,就得出这样的结论是不是有些以偏概全,过于牵强?真是这样的吗?那么我们就来看一看史料的记载,《史记·孔子世家》有载:"孔子葬鲁城北泗上,弟子皆服三年。三年心丧毕,相诀而去,则哭,各复尽哀;或复留。唯子贡庐于冢上,凡六年,然后去。"我们知道,三年是子女为父母守丧的期限。《史记》的上述记载,其中的弟子即便不是全部,也绝非个别。应说明的是,孔子晚年没有官职,无权无势,用司马迁的话就是"布衣",去世后弟子们却能为其守丧三年,如不是真心视其如父,怎能如此?至于对"予不得视犹子也"的理解,着重一个"不得",不得就是想而不能。为什么?因为颜回有自己的亲生父亲颜路,更重要的是颜路的想法与孔子不同,因此"不得"。

【编意解】

编者意在通过孔子在得意门生颜回去世后的言行,表明孔子之教,学生对老师也是充满了真爱——视师如父。要达到如此效果,作为老师要有怎样的真心和有效的付出啊!

11.12 季路问事鬼神。子曰:"未能事人,焉能事鬼?"曰:"敢问死。"曰:"未知生,焉知死?"

【译文】

子路问如何侍奉鬼神。孔子说:"没能侍奉好人,怎么能事奉鬼神呢?"子路说:"请问死是怎么回事?"(孔子回答)说:"还不知道活着的道理,怎么能知道死呢?"

【原文解】

第一是关于鬼神、生死。过去人们认为人死为鬼神。人有生亦必有一死,这是一种常见的现象,也是自然规律。问题是到底有没有鬼神?从逻辑的角度来说应该是有的,否则我们生从何而来,死后又往何处?古人十分注重祭祀又是为什么呢?不要妄说古人愚昧,他们生活的世界虽然看似相对简单,但同时也更贴近自然,看到的和感觉到的更真切。我们生活的世界虽然看似相对丰富多彩,但这也使我们离自然更远。当然,鬼神的存在还没有得到证明,但没有得到证明的就是没有吗?这显然于理不通。笔者认为,从某种意义上讲,只要"生从何而来,死后又往何处"这个问题没有得到令人信服的解决,对鬼神的怀疑也就只能是一种怀疑。但这并不是太大的问题。大的问题是,鬼神的存在是好还是不好?从价值取向的角度来讲,笔者认为还是有的好。这在前面已经有所阐述(详见6.22章),不再赘述。

第二是孔子到底知道不知道如何侍奉鬼神和死?当然知道,否则子路怎么会问?况且孔子以知"礼"著称,而"礼"本身源自于祭祀,祭祀就是在侍奉鬼神。那为什么孔子不告诉子路呢?真的没有告诉子路吗?其实孔子已经告诉了,那就是能事人才能事鬼神,先知生才能知死。因为子路问时,子路是个人不是鬼,是生不是死。活在当下就应先做好当下的事——事人,就应先知道当下的事——知生。其实在中国古代,事人事鬼、知生知死从某种意义上讲是合二为一的。祭祀本来是侍奉鬼神,但祭祀鬼神的制度、规定,其实是按照事人来制定的,所以其礼也用作人们相处的规范。反过来讲,一个人知道如何事人,事鬼神也就不难了。从逻辑上讲,生死是一个统一体,但一个活着的人当然首先应当知道生,知道生才能知道死。鬼神、死亡毕竟与人和生相去甚远,多说甚玄,无益。

【编意解】

编者意在通过孔子对子路之问的回答,说明孔子教,是在教或者说主要是在教事人而非事鬼神,是在教现世的道理——事人,知生,而非死后的或来世的道理,是大地上的道理而非天上的道理。

11.13 闵子侍侧,訚訚如也;子路,行行如也;冉有、子贡,侃侃如也。子乐。"若由也,不得其死然。"

【译文】

闵子骞侍立在孔子身旁,一派谦和而恭敬的样子;子路是一副刚强的样子;冉有、子贡是温和快乐的样子。孔子高兴了。(但孔子又)说:"像仲由这样,怕不得好死吧!"

【原文解】

第一是对"訚訚""行行"和"侃侃"的理解。这三个词都是描述人们神态的,至于具体描写的是什么样的神态,过去的学者众说纷纭,莫衷一是。但笔者认为这并不重要,重要的是,其所形容或描写的状态是不同的,是有差别的。其实关于孔子弟子们的性格差异,我们通过对《论语》的学习,都会有所感知,个性都有明显的差异,有明显的特征。更重要的是,这些弟子在孔子身边所表现出的不同神态说明了什么?说明孔子是宽容大度、不拘一格的,反过来说这些弟子在孔子面前是自然的,是能各尽其性的。

第二是对"子乐"的理解。这句话的意思是很明确的,那就是看到这样的情形,孔子很高兴,为什么?笔者认为原因有二,一是这些弟子在孔子的教育下都能各尽其性,这很重要;二是这些弟子都是英才,孟子有云"得天下英才而教育之,三乐也"(《孟子·尽心上》)。

第三是对"若由也,不得其死然"的理解。孔子如何得出此结论?这不得而知。但结果是子路确实未得好死,被砍成了肉酱。问题是孔子既然已经知道子路如此可能不得好死,为什么还乐呢?好死还是歹死,乃命运使然,非人力所能控制,作为一个活着的人,能知生就好,能尽性就好。子路已能尽性,故乐。

【编意解】

编者意在通过诸弟子在孔子身边的表现以及孔子之乐,说明孔子之教旨在使人知性、尽性。

11.14 鲁人为长府。闵子骞曰:"仍旧贯,如之何? 何必改作?"子曰:"夫人不言,言必有中。"

【译文】

鲁国修复长府。闵子骞道:"照老样子修建如何? 何必更改呢?"孔子道:"这个人(平日)不大说话,一开口就说到要害上。"

【注释】

府,1.文书藏也。本义:府库、府藏。古时国家收藏文书或财物的地方。2.百官所居曰府。官府、官署。3.达官贵人的官邸。4.唐朝至清朝的行政区划,比县高一级。4.通"腑",脏腑。

【原文解】

第一是对"鲁人为长府"的理解。意思就是鲁国要修复长府,根据下文的意思,还要改变原来的样式。问题是为什么要改以及改成什么样子? 对此过去学者有不同的认识,一种是认为鲁君要扩建,建得更高大、更坚固、更豪华。如此肯定劳民伤财,更何况当时鲁君失去民心已经很久了,这样的话更是雪上加霜;另一种是认为鲁国权臣季氏要缩建,建得更矮小、更简陋。因为长府为鲁君所居或所有,而鲁君曾据此试图除掉季氏,但失败了,季氏缩建长府是为了防止类似的事情再度发生。

第二是对"仍旧贯"的理解。从上述可知,修长府是一个十分重要和关键的工程,在过去注重礼制的时代,对其必有一定的规制。其实无论扩建还是缩建都是不合礼制的,也解决不了任何问题。鲁君的失败和季氏的胜利不在于长府是否高大坚固或矮小简陋,而是在于是否得到民心即仁心,没有了民心,什么都没有。可话又说回来了,季氏得到了民心,鲁君失去了民心,季氏就可以取而代之吗? 武王伐纣有错吗? 这是一个问题,而且是一个极其重大而复杂的问题。笔者认为,非到万不得已,"仍旧贯"。那什么又是"万不得已"呢? 这只能自己细细地体会了。其实笔者读到这句话,不禁想起了孔子的"述而不作,信而好古"(详见7.1章)。

第三是对"夫人不言,言必有中"的理解。本句的字面意思很清楚,问题是这说明了什么?笔者认为说明了两层意思,首先是字面意思,就是闵子骞的"夫人不言,言必有中"。这既是孔子对闵子骞的描述,更是一种对闵子骞做法的肯定。其次,也是更重要的,孔子对闵子骞"仍旧贯"的肯定,"仍旧贯"的实质就是守礼,因此也就是孔子对弟子守礼的肯定。

【编意解】

编者意在通过本章的故事,说明孔子之教,旨在使人守礼,用现在的话勉强可叫作遵纪守法,要言必有中,言必有物,勿巧言令色。

11.15 子曰:"由之瑟奚为于丘之门?"门人不敬子路。子曰:"由也升堂矣,未入于室也。"

【译文】

孔子说:"仲由弹瑟,为什么在我这里弹呢?"孔子的学生们因此都不尊敬子路。孔子便说:"仲由嘛,他在学问上已经达到升堂的程度了,只是还没有入内室罢了。"

【注释】

瑟,1.本义:古代一种拨弦乐器。2.繁茂众多的样子。3.庄严的样子。4.洁净明亮的样子。

室,1.实也。本义:内室。2.房屋、房间。3.家。4.妻子。5.墓穴。

【原文解】

第一是对"由之瑟奚为于丘之门"的理解。这句话的字面意思是比较清楚的,就是孔子十分不满意子路所弹奏的乐曲,是一种十分严厉的批评。问题是为什么不满?是因为子路弹得不好吗?显然不是。因为弹奏的水平不高不应当引起孔子如此的反感,一定是子路所弹奏的乐曲所表现的意思令孔子不满。那么子路弹奏了什么乐曲使孔子反感呢?本章没有明说。据相关考证,子路所弹奏的乐曲杀伐之气甚重,缺乏中和之感。但这种考证也仅仅是后世的相关记载,是否准确也未必。但笔者认为这并不重要,重要的是对乐的作用的认识,尤其是对乐在孔子思想中的地位的认识。关于这一点,前面已经有所阐述(详见3.23章),不再赘述。这里只强调一点,"孔子以诗书礼乐教"(《史记·孔子世家》),子路仅仅是弹奏了一曲不合孔子思想的乐曲,就引来孔子如此严厉的批

评,乐的作用和其在孔子思想中的地位可见一斑。

第二是对"门人不敬子路"的理解。为什么?原因就是孔子对子路进行了严厉的批评,而不是因为子路弹奏什么。这一点一定要注意。从本章的记载来看,这些弟子之前并没有意识到子路所弹奏的乐曲有什么问题,就算是他们听到了孔子对子路的严厉批评,也不一定知道子路所弹奏的乐曲问题是什么,因为孔子没有说,只是简单的否定。他们"不敬子路"甚至仅仅是因为孔子对子路的否定。那么孔子为什么没有说?可能是说了这些弟子也听不懂,因为子路之学已经"升堂",而这些弟子可能仅仅只是入门。

第三是对"由也升堂矣,未入于室也"的理解。这句话的字面意思不是很清楚。这就要对古人学习之境界的界定有一定的了解。古人将学一样东西的境界比喻成对一个建筑的了解,分为未入门、入门、升堂和入室四个层次。未入门你能看到什么?只能是外观、轮廓;入门呢?就能回看到门庭了;升堂呢?你就能看到房子的大厅了;入室呢?你就能经过大厅看到各个房子的情况了。这时你就将这个建筑的里里外外都看清楚了。当然,孔子的弟子是跟孔子学道,也是如此。那么"由也升堂矣,未入于室也"说明了什么呢?从字面意思讲,子路的境界已经达到了升堂的境界了,是很高的了。子路的错误是在大厅中的错误。其他弟子——"门人"都还没有升堂,充其量只是入门,有的可能还未入门,对一个只是入门甚至还没有入门的人谈论大厅中的事,怎么能行呢?从实质的意思上讲,这既是肯定了子路的学习,也说明孔子对学的好的弟子要求就越高、越严,同时也说明孔子之教也是分层次的,是因学施教的。

【编意解】

编者意在通过本章的故事,说明孔子之教旨在使人知层次、知境界,不能自以为是或盲从。同时,孔子之教是步步引进的,也是因学施教的。

11.16 子贡问:"师与商也孰贤?"子曰:"师也过,商也不及。"曰:"然则师愈与?"子曰:"过犹不及。"

【译文】

子贡问孔子:"子张和子夏二人谁更好一些呢?"孔子回答说:"子张过分,子夏不足。"子贡说:"那么是子张好一些吗?"孔子说:"过分如同不足,是一样的(不合中道)。"

【注释】

愈,1.病好了。2.胜过。3.越、更加。

犹,1.本义:一种猿类动物。2.如同、好像。3.副词,还、仍然。4.副词,尚且。5.通"由",由于。

【原文解】

本章的字面意思很清楚,但要深刻理解还要注意,子张和子夏都是孔子的得意门生,但他们的区别却是很明显的——"师也过,商也不及"。有明显区别的人却都得到了孔子的赞许,这不免使人对孔子的评判标准产生疑问,因此有本章子贡之问。子贡所得到回答是"过犹不及"。"过犹不及"就是两个都一样,那相对于"过"和"不及"的是什么呢?当然就是中,这就是孔子的判断标准(之一)。"中"既然是孔子判断或评价事物的标准(之一),当然是要交给学生的。

【编意解】

编者意在通过本章的故事,说明孔子之教系以中道教人,旨在使人学中、用中。

11.17 季氏富于周公,而求也为之聚敛而附益之。子曰:"非吾徒也,小子鸣鼓而攻之,可也。"

【译文】

季氏比周朝的公爵还要富有,而冉求还帮他搜刮来增加他的财富。孔子说:"他不是我的学生了,你们可以大张旗鼓地去攻击他了!"

【注释】

敛,1.收也。收、聚集。引申为征收。2.收整、约束。3.同"殓",装殓。

附,1.附着。引申为增益。2.依附。3.归附。4.靠近。5.捎带、寄。

【原文解】

第一是对"季氏富于周公,而求也为之聚敛而附益之"的理解。这句话的字面意思是比较清楚的,问题是这说明了什么?

首先要对"季氏"和"周公"有所了解。通过前面的学习,我们知道,"季氏"是鲁国的正卿,也是权臣,是属卿大夫阶层的。"周公"的字面意思是周朝的公爵,而不是指周公旦,因为到春秋的时候周公旦已经去世几百年了。但我们知

道,鲁国是周公旦的封国,因此本章的"周公"极有可能是指周公旦的子孙,也就是鲁君,当然也不排除其他指向。但有一点是肯定的,那就是"周公"是周天子大臣,是属诸侯阶层的,比属卿大夫阶层的"季氏"的地位要高得多。我们知道,诸侯的封国是周天子封的,而卿大夫的封地是诸侯封的,因此,周朝公爵的封地应当比"季氏"的封地要大得多,那么"季氏富于周公"是怎么回事? 只有三种可能,或是"季氏"从鲁君处非法占有了土地,以致其土地和民众比鲁君还广大、还要多;或是"季氏"对其土地上的民众盘剥得更厉害;或是二者兼而有之。但不论是什么情况导致"季氏富于周公","季氏"的做法都是严重违背了儒家的核心价值观。

其次要对冉求这个人有所了解,冉求就是冉有,前面已经有所介绍(详见3.6章)。这里要强调说明的是,冉求的从政能力是很强的(详见11.3章),曾担任季氏宰臣,而且孔子晚年能回到鲁国并安度晚年是多亏了冉求的。冉求在"季氏富于周公"的情况下,仍"为之聚敛而附益之",这在孔子眼中无异于助纣为虐。

第二是对"非吾徒也,小子鸣鼓而攻之可也"的理解。这句话的字面意思是比较清楚的,问题是这说明了什么? 笔者认为至少说明了三点,首先,这是孔子对冉求所作所为的严重否定;其次,十分明确地告诉弟子助纣为虐的事不能做;最后,由前述可知,冉求是孔子的得意门生,而且对孔子非常好,但孔子并未因此就对其有所迁就。

【编意解】

编者意在通过本章的故事,说明孔子之教旨在使人要有原则、有底线、有所止,不可助纣为虐,在大义面前无所退让和迁就。

11.18 柴也愚,参也鲁,师也辟,由也喭。

【译文】

高柴愚笨,曾参迟钝,颛孙师(子张)偏激,仲由(子路)鲁莽。

【注释】

高柴,姓高名柴,字子羔,又称子皋、子高、季高,比孔子小三十岁,孔子弟子。

鲁,1.迟钝、愚钝。2.中国春秋时国名,在山东省南部。

喭(yàn),1.强横、粗鲁。2.同"唁",吊唁。3.同"谚",谚语。

【原文解】

本章的字面意思比较清楚,较为集中地记载了孔子对其弟子资质和性格的评价,当然都是些不好甚至是很糟糕的评价。应当说明的是,人无完人,相反也没有一无是处的人,事物都有其两面性。《四书诠义》有云:"有其病则有其善,愚者必厚重,鲁者必诚朴,辟者才必高,喭者性必直。"当然,作为理解本章更重要的问题是,这说明了什么?要回答这个问题,就要对这些人有所了解。通过前面的学习,我们对曾参、子张和子路都已经有不少的了解了,这里就不再赘述。只有子羔我们不太熟悉。子羔师从孔子,后曾在卫国做官,期间不徇私舞弊,按法规办事,为官清廉,执法公平,有仁爱之心,受到孔子的称赞、民众的赞扬,其事迹见《史记·仲尼弟子列传》。也就是说,他们都是孔子的得意门生,而且均学有所成。

了解这些后,笔者认为本章至少说明了以下问题。首先,孔子是很善于分析观察弟子们的;其次,孔子并不因为弟子们资质和性格有这样或那样的缺陷就放弃他们,相反,通过孔子的教育他们均学有所成,这是不是就是孔子所谓的"有教无类"(详见15.39章)呢?这是不是"因材施教"的结果呢?这一点在11.22章中有更为明确的表述;第三,是不是也说明孔子之教旨在使人们不愚、不鲁、不辟、不喭呢?这一观点供参考。

【编意解】

编者意在通过本章集中记载的孔子对部分弟子资质和性格的评价,结合这些弟子的成就,表明孔子之教是有教无类。当然有教无类是有前提、有方法的,其中对受教之人的资质和性格的分析就是前提和方法之一。

11.19 子曰:"回也其庶乎,屡空。赐不受命,而货殖焉,亿则屡中。"

【译文】

孔子说:"颜回(的道德学问)接近于完善了吧,可是他常常贫困。端木赐(子贡)不接受命运的安排,去做买卖,猜测行情却常常猜中了。"

【注释】

庶,1.屋下众也。众多,特指人多。2.百姓、平民。3.几乎、将近、差不多。

4.旧时指家庭的旁支,与"嫡"相对。5.副词,表示可能或希望。

殖,1.殖膏久殖也。本义:脂膏因放置时间过久而变质。2.生长、繁殖。3.经商、从事买卖活动。4.种植。

亿,1.安也。本义:安宁。2.数目的名称。古代有时把十万叫亿,今以万万为亿。3.极多,极大。4.臆测、预料。

【原文解】

第一是对"回也其庶乎,屡空"的理解。这句话的字面意思是比较清楚的,问题是为什么颜回的"道德学问"那么好,却经常处于贫困?难道一个人的"道德学问"与他的财富是成反比的吗?当然不是。孔子的"道德学问"应该比颜回高吧,可孔子要比颜回富有得多。再说子贡,其"道德学问"虽比不上颜回,可要比一般人甚至大多数的孔门弟子强得多,而子贡可是个大富翁,其财富在当时可是数一数二的,这在《史记·货殖列传》有明确的记载。那是为什么呢?其实不为什么,因为"道德学问"跟贫富根本就没有什么直接的关系。本章孔子之语就是要打破人们将"道德学问"与贫富联系在一起的思维模式。其实贫富主要是由命运决定的,尤其是大富,俗话说"小富由勤,大富由命"。这里要强调说明的是,此句中的"空"有很多人将其理解为"虚中""虚心",含义同孔子之"空空如也"(详见9.8章)的空。如此理解后,本句的意思就变成了"颜回(的道德学问)接近于完善了吧,(那是因为他)经常能虚心。"这从本句的字面意思上讲不无道理,但笔者以为不妥,因为如此一来,则与后文不搭。

第二是对"赐不受命而货殖焉,亿则屡中"的理解。要准确理解本句,首先要对"不受命"有所理解,"不受命"的对立面就是"受命",就是听从天命的安排,顺其自然而无所求,"不受命"就是有所求。求什么?求富。其次是对"亿"有所理解,"亿"在本章是臆测、预料的意思,这一释义后来写作"臆"。"货殖"就是经商、做生意,《史记》中专门有一篇《货殖列传》。做生意当然要对行情有所臆测和预料。"亿则屡中"对于一个经商做生意的人来说想不富都不行,但重要的是"臆"本身就表明了一种不确定,准与不准在命。因此,子贡之富从某种意义上讲不是因其"不受命而货殖",而更多是"亿则屡中",因为因"不受命而货殖"的人古往今来很多,但像子贡那样富可敌国的人却是凤毛麟角。子贡之富乃命运使然。这时可能会有人问,如果子贡不求,他会富可敌国吗?关于求与得的问题,笔者认为孟子的话比较能说明问题。孟子说:"求则得之,舍则失之,是求有益于得也,求在我者也。求之有道,得之有命,是求无益于得也,求在

外者也。"《孟子·尽心上》

【编意解】

那么本章被编排在此的意义又是什么呢？这要对过去《论语》章节的编排有所了解。在过去有的版本的《论语》中，本章与上一章是合二为一，因此编者想说明的意思也与上一章相同，那就是无论受命的还是不受命的，贫的还是富的，孔子都教——有教无类。当然本章也有其特别的指向，那就是"与命"（详见9.1章）。应当说明的是，对命运的认同是孔子思想的一个十分重要的特点，孔子之教包含这些也是应有之义，理所当然。

11.20 子张问善人之道，子曰："不践迹，亦不入于室。"

【译文】

子张问成为善人的方法。孔子说："如果不沿着前人的脚印走，（其学问和修养）也就不到家。"

【注释】

践，1.履也。本义：踩、践踏。引申为踏上、登上。2.履行、实践。3.通"翦"，消灭、灭掉。

迹，1.脚印。引申为痕迹、遗迹。2.追踪行迹。3.推究、考察。

【原文解】

第一是对"善人之道"的理解。"善人之道"具体是什么意思？对此过去的学者有不同的理解，主要有两种，一种理解为做善人的方法；另一种理解为善人如何做？如何自处？这种理解将"善人"理解为品质好的人。笔者认为前一种理解简单、直白，而后一种理解则有些晦涩、牵强。但这些并不是很重要，重要的是孔子的回答。

第二是对"不践迹，亦不入于室"的理解。首先是"践迹"。"践迹"就是踏着、循着前人的足迹，就是向前人学习。其次是"入于室"，这在前面已经有所阐释（详见11.15章），就是达到很高甚至是最高的水平，用俗话说就是"到家了"。由此看来，孔子并没有直接回答子张的问题，而是说如何才有可能达到高水平。那么孔子如此回答说明了什么呢？笔者认为至少说明以下三点：一是孔子认为成为一个善人没有什么特别之法，只要你想成为一个善人就可以成为一个善人，或者说一个原本品质就好的人只要凭本性去做就可以了；二是如果你想成

为一个高水平甚至是最高的水平善人,要达到圣人的境界,那你就要"践迹",要向前人学习。这时可能有人会问,为什么? 前人又是向谁学习呢? 因为"入室"的路很长,而一个人的生命却是有限的,在"入室"的路途中如果你走了弯路、歧路,你可能在有生之年根本无法"入室"。而"不践迹"走弯路、歧路的可能性极大。至于前人又是向谁学习? 当然是前人的前人。孔子就是因此成为圣人的,不是吗? 这就是积累和传承。只有站在前人的肩膀上,才可能看得比前人更远。这道理很简单、明确,但要知道站在前人的肩膀上,这本身并不是一件容易的事。

这时可能有人会说,不是有"顿悟"吗? 什么是"顿悟"? 如果是指豁然开悟,那它也只是艰苦学习——"践迹"的结果而已;如果是指"生而知之",就连孔子也不是(详见7.20章),随着人类社会不断快速的发展,"生而知之"恐怕最终只是一个美丽的传说而已。

【编意解】

编者意在通过本章的故事,说明孔子之教旨在使人成为善人,一个"入室"的善人,而成为一个"入室"的善人的重要途径就是"践迹",向前人学习,吸取前人的经验教训。

11.21 子曰:"论笃是与,君子者乎? 色庄者乎?"

【译文】

孔子说:"(一个人)议论(问题时)忠实确凿应当赞许,(但还应看他)是君子呢? (还是仅仅是)神色庄重的人呢?"

【注释】

论,1.议也。本义:评论、研究。引申为议论、辩论。2.判罪。3.文章体裁的一种。4.通"伦",伦理、条理、顺序。

【原文解】

第一是对"论笃是与"的理解。首先是"论笃",关于"笃"前面已经有所注释(详见8.2章),是忠实、不虚伪、切实、确凿的意思。"论笃"就是一个人在发表评论、意见时,忠实确凿。过去有人将其解释为"口无择言",心里想的什么就说什么,不因利弊得失而择言,这很生动形象,也是忠的表现,当然值得赞许。其次是这里的"与",与"子罕言利与命与仁"中的"与"意思相同(详见9.1章)。

第二是对"君子者乎"的理解。"君子"是怎样做的呢?当然是"敏于事而慎于言"(详见1.14章)、"讷于言而敏于行"(详见4.24章)。也就是君子更侧重于行,要言行一致。

第三是对"色庄者乎"的理解。"论笃"却又不能言行一致,当然就是"色庄者",是装出来的。读到本章,笔者不禁想起孔子的另一句话,"始吾于人也,听其言而信其行;今吾于人也,听其言而观其行。于予与改是"(详见5.10章)。也就是说,对于一个人的认识,不能只"听其言而信其行",而要"听其言而观其行",只有这样才能真正认识这个人。

【编意解】

编者意在通过本章孔子之语,说明孔子之教旨在使人知人,而且能够知人。这很重要,只有能知人,才能与人更好的交往。

11.22 子路问:"闻斯行诸?"子曰:"有父兄在,如之何其闻斯行之?"冉有问:"闻斯行诸?"子曰:"闻斯行之。"公西华曰:"由也问闻斯行诸,子曰'有父兄在';求也问闻斯行诸,子曰'闻斯行之'。赤也惑,敢问。"子曰:"求也退,故进之。由也兼人,故退之。"

【译文】

子路问:"听到了(道理)就行动吗?"孔子说:"有父兄在,怎么能听到(道理)就行动呢?"冉有问:"听到了(道理)就行动吗?"孔子说:"听到了(道理)就行动。"公西华说:"仲由问'听到了(道理)就行动吗?'老师回答说'有父兄在';冉求问'听到了(道理)就行动吗?'老师回答说'听到了(道理)就行动'。我糊涂了,想问个明白。"孔子说:"冉求总是退缩,所以我鼓励他;仲由好胜过人,所以我约束他。"

【注释】

兼,1.并也。本义:一手执两禾。引申为同时进行几件事或具有几样东西。2.兼并、合并。3.倍、加倍。

兼人,胜过别人。表示一个人能干两个人的事。

【原文解】

第一是对"闻斯行"的理解。"闻斯行"的字面意思是听到了就行动。问题是听到什么就行动？当然是听到了道理，听到了应该做的事情，不可能是听到什么都行动。听到了道理，听到了应该做的事情就行动这有问题吗？似乎没有什么问题。问题是道理、应该做的事情很多，孝、悌、忠、信、礼、义、廉、耻都是我们应当做的，我们能做到面面俱到吗？不能。当发生冲突不能面面俱到时怎么办？当然就要"权"——权衡（详见9.30章）。

第二是对"有父兄在"的理解。"有父兄在"的字面意思就是父兄健在，这很好理解。问题是这说明了什么？说明的问题很简单，那就是我们要听父兄的话，不能自己想干什么就干什么，因为父兄的想法并不一定和自己的一样，而"孝悌"又是孔子思想中最重要的也是最根本的价值标准。也正因为如此，在"孝、悌、忠、信、礼、义、廉、耻"中，"孝、悌"是排在最前面的。但是也不能因此就认为只要"孝、悌"，其他都无足轻重，可有可无。因为一个人并不仅仅是生活在家里，还生活在社会中，父兄也不可能什么事都给予指导或指引。其实，过去对于"有父兄在"应当怎样做也是有比较明确的、原则性的要求的。《礼记·曲礼》有载："父母存，不许友以死，不有私财。"这时问题就来了，譬如说，救济穷人是应当做的，但救济穷人是要花费钱财的，而"父母存，不有私财"，按照古人的做法，应当禀明父母，父母同意则以父母的名义去做；如果父母不同意，就不要去做。否则就会有损于孝道，也可能陷父母于不义。所以，"有父兄在"就是说我们不能什么事都独断专行。

第三是对"求也退，故进之。由也兼人，故退之"的理解。

首先，"求也退"的字面意思是很清楚的，那就是冉求总是退缩。问题是说明了什么？笔者认为，根据前后文，说明冉求无论什么事情都会禀明父母，而且就是父母不反对，他也不一定就会马上做。

其次，"由也兼人"，就是说子路这个人比较超前，激进。这一点通过前面的学习我们应当是有所感知的，譬如"子路有闻，未之能行，唯恐有闻"（详见5.14章）。问题是说明了什么？笔者认为，根据前后文，说明子路并不是什么事情都会禀明父母的，甚至就是父母不同意，他也不一定就会停止不做。理解了这两点，则孔子的"进之""退之"也就很好理解了。

【编意解】

编者意在通过本章的故事，说明孔子之教是因材施教的，最终使人行中道。

11.23 子畏于匡，颜渊后。子曰："吾以女为死矣。"曰："子在，回何敢死！"

【译文】

孔子在匡地受到当地人围困，颜渊后来才逃出来。孔子说："我还以为你已经死了呢。"颜渊说："夫子在，我怎么敢死呢？"

【原文解】：

第一是对"子畏于匡"的理解。关于"子畏于匡"的史实，前面已经有比较详细的介绍（详见9.5章），这里不再赘述。要说明的是，孔子之所以在匡陷入危险，是因为被误认为阳虎，蒙不白之冤。

第二是对"吾以女为死矣"的理解。为什么孔子会有如此的以为？这还要从"子畏于匡"说起。孔子在匡地被误认为阳虎，蒙不白之冤而身陷险境，同时也必然连累到颜回。当一个人蒙如此不白之冤，会如何？可能的情况很多。但大的方面无非是蒙冤之人不堪羞辱而自杀；或奋起拼命反击，可在当时的情况下，这与自杀差不多；或委屈忍辱以求全，这颜回可能做不出来，况且也未必能求全；或者自证清白，这颜回做不到，因为实际上被冤枉的是孔子而不是颜回自己；或者进行贿赂以求释放，这颜回同样做不到，因为他很穷；或者尽量周旋趁机逃跑。因此孔子见颜回长时间未归，便以为他死了。

第三是对"子在，回何敢死"的理解。这句话的字面意思是很清楚的。问题是颜回凭什么认为孔子能够脱险？颜回在当时为什么没有想到过自杀或拼命？关于第一个问题，笔者认为基于两点，首先，颜回"与命"，孔子不是说了嘛，"文王既没，文不在兹乎？天之将丧斯文也，后死者不得与于斯文也；天之未丧斯文也，匡人其如予何？"其次，颜回相信孔子的智慧，一定能摆脱困境。关于第二个问题，笔者认为也基于两点，首先是礼的要求，《礼记·檀弓上》有载："死而不吊者三：畏、厌、溺。"意思是说，死了而不值得临吊的有三种情况：含冤不白而自裁者、行止危险之下被压死者（例如立于危墙之下）和游泳逞能被淹死者。基于这样的礼的规定，颜回在当时如果自杀或拼命，就可能得不到吊唁。其次是情的要求，前一章讲过，"父母存，不许友以死，不有私财"。颜回视孔子如父，既然颜回确认孔子尚在，他何以敢死。

【编意解】

编者意在通过本章,说明虽然生死由命,但我们并不能因此就无所事事或恣意妄为。生乃人之大欲,要知命,顺命,不要死于非命。孟子有云:"莫非命也,顺受其正。是故知命者,不立乎岩墙之下。尽其道而死者,正命也。桎梏死者,非正命也。"(《孟子·尽心上》)编者意在通过本章的故事,说明孔子之教旨在使人知命、重生。

11.24 季子然问:"仲由、冉求可谓大臣与?"子曰:"吾以子为异之问,曾由与求之问。所谓大臣者,以道事君,不可则止。今由与求也,可谓具臣矣。"曰:"然则从之者与?"子曰:"弑父与君,亦不从也。"

【译文】

季子然问:"仲由和冉求可以算是大臣吗?"孔子说:"我以为你是问别人,原来是问由和求呀。所谓大臣是用道的要求来侍奉君主,如果这样不行就停止不干了。现在由和求这两个人,只能算具备臣子基本的能力罢了。"季子然说:"那么他们会一切都跟着季氏干吗?"孔子说:"杀父亲、杀君主的事,他们也不会跟着干的。"

【注释】

季子然,季氏族人。

具,1.供置也。本义:准备饭食或酒席。泛指准备,备办。2.具备、完备。3.饭食、酒肴。4.全、都。5.陈述。6.器械、器具。7.才能、才干。

【原文解】

第一是对"所谓大臣者,以道事君,不可则止"的理解。首先是对"大臣"的理解。"大臣"有两方面的意思,一是指地位高的臣子,二是指品质、格局、境界和能力等方面高的臣子。在本章显然是指后者。应当说明的是,在过去人们对臣子的分类有很多种,譬如忠臣、贰臣、奸臣、能臣、贤臣、良臣、铮臣、佞臣、亲臣、近臣、宠臣、权臣、弄臣、幸臣,等等,当然也包括具臣。其中,笔者认为大臣是对臣子的最高评价。那么什么是大臣呢?这就牵扯到对"以道事君,不可则止"的理解了。这句话至少包含了两层意思:一是"以道事君",就要对道有正确的认知和践行,那就是德,并且按照这个德去侍奉君主,而不是一味地按照君主的意思或满足君主的愿望行事,这与孔子所谓的"为政以德"(详见2.1章)的为政理念是一脉相承的。这也就是说大臣要有德、有大德,依道而行,同时不考虑或少考虑君主的个人好恶、利害。二是"不可则止",就是不曲迎奉承以害道。这与孔子的"无求生以害仁,有杀身以成仁"(详见15.9章)、"用之则行,舍之则藏"(详见7.11章)的处世理念也是一脉相承的。其实孔子也是这么做的。

第二是对"具臣"的理解。据朱熹注:"具臣,谓备臣数而已。"就是具备了作为臣子应有的基本的要求而已,刚合格。这说明了什么呢?为什么会有此疑问呢?因为在孔子的弟子当中,子路和冉有是以政事著称的(详见11.3章),也是孔子的得意门生,而孔子在此对两人的评价却并不是很高(其实并不算低了),这在二人为季氏服务的过程中的表现已经有充分的证明。但问题是他们是在为季氏服务,通过前面的学习,我们知道季氏是一个有悖逆之心的、不守礼的人,为这样的人服务,在孔子来说就根本谈不上"以道事君,不可则止",谈不上是大臣。这也是孔子对他们的警示。

第三是对"弑父与君,亦不从也"的理解。首先要了解这个"从"字。"从"就是服从、顺从的意思。服从、顺从君主或上级的意志是作为臣子或下属应遵循的基本原则,这很明确。前面孔子在说大臣的时候,说大臣"不可则止",而子路和冉有不是大臣,因此季子然便认为子路和冉有不会"不可则止",什么都会服从、顺从季氏,也因此便有前面"然则从之者与"之问。其次是"弑父与君",这很好理解,就是反叛,这从根本上违反了孔子的仁道原则,当然同时也违反了臣道。因此孔子认为他的学生是不可能做出违背这一根本原则的事,此回答说明了孔子对于自己的思想、教育和学生的自信。那么孔子的这一回答还说明了什么呢?笔者认为至少还说明了以下两点,一是作为臣子或下属,行事是应当有底线的,这个底线就是不能"弑父与君",因为臣子或下属是人,不是奴隶或物品。二是警告那些所谓的君主或上级,行事也应当要有底线,不可为所欲为,否则可能就会众叛亲离。

【编意解】

编者意在通过本章孔子之语,说明孔子之教旨在使人知为臣或下属之道,最好是"以道事君,不可则止",再不济也不能"弑父与君"。那么为君、为领导之道呢?笔者认为其实已包含在其中了。因为在现实当中,上级领导总是其他上级领导的下级,从而知道下级可能会怎样做,从另一个方面讲,也就应当知道领导应当怎样当,不是吗?说到这里,不禁使人感觉本章"弑父与君,亦不从也"

的意思或说明的问题与11.17章的意思有所重复,但其中还是有明显差别的,这应当细细体会。

11.25 子路使子羔为费宰。子曰:"贼夫人之子。"子路曰:"有民人焉,有社稷焉,何必读书,然后为学?"子曰:"是故恶夫佞者。"

【译文】

子路让子羔去做费地的长官。孔子说:"这简直是害人子弟。"子路说:"那个地方有老百姓,有社稷,(治理百姓和祭祀神灵都是学习),难道一定要读书才算学习吗?"孔子说:"所以我讨厌那种花言巧语狡辩的人。"

【注释】

贼,1.败也。本义:残害、伤害、杀害。2.害人的人。3.偷窃或抢劫的人(先秦两汉时期,"盗"多指偷窃者。"贼"多指抢劫财物者,后来才指偷窃者)。4.对敌人的蔑称。5.残暴、狠毒。

【原文解】

本章的字面意思比较清楚,要深刻理解还要注意以两个方面。

第一是对"贼夫人之子"的理解。这里的"贼"不是现在指的偷或偷窃的人,而是指残害、伤害的意思,因此孔子的这句话说的是很重的,意思是说子路让子羔去做费地的长官是在害人,受害人直接指向子羔,隐含的指向还包括费地的老百姓。问题是孔子为什么这样说呢? 首先,从前后文来看,是因为子羔还没有经过学习或者是还没有学好。而我们知道,孔子是主张先学习,后做官的——"吾从先进"(详见11.1章);其次,"为费宰"就是从政为官,而且是一个不小的官,为官就要为政,政乃众人之事,乃事之大者。一个没有经过学习或者是还没有学好的人为官为政,犯错误、犯大错误的概率就会大大增加,而这种为官为政的错误,受到伤害的首先是老百姓,有些错误也不是为官为政的人自己所能承担的,这应当很好理解。这就好比一个没有学过如何用刀的人,你却让他拿一把牛刀去杀牛,伤得真还不知道是谁呢?

第二是对"有民人焉,有社稷焉,何必读书,然后为学"的理解。其直接表述的意思就是,可以在做中学、边做边学,其隐含的意思就是说,最初从政为官的人向谁学呢? 最初杀牛的人是怎样杀的? 况且现实当中不是有很多人没有学习就当官吗？——"后进于礼乐"（详见11.1章），不是也干得不错吗？这似乎很有道理，但也仅仅是似乎而已。因为子路没有看到最初从政为官的人所付出的代价，百姓受了多少苦，自己受了多少责难；没有体会到最初杀牛的人是以怎样的心情面对牛和手中的刀的；没有实际考察一下那些在"后进于礼乐"的人治理下的情况到底是怎样的，有多少是成功的，又有多少是失败的。最初从政为官的、最初杀牛的人那是没办法，可在孔子之时呢？前人已经总结了那么多的经验教训，放着不学岂不是可惜？！岂不是愚蠢？！岂不是居心叵测？！所以孔子说子路是在花言巧语地狡辩——"是故恶夫佞者"。

【编意解】

编者意在通过本章孔子之语，说明孔子之教旨在使人知道如何做事，更准确地说是如何为官为政，即应当先学后做。

11.26 子路、曾晳、冉有、公西华侍坐。子曰："以吾一日长乎尔，毋吾以也。居则曰'不吾知也！'如或知尔，则何以哉？"子路率尔而对曰："千乘之国，摄乎大国之间，加之以师旅，因之以饥馑；由也为之，比及三年，可使有勇，且知方也。"夫子哂之。"求！尔何如？"对曰："方六七十，如五六十，求也为之，比及三年，可使足民。如其礼乐，以俟君子。""赤！尔何如？"对曰："非曰能之，愿学焉。宗庙之事，如会同，端章甫，愿为小相焉。""点！尔何如？"鼓瑟希，铿尔，舍瑟而作，对曰："异乎三子者之撰。"子曰："何伤乎？亦各言其志也。"曰："莫春者，春服既成，冠者五六人，童子六七人，浴乎沂，风乎舞雩，咏而归。"夫子喟然叹曰："吾与点也！"三子者出，曾晳后。曾晳曰："夫三子者之言何如？"子曰："亦各言其志也已矣。"曰："夫子何哂由也？"曰："为国以礼，其言不让，是故哂之。""唯求则非邦也与？""安见方六七十、如五六十而非邦也者？""唯赤则非邦也与？""宗庙会同，非诸侯而何？赤也为之小，孰能为之大？"

【译文】

子路、曾皙、冉有、公西华四个人陪孔子坐着。孔子说:"我年龄比你们大一些,不要因为我年长而不敢说。你们平时总说:'没有人了解我呀!'假如有人了解你们,那你们要怎样去做呢?"子路率先答道:"一个拥有一千辆兵车的国家,夹处在大国中间,常常受到别的国家侵犯,加上国内又闹饥荒,让我去治理,只要三年,就可以使人们勇敢善战,而且知道(今后的)方向。"孔子听了,微微一笑。孔子又问:"冉求,你怎么样呢?"冉求答道:"国土有六七十里或五六十里见方的国家,让我去治理,三年以后,就可以使百姓饱暖。至于这个国家的礼乐教化,就要等君子来施行了。"孔子又问:"公西赤,你怎么样?"公西赤答道:"我不敢说能做到,而是愿意学习。在宗庙祭祀的活动中,或者在同别国的盟会中,我愿意穿着礼服,戴着礼帽,做一个小小的辅助人。"孔子又问:"曾点,你怎么样呢?"这时曾点弹瑟的声音逐渐放慢,接着"铿"的一声,推开瑟站起来,回答说:"我想的和他们三位不一样。"孔子说:"那有什么关系呢?也就是各人讲自己的志向而已。"曾皙说:"暮春时节,已经穿上了春天的衣服,我和五六位成年人,六七个少年,去沂河里洗洗澡,在舞雩台上吹吹风,一路唱着歌走回来。"孔子长叹一声说:"我是赞成曾皙的想法的。"子路、冉有、公西华三个人都退出去,曾皙后走。他问孔子说:"他们三人说的怎么样?"孔子说:"也就是各自谈谈自己的志向罢了。"曾皙说:"夫子为什么要笑仲由呢?"孔子说:"治理国家用礼让,可是他说话一点也不谦让,所以我笑他。"曾皙又问:"那么是不是冉求讲的不是治理国家呢?"孔子说:"哪里见得六七十里或五六十里见方的地方就不是国家呢?"曾皙又问:"公西赤讲的不是治理国家吗?"孔子说:"宗庙祭祀和诸侯会盟,这不是诸侯的事又是什么?像赤这样的人,如果只能做一个小相,那谁又能做大相呢?"

【注释】

曾皙,又称曾点,字子皙,曾参之父,孔子早期弟子,笃信孔子学说。

哂(shěn),微笑。引申为讥笑。

俟,1.大也。本义:大。2.等待、等候。

会同,诸侯时见曰会,众眺曰同,此处指重大的仪式或会盟。

端,此处指玄端服,周朝时的一种礼服。

章甫,礼冠,周朝时的一种礼帽。

相(xiang),1.省视也。本义:察看、仔细看。2.容貌、相貌。3.辅助、帮助。

4. 古代辅佐帝王的大臣。后专指宰相。5. 古代主持礼节仪式的人。6.(xiāng),质地。7. 交互、相互。

铿(kēng):1.象声词,指比较响的声音。2.撞击。

撰(zhuàn),1. 具备。2. 编集。3. 写作。4. 持、拿;5.(xuǎn),通"选",选择。

舞雩(wǔyú),鲁国求雨的坛,现在曲阜县东。古代求雨祭天,设坛命女巫为舞,故称舞雩。

雩,古代求雨的一种祭祀。

【原文解】

本章尽管很长,也正因为如此,其字面意思相对比较清楚,但要深刻理解还要注意:

第一是本章所列四个弟子所言,都说明了什么？这里只做个方向性的说明,子路之志(或能)在于兵;冉有之志(或能)在于农;公西华之志(或能)在于礼;至于曾皙之志(或能),笔者认为在于乐。而在过去,"兵农礼乐"被认为是治国最根本也是最主要的方面。

第二是对"吾与点也"的理解。这句话的字面意思是十分清楚的,问题是为什么？对此过去的学者多有争论,各执己见,但多是对曾皙之志(或能)的不以为然,之所以得到孔子的赞同实有别因。主要理由是,曾皙之志(或能)是自得其乐,曾皙是一个狂士,虽是孔子的弟子,但在实际中学问能力也没有什么表现,孔子之所以赞同曾皙观点,是孔子一生不得志的感慨。对此笔者不能苟同,才疏不影响其志大。要深刻理解孔子的"吾与点也",首先要深刻了解曾皙的志向,那就是"莫春者,春服既成,冠者五六人,童子六七人,浴乎沂,风乎舞雩,咏而归"。这说明了什么？是自得其乐。这不假,但也不完全。"莫春"时节,作为农业社会是最需要雨水的,"舞雩"乃求雨之所,到"舞雩"必有求雨之意。"冠者"是指成年人,能走到一起当然是朋友——志同道合者,干什么？当然是交流切磋。"童子"是未成年人,带着未成年人干什么？当然是对他们进行言传身教。"咏"是唱歌,同时我们也应了解到,在其他三个人阐述自己志向的时候曾皙是在干什么？在弹琴。这些都是乐或是与乐相关。说到这里,笔者不禁想起《论语》第一篇第一章中孔子的话:"学而时习之,不亦说乎？有朋自远方来,不亦乐乎？人不知而不愠,不亦君子乎？"以及孔子的一生。学难道不是为了自己吗？有朋友难道不是一件快乐的事吗？人们不能理解又怎样呢？曾皙一介布

衣,在当时的社会能有多大的作为,但其能以一己之力为民求雨不也是对圣人之道的践行吗？能以一己之力教教学生——童子,不也是在传播圣人之道吗？以乐——"鼓瑟""咏"行事难道不是志于乐吗？这与孔子的一生所为不是很合吗？当然,曾晳在实际做的过程中可能没有那么好,但也不是很差,其子曾参就是一例,因为父亲是孩子第一个老师。但这不会也不应妨碍曾晳之志是高的、大的、好的,当然也不会妨碍孔子对其志的赞同。

【编意解】

本章是本篇的最后一章,编者意在通过本章的故事,总说孔子之教的目的,那就是使人知道学者为己,使人在"兵农礼乐"这些根本的、主要的方面有真才实学。

颜渊第十二

12.1 颜渊问仁。子曰："克己复礼为仁。一日克己复礼,天下归仁焉。为仁由己,而由人乎哉?"颜渊曰:"请问其目。"子曰:"非礼勿视,非礼勿听,非礼勿言,非礼勿动。"颜渊曰:"回虽不敏,请事斯语矣。"

【译文】

颜渊问怎样做才是仁。孔子说:"克制住自己(的贪欲),回归到礼的要求(去做),这就是仁。一旦做到了克己复礼,天下的都归于仁了。实行仁德,关键在于自己,难道还在于别人吗?"颜渊说:"请问践行仁的条目。"孔子说:"不合于礼的不要看,不合于礼的不要听,不合于礼的不要说,不合于礼的不要做。"颜渊说:"我虽然不聪明,也会照您的这些话去做。"

【注释】

克,1.肩也。本义:胜任、能够。2.战胜、攻破。3.克制、约束。4.约定或限定(时间)。

目,1.人眼,象形。本义:眼睛。2.看、注视。引申为递眼色、使眼色。3.网眼。4.条目、细目。5.名称。

【原文解】

第一是对"克己复礼为仁"的理解。这句话的字面意思是很清楚的,那就是克制住自己,一切都照着礼的要求去做,这就是仁。

问题是克制住自己什么?过去有人认为是欲望。但问题是人们不应该有欲望吗?人们可能没有欲望吗?答案明显是否定的。朱熹认为是指私欲。但什么又是私欲呢?判断的标准又是什么呢?朱熹没有说清楚。笔者认为是不符合礼的欲望、想法和行动,也就是贪欲——过分的欲望。

那什么又是礼呢?关于礼前面已经介绍了很多了,就是法律制度和行为规范。这时可能就会有人问,这个礼是谁定的?是国家,是统治者。历朝历代有

那么多的国家和那么多统治者,制定过许许多多的礼,我们要遵循哪一个呢?这确实是一个问题。在孔子来说就是周礼,原因是周礼是鉴于夏、商二代,并在实践中取得了很好效果的,用现在的话讲,就是历史形成的并经过历史检验的。这时可能又会有人问,难道我们现在还要遵循周礼吗?当然不是。但应当有所借鉴应该是没有问题的,尽管世界已经有了很大的变化,但无论世界怎样变,人还是那个人、人性还是那个人性,这是亘古不变的。也正因此,朱熹将这里的"礼"解释为"理",即"天理之文节",而将"仁"解释为"本心之全德"。笔者深以为然。那么"礼"和"理"有什么区别和联系呢?其实这也很明显,"礼"是人定的,有着现时的强制性;而"理"是天然的,存在于人们的心中,有着长久的强制性。当"礼"和"理"相符时,"礼"就是"天理之文节";当"礼"和"理"不相符时,"礼"就仅仅是"礼"——人们(更准确地说是少数统治者)主观制定的法律制度和行为规范,而理还是理。

如此一来这句话就很好理解了,我们的欲望、想法和行动必须要在法律制度和行为规范规定的范围内,只有这样我们才可能和谐相处,我们才可能对自己的活动有预知,才可能真正的率性。否则就会害人害己,手足无措、郁郁寡欢,还有何"仁"可言?当然,这里的法律制度和行为规范最好是符合"理"的。

第二是对"一日克己复礼,天下归仁焉"的理解。对这句话的理解主要是要搞清楚是谁"一日克己复礼"?不是某个人,而是整个天下的人。否则孔子能"一日克己复礼",而且不止"一日克己复礼",但天下并没有因此"归仁焉"。那这句话又说明了什么呢?说明要使天下归仁并不困难,只要人人尊礼就可以了。当然要想人人尊礼,那这个礼必须是符合"理"的。否则不可能人人尊重礼,甚至人人守礼都不可能,结果必乱,无仁可言。

第三是对"为仁由己"的理解。这句话的字面意思过去有人理解为践行仁德,完全在于自己。笔者认为这太过绝对。首先"克己复礼",这礼是谁定的?难道不是外在的吗?当然这似乎有些抬杠;其次,以颜回之贤,尚要"问仁",何况他人。无人教之,也可能不知如何为仁。但这些并不妨碍"克己"是最核心的问题,也是最难的事,因为学礼、知礼、守礼,甚至尊礼、辨礼完全在于自己,因此笔者认为本句应理解为:践行仁德,关键在于自己。

第四是对"非礼勿视,非礼勿听,非礼勿言,非礼勿动"的理解。这句话的字面意思是很清楚的,那就是人们的视、听、言、动都要符合礼的规定。这里要着重说明的是,这里的"勿"有十分明显的禁止的意思,这也就是"克"的体现。

【编意解】

通览本篇,笔者认为,编者意在通过对孔子与弟子的言行的记载,说明如何为仁,也就是如何才能做到仁。而本章被编排在此,编者意在通过孔子之语,告诉我们,就自身而言为仁的原则——"克己复礼",以及其条目——"非礼勿视,非礼勿听,非礼勿言,非礼勿动",并强调关键在自己。

12.2 仲弓问仁。子曰:"出门如见大宾,使民如承大祭。己所不欲,勿施于人。在邦无怨,在家无怨。"仲弓曰:"雍虽不敏,请事斯语矣。"

【译文】

仲弓问(怎样做才是)仁。孔子说:"出门办事如同接待尊贵的宾客,使唤百姓如同进行重大的祭祀,(都要认真严肃——敬)。自己不愿(接受)的,不要对别人做。做到在诸侯的朝廷上没人怨恨(自己);在卿大夫的封地里也没人怨恨(自己)。"仲弓说:"我虽然笨,也要照您的话去做。"

【原文解】

第一是对"出门如见大宾,使民如承大祭"的理解。首先,"出门"是去干什么?一般来讲就是出门办事(包括办理政事),或是去会晤他人,这在广义上讲也是办事。当然,也有人去串门甚至是游玩、晒太阳。但本章是仲弓也就是冉雍在问仁,孔子之答不会如此无聊。如此一来这句话的字面意思就十分清楚了,问题是这说明了什么?这就要了解"见大宾""承大祭"时人们会怎样,当然就是一个敬了,充满了诚敬之意。这也就是一个人办事情应有的态度,只有这样才有可能将事情办成、办好。

第二是对"己所不欲,勿施于人"的理解。关于这句话的意思及含义前面已经有所阐述(详见5.12章),这里要再次强调说明的是,这个"勿"是有禁止的意思的。谁来禁止?当然是自己禁止,这不就是"克己"吗?"己所不欲,勿施于人"就是恕道,这也就是说做事要秉持恕道。

第三是对"在邦无怨,在家无怨"的理解。要深刻理解这句话,首先要对"邦"和"家"有所理解。这里的邦就是国的意思,但与现代意义上的国家不同,是指诸侯国;这里的家就是指大夫之家,也就是指诸侯国中大夫所统辖的区域,比诸侯国要小很多,与现代意义上的家不同,相当于一个人的家乡、故乡。如此

一来这句话的字面意思就十分清楚了,问题是这说明了什么?"在邦无怨,在家无怨"是一种状态,也是一种结果,是什么的结果呢?当然是"己所不欲,勿施于人"的结果,也就是真正地、正确地做到"己所不欲,勿施于人"的结果。要说明的是,这里是"无怨",而不是满意,这其中是有明显区别的,做到人人都满意是不可能的。尽管如此,这种状态或结果也是非常难得的。

【编意解】

编者意在通过本章孔子之语,说明"为仁"在做事方面的具体原则,那就是首先要有一个诚敬的态度,其次在实际办事过程中要用恕道,最终要达到无怨的状态。

12.3 司马牛问仁。子曰:"仁者,其言也讱。"曰:"其言也讱,斯谓之仁已乎?"子曰:"为之难,言之得无讱乎?"

【译文】

司马牛问怎样做才是仁。孔子说:"仁人说话是慎重的。"司马牛说:"说话慎重,这就叫作仁了吗?"孔子说:"做起来很困难,说起来能不慎重吗?"

【注释】

司马牛,复姓司马,名耕,一名犁,字子牛,宋国人,孔子的弟子,《左传》载为宋国大夫桓魋的弟弟。桓魋得宠于宋景公而势力壮大,后反叛,失败后逃跑,司马牛也被迫离宋逃亡到齐、鲁。

讱(rèn),顿也。本义:说话谨慎。

【原文解】

本章的字面意思是比较清楚的,要深刻理解其含义应注意对"为之难,言之得无讱乎"的认知。什么是"为之难"?当然是践行仁或者仁道,这我们通过前面的学习应有所体会。在此应着重说明的是,笔者认为此处的"难"包含两个方面,一是知之难,二是行之更难。有此了解,则对于"言之得无讱乎"就比较好理解了,知之难,行之更难,轻而言之,说错了或者说了做不到怎么办?因此,孔子经常强调"慎于言""讱于言"。但是这就真的能回答司马牛那个"斯谓之仁已乎"的问题了吗?真的如此简单?当然不。这可能是司马牛平时轻于言说,孔子是针对其自身特质进行的回答。据《史记·仲尼弟子列传》载,"牛多言而躁"。不可否认,孔子认为一个仁者应当是"其言也讱"的,这是一个仁者应有的表现之一。

【编意解】

编者意在通过本章孔子之语,说明"为仁"的一个重要表现就是"其言也讱",其原因是"为之难","其言也讱"本质就要是谨慎。

12.4 司马牛问君子。子曰:"君子不忧不惧。"曰:"不忧不惧,斯谓之君子已乎?"子曰:"内省不疚,夫何忧何惧?"

【译文】

司马牛问(怎样做是一个)君子,孔子说:"君子不忧愁,不恐惧。"司马牛说:"不忧愁,不恐惧,这样就可以叫作君子了吗?"孔子说:"自己问心无愧,那还有什么忧愁和恐惧呢?"

【注释】

疚,1.本义:久病。2.忧苦、内心痛苦。

【原文解】

第一是对"君子"的理解。关于"君子",前面我们已经做了比较多的阐述,简单地说,这里的"君子"就是成就了德行的人。这里要强调说明的是,"仁"就是仁道、仁德,在孔子看来,"君子"必然是成就了仁道、仁德的人,也就是做到"仁"的人,这一点应该是没有问题的,因此"司马牛问君子",在本章也可以理解为"司马牛问仁"。

第二是对"内省不疚,夫何忧何惧"的理解。"内省不疚"是"不忧不惧"的原因,"不忧不惧"是"内省不疚"的结果,也是一种状态。问题是如何才能"内省不疚"？这就要有一个标准。什么标准呢？这因人而异,从孔子的思想来说就是"仁道"。行为符合自己的价值标准当然就"不疚"。但是应当注意的是,这里还有一个"内省","内省不疚"就是要求一个人的行为,无论是明里的还是暗里的都要符合这个标准。也就是说要达到"内省不疚",至少要有两个条件,那就是一要有自己的标准,二要做到"慎其独也"(《中庸》)。应当强调说明的是,这两个条件都非常难做到。这时同样会有一个问题,那就是真的如此简单？当然不。这可能是司马牛平时多有忧惧,孔子才有如此回答。同样不可否认的是,孔子认为一个仁者应当是"不忧不惧"的,这是一个仁者应有的表现之一,即"君子坦荡荡"(详见7.37章)。

【编意解】

编者意在通过本章孔子之语,说明"为仁"的另一个重要表现,就是"不忧不惧",其原因是"内省不疚"。那么如何做才能"内省不疚"呢?笔者认为至少要诚实地对待自己,只有如此,才能有自己真正认可的价值标准,也才能真正地按这个标准去做,无论是明里还是暗里。

12.5 司马牛忧曰:"人皆有兄弟,我独亡。"子夏曰:"商闻之矣:死生有命,富贵在天。君子敬而无失,与人恭而有礼,四海之内皆兄弟也。君子何患乎无兄弟也?"

【译文】

司马牛忧愁地说:"别人都有兄弟,唯独我没有。"子夏说:"我听说过:'死生有命,富贵在天。'君子只要对待所做的事情严肃认真,不出差错,对人恭敬而合乎礼的规定,那么天下人就都是自己的兄弟了。君子何愁没有兄弟呢?"

【原文解】

第一是对"人皆有兄弟,我独亡"的理解。为什么司马牛有此一说?其实,司马牛实际上是有兄弟的,其兄弟因为叛乱失败而逃亡,身陷不测。而叛乱就是犯上作乱,在儒家的思想中这是非常错误的,因此司马牛有此一忧,有此一说。

第二是对"商闻之矣:'死生有命,富贵在天。'"的理解。首先"商闻之矣",这说明以下之语是子夏听说并认同的,听谁说的?过去的学者一般都认为是孔子说的,这一点通过前面的学习应该是准确的;其次是"死生有命,富贵在天",关于这句话的意思,通过之前的学习,其意思应当是不难理解的。问题是子夏为什么会对司马牛说这句话?这就要了解一下司马牛的人生经历。司马牛原来在宋国是比较富有和尊贵的,有自己的封邑。其兄弟因为叛乱而逃亡,身陷不测,自己也被迫逃亡,身陷不测,最后司马牛在逃亡途中死于鲁国国都的外城门外——"卒于鲁郭门之外"(《左传》哀公十四年),自己的封邑也交了回去,变得贫贱了。

第三是对"君子敬而无失,与人恭而有礼"的理解。首先,对本章中的"君子"的理解应同上一章,不再赘述。其次,是"敬而无失,与人恭而有礼"这句话的意思是很明确的,但笔者读到此不禁想起了上一章的"内省不疚",本章此句实际上是对"内省不疚"在待人处事方面的说明和具体化,君子仁人要以恭敬的态度来待人处事,要达到守礼而无失的结果或状态。应当说明的是,本章这句话虽然是对"内省不疚"在待人处事方面的说明和具体化,似乎更明确了,更有操作性了,但也似乎并不那么全面了。事物往往就是这样。

　　第四是对"四海之内皆兄弟也"的理解。这句话是比较有争议的。有人说这不符合孔子的思想,如果司马牛没有父母,那是不是四海之内皆父母了呢?父母就是父母,兄弟就是兄弟,不能推而广之,否则就是兼爱——爱无差等,而孔子的思想是主张爱有差等的。这也是符合人性的,谁能爱别人如同爱自己的父母、子女、兄弟?不可能。笔者认为,这种理解虽有一定的道理,但过于僵硬和刻板。这不过是子夏对司马牛之忧宽慰之辞,没有那么离谱和严重。为什么会"四海之内皆兄弟也"?无非是人们对"敬而无失,与人恭而有礼"都是认同的,认同的人就是志同道合的人,就是真正的朋友、知己,将真正的朋友、知己比喻成自己的兄弟也没有什么不妥嘛。

【编意解】

　　编者意在通过本章,说明"为仁"的另一个重要表现,就是要知道"死生有命,富贵在天",也就是"与命"(详见9.1章),同时也告知我们,为仁者要"敬而无失,与人恭而有礼"。

12.6 子张问明。子曰:"浸润之谮,肤受之愬,不行焉,可谓明也已矣。浸润之谮、肤受之愬,不行焉,可谓远也已矣。"

【译文】

　　子张问(怎样做才算是)明智。孔子说:"像水润物那样暗中挑拨的坏话,像切肤那样直接的诽谤,在你那里都行不通,那你可以算是明智的了。暗中挑拨的坏话和直接的诽谤,在你那里都行不通,那你可以算是有远见的了。"

【注释】

　　明,1.照也。本义:明亮,与"昏暗"相对。2.照亮。3.明白、清楚、明显。4.证明、说明、阐明。5.明确。<u>6.英明、高明、明智</u>。7.视力、视力好。8.次、下一个,专指年或日。

　　浸,1.(jìn),浸水也。本义:古水名,浸水。2.(jìn),泡、淹没。3.(jìn),灌溉,引申为润泽、滋润。4.(jìn),大水、湖泽。5.(jìn),渐渐、逐渐。<u>6.(qīn),渗</u>

入、渗透。

润，1.水曰润下。渍也。本义：雨水下流，滋润万物。2.潮湿。引申为润泽、光润。3.雨水。

谮(zèn)，谗也。本义：无中生有地说人坏话，诬陷别人。

愬，1.(sù)，同"诉"，诉说、诉苦。2.(sù)，进谗言、诽谤。3.(sù)，向。4.(suò)，恐惧的样子。

【原文解】

第一是对"浸润之谮"的理解。这句话的字面意思是很清楚的。这里的"谮"是说坏话，挑拨是非，总之是不实之言而且有恶意。问题是这些话并不一定是难听的话，相反往往是好听的话，我们如何才能辨别进而不为所动呢？这就要求我们自身对事物有一个清晰而准确的认识，有一个坚定而明确的是非标准。而这往往是非常困难的。希特勒的宣传部长戈贝尔有一句名言，"谎言说一千遍就是真理"。这句话虽然十分荒唐，但却道出了一个事实。为什么谎言就成了"真理"呢？因为普通的老百姓都相信了，也就是大多数人相信了。为什么相信呢？因为他们对事物没有一个清晰而准确的认识，没有一个坚定而明确的是非标准。同时，这个谎言被说了一千遍，开始这些人不相信，后来就开始怀疑了，最终相信了。

第二是对"肤受之愬"的理解。这句话的字面意思也是很清楚的。这里要说明的是，"肤受"就是皮肤直接地感受到，直接地感受到什么？感受到了利、害。更重要的是，这种感受十分真切而直接。在这种真切而直接的利、害面前，人们往往对事物原有的清晰而准确的认识，坚定而明确的是非标准，就会在现实的、明确的利、害面前变得模糊、动摇。同时这也说明，这些人的认识并不那么清晰而准确，是非标准不是那么明确而坚定。在利害面前不为所动并不是每个人都能做到的，更不用说"杀身成仁""舍生取义"了。

第三是对"明"与"远"的理解。"远"是"明"的另一种表现，是"明"更高的境界。人们要认清一个事物，当然要对这个事物进行研究，但仅仅只对这个事物进行研究是不够的，还要对与这个事物相关的事物，甚至整个世界进行一定的研究和认识，这往往需要人们离开这个事物，在远处看一看，只有这样才能看清这个事物的全貌，才能看清这个事物与其他事物的关系，才能看清这个事物在世界中的位置。也只有这样，我们才能真正地对事物有一个清晰而准确的认识，有一个坚定而明确的是非标准。进而才能做到"浸润之谮，肤受之愬，不行焉",进而才能叫"明",才能叫"远"。

【编意解】

编者意在通过孔子本章之语,说明"为仁"的一个重要条件,那就是要"明"、要"远",而"明"与"远"的表现就是"浸润之谮,肤受之愬,不行焉"。要实际做到这一点,笔者认为,其条件是对事物有清晰而准确的认识,有坚定而明确的是非标准。而这就要求我们不断地学习、研究和心理历练。

12.7 子贡问政。子曰:"足食,足兵,民信之矣。"子贡曰:"必不得已而去,于斯三者何先?"曰:"去兵。"子贡曰:"必不得已而去,于斯二者何先?"曰:"去食。自古皆有死,民无信不立。"

【译文】

子贡问如何为(仁)政。孔子说:"粮食充足,军备充足,老百姓信任(统治者)。"子贡说:"如果不得不去掉一项,那么在三项中先去掉哪一项呢?"孔子说:"去掉军备。"子贡说:"如果不得不再去掉一项,那么这两项中去掉哪一项呢?"孔子说:"去掉粮食。自古以来人总是要死的,如果老百姓(对统治者)不信任,那么国家就不能存在了。"

【原文解】

第一是对"政"的理解。关于"政"的含义,前面已经有过多次的介绍和阐述,简单地说就是众人之事,事之大者。问题是本章是子贡问政、孔子答。而孔子是认同仁道的,因此孔子的回答应当视为如何为仁政。

第二是对"足食,足兵,民信"的理解。这是孔子回答子贡问政的内容,其字面意思十分清楚,也是为仁政应有之义,这很好理解。问题在于这三者之间的联系是什么?

首先是"足兵"。"足兵"就是军备充足,只有"足兵"才能有效保卫自己的国家和人民,这道理很简单。但是如何算是充足呢?笔者认为无非是四个方面,一是要有足够的人员,二是要有好的武备(兵器和粮草),三是要有好的训练,四是军队有奋战的决心。这里要说明的是,在过去军队的人员基本都是来自于民众,是民众的一部分,武器也都是冷兵器(刀剑),比民众手里的棍棒强不了多少,一个训练有素的士兵也抵挡不了几个农民,而是否有奋战的决心则完

全取决于民众对统治者的信任,因此,当时的军备是否充足主要取决于民众的多少及民众对统治者的信任程度。这也是子贡问:"必不得已而去,于斯三者何先?"孔子说"去兵",而又不做任何解释的重要原因。陈胜吴广揭竿而起,便瞬间推翻了刚刚"振长策而御宇内,吞二周而亡诸侯,履至尊而制六合,执敲扑而鞭笞天下,威振四海"(贾谊《过秦论》)的大秦王朝就是一例。那么现在呢? 随着科技的突飞猛进,武器装备和人员训练对军备的充足与否有着越来越大的影响,但这也仅仅是量上的改变,质并没有改变,因为军队的人员仍基本是来自于民众,奋战的决心仍取决于民众对统治者的信任,这两个关键因素仍然如此。武备强大的前苏联的瞬间解体就是一例。

其次是"足食"。"足食"就是粮食充足。国家"足食"才能更好地供养军队抵御侵略,才有存在的可能。问题是食从何来? 当然是从民众的劳动中来。如何才能充足? 无非是两种方式,一是加大征收,二是增加产量。前者是涸泽而渔,自取灭亡,后者则必须要调动民众的积极性,而调动民众的积极性一个十分重要的条件就是取信于民,这道理很简单。

最后是"民信"。"民信"就是民众的信任,就是取信于民,这是为政的基础和关键。没有民众的信任如何为政? 仅仅靠手中的鞭子吗? 中国历代王朝的覆灭充分说明了这一点。同时,没有民众的信任,又如何能"兵足""食足"呢?

第三是对"去食。自古皆有死,民无信不立"的理解。读到这句话可能会使人产生疑问,民以食为天,没有了粮食人就会饿死,人都死了,还谈什么政、仁政? 这样的理解过于狭隘。首先,前面说的是"足食",而这里的"去食",准确地讲应当是去"足食",去"足食"不等于是没有粮食,而应该是粮食短缺,一个民信的国家或社会怎么可能没有粮食和军队呢? 当然,粮食短缺也是很可能要饿死人的,但绝对不是全部,甚至不会是大部。历史上有很多国家和政府,在大饥荒的灾难面前都挺了过来,这样的记载并不在少数;其次,"民无信"就不可能为政了,更不用说是为仁政了,那么民众则必然会生活在一个无政府、无秩序的状态下,必乱。在这种状态下,即使"足食",也无法保证人人都能吃到,那时可能会死更多的人,而且相当部分甚至不是饿死的,是相互杀戮、践踏而死的。中国历代王朝更迭之际,其惨状简直是罄竹难书,历历在目,那就是民无信的结果,都是前代王朝统治者狂妄自大、不行仁政、无信于民造的孽。

【编意解】

编者意在通过本章孔子之语,说明为"仁政"的状态或结果,那就是"足食、足兵、民信",而这一切的关键就是信、民信。应当说明的是,这同时也可以推导出"信"也是为仁的关键,因为为"仁政"是为仁的一个重要方面,这也是编者最终要说明的问题。

12.8 棘子成曰:"君子质而已矣,何以文为?"子贡曰:"惜乎夫子之说君子也。驷不及舌。文犹质也,质犹文也。虎豹之鞟犹犬羊之鞟。"

【译文】

棘子成说:"君子只要具有好的品质就行了,要那些表面的仪式干什么呢?"子贡说:"真遗憾,夫子您是这样论述君子的。一言既出,驷马难追。本质就像文采,文采就像本质(都是同样重要的)。去掉了毛的虎皮、豹皮和去掉了毛的犬皮、羊皮没什么两样。"

【注释】

棘子成,卫国大夫。古代大夫都可以被尊称为夫子,所以子贡这样称呼他。

驷(sì),1.马一乘也。本义:同驾一辆车的四匹马。2.由四匹马驾的车。3.量词,四匹马为"驷"。4.动词,乘、驾。5.星宿名,亦作"天驷""天龙"。

鞟(kuò),1.去了毛的兽皮。2.用皮革捆缚。

【原文解】

第一是对"惜乎夫子之说君子也。驷不及舌"的理解。这句话的字面意思是很明确的,只读到此处,不禁使人想起南容"三复白圭"(详见11.6章)。"白圭之玷,尚可磨也;斯言之玷,不可为也"(《诗经·大雅·抑》),其意不再赘述。

第二是对"文犹质也,质犹文也"的理解。理解此句首先要注意的是其中的"犹"字,是如同、好像的意思,而文、质本不同类,也无须相依而存,因此只能从重要性上进行类比。读到此处,不禁使人想起孔子说的一句话,"质胜文则野,文胜质则史。文质彬彬,然后君子"(详见6.18章),其意不再赘述。

第三是对"虎豹之鞟犹犬羊之鞟"的理解。这句话的字面意思是非常清楚的,是对文质关系的一个绝妙的比喻。去了毛的虎皮、豹皮与去了毛的犬皮、羊皮有什么不同呢?几乎没有不同。那么没有去毛的呢?大不相同。虎豹之皮很美,人们更愿意接触、接受和珍惜,这恐怕就是文的作用吧!它使人感觉到美,人们更愿意接受。而爱美不也是人的天性之一吗?用人们更愿意接触和接

受的方法,对好的品质进行推广不是更好吗?这句话也可以让人感觉到子贡的言语高超。

【编意解】

编者意在通过本章子贡之语,说明"为仁"之质不可忽视,同时也要注重文的作用,要做到"文质彬彬"。儒家要求,仁应当以人们更愿意接受的方式、美的方式展现出来。

12.9 哀公问于有若曰:"年饥,用不足,如之何?"有若对曰:"盍彻乎?"曰:"二,吾犹不足,如之何其彻也?"对曰:"百姓足,君孰与不足?百姓不足,君孰与足?"

【译文】

鲁哀公问有若说:"遭了饥荒,国家用度不足,怎么办?"有若回答说:"为什么不实行彻法(只抽十分之一的田税)呢?"哀公说:"(现在抽十分之)二,我好像还不够,怎么能实行彻法呢?"有若说:"如果百姓的用度够,君主怎么会不够呢?如果百姓的用度不够,君主怎么又会够呢?"

【原文解】

第一是对"彻"的理解。"彻"字前面已经有所注释(详见3.2章)。彻者通也,本意是通达、贯通,引申为深透、透彻。本章的"彻"就是通法,通万世、通天下之法。那么这个通法的具体内容是什么呢?就是在孔子时代之前一直使用的"什一"之法,就是十抽其一的税法,这个制度本身也叫作"彻"。问题是从前后文看,之前鲁哀公实行的税率已经高于十抽其一的比例了,现在"年饥",按之前的税率收税已经明显"用不足",有若为什么会如此回答?如按有若的建议行事,岂不更加"用不足"?这就要看从什么角度理解了。"年饥"鲁哀公"用不足",老百姓同样不足。加税,鲁哀公可能会足了,可老百姓就更不足了,这样会失信于民,因为老百姓会认为鲁哀公失信,而且只顾自己,是竭泽而渔,杀鸡取卵,自寻死路。而减税,鲁哀公虽更不足了,但也饿不死,老百姓就相对不那么不足了,饿死的人就会少许多,有利于保民力,来年会有相对更多的生产,鲁哀公也就会有更多收入。更为重要的是,如此一来,会增加民众对君主的信任,因为老百姓会认为鲁哀公和他们同舟共济。当然,也不能因此就认为税越少越好,过少会影响国防和公共事业的建设和发展,因此有若提出的是"彻"——通法,也是经过历史检验的可行的税收制度。

第二是对"二,吾犹不足,如之何其彻也"的理解。这句话的字面意思是很清楚的,"二"就是十抽其二。问题是这说明了什么?说明鲁哀公在"年饥"的情况下,是要用加税的方法来满足自己的需要;说明鲁哀公并不认为自己要与民众同舟共济,而是要将民众放在自己的对立面;说明鲁哀公目光短浅,要竭泽而渔,自寻死路。鲁哀公真是够悲哀的了!

第三是对"百姓足,君孰与不足?百姓不足,君孰与足"的理解。这说明了什么?说明了百姓和君主(现在可以说是国家、政府)是一体的。百姓是君主、国家、政府的基础和根本,这是一个再简单不过的道理,但就是这样一个再简单不过的道理却有很多人在很多时候认不清或忘记,难道不是吗?

【编意解】

编者意在通过本章有若之语,说明"为仁"的一个重要原则,那就是要认清事物的根本,从根本处着手,解决根本问题。什么是根本?当然是民众。什么是根本问题?就是民众的生存,民众的休养生息,这其实也就是儒家的民本思想。

12.10 子张问崇德辨惑。子曰:"主忠信,徙义,崇德也。爱之欲其生,恶之欲其死。既欲其生,又欲其死,是惑也。'诚不以富,亦只以异'。"

【译文】

子张问怎样提高德(对道的认知践行)的水平和辨别是非、不被迷惑的能力。孔子说:"以忠信为主,向义前进靠拢,这就能提高德的水平了。爱一个人,就希望他活下去(哪怕他就要死了),厌恶一个人就恨不得他死去(哪怕其并不该死),既要他活,又要他死,这就是迷惑。(《诗》云)'即使不是爱富(嫌贫),也是喜新(厌旧)'。"

【注释】

崇,1.嵬高也。本义:山大而高。2.高也。高、高大。3.尊崇、推崇。4.通"充",充满。5.兴盛、增长。6.通"终",终、尽。

辨,1.判也。别也。本义:判别、区分、辨别。2.通"辩",争论、辩论。3.通"遍",普遍。4.通"班",颁布。5.通"办",治理、办理。

【原文解】

第一是对"主忠信,徙义,崇德也"的理解。首先,在这里再说明一下德的意思,德是对道的正确认知和践行,而非现在一般意义上的道德、品德。崇德就是提高对道的认知和践行的水平,可以简单地理解为提高能力。其次,怎样才能提高自己的能力呢?"主忠信,徙义"。"主忠信"就是以忠信为本。忠就是放在心中,就是尽其全力;信就是不欺骗,不欺骗别人,更不能欺骗自己。我们知道,道是深奥的,也是客观的,对其探知和践行不忠不信行吗?"徙义"就是向义迁移,向义前进和靠拢。所谓义,前面已经说过很多了,就是应当做的和适宜做的。"主忠信"就有可能获得很强的能力,这时就会产生一个问题,我们要将这样的能力用在何处?用在应当做的和适宜做的地方。这个回答不能说错,但也没有什么意义。什么是当做的和适宜做的?当然就是符合仁道的。至于仁道的具体内容,那就因人而异了,但在孔子看来自有其确定的意义和标准,我们《论语》学了那么多,应该有所体会。

第二是对"爱之欲其生,恶之欲其死;既欲其生又欲其死,是惑也"的理解。问题是这说明了什么?"爱之欲其生,恶之欲其死"是一种很强烈的情感表现,然而"生死有命"(详见12.5章),岂能因人的爱憎而改变和左右?如此怎能不惑?因此这句话意在说明,一个人的爱憎是不辨是非、迷惑的根本原因。知道原因,问题也就好解决了,那就是在认识和处理问题时,应尽量避免被自己的情绪左右或影响,更何况是爱憎、好恶这样强烈的情绪。

第三是对"诚不以富,亦只以异"的理解。这是一首诗中的一句,出自《诗经·小雅·我行其野》,原文是"不思旧姻,求尔新特。成不以富,亦祇以异"。只是诗中是"成",而不是"诚"。意思是说,一个人全然不思往日夫妻之情,另求新欢,不是因为她家富,就是喜新厌旧的缘故。就是说这个人因为自己的好恶而违义。应说明的是,过去有许多学者认为这首诗引用于此难以理解,是错简所致,本诗应引用在"齐景公有马千驷"之前(详见16.12章)。但笔者认为,这并不难理解,反而是很自然的。此中的好恶的情绪要比"爱之欲其生,恶之欲其死"情绪弱很多,但也能使人不义、不辨是非、迷惑。"爱之欲其生,恶之欲其死"的例子很极端,其中情绪很强烈。这就会使有些人认为只有强烈的好恶情绪才会使人迷惑,其实那些并不怎么强烈的情绪也同样会使人迷惑,只是程度可能会有所差别。

【编意解】

编者意在通过本章的故事,说明"为仁"的一个重要方法,那就是要"崇德辨惑"。努力提高自身的能力。如何提高?"主忠信,徙义",不要或尽量减少自身情绪的影响,之所以说是尽量减少,是因为从根本上讲人是感情动物,不可能没有情绪,没有好恶。不要或尽量减少受自身情绪的影响是一种克己的表现。

12.11 齐景公问政于孔子。孔子对曰:"君君,臣臣,父父,子子。"公曰:"善哉!信如君不君、臣不臣、父不父、子不子,虽有粟,吾得而食诸?"

【译文】

齐景公问孔子如何治理国家。孔子说:"做君主的要像君的样子,做臣子的要像臣的样子,做父亲的要像父亲的样子,做儿子的要像儿子的样子。"齐景公说:"讲得好呀!如果君不像君,臣不像臣,父不像父,子不像子,虽然有粮食,我能吃得上吗?"

【注释】

齐景公(?—前490),姜姓,吕氏,名杵臼,齐灵公之子,齐庄公之弟,春秋时期齐国君主。

【原文解】

第一是对"君君,臣臣,父父,子子"的理解。要准确理解这句话,首先要了解一下当时的历史。齐景公既有治国之志,又贪图享乐。他不愿放弃其中的任何一个,与此相应,他的身边就有不同的两批大臣,一批是治国之臣(如晏婴、田穰苴),一批是乐身之臣。齐景公年幼登基,在位五十八年,是齐国历史上统治时间最长的国君。亲政之初,他能够虚心纳谏并放权让贤臣治理国家,从而使齐国在短时间内由乱入治,人民生活得到了较大的改善,综合国力得到了提高。后来的齐景公贪图享乐,不仅不顾百姓死活,厚赋重刑,还在内忧外患期间,坚持与晋国争夺霸主之虚名,最终失败。临终前又废长立幼,致使他死后不久,陈乞乘虚发动政变,夺取了齐国朝政大权,拉开了"田氏代齐"的序幕。通过齐景公上述性格和作为,我们就比较容易理解孔子的回答了。至于"君君,臣臣,父父,子子"的字面意思,并没有什么歧义,问题是君臣父子应当是什么样子?《礼记·礼运》有载:"父慈、子孝、兄良、弟弟、夫义、妇听、长惠、幼顺、君仁、臣忠十

者,谓之人义。"也就是说,君主要仁,要行仁,臣子要尽全力辅佐;父亲要慈爱,子女要孝顺。那么齐景公做到了吗?显然没有。那么经过孔子的回答,他认识到了么?且看他的回答。

第二是对"信如君不君、臣不臣、父不父、子不子,虽有粟,吾得而食诸"的理解。这句话的意思非常清楚,也很直白。问题是这说明了什么?其实这句话出自齐景公的先祖齐桓公的大夫管仲,《管子·形势》有载:"君不君,则臣不臣。父不父,则子不子。"而到了齐景公这里少了两个"则"字。管仲的话明确说明:君是臣的因,有什么样的君就有什么样的臣。君不仁,臣就会不忠;父是子的因,有什么样的父母就有什么样的子女。父母不慈爱,子女就会不孝顺。而齐景公的回答,模糊了这样的君臣父子的关系,似乎在说,即使君不仁,臣也不应当不忠;即使父不慈,子也不应当不孝。只考虑要得到什么,而不考虑要付出什么,这从"虽有粟,吾得而食诸"可以明显感觉到。然而这可能吗?毛泽东主席说过,"世上绝没有无缘无故的爱,也没有无缘无故的恨"。看来齐景公并没有真正认识到孔子之语的含义,最终的悲剧也是情理之中的事。那么"君君、臣臣、父父、子子"在现今的社会还适用吗?当然。你把君换成国家、政府和上级,把臣换成下级和老百姓。你看适用还是不适用。

【编意解】

编者意在通过本章的故事,说明"为仁"的一个重要方法,那就是要"君君、臣臣、父父、子子",也就是要认识到并做好自己应做的事情。所谓自己应做的事情,是依据自身地位所确定的。

12.12 子曰:"片言可以折狱者,其由也与?"子路无宿诺。

【译文】

孔子说:"只听了单方面的供词就可以判决案件的,大概只有仲由吧。"子路没有隔夜的承诺。

【注释】

片,1.判木也,从半木。本义:破开的木片或草片,引申为一半。2.扁而薄的东西。3.量词,片。4.少、短、零星。

折,1.(zhé),断也。本义:折断。2.(zhé),曲折、弯。3.(zhé),夭折、死

亡。4.(zhé),挫伤、挫折。5.(zhé),判断、裁决。6.(shé),生意亏损。

狱,1.确也。讼也。讼案、官司。2.监狱、牢房。

【原文解】

第一是对"片言可以折狱者,其由也与"的理解。首先,关于"片言"的意思,过去学者都解释为"一面之词",现在有些人出于"好心",将其解释为少量的言语,因为虽然少但还是听取了双方的意见。但无论哪种理解,片言都是对案件事实没有进行(公认的)全面了解。但鉴于过去学者对"片"的考证,笔者认为解释为"一面之词"更为准确。其次,无论"片言"怎样解释,以"片言"判案,似乎都是无法让人信服的。但子路为何会如此? 难道他不知道这样是不对的吗? 难道他聪明绝顶,闻一而知全部? 通过对《论语》的学习,显然不是。但通过本章此语,我们知道子路就是这么做了,而且也没有产生什么问题。孔子本章之语并没有表示对这种做法的赞同,但也没有表示对这种做法的否定,只是叙述了这样一个现象,最多只有些惊奇而已。为什么呢? 因为子路如此,使案件很快得到了解决并没有产生什么不良的后果。可这又是为什么呢? 因为"子路无宿诺"。应当说明的是,在过去也有人将本章理解为是子路在打官司,因为子路以信著称,断不会说谎,因此判案之人只需听子路一面之词,即可判案。但这种说法明显与本章孔子之语不合,太过牵强,是自以为好心的对往圣先贤的辩解,实乃欺心之解。往圣先贤无需他人的辩解。

第二是对"子路无宿诺"的理解。这句话的字面意思是很清楚的,说明子路不仅很讲信用,而且性子急,当天就要实现自己的承诺。应说明的是,这句话不是孔子的话,而是编者对子路人格特性的一种描述。当然这并不是全部,同时子路还很勇武——"由也好勇过我"(详见5.7章),还很有学问——"由也升堂矣"(详见11.15章),还很有能力——"千乘之国,可使治其赋也"(详见5.8章),等等。那这又说明了什么呢? 说明子路很有威信,大家(应当说是大多数人)很信服他。用现在的话说,子路是德高望重。那么这种情况又能怎样呢? 这就会导致很多人不会(更准确地说不敢)在子路面前说假话,(尽管心中不服)也不会(不能或不敢)对子路的裁决产生质疑。因此也就说明尽管子路如此判案,却没有产生什么不良的后果。但事情也要从另一个角度看,子路如此判案看来也非一日,而是经常性的,是长期如此,这又说明了什么呢? 是否能说明子路如此判案是有一定道理的,并非荒诞不经的呢? 否则德高望重如何得以维系?

应说明的是,"兼听"是审案的基本原则,也是公平、公正的基本要求。但绝对的公平、公正只存在于理想当中,因为时间无法倒流,法官不可能真正而全面地看到发生在过去的客观事实。公平、公正是值得追求的,但也不能是不惜任何代价的,"迟来的正义非正义"(英国谚语)。同时,子路是一个非常有个性的人,也是非常有能力的人,子路能做到的,并不是别人也能做到。但无论怎样,纠纷得到了迅速的解决,这恐怕是最重要的,也是孔子认可甚至称奇的地方。

【编意解】

那么本章被编排在此的意义又是什么呢?笔者认为,编者事实上是在用本章和下一章合起来在说明一个问题,待学习完下一章后会有比较全面的认识和体会。

12.13 子曰:"听讼,吾犹人也。必也使无讼乎!"

【译文】

孔子说:"审理诉讼案件,我同别人也是一样的。(不同的是)一定要(想办法)使诉讼不再发生啊!"

【注释】

听,1.聆也。本义:用耳朵感受声音。2.听从、接受。3.治理、处理。4.审理、判决。5.听凭、任凭。6.耳目、间谍。

【原文解】

第一是对"听讼,吾犹人也"的理解。这句话的字面意思是很清楚的,问题是别人如何"听讼"——审理案件?这在过去是有明确要求的,《周礼·小司寇》有载:"以五声听狱讼,求民情:一曰辞听,二曰色听,三曰气听,四曰耳听,五曰目听。"就是要根据言辞、神色、气息、听觉和眼神等方面综合分析,最终得出结论。看来就是在过去,人们对审理案件也是非常重视的,因此才会如此讲究,这也是为了尽可能地查明案件事实。当然,现在随着个人权利和地位的提高以及科学技术的发展,要求就更高了。可这又说明了什么?笔者认为至少说明两点:一是,孔子不是片言折狱,因此也就谈不上孔子赞同子路的"片言折狱";二是,孔子是很重视狱讼的,虽然表面上都是在处理个人的纷争,但这是国家法度的体现,鲁庄公不就是凭借这方面做得好而有了打赢一仗的本钱吗?(《左传·庄公十年》)

第二是对"必也使无讼乎"的理解。首先是"必也",这是一个表达决心的词语,也就是说要通过努力才有可能达到的。其次是"无讼"。"无讼"就是无争,如何才能无争?相互忍让。而相互忍让并不符合人性,但这又是人们群居生活所必需的,它符合人们的性。这种矛盾如何才能解决?教化——"道之以德,齐之以礼"(详见2.3章),使"民德归厚"(详见1.9章)。当然,这些都是需要很长时间的,远水解不了近渴,眼前的纠纷诉讼怎么办?孔子没有说。但笔者认为,只要抱着"使无讼"的心,办法总还是有的,晓之以理,动之以情等,以使之和解。

【编意解】

那么以上二章被编排在此的意义又是什么呢?笔者认为,编者意在说明"为仁"的一个重要方法,那就是应当解决、快速地解决纠纷。当然最好是不再有纠纷——"无讼"。

12.14 子张问政。子曰:"居之无倦,行之以忠。"

【译文】

子张问(如何治理)政事。孔子说:"居于官位不懈怠,办理政事要尽力。"

【原文解】

第一是对"无倦"的理解。"无倦"的字面意思就是没有疲倦或不知疲倦。"无倦"不是勿倦,没有强迫或强忍的意思。如何才能做到"无倦",那必有一颗真心,真心的喜爱,或至少是真心认识到其重要。这时可能会有人问,有谁会不喜爱做官呢?这要看官是什么?做官又是为什么?官者,吏事君也。用毛泽东主席的话叫"为人民服务"。有谁会喜爱事奉或服务别人呢?有,但很少。只有那些有此抱负或理想的人才会喜爱。当然,做官之后权力会变大,更便于将自己的意志加于他人,甚至便于获取不法的财富。如果是因为后者而喜爱做官,能叫真心的喜爱吗?那是喜爱权力,喜爱金钱。所产生的结果,不是渎职枉法——无所作为或乱作为,就是徇私——以权谋私。

第二是对"忠"的理解。关于"忠",前面已经有过注释和阐述(详见1.4章),就是尽心竭力的意思。问题是何以才能让人尽心竭力?当然是认为正确的事、应该做的事并且是重大的事。这在某种意义上讲仍然是真心对待的问题。

【编意解】

编者意在通过本章孔子之语,说明"为仁政"的一个重要条件,那就是要有真心,要尽心竭力。

12.15 子曰:"博学于文,约之以礼,亦可以弗畔矣夫。"

【译文】

孔子说:"(君子)广泛地学习文化典籍,并以礼来约束(自己),也就可以不离经叛道了。"

【原文解】

本章在《论语·雍也》中曾经出现过(详见6.27章),文意已有所阐述,在此不再赘述。

【编意解】

编者意在通过本章孔了之语,说明"为仁政"的一个重要条件,那就是要提高自己的能力。这时可能有人会问,这在12.10章中不是已经提过了吗?是的,但两者是不同的。12.10章是就整体提高自己能力而言,具有广泛性、基础性和根本性,而本章更具体,也更有针对性。所谓针对性,笔者认为是针对上一章而言,主要是就为政而言。"居之无倦,行之以忠"是态度问题,而"博学于文,约之以礼,亦可以弗畔矣夫"是方向问题、方法问题。

12.16 子曰:"君子成人之美,不成人之恶。小人反是。"

【译文】

孔子说:"君子成全别人的好事,而不成就别人的恶事。小人则与此相反。"

【原文解】

第一是对"君子成人之美,不成人之恶"的理解。首先,这里的美与恶都是别人的,君子的成与不成只是一个辅助,是处于次要地位的;其次,这里的美与恶是一种价值判断,而且是君子的判断。那么君子的判断标准是什么呢?当然是义,"君子喻于义"(详见4.16章)。

第二是对"小人反是"的理解。意思就是小人相反,就是小人成人之恶,不成人之美。为什么？因为标准不同，"君子喻于义，小人喻于利""君子怀德，小人怀土；君子怀刑，小人怀惠"（详见4.11章）。恶就是不对的事，甚至是违法的事，有危险的事。这样的事为什么要去做呢？因为有利可图。也正因为是有利之事，小人当然会成之，因为小人"怀土""怀惠"，成之可分一杯羹嘛！而"人之美"即君子所谓的美，所谓的义，这往往与利无涉，甚至与利相悖。"怀土""怀惠"之人又怎么会成之？徒劳无利嘛！

【编意解】

编者意在通过本章孔子之语，说明"为仁"的一个重要方法，那就是"成人之美，不成人之恶"。同时，也隐含地说明"为仁"并不只是靠君子、靠自己，最终是要靠大家（民众），要让大家都行动起来。那么如何才能让大家都行动起来？且看以下各章。

12.17 季康子问政于孔子。孔子对曰："政者，正也。子帅以正，孰敢不正？"

【译文】

季康子问孔子如何治理国家。孔子回答说："政就是正、使之正的意思。您本人带头做到正，那么还有谁敢不走正道呢？"

【原文解】

第一是对"政者，正也"的理解。首先，这个理念并不是孔子的创设，至少在之前的管子就提出过，"政者，正也"（《管子·法法》）；其次，这里的"正"并不是一个完全客观的、统一的概念，也就是说在不同的人眼中，"正"的概念多少都是有些差别的，因此这里的"正"是统治者、在上位者的"正"。

第二是对"子帅以正，孰敢不正"的理解。这句话的字面意思是很清楚的，应说明的是，这里的"子"是对对方的尊称，即"您"的意思，这里是指季康子，而季康子是鲁国的上卿，实际主持着鲁国的朝政，也就是说是在上位的人。问题是如何"帅以正"？"孰敢"又说明了什么？这时可能会有人说，这很简单嘛！"子帅以正"就是自己首先要做到自己心中的正，"孰敢"就是不得不、不敢不。这样回答不能算错，但不够精准深刻，精准深刻的回答可从以下两章的学习中来感知和体悟。

【编意解】

编者意在通过本章孔子之语,说明"为仁",尤其是让大家(民众)一起"为仁",从某种意义上讲也可以叫"为仁政"的一个重要的方法,那就是"子帅以正"——在上位者要率先做出表率,做出榜样。不是有句话叫作"榜样的力量是无穷的"吗?

12.18 季康子患盗,问于孔子。孔子对曰:"苟子之不欲,虽赏之不窃。"

【译文】

季康子苦恼于盗窃,问孔子怎么办。孔子回答说:"假如你自己不贪图财利,即使奖励偷窃,也没有人偷盗。"

【注释】

盗,1.私利物也。本义:盗窃、偷东西。2.强盗。3.地位低贱的小人。

【原文解】

第一是对"子之不欲"的理解。首先,这里的"子"是指季康子,也就是指在位者、在上位者、上级领导。其次是"不欲","不欲"什么?欲的意思就是贪欲。从字面讲就是不贪,盗生于欲、生于贪,因此,"不欲"也是不盗、不欲盗,从逻辑上讲就是不欲所盗之物。所盗之物是什么?范围很广,但一般来说都是相对贵重之物,盗米盗面的贼很少。什么是贵重之物?人们可以说出很多很多,问题是他们为什么会贵重?其根本原因是在位者、在上位者喜爱,使之贵,而这样的物品又很稀少(当然不乏是人为的使之稀少),因此老子说:"不贵难得之货,使民不为盗;不见可欲,使民心不乱。"扩而言之,就是不欲邪,只有这样,在位者、在上位者才能真正地做到正,进而才能真正地做到"帅以正"。否则就不免矫揉造作,何以让人信服,又何能"帅以正"?

第二是对"虽赏之不窃"的理解。这句话的字面意思是很清楚的,问题是这是不是有点说过了?不过。因为上"之不欲",就没有什么贵重之物,"窃"之无利可图。不是有赏吗?有赏只是上面不追究了,就算真的有赏,也不会太多。问题是这并不等于被偷之人就不追究的,这种追究的代价(包括身体上的、财产上的和声誉上的)也是很严重的,是所谓的赏所不能相抵的,所以在此情况下,"窃"仍然是危险的,是可能要付出巨大代价的。

【编意解】

编者意在通过本章孔子之语,说明如何才能真正地做到"帅以正",那就是"不欲",即不欲不正、不欲邪。

12.19 季康子问政于孔子曰:"如杀无道,以就有道,何如?"孔子对曰:"子为政,焉用杀?子欲善而民善矣。君子之德风,小人之德草,草上之风,必偃。"

【译文】

季康子问孔子如何处理政事,说:"如果杀掉无道的人来成全有道的人,怎么样?"孔子说:"您处理政事,哪里用得着杀戮的手段呢?您只要想善、行善,老百姓也会跟着行善。在位者的能力好比风,在下位的人的能力好比草,风吹到草上,草就必定跟着倒。"

【注释】

偃,1.僵也。本义:仰卧、仰,(伏而覆曰仆,仰而倒曰偃)。2.向后倒,泛指倒下。3.通"匽",停止、停息。

【原文解】

本章的字面意思比较清楚,但要深刻理解,主要在于对"君子之德风,小人之德草,草上之风,必偃"的理解,这是本章的核心。风虽无形却力量强大,大风可以将树吹折甚至连根拔起,而草性柔力弱,随风倒。这是没办法的事,不随风倒,就会像树一样被连根拔起或被吹折。这道理很简单。这里的君子就是指在位者、在上位者,用现在的话就是领导、上级领导,他们的资源众多,力量很大。问题是这说明了什么?草随风倒,倒向何处,全在于风往何处吹,因此风就不能怪草倒错了方向。在位者、在上位者、上级领导在出了问题时应首先反省自己,引导(教化)的方向对不对,方法有没有问题。自己无道,不吹或胡吹一气,却怪别人不倒或倒错了方向,还要用杀,岂有此理?这叫"不教而杀""不戒视成"(详见20.2章),是暴虐,是官逼民反。当然,我们也要清醒地认识到,草中也不乏枯枝败叶,"教而不诛,则奸民不惩"(《荀子·富国》)。

【编意解】

编者意在通过本章孔子之语,说明为何"孰敢不正",那就是"君子之德风,小人之德草,草上之风必偃"。

12.20 子张问:"士何如斯可谓之达矣?"子曰:"何哉,尔所谓达者?"子张对曰:"在邦必闻,在家必闻。"子曰:"是闻也,非达也。夫达也者,质直而好义,察言而观色,虑以下人。在邦必达,在家必达。夫闻也者,色取仁而行违,居之不疑。在邦必闻,在家必闻。"

【译文】

子张问:"士怎样做才可以叫作通达?"孔子说:"你说的通达是什么意思?"子张答道:"在国君的朝廷里必定有名望,在大夫的封地里也必定有名声。"孔子说:"这叫有名声,不是通达。所谓达,那是要品质正直且认同仁义,善于揣摩别人的话语,观察别人的脸色,(经常)想着谦恭待人。这样的人,就可以在国君的朝廷和大夫的封地里通达。至于(仅仅)有名声的人,只是外表上装出的仁的样子,而行动上却常是违背了仁,自己还以仁人自居不惭愧。但他无论是在国君的朝廷里还是在大夫的封地里,都必定会有名声。"

【原文解】

第一是对"夫达也者,质直而好义,察言而观色,虑以下人"的理解。这是孔子对于达的定义和解释,包含三层意思。

首先是"质直而好义",这比较好理解,要说明的是,"质直"就是不伪,就是诚。此处的"义"应当是仁义的意思,原因在于此处之义乃孔子所云,可通过下一句"色取仁而行违"得以印证。

其次是"察言而观色",这也比较好理解。问题是这与"质直"是否相违?为什么要这样?其实这与"质直"并不相违背。"质直"是自己的品质和坚守,"察言而观色"是察他人之言,观他人之色,当然主要是在位者、在上位者的言语和神色。更重要的是,孔子并没有说因此要改变什么。至于为什么要这样?这是"在邦必达,在家必达"所必需的,就像行军打仗要了解天文地理一样。要了解真实的情况,看行不行得通,如何才能行得通。士不是邦、家的当权者,其理念的实现必须要依靠在位者、在上位者,因此对他们真实的意思必须要了解。怎样了解呢?就是察言观色。因为仁义的主张几乎没有人会当面以明确的言语和态度予以拒绝或反对,尤其是那些在位者、在上位者。这也是知人的一种重要的方法,也是智慧的表现。

最后是"虑以下人",这也比较好理解,就是要始终保持谦逊,把自己放低一些。要知道我们是在通过借助别人的力量来实现自己理想的,因此我们不能自以为了不起,以为自己可以或应该高高在上。这样就会引起别人的反感,进而使自己身处不测,尤其是在引起那些在位者、在上位者反感的情况下。更别说是别人成就了我们了。所以我们应当保持谦逊,就算是我们自己成就了自己,又有什么可骄傲的呢?那是仁义成就了我们。当然在这个过程中,我们可能也成就了别人,但别人怎样认识或持有怎样的态度,那是别人的事,我们管不了,也无需去管。

第二是对"夫闻也者,色取仁而行违,居之不疑"的理解。这句话看似是对"闻"的定义和解释,不如说是在阐述"闻"与"达"的根本区别。达是"质直而好义",就是真诚,真诚的行仁义;闻是"色取仁而行违,居之不疑",是打着仁义的旗号做非仁义之事,而且"居之不疑"——深信如此没有错。之所以如此理解,笔者认为,是因为如果仅仅是"色取仁而行违,居之不疑"不足以达到闻,因为这是虚假的,而那些在位者、在上位者并不傻,尤其是在涉及自身利益的时候——"色取仁而行违,居之不疑"者往往是唯利是图的人,图谁的利?当然是图在位者、在上位者的利,或者是通过他们图别人的利,因此是不会伪装得长久的,这又如何能"必闻"呢?要想长久,必须要"察言而观色,虑以下人",这是达与闻都应必备的条件。

第三是对"闻"与"达"关系的理解。其实从上面的论说中,二者之间的关系已经不难理解了,"闻"与"达"在表现形式或方法上是一样的,那就是都以仁义为旗帜,都要"察言而观色,虑以下人",但初衷和要达到的目的是大相径庭的,达是要"行仁",而闻只是以仁义为旗号而已。达者必闻,而闻者未必达。

【编意解】

编者意在通过本章孔子之语,说明"为仁",尤其是让大家(主要是指在位者、在上位者)一起"为仁"的一个重要方法,那就是"质直而好义,察言而观色,虑以下人。"

12.21 樊迟从游于舞雩之下,曰:"敢问崇德、修慝、辨惑。"子曰:"善哉问!先事后得,非崇德与?攻其恶,无攻人之恶,非修慝与？一朝之忿,忘其身,以及其亲,非惑与？"

【译文】

樊迟陪着孔子在舞雩台下散步,说:"请问怎样提高德(对道的认知践行)的水平？怎样改正自己的邪念？怎样辨别迷惑？"孔子说:"问得好！先努力致力于事,然后才有所收获,不就是提高德了吗？检讨自己的邪念,不要去攻击别人的邪念,不就是改正自己的邪念了吗？由于一时的愤怒,就忘记了自身的安危,以至于牵连自己的亲人,这不就是迷惑吗？"

【注释】

慝,1.(tè),本义:邪恶、恶念。2.(tè),灾害。3.(tè),阴气、潮气。4.(tè),差错、过失。5.(nì),通"匿",隐藏。

忿,1.悁(juàn)也。本义:愤怒、怨恨。2.用同"奋",奋力。

【原文解】

第一是关于"敢问崇德、修慝、辨惑"的理解。关于崇德、辨惑,之前子张已经问过,问题是孔子的回答却不尽相同,这说明了什么？这在之前也有遇到,譬如说问仁,针对不同的人,孔子的回答是不一样的,这是因为各人的情况不同,而孔子是因材施教的。那么各人的情况到底是怎样？有何不同呢？《论语》的相关章节,几乎都没有记载,我们不能没有根据的瞎猜。我们应当认识到的是,能问孔子的问题往往都是比较重要的,也是比较大的问题。这种问题往往又牵扯多个方面,譬如是什么、怎样做。是什么又包括作为君主、领导、个人、集体等是什么,怎样做也同样。但是事物还是那个事物,尽管从不同的角度看是不同,尽管就其局部看每个局部也是不同的,这就要求我们从中体会,尽可能地去掌握事物的全貌。

第二是关于"先事后得"的理解。这句话我们似乎在哪里听到过。不错,子曰"仁者先难而后获"(详见6.22章),是答樊迟问仁,意思也大体相同,在此就不再赘述了。问题是"先难而后获"是仁,仁与德又有什么关系呢？仁是人道,"先难而后获"或"先事后得"就是对人道的认知与践行,这难道不是德吗？

第三是关于"攻其恶,无攻人之恶"的理解。首先,从前后文的语句上看,"攻其恶"就是指责和修正自己的恶、自己的毛病,也就是自省。关于这一点,曾子的"三省吾身"(详见1.4章)很能说明问题,当然,孔子之语所涵盖的范围更广；其次是"无攻人之恶",这里的"恶"是邪念、毛病,也就是不对的想法、做法。所谓不对,是我们主观的认识,至少有主观的因素,并不能完全肯定,因为我们也不能保证自己没有邪念。况且这可能还只不过是一种想法,尚未付诸实施,即便是付诸实施也不一定违法违礼,只要不违法违礼,我们就不应去攻击它,更准确地讲是没有权利去攻击它。当然,不攻击不等于什么都不做,讨论、辩论甚至争论还是要的,不是说理越辩越明吗?说到这里,笔者不禁想起了孔子说的另一句话,叫作"攻乎异端,斯害也已"(详见2.16章)。

第四是关于"一朝之忿,忘其身,以及其亲"的理解。"一朝之忿"就是一时的愤怒。当人们愤怒的时候会怎样?就一般人而言可能大打出手,可打斗还要拼体力和技巧的,你能确保打得过别人吗?这倒在其次,打不过自己的身体要受损害,打得过也逃不掉法律的惩罚,而在过去,法律的惩罚有很多是"以牙还牙、以眼还眼"式的,严重的话还要连坐。就是现在这种惩罚原则也还有所保留,譬如杀人者可能要被判死刑,现在虽然没有连坐了,但是一个人受到伤害或处罚,父母能不心痛吗?这难道不是对父母的一种伤害吗?应当说明的是,本章孔子关于辨惑的回答,与子张所问辨惑的回答并不完全一样,对子张所问辨惑的回答是:"爱之欲其生,恶之欲其死;既欲其生又欲其死,是惑也。'诚不以富,亦只以异。'"其中的异同又在哪里呢?笔者认为,孔子对子张的回答更全面,而对樊迟的回答则更具体。概而言之,就是不要感情用事,要克制自己的感情。至于为什么会有不同,就只能自己体会了。

【编意解】

编者意在通过本章孔子之语,说明"为仁",尤其是让大家(主要是指下级甚至是平民)一起"为仁"的一个重要的方法,那就是"先事后得"——树榜样,"攻其恶,无攻人之恶"——自省自修,不可有"一朝之忿"——不粗暴、不感情用事。

12.22 樊迟问仁。子曰:"爱人。"问知。子曰:"知人。"樊迟未达。子曰:"举直错诸枉,能使枉者直。"樊迟退,见子夏,曰:"乡也吾见于夫子而问知,子曰'举直错诸枉,能使枉者直',何谓也?"子夏曰:"富哉言乎!舜有天下,选于众,举皋陶,不仁者远矣。汤有天下,选于众,举伊尹,不仁者远矣。"

【译文】

樊迟问什么是仁。孔子说:"爱人。"樊迟问什么是智,孔子说:"知道人。"樊迟没明白。孔子说:"选拔正直的人,罢黜邪恶的人,这样就能使邪者归正。"樊迟退出来,见到子夏,说:"刚才我见到老师,问什么是智,老师说'选拔正直的人,罢黜邪恶的人,这样就能使邪者归正',这是什么意思?"子夏说:"这话说得多么丰富呀!舜有天下,在众人中挑选人才,把皋陶选拔出来,不仁的人就被疏远了。汤有天下,在众人中挑选人才,把伊尹选拔出来,不仁的人就被疏远了。"

【注释】

乡,1.(xiāng),古代的一种居民组织,一万二千五百户为一乡。引申为家乡。2.(xiàng),面对着、面向、方向、趋向。3.(xiàng),从前、过去。4.(xiǎng),通"享",享受。5.(xiǎng),通"响",回声。

【原文解】

第一是对"爱人"的理解。"爱人"是孔子对樊迟问仁的回答,其字面意思是很明确的,就是爱自己、爱别人、爱人类。这是对"仁"的一种价值性的解释或定义,即孔子对于"仁"应当是什么或应当具有什么样的内容的原则性的规定。问题是孔子这里的爱是一种什么样的爱?是无差等的爱还是有差等的爱?关于这一点,答案是很明确的,那就是有差等的爱,也就是对不同的人,我们的爱是不同的,是有差别的,更准确地说是一种同心圆式的,离我越远,爱就越少,等级就越差。这也很容易理解,我们爱父母总是要比爱其他人要多一点,要高级一点,这也是符合人们的本性的。"孝弟也者,其为仁之本与!"有根本就有枝末。但无论是根本还是枝末,也仅仅是就爱而言,爱是中心,是根本。

第二是关于"知人"的理解。"知人"是孔子对樊迟问知的回答,其字面意思是很明确的,就是知道人,认清楚人。这里的人既包括自己也包括别人,既包括某个人也包括人们甚至人类,既包括对人本性的认知也包括对具体的个性认知。问题这说明了什么?孔子认为,智慧并不是(或不主要是)表现于一个人知识的多少,而是表现于对自己和他人的认知,以此为基础,进而表现为自己以何种态度和方法为人处世,以至于如何用人为政。

第三是关于"举直错诸枉"的理解。这句话在前面已经出现过(详见2.19章),相关理解不再赘述。

第四是关于"能使枉者直"的理解。如何"能使枉者直"?当然是教育甚至强迫,因为正直的人在上面,而人也是可以改变的,尽管许多改变是被迫的,或是不彻底、不完全的。当然,从之后子夏的话来看,这种改变还包括正直的人的到位和"枉者"的离去。如何教育甚至强迫?那方法就多了,晓之以理、动之以情、威逼利诱,等等。至于采取什么方式管用、有效,那就要看你对人的了解和认识的程度了,因此,是否"能使枉者直",是以结果检验"知人"与否的。

【编意解】

编者意在通过本章孔子之语,说明"为仁",尤其是让大家(主要是指下级甚至是平民)一起"为仁"的另一个重要的方法,那就是首先要有一颗"爱人"的心,其次要能"知人"——"举直错诸枉,能使枉者直",进而才能最终实现仁。

12.23 子贡问友,子曰:"忠告而善道之,不可则止,毋自辱焉。"

【译文】

子贡问怎样对待朋友。孔子说:"忠诚地劝告他并善于引导他,如果不听就停止,不要自取其辱。"

【原文解】

第一是对"忠告而善道之"的理解。首先是"忠告"。读到这句话,不仅使人想起曾子说过的一句话,"与朋友交而不信乎"(详见1.4章)。此中的信在我而言就是不欺骗、不怀疑。"忠告"就是这种信的重要表现。告诉朋友什么呢?当然是朋友的缺点、错误和自己的真实想法,否则何以谈得上"忠告"?其次是"善道之"。这里的善是善于、擅长的意思;道通导,引导的意思。就是要讲究方法,为什么?因为朋友和我们的地位是平等的,既不是我们的上级,也不是我们的下级。至于采用什么样的方法,就要看我们对朋友的了解了,但有一点,不能采用欺骗性或强迫性的方法。因为这有违"信"和"恕"的原则。

第二是关于"不可则止,毋自辱焉"的理解。首先是"不可则止"。读到这句话,不仅使人想起孔子在本篇中的另一句话,"己所不欲,勿施于人"(详见12.2章)。这就是恕道。"忠告而善道之",已经把话说得很明白了,朋友还不接受,再不停止那就是强迫了,有谁会愿意被强迫呢?朋友能强迫吗?其次是"自辱",就是自取其辱,这是不可还不停止的结果。这里的"辱"可能包括两个层面,一个层面是违反恕道的所必然遭受的还击、疏远等;另一层面实际上是自

己错了却一再坚持,执迷不悟。你与别人不同,你的就一定是对的吗?显然不一定。这时我们更应该做的是反省,检查一下自己。

【编意解】

编者意在通过本章孔子之语,说明"为仁",尤其是让大家(主要是指与自己地位平等的朋友)一起"为仁"的一个重要的方法,那就是"忠告而善道之,不可则止"。这里之所以将"不可则止"列入,是因为如果不这样,将会产生不必要的矛盾,有违"恕"与"和"的原则。

12.24 曾子曰:"君子以文会友,以友辅仁。"

【译文】

曾子说:"君子以文德来结交朋友,依靠朋友帮助自己培养仁德。"

【注释】

辅,1.本义:车轮外的两条直木,用以增强车辐的承载力。2.面颊。3.辅助、协助。4.古代指京城附近的地区。

【原文解】

第一是对"君子以文会友"的理解。这句话的字面意思比较清楚,关键点在于对"文"的理解。这里的文指的是什么?是文章才华吗?如此理解显然过于简单和肤浅,而且没有根据也不符合实际。写文章是要有很高的知识水平的,尤其是要写得好的话。如此一来,那些文章写得不好的或不会写文章的,甚至不认字(在过去认字的人是很少的)的人又如何交友、会友呢?这不禁使人想起孔子的一句话,叫作"文不在兹乎"(详见9.5章)。这里的文指的是什么?恐怕不仅仅是指文章才华吧?更多、更主要的是指人们对道的感知和体认,即是对已得出的、表现出来的、传承下来的人与人相处之道(礼乐文化)的感知和体认,从某种意义上讲是价值观、思想。有鉴于此,笔者认为将此处的文解释为文德比较合适。当然,这并不是笔者的发明,古已有之。因此笔者认为,君子是以自己的思想或自己认可的思想来结交朋友的,其实也只有以此结交朋友,才有可能交到真正的朋友,否则交到的不是酒肉朋友就是利益交换者。这样的交友才符合中国古代对朋友的定义,即"同门曰朋,同志为友"。当然,这一切的基础和前提是自己要有思想。

第二是对"以友辅仁"的理解。在对"以文会友"有一定了解后,"以友辅仁"就比较好理解了。自己的思想或自己认可的思想就是自己的仁。然而自己的思想未必正确、全面和深刻,至于自己认可的思想,也未必对其理解得正确、全面和深刻,这都有待于完善和提高。如何完善和提高?很重要的一个方式就是通过真正的朋友的帮助。因为朋友会"忠告而善道之"。

【编意解】

编者意在通过本章孔子之语,说明"为仁"最关键、最根本的还是在于提高自己的仁德水平,这与本篇的第一章是相呼应的。

子路第十三

13.1 子路问政。子曰:"先之劳之。"请益。曰:"无倦。"

【译文】

子路问怎样管理政事。孔子说:"做在(下级、老百姓)之前,使(下级、老百姓)勤劳。"子路请求多讲一点。孔子说:"不要厌倦懈怠。"

【注释】

先,1.前进也。本义:前进、走在前面。2.先于、前于。3.首要的事情。4.祖先、上代。5.已经死去的。

【原文解】

第一是对"先之劳之"的理解。孔子此语在回答子路问政。政者众人之事,众人之事当然要靠大家共同来做,而这里的大家主要是指下级、老百姓,那么如何让大家来做呢?这就成了一个问题。孔子说"先之劳之",这句话的字面意思就是"做在大家之前,使大家勤劳"。问题是做什么在大家之前?如何使大家勤劳?对于前一个问题,很多人的回答是,你想让大家做什么你就要先做什么,你想让大家勤劳你就要先勤劳,就是树立榜样。笔者认为这个回答不能说错,但不免空洞和肤浅。榜样的力量虽然是无穷的,但不是万能的。

在回答这个问题之前,应当先回答后一个问题,也就是如何使大家勤劳?谁愿意勤劳呢?尤其对于老百姓来讲,没有谁愿意。可话又说回来了,当一个人知道一件事是他应该做的,是可以给他带来想要的甚至十分想要的利益时,那又有谁会不愿意勤劳呢?恐怕没谁不愿意。那么老百姓又如何才知道什么事是他应该做的,是可以给他带来利益的呢?有些是他们凭借自身经验可以判断的,而有些则不能。那些他们不能凭借自身的经验判断的事,则往往是政事,也就是众人之事。这时他们只能听、只能看。听什么?看什么?听在位者、在上位者说,看在位者、在上位者做。听了看了就会信吗?不一定,但有可能或可

能性大些。最终的结果就是信,也就是在位者、在上位者可信。因此,子夏说"君子信而后劳其民"(详见 19.10 章)。那么如何才能获得老百姓的信任呢?无外乎两件事,一是说——讲道理、讲承诺,二是做——做好本职工作、勤奋地做好本职工作。这两件事在某种意义上也可以说是教化。应当说明的是,树立一个好的榜样是一个领导者很重要的本职工作之一,但并不是全部,还有很多很多。

说到这里,做什么就比较清楚了。那就是一个领导者要懂道理,要具备履行本职工作的准备和能力。那么具体都包括什么呢?笔者认为这就是本篇的中心议题。

第二是对"无倦"的理解。这句话的字面意思是很清楚的,那就是不要厌倦懈怠。问题是孔子为什么要在此情此景之下说这句话?这还要从"政"字说起。政者乃众人之事,事之大者。政事有两个特点,一是很重大,涉及面很广,马虎不得;二是用时很长,不可能一蹴而就,更何况一件完了还会有另一件,不会间断。因此做起来是很花精力的,时间长了就不免有所厌倦、有所懈怠。一旦有所厌倦、懈怠,就会出大事,因此要慎终如始,要"无倦"。

【编意解】

通览本篇,编者意在通过对孔子与弟子言行的记载,说明如何"先之",也就是为人处世,尤其是为政之前如何做。本章被编排在此,编者意在通过孔子之语,开门见山地点明本篇的主题。同时告诉我们,为政之前或为政前期的重要工作就是教化——想办法取信于民。同时也告诉我们,在为政之前就要有慎终如始,要有永不懈怠的精神准备。

13.2 仲弓为季氏宰,问政。子曰:"先有司,赦小过,举贤才。"曰:"焉知贤才而举之?"曰:"举尔所知;尔所不知,人其舍诸?"

【译文】

冉雍做了季氏的家臣。问怎样管理政事。孔子说:"做在下级官吏之前,赦免他们的小过错,选拔贤才(来任职)。"冉雍又问:"怎样知道谁是贤才?从而把他选拔出来呢?"孔子说:"选拔你所知道的。至于你不知道的贤才,别人难道还会埋没他们吗?"

【注释】

赦,1.置也。<u>本义:宽免罪过</u>。2.宽恕、饶恕。3.减免租税。4.舍弃、放弃。

【原文解】

第一是对"先有司,赦小过,举贤才"的理解。

首先,此句中的"先"与上一章中的"先"的意思应当是一样的。至于此句中是"先有司"而非简单的"先之",是因为"仲弓为季氏宰",孔子是在这一具体情况下的回答。季氏的权势很大,甚至超过了鲁国国君,因此其宰的权力也就相对比较大,也就是说还有许多下级官吏——"有司"。应当说明的是,有人将"先有司"理解为先设置负责具体事务的官吏(让他们各负其责)。笔者认为如此理解不合实际也不够全面。此时季氏在鲁国的强势已不是一天两天了,冉雍也不是季氏的第一任宰,相关职位和官吏应当在冉雍上任之前早就有了,不会等到冉雍上任才开始设置。

其次是"赦小过",其字面意思是很清楚的,问题是为什么?从政为官的人不应被严格要求吗?笔者认为至少出于两方面的原因,一是儒家"恕"的要求。人非圣贤孰能无过,对人不可求全责备,怎么就不能原谅别人的过失呢?"宽则得众"(详见20.1章),太过苛求谁还敢跟你干,没有人跟你干,你一个人能干得了吗?二是你认为的过错就一定是过错吗?他们不是你的朋友,只是同事,并不是志同道合者。应当说明的是,这样的要求并非不严格,这里是赦小过,也就是中过、大过是不被原谅的。小过都不能原谅,那么还能原谅什么呢?那就是什么过错都不原谅了,就是求全责备。以孔子之圣,尚不能无过,这怎么能行得通呢?

最后是"举贤才",为什么?这似乎不是一个问题。但是有些人却认为是个问题。因为他们认为不需要什么贤才,只要制度——好的制度、严格的制度就行了。真的吗?且不说有没有这样一个放之四海皆准的好制度,就是有,又是谁制定的呢?又是由谁来执行的呢?

第二是对"举尔所知。尔所不知,人其舍诸"的理解。这说明了什么?说明"举贤才"这句话强调的是举,关键在于有举的心,至于是否是贤才,这可能因人而异。只要有举的心,尤其是上级有举的心,贤才就跑不了,你不举别人就不会举吗?你没有认识到他是贤才,别人也认识不到吗?这道理很简单。

【编意解】

编者意在通过本章的故事,告诉我们,为政之前的另一个重要工作,就是

"先有司,赦小过,举贤才"。

13.3 子路曰:"卫君待子而为政,子将奚先?"子曰:"必也正名乎!"子路曰:"有是哉,子之迂也!奚其正?"子曰:"野哉,由也!君子于其所不知,盖阙如也。名不正,则言不顺;言不顺,则事不成;事不成,则礼乐不兴;礼乐不兴,则刑罚不中;刑罚不中,则民无所错手足。故君子名之必可言也,言之必可行也。君子于其言,无所苟而已矣。"

【译文】

子路(对孔子)说:"卫国国君要您去治理国家,您打算先从哪些事情做起呢?"孔子说:"首先必须正名分。"子路说:"有这样做的吗?您想的太远了!为什么要正呢?"孔子说:"仲由真是粗鄙啊!君子对于他所不知道的事情,总是采取存疑的态度。名分不正,说起话来就不顺当合理,说话不顺当合理,事情就办不成。事情办不成,礼乐也就不能兴盛。礼乐不能兴盛,刑罚的执行就不会得当。刑罚不得当,百姓就不知怎么办好。所以,君子定下一个名分,必须能够说得明白,说出来一定能够行得通。君子对于自己的言行,是从不马马虎虎对待的。"

【注释】

名,1.自命也。本义:自己报出姓名、起名字。2.名字、名称。3.称说、说出。4.名声、名誉、名望。5.名分、名义。6.通"明",明白。7.用于人的数量词。

迂,1.僻也。本义:曲折、绕远。2.迂腐、不合事理。3.邪避、不正。

【原文解】

第一是对"必也正名乎"的理解。这句话的字面意思是比较明确的。问题是孔子何出此言?"正名"的具体含义又是什么?

首先,孔子何出此言?这有必要了解一下当时的背景,这一点我们在前面已经介绍过了(详见7.15章)。这说明了当时卫国出现了父子争国的局面,同时也说明了当时的卫君(即卫出公辄)君位的正当性存在了疑问,尽管他当时就是卫国国君。当然,这是否就是孔子出此言的原因也不一定,因为孔子毕竟没有明言,但这一历史背景是确实的,因此是孔子出此言的原因之一,应当是可以确定的。

其次,"正名"的具体含义又是什么?笔者认为,"名"就是对一个事物最初的命名,因此"正名"就是要正确地认识和理解这个"名"原本所指事物的状态和定义。之所以如此,是因为随着时间的推移,这个"原本"已经渐渐模糊了,甚至被扭曲、歪曲了。这一点对为政、从政来说,就是指权力的来源以及职责的范围,也就是权力应该来源于什么。是神授、国民选举还是上级的任命?以及各个职位应该干什么,能干什么,不能干什么,等等;在学习来说,就是指一个字、一个词最初的指向和意义,以及随着时间的推移所延伸、衍生出的含义。这对于我们的学习,尤其是学习古人的思想学说,其重要性自不待言,所谓"失之毫厘,谬以千里"。

第二是对"名不正,则言不顺;言不顺,则事不成;事不成,则礼乐不兴;礼乐不兴,则刑罚不中;刑罚不中,则民无所错手足"的理解。为什么?原因很简单,"名不正"就是说权力来源不正当,有问题;或者是对自己的职责不清楚。这就会导致人们对你到底有没有权力做某些事情产生质疑甚至抵触,在这种情况下怎么能言顺事成呢?应说明的是,这里的事是政事。何以成政事或者说为什么要成政事?以孔子的思想来说,当然是以礼乐,为了礼乐。事不成如何能兴礼乐?当然不能。礼乐不兴就秩序紊乱,就是非不清,刑罚又如何能够得当?秩序紊乱、是非不清、刑罚不能够得当,在这样的环境下,老百姓又如何能知道自己该做什么,不该做什么?当然不知道,因为已经不能进行预测,哪怕是大致的预测。这还了得!

应当说明的是,孔子的这句话也同时说明了从政、为政的最根本目的之一,那就是建立和巩固秩序,就是使人们知道自己应当做什么,不应当做什么,并对自己行为的结果有所预期。

【编意解】

编者意在通过本章的故事,告诉我们,为政之前的另一个重要工作,就是"必也正名乎"。

13.4 樊迟请学稼。子曰:"吾不如老农。"请学为圃。曰:"吾不如老圃。"樊迟出。子曰:"小人哉,樊须也!上好礼,则民莫敢不敬;上好义,则民莫敢不服;上好信,则民莫敢不用情。夫如是,则四方之民襁负其子而至矣,焉用稼?"

【译文】

樊迟向孔子请教如何种庄稼。孔子说:"我不如老农。"樊迟又请教如何种菜。孔子说:"我不如老菜农。"樊迟退出以后。孔子说:"樊迟真是小人!在上位者重视礼,老百姓就不敢不敬畏;在上位者重视义,老百姓就不敢不服从;在上位者重视信,老百姓就不敢不用真心实情来对待你。要是做到这样,四面八方的老百姓就会背着自己的小孩来投奔,哪里用得着自己去种庄稼呢?"

【注释】

稼,1.本义:种植五谷。耕种、种田。2.禾之秀实。庄稼、谷物。3.从事农业生产。

农,1.耕种。2.耕种的人,农民。3.神农氏的省称。4.勤勉。5.通"醲",浓厚。

圃,1.种菜曰圃。本义:种植果木瓜菜的园子。2.种菜。亦指种菜的人。

情,1.人之阴气有欲者也。本义:感情。2.实情、情况。3.本性。4.爱情、私情、人情、情分。5.通"诚",真诚、真实。

襁,1.负儿衣也。本义:婴儿的被子或布幅。

【原文解】

第一是对"小人哉,樊须也"的理解。这句话的字面意思是很清楚的,就是孔子认为樊迟是一个小人。通过前面的介绍(详见2.5章)以及学习,我们知道,樊迟比孔子小四十六岁,小孔子很多,是孔子很年轻的弟子,算下来孔子去世时,樊迟也才二十七岁,但他却是"孔子七十二贤"弟子之一,而且各种史料中对其记载也很多。就是这样一个人,却被孔子说成小人,为什么?难道孔子鄙视农业生产或是农民(过去很多人都是这样理解)?当然不是,农业生产是当时社会的根本,中国历代统治阶级都倡导以农为本,孔子怎么会鄙视这一根本呢?那是鄙视从事农业生产的人——农民吗?当然不是。农民是一个为社会提供最基本的生活资料的人群,更重要的是他们同时也是一群自食其力的人,这样的人孔子怎么会鄙视呢?我们从字面上也看不出这样的意思。其实,孔子之所以认为樊迟是小人,正是因为樊迟很有能力。尽管前面说了农民是不应当被鄙视的,但是不可否认,就单个的农夫来说,他的能力是很有限的,对社会的贡献是很小的。而樊迟这样一个有能力的人,并且有条件去学习(而且有幸是向孔子学习),却要立志当农夫,其志向难道不小么?志向相对于自己的能力是如此的小，不是小人又是什么？这里想重提一下尼采的话，"一个人高贵与否，不在于他从哪里来，而在于他向哪里去"。那么更高贵的志向是什么呢？且看孔子之后的话。

当然也有人说樊迟学稼、圃，是为了"教民稼穑"。且不说这种解释没有根据，是一种主观猜测，就算是如此，也不妨碍孔子说樊迟是小人，因为"教民稼穑"是后稷时代的事了，到孔子的时代，已经过去了几千年，就算时代混乱，有所倒退，也不至于倒退到如此地步，用"教民稼穑"来挽救和振兴时代，那就是一种不智。

第二是对"上好礼，则民莫敢不敬；上好义，则民莫敢不服；上好信，则民莫敢不用情"的理解。这句话的字面意思是很清楚的。所谓更高贵的志向，就是"好礼""好义""好信"。这里的礼就是秩序，秩序的核心就是上下；这里的义就是主义，就是信仰；这里的信就是诚信，甚至就是一个"诚"字。这里的"莫敢不"就是不敢、不得不的意思。为什么？因为"君子之德风，小人之德草，草上之风必偃"（详见12.19章）。问题是这说明了什么？说明在孔子看来，要挽救和振兴这个时代，要靠礼、义、信，而非稼穑。其实也只有如此，那些农夫才能真正拥有自己的劳动果实，如此对社会的贡献是否更大一些呢？

第三是对"四方之民襁负其子而至矣"的理解。这句话的字面意思也是很清楚的。问题是为什么？前面不是说了吗，"民莫敢不"，也就是民并不情愿，可为什么还会"襁负其子而至"？很简单。因为在有礼、义、信的地方比其他的地方，或者说比没有礼、义、信的地方要好。虽然在有礼、义、信的地方他们并不完全满意——"民莫敢"，他们失去了一些，但他们因此得到了更多，他们的生活有了保障、有了预期。这时可能会有人问，那是否还有更好的地方？人们不用失去什么却能得到很多？我们可以找一找，甚至可以大胆的想一想，看看有没有。

第四是对"焉用稼"的理解。这句话的字面意思是很清楚的。但好像让人很不舒服，好像是坐享其成、不劳而获，是剥削。是这样吗？如此理解也太过于表面化了。"好礼""好义""好信"并不只是一句话，不是凭空就能得来的，是要付出艰辛的努力的，是要付出汗水甚至是鲜血和生命的，这难道不是一种劳动？甚至是更为高贵的劳动吗？

【编意解】

编者意在通过本章的故事，告诉我们，为政之前的另一个重要工作就是要有一个根本的、正确的方法和目标，这就是用礼、义、信去建设一个礼、义、信的

社会,就是建设一个有秩序、有信仰、诚信的社会。只有在这样的社会,人们才能各得其所。

13.5 子曰:"诵《诗》三百,授之以政,不达;使于四方,不能专对;虽多,亦奚以为?"

【译文】

孔子说:"把《诗》三百篇读得很熟,(可)让他处理政务,却办不成;让他当外交使节,(却)不能独立地应对办理;虽然知道得很多,又有什么用呢?"

【注释】

专,1.独、独有、独占。2.专门、专一。3.独裁、专擅、独断独行。4.诚笃。

【原文解】

本章的字面意思比较清楚,但要深刻理解还应注意这说明了什么?这首先就要了解"《诗》三百",也就是《诗经》。关于《诗经》前面已经有所介绍(详见1.15章),在此不再赘述。这里要强调的是,"诗,志也",用朱熹的话就是《诗》本人情";同时,读《诗经》还能够了解不同地域的风土人情,《诗经》在当时起着百科全书的作用。也就是说,"诵《诗》三百"是为了了解人性、了解风土人情、了解百科物理,用现在的话勉强可以叫作调查研究。而这在孔子来说是从政、为政的一个重要的前提条件。当然,做到了这一点,也未必就能把政事办好。但没有这一点则显然是不行的。那么还缺什么呢?很多。譬如全心全意为人民服务的心,等等。

【编意解】

编者意在通过本章孔子之语,告诉我们为政之前的另一个重要工作,就是要"诵《诗》三百",就是要了解人性、了解风土人情、了解百科物理,用现在的话可以勉强叫作调查研究。

13.6 子曰:"其身正,不令而行;其身不正,虽令不从。"

【译文】

孔子说:"自身正了,即使不发布命令,(下面的人)也会去干;自身不正,即使发布命令,(下面的人)也不会服从。"

【原文解】

这句话我们似乎在什么地方见过？不错，子曰："政者，正也。子帅以正，孰敢不正"（详见12.17章）。只是字面表述不太一样，但意思是大同小异。这里不再赘述。其实类似的话在《论语》中不止一次的出现，其重要性不言而喻，这里将古代先贤的相关论述摘抄一些，简列于下，以便能对本章有更深刻的理解。

是故有诸己不非诸人，无诸己不求诸人。所立于下者，不废于上；所禁于民者，不行于身。所谓亡国，非无君也，无法也。变法者，非无法也，有法者而不用，与无法等。是故人主之立法，先自为检式仪表，故令行于天下。《淮南子·主术训》

下之事上也，不从其所令，从其所好。"上有好者，下必有甚焉者"。《论语稽求》

尧、舜帅天下以仁，而民从之。桀、纣帅天下以暴，而民从之。其所令反其所好，而民不从。《中庸》

【编意解】

编者意在通过本章孔子之语，向我们解释上一章的遗留问题，也就是为什么仅仅"诵《诗》三百"还是不够的，那就是还要身正，还要修身，要知行合一，要树立榜样。同时这也是为政之前的另一个重要工作。

13.7 子曰："鲁卫之政，兄弟也。"

【译文】

孔子说："鲁和卫两国的政事，就像兄弟（的政事）一样。"

【原文解】

本章的字面意思比较清楚，但要深刻理解还应注意这说明了什么？为此，我们首先应当了解一下鲁、卫两国以及他们的政事。通过前面的学习我们知道，鲁国是周武王的弟弟周公旦的封国；而卫国则是周武王的另一个弟弟康叔的封国，因此周公旦和康叔也是兄弟，而且两人的关系很好，其实康叔封于卫实际是周公旦所为。这是其一。在孔子时代，鲁、卫两国都出现了（性质相似的）混乱，在鲁国是大夫季氏当权，是君不君、臣不臣；而在卫国则是父子争国，是父不父、子不子。因此孔子说"鲁卫之政，兄弟也"。但如果只是简单地从字面上理解，这也就只道出了一个事实，其深层次的含义是什么呢？其实，周王朝最初

分封了七十一个诸侯国,其中姬姓之国共有五十三个,占了绝大部分。这些姬姓诸侯都是周文王、周武王的叔伯、兄弟或子侄,都可以说是兄弟,这没有什么可奇怪的。同时应当知道,孔子时代距西周初年分封诸侯时已经过去四五百年了,所谓姬姓兄弟那也只是遥远的过去了,又有什么值得特别强调的?看问题应当看本质,"鲁卫之政"从本质上来讲更像,同时鲁、卫两国又是孔子曾长期居住的地方,对其政有更深入的了解,因此由此感慨。所谓兄弟,在这里更多的是相似(无论是性质还是表象)的意思。其实,其政相似的又何止鲁、卫,要是认真地找一找、查一查,不在少数。这又说明了什么呢?说明为政是可以也应当能够相互参考和借鉴的。应说明的是,这种参考和借鉴并不仅限于当时当代,同样,可以以古鉴今。中国不是有一部史书叫《资治通鉴》吗?古语有云"当局者迷,旁观者清""他山之石可以攻玉"(《诗经·小雅·鹤鸣》)。

【编意解】

编者意在通过本章孔子之语,说明为政之前的另一个重要工作,就是要懂得相互参考和借鉴。

13.8 子谓卫公子荆:"善居室。始有,曰:'苟合矣。'少有,曰:'苟完矣。'富有,曰:'苟美矣。'"

【译文】

孔子谈到卫国的公子荆时说:"他善于居家(理财)。刚开始有一点,他说:'差不多够了。'稍为多一点时,他说:'差不多完备了。'更多一点时,他说:'差不多完美了。'"

【注释】

合,1.合口也。本义:闭合、合拢,与"开"相对。2.符合。3.会和、联合。4.全、满。5.和睦、和谐。6.匹配、配偶。7.盒子。8.两军交锋。

完,1.全也。本义:完备、完整。2.坚固。3.修缮、修筑。4.保全、保护、使不受损失。

【原文解】

第一是要了解"卫公子荆"。卫公子荆是卫国大夫,名荆,字南楚,是卫献公的儿子。依照当时的惯例,卫公子荆为国君的儿子,在一定岁数后,就会授室并取得一定的采邑,即自成一家(这与现在所谓的家是不一样的),对于这个家就

460

要有所经营治理。应说明的是,这种对家的经营和治理虽然主要是为了其个人及家庭,但还包括整个采邑的居民,有时这个采邑还会很大,居民还会很多,因此也是政事。

第二是对"善居室。始有,曰:'苟合矣。'少有,曰:'苟完矣。'富有,曰:'苟美矣。'"的理解。这句话的字面意思是很清楚的,没有太多的歧义。问题是这说明了什么?笔者认为至少说明两点,一是要知足,志不可太满。这一点在个人及家庭来说,就是不要过分追求物质利益和享受;在为政来说,就是不要好大喜功。二是任何事情都是有层次的,要一步一步地做,要循序渐进地做,不可急于求成,甚至拔苗助长。否则不是为心所累,就是欲速不达(详见 13.17)。这时可能会有人问,如此一来,会不会使人不思进取?不会,因为人的欲望是无止境的,当一个欲望或目标实现的时候,在现有的基础上就又会产生新的欲望或目标。也正因为如此,《礼记》开篇即云"欲不可纵,志不可满"。在什么位置说什么话、做什么事。那么对于政事来说这个层次是什么样的呢?且看以下几章。

【编意解】

编者意在通过本章孔子之语,说明为政之前的另一个重要工作,就是要知道凡事要知足(尤其是对自己的私利),志不可太满;要有层次、循序渐进地做,不可急于求成。

13.9 子适卫,冉有仆。子曰:"庶矣哉!"冉有曰:"既庶矣,又何加焉?"曰:"富之。"曰:"既富矣,又何加焉?"曰:"教之。"

【译文】

孔子到卫国去,冉有为他驾车。孔子说:"人口真多呀!"冉有说:"人口已经够多了,还要再做什么呢?"孔子说:"使他们富起来。"冉有说:"富了以后还要做些什么?"孔子说:"对他们进行教化。"

【注释】

仆,1.(pú),给事者。本义:供役使的人、奴隶。2.(pú),驾车,驾车的人。3.(pú),古时男子谦称自己。4.(pū),顿也,向前跌倒。

教,1.(jiào),上所施下所效也。本义:教育、指导。2.(jiào),叫、让、使。3.(jiào),宗教。4.(jiào),诸侯王公的文告。5.(jiāo),教授、传授。

【原文解】

第一是对"庶矣哉"的理解。这说明了什么？如何才能"庶"？也就是如何使人口众多？笔者认为，这说明了为政的第一个阶段或目标，就是要使自己所管辖的地方的人口多起来。为什么？因为政乃众人之事，没有众人何来政？同时，人口的多少是一种力量的象征和基础，这对于生产力不很发达的社会来说尤其如此，因为生产、建设、打仗全都要靠人来完成，更重要的是，其功效与人口的多少几乎是成正比的。那么如何才能使一个社会的人口多起来甚至很快的多起来呢？方法很多，譬如鼓励生育、救助穷人、设法延长人们的寿命，等等。但这都不是根本的方法，更谈不上快速，因为生育、活下去是人的本性，更重要的是，人是活的，是可以迁移的，尤其是为了追求更好的生活。也正因为如此，最根本且快速的办法，是设法让本地的人留下来，外地的人迁移过来，也就是使"四方之民襁负其子而至"（详见13.4章），就是"近者说，远者来"（详见13.16章）。如何才能做到这一点？那就是要通过制度的建立，而其根本方法就是"好礼""好义""好信"（详见13.4章）。

第二是对"富之"的理解。这是为政的第二个阶段或目标，就是要使自己所管辖的地方的居民富裕起来。问题是为什么？听到这个问题很多人会觉得不可思议，这还用问吗？这不就是为政的目的嘛！这种理解不能说错，但十分空洞和片面，尤其从一个为政者的角度来说。那么从一个为政者的角度来说还有什么特别的意义呢？在一个为政者来看，虽然人多了力量就大了，但同时矛盾也就多了，也就更难管理了，况且人能来也就能走，很不稳定。如何才能解决好这些问题呢？那就是"富之"。道理很简单，人富了牵挂就多了，牵挂多了就不太会轻易流动，在一个地方长久居住的可能性就大了，在一个地方居住的越长久，也就越能够遵守甚至融入当地的法律和风俗，这样法律才能更好地实施，对为政者来说也就是更容易治理。因此，管仲有云："凡治国之道，必先富民。民富则安乡重家，安乡重家则敬上畏罪，敬上畏罪则易治也"（《管子·治国》）。同时我们还要认识到，民富国才能真富，而国富、国强也是为政者的一个重要目的，从某种意义上讲甚至是根本的目标。同时，国富进而能更好地使"远者来"（《管子·牧民》）。因为怎么说对远道而来的人总是需要先安置一下的嘛，而安置是要花钱的。所以，只有真正做到富民，才能进入一个良性的循环。

第三是对"教之"的理解。这是为政的第三个阶段或目标，就是自己所管辖的地方的居民富裕起来后，要教化他们。为什么？因为富并不能完全满足人们的欲望,不能使人不争,而争就会使人民、国家面临危险,面临被人掠夺、侵略的危险。那怎么办呢?这时就要强,要强民、强国,只有这样才能防止混乱,防止被人掠夺、侵略。如何才能做到强国?其实读到这句话,使人不禁想起了孔子说的另一句话,叫作"民无信不立"(详见12.7章),就是取信于民,就是要使民众有所信仰,要知道义。怎样才能做到呢?就是教。当然,这里的教不仅仅是指教育,而是教化。所谓教化,就是通过各种手段,使生活于其中的人们真正感知到这个国家及其为政者所倡导的价值观及行为规范是真的、好的,违反是要受到处罚的,没有是不行的。只有这样,人们才能真正地相信这个国家及其所制定的法律和政策,进而才能真正地遵守,进而才能为之而战。也只有这样,人们才能真正地和谐相处,国家才能抵御外来的侵略和掠夺。

【编意解】

编者意在通过本章之故事,说明为政之前的另一个重要工作就是要知道为政的层次,那就是"庶之""富之""教之"。

13.10 子曰:"苟有用我者,期月而已可也,三年有成。"

【译文】

孔子说:"如果有人用我治理国家,一年便可以(使人口渐渐多起来),三年就会有(使人们渐渐富起来)的成效。"

【原文解】

第一是对"期月而已可也"的理解。首先是"期月",据考证,"期月"在过去有一整月的意思,也有一整年的意思。在此解释为一整年是一种通说,笔者认为这种解释比较符合实际,因为在当时交通、通讯和人们的识字水平十分低下的情况下,一个政策的传播并让大家知晓是很慢的,如果要传到其他诸侯国就更慢了,更何况让人们相信也是需要一定过程的。因此,一整月无论如何都太短了。其次是"可"。这在过去学者的理解是"未足之辞也""仅辞",也就是有初步达成的意思。问题是初步达成什么?由前一章所记,笔者认为是初步达成人口渐渐增多这种状态或效果。

第二是对"三年有成"的理解。这里关键是这个"成"字。"成"的字面意思很清楚,那就是完成、成就。问题是完成、成就什么?结合上下章,笔者认为是使人们渐渐的富起来。首先,人口的增多和人们的富裕是不断进行的,也是没

有止境的;其次,综合前一章的阐述,人口的增多、人们的富裕与国家富强是相辅相成的,是一个良性循环,也就是说可以并行的;最后,从后两章的"为邦百年"和"必世而后仁"来看,三年是无论如何也不可能完成教化的,就算他是孔子。孔子亲教的学生三年也未必有成,何况教化民众。

第三是对"苟有用我者"的理解。这句话的意思很清楚,要说明的是,这里的"我"是孔子。孔子何德何能?其为政是"期月而已可也,三年有成"。我们又何德何能?三年能可?十年能成?恐怕都未必。说这些,就是让人们能够有一个更为清醒的认知。

【编意解】

编者意在通过本章孔子之语,说明为政之前的另一个重要工作,就是不仅要知道为政的层次,更要知道每上一个层次、台阶都是需要时间的,而且越往后需要的时间就越长。以下两章均是此意。

13.11 子曰:"'善人为邦百年,亦可以胜残去杀矣。'诚哉是言也!"

【译文】

孔子说:"'善人治理国家,经过一百年,也可以消除残暴,不用杀戮刑罚了。'这话真对呀!"

【注释】

残,1.伤也。本义:伤害。2.凶暴、残忍、残暴。3.残缺,残废。引申为剩余、残余、残存。

杀,1.戮也。本义:杀戮。2.凋落、枯萎。3.减等、减少。4.衰微。5.等差。6.用在动词后,表示极度。

【原文解】

第一是对"善人为邦百年"的理解。什么是善人?从字面上理解就是好人,这个词前面出现过(详见11.20章)。那么什么是好人?过去的学者将其理解为"体善德贤"之人,就是品质好又能力强的人。"善人为邦百年"就是一个品质好又能力强的人治理国家(诸侯国)一百年。这是一个很长的时间。

第二是对"胜残去杀"的理解。这是"善人为邦百年"的结果或状态。这是一个什么样的状态呢?"胜残"就是战胜了残暴,就是没有了残暴的事情发生;

"去杀"就是去除了杀戮,就是不再使用杀戮的刑罚。没有了残暴的事情发生又如何用得着杀戮的刑罚呢?这实际是一回事情。问题是为什么会有这样的状态?是因为教化。这种状态不可能是刻意为之的。教化没有达到一定的程度,人们的思想境界就不可能达到不做残暴的事情,而一旦有人做了残暴的事情,就不可能不用杀戮的刑罚。那么,这种状态是一个什么样的状态呢?笔者认为,即便不是仁的状态也差不多了。毕竟就算孔子所称道的圣王也做不到没有人违法犯罪的程度。

第三是对"诚哉是言"的理解。这句话的字面意思很清楚。这里要强调说明的是,由此看来,这句话说明"善人为邦百年,亦可以胜残去杀矣"不是孔子的话,而是之前就有的一句古语。这句古语得到了孔子的高度认可,从这个角度讲,这也可以算是孔子的话吧。

【编意解】

编者意在通过本章孔子之语,说明为政之前的另一个重要工作,就是要知道"教之"是一件耗时极长的工作。同时,"教之"的结果和状态应当是"胜残去杀",这也是标准。

13.12 子曰:"如有王者,必世而后仁。"

【译文】

孔子说:"如果有王者兴起,也一定要三十年才能实现仁政。"

【原文解】

第一是对"王者"的理解。从字面上理解就是国王、君主以及权力非常大的人。这样的理解显然不全面,于理也不通。国王、君主历代都有,商纣王也是王,有几个"世而后仁"?凤毛麟角。这里的"王者",朱熹解释为"圣人受命而兴",说白了就是圣人当了国王。那么圣人是什么样的人呢?他和善人又有什么不同呢?"圣人"在过去有很多解释,也很玄妙,说不清楚。其实原因也很简单,因为有谁见过圣人呢?孔子倒是有人见过,可见过孔子的人又有谁真正地认知了孔子呢?其实这里的"王者"出自孔子之口,因此此处的"王者"必是有至德的,而在孔子和儒家,至德的标准相对还是比较清楚的,前面学习的《论语·泰伯》,整篇专门讲了德,再学习一下,就知道"王者"应具备什么样的德了。《中庸》有载:"知、仁、勇三者,天下之达德也。"更简明地说,"王者"就是具备了

"知、仁、勇"三德的人当了国王或者是执掌了最高的权力。由此也勉强能看出"王者"与"善人"的不同,从某种意义上讲,"善人"是不完全具备"知、仁、勇"的。这时会有人问谁是"王者"? 有这样的人吗? 在孔子看来,那就是尧、舜、禹、汤、周文王、周武王、周公。

第二是对"必世而后仁"的理解。这句话的意思是很清楚的。这里要说明的是,"世"指三十年。三十年很长,人的一生没有几个。王者是具备了"知、仁、勇"的人,而我们呢? 是不是"善人"都很难说。

【编意解】

此章的编意同前一章。前一章说的是"善人为邦百年",但对于"善人"的标准不甚明确,本章说了一个最高标准——"王者","王者"尚需三十年,何况其他。由此可见,"教之"确实是一件耗时极长的工作,急不得。

13.13 子曰:"苟正其身矣,于从政乎何有? 不能正其身,如正人何?"

【译文】

孔子说:"如果端正了自身的行为,管理政事还有什么困难呢? 如果不能端正自身的行为,怎能使别人端正呢?"

【原文解】本章的字面意思很清楚,对其深刻的理解,可参照12.17章和13.6章,在此不再赘述。

【编意解】

编者意在通过本章孔子之语,强调"教之"的根本,那就是"正其身矣"。

13.14 冉子退朝。子曰:"何晏也?"对曰:"有政。"子曰:"其事也。如有政,虽不吾以,吾其与闻之。"

【译文】

冉求退朝回来,孔子说:"为什么这么晚呀?"冉求说:"有政事。"孔子说:"只是事务吧,如果有政事,虽然(国君)不用我了,我也会知道的。"

【注释】

晏,1.天清也。本义:晴朗。2.鲜艳、华美。3.通"安",平静、安定。4.通

"旰"(gàn),晚、迟。

【原文解】

第一是要理解"政"和"事"的区别。对此,过去学者有很多解释,有人认为政是国事,事是家事;有人认为政是公事,事是私事;有人认为政是国君(上级)特别交办的事,事是臣子日常循例应当办的事;等等。笔者认为都有道理。其实,理解其中的区别,只要从政的定义出发就会比较清楚的。所谓政,就是众人之事,是事之大者。其实政也是事,只是重要到一定程度或具备了某些特点,就变成了政。国事、公事、国君(上级)特别交办的事、众人之事相对于家事、私事、日常循例应当办的事、个人的事,其重要程度或紧急程度就会大一些,因此前者称为政,后者称为事。当然,这是在儒家看来如此,现在很多人不这么认为,他们认为家事、私事、个人的事更为重要,这也很自然,没有什么可指责的,因为他们毕竟不是从政的人,国事、公事、众人之事离他们很远,也带来不了眼前的现实利益。当然,如果一个从政、为政的人是如此认识,那问题就大了。

第二是这个故事说明了什么?回答这个问题,首先要了解一下这个故事的背景。本章的冉子就是冉有,很有为政的能力,因此被鲁国的大夫季氏看重,成了其家臣。由前述可知,诸侯为国,大夫为家。作为大夫季氏家臣的冉有所处理的事物应当是大夫季氏的家事。但季氏很特殊,他虽是大夫却执掌着鲁国的大权,因此其日常所做的事也必然有部分是国事——政,作为其家臣的冉有参与其中也是不可避免的,因此冉有回答"有政"也是据实回答。那么既然如此,为什么孔子还会有本章的回答呢?因为这种状况是不合礼法的,是混乱的,是名不正的,也是不能成事的。不合礼法是显然的,无需多言。混乱不仅仅是因为不知听谁的,应该听谁的,是听鲁国国君的还是听大夫季氏的?更重要的是,大夫季氏还有一个家,这个家的利益与鲁国的利益是一致的吗?肯定是不完全一致的,甚至是有矛盾的,这时就存在一个问题,当两者发生矛盾时大夫季氏如何处理?是顾家还是顾国?顾家不顾国,则国政必受其害,何来为政?顾国不顾家,又有几个人能做到?就是做到了也未必有人信。如此又如何能够最终成事?这于作为家臣的冉有也是同样的处境。这也算是孔子的一次正名吧。

【编意解】

编者意在通过本章的故事及孔子之语,说明为政之前的另一个重要工作,就是要知道"政"和"事"的区别,要知道大小轻重,要公私分明。

13.15 定公问:"一言而可以兴邦,有诸?"孔子对曰:"言不可以若是其几也。人之言曰:'为君难,为臣不易。'如知为君之难也,不几乎一言而兴邦乎?"曰:"一言而丧邦,有诸?"孔子对曰:"言不可以若是其几也。人之言曰:'予无乐乎为君,唯其言而莫予违也。'如其善而莫之违也,不亦善乎?如不善而莫之违也,不几乎一言而丧邦乎?"

【译文】

鲁定公问:"一句话就可以使国家兴盛,有这样的话吗?"孔子答道:"不可能有这样的话,但有近乎这样的话。有人说:'做君难,做臣不易。'如果知道了做君的难,这不近乎于一句话可以使国家兴盛吗?"鲁定公又问:"一句话可以亡国,有这样的话吗?"孔子回答说:"不可能有这样的话,但有近乎这样的话。有人说过:'我做君主并没有什么可高兴的,我所高兴的只在于我所说的话没有人敢违抗。'如果说得对而没有人违抗,不也好吗?如果说得不对而没有人违抗,那不就近乎一句话可以亡国吗?"

【原文解】

第一是对"为君难,为臣不易"的理解。

首先,"为君难"。这在多数人看来,很不容易理解,为君者(现在勉强可以理解为上级领导)权力大、资源多,想怎样就怎样,人们不都是争先恐后地想为君(想当领导、想当更大的领导)吗?其实这是一种表面的也是片面的认识,实际情况大相径庭。权力大、资源多不假,但这意味着责任也大,事情也多。有人会问不做又如何?不做要你干什么?!想做的人多着呢。想怎样就怎样,世界上哪有这样的事?即便短时会如此,也会蒙住人们眼睛,异化人们的本性。同时,人们争先恐后地想为君(想当领导、想当更大的领导),也就意味着在任的君主是十分危险的,不是有一句成语叫作"骑虎难下"吗?一个责任大、事情多,难于用眼睛和本心看世界同时又十分危险的位置,你要坐稳,甚至做好能不难吗?这时可能会有人问,具体难在哪里?真的有这么难么?本章没有讲,但之后的各章都在讲。

其次,"为臣不易"。如何"不易"?为臣也就是为官,前面学习的《论语·雍也》,整篇专门讲了为官,再学习一下,就知道"为臣不易"了。

最后,知"为君难"为什么就"几乎一言而兴邦"呢?因为知其难,就会努力,就会用心。古语说得好:"世上无难事,只怕有心人。"为君者努力、用心,那事情——"兴邦"办好的概率就极大地增加了,这很好理解。但是要明白,这也只是概率极大增加而已,并非百分之百。为什么?因为还有许多不确定的因素,譬如说命运。有关于此,可详见《论语·子罕篇》。因此孔子说"几乎一言而兴邦"。

第二是对"言而莫予违也"的理解。这句话说白了就是想干什么就干什么,想怎么干就怎么干。这能行得通吗?显然不行。这个回答可能有人不同意,认为一般人不行,但君主、权力非常大的人未必行不通。君主、权力非常大的人也是人,而道(含民心)不会因此而改变,因此也必须依道而行,否则就行不通,就会遭到惩罚。正因为是君主,所遭到的惩罚很有可能就是"丧邦"。这时可能会有人问,凭什么就断定君主就一定会违道而行?不是断定,而是几乎可以断定。因为他以此为乐。

【编意解】

编者意在通过本章的故事及孔子之语,说明为政之前的另一个重要工作,就是要知道为政之难,至于如何难,下面各章将会具体说明。同时,本章也是本篇的分水岭,本章之前主要是在讲为政之前应具备的见识和格局,主要是外在的,往往是要通过主动追求获得的;而本章之后(含本章)主要是在讲为政之前应具备的态度,主要是内在的,往往是要通过自我克制和约束来获得的。

13.16 叶公问政。子曰:"近者说,远者来。"

【译文】

叶公问孔子怎样管理政事。孔子说:"使近处的人喜悦,使远处的人来归。"

【注释】

来,1.本义:小麦。小麦叫"麦",大麦叫"牟"。2.至也。由彼至此、由远到近,与"去""往"相对。3.招来、使来。4.将来、未来。5.某一时间以后。6.句尾语气词,相当于现代汉语的"咧"。

【原文解】

首先,"近者说,远者来"是一种状态,是好的为政的一种结果。这种状态或结果是极其难得的,而且人越多就越难。

其次,近者何以悦?这包括很多方面,但总体来说无非就是富足和安宁。

如何才能富足和安宁？方法很多，但原则是确定的，为政者要少索取，多付出，一句话就是要自我克制。那么要富足安宁到什么程度？到"远者来"的程度。就是要比其他地方富足和安宁，而且还不是一点，否则远者是不会来的，因为搬一次家不容易，不仅辛苦还不可避免的要有所损失——这在过去尤其如此，而且还是要到一个陌生的环境。如此高的为政标准，你说有多难？这时可能会有人说，这是孔子定的高标准，不一定非要达到吧？这不是什么高标准，而是一个客观的、现实的标准。你达不到，不等于别人也达不到，而一旦别人达到了，将会是一个什么样的情况？那就很可能是近者去。一旦发生这种情况，就可能有国破家亡的危险，这一点已被包括春秋战国在内的历史无数次证明了。

【编意解】

编者意在通过本章孔子之语，说明为政之前的另一个重要工作，就是要知道为政的目标和标准，即"近者说，远者来"。同时，这是为政之难之一，当然也是难的主要所在。

13.17 子夏为莒父宰，问政，子曰："无欲速，无见小利。欲速则不达，见小利则大事不成。"

【译文】

子夏做莒(jǔ)父的总管，问孔子怎样办理政事。孔子说："不要求快，不要贪求小利。求快反而达不到目的，贪求小利就做不成大事。"

【原文解】

第一是对"无欲速""欲速则不达"的理解。"欲速不达"现在是一句成语，就出自此处。其意思想必大家都比较清楚，问题是为什么？说明了什么？这就要对"欲"有一个深刻的了解。"欲"，《说文解字》的解释是"贪欲也"。而这个"贪"字很能说明问题，这个"贪"字说明了不合理。政乃众人之事，事之大者。众人之事就是造福众人的事，应该快些办理，因此想快也没有什么错。但同时办事情要讲究规律这也是没有错的，"事之大者"更应该如此，如果贪快，那就是不合理的快，就是违背规律的快，甚至是拔苗助长，如此如何能达到目标。第二个问题，说明了什么？看问题要从正反两个方面来看，孔子此语意在强调不要不合理的图快，从另一个层面来讲孔子是认为为政要快，否则为政还有什么意义呢？所以对孔子此语的全面理解应当是，为政要快但不能不合理的图快。道理很简单,但我们能克制住不图快吗?

第二是对"无见小利""见小利则大事不成"的理解。对孔子此语的深刻理解可参照上面对"欲速则不达"的理解。小利、大利都是利,图就要花时间和精力。如果图小利,就势必会消耗我们有限的时间和精力,会影响我们的大局观,甚至忘记初衷,如此则必影响大事。对大事有妨碍的利都是小利,必须视而不见。

【编意解】

编者意在通过本章孔子之语,说明为政之前的另一个重要工作,就是为政要克制自己的贪欲,哪怕这个贪不是为了自己的私利而是为公,同时这也是为政之难之一,自我克制不难吗?

13.18 叶公语孔子曰:"吾党有直躬者,其父攘羊,而子证之。"孔子曰:"吾党之直者异于是:父为子隐,子为父隐,直在其中矣。"

【译文】

叶公告诉孔子说:"我的家乡有个叫躬的正直的人,他的父亲偷了人家的羊,他告发了父亲。"孔子说:"我家乡正直的人和你讲的正直的人不一样:父亲为儿子隐瞒,儿子为父亲隐瞒。正直就在其中了。"

【注释】

攘,1. 推也。本义:推让、退让。2. 除也。排斥、排除。3. 偷、盗窃。4. 破坏安宁、扰乱。5. 撩起、挽起。6. 通"让",谦让。

证,1. 告也。本义:告发。2. 验证、证实。3. 证据、凭据。4. 谏也。谏诤。5. 通"症",病症。

隐,1. 短墙。2. 蔽也。藏匿、隐蔽、隐瞒。3. 精微深奥。4. 怜悯。5. 伤痛、疾苦。

【原文解】

第一是对"吾党有直躬者,其父攘羊,而子证之"的理解。

首先是"躬",有人将其理解为躬行,也有人将其理解为人名。其实这个故事在中国的很多典籍中都出现过,比如《韩非子》《吕氏春秋》等,将其理解为躬行是有些说不通的,因为如此一来孔子下面对话中的"直在其中矣"之语,就应

当是"直躬"在其中了。当然,这些分歧对本章的理解不构成障碍。

其次是"其父攘羊,而子证之"。其字面意思是很清楚的。问题是这是"直"吗?如果是,那么这是人们需要的"直"吗?肯定不是。可以设想一下,谁能不犯错,这样的"直"如果被倡导、被遵守,那将是一个怎样悲惨的世界啊!父子之情何存?父子是至亲,父子之情不存,还会有什么样的情可以存在呢?没有情的世界还不悲惨吗?其实这不是真正的直,充其量是表面的直,因为它有违孝道,有违父子这一最基本的人伦。这时有人可能会说,难道我们不应该忠君(国家)、维护法律吗?没有国哪有家?回答这些问题,要探究一下国家的根本是什么。国家的根本难道不是孝吗?不是人伦吗?难道不是家吗?没有家会有国吗?至于没有国会不会有家?不知道。但是家的产生肯定早于国,而且永远也不会消灭。维护法律可以靠警察、执法者等,难道非要靠父、子这样的至亲吗?

第二是对"父为子隐,子为父隐,直在其中矣"的理解。"父为子隐,子为父隐"就是父子相互隐瞒。这时有人可能会问,隐瞒还是直吗?问题是为什么要隐瞒?是因为害怕自己的父亲或自己的孩子受到惩罚。这难道不是父子亲情的直接体现吗?因此表面上是隐瞒,实际上是父子亲情的直接体现,因此孔子说"直在其中矣"。

【编意解】

编者意在通过本章孔子之语,说明为政之前的另一个重要工作,就是要知道根本,为政首先要维护而不是伤害这个根本,哪怕这个根本会妨碍甚至伤害一些政事,那也要维护,因为这种所谓的妨碍甚至伤害只是表面的,也是可以克服的,否则所谓的政将是无根之木。同时,这是为政之难之一,认识根本进而维护根本已经是很难的了,更何况是在这个根本妨碍甚至伤害为政的时候还要容忍和维护,不是更难吗?

13.19 樊迟问仁。子曰:"居处恭,执事敬,与人忠。虽之夷狄,不可弃也。"

【译文】

樊迟问怎样才是仁。孔子说:"平常在家规规矩矩,办事严肃认真,待人尽心竭力。即使到了夷狄之地,也不可背弃。"

【原文解】

第一是对"问仁"的理解。通过前面的学习,我们知道,《论语》中有很多处"问仁",但孔子的回答却不尽相同,有的是在回答什么是仁,也就是仁的定义;有的是在回答如何为仁,也就是如何做才是仁;有的回答是纲;有的回答是条目,也就是具体的某一方面。那么本章孔子的回答是哪种呢?笔者认为,应当是如何为仁,而且仅是为仁时主观上应有的态度,当然,本章是就为仁时主观态度的总论,也就是恭、敬、忠。

第二是对"居处恭,执事敬,与人忠"的理解。关于"恭""敬""忠"的含义,前面已在不同的章节中多有说明,在此不再赘述。这里要说明的是,"居处"是指闲居之时,扩大一些就是在不办理公事的时候;"执事"是指办理公事的时候;"与人"是指具体待人接物之时,这可能发生在"居处"之时,也可能发生在"执事"之时。"恭"和"敬"的意思差不多,都有慎重、严肃、认真的意思,现在恭敬就是一个词。在过去,"恭"主要表现在容貌上,"敬"主要表现在做事上。"忠"的意思较为明确,就是尽心竭力,其实也是"敬"的意思(详见1.4章)。总之一句话,任何时间、任何场合都要严肃认真,表里如一。

第三是对"虽之夷狄,不可弃也"的理解。这句话的字面意思是很清楚的,问题是它说明了什么?笔者认为,这说明在孔子看来,"居处恭,执事敬,与人忠"的态度,这是为仁、行仁时放之四海而皆准的。是这样吗?不是这样吗?!用心体会一下看看。

【编意解】

编者意在通过本章孔子之语,说明为政之前的另一个重要工作,就是态度要"居处恭,执事敬,与人忠"。本章虽是孔子在回答"樊迟问仁",但为仁、行仁与从政、为政又有多大的区别呢?其实,从政、为政只是为仁、行仁的一部分(当然是很重要的一部分),因此,为仁、行仁所应具备的基本态度在从政、为政时同样应当具备。同时,这也是为政之难之一,尤其是这个表里如一,即在家和在公堂一样要保持恭敬,这难道不难吗?

13.20 子贡问曰:"何如斯可谓之士矣?"子曰:"行己有耻,使于四方,不辱君命,可谓士矣。"曰:"敢问其次。"曰:"宗族称孝焉,乡党称弟焉。"曰:"敢问其次。"曰:"言必信,

行必果,硁硁然小人哉!抑亦可以为次矣。"曰:"今之从政者何如?"子曰:"噫!斗筲之人,何足算也!"

【译文】

子贡问道:"怎样才可以叫作士?"孔子说:"自己在做事时有羞耻之心,出使外国各方,能够完成君主交付的使命,可以叫作士。"子贡问:"请问次一等的呢?"孔子说:"宗族中的人称赞他孝顺父母,乡党们称他尊事兄长。"子贡又问:"请问再次一等的呢?"孔子说:"说了一定要做,做一定果敢为之,信誓旦旦的样子,这其实是小人啊。但也可以说是再次一等的士了。"子贡说:"现在的执政者怎么样?"孔子说:"唉!这些器量狭小的人,哪里能算得上呢!"

【注释】

硁(kēng),1.刚劲有力的击石声。2.坚定的样子。

硁硁,浅陋而固执的样子。

筲(shāo),一种竹器,多用于盛粮或盛饭。

算,1.数也。本义:计算。2.数额、限额。3.计谋、筹谋。4.推算、预料。5.算卦、算命。6.通"筭",计算用的筹码。

【原文解】

第一是对"行己有耻,使于四方,不辱君命,可谓士矣"的理解。要深刻理解这句话,首先要对"士"的含义有所了解。士的本义是善于做事的人,有能力的人。那么怎样才算有能力的人呢?在孔子认为那就是"行己有耻,使于四方,不辱君命"。可这又说明了什么呢?首先,"行己有耻"就是有羞耻之心,也就是知大是大非,有自己的价值观并能坚守的人。只有这样的人才能有所为,也有所不为,而不是唯利是图,今天一个说辞明天又一个说辞;其次,"使于四方,不辱君命",就是能独当一面("使于四方"就是孤立无援的做事),而且能把事情做成("不辱君命")。这里要说明的是,"君命"就是政事。由此看来,孔子对士的标准及要求是非常高的。

第二是对"宗族称孝焉,乡党称弟焉"的理解。"孝弟也者,其为仁之本与!"(详见1.2章)也就是说这个人做到了仁的根本。而仁本身是一种价值,是一种判断是非的标准,也就是说明这个人是有是非观、价值观的,并且已经做到了。那他比前一种孔子所定位的士差在哪里呢?很明显,这个人虽然做到了自己应该做的,但是他没有为他人(或众人)做什么事——"使于四方,不辱君命",这很可能是因为他没有这样的能力或机会,但他有是非观,有价值观,而且这个是非观、价值观是孔子认可的(又有谁不认可呢?)。他做到了自己应该做的最基本的事情。

第三是对"言必信,行必果,硁硁然小人哉!抑亦可以为次矣"的理解。为什么"硁硁然小人哉"?难道说"言必信,行必果"不对吗?说到这里,笔者不禁想起之前《论语》中的两句话,一句是有子曰"信近于义,言可复也"(详见1.13章);另一句是子曰"无适也,无莫也,义之与比"(详见4.10章)。当然孟子说得就更直白了,"大人者,言不必信,行不必果,惟义所在"(《孟子·离娄章句下》)。"言必信,行必果"一般来说很不错,但是人孰能无过?孰能保证言必近于义?不近于义时怎么办?继续坚持实现它吗?那不是一错再错吗?小错变大错吗?不顾大义,为信而信,就是不知本末轻重,甚至是没有是非、没有价值观,更谈不上坚守,不是小人又是什么呢?因此,"硁硁"也被解释为浅陋固执的样子。其次是"抑亦可以为次矣"。既然"言必信,行必果"有前述如此多的不是,为什么还"抑亦可以为次矣"呢?到底有什么可取之处呢?看问题要全面。信毕竟还是很重要的,尤其对从政、为政者来说,"大车无輗,小车无軏,其何以行之哉"(详见2.22章)。这在前面已经多有阐述,不再赘述。人不可能无过,不能保证言必近于义,但这毕竟是相对的少数。能果敢为之也是勇的表现之一吧,也属难得吧。尽管这很不合孔子之意,但尚有可取之处。应当说明的是,这里的"果"是果敢、果断的意思,是一种勇的表现,而不是结果的意思。任谁也不能保证自己的行为一定有结果,更不用说是符合自己预期的结果了。

第三是对"今之从政者何如"和"斗筲之人,何足算也"的理解。这句话的字面意思是很清楚的,问题是这说明了什么?笔者认为至少说明两点:一是在儒家认为,从政者应该是"士",或者至少应该是"士",哪有那么多君子啊;二是当时的从政者不具备"士"所应具备的任何一点基本素质,他们没有羞耻之心,没有独当一面的才能,做不到孝悌,甚至连最差的"言必信,行必果"都做不到。当然,这是孔子在说当时的从政者。

【编意解】

编者意在通过本章的故事,说明为政之前的另一个重要工作,就是要做一个真正的士,一个"行己有耻,使于四方不辱君命"的人。同时这也是为政之难之一,因为由上所述可知,这个标准是非常高的,要达到这样的标准难道不难吗?

13.21 子曰:"不得中行而与之,必也狂狷乎!狂者进取,狷者有所不为也。"

【译文】

孔子说:"我找不到奉行中庸之道的人和他交往,只能与狂者、狷者交往了。狂者对有些不能做的事也要硬做,狷者对有些可以做的事却不肯做。"

【原文解】

第一是对"不得中行而与之,必也狂狷乎"的理解。

首先是"不得中行而与之"。以孔子之阅人,光弟子就三千,尚且如此,说明的问题应该是很清楚的,那就是能行中庸之道的人少之又少。这一点从之前在对《论语》的学习中就可见一斑。在孔子与弟子们的交往中,能得到孔子赞同且完全认可的几乎没有(颜回可能算是个例外),不是"过"就是"不及",有的甚至是离经叛道。其实这也比较好理解,《论语》学到这里,孔子的言行我们也知道了不少,如果说孔子做到了中庸,那么我们真心地反省一下自身,我们可曾做到一二项?

其次是"狂狷"。所谓"狂狷",在本句来看,可以确定的是"狂狷"绝不是"中行"者。那什么是中呢?很简单,就是无"过"无"不及",这也说明"狂狷"者,必是过或不及者。

第二是对"狂者进取,狷者有所不为也"的理解。这是孔子对"狂狷"的进一步说明,问题是何谓"进取"?何谓"有所不为"?这在过去有许多不同的解释。笔者认为,依据"不得中行而与之,必也狂狷乎"的阐述,结合本句的结构,所谓"进取"就是有些过,有些激进,用现在的话勉强可以理解为胆子比较大,风险意识不足;所谓"有所不为",就是有些不及,有些保守,用现在的话勉强可以理解为胆子比较小,风险意识太强。应当说明的是,"狂狷"虽不合中庸之道,但也离之不远,比如孔子的弟子们。同时也说明,"狂狷"之士不是你想当就能当的。要注意的是,"狂狷"虽与"中行"是有差别的,但相对还算小的,"狂"与"狷"、"狂"与"狂"、"狷"与"狷"相差的可就大了,相处就更难了。但现实情况是还要必须与其相处,因为"中行"太少,而政不是一个人的事,是要靠大家一起来做的事。

【编意解】

编者意在通过本章孔子之语,说明为政之前的另一个重要工作,就是要做好与和自己不相同甚至非常不同的人打交道以及合作的准备。同时,这也是为政之难之一,与人合作本来就是一件不易的事,要和一个与自己差别很大的人合作岂不更难?

13.22 子曰:"南人有言曰:'人而无恒,不可以作巫医。'善夫!'不恒其德,或承之羞。'"子曰:"不占而已矣。"

【译文】

孔子说:"南方人有句话说:'人如果(做事)没有恒心,是不可以为巫医的。'这句话说得真好啊!'人不能长久地保持自己的德行,就可能要遭受耻辱。'"孔子说:"(这句话是说,没有恒心的人)用不着去占卦了。"

【注释】

巫,祝也。能事无形,以舞降神者也。本义:古代称能以舞降神的人,泛指古代以降神、祈祷、占卜、治病为职业的人。

医,1.治病工也。本义:治病的人。2.治疗、治愈。3.救治。

【原文解】

第一是对"人而无恒,不可以作巫医"的理解。

首先要对"巫医"有一定的了解。"巫"在注释中已经有所解释,应说明的是,在古代,巫、医本是一回事,只是到了春秋之后,医才渐渐地从巫中分离了出来,因此,医在《广雅释诂》中解释为"巫也"。"巫医"是干什么的呢?就是以降神、祈祷、占卜、治病为职业的人。

其次是对"不可以作巫医"的理解。这句话的意思存有歧义,主要有两种理解,第一种理解是不可以向巫医求神问卜、祛病消灾,或者是巫医不可以为之占卜。理由一是"人而无恒,不可以作巫医"是一句古语,在其他古书中也有所引用(譬如《礼记》),意思是不可以向巫医求神问卜、祛病消灾,或者是巫医不可以为之占卜。二是如此解释才能与本章下面的"不占而已矣"相合,之所以如此,是因为其无恒、多变;第二种理解是不可以当巫医。这完全是按字面意思理解,并认为巫医的地位比较低贱(相对于从政、为政),低贱的尚且不能做,从政、为政就更不行了。但无法解释无恒者为什么不能当巫医,况且据考证:按照《周

礼》,巫、医都是由士大夫来充任的,并不低贱,同时与本章下面的"不占而已矣"不合,因此笔者赞同第一种理解。还有一个问题,就是为什么?道理很简单,找巫医就是去占卜或者说巫医就是占卜,占卜就是预测,而预测的逻辑基础就是要依据过去和现在。而"无恒"就是多变,多变就会导致预测的逻辑基础的动摇或变得不确定,甚至不存在,因此也就不再会有所谓的占卜了。

第二是对"不恒其德,或承之羞"和"不占而已矣"的理解。首先,"不恒其德,或承之羞"是《易经》恒卦九三的爻辞。道理很简单,一个人不恒,就是没有常性,一会儿东一会儿西,朝三暮四,朝令夕改,时间长了不免相互矛盾,自取欺辱。其次,关于"不占而已矣",通过前面的论述,这句话应该比较好理解了,问题是这说明了什么?直接说明的是这样的人不可预测。更进一步说明的是,这样的人如果为政,那么下属和民众就无法预测将来的方向,也无法预测自己行为的后果,如此就会手足无措,天下大乱。

【编意解】

编者意在通过本章孔子之语,说明为政之前的另一个重要工作,就是要做好持之以恒的准备。同时,这也是为政之难之一。恒是一件不易的事,有时候改变也并不是没有理由的,比如自己的认识改变了、客观情势变化了,等等。但是下属和民众可能不了解,解释说明也未必行得通,该变还得变,至于如何变则是非常艺术的事情了。但是根本宗旨是不能变的,用毛泽东主席的话叫"为人民服务",这个宗旨是不能变的。话又说回来了,宗旨不变的话,其他又会有多少的变化呢?就是变了,人们也是会理解、接受的。

13.23 子曰:"君子和而不同,小人同而不和。"

【译文】

孔子说:"君子讲求和谐而不讲求同一,小人讲求同一而不讲求和谐。"

【注释】

同,1.合会也。本义:聚集。2.共同、一起。3. 相同、一样。4.整齐。5.同一个。

【原文解】

本章的字面意思不是很清楚,要准确理解,主要是对"和""同"的理解。

从字面上看,"和"就是和谐、协调的意思。问题是这说明了什么?从概念上进行的说明,那就是两个或两个以上"不同"的事物,他们能够相处在一起——和谐的,或者没有矛盾,或者没有明显的矛盾。"同"在本章就是相同、一样的意思。说明两个或两个以上"相同"的事物相处在一起,"相同"是相处在一起的条件。

从现实方面看,"和"与"同"都是存在的,但"和"的情况更多、更大、更绝对,也更有生机,更强大。而"同"的情况则相对较少,是相对的,也相对脆弱。其实,世界上纯粹单一的事物是很少的,这一点相信大家都会有所体会。譬如在一个生态系统(尤其是相对较大的生态系统)中,往往会有多种的动植物,动物也往往不会只有一种,植物也是如此。否则将会十分的脆弱,因为既没有相互竞争,也没有相辅相成,难以为继。"和实生物,同则不继"(《国语·郑语·史伯为桓公论兴衰》)。

当然,更重要的是从价值的角度来看,对此,《左传》昭公二十年有一段非常深刻而精准的论述,原文如下:

(齐景)公曰:"唯据(人名)与我和夫!"晏子对曰:"据亦同也,焉得为和?"公曰:"和与同异乎?"(晏子)对曰:"异。和如羹焉,水火醯醢盐梅以烹鱼肉,燀之以薪。宰夫和之,齐之以味,济其不及,以泄其过。君子食之,以平其心。君臣亦然。君所谓可而有否焉,臣献其否以成其可。君所谓否而有可焉,臣献其可以去其否。是以政平而不干,民无争心……今据不然。君所谓可,据亦曰可;君所谓否,据亦曰否。若以水济水,谁能食之?若琴瑟之专一,谁能听之?同之不可也如是。"

大致翻译如下:齐景公说:"只有据与我和谐啊!"晏子回答说:"据也只不过(与您)相同而已,哪里说得上和谐?"齐景公说:"和谐跟相同不一样吗?"晏子回答说:"不一样。和谐好像做羹汤,用水、火、醋、酱、盐、梅来烹调鱼和肉,用柴火烧煮,厨工加以调和,使味道适中,味道太淡就增加调料,味道太浓就加水冲淡。君子喝汤,内心平静。君臣之间也是这样。国君所认为可行的而其中有不可行的方面,臣下指出不可行的方面而使可行的部分更加完备。国君所认为不可行而其中有可行的,臣下指出可行的部分而去掉不可行,因此政事平和而不违背礼仪,百姓没有争夺之心……现在据不是这样。国君认为可行的,据也认为可行。国君认为不可行的,据也认为不可行。如同用清水去调剂清水,谁能吃它呢?如同琴瑟总弹一个音调,谁去听它呢?不应该相同的道理就像这样。"

仔细看过《左传》中的上述论述,相信大家对孔子为什么主张"和而不同"而反对"同而不和"已经能够有所理解了。其实,哪里有完全相同的人,人与人差别往往是很大的,有人说"人与其他动物是不同的,但人与人的差别更大",这句话虽然极端,但也不无道理。人与人不同这是事实,所谓的"同"不是没有就是虚假的、违心的,强求"同"则必争,争则不和。

【编意解】

编者意在通过本章孔子之语,说明为政之前的另一个重要工作,就是要做好与和自己不同甚至差异很大的人打交道,甚至是共事,同时要有"和"的目标并做到"和"的结果。这也是为政之难之一,与和自己不同甚至差异很大的人打交道,即使是共事已经是很难的了,还要做到"和",岂不更难?

13.24 子贡问曰:"乡人皆好之,何如?"子曰:"未可也。""乡人皆恶之,何如?"子曰:"未可也。不如乡人之善者好之,其不善者恶之。"

【译文】

子贡问孔子:"(如果有一个人)全乡人都认为他好,这个人怎么样?(能说明他是一个好人吗?)"孔子说:"不能确定。"子贡又问孔子:"全乡人都认为他不好,这个人怎么样?(能说明他是一个不好的人吗?)"孔子说:"(还是)不能确定。不如是全乡的好人都喜欢他,全乡不好的人都厌恶他(来得确定)。"

【注释】

皆,1.俱词也。本义:都、全。2.俱、一同。3.普遍。

【原文解】

第一是对"乡人""皆"的理解。"乡人"就是乡里的人,是一个群体,在当时一万二千五百家为一乡,这在前面已经有所说明,不再赘述。这里是要建立一个概念,就是一乡之人可是不少,怎么也有几万人甚至十几万人。这么多人不可能是铁板一块——哪怕表现出来的是铁板一块。其中必有是非观、价值观相差极大甚至对立的人。关键是这个"皆"字,其本义是都、全的意思。这么多人都说一个人好或坏,也就是说价值观相差极大甚至对立的人,在对一个人进行好坏评价时,取得了一致,这可能吗?应该不可能,但实际上却是存在的,为什么?原因只有一个,那就是这个人在不同人的面前,有不同的表现,用句俗语说就是"见人说人话、见鬼说鬼话"。这又说明了什么？说明这个人不好吗？当然不能这么说。至少孔子不这么认为，否则孔子就不会回答"未可也"了。笔者认为，"见人说人话、见鬼说鬼话"并不是一个贬义词，当然也不是一个褒义词，只是一个为自身利益处世应对的方法而已。孔子不是也讲"察言而观色"（详见12.20章）吗？虽然两者不尽相同，但是否也能说明一些问题呢？问题是这是一种或主动或被动的隐瞒，在这样的情况下去实际判断一个人的好坏，当然是不可行的，因此孔子的回答是"未可也"。

第二是对"不如乡人之善者好之，其不善者恶之"的理解。这句话的意思比较清楚，结合之前的对话，就是不如全乡的善人都喜欢他，全乡不善的人都厌恶他（来得确定）。问题是为什么？通过前面的分析，原因很明显，那就是这个被判断的人或者叫作被评判的人，表现得比较率性，不藏着掖着，是什么就表现出什么。也因此，如果他是一个好人，当然就会有"善者好之，其不善者恶之"的结果或现象。那么这又说明了什么？这在说明一个识人、判断人的方法和标准。这层含义通过前面的论述应该不难理解。问题是这个方法和标准怎么样？之所以提出这样的问题，是因为有人认为这是最好的方法和标准，真的是这样的吗？其实说到这里，笔者不禁想起孔子的另一句话，"视其所以，观其所由，察其所安。人焉廋哉？人焉廋哉"（详见2.10章）。读到这句话，还会有谁说"乡人之善者好之，其不善者恶之"是最好的方法和标准呢？其实这毕竟只是听来的，而不是"视""观""察"所得，怎么可能是最好的呢？所以孔子说"不如"。说这些是针对一种现象，那就是有很多人不考虑语境、环境，更不用心，只要是孔子说的，就都是最好的。其实孔子的这句话是通过子贡之前的系列问题演化而来的，而且也用了"不如"二字。应当说明的是，"视其所以，观其所由，察其所安"这种识人的方法虽然好——更为准确，但是这种方法是比较慢的，也就是效率比较低。但我们应当清楚的是，一个人对于另一个人或事的重要程度是不同的，对此我们采用的识人方法应有相应的选择。

【编意解】

编者意在通过本章的故事，说明为政之前的另一个重要工作，就是要做好被人批评甚至指责的准备。因为为政与个人的为人处世并不相同，个人的为人处世或许可以"见人说人话、见鬼说鬼话"，但为政能吗？不论是政策的制定还是其他的为政行为，都是公开的甚至是针对众人的，而前面说过，人与人是不同的，因此再好的为政方针也不可能会得到所有人的赞同，也不可能没有人反对

甚至是指责。所谓的"皆",是一种不符合实际的幻想,是人的贪欲在作祟。同时,这也是为政之难之一,尽心为政已经是很难的了,还不得不面对不可避免的批评和指责,岂不更难?

13.25 子曰:"君子易事而难说也。说之不以道,不说也;及其使人也,器之。小人难事而易说也。说之虽不以道,说也;及其使人也,求备焉。"

【译文】

孔子说:"为君子办事很容易,但很难取得他的欢喜。不按正道去讨他的喜欢,他是不会喜欢的。但是,当他用人的时候,总是量才而用人。为小人办事很难,但要取得他的欢喜则是很容易的。不按正道去讨他的喜欢,也会得到他的喜欢。但等到他用人的时候,却是求全责备。"

【原文解】

第一是对"说之不以道,不说也"的理解。这里的道是规律、规则、道理的意思。这句话在强调君子"悦"的不同,到底有什么不同呢?为了加深对这方面的理解,笔者在这里举几个事例,一是"起予者商也"(详见 3.8 章);二是"丘也幸,苟有过,人必知之。"(详见 7.31 章);三是"子路,人告之以有过,则喜。"(《孟子·公孙丑章句上》)。

第二是对"及其使人也,器之"的理解。"器"字在前面已经有详细的解说,详见 2.12 章,不再赘述。问题是为什么?因为政乃众人之事,也要靠众人来做,而君子太少,子贡尚且是器(详见 5.4 章),何况他人?但话又说回来了,人各有所长,当然也有所短,这是必须认知的事实。也因此既要用其所长,也要知其所短,不能苛责求备。

第三是对"说之虽不以道,说也"的理解。什么是"不以道"?本章没有明说,但不难想象,譬如吹捧、行贿等。为什么?很简单,因为"小人喻于利""小人怀土""小人怀惠"(详见 4.11 章),私欲膨胀,以至是非轻重不分。

第四是对"说"的理解。"说"在本章出现了六次。这个字在前面已有所注释(详见 1.1 章),那么在本章是什么意思呢?能不能解释为言说呢?关于这个问题,过去的学者多有注意,但大多都认为应当解释为"悦",理由一:据考证,"说"字本身就有"悦"的解释,而且在《论语》其他章节出现的"说"字,都应解释为"悦",否则不通。譬如"学而时习之,不亦说乎?"其中的"说"字只能解释为"悦";理由二:解释为"悦"在本章前后意思非常通顺,这一点想必大家应有所体会。

但将本章的"说"字解释为言说的人也有其理由,一是"说"字的本义就是言说;二是将"说"字解释为言说,本章的意思也没有什么不通的,这时本章的意思就是,君子办事容易说话难,说话不按道理不说。小人说话容易办事难,说话不按道理照样说。也没有什么不通的,况且这也符合孔子关于君子"敏于事而慎于言"(详见 1.14 章)、"欲讷于言而敏于行"(详见 4.24 章)的特点描述,同时孔子不也说过"巧言令色,鲜矣仁"(详见 4.24 章)吗? 由此可见,将本章的"说"字解释为言说也是非常有道理的。

笔者虽经过再三权衡,无奈学识浅薄,也无结果,只能从众,选择通说,想必读者会有自己的认识。

【编意解】

编者意在通过本章的故事,说明为政之前的另一个重要工作,就是要做好认理不认人、严于律己、宽以待人的准备。同时,这也是为政之难的一方面。认理不认人已经是很难的了,还要严于律己、宽以待人,委屈自己岂不更难?

13.26 子曰:"君子泰而不骄,小人骄而不泰。"

【译文】

孔子说:"君子安静坦然而不傲慢无礼,小人傲慢无礼而不安静坦然。"

【原文解】

第一是对"泰"和"骄"的理解。"泰"字之前有过注释(详见 7.26 章),有奢侈的意思,也有骄纵、傲慢的意思。同时,"泰"也有安定平和和大、极大的意思。泰从水,水在手中,下溜很顺利、很自然,《说文解字》将其解释为"滑也"。由此笔者认为,"泰"之所以有奢侈、骄纵、傲慢的意思,是因为富足,即手中有水。其所谓奢侈、骄纵、傲慢,表现是很自然的,是安定平和的,不是装出来的,因此也是大的、极大的。"骄"之前也有过注释(详见 1.15 章),有傲慢、骄矜的意思。但我们知道,"骄"本意是六尺高的马,形容马高大健壮的样子。这种傲慢、骄矜是一种外在的、形象上的,是一种表面的而非实质上的。

第二是为什么会这样。这就要再次强调君子和小人的区别。君子所重在

于道与德,其所富足的也是道与德,而道与德是客观的也是内在的,是不会失去的。同时,其所流露的和表现的也是道与德,而道与德的流露和表现是不容易伪装遮掩的。因此孔子说"君子无众寡,无小大,无敢慢"(详见20.2章),不会因势力众寡、小大而改变或怠慢。因此也必然是自然的,是安定平和的,当然这在有些人眼里是骄纵、傲慢。而小人所重在于利与财富,其所富足的也是利与财富,而利与财富是有大小的,是相对于他人而言的,同时也是外在的,会失去的,因此患得患失、遮遮掩掩,"色厉而内荏"(详见17.12章)。

【编意解】

编者意在通过本章孔子之语,说明为政之前的另一个重要工作,就是要做好"泰而不骄"的准备。同时,这也是为政之难的一个方面。不骄已经是很难的了,还要泰——不畏强权岂不更难?

13.27 子曰:"刚、毅、木、讷近仁。"

【译文】

孔子说:"刚强、果敢、朴实、语言迟钝,这四种品质接近于仁。"

【注释】

木,1.冒也。冒地而生。本义:树木。2.木料、木材。3.质朴、朴实。4.五行(金、木、水、火、土)之一。5.八音(金、石、丝、竹、匏、土、革、木)之一。

【原文解】

第一是对"刚、毅、木、讷"的理解。

首先是"刚"。这在前面已经有过注释(详见5.11章),就是刚强、坚强的意思。这里要强调说明的是,在5.11章中,孔子说的是"枨也欲,焉得刚"。因此有人将刚解释为无欲,就是没有贪欲,这是不对的。因为从孔子的话中看不出这样的意思,孔子之语的意思是因为有贪欲所以不刚,这在逻辑上是不能倒着来的,有贪欲所以不刚只能说明有贪欲是不刚的充分条件,但不是充要条件。

其次是"毅"。这在前面也已经有过注释(详见8.7章),就是意志坚强、果断的意思。这里要强调说明的是,在8.7章也对为什么要如此进行了解释,那就是"仁以为己任""任重而道远"。

再次是"木"。其解释通过看注释应当是很明确的,那就是质朴、朴实的意思。

最后是"讷",这在前面已经有过注释(详见4.24章),就是语言迟钝、忍而少言的意思。这里要强调说明的是,《论语》之前的章节中对此也有相关的说明,如"仁者,其言也讱""为之难,言之得无讱乎"(详见12.3章)。

第二是对"近仁"的理解。"近仁"就是接近于仁,但还不是仁或仁的全部。也就是这些是实现仁所必备的重要品质。这一点一定要注意。

【编意解】

编者意在通过本章孔子之语,说明为政之前的另一个重要工作,就是要做好养成"刚、毅、木、讷"品质的准备。之所以如此说,是因为通过本篇前面章节的学习,我们知道为政之前的工作很多,也很艰难。因此,如果你想把它们都做好的话,没有"刚、毅、木、讷"的品质怎么能行呢?这也是对13.15章以后各章节的一个总结,说了那么多的难,没说的可能更多,但总之一句话,要有"刚、毅、木、讷"的品质,只有如此才能克服和解决为政中的诸多问题。之所以如此说,这又要对"仁"与"政"以及与"仁政"的关系进行一下说明,"仁"的概念性定义是人与人的相处之道,就其价值性定义来说,孔子认为是"爱人"。"政"的概念性定义是众人之事,是人与人的相处之道——仁的落实,同时也是范围最广、层级最高的落实。所谓"仁政",在孔子的思想来说,就是范围最广、层级最高的实现"爱人"。同时这也是为政之难之一,通过前面的学习,我们已经知道要具备其中之一已经很不容易了,要四者兼备岂不更难?

13.28 子路问曰:"何如斯可谓之士矣?"子曰:"切切偲偲,怡怡如也,可谓士矣。朋友切切偲偲,兄弟怡怡。"

【译文】

子路问孔子:"怎样才可以称为士呢?"孔子说:"诚恳的互助督促勉励,相处和悦,可以算是士了。朋友之间诚恳的互相督促勉励,兄弟之间和悦相处。"

【注释】

切,1.(qiē),本义:用刀切开。2.(qiē),通"砌",台阶。3.(qiè),摩擦、接触。4.(qiè),急切、急迫。5.(qiè),靠近、贴近。<u>6.(qiè),恳切、深切</u>。

偲,1.(cāi),多才,能力强。<u>2.(sī),偲偲:相互劝勉督责</u>。

【原文解】

第一是对"朋友切切偲偲"的理解。首先是关于朋友的理解,这在前面已经

有所解说(详见 1.1 章),这里似有必要简单重复一下。古时"同门曰朋,同志曰友"。用现在的话讲,朋友应是志同道合(至少在某一方面或某种程度上)的人。那么这些志同道合的人为什么会在一起?在一起又干什么?"有朋自远方来,不亦乐乎?"(详见 1.1 章),"以文会友,以友辅仁"(详见 12.24 章)。如此一来,"切切偲偲"——诚恳的互助督促勉励也自然就是应有之意了。

第二是对"兄弟怡怡"的理解。要深刻理解本句还要注意一下儒家关于"人义"的要求,《礼记·礼运》有载:"父慈、子孝、兄良、弟弟、夫义、妇听、长惠、幼顺、君仁、臣忠十者,谓之人义。"其中与兄弟相关的是"兄良、弟弟"和"长惠、幼顺"。知此则"兄弟怡怡"也就不难理解了。

第三是为什么孔子在说了"切切偲偲,怡怡"之后,又强调说"朋友切切偲偲,兄弟怡怡"呢?孟子云:"责善,朋友之道也;父子责善,贼恩之大者。"(《孟子·离娄章句下》)意思是说,以善相责,本是交友之道,但父子间以善相责,最伤害感情。推而广之兄弟也一样,不能以善相责。道理也很简单,朋友是可以选择的,是以志同道合作为选择的标准的,可以做朋友就做,不可以就不做;而父子、兄弟是不能选的,是血缘关系,讲的是感情不是对错。

说到这里,可能会有人问,"切切偲偲,怡怡如也"是我们应当做得到的,甚至我们就是这么做的,可这与"士"有什么关系呢?不仅有关系,而且有特别的关系。之所以如此说,首先要了解"士"的意思,士就是善于做事的人,有能力的人,在儒家思想中,"士"还是从政为官的理想人选。而一个善于做事的人,有能力的人,甚至是一个从政为官的人,往往会因此自大,忘了与朋友、兄弟的交往之道,忘了与朋友、兄弟交往应有的态度。如此一来,朋友就没有了,自己也就很难提高了;家庭就会不合,会给自己带来很多烦心,以致无法专心。因此有特别强调之必要!

【编意解】

编者意在通过本章孔子之语,说明为政之前的另一个重要工作,就是要做好保持"朋友切切偲偲,兄弟怡怡"的准备。

13.29 子曰:"善人教民七年,亦可以即戎矣。"

【译文】

孔子说:"善人教练民众七年后,(勉强)可以叫他们去当兵打仗。"

【注释】

戎,1.兵也。本义:古代兵器的总称。弓、殳、矛、戈、戟为古代五戎。2.士兵、军队。3.军事、战争。4.中国古代对西部民族的统称。

【原文解】

第一是对"善人教民七年"的理解。读到这句话往往会使人产生这样的疑问,那就是善人教民什么需要七年之久?显然这里教的不是或不主要是军事知识、格斗技巧,因为这不需要七年,就是军事技术如此发达的今天,一般的合格士兵所受的训练也远远少于七年,何况当时,更何况还要善人,一般人就不能教吗?其实这里的教,是指教化(详见13.9章)。对此《孟子·梁惠王上》有一段非常精辟的论述,原文如下:

> 地方百里而可以王。王如施仁政于民,省刑罚,薄税敛,深耕易耨。壮者以暇日修其孝悌忠信,入以事其父兄,出以事其长上,可使制梃以挞秦楚之坚甲利兵矣。彼夺其民时,使不得耕耨以养其父母,父母冻饿,兄弟妻子离散。彼陷溺其民,王往而征之,夫谁与王敌?故曰:"仁者无敌。"王请勿疑!

大致翻译如下:(孟子回答说)"只要有方圆一百里的土地就可以使天下归服。大王如果对老百姓施行仁政,减免刑罚,少收赋税,深耕细作,及时除草;让身强力壮的人抽出时间修养孝顺、尊敬、忠诚、守信的品德,在家侍奉父母、兄长,出门尊敬长辈、上级。这样就是让他们拿着木棒也可以打击那些拥有坚实盔甲、锐利刀枪的秦楚军队了。因为那些秦国、楚国的执政者剥夺了老百姓的生产时间,使他们不能够深耕细作来赡养父母。父母受冻挨饿,兄弟妻子东离西散。秦楚的执政者使老百姓陷入深渊之中,大王去征伐他们,有谁来和您抵抗呢?所以说:'施行仁政的人是无敌于天下的。'大王请不要疑虑。"

由此看来,教的是或主要是"孝悌忠信",是在向人们灌输以致使人们拥有和树立一种价值观念——思想。当然这种思想应当是符合人性的,否则是不可能实现的,只有拥有这样思想的人才能够去作战,因为当兵打仗是要流汗、流血甚至牺牲的,而且也只有有这样思想的人在孔子看来才是善人。这不是教化又是什么呢?不用善人又怎么能行呢?当然,这里并不排除必要的军事训练,因此笔者将本章的"教"解释为教练。这样的教是不可能在短时间内完成的,七年的时间并不长,还必需是善人教。至于孔子为什么说是七年,过去有很多的解释,有的说七年仅仅是指时间长;有的说过去是三年一考,七年刚好是第三考的

开始,也就是完成了两考,等等。其实笔者认为这些都不重要,只要知道七年是一个不短的时间就行了。

第二是对"亦可以即戎矣"的理解。这里的"亦"是语气词,表示语气减弱。一般译为不过、只是。笔者将其译为"勉强"。这说明"善人教民七年"也只是刚刚使民众能够"即戎矣"。

【编意解】

编者意在通过本章孔子之语,说明为政之前的另一个重要工作,就是要做好"善人教民七年,亦可以即戎矣"的准备。战争也是众人之事,是为政的一个极端特别但却极其重要的方面,它关系到生死存亡。战争与和平是一对矛盾,这也说明战争是不可避免的,尽管我们(包括孔子在内)十分讨厌它,但战争不会因此消失(至少在可预见的未来,连热战都不会消失),这是一个客观事实。因此我们不能消极的对待,更不能回避,但要一个讨厌它的人去面对,甚至积极地面对它,并为此积极准备,当然是难上加难。

13.30 子曰:"以不教民战,是谓弃之。"

【译文】

孔子说:"用没有经过教练的民众去当兵打仗,那(不是让他们打仗而是)叫抛弃他们。"

【注释】

弃,1.捐也。本义:扔掉、抛弃。2.废、废除。3.忘也。忘记。4.离开。

【原文解】

本章的字面意思比较清楚,但要深刻理解还要注意这个"弃"字。"弃"现在的意思是扔掉、抛弃。但这并不能准确而深刻地表达其原有的意思。"弃"是会意字,甲骨文的字形上面是个头向上的婴孩,头向上表示逆产。中间是只簸箕,下面是两只手,合起来表示将不吉利的逆产儿倒掉的意思,即所表示的是抛弃的是一个婴儿。一个婴儿被抛弃是什么概念,也就是说置这个婴儿于绝境,其几乎必死无疑。没有经过教练的民众,就是一群既没有勇敢的作战精神,也没有作战技能的人,将这样一群人置于战场,这与被抛弃的婴儿所处的境地有什么不同?这样的事情有谁会干呢?应该没人会干,既愚蠢又残忍,而且对争取战争的胜利没有任何好处。但现实中有没有?肯定有,还不少。为什么?因为执政者没有上述认识。

【编意解】

编者意在通过本章孔子之语,对上一章进行进一步解说。同时本章也是本篇的最后一章,所表达的中心意思就是不可弃民,这也是为政的根本之一,为政的底线,在从政、为政之前必须要认识到。

14.1 宪问耻,子曰:"邦有道,谷;邦无道,谷,耻也。""克、伐、怨、欲不行焉,可以为仁矣?"子曰:"可以为难矣,仁则吾不知也。"

【译文】

原宪问孔子什么是可耻。孔子说:"国家有道,做官拿俸禄;国家无道,还做官拿俸禄,这就是可耻。"原宪又问:"好胜、自夸、怨恨、贪欲如果都能避免,(这个人)可以算做到仁了吧?"孔子说:"这可以说是很难得的,但至于是不是做到了仁,那我就不知道了。"

【注释】

谷,1.本义:两山之间狭长而有出口的低地,往往包含一个流域。2.泉出通川为谷。两山之间的水流。3.通"榖",谷是榖的简写。榖,①庄稼和粮食的总称。②俸禄。古人常以谷物计禄。引申为做官领取俸禄。③赡养、养着。④生、活着。

【原文解】

第一是对"耻"的理解。"耻"字前面已经有过注释(详见2.3章),就是感觉或认为耻辱、可耻的事情。但仅这样理解是不够准确和深刻的,因为"耻"在中国古代文化思想中是一个非常重要的概念,中国古人认为,"国有四维,一维绝则倾,二维绝则危,三维绝则覆,四维绝则灭。倾可正也,危可安也,覆可起也,灭不可复错也。何谓四维?一曰礼、二曰义、三曰廉、四曰耻。礼不踰节,义不自进。廉不蔽恶,耻不从枉。故不踰节,则上位安;不自进,则民无巧轴;不蔽恶,则行自全;不从枉,则邪事不生"(《管子·牧民》)。所谓四维,就是支撑一个国家的四根柱子,而"耻"就是其中之一。"耻"的小篆写法从心,耳声,乃羞愧之称,羞愧乃心有所惭,故从心。又以耳为听闻之器官,人每因闻过而耳赤面热。意思就是从内心里感到不对、感到惭愧。从内心里感到不对、惭愧又说明

了什么呢？说明其有一个内心认可的是非价值观。这个内心认可的是非价值观可不得了，不是每一个人都有的。那么什么人会有或应当有这样的是非价值观呢？是那些有志之士——有志于道的志士。

第二是对"邦有道，谷；邦无道，谷，耻也"的理解。首先，本句中的"谷"是做官领取俸禄的意思。

其次，看到本句不仅使人想起孔子的另外一句话，叫作"邦有道，贫且贱焉，耻也；邦无道，富且贵焉，耻也"（详见 8.13 章），了解了这句话的意思，本章之语也就不难理解了。邦何以有道？何以无道？从根本上讲就是执政者有道还是无道。做官从某种意义上讲，就是帮助他们，同时也意味着要听他们的话。他们有道，做官就是助人为善、成人之美；他们无道，做官就是助纣为虐、成人之恶。助纣为虐、成人之恶难道不可耻吗？这时可能会有人产生这样的疑问：做官领取俸禄，就是做事领工钱，这理所应当，人总是要生活嘛，况且执政者无道，也不等于为官的人就一定会做坏事。这种疑问是不能成立的。笔者认为，所谓的做官可不是一般的做事，官的权力（能量）很大而且要听命于上司，要贯彻执政者的意志。做官领取俸禄理所应当，人总是要生活的，这在一般人看来无可厚非，但这种认识是一般人的认识，而《论语》并不是给一般人读的，而是给有志于道的志士读的，因此要求就不一样。无志之人读《论语》，只会感到迂腐甚至可笑，不可理喻。问题在于你是否甘愿做一般人，生活就非要靠俸禄吗？至于所谓的执政者无道，也不等于为官的人就一定会做坏事。上梁不正下梁怎么能正？就是正又能正到哪里？就是正也只是延长了那些无道执政者的执政。

最后说一下古人对此句的另一种理解，那就是认为"邦有道，谷"和"邦无道，谷"都是可耻的。持这种理解的人将"邦有道，谷"理解为："邦有道"却只知道做官领取俸禄，而没有什么作为。这种理解从结论上讲是有道理的，但就孔子的原话而言，实在没有这样的根据，况且也与"邦有道，贫且贱焉，耻也；邦无道，富且贵焉，耻也"语序结构不同，少一个"耻也"，意义上也有所相悖。因此笔者不能认同。

第三是对"克、伐、怨、欲不行焉，可以为仁矣"和"可以为难矣，仁则吾不知也"的理解。首先，克、伐、怨、欲这四个字在前面均已有过注释和讲解，因此本句的字面意思是很清楚的。这里要强调的是，克、伐、怨、欲都是人们的一种欲望、一种贪欲。"不行焉"是说克服或克制了这种贪欲，这很不容易，因此孔子说"可以为难矣"。但孔子为什么又说"仁则吾不知也"呢？其实说到这里，笔者不禁想起了孔子的另一句话,那就是"克己复礼为仁"。"克、伐、怨、欲不行焉"只是说明克制住了自己的贪欲,但克、伐、怨、欲,并不是贪欲的全部,而且还没有做到"复礼"。也就是说,"克、伐、怨、欲不行焉"仅是自身做到了,做到之后也就意味着不会去损害别人了,当然因此也减少了别人伤害自己的可能性。但还不能做到有益于别人,只有"复礼"才能益于别人。子曰"夫仁者,己欲立而立人,己欲达而达人"(详见6.13章)。

【编意解】

通览本篇,笔者认为编者意在通过对孔子与弟子言行的记载,以阐述士。所谓士,前面已经有些解说,笔者认为儒家所谓的士,不是一般的人,也不是一种出身,而是读书人,有能力、能做事的人,也是愿意做事的人,总之是有志于道的志士。应注意的是,士不是儒家所谓的君子,在儒家看来,君子是成就了德行的人,是完人,这种人少之又少。而士不是完人,他们有很多的缺点(相对于君子),但更多的是优点(相对于一般人),其中最大的优点就是"仁以为己任"(详见8.7章),不断地向前,向君子前进,向仁前进,也因此他们的人数相对就很多。其实笔者认为,只要是不甘愿停滞,勇敢攀登,提高自己,想做些事又有能力做些事的人都是士。也正因为如此,儒家认为士也是从政为官的最佳人选。应当注意的是,笔者认为编者在《论语》中曾专门阐述了君子(《公冶长第五》)和从政为官(《雍也第六》),在学习本篇时可对照学习。而本章被编排在此,编者意在通过孔子之语,开门见山地点明,士是有羞耻之人,也就是一个有内心认可的是非价值观的人,因此也是一个有所为、有所不为的人。他们要为自己好,也应想着帮助别人好。

14.2 子曰:"士而怀居,不足以为士矣。"

【译文】

孔子说:"(想做)士却又留恋家庭(安逸的)生活,就不足以做士了。"

【原文解】

本章的字面意思是很清楚的,问题是为什么?留恋家庭(安逸的)生活这是人之常情,有什么不可以呢?这主要还是在于对"士"的理解,"士"是不甘于停滞甚至沉沦的人,是想要提升自己的人,是想要有所作为、为众人做些事情的人,是一个"仁以为己任"(详见8.7章)的人。也就是说,"士"不是普通的、一

般的人,因此对其要求也就不普通、不一般。对于常人来说是人之常情的、无可厚非的事,对于"士"可能就不是了。"士"要不断地学习、努力地工作。"仁以为己任""任重而道远"。这一切怎么可能不对家庭安逸的生活有所影响呢？留恋就不可能专心,又怎么能不对学习、工作产生影响？不过应说明的是,不留恋不等于放弃,更不等于拒绝,不等于没有。"怀"有痴迷、沉醉的意思,这才是要放弃、拒绝的。这一区别必须要清楚。

【编意解】

编者意在通过本章孔子之语,说明士的另一个特征,就是不"怀居"。这里的"怀居"可以做一个扩展性的解释,那就是留意一切与学习、工作相抵触的事物,譬如说游戏。

14.3 子曰:"邦有道,危言危行;邦无道,危行言孙。"

【译文】

孔子说:"国家有道,要正言正行;国家无道,还要正直的行,但说话要恭顺退让。"

【原文解】

本章的字面意思是很清楚的,问题是为什么？

首先是"邦有道,危言危行",这很好理解,"危言危行"就是觉得应该说什么就直抒胸臆,觉得应该干什么就率性而为。这其实是人人都希望能做到的,平时之所以不能如此,是因为人们认为现实中有很多的障碍和枷锁,不允许,即"邦无道",真这么做了会招致祸患。在"邦有道"这个前提下人们应该会这样做,也会愿意这样做。这是不是"邦有道"的验证标准之一呢？应当说明的是,"危言危行"不是想说什么就说什么,想干什么就干什么的恣意妄为,其言行必定有一个"危"——正的要求,这个正应是有标准的,在孔子来说就是符合仁道的言行。

其次是"邦无道,危行言孙"。为什么？为了避祸。这时可能会有人问,为什么不是行逊言逊呢？因为仅仅是言逊并不能完全避祸,"危行"同样可能招致祸患。这话不假,这对于一般的普通人来说或许也是可以的、无可厚非的,但是对于一个内心有是非价值观的人来说,也就是对士来说不行。因为行逊言逊可能会使他们的是非价值观完全被淹没,毫无体现,而这是他们无法忍受的。这时可能又有人会问,难道言逊就不会淹没吗?是的,因为还有"危行"在。孔子看人是"听其言而观其行"(详见5.10章),这也是自古以来善知人者通行的看人的角度和方法。行比言更重要。这时可能又有人会问,那为什么不是"危言危行"呢?因为"邦无道","危言"在实际上更容易招祸,不是有句古语叫作"祸从口出"吗?其实做任何事都是要有限度的,避祸也是一样,不能不择手段、不惜任何代价。不择手段、不惜任何代价就一定能成吗?未必!毕竟还有天命的存在。其实说到这里不仅使人想起了孔子的一段经历,给我们做了一个很好的示范。在季氏的家臣阳货执掌鲁国的朝政时期,阳货曾千方百计地想让孔子出来做官、为他办事,在被逼无奈的情况下孔子说"诺,吾将仕矣"(详见17.1章),但实际上孔子出来做官,帮阳货办事了吗?没有,也不可能。

【编意解】

编者意在通过本章孔子之语,说明士的另一个特征,就是"邦无道,危行言孙"。这既是一种智慧,也是一种坚守。

14.4 子曰:"有德者必有言,有言者不必有德。仁者必有勇,勇者不必有仁。"

【译文】

孔子说:"有德行的人,一定有言论,有言论的人不一定有德行。有仁德的人一定勇敢,勇敢的人不一定有仁德。"

【原文解】

第一是对"有德者必有言,有言者不必有德"的理解。首先什么是德?德就是对道的取得,就是能力、功效,这在前面已经多次阐述,在此不再赘述。其次是"有言"。"有言"的字面意思就是对事物有言论、有论述。理解了这两点,本句的意思就更明确了,那就是任何人都可能会有言论,会对事物发表自己的看法。但有德行的人所发之言论是合于道或近于道的,因此也是正确的,进而对听者也是有益的,当然听者未必信,因为大道至简、至远,不能切中那些短视的听者的贪欲。而没有德行的人所发之言论是不合于道或者有违于道的,因此也是不正确的,进而对听者是有害的,但是听者未必不信,因为这些没有德行的人所发之言可能是甘辞利口、似是而非,譬如那些说客之言、辩士之辞,正切中短视的听者的贪欲。

第二是对"仁者必有勇,勇者不必有仁"的理解。关于"仁者必有勇",前面已经有多次的阐述,道理很简单。"仁"是一种是非价值观,"仁者"就是一个内心有是非价值观的人。这样的人肯定是非常想实现自己所认同的是非价值观的,又怎么可能会不勇敢呢?只是"仁者"的这种勇敢不是匹夫之勇,譬如说"危行言孙"(详见14.3章)。至于"勇者不必有仁",道理就更简单了,人为了实现自己的欲望,都会表现出一定的勇敢,尤其是为实现自己的贪欲——譬如"克、伐、怨、欲"的时候。现实中那些好勇斗狠的人还少吗?问题是他们如此是为了"仁"吗?肯定不是,至少不是为了孔子所谓的"仁"。

【编意解】

编者意在通过本章孔子之语,说明士的另一个特征,就是要有德行,听有德者的言论;要有仁德,为仁德而勇。

14.5 南宫适问于孔子曰:"羿善射,奡荡舟,俱不得其死然。禹、稷躬稼而有天下。"夫子不答。南宫适出,子曰:"君子哉若人!尚德哉若人!"

【译文】

南容问孔子:"羿善于射箭,奡能陆地行舟,最后都不得好死。禹和稷都亲自种植庄稼,却得到了天下。"孔子没有回答,南宫适出去后,孔子说:"君子呀,就像这个人(南容)!崇尚德行,就要像这个人(南容)。"

【注释】

羿(yì),1.羽之羿风。鸟张翅旋风而上。2.传说中唐尧时的射师。3.夏时有穷氏国君。

奡,1.(ào),嫚也。本义:傲慢。2.传说中夏代寒浞(zhuó)之子,相传是个大力士。

【原文解】

第一是对"羿善射,奡荡舟,俱不得其死然"的理解。要深刻理解本句,就要对"羿"和"奡"及其故事有所了解。

"羿"是人名,大家最熟悉的恐怕是"后羿射日"的传说了,据考证,中国古代有记载的叫"羿"的大概有三个人,通说本句中的"羿"是指夏时有穷氏的国君,善于射箭,后灭夏后相(夏朝的第五个君主)而篡其位,他的臣子寒浞又杀了他取而代之。

"奡"也是人名,是寒浞的儿子,力气很大,相传能陆地行舟,后被夏后少康(夏后相之遗腹子,夏朝的第六个君主)所诛。

"羿"和"奡"一个善于射箭,一个力大无穷,但结果却是不得好死。问题是射箭、力大说明了什么?说明很厉害,孔武有力。这本身没有什么不好,但如果仅以此自持,用于战胜别人,使别人屈服,进而掠夺别人,甚至拥有天下,这可是不能长久的。为什么?道理很简单,害怕你,才会臣服于你,任你掠夺,是口服心不服,只要有机会或被你掠夺的活不下去的时候,就会反抗,直至把你或者你的后代消灭。

第二是对"禹、稷躬稼而有天下"的理解。禹和稷大家应当都比较清楚。禹善治水,治水也是为了农业生产,后受舜的禅让而拥有天下,并建立了夏朝。稷是舜的五臣之一,主管农事,其后代就是周文王、周武王等,建立了周朝。问题是这说明了什么?说明他们的工作或者理念能够使人们得益,人们就会感念他们,拥戴他们,是心服口服,因此他们(以及他们的后代)才会长期被人拥戴,甚至拥有天下。

第三是对"夫子不答"和"君子哉若人!尚德哉若人"的理解。

首先是"夫子不答",为何?笔者认为,其实南容的话,意思已经很明白了。用现在的俗话叫作"善有善报,恶有恶报"。问题是这句话对吗?说不对肯定是不行的,因为人就应当心存此念;可说对又恐怕未必,因为这并不是放之四海而皆准,这一点恐怕大家都有所体会。说到这里笔者不禁想起孔子说的另一句话,叫作"人之生也直,罔之生也幸而免"(详见6.19章)。我们应当清醒认识的是,"善有善报,恶有恶报"是常态,但不是绝对;而善有恶报,恶有善报是特例,但也不是不存在。过去有人讲"施吉报凶谓之命,施凶报吉谓之幸",这话很有道理,大家可细细体会、玩味。也正因如此,"夫子不答"。当然也有人认为,南容的话是在将孔子比作禹、稷,孔子自谦,故不答。此可备一解,但确无根据。

其次是"君子哉若人!尚德哉若人"。这是孔子对南容的评价,或者叫作肯定。其中"君子哉若人"我们听到过一次,是对子贱的肯定(详见5.3章)。我们通过学习5.3章已经知道,"君子哉若人"这样的评价是非常高的,但对比一下子贱和南容的不同,不免有些困惑。子贱是在一段时间内践行或成就了德行,才获得了孔子如此的评价或肯定,而南容只是说了这么一句话(尽管这是一句很了不起的话),就得到了孔子同样的评价或肯定,似乎孔子有些不公平、不公

正,标准不统一。笔者认为不是这样,因为孔子后面还有一句话,那就是"尚德哉若人",这是对前一句"君子哉若人"的限定,也就是说在尚德方面"君子哉若人",君子肯定是尚德的,而且其尚德的程度也是一般人所无法企及的,但君子还有许多其他方面的指标,这一点笔者认为可以参看《论语·公冶长》和《论语·卫灵公》。

【编意解】

编者意在通过本章孔子之语,说明士的另一个特征,就是要"尚德"。应说明的是,有德与尚德是不一样的,有德是一种结果或状态,而尚德是一种态度;有德者可能因为种种原因并不一定会依德行事,而尚德者一定会依德行事。

14.6 子曰:"君子而不仁者有矣夫,未有小人而仁者也。"

【译文】

孔子说:"在君子中没有仁德的是有的,而小人中有仁德的是没有的。"

【原文解】

第一是对"君子而不仁者有矣夫"的理解。本句中的"君子"不是儒家所谓的成就了德行的人,而是指读书人。如果是前者,而其又有"不仁"就说不通,有"不仁"如何是成就了德行的呢?又如何是君子呢?而将其理解为读书人才能解释得通。首先,君子的指向本身就是指读书人。其次,读书人是一些什么样的人呢?他们是不甘于停滞甚至沉沦,想要提升自己的人,因此他们才会读书学习;他们是志于道、志于德、志于仁的人,因此他们才会读书学习。也正因为如此,他们也就有可能"不仁",当然这种"不仁"比较少。道理其实也很简单,既然是读书学习以求仁,当然也就有没有求到的或尚未求到的阶段,也就有"不仁"的言行举止。但重要的是他们有志于仁,并在不懈努力,这就足以称为君子。

第二是对"未有小人而仁者也"的理解。本句中的"小人"是与前一句中的"君子"相对应的概念,那就是甘于停滞甚至沉沦,不想提升自己的人,甚至只是一个只想满足自己贪欲的人。既然他们从不曾想志于道、志于德、志于仁,何来有仁?就是偶有仁的言行,也非有心为之。笔者认为,这其实是儒家所谓"小人"的典型。应说明的是,这不等于说他们没有仁性,仁性是每一个人都有的,只是多少而已,而是说他们没有求仁之心。

【编意解】

编者意在通过本章孔子之语,说明士的另一个特征,就是不要害怕做不到仁,但一定要有并保持努力求仁之心,否则就会沦为小人。

14.7 子曰:"爱之,能勿劳乎?忠焉,能勿诲乎?"

【译文】

孔子说:"爱他,能不劳苦他吗?忠于他,能不劝导他吗?"

【原文解】

第一是对"爱之,能勿劳乎"的理解。"能勿劳乎"是什么意思?过去很多人将其理解为"能不为他操劳吗"。但笔者以为不妥,应当理解为"能不劳苦他吗",就是让他受苦受累。首先,爱他而为他操劳,这是很自然的事情,何必采用反问句予以特别强调?其次,如此理解也与后面"忠焉,能勿诲乎"不对应。因为忠于某人,在一般人眼里就是对那个人言听计从,尽心尽力,从没有异议,而劝导实际上是不认同、有异议。同样爱某人,在一般人眼里就是什么事都为那个人做,为他操劳,而不让他舒舒服服,让他受苦受累是不在其列的。那么让所爱的人劳苦受累是不是一种爱呢?当然是,而且是一种大爱、更高层次的爱。这道理很简单,其实许多人也都是这么做的。爱孩子能不让他好好学习、刻苦读书吗?否则那叫溺爱。而好好学习、刻苦读书不辛苦吗?当然辛苦(至少初级阶段是如此),可这难道不是爱吗?

第二是对"忠焉,能勿诲乎"的理解。这与"爱之,能勿劳乎"是一样的道理。忠往往是忠于上级,忠于他当然希望他好,但人谁能无过?当他将要或正在犯错误的时候,而你又知道,这时怎么办?当然应当是劝导他了。如果这时还听之任之,不是别有居心就是愚忠。

【编意解】

编者通过本章孔子之语,说明士的另一个特征,就是要有爱和忠,当然更应当知道什么是爱,什么是忠。

14.8 子曰:"为命,裨谌草创之,世叔讨论之,行人子羽修饰之,东里子产润色之。"

【译文】

孔子说:"(郑国)发布公文,都是由裨谌首先起草,之后由世叔研究提出意见,再由外交官子羽加以修饰,最后由子产作修改润色。"

【注释】

裨谌(bì chén),人名,郑国的大夫。据称善于谋略计划。

草,1.百卉也。草本植物的总称。2.草野、未开垦过的荒地。引申为乡野、民间。3.粗糙、粗劣。4.汉字字体的一种。5.草拟、起草。

创,1.(chuāng),伤也。本义:创伤,伤口。2.(chuāng),通"疮",疮疖。3.(chuàng),始也。始造、首创。4.(chuàng),惩治、惩戒。

世叔,郑国的大夫游吉,后继子产执政。

讨,1.治也。诛也。本义:声讨、讨伐。2.治理、整顿。3.探究、研究。4.索取、乞求。

行人,官名,掌使之官,即执掌外交事务官员。

子羽,郑国的大夫公孙挥。据称熟谙诸侯政令,且娴于辞令。

东里,地名,子产所居住的地方。

【原文解】

本章字面意思是比较清楚的,是在说郑国一个时期要形成一项政策法令的具体操作过程,但要深刻理解还要注意:

第一是对"为命"的理解。"为命"就是制作和发布政策法令,是一种为政的方法,是一个十分重大的政治行为,因为这个行为是公开的,甚至是要在一定的时期适用于全体国民或者是全体组织成员的,影响很大,必须慎之又慎,不敢出错。

第二是对"裨谌草创之,世叔讨论之,行人子羽修饰之,东里子产润色之"的理解。由注释我们知道,裨谌、世叔、子羽和子产都是当时郑国的当政大夫,且各有所长,尤其是子产更是杰出的政治家、思想家,孔子对其评价是很高的——"有君子之道四焉:其行己也恭,其事上也敬,其养民也惠,其使民也义"(详见5.16章),是"古之遗爱也"(《左传》昭公二十年)。在当时的郑国,一项政策法令的制作发布,要经过这四个各有所长的人共同发挥特长,以期照顾到方方面面,合作完成,其慎之又慎可见一斑,这样制订的政策法令怎么会有问题呢?即便有也很少、很小。

【编意解】

编者意在通过本章孔子之语,说明士的另一个特征,就是在为政——做大事情的时候一定要慎之又慎,注意发挥别人的特长,并与他人合作。

14.9 或问子产,子曰:"惠人也。"问子西,曰:"彼哉,彼哉!"问管仲。曰:"人也。夺伯氏骈邑三百,饭疏食,没齿无怨言。"

【译文】

有人问子产(是个怎样的人)。孔子说:"是个有恩惠于人的人。"又问子西。孔子说:"他呀!他呀!"又问管仲。孔子说:"他是个(很有才干的)人,他把伯氏骈邑的三百家夺走,(使伯氏终生)吃粗茶淡饭,却直到老死也没有怨言。"

【注释】

彼,1.指示代词。那,与"此"相对。2.别人、对方。与"己""我"相对。<u>3.第三人称代词,他、他们。</u>

齿,1.口齗(yín)骨也。本义:牙。<u>2.指年龄、岁数。</u>3.排列如齿状的物品。4.并列、排列。5.录用、收纳。

【原文解】

第一是对"惠人也"的理解。这是孔子应他人之问而对子产的评价。关于"惠"字前面已经有过注释(详见4.11章)。问题是"惠"字的本义是仁爱,当然也有惠赠、给予好处的意思。这是不是就是说孔子认为子产是一个仁人或者是已经做到了仁呢?不能这么说。因为孔子毕竟没有这样说,没有用"仁"这个字。笔者认为,"惠"之所以被解释为仁爱,是因为"惠"是给他人好处,是一种爱人的表现,而爱人是儒家所谓仁的主要表现,也是主观的、内心的表现,但不是全部。其实这一点在《左传》的一段相关记载中表现得更为直接和明确,"及子产卒,仲尼闻之,出涕曰:'古之遗爱也'"(《左传·昭公二十年》)。应当说明的是,孔子用一个本意是仁爱的"惠"字来评价子产,这已经是非常高的评价了。

第二是对"彼哉,彼哉"的理解。"彼哉,彼哉"的字面意思就是"他呀!他呀",其实质意思就是不足论。谁不足论?子西。子西又是谁?据考证,文献有载的叫子西的有三个人,具体指的是哪一个众说纷纭,但笔者认为这都不重要,

重要的是这个子西当时应当是很有名气,以至于有人将其与子产和管仲相提并论。但是在孔子眼里这个人不足论,其实历史也证明了这一点,现在子产和管仲很多人还知道,还从其思想、言论或功业中汲取养分,子西知道的人又有几个?非相关的学者恐怕没人知道。由此看来,能得到孔子评价的人都非同一般,能得到历史评价的人更是如此。

第三是对"人也。夺伯氏骈邑三百,饭疏食,没齿无怨言"的理解。

首先是"人也",这是孔子应他人之问而对管仲的评价,也是一个总的评价。那么这个"人也"是个什么评价呢?我们知道,孔子曾经说过"仁者人也"(《中庸》)。这是不是就能倒过来说"人者仁也"?或是说孔子认为管仲是一个仁人?或者是已经做到了仁呢?恐怕不能。因为孔子毕竟没有这样说,没有用"仁"这个字。其实,在《论语》中孔子对管仲的评价是很多的,前面学习过,后面还会学习到。总体上讲,孔子对管仲的评价是非常高的,但也有不满之处。既然有不满之处,孔子就不会认为他已经做到了仁,因为仁是孔子思想中最高的价值标准,也应当是一个全面的、完美的、总的标准。其实这一点在紧接之后的孔子的话语中就足以说明。

其次是"夺伯氏骈邑三百,饭疏食,没齿无怨言"。这句话的字面意思是比较清楚的,问题在于说明了什么?一个"夺"字能说明管仲有爱吗?不能说没有,但至少欠一点。一句"没齿无怨言"又说明了什么呢?说明"夺"得对,而且被"夺"的人心服口服,没有矛盾,很和谐,这恐怕是达到了中庸之德了吧?笔者认为,总体上看,管仲在孔子眼中,虽然缺少一点爱,但已具大德——能力、才干,做到了人道。

第四是要理解孔子对子产和管仲的评价之区别与联系。本章孔子对子产的评价虽然很高但也很简单,主要是对其主观和内心的表现进行评价,没有对其实际的功业进行表述,而对管仲的评价虽然也很高但却对其实际的功业(部分)有所表述,更强调的是客观效果。这并不是说子产没有功业,其实子产的功业并不小,只是相对于管仲小很多。其中的区别与联系,宋代朱熹说得很到位,那就是"管仲之德不胜其才,子产之才不胜其德"。这句话十分值得品味。

【编意解】

编者意在通过本章孔子之语,说明士的另一个特征,就是既要有德也要有才,德才兼备,德才相称。

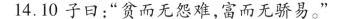

14.10 子曰:"贫而无怨难,富而无骄易。"

【译文】

孔子说:"贫穷而能够没有怨恨是很难做到的,富裕而不骄傲是容易做到的。"

【原文解】

本章的字面意思非常清楚,问题是为什么?真的是这样的吗?

首先,贫而怨是人之常情,有谁会甘于贫穷,又有谁不愿意改变呢?可如何才能贫而无怨呢?笔者认为只有两种情况:一是这个人有比富贵更高的追求。那么什么比富贵更高,或更值得追求呢?只有道。也就是一个完全志于道的人才能贫而无怨。当然,这个道有很多种,有仁、义之大道,也有琴、棋、书、画之小道,但都是道;二是这个人知命、认命,知命是认命的前提。通过前面的学习我们知道,志于道和知命都是非常难的事情,因此要真的贫而无怨也是非常难的。

其次,富而骄也是人之常情,但这个骄毕竟只是一种欲望或者是贪欲。应说明的是,这个欲望或贪欲与求生存、求发展或求权力相比,只是一个很小、很弱的欲望或贪欲,而且富已经表明生存不是问题,发展也是可预见的,在这个基础上克制一下自己这个骄的欲望或贪欲应当比较容易,当然这是相对于"贫而无怨"而言,甚至相对于"富而好礼"(详见1.15章)而言。但话又说回来了,这毕竟还是一种欲望,克制起来还是要花一番工夫的,要去除就要有更高级的追求,那就是求道、求仁道。当然,这要花得工夫就更大了,但其中的满足也更多、更丰富。

最后,那么现实世界真的是这样的吗?这可以自己去观察体会,因为贫富是相对而言的,任何社会都有这样的人,我们都能接触到。看是"贫而无怨"的人多还是"富而无骄"的人多。

【编意解】

编者意在通过本章孔子之语,说明士的另一个特征,就是既要"贫而无怨"又要"富而无骄"。当然,其实质是要有更高的追求,即对仁道的追求。

14.11 子曰:"孟公绰为赵、魏老则优,不可以为滕、薛大夫。"

【译文】

孔子说:"孟公绰做晋国赵氏、魏氏的家臣,是才力有余的,但不能做滕、薛(这样小国)的大夫。"

【注释】

孟公绰(chuò),鲁国大夫,三桓孟氏族人。

老,1.考也。七十曰老。本义:年老、衰老。2.衰竭、疲惫。3.寿终。4.对年纪大的人的尊称。5.老练、富有经验。6.对公卿大夫及其家臣的总称。7.死的讳称。

优,1.本义:表演乐舞、杂戏的艺人。2.充足、多。3.优良、好。4.优厚、优待。5.犹豫不决。6.悠闲、安逸。

【原文解】

第一是对"孟公绰"的认识。孟公绰是鲁国大夫,三桓孟氏族人。关于他的史料记载不多,至于其人具有什么样的品质和才能,众说纷纭,有人说他廉静寡欲,但短于才智;有人说他并不笨,相反很聪明,等等,莫衷一是。其实唯一能确定的只有一点,那就是孔子很尊敬他,这个人"不欲"(详见14.12章)。

第二是对"魏"和"赵"、"滕"和"薛"的认识。

魏氏、赵氏是春秋时期晋国的大夫。春秋晚期,晋国被韩氏、赵氏、魏氏、智氏、范氏、中行氏六卿专权。之后经过多年的相互争斗和兼并,到公元前453年(孔子去世后二十六年),仅剩的韩、赵、魏三氏,分晋国之地,分别建立韩国、赵国、魏国,史称"三家分晋"。从此中国的历史由春秋时代进入到了战国时代,韩、赵、魏与齐、楚、燕、秦并称为"战国七雄"。

其次是"滕""薛"。这是两个很小的诸侯国。周武王灭商后封自己的十四弟姬绣于滕,战国初期滕国被宋国所灭。薛为任姓古国,帝喾后裔,一说为黄帝系统颛顼的后裔,《左传》说任姓是太皞的后代。周武王封任姓后裔畛,复于薛国,战国初期薛国被齐国所灭,另一说为楚国所灭。由此可见,在孔子的年代,"魏(氏)""赵(氏)"虽只是诸侯国的一个大夫,但其势力是非常强大的,比虽是诸侯国的"滕""薛"要强大得多。

第三是对"老""大夫"的理解。"老"在过去是公卿大夫及其家臣的总称,但因魏氏、赵氏是大夫,其"老"也就只能解释为家臣了。"大夫"就不用过多的解释了,是当时仅次于诸侯的一级贵族或官员。问题在于为什么说"孟公绰为赵、魏老则优,不可以为滕、薛大夫"?魏氏、赵氏虽然是大夫,但其势力非常大,因此其家臣的政治地位虽然比较低,但要处理的事务并不少,或者说其拥有的实际权力并不小。滕、薛虽是诸侯国,但其实力很小,因此其大夫的地位虽然高,但要处理的事务并不多,或者说其拥有的实际权力并不大。为什么能够胜任魏氏、赵氏家臣的孟公绰,却不能胜任滕、薛大夫呢?笔者认为关键在于家臣和大夫的职责有区别,而且很大。譬如大夫要主持或参与诸侯国之间的交往,用现在的话叫外交,而家臣就没有这样的职责,等等。不同的职位所要处理事务的领域是不同或不完全相同的,这与实际事务的多少或重大程度不是一个概念,几乎没有可比性。可这又说明了什么?说明一个人可能会有其优点或擅长的事务,也必然有其缺点或不擅长的事务。用人的时候要识人,要用其长,避其短。同时作为被用的人,也应当有自知之明,自发其长,自避其短,这是对别人负责,更是对自己负责,不要以为自己什么都能干,官做的越大或权力拥有的越大越好。

【编意解】

编者意在通过本章孔子之语,说明士的另一个特征,就是既要有知人之明,又要自知之明。

14.12 子路问成人。子曰:"若臧武仲之知,公绰之不欲,卞庄子之勇,冉求之艺,文之以礼乐,亦可以为成人矣。"曰:"今之成人者何必然?见利思义,见危授命,久要不忘平生之言,亦可以为成人矣。"

【译文】

子路问怎样做才是一个完美的人。孔子说:"如果具有臧武仲的智慧,孟公绰的克制(不贪求),卞庄子的勇敢,冉求那样多才多艺,再用礼乐加以修正,也就可以算是一个完美的人了。"又说:"现在完美的人何必一定要这样呢?见到财利想到义的要求,遇到危险能献出生命,长久处于穷困还不忘平日的诺言,这样也可以成为一位完美的人。"

【注释】

久,1. 以后灸之,像人两胫后有距也。灸灼,"灸"的古字。2. 支撑。3. 滞留。4. 长久、时间久(与"暂"相对)。5. 同"旧",从前的、先前的。

要,1.(yāo),身中也。本义:人腰。"腰"的古字。2.(yāo),半路拦截。

3.（yāo），约请、邀请。4.（yāo），探求、求取。5.（yāo），要挟、威胁。6.（yāo），要领、关键。7.（yào），概括、总括。8.（yào），简要。9.（yào），想要、需要。

【原文解】

第一是对"成人"的理解。"成人"的字面意思就是完人，全人。这比较清楚。问题是"成人"是不是就是君子呢？如果不是，那两者之间的差别又是什么呢？笔者认为，成人与君子并不是一回事。首先，两者的名称就不一样，这对讲究正名的孔子来说应该是一个明显的理由；其次，通过孔子之后的回答也可以看出成人与君子的差别，孔子对成人的描述主要是成人应有的品质或言行，如智、不欲、勇、多才多艺、遵守礼乐，等等。而通过前面的学习，我们知道，君子是成就了德行的人，其中一个重要的标志就是把事做成了，成就了、实现了自己的主义或理想。而这一点在孔子对成人的描述中是看不到的。

第二是对"若臧武仲之知，公绰之不欲，卞庄子之勇，冉求之艺，文之以礼乐，亦可以为成人矣"的理解。

首先，臧武仲如何智？公绰如何不欲？卞庄子如何勇？冉求如何艺？本章没有明说，实际上也基本无法确实考证。但笔者认为这并不重要，重要的是我们要知道，孔子是不会轻易赞许一个人的，这一点在前面已经有所阐述（详见14.9章），不再赘述。既然孔子能肯定或者赞许"臧武仲之知，公绰之不欲，卞庄子之勇，冉求之艺"，那其智、不欲、勇和多才多艺就不一般。同时也就说明成人——完人、全人应具有非同一般的智、不欲、勇和多才多艺。

其次是"文之以礼乐"。这里的"文"明显是一个动词，"文错画也。象交文"（《说文解字》）、"物相杂故曰文"（《易传》）。由此看来，这里的文有加入的意思。关于礼乐，前面已多有论述，不再赘述。这里要说明的是，礼乐代表着什么？从表面上看，礼乐就是制度、秩序、规范；从深层次上看，礼乐代表着仁，"克己复礼为仁"（详见12.1章）。"文之以礼乐"就是能融入礼乐，能融入就说明能认同，能遵守，能践行。这时可能会有人问，一个完人要具有非同一般的智、不欲、勇和多才多艺这比较好理解，可为什么还必须要认同、遵守和践行礼乐呢？道理其实很简单，从表面来理解，礼乐就是制度、秩序、规范，而人总是要生活在人群社会中，不认同、遵守和践行其中的制度、秩序、规范怎么能行呢？至少不遵守是肯定不行的，生存都不一定能生存下去，还谈什么成人。从深层次上来理解，这里的礼乐是孔子认可的礼乐，它更多的是代表着一种价值观或价值体系，甚至是一种信仰。这也就是一个所谓的"成人"应该要有自己真心认可的价值观,当然与孔子的相同最好。话又说回来,一个"成人"不应该有价值观吗?如果没有,那不成了没头的苍蝇了吗?

第三是对"曰:'今之成人者何必然?见利思义,见危授命,久要不忘平生之言,亦可以为成人矣'"的理解。

首先是这个"曰"字。没有说谁说的,是孔子说的还是子路说的,不清楚,过去的学者也是众说纷纭,莫衷一是。但笔者认为这并不是很重要,重要的是"今之成人者何必然",这说明之后关于"成人"的描述也好,定义也罢,较之之前孔子所说是等而下的,是次一等的,这一点应当是明确的。

其次是"见利思义"。这句话的字面意思是很清楚的。问题是这个"利"字。什么利?所有的利吗?理论上应该是所有的利益,但这里更强调的应当是较大的而且是很容易就能取得的利益,否则面对小利或是要费一番工夫才能获取的利益,一般人也很可能慕义而放弃,不太值得强调。

再次是"见危"。这个"危"是危难、危险的意思,也就是很有可能产生灾难的情况,同时也是有可能通过努力挽救或避免的情况。这里的"授命"就是献出自己的生命。生命是宝贵的,在儒家看来,一个人的生命是父母给的,并不完全属于他自己,是不能轻易损伤的,更不用说毁灭了,否则就是不孝,这一点在前面已有阐述(详见8.3章)。那么什么事可以使人哪怕冒着牺牲生命也要去做,而又能得到儒家的认可呢?只有仁义——信仰,因为"所欲有甚于生者"。孔子说"有杀身以成仁"(详见15.9章),孟子说"舍生取义"(《孟子·告子上》)。同时这也说明,自身应有自己真心认可的价值观。这里应当再次强调说明的是,生是一种孝,而"孝弟也者,其为仁之本与"(详见1.2章)。是什么样的仁义可以使人"授命"呢?本章没有明说,但定是非同一般的仁义,绝不是小仁小义。大与小有待于个人的权衡和判断。同时我们应当注意的是,不管权衡还是判断,其前提要有一个标准,也就是要有价值观——信仰,而用于权衡和判断"授命"与否的标准或价值观,那必定是非常的、坚定的。

最后是"久要不忘平生之言"。"久要"过去有很多人理解为旧约,这是有根据的,意思也是通的。当然也有许多人将其理解为久处困境,也是有根据的,意思也通。但笔者认为这不是很重要,意思差不多。重要的是这个当初的约定或承诺——初心是一个什么样的?这里更应强调的,应当是那些现在不便于实现,而又应当实现的约定或承诺。否则一般人也很可能慕信而践约,不太值得强调。什么是不便于实现的呢?这包含很多情况,譬如实现起来比较麻烦的,

或很不利于自己的,或者不合时宜的约定或承诺,等等。

【编意解】

编者意在通过本章之语,说明士起码应当具备"见利思义,见危授命,久要不忘平生之言"的风骨。

14.13 子问公叔文子于公明贾曰:"信乎,夫子不言,不笑,不取乎?"公明贾对曰:"以告者过也。夫子时然后言,人不厌其言;乐然后笑,人不厌其笑;义然后取,人不厌其取。"子曰:"其然,岂其然乎?"

【译文】

孔子向公明贾问到公叔文子,说:"先生他不说、不笑、不取钱财,是真的吗?"公明贾回答道:"这是告诉你这话的那个人的过错。先生他到该说时才说,因此别人不厌恶他说话;快乐时才笑,因此别人不厌恶他笑;合于义的要求的财利他才取,因此别人不厌恶他取。"孔子说:"原来这样,难道真是这样吗?"

【注释】

公叔文子,卫大夫,与孔子同时代的人,但具体事迹不详。

时,1.季节,指春、夏、秋、冬。2.时间、时候、时辰。3.时代,4.时机、机会。5.按时。6.那时、当时。7.时常。8.此、这。9.通"莳",栽种。10.通"伺",伺候,窥伺。

笑,1.喜也。本义:因喜悦开颜或出声。2.讥笑、嘲笑。3.玩笑、逗乐。

【原文解】

第一是对"夫子时然后言,人不厌其言"的理解。首先,"时"是时机、机会的意思,也就是合时宜的、适时的意思。问题是什么是合时宜的、适时的?笔者认为这应当以"人不厌其言"这个结果作为标准。所谓"厌",朱熹解释为"苦其多而恶之辞",就是说多了让人讨厌。那么别人在什么情况下才不会讨厌你说话呢?笔者认为,主要有两种情况,一是依据职责该你说的时候,二是需要你说的时候,譬如向你请教、向你询问的时候。当然,言之有物是这两种情况所必须的。否则就是没事唠唠叨叨,怎么能不让人烦。尤其是那些有一些地位的人,唠唠叨叨,别人还不得不听,就更让人厌烦了。

第二是对"乐然后笑,人不厌其笑"的理解。笑恐怕是人类含义最丰富的表情,因此形容或界定笑的词也是最多的,譬如大笑、微笑、阴笑、诡笑、冷笑、苦笑、嘲笑、傻笑、会心一笑,等等。那么公叔文子的笑是什么呢?是"乐然后笑",就是感到喜悦之后才笑,也就是真心的笑,也是应该的笑。这样的笑又有谁会厌烦呢?除非其居心叵测,不怀好意。

第三是对"义然后取,人不厌其取"的理解。通过对前一章"见利思义"的学习,对本章"义然后取"的理解应当是不困难的。这句话中的"义"是应当、应该的意思,也就是说这里的取是应该做的事,做应该做的事,又有谁会觉得讨厌呢?不做应该做的事情才会让人讨厌。

第四是对"其然,岂其然乎"的理解。首先,这里的"其然"是一个非常明确的肯定。这说明孔子对"时然后言""乐然后笑""义然后取"这样的做法是肯定的,是赞许的。其次是"岂其然乎",这是一个问句,表示怀疑。怀疑什么?为什么怀疑呢?怀疑公叔文子是否真的能做到这些。公叔文子是一个与孔子同时期的贤人,并且孔子在卫国先后驻留过相当长一段时间,通过其他渠道对公叔文子也有一定的认知,可能是这些认知与公明贾的描述有一定的差距,因此孔子会有这样的疑问。问题是这又说明了什么呢?说明"时然后言""乐然后笑""义然后取"是很难做到的,就算像公叔文子这样的贤人也未必能够做到。

【编意解】

编者意在通过本章之语,说明士应当尽量做到"时然后言""乐然后笑""义然后取",总之一句话:不要使人讨厌。

14.14 子曰:"臧武仲以防求为后于鲁,虽曰不要君,吾不信也。"

【译文】

孔子说:"臧武仲凭借防邑请求鲁君在鲁国替臧氏立后代,虽然(有人)说他不是要挟君主,我不相信。"

【原文解】

第一是对本章孔子之语的背景的了解。当时臧武仲获罪,先是逃到了邾(zhū)国,后又从邾国回到了防地。防在本章是地名,是臧武仲的封邑。据《左传》襄公二十三年记载:"臧孙如防,使来告曰:'纥非能害也,知不足也。非敢私请!苟守先祀,无废二勋,敢不辟邑。'乃立臧为。臧纥致防而奔齐。"意思是说,

臧武仲(纥〔hé〕,臧武仲的名字)去到防地,派人来报告说:"我并不能伤害别人,而是由于智谋不足的缘故。我并不敢为个人请求。如果能保存先人的祭祀,不废掉两位先人的勋劳,岂敢不离开防地?"于是(鲁君)就立了臧为。臧纥献出了防地逃亡到齐国。所谓"为后",就是立后,就是自己可以不干了,但要将位置给自己的后代或族人,并且要保持祖先的光荣,这就是"苟守先祀,无废二勋,敢不辟邑"。

第二是对"虽曰不要君,吾不信也"的理解。从前面《左传》的记载看,臧武仲确实没有要挟君主的言词,相反是请求,而且言词十分谦逊,但实质上呢?他是在自己的封邑发出这样的请求的,这就相当于在持有武力的情况下向别人请求,虽然没有明言要挟,但明眼人有谁会信呢?子曰"听其言而观其行"(详见5.10章),行比言更能说明问题。

【编意解】

编者意在通过本章孔子之语,说明士不能"要君",不能要挟上级,无论是以明显的方式,还是以隐蔽的或是使人产生怀疑的方式和手段。

14.15 子曰:"晋文公谲而不正,齐桓公正而不谲。"

【译文】

孔子说:"晋文公权诈而不直正,齐桓公直正而不权诈。"

【注释】

谲(jué),1.权诈也。2.诡诈。3.奇、奇异。4.通"决",判、判别。

【原文解】

第一是对本章孔子所议论的晋文公和齐桓公有一个大体的了解。晋文公和齐桓公是中国历史上很有名的两个人,其事迹想必大家都有所了解,这里仅作一些结论性的阐述。笔者认为朱熹的总结十分精准,那就是"二公皆诸侯盟主,攘夷狄以尊周室者也"。就是说两个人都将自己的国家建设的十分强大,能够镇住并指挥其他诸侯国,那么在此情势下,他们又做了些什么呢?"攘夷狄以尊周室"。抵御蛮族——夷狄的侵略,维护周天子的权威。这是孔子及儒家十分看重甚至是赞许的。但应说明的是,他们并不是真心实意、竭尽全力地去做这些事情,是有所保留的,因此朱熹又说他们是"以力假仁,心皆不正"。

第二是对"谲"和"正"的认知。对这两个字的理解,是理解本章意思至关重要的。

首先是"谲"字。依照《说文解字》的解释，是权诈的意思。但权诈这两个字本身又有不同评价的解释，权是权衡、权宜、变通的意思。通过前面的学习我们知道，孔子及儒家对"权"是很赞赏的（详见9.30章）。而诈的意思是欺骗，这明显是不好的，也是人们所明确反对的。由此看来，"谲"包含着权衡、变通的意思，也包含着欺骗的意思，既有褒义也有贬义，不能一概而论，应当是一个中性词，仅仅是说明处理问题的方法，这个方法是权衡、变通甚至是欺骗。至于到底是权还是诈，古人说得好："善用谲则为权，不善用谲则为诈。"

其次是"正"字，"正"字的意思有很多，其本义是不偏斜、平正，当然也含有正直的意思。但在本章的具体意思应当结合其本意以及与"谲"的意思来综合理解，因为从本章的语序结构来讲，"谲"和"正"的意思是相对的。如此一来，本章"正"的意思应当就是其本义，不偏斜、平正，没有变通，不走弯曲的道路。至于"正"字所含有的正直的意思，在本章应当是没有的，因为从史料对齐桓公事迹的记载中我们看不出这一点，相反我们看到的是其心不正，或者说不那么正。总之，本章的"谲"和"正"仅是就行为方式、手段进行的描述，无关其内心。

【编意解】

编者意在通过本章孔子之语，说明士要知道"谲"和"正"都是手段，不应偏废。晋文公"谲"、齐桓公"正"都成了大事，当然，如果他们能够二者兼备可能所成之事业更大。应当指出的是，大小是一个客观评价，无关价值评价。好坏更鉴于本心。

14.16 子路曰："桓公杀公子纠，召忽死之，管仲不死，曰未仁乎"子曰："桓公九合诸侯不以兵车，管仲之力也。如其仁，如其仁！"

【译文】

子路说："齐桓公杀了公子纠，召忽自杀以殉，管仲却没自杀。管仲不能算是仁人吧？"孔子说："桓公多次召集诸侯国盟会，而不用武力，都是管仲的力量啊。这多么接近仁德，这多么接近仁德！"

【原文解】

第一是对"桓公杀公子纠，召忽死之，管仲不死"和"未仁乎"的理解。理解

本句,首先要对当时的史实有一定的了解。齐桓公名小白,小白和纠是兄弟,都是齐僖公的儿子,齐襄公的弟弟,在当时都叫公子。当时鲍叔牙辅佐公子小白,管仲和召忽辅佐公子纠。应说明的是,鲍叔牙和管仲又是多年相知的好朋友。齐襄公继位后没有常性,因此鲍叔牙认为国家将乱,于是鲍叔牙就辅佐公子小白逃到了莒(jǔ)国,后来齐国发生了混乱,管仲和召忽辅佐公子纠逃到了鲁国。对此,《左传》庄公八年有载:"初,襄公立,无常。鲍叔牙曰:'君使民慢,乱将作矣。'奉公子小白出奔莒。乱作,管夷吾、召忽奉公子纠来奔。"后来齐国真的发生了混乱,齐襄公被人杀了,而杀齐襄公的人后来又被别人杀了。这样一来齐国就没有了君主。

这时公子小白和公子纠就争着回齐国去继承君主之位。应说明的是,在这个过程中,管仲为了阻止公子小白争君主之位,射了他一箭,这一箭虽然射中了,但却射在了公子小白的衣带扣上,实质上没有造成多大伤害。最终是公子小白先到,继位成了齐桓公。

鲁国想拥立公子纠,但鲁国的军队却被齐国打败了。这时鲍叔牙率领着齐国的军队代表齐桓公对鲁国说:"公子纠,是我齐君的亲人,请君王代我齐国讨伐。管仲、召忽,是我齐君的仇人,请把他们交给我们,(由我们亲自处理)才能甘心。"于是战败的鲁国将公子纠杀了。在这种情况下,召忽自杀了,而管仲则请求把自己押回齐国。结果鲍叔牙刚进齐国就把管仲给放了,并建议齐桓公重用管仲当宰相,齐桓公听从了鲍叔牙的建议。对此《左传》庄公九年有载:

> 夏,公伐齐,纳子纠。桓公自莒先入。秋,师及齐师战于乾时,我师败绩,公丧戎路,传乘而归。秦子、梁子以公旗辟于下道,是以皆止。鲍叔师师来言曰:"子纠,亲也,请君讨之。管、召仇也,请受而甘心焉。"乃杀子纠于生窦,召忽死之。管仲请囚,鲍叔受之,乃堂阜而税之。归而以告曰:"管夷吾治于高傒,使相可也。"公从之。

了解这一历史背景,我们对于子路"未仁乎"的疑问就比较好理解了。就是子路认为管仲不够忠,没有像召忽那样自杀以殉公子纠。这使笔者想起曾子转述的孔子"一以贯之"之道,就是"忠恕"(详见 4.15 章),关于对"忠恕"的理解,前面已经有所阐述,不再赘述。这是儒家学说中待人处世的基本要求,也是主观内心的要求。那么管仲做到"忠"了么?应该是做到的,为此管仲不惜冒险去射杀齐桓公(只因一箭射在了齐桓公衣袋扣上,齐桓公才幸免一死)。公子纠最终没有继位成功,是时运不济,与管仲无关。从"恕"的角度讲,公子纠已经死了,我们又有什么理由要求管仲也去死呢?谁又愿意去死呢?况且公子纠从来就不是齐国的君主,更代表不了齐国,凭什么要求管仲去为他殉葬呢?就算是齐国灭亡了,能要求齐国的臣民殉葬吗?但子路的话中隐含着这种要求,这是否有违恕道呢?当然,子路没有问管仲是否"忠",而是问是否"仁"?针对是否"仁",孔子也有着针对性的回答,详见以下。

第二是对"桓公九合诸侯,不以兵车,管仲之力也。如其仁,如其仁"的理解。

首先,"桓公九合诸侯,不以兵车,管仲之力也",理解这句话,也要对当时的历史有所了解,据史料记载,管仲辅佐齐桓公后,对齐国进行了大刀阔斧的改革,使齐国迅速的强大起来,强大到足以震慑并指挥其他诸侯国,在此情势下,齐桓公多次召集各诸侯国盟会,整顿和解决诸侯国之间的秩序和纠纷,联合起来抵制蛮族的侵略,进而使天下秩序归正——遵从周天子的权威(至少表面上如此)。应说明的是,上述史实在史料中有很多的相关记载,但较为分散,因此由于篇幅所限就不一一摘录了。可这又说明了什么呢?说明齐桓公的行为使天下免于混乱——尽管这种免除没有从根本上解决问题,而我们知道,天下混乱就是无秩序,是伴有血腥的。同时,关于本句中的"九"字,过去有很多解释,一是同"纠",二是实数九,三是虚数表示极多。其实据史料记载,齐桓公召集各诸侯国盟会不止九次,有的是以武力,有的不是。但这笔者认为并不重要,重要的是理解为多次是没有问题的,多次避免了用战争解决问题是确实的,使各诸侯国的相处恢复了秩序是真的,这就足够了。

其次,"如其仁,如其仁"。理解这句话的关键在于对"如"的理解。关于"如"字前面已经有过注释(详见1.8章),其既有好像、如同的意思,也有比得上、及的意思。在这里应当是好像、如同的意思,是说管仲的行为如此接近仁、像仁,但还不是仁,就像"子如其父"一样,很像但还不是。但我们应当知道的是,这已经是很高的评价了,孔子好像还没有说过谁真正做到了仁。也正因为如此,将本句中的"如"字理解为比得上、及的意思是不合适的,如此理解就成了谁还能比得上管仲之仁了,管仲就成了最具仁德的人了,这是说不通的,如此一来又将尧、舜、禹、汤、周文王、周武王和周公等置于何地呢?这些人在孔子来说都是圣人。也正因为如此,孔子才对管仲有无礼、不俭、小器的评价(详见3.22章)。

【编意解】

编者意在通过本章之故事,说明士要知"道",要忠但不要愚忠,要忠于仁道,要以仁为目标,要行仁。同时要以"恕"心来待人。

14.17 子贡曰:"管仲非仁者与?桓公杀公子纠,不能死,又相之。"子曰:"管仲相桓公霸诸侯,一匡天下,民到于今受其赐。微管仲,吾其被发左衽矣。岂若匹夫匹妇之为谅也,自经于沟渎而莫之知也。"

【译文】

子贡问:"管仲不能算是仁人吧?桓公杀了公子纠,他不能为公子纠殉死,反而做了齐桓公的宰相。"孔子说:"管仲辅佐桓公,称霸诸侯,匡正了天下,老百姓到了今天还在享受他的好处。如果没有管仲,恐怕我们就要被发左衽(被蛮族统治)了。哪能像普通百姓那样固执(恪守所谓的信),自杀在小山沟里,没人知道。"

【注释】

匡,1.饭器也。本义:盛东西的方形竹器,"筐"的古字。2.正、纠正。3.端正。4.帮助、辅助、辅佐。5.眼眶。6.弯曲。

霸,1.(pò),本义:阴历每月之初始见的月光。这个意义又写作"魄"。2.(bà),伯也,行方伯之职。假借为伯。指古代诸侯联盟的盟主。3.(bà),称霸。

微,1.隐行也。本义:隐秘地行走。2.藏匿、隐蔽、不显露的。3.深奥、微妙。4.微小、轻微。5.稍微。6.地位低下。7.如果没有、如果不是。8.衰微、衰落。

谅,1.信也。本义:诚实、信实。引申为固执、闭塞。2.相信,引申为谅解。

【原文解】

第一是对"管仲非仁者与?桓公杀公子纠,不能死,又相之"的理解。这是子贡在问与前一章子路同样的问题,只是更近了一步,那就是"又相之"。意思就是管仲没有自杀以殉公子纠也就算了,反而又辅佐齐桓公,当了齐桓公的宰相,这恐怕算不得仁吧?笔者认为,这还是一个"忠""恕"的问题,当然角度与上一章不同,是管仲应该忠于或更应该忠于谁的问题。管仲是应该忠于公子纠,但更应该忠于齐国,更应该忠于天下,更应该为齐国乃至天下的苍生做事、谋幸福。

第二是对"管仲相桓公霸诸侯,一匡天下,民到于今受其赐。微管仲,吾其被发左衽矣"的理解。这一句主要是在说管仲辅佐齐桓公后都做了些什么,更准确地说做成了些什么。首先是"霸诸侯",就是使齐国强大了,强大到成了霸主;其次是"一匡天下,民到于今受其赐",匡正了天下,使天下恢复秩序,不再或大幅减少了战乱,以至于到孔子的时代,还有影响。我们知道,在战乱中最受苦、最遭殃的就是老百姓了,所以孔子说"民到于今受其赐";最后是我们免于"被发左衽"。所谓"被发左衽",在过去有不同解释,有人认为"被"同"披",是披头散发的意思;有人认为"被"同"编",是把头发编起来的意思;有人认为"左衽"是衣襟向左开,有人认为是衣襟向右开。但笔者认为这些都不重要,重要的是"被发左衽"是一种习俗,一种不同于当时中原大地周朝所属的各诸侯国的蛮族的习俗。习俗是很难突然改变的,其突然改变往往是受到了外界的强迫。孔子为什么可能会"被发左衽"?那是因为有蛮族的侵略。孔子又为什么最终没有"被发左衽"?那是因为蛮族的侵略没有成功,是因为管仲辅佐的齐国强大,是因为强大的齐国率领和团结了各诸侯国,成功地抵御了蛮族的侵略,保全了中原各国的文化。这不是仁又是什么呢?

在这里说一句闲话,在人类历史上,蛮族对文明世界的侵略战争时常发生,而且战争往往是以蛮族胜利告终,这也是导致人类许多古文明中断甚至灭绝的最直接也是最主要的原因。蛮族最终没有胜利的案例不多,在中国的历史上大的就有两次,一是本章所指,再一次就是汉王朝对匈奴的战争。当然,后来中国又被蒙古人和满族人所侵占,但以孔子思想为代表的中华文明却没有因此被消灭,相反甚至备受推崇(尤其是在清朝),以致持续至今。这说明了什么呢?值得认真思考一下。

第三是对"岂若匹夫匹妇之为谅也,自经于沟渎而莫之知也"的理解。读到此句,笔者不禁想起孔子所说的另一句话,叫作"言必信,行必果,硁硁然小人哉!抑亦可以为次矣"(详见13.20章)。这是对本章此句的最好的解释,不再赘述。

【编意解】

编者意在通过本章孔子之语,对上一章进行更进一步的说明,说明士要忠,更要大忠,要以仁为目标,要行仁。要为上士——"行己有耻,使于四方,不辱君

命",不要为下士——"言必信,行必果,硁硁然小人哉",更不能为"匹夫匹妇"。

14.18 公叔文子之臣大夫僎与文子同升诸公。子闻之,曰:"可以为'文'矣。"

【译文】

公叔文子的家臣僎(zhuàn)和公叔文子一同登上了公朝。孔子知道了后,说:"(他死后)可以给他'文'(的谥号)了。"

【原文解】

第一是对"公叔文子之臣大夫僎与文子同升诸公"的理解。

首先,"公叔文子之臣大夫僎",这是对僎之前的身份的一种描述。公叔文子前面已经介绍过,是卫国的大夫,孔子同时代的人。"公叔文子之臣大夫僎"就是公叔文子的家臣僎,在春秋时代对家臣也称大夫。这也就是说,僎这个人之前比公叔文子的地位或身份要低很多。

其次是"与文子同升诸公",这里的公是指公朝,也就是国君诸侯的朝会。那么什么人能参加国君诸侯的朝会呢?当然是国君、诸侯及其臣大夫。这又说明了什么呢?说明僎与公叔文子的地位是一样的,都是国君诸侯的臣大夫。为什么会这样呢?我们知道,当时社会的等级制度是很严的,僎与公叔文子之所以地位是一样的,都是国君诸侯的臣大夫,一定是因为公叔文子的极力推荐所致,同时也说明公叔文子确能识人,僎确实有才干,否则就是公叔文子再极力推荐也没用。那么这又说明了什么呢?宋代朱熹引前人所言说得好,"知人一也,忘己二也,事君三也"。一是公叔文子善于识人,而且眼界很开阔,能从比自己地位低的人中找到人才;二是没有私欲,不介意地位比自己低的人赶上甚至超过自己;最后是对上级的忠,大夫是侍奉君主的,见到好的人才就应当推荐给君主。当然应当归应当,实际上做不做又是另一回事,况且推荐人才是要凭良心的。

第二是对"可以为'文'矣"的理解。这是孔子对公叔文子上述行为的评价,这种评价在过去叫作"谥号"。"谥者,行之迹也。号者,功之表也"(《逸周书·谥法解》)。谥号是有一定地位或影响的人死后,后人对其一生的言行功绩给予评价的文字。后逐渐形成一种制度,西周中期开始实行,秦始皇时认为谥号有"子议父、臣议君"的嫌疑,因此把它废除了。直到西汉建立之后又恢复了,现在没有了。谥号分为官谥和私谥两大类。谥号一般都不长,前期只有一两个字,两三个字,后来多了,但最多也不过二十余字。可这一两个字、两三个字如何能反映和评价其一生呢?因此过去有谥法。譬如这个"文"字,什么样的言行功绩可以称得上"文"呢?据《逸周书·谥法解》载,有六种情况,"经纬天地曰文,道德博闻曰文,学勤好问曰文,慈惠爱民曰文,愍(mǐn)民惠礼曰文,锡民爵位曰文"。由此可见,谥号里有"文"是很难得的。那么公叔文子符合哪一项呢?显然是"锡民爵位"(这里的"锡"同"赐")。其实,所谓的"公叔文子"中的"文"就是其死后所获得谥号,看来孔子的评价是中肯的。

【编意解】

编者意在通过本章之故事,说明士要有一颗公心、忠心,善于识人,要善于事奉上级、君主、国家,举贤任能。

14.19 子言卫灵公之无道也,康子曰:"夫如是,奚而不丧?"孔子曰:"仲叔圉治宾客,祝鲍治宗庙,王孙贾治军旅,夫如是,奚其丧?"

【译文】

孔子说卫灵公无道,季康子说:"既然如此,为什么他没有败亡呢?"孔子说:"因为他有仲叔圉负责接待宾客,祝鲍负责管理宗庙祭祀,王孙贾负责统率军队,像这样,怎么会败亡呢?"

【原文解】

第一是要对本章所涉及的人物有一定的了解。仲叔圉就是孔文子,卫国的大夫,孔子说他"敏而好学,不耻下问"(详见5.15章);祝鲍,卫国大夫,有口才,能言善辩,孔子许以"佞"(详见6.16章);王孙贾,卫国大夫,具体言行事迹不详,但和孔子有一段有名的对话(详见3.13章),孔子应当是比较了解他的,通过本章孔子之语,王孙贾应该是十分善于治军的。他们都是有专门才干的人,但不一定是贤人,因为没有听说其中有人规谏过卫灵公。

第二是说明了什么?首先,卫灵公确实无道。卫灵公专宠南子,致太子出逃,进而导致其死后父子争国,陷入内乱,卫国从此一蹶不振,但这不等于说卫灵公不知利害。他还是知道谁能干,谁适合干什么的。因此能知人善任,在国家最重要的部门(宾客——外交、祭祀——政治宣传、军队——国防)恰到好处

地任用了三个适宜的大夫,而且这三个大夫干得很好,以致国家能得以存续。这不禁使笔者想起孔子的另一句话,叫作"人之生也直,罔之生也幸而免"。当时卫国有这样三个能干的大夫,难道不是卫灵公的幸运吗?其次,说明士的重要性。在国君无道的情况下,士仍能支撑国家不倒,可谓国之柱石之一。当然话又说回来了,士再重要,也没有君主重要,因此,卫国还是因为卫灵公的无道,最终无可避免地走向了衰败。

【编意解】

编者意在通过本章孔子之语,说明士不可自轻自贱,要有使命感,要干自己能干的事情并认真干好。

14.20 子曰:"其言之不怍,则为之也难。"

【译文】

孔子说:"说话不惭愧,要做到这一点是很难的。"

【注释】

怍(zuò),1.惭也。惭愧。2.颜面改变。

【原文解】

第一是对"其言之不怍"的理解。其字面意思就是一个人说话不惭愧。问题是说什么话不惭愧?当然是真实的话、有真知灼见的话、自己确定能实现的话,而不是虚话、人云亦云道听途说的话、自己不确定能实现的话。当然也有大言不惭的人,但笔者认为这种人根本就不可理喻,孔子也根本就不会为这种人或针对这种情况徒费口舌。

第二是对"则为之也难"的理解。其实理解了前面一句话,这句话就很好理解了。道理很简单,说真话是需要勇气的;说真知灼见的话就要有真知灼见。真知灼见何来?学习、思考、实践,再学习、再思考、再实践。说自己确定能实现的话,需要有自知之明,需要一定的真才实学。这其中哪一个不难呢?

【编意解】

编者意在通过本章孔子之语,说明士要努力做到"言之不怍"。

14.21 陈成子弑简公。孔子沐浴而朝,告于哀公曰:"陈恒弑其君,请讨之。"公曰:"告夫三子。"孔子曰:"以吾从大夫之后,不敢不告也,君曰'告夫三子'者。"之三子告,不可。孔子曰:"以吾从大夫之后,不敢不告也。"

【译文】

陈成子杀了齐简公。孔子斋戒沐浴以后,随即上朝去见鲁哀公,报告说:"陈恒把他的君主杀了,请你出兵讨伐他。"哀公说:"你去告诉那三位大夫吧。"孔子退朝后说:"因为我曾经做过大夫,所以不敢不来报告,君主却说'你去告诉那三位大夫吧'!"孔子去向那三位大夫报告,但三位大夫认为不可以派兵讨伐。孔子又说:"因为我曾经做过大夫,所以不敢不来报告呀!"

【注释】

陈成子,齐国大夫田恒,即田成子。因其家族出自陈国,也称为陈恒、陈成子。公元前481年,田成子发动政变,杀死了齐简公,拥立齐简公的弟弟为国君,就是齐平公。之后,田恒独揽齐国大权。

齐简公,姜姓,吕氏,名壬,齐国国君,齐悼公之子,公元前484年至公元前481年在位。

【原文解】

第一是齐国的国君齐简公被他的臣子陈成子杀了,与鲁国有什么关系?要理解这一点,就要对当时的社会体制有一定的了解。西周建立时,限于当时的客观条件(如经济、交通、通讯等)极为落后,周天子客观上无法对其统治下的广大地区(尤其是偏远地区)实行直接而有效的统治,于是就采取了封土建国的方法,就是将自己的亲属、功臣和其他特殊人物(如夏朝、商朝的后代)分封到各个较为偏远、自己无法直接有效统治的地方,让他们在那里建立政权,也就是诸侯国,以进行有效的统治,当然从某种角度讲也是代自己进行统治。而周天子直接有效统治的地区是在都城周围,并不大,当然比一般的诸侯国要大得多,土地也肥沃得多,因此也(应该)强大得多。诸侯国的国君是世袭的,税收也是来自所辖的土地和民众,有自己的军队和政权机关,相当独立。但同时他们也必须履行听从周天子的命令,辅佐和保卫周天子,向周天子进贡并定期朝觐的义务,否则周天子就可以处罚他们,这种处罚包括周天子自己处罚,也包括周天子联合其他诸侯国一起处罚,也包括周天子指派其他诸侯国进行处罚。当然,在诸侯国内,国君可以再次进行类似的分封。这就是所谓"封建"的本义。因此当时所谓的国是诸侯国,与现在所谓的国家概念是十分不同的,并不那么独立自主,主权不容干涉。据考证，当时有这样的规定，叫作"弑君之贼，人得而讨之"。这种制度直到秦王朝才被名义上取消，实质上的消失是在东汉后期了。到了春秋孔子时期，这套制度的执行虽已十分不尽如人意，但其制度本身还是明文存在的，谁也不敢公开反对，相反还时常被当作干涉甚至是侵略他国的借口。

了解这些之后，就不难理解齐国的国君被臣子杀了，孔子却要鲁国国君去讨伐了。臣弑君就是犯上作乱，是对当时天下赖以存在的制度根本性的颠覆，如果这种情况被允许，则势必天下大乱，任何国家都不能幸免，因此当时的制度就有"弑君之贼，人得而讨之"的规定或说法，也因此这也不是不关鲁国的闲事。

第二是这又关孔子什么事？以至于孔子要"沐浴而朝，告于哀公……请讨之"？对此孔子自己说得很清楚："以吾从大夫之后，不敢不告也。"这件事发生在鲁哀公十四年（前481），孔子时年71岁，年纪已经很大了，致仕在鲁已经多年，早已不是大夫了，准确地说就是一个士。但孔子毕竟当过鲁国的大夫，曾有过辅佐鲁君的承诺，现在见到鲁君有如此应该做的事情，怎能不告知呢？又怎敢不告知呢？当然，更重要的是孔子对周礼的认同，因而也是对臣弑君这种犯上作乱行为的深恶痛绝，是为了自己的信仰。因为天下大乱不仅使百姓遭殃，而且可能导致中华文明的中断甚至灭绝。

第三是齐国比鲁国要强大很多，孔子的建议"讨之"能行得通吗？是的，齐桓公死后，齐国虽然在不断衰弱，但还是要比鲁国强大许多。孔子建议"讨之"虽然是为了信仰，是义之所在，但义还有适宜的意思，孔子的建议适宜吗？也就是有实现的可能性吗？这是个问题，也是本章字面意思不清的一个方面，对此《左传》的相关记载可以解答。《左传》哀公十四年载："公曰：'鲁为齐弱久矣，子之伐之，将若之何？'对曰：'陈恒弑其君，民之不与者半。以鲁之众，加齐之半，可克也。'"这里的公是指鲁哀公。意思就是说，鲁哀公在听到孔子请求讨伐齐国后，说："鲁国被齐国削弱已经很久了，你建议攻打他们，打算怎么办？"孔子回答说："陈恒杀了他们的国君，他们的百姓不同意他、反对他的有一半。以鲁国的民众加上齐国一半的民众，是可以战胜的。"其实陈成子就是因为在齐国有人反对他、想除掉他，而齐简公又站在反对陈成子那些人一边，因此陈成子发动叛乱并将齐简公杀死了。这也就是说，在齐国是有很多人反对陈成子的，孔子认为至少有一半，也正因为如此，鲁国讨伐齐国才是有胜算的。当然，这仅仅是一种简单的数字对比，还不包括道义上的对比。如果加上道义方面的对比，那胜算就更大了。当然，道义方面的对比在鲁哀公和一般人来说是不相信的。

【编意解】

编者意在通过本章之故事,说明士要胸怀天下,在大是大非面前要勇于承担责任。古语不是说"天下兴亡,匹夫有责"吗?

14.22 子路问事君。子曰:"勿欺也,而犯之。"

【译文】

子路问怎样侍奉君主。孔子说:"不要欺骗他,但能触犯他。"

【原文解】

第一是对"欺"的理解。欺有欺骗和欺负两种意思,而且放在本句中都能解释得通,那么为什么不解释为欺负呢?因为子路问的就是怎样侍奉君主、上级,既然是侍奉,本身就排除了欺负的可能。因此只能解释为欺骗。

第二是对"而犯之"的理解。首先是"而",此处读能,也通"能","而""能"古字通用。这个"能"说明了要有勇气,也要有能力。其次是"犯","犯"的意思是侵犯、触犯,这不是与"事君"相矛盾吗?说到这里笔者不禁想起孔子说的另一句话,叫作"爱之,能勿劳乎?忠焉,能勿诲乎"(详见14.7章)。爱、忠是"事君"的前提,那么劳、诲也就是"事君"的应有之意,而劳之、诲之又有多少人愿意呢?但因此就不劳、不诲了吗?当然不能,这就要讲究方法甚至勇气,尤其是面对君主、上级的时候,因此孔子说能犯之。

第三是对"勿欺也"与"而犯之"关系的理解。孔子为什么不说"而犯之,勿欺也"呢?其实这里隐含着一种先后的逻辑关系。不欺骗才能取得信任,取得了信任才会在触犯他的时候不被误解,相信你是为他好。子张说过这样一句话:"信而后谏,未信,则以为谤己也。"(详见19.10章)这对于侍奉君主、上级尤为重要。被上级误解不仅可能会对自己十分的不利,更重要的是,如果你说的确实是正确的,而上级却因此不相信,岂不是会误大事。

【编意解】

编者意在通过本章孔子之语,说明士对君主、上级应当"勿欺也,而犯之。"

14.23 子曰:"君子上达,小人下达。"

【译文】

孔子说:"君子向上通达(仁义),小人向下通达(财利)。"

【原文解】

本章的字面意思不是很清楚,什么是上?什么是下?上又怎样?下又怎样?孔子没有明说。但不说明这些,本章的意思我们就无法准确理解。怎么办?推测,有确实根据的推测。

"形而上者谓之道,形而下者谓之器"(《易传·系辞传上》)。也就是说,君子志于得道是上,小人志于成器是下。得道又怎样?得道则知晓仁、义。成器呢?用器以得利。因此孔子说:"君子喻于义,小人喻于利"(详见4.16章)。上达和下达是两条不同方向的路。初心不同,方向就不同。那么士应该如何呢?应当与君子有相同的初心。笔者认为,士就是途中的君子,就是向君子这个目标、这个高峰不断前进的人。

【编意解】

编者意在通过本章孔子之语,说明士应志于道、志于仁、义,向道、德、仁、义前进。

14.24 子曰:"古之学者为己,今之学者为人。"

【译文】

孔子说:"古代的人学习是为了自己,现在的人学习是为了别人。"

【原文解】

本章的字面意思比较清楚,通过对《论语》第一篇第一章的学习中,我们已经有所体会和强调,但本章孔子十分明确地再次提出,有必要再进行深入的辨析和理解。辨析和理解"古之学者为己,今之学者为人"这句话的关键在于"为己"和"为人"的区别。对此,朱熹引程子之言说:"为己,欲得之于己也。为人,欲见知于人也。"意思就是说,"为己"就是自己真正想得到所学的东西,而"为人"则是想让别人知道自己有什么。这一解释很好,但还未尽。还有一个问题,那就是"欲见知于人也"又是为了什么呢?很简单,就是为了从他人(或社会)获得任用甚至重用——认可并获得施展自己才能的机会并因此获得利益。这有可非议之处吗?对于一般人来讲,自己学了他人(或社会)需要的本事,并通过为他人(或社会)工作或服务,进而获得自身生存和发展所必需的机会和财富,这不仅无可厚非,而且应当肯定甚至鼓励。但问题是对士和君子来讲呢?更重要的问题是,这最终不也是为了自己吗?当然是。由此看来,这里的区别是一个初心——欲和境界的问题。"欲见知于人也",因此而学,我们能愉悦吗?因此而学,我们能学到什么程度?能有志同道合的朋友进而感到其中的快乐吗?更重要的是,因此而学,在他人(或社会)不认可的时候,我们能"不愠"吗?恐怕都不能。这恐怕也是孔子在《论语》第一篇第一章中所说的话不被人理解的根本所在。

这时可能会有人问,孔子不是很强调适宜——义吗?那么这种为己而学是否不那么适宜?人毕竟先要生存下去呀!其实这并不矛盾,相反是非常适宜的。"欲得之于己也"中的"欲"是因自己的本性所发的真正的欲,它不仅能弥补自己的不足继而使自己愉悦,重要的是这种弥补是以"道",是以"人道"来弥补的,也就是说为己而学是在学"道",学"人道"。有哪个人(或社会)不需要"道"呢?不懂得或不清楚"人道"的人,又能在哪个社会生存下去或者说顺利地生存下去呢?而"欲见知于人也"中的"欲"是自己对他人(或社会)意图的一种揣测,有很多的主观性和不确定性。一旦失败就是财富和快乐两者皆失。

更直白一点,就拿挣钱来说,有两种方式(境界):

一种是学习他人(或社会)所需要的本事,通过这种本事为他人(或社会)提供劳动,进而获得回报——财富。应当说明的是,这种方式所获得的本事相对来说不是那么扎实和精到,是技术层次的。当然我们也必须明白,他人(或社会)的需要随着时间的迁移往往是会变的,而学习又是需要一定时间经历的。这本身就有命的因素。当然,能获得多少财富,甚至能不能获得财富,不一定。

另一种是学习自己喜欢的本事,进而满足他人(或社会)的需要而得到回报——财富。应当说明的是,这种方式所获得的本事更扎实、更精到,是艺术层次的,如庖丁之解牛。当然,是否是他人(或社会)所需要的,也不一定。这也有命的因素。但一般来说达到艺术层次的本事,被他人(或社会)所需要的概率和范围更大,哪怕仅仅是用于表演呢——譬如庖丁之解牛。更为重要的是,在这个过程中,自己是感觉快乐的。

如果上述两者都能满足他人(或社会)的需要,那后一种的收获一定更多。如果上述两者都不能满足他人(或社会)的需要,那后一种至少还收获了快乐,这对人生的意义更为重大。这两种哪一种更好呢?很明显。而现实是,有很多为他人而学的人,到时却并不见知于他人(或社会),两头落空。

【编意解】

编者意在通过本章孔子之语,说明士要提高自己的境界,这种提高的根本途径,也是最佳途径,就是真正像古人那样"为己而学",志于道而非志于利。

14.25 蘧伯玉使人于孔子。孔子与之坐而问焉,曰:"夫子何为?"对曰:"夫子欲寡其过而未能也。"使者出。子曰:"使乎!使乎!"

【译文】

蘧(qú)伯玉派使者去拜访孔子。孔子让使者坐下,然后问道:"(伯玉)先生最近在做什么?"使者回答说:"先生想要减少自己的错误,但未能做到。"使者走了以后,孔子说:"好一位使者啊,好一位使者啊!"

【注释】

蘧伯玉,名瑗(yuàn),字伯玉,谥成子。春秋时期卫国大夫,孔子的朋友。

【原文解】

第一是要对"蘧伯玉"有所了解。蘧伯玉是卫国的大夫,与孔子很有渊源。据史料记载,蘧伯玉年长孔子许多,孔子周游列国时,曾在卫国驻留了很长的时间(前后大约有九年),其间,常住在蘧伯玉的家里,因此两人是朋友。后来孔子回到了鲁国,两人还常互相派人看望对方,本章就是一例。蘧伯玉有一个特点,就是经常认为自己之前错了,进而调整自己的言行。据《淮南子·原道训》载:"蘧伯玉年五十,而知四十九年非。"《庄子》中也有类似的记载,只是较繁,不录。这说明了什么呢?如何才能"年五十,而知四十九年非"?当然是不断地学习、思考、实践,以致境界不断提高,才能有此状态。

第二是对"夫子欲寡其过而未能也"的理解。这句话的字面意思是很清楚的,问题是这说明了什么?说明蘧伯玉确实还有许多过错(至少他自己是这样认为的),进而说明蘧伯玉还在不断地学习、思考、实践,他的境界还在不断的提高,也只有如此才能认识到之前的不足和错误,而这种提高还会认识到自己更多的错误,因此使者说"未能也"。可是使者能这样直白地说吗?当然不能,这样说未免让人感觉有些自夸,不够谦虚,可事实又的确是如此。可作为使者不能自夸,也不能自贬吧。谦虚也得说出实际情况来。怎么办呢?因此蘧伯玉的使者便有了本章的回答。怎么样？你能做到吗？

说到这里笔者不禁想到一个故事，相传曾国藩最初率领湘军与太平天国作战时屡吃败仗，曾国藩上书朝廷，实话实说是屡战屡败。但手下的谋士认为不妥，太消极且观感不好，也不能反映湘军要与太平天国战斗到底的决心，而且容易引起朝廷对曾国藩和湘军能力的不信任，建议将"屡战屡败"改为"屡败屡战"，这样既说明了多次战败的事实，也显示了其战斗到底的决心。后来曾国藩也正是在此信念的支撑下，一步步最终打败了太平天国。同样的事实不同的表达方式，感觉是很不一样的。

第三是对"使乎！使乎"的理解。这是孔子对蘧伯玉使者的肯定和赞许。何为"使"？就是接受上级委托或命令去办事的人，而这也正是士经常要从事的。事有办得成的，也有办不成的，无论成功与否，有一个结果性的标准是应该遵守的，那就是"不辱君命"（详见13.20章）。本章的使者是代人去拜访他人，是宾客，傲慢就有可能遭到主人的羞辱，自卑则是自辱，不卑不亢是中道，而中道是需要智慧的。

【编意解】

编者意在通过本章之故事，对上一章进行说明，那就是自己的境界是否已经提高，其中一个很重要的标志就是能否时常感觉到自己之前所作所为的不是，是否是"欲寡其过而未能也"。

14.26 子曰："不在其位，不谋其政。"曾子曰："君子思不出其位。"

【译文】

孔子说："不在那个职位，就不要考虑那个职位上的事情。"曾子说："君子考虑问题，从来不超出自己的职位范围。"

【原文解】

第一是对"不在其位，不谋其政"的理解。这句话之前曾出现过（详见8.14章），相关理解不再赘述。

第二是对"君子思不出其位"的理解。首先，这句话是曾子引述《易经》艮（gèn）卦的象辞（《易经·易传·象传下·艮》）。其次，"君子思不出其位"与"不在其位，不谋其政"有什么区别？总体上应该没有什么区别，表达的都是同

一个意思。如果非要说有什么区别,那就是"君子思不出其位"更进了一步,连思都不要思,更谈不上谋了。这是曾子引用《易经》的话来证实孔子之语。

【编意解】

编者意在通过本章之语,说明士要严守本分,别瞎操心。没有工作的时候要专心提高自己的能力,有工作的时候要专心干好本职工作。"不在其位,不谋其政""思不出其位"。

14.27 子曰:"君子耻其言而过其行。"

【译文】

孔子说:"君子认为说的超过做的是可耻的。"

【原文解】

这句话似曾相识,是的,子曰:"古者言之不出,耻躬之不逮也。"(详见4.22章)本章的字面意思是比较清楚的,要深刻理解还要问个为什么?原因很简单,言过其行,说到做不到是一种失信,继而会害别人,最终也会害自己。

【编意解】

编者意在通过本章孔子之语,说明士要少说多做,说到做到,言不可过行。

14.28 子曰:"君子道者三,我无能焉:仁者不忧,知者不惑,勇者不惧。"子贡曰:"夫子自道也。"

【译文】

孔子说:"君子言说的三个方面,我都未能做到:因仁而不忧愁,因智而不迷惑,因勇而不畏惧。"子贡说:"这正是老师的自我描述啊!"

【原文解】

第一是对"仁者不忧,知者不惑,勇者不惧"的理解。这句话之前曾出现过(详见9.29章),相关理解不再赘述。译文有所不同,仅仅是因为语境不同所致,实质含义是相同的。

第二是对"我无能焉""夫子自道也"的理解。"我无能焉",是孔子认为自己都没有做到。"夫子自道也",是子贡认为孔子实际上已经做到了,"我无能焉"是孔子的自谦之词。那么孔子到底是做到了还是没有做到呢?说做到了或说没有做到都可以。这要看从哪个角度或境界来说了。不同的角度或境界,所看到的景象是不同的。从孔子的角度来看,可能确实没有做到,因为孔子的水平和境界是非常高的,而且还在不断提高,应说明的是,水平和境界越高,所看到的不足就越多。而孔子和子贡的水平和境界是不同的,孔子要比子贡高得多,因此从子贡的角度或境界来看,孔子是已经做到了,甚至已经做得很完美了。而在孔子自己看来则未必。应当说明的是,水平和境界的提高是没有止境的。"蘧伯玉年五十,而知四十九年非"(《淮南子·原道训》)就是一例。因此,有不足也就不可避免了,否则如何才能提高,提高的空间又在哪里?

【编意解】

编者意在通过本章孔子之语,说明士要具有仁、智、勇的品质和能力,力争做到不忧、不惑、不惧,而这一切都是需要不断努力的学习、实践、思考、体悟以及再学习、再实践、再思考、再体悟。

14.29 子贡方人。子曰:"赐也贤乎哉?夫我则不暇。"

【译文】

子贡指责别人的短处。孔子说:"赐啊,你真的就那么贤良吗?我可没有那闲工夫。"

【注释】

暇,1.闲也。本义:空闲、闲暇。2.悠闲、闲散。

【原文解】

首先是关于"子贡方人"中的"方"字的理解。"方"字前面已经有过注释(详见1.1章),与本章有关联的有两种意思,一是比方、比拟的意思;一是通"谤",指责别人的过失的意思。这两种意思是有较大差别的,如果从儒家的角度看,其差别就更大了。将"方"字理解为比方、比拟,则本句的意思是子贡和别人相比较,这在儒家看来并不是一件坏事,相反还是一件好事。相互对比才能更好地看出差距,有差距才有提升。孔子不是说"见贤思齐焉,见不贤而内自省也"(详见4.17章)、"三人行,必有我师焉。择其善者而从之,其不善者而改之"(详见7.22章)吗?这不都是相比较而产生的吗?孔子不是也问子贡"女与回也孰愈"吗?因此,相互比较在儒家看来是一种学习进步的好方法。可问题是孔子之后的"赐也贤乎哉?夫我则不暇"。这句话明显含有对此否定的意思,

这就说不通了。因此将"方"字理解为"谤"看来较为适宜。这里应强调说明的是,"谤者毁也。谤者道人之实,事与诬谮不同"。意思就是说谤虽然是贬低和否定,但说的都是事实,这与诬陷诽谤是不同的。想来子贡再不济也不会做出诬陷诽谤别人的事情来。

  这时可能会有人问,既然是事实说一下又如何?这就牵扯到儒家的一种价值观念,那就是为人要尽可能的"隐恶而扬善"(《中庸》),意思就是要隐藏人家的坏处,宣扬人家的好处。那么指责别人的短处和错误显然在儒家看来是不对的。也因此才有孔子"赐也贤乎哉?夫我则不暇"之语。

  这时可能又会有人问,难道孔子就不说别人的不是了吗?比如本章"赐也贤乎哉?夫我则不暇"之语。当然不是。笔者认为,为人要"隐恶而扬善"这是一般的要求,这里的人也是一般的人、一般的别人,这里的恶也是小恶。如何理解呢?所谓一般人就是影响不大的人,如果是影响很大尤其是对后世的价值观念影响很大的人,譬如管仲,孔子就有无礼、不俭、小器的评价(详见3.22章);所谓非一般的别人,是指那些与自己有特别关系的非亲属,主要是指朋友、师生,这两种所谓的别人在中国文化中很特殊。朋友相交以信,信为不欺,要肝胆相照,当然不能有所隐瞒,师生有相传之义,尤其是老师对学生怎可有所隐瞒?又怎可对其缺点不予以批评?关于此,可参看1.4章;所谓小恶,就是指那些对他人、社会没有什么影响的恶,如果是大恶甚至是犯罪,怎么能隐瞒呢?不但不能隐瞒,而且应当予以准确揭露、公开谴责甚至惩罚。

  说到这里,笔者认为,《论语》中的话我们是不能用来要求别人的(尤其是一般意义的别人),其中的每一句话都是一座山峰,都是需要我们努力攀登的,自己是否能够真正地攀登得上去尚不可知,又怎么能用来要求别人呢?其最多能用来与朋友共勉,诫勉后辈子弟。

【编意解】

  编者意在通过本章孔子之语,说明士不要"方人"——指责别人的小恶,这样不仅不会给社会带来什么好处,而且招怨,进而影响自己的工作和学习。

14.30 子曰:"不患人之不己知,患其不能也。"

【译文】

  孔子说:"不担忧别人不知道自己(有才能),只担心自己没有才能(让或值得别人知道)。"

【原文解】

本章的字面意思比较清楚,要深刻理解还要注意:

第一是对"不患人之不己知"的理解。这句话之前曾出现过(详见 1.16 章),相关理解不再赘述。译文略有不同,仅仅是因为语境不同所致,实质含义是相同的。

第二是对"患其不能也"的理解。"不能"是什么意思?是没有能力、才能呢?还是具体指没有让别人知道自己有能力的方法,也就是没有推销自己的方法呢?都有。前者包含着后者。如果非要有所区分,那前者是后者的基础,没有前者,后者就是欺骗,就是巧言令色,就不能长久,而且最终会害人害己。当然应当说明的是,后者也是一种能力,而且是一种很重要的能力,没有这种能力会使我们在现实社会中困难重重。

【编意解】

编者意在通过本章孔子之语,说明士要把主要甚至全部的精力用在提高自己的修养、能力和境界上,不要花费或少花费一些精力去担忧别人是否知道自己,不是说"是金子总会发光的"吗?

14.31 子曰:"不逆诈,不亿不信,抑亦先觉者,是贤乎?"

【译文】

孔子说:"不预先怀疑别人欺骗自己,也不猜测别人不相信自己,然而却能事先觉察别人(欺骗自己或不相信自己),这就是贤人了吧?"

【注释】

逆,1.迎也。本义:迎、迎接、迎着,与"送"相对。2.揣测。3.倒、反、向相反方向活动。4.抵触、不顺、违背。引申为背叛、叛逆。5.事前、预先。

【原文解】

第一是对"不逆诈,不亿不信"的理解。"不逆诈"即是不预先怀疑别人欺骗自己。"不亿不信",这里的"不信"是什么意思呢?是对方不诚信呢?还是对方不相信我呢?这两种意思放在本句中都是可以的。但是笔者认为第一种解释不合适,因为如此解释与"不逆诈"的语序不合,同时也与"不逆诈"的意思

有很大的重合。因此第二种解释是合适的。问题是为什么要这样？因为人总是要生活在人群或社会当中，因此与别人交往是不可避免的，这对于要从事或正在从事社会工作的士来说更是如此。如果我们不抱有这样的初心，又怎样与别人交往呢？更不用说从事社会工作了。

第二是对"抑亦先觉者"的理解。然而任何一个社会都不是纯净的，什么人都有，包括想欺骗别人的人或不相信别人的人，社会大了更是如此。而我们又不可能不与他们交往，尤其是对于要从事或正在从事社会工作的人来说更是如此。怎么办呢？要有所认识、有所觉察，最好事先能够觉察，这就是所谓的"先觉"，这是一种很高的能力。这时有人会问，这可能吗？如何做到呢？说到这里笔者不禁想起孔子说的另一句话，叫作"色难"（详见2.8章）。人的神色与人的心是相通的，一般来说有什么样的心思就有什么样的神色，做不了假。当然也有喜怒无形于色的人，但很少，所以孔子说"色难"，也就是说我们可以通过观察别人的神色来判断。这时可能又会有人问，什么样的神色能说明什么样的情况呢？这确实是一个问题，神色本来就很难描述，更何况人与人还有很大的不同！这就要从我们自身去探究和体会了，《中庸》有载，"至诚之道，可以前知"。我们自己先要做到诚甚至是至诚，我们就会体会到什么是诚甚至是至诚的神色了，与此不同的神色就是其心不诚。应当说明的是，诚不仅是对他人的不欺，更是对自己内心的不欺，做到诚是很难的，至诚就更难了，因此，"先觉"是一种能力，一种很高的能力。

【编意解】

编者意在通过本章之语，说明士要诚心待人，当然更应该诚心待己。如此才能有"先觉"的能力，才能提高"先觉"的能力。

14.32 微生亩谓孔子曰："丘何为是栖栖者与？无乃为佞乎？"孔子曰："非敢为佞也，疾固也。"

【译文】

微生亩对孔子说："孔丘，你为什么总是四处奔波（游说）呢？你这不就是花言巧语吗？"孔子说："我不是敢于花言巧语，只是痛恨见识浅薄（的当权者）。"

【注释】

栖,1.(qī)，本义：鸟类歇息。2.(qī)，停留、居住。3.栖栖(xī xī)，忙忙碌碌、不安定。

【原文解】

第一是对"丘何为是栖栖者与？无乃为佞乎？"的理解。首先是"丘"，丘是孔子的名，在过去能直呼其名的人，一般是关系比较亲近且年长的人，或地位相对很高的人，也就是微生亩应该是年长于孔子或地位很高的一个人；其次是"栖栖"，就是不安定的意思。孔子什么时候不安定？为什么不安定了？就是周游列国的时候。周游列国干什么？宣扬自己的主张，希望能够有人采纳实行，说俗一点就是游说。游说靠什么？表面上是靠嘴说，实质上是靠才能、见识以及思想。也正因为如此，微生亩会产生"无乃为佞乎"的疑问或者说指责，因为孔子是反对佞的——"焉用佞？御人以口给，屡憎于人。不知其仁，焉用佞"（详见5.5章）。

第二是对"疾固也"的理解。这句话的字面意思是痛恨见识浅薄。谁见识浅薄？是微生亩吗？应该不是，因为孔子的心胸没有这么狭小。如果是指微生亩那不成吵架了吗？况且微生亩应该还比孔子年长或地位高，因为指责了一下孔子，孔子就痛恨他？不可能。那是指谁？应当是指当时之世那些当权者。见识浅薄不是什么错误，对于一般人来说无可厚非，更谈不上痛恨。但对于当权者就不同了，他们有很大的权力，因此影响就很大。他们见识浅薄就会做不好事甚至做错事、做坏事，这倒霉的可是民众，这才是可痛恨的，不是吗？

【编意解】

编者意在通过本章孔子之语，说明士要有见识并努力增长自己的见识以规劝那些见识浅薄的当权者。

14.33 子曰："骥不称其力，称其德也。"

【译文】

孔子说："千里马值得称赞的不是它的能力，而是它的德行。"

【注释】

骥，1.千里马也。本义：好马、良马。2.比喻杰出的人才。

【原文解】

"骥"，其本意是千里马，也就是一天能跑一千里的好马。这里其实是以物指人，比喻杰出的人才。其次是"力"，本意是指马的能力。作为千里马，日行

千里是它的能力,很可观。作为人则是指他的能力很强。但在孔子眼中这种日行千里的能力并不是值得或者说是最值得称赞的。那么最值得称赞的是什么呢?是德。这里又遇见了这个"德"字。"德"在这里是什么意思呢?有很多人将其理解为品德、品质。笔者认为如此理解是有问题的,缺乏说服力,因为这是一种价值判断,没有统一的标准(当然最基本的统一标准还是存在的,譬如为国、为民等)。从本章的语序来看,"德"应该与"力"有一定的关联性,甚至是其更进一步。可是一个人品德、品质与其能力或才能有什么关系呢?其实,这里的"德"还是应理解为得、得"道",就是德行。说白了就是做到了什么?作为一匹有日行千里能力的马来说,是最终有没有实际为人们做到日行千里。作为一个杰出的人才来说,才能是很高的,但是不是所有才能高的人都能称得上杰出?所谓杰出是要用别人看得见的方式表现出来、展示出来的。也就是用自己的才能做出出类拔萃的成绩或成果,这才能叫作杰出。当然,要取得这样的成果,必要条件就是要对道有深刻的认知、依道而行,这也就是所谓的德行。

【编意解】

编者意在通过本章孔子之语,说明作为士不仅要有很高的才能,更重要的是用这些才能做出相应的成绩或成果。

14.34 或曰:"以德报怨,何如?"子曰:"何以报德?以直报怨,以德报德。"

【译文】

有人说:"用恩德来报答怨恨怎么样?"孔子说:"那用什么来报答恩德呢?应该是用正直来报答怨恨,用恩德来报答恩德。"

【原文解】

第一是对"以德报怨"的理解。

首先,这里的"德"是恩惠、恩德的意思。

其次,这种思想或说法是出于《老子》,《老子·六十三章》的原文是"报怨以德"。当然也有很多人认为是错简所致,"报怨以德"应当在《老子·七十九章》"和大怨,必有余怨"之后,这样原文就是"和大怨,必有余怨;报怨以德,安可以为善?"将"报怨以德"单独提出来,是对《老子》原文的断章取义,是对其原意的曲解。

最后,无论如何,的确是有些人接受了"以德报怨"这种看起来不合逻辑的思想,为什么?因为人从根本上讲就不是理性的或者说不是纯理性的,而且"以德报怨"在很多的时候不失为解决某些问题,更多的是暂时解决问题的一种方式。当然,"以德报怨"也不失显得很高尚,更准确地说是新奇。其对错不可一概而论,有公私之分。所谓私是在于个人,个人如果采取这样方式的处人处世,则无所谓对与错,甚至不失忠厚,这需要极高的境界。所谓于公,就是将这样的方式推而广之,甚至使之成为一种社会规范,这恐怕就有对与错了,至少有一个能否行得通的问题。这显然是行不通的,原因就是孔子的话,"何以报德"?

第二是对"何以报德"的理解。这句话的意思是很清楚的,问题是它体现了什么?体现了一种对公平的诉求。公平是对大众而言的。而士就是想为大众或正在为大众办事的人,就必须要讲公平。而"以德报怨"就是明显的一种不公平,也是行不通的,因而也就是错误的,是不能推而广之在大众中倡导的,更不能用于处理公共事务。

第三是对"以直报怨"的理解。为什么不是"以怨报怨"?道理很简单。"以怨报怨"就是不分是非,就是冤冤相报,何时能了?这样的社会人们怎么生活于其中呢?又有谁愿意生活于其中呢?这时可能有人会问,那什么是直呢?直者正见也,引申为正直、公正、不偏私。笔者认为,就是正视怨,以正直和公正的态度和方法来对待和处理。对于错误的怨要依法、依规的报,对于正确的怨就不能去报,对于那些无关紧要的怨,如果随着时间的推移,我们忘掉了,那就从我们的心,忘掉吧。因为从某种角度讲,怨本身就是一个人的个人感受而已,谁又能保证它的正确以及随着时间的变化呢?

第四是对"以德报德"的理解。说到对这句的理解,似乎有一些多余,如果真的如此当然很好。问题是有人可能会问,为什么不是"以直报德"?"以德报德"就不是不分是非了吗?"以德报德"相当于还账,而"以直报怨"相当于要账。欠别人的是一定要还的,这是义务,而义务是必须要履行的;而别人欠我们的,要不要是权利,而权利是可以放弃的。这只是个类比,并不完全合适,但理就是这么个理。当然,"以德报德"必须要讲究方式方法,要讲原则,那就是绝不能损害公义,否则就真的是不分是非了。

【编意解】

编者意在通过本章孔子之语,说明作为士要认清自己所要从事或正在从事的工作领域,要公私分明,不要把不是该领域的规则或思想随意借鉴甚至引入。

14.35 子曰:"莫我知也夫!"子贡曰:"何为其莫知子也?"子曰:"不怨天,不尤人,下学而上达。知我者,其天乎!"

【译文】

孔子说:"没有人了解我啊!"子贡说:"怎么能说没有人了解您呢?"孔子说:"(我)不埋怨天,也不责怪人,下学人事而上达天命。了解我的只有天吧!"

【原文解】

第一是对"莫我知也夫"的理解。这其中有没有怨呢?有人说有,但笔者认为没有,这只是对事实或一种可以预知的结果的一种描述。有如登山,当一个人登到别人都没有登到的高度时,他所见到的风景,也就只有他见过。这时别人不了解他所见到的风景不是很自然的吗?这不正是一种可以预知的结果吗?怎么可能生怨呢?充其量不过是有些遗憾罢了。

第二是对"何为其莫知子也"的理解。这说明了什么呢?说明子贡不认可孔子"莫我知也夫"这句话,认为还是有人了解孔子的。谁?至少包括子贡和孔子那些弟子们。这似乎有些道理,正是这些弟子们认可孔子的学说才会向孔子学习。但认可与了解不是一回事。一个大学教授可以教高中生高中数学,这个高中生也很可能认同这个教授的学问并十分愿意向这个教授学习,那么能说这个高中生就了解这个教授了吗?这种推论显然是不能成立的。虽然这不是一个领域的事,但理就是这么个理。关于这一点,在孔子的下一句话中就能有所体现。

第三是对"不怨天,不尤人,下学而上达。知我者其天乎"的理解。这句话的字面意思是很清楚的。"下学而上达"是"不怨天,不尤人"的原因。下学人事而知人,故"不尤人";上达天命,已知天命,故"不怨天"。这种见识和境界非常人所能企及,又怎能谈得上被理解呢?因此,能了解的恐怕也只有上天了吧!这里我们应当注意的是,孔子何以能够达到如此的见识和境界?是"下学而上达"。首先,孔子学的是地上的事、人间的事,而不是天上的事、天堂仙境的事。其次,孔子立志于上(形而上)道,故可"上达"(详见14.23章)。

【编意解】

编者意在通过本章孔子之语,说明作为士要"下学而上达",不可怨天尤人。

因为士是想做事、想做大事的人,甚至是正在做事、做大事,而这些都需要努力,正确的努力——"下学而上达"。但同时也应当知道,这并非是通过自己努力就一定能够实现的,还取决于其他很多的因素,譬如说他人尤其是在位者、当权者的了解、认同,甚至命运。而这恰恰是可遇而不可求的,怨天尤人是没有用的,徒增烦恼。如何才能不怨天尤人,下学进而上达。

14.36 公伯寮愬子路于季孙。子服景伯以告,曰:"夫子固有惑志于公伯寮,吾力犹能肆诸市朝。"子曰:"道之将行也与,命也;道之将废也与,命也。公伯寮其如命何?"

【译文】

公伯寮向季孙告发子路。子服景伯把这件事告诉给孔子,并且说:"季孙氏已经被公伯寮迷惑了,我的力量能够把公伯寮(杀了)陈尸于市。"孔子说:"道能够得到推行,是天命决定的;道不能得到推行,也是天命决定的。公伯寮能把天命怎么样呢?"

【注释】

公伯寮,鲁国人。

子服景伯,鲁国大夫子服何。

愬,1.(shuò),恐惧的样子。2.(sù),同"诉"。

肆,1.极陈也。本义:摆设、陈列。2.古时处死刑后陈尸示众。3.恣纵、放肆。4.延伸、扩张。5.店铺(上古时代表示商店)。6.手工业作坊。7.极、尽。8.减缓、赦免。9."四"的大写。10.(yì),通"肄",研究、练习。

【原文解】

第一是要对相关的历史背景有所了解。据考证,本章所述之事应发生在孔子仕鲁之时。孔子曾向鲁君建议拆除三家不合规制的城墙,借以削弱三家的力量,增强鲁君的地位,即所谓的"堕三都"。为此派子路去做季氏的家宰,去具体执行。这项工作最终在克服了叛乱的情况下,拆了叔孙氏和季孙氏两家的城,但孟孙氏的城墙没有拆成。后孔子以大司寇理国相职务,三个月就将鲁国治理得非常好。这时齐国人有些害怕了,就送给鲁定公一批美女和好马,结果季氏就收下了,并且因此长时间不理朝政。这些历史背景在《史记·孔子世家》中有详细的记载,有兴趣可参阅。了解这些之后,我们就知道季氏为什么会"固

有感志于公伯寮"。其实自孔子拆除了季氏家的城墙,削弱了季氏,就已经得罪了季氏,而子路是孔子的弟子,也是孔子政策的执行者,从某种意义上就是孔子的代表。至于季氏是否就真的是沉迷于声色犬马,也未必。说不定就是一种假象,因为从史料记载看季氏并不是这样一个人。至于公伯寮,就是一个无足轻重的投机分子,充其量是个抓手而已,根本不是问题的关键,因此孔子说"公伯寮其如命何?"

第二是要对"道之将行也与,命也;道之将废也与,命也。公伯寮其如命何"有所理解。

什么是道?这里就是孔子所推行的强君弱臣的政策。用现在的话来说就是加强中央的、上级的权威。这对吗?应该是对的,至少从中国历史文化上来看是毋庸置疑的。那能行得通吗?不一定。从中国的历史上看,就有不少时期存在着君弱臣强,甚至是武装割据的情况。为何会如此?原因就是君不君、臣不臣。

什么是命?这里就是鲁君和季氏,这个政策要靠他们。鲁君当然是想实行孔子的政策,但他有这样的能力吗?更准确地说是他有这样的德行吗?怕是没有。作为季氏来说,他有这样的能力,但是他有这样的意愿吗?从这件事前后的过程上看,他似乎曾经有这样的意愿,因为一开始他并没有在实质上采取反对的行动,而且他们家的城墙也确实被拆除了,至于后来,他应当是不愿意了。这些左右孔子强君弱臣政策能否行得通的因素,孔子都无法预测,更谈不上掌控了,而它们又确实是存在的,这就是命。这时可能会有人问,面对这样的命应当怎么办呢?听之任之吗?当然不是!否则孔子也不会去建议和推行强君弱臣的政策了。命是我们无法预测、掌控而又确实存在的事物,但也不是我们一点都不知道的事物,最起码我们可以知道或大致知道其组成,继而可以分析确定问题的症结所在。更何况面对这个大千世界我们并不是一无所知,尤其是对于我们内心真正的需求,而这个真正的需求就是义。按照义的要求去做,这就是我们面对不可知的命运时应当做的事。由此看来,就本章而言,公伯寮是症结所在吗?杀掉公伯寮能解决问题吗?符合义吗?答案显然都是否定的。

【编意解】

编者意在通过本章孔子之语,对上一章进行进一步的阐述,讲明不怨天、不尤人的具体作法。这里讲了孔子的例子,那就是找出问题的症结所在,依义而行。

14.37 子曰:"贤者辟世,其次辟地,其次辟色,其次辟言。"子曰:"作者七人矣。"

【译文】

孔子说:"贤人(最彻底的归隐是)逃避动荡的社会,次一等的是逃避到另外一个地方去,再次一点的是逃避别人难看的脸色,再次一点的是逃避别人难听的话。"孔子又说:"见机而作的已经有七个人了。"

【原文解】

第一是要对"贤者辟世,其次辟地,其次辟色,其次辟言"的理解。这句话的字面意思是比较清楚的。问题是孔子的态度,是赞许呢还是反对?笔者认为,无所谓赞许还是反对,只是一种客观的描述。贤者就是有才能的人,是对道有很深、很广的认知的人。因此他们知道什么是有道,什么是无道,进而知道如何躲避以求身安。孔子说过"天下有道则见,无道则隐"(详见8.13章),"邦有道,谷;邦无道,谷,耻也"(详见14.1章)。因此,归隐还是不归隐在孔子看来是有条件的,应视情况而定,不是什么情况都要归隐的,因此归隐并不是一个在什么时候都值得赞扬的行为,尤其是"辟世"。孔子不是说过"鸟兽不可与同群"吗?(详见18.6章)关键问题在于,天下如此之大,如何才能确定天下有道、无道?

这里还有一系列问题,那就是什么叫"有道"?什么叫"无道"?他们的界限是什么?其内在因素又是什么?"有道"和"无道"又是什么关系?是否可以相互转化?等等。笔者认为,"有道"和"无道"并不是那么简单就可以定义的,有些社会并不是那么"有道",有些社会也并不是那么"无道"。他们的界限并不是那么的清楚,甚至因人而异。其内在因素很多,但关键在人,尤其当权的人。"有道"和"无道"是一对矛盾,是矛盾就会相互转化,这种转化的关键因素还是人,尤其当权的人。既然如此,贤者应当归隐吗?甚至是"辟世"。这就牵扯到一个目的问题,归隐是为了什么?是为了安身,是为了保全。而安身、保全又是为了什么?是为了将"道"保存下来,为以后能弘扬做准备。否则,"无道"之世,何时是一个尽头?"有道"之世,又从何而来?因此,孔子不仅肯定了公冶长,也肯定了南容(详见5.1和5.2章),孔子说"天下有道则见,无道则隐"(详见8.13章)。

第二是要对"作者七人矣"的理解。过去许多人将本句理解为这样做的已经有七个人了，笔者认为不妥。首先，如果孔子是这个意思，应当说"为者七人矣"，而"作"的本义是起、起身的意思，有兴起、创作的意思；其次，既然是贤者归隐，有的还是"辟世"，以当时的交通、通讯的落后，孔子怎么能知道有这样的人呢？相反，如果是归隐的贤者兴起倒还是能有所确定；最后，如此理解，孔子这句话的意义又何在呢？孔子自己又是怎样做的呢？说不通。

应当说明的是，至于孔子自己是怎样做的这个问题，也只有将"作"理解为兴起、创作，将归隐的目的解释为最终是为了推行道，才能说得通。首先，孔子自言"述而不作"，这里的"作"就是创作的意思。那么孔子述的是什么？《中庸》有载，"仲尼祖述尧舜，宪章文武"。尧、舜、文、武是什么人？古代的帝王，当然也是贤者。他们归隐了吗？显然没有，相反他们是"作"了，有所创制，也就是制定了规章制度——礼乐。而在孔子眼中礼乐应自天子出，因此自己没有作。那么这样的人都有谁，过去的人认为，在孔子之前刚好有七个，即尧、舜、禹、汤、文、武和周公。应当说明的是，周公虽无天子之名，却有天子之权，这是有史料记载的。《史记·鲁周公世家》有载，"武王既崩，成王少，在强葆之中。周公恐天下闻武王崩而畔，周公乃践阼代成王摄行政当国"，七年后归政周成王。其次，孔子周游列国。周游列国干什么？当然是要推行其道——思想和主张。推行成了吗？没有。但问题不在于此，而在于去推行了。应当说明的是，孔子周游列国可不是为了当官，真的要只是为了当官他就不会去"堕三都"，也就不会离开鲁国。孔子周游列国之所以没有获得一官半职，也正是因为他是要推行其道，不愿妥协，而且要避，有时一言不合就走了（详见15.1章）。

【编意解】

编者意在通过本章孔子之语，承接上一章，说明士不能只知道行，甚至一意孤行——哪怕是依义而行，还要知道有所避，以及避的方式，当然避是为了最终的行。

14.38 子路宿于石门。晨门曰："奚自？"子路曰："自孔氏。"曰："是知其不可而为之者与？"

【译文】

子路夜里住在石门（鲁国的一个城门），早晨开城门的人问："你从哪里来?"子路说:"从孔子那里来。"看门的人说:"就是那个明知做不到却还要去做的人吗?"

【原文解】

第一,"晨门"的字面意思就是早上开城门的人,也就是早晚开闭城门的小吏。问题是这里的"晨门"可不简单,有学识、有见解却不为人所知,所以连名字都没有留下。这种人在中国历代都有,人们称其为隐士。隐士就是指那些专注于研究学问的隐居者,也有人称之为高士、处士、逸士等。这种人往往很有学问、见识,却不愿抛头露面从政为官,甚至不愿让不相干的人知道自己。这种人在中国有很多,对社会也有一定的影响,甚至很大的影响。笔者认为,这种影响主要来自两个方面,一是这些人也有自己的交际圈子(尽管非常小),这个圈子里的人可不一定都是隐士,而能进入这个圈子里的人水平却一定不低,因此他们也往往是一些有社会影响的人,这些人受到隐士的影响,就会对社会产生影响;二是隐士往往会著书立说,甚至收徒,这样就会对当世尤其是对后世产生很大的影响。

第二是要对"知其不可而为之"的理解。这是"晨门"对孔子的评价。问题在于这一评价好吗?对吗?说明了什么?

首先,"知其不可"是认为孔子的学问和见识高,事先就知道。这似乎是一个很高的评价,说明"晨门"认为孔子是很有智慧的。可"知其不可而为之"又说明孔子的不智,去做一些明知做不成的事情,白费工夫。总体来说这句话是对于一个有很高水平的人的指责或是讥讽,是具有否定性的评价。

其次,"为之"是一个客观性的描述,孔子确实"为之"了,关键在于"知其不可"是真的吗?这是"晨门"自己的判断,是自以为,是事后诸葛亮。他看到孔子为推行其道而周游列国,却没有成功,才得出这样的判断。那么孔子到底是不是"知其不可"呢?过去很多人都认为孔子是"知其不可"。笔者认为,这是一种对孔子无端的拔高,因为在后世人的眼里,孔子是圣人,圣人应该什么都知道,对孔子怎么赞美都是可以的,这种主观臆想式的拔高恰恰是对孔子的歪曲甚至是贬低。孔子确实是一个圣人,从之前对《论语》的学习中,笔者完全认同这一点。但圣人也是人,而不是神,没有异禀或超能力,因此我们不能把我们自以为好的、高的,甚至是超能力的,不管有没有都想方设法地加在圣人身上,如此圣人就变成假的、不可信的了。圣人的一个重要特征就是他知道的很多,但这不等于他全知道,更不等于他就知道未来,更准确地说他能准确地预知未来。

那么孔子知道什么？知道很多。孔子知道"道",孔子知道"仁道",孔子知道应当推行"仁道"——义,但同时孔子还认同命,还知道自己不知道的事——"道"更多。因此孔子说"吾有知乎哉？无知也。有鄙夫问于我,空空如也,我叩其两端而竭焉"(详见9.8章)。这就是孔子的知,这难道不比"知其不可"要全面而可信吗？既然认同命的存在,那事情能否做成就存在着不确定性。这又牵扯到面对"命"君子应当怎么办的问题。怎么办？择义而行、依义而行。什么是义？在这里就是推行"仁道"。去推行"仁道",不做怎么知道可与不可？孔子"下学而上达",可与不可只有天知道！关于这一点,通过下一章的学习,我们将有更明确的认知。

最后是说明了什么？子曰:"无适也,无莫也,义之与比"(详见4.10章)。孔子是择义而行、依义而行。这需要勇气,既要有坚韧不拔的勇气,也要有面对失败的勇气。其实最终就是失败了,但也不是毫无意义的。一件事的失败,甚至一个人的失败,并不等于整个事业的失败,中国历史的进程不是充分证明了这一点了吗？以后还将继续证明,除非人的本质需求改变了。

【编意解】

编者意在通过本章孔子之语,说明士要知义,要坚定地择义而行、依义而行,不可轻易被人蛊惑,自以为什么都知道、什么都可以知道。

14.39 子击磬于卫。有荷蒉而过孔氏之门者,曰:"有心哉,击磬乎!"既而曰:"鄙哉硁硁乎！莫己知也,斯已而已矣。深则厉,浅则揭。"子曰:"果哉！末之难矣。"

【译文】

孔子在卫国,一次正在敲击磬,有一位背着草筐的人从门前走过,(听到后)说:"这个击磬的人有心思啊！"过了一会儿又说:"真可鄙呀！声音硁硁的,没有人了解自己,就只为自己就是了。(好像涉水一样)水深就穿着衣服趟过去,水浅就撩起衣服趟过去。"孔子说:"果真是这样！就没什么难的。"

【注释】

磬,乐石也。古代一种敲击乐器。用石或玉雕成,形似曲尺。

荷,1.(hé),芙蕖叶。本义:植物名。也称莲,别称芙蕖、芙蓉。2.(hè),用肩扛或担。引申为承受、承蒙。

【原文解】

第一是对"荷蒉"的理解。"荷蒉"的字面意思就是背着草筐的人。不过这个背着草筐的人可不简单,能通过孔子"击磬"读出孔子的心思。他像前一章的"晨门"一样,是一个隐士。

第二是对"鄙哉,硁硁乎!莫己知也,斯己而已矣。深则厉,浅则揭"的理解。

首先是"鄙哉,硁硁乎"。"荷蒉"听了一会儿孔子"击磬",认为其声"硁硁",所展现出的心思是可鄙视的。鄙的意思就是庸俗、浅陋的意思(详见8.4章的注释)。为什么呢?

其次是"莫己知也,斯己而已矣"。因为"荷蒉"通过听孔子的"击磬",读出了孔子深感自己不被别人了解,因而自己的思想学说难以推行,又不肯罢手的窘境。认为孔子放不下,建议孔子不行就算了,为自己就好了——"斯己而已矣"。为了支持自己的观点,他还引用了《诗经》里的一句话。

最后是"深则厉,浅则揭"。这是《诗经·邶风·匏有苦叶》的一句诗,意思也很明确(详见译文)。问题是说明了什么?说明推行自己的思想学说犹如过河。河水浅的话,撩起衣服就能趟过去,不费什么力,衣服也不会湿,对自己没什么伤害。如果河水很深的话,撩起衣服也没用,干脆就不撩了,直接穿着衣服趟过去,但这会伤害到自己,轻则湿衣,以致着凉生病;重则可能被水淹死,最终还是过不去。而孔子现实的处境就是面对着一条很深的河,因此"荷蒉"劝孔子算了,自己好好的就行了。看来"荷蒉"和"晨门"的看法一样。

第三是对"果哉!末之难矣"的理解。这是孔子听到"荷蒉"对自己劝谏后的回答,字面意思是很明确的。那到底是不是这样的呢?是不是面前真的就是一条过不去的河呢?真是这样的话,问题可就简单了,不过河就行了嘛!但问题是不知道,不趟一趟、试一试怎么能知道呢?因为过河——推行自己的思想学说在孔子来说是应当的,也是十分想做的事情,也就是义,即便有一定的风险,也应当试一试。笔者认为,这句话其实也是对"晨门"的回答。笔者解释了这么多,还不及孔子这几个字来得简单、精准!圣人之道其实就是这么简单而精准!

【编意解】

编者意在通过本章对上一章进行进一步阐述,因为在上一章"晨门"说得很简单,而且是对子路说的,但子路又没有发表意见。意思就是不要以为自己可

以什么都知道,甚至知道未来,没有这样的人。在此情况下,要择义而行、依义而行,要想办法,要勇敢地试一试,当然同时要十分的小心谨慎。

14.40 子张曰:"《书》云:'高宗谅阴,三年不言。'何谓也?"子曰:"何必高宗,古之人皆然。君薨,百官总己以听于冢宰三年。"

【译文】

子张说:"《尚书》上说:'高宗守丧,三年不谈政事。'这是什么意思?"孔子说:"不仅是高宗,古人都是这样。国君死了,朝廷百官都各管自己的职事,听命于冢宰三年。"

【注释】

高宗,指商王武丁,商朝第二十三任君主。武丁在位时期,勤于政事,任用刑徒出身的傅说及甘盘、祖己等贤能之人辅政,励精图治,使商朝政治、经济、军事、文化得到空前发展,史称"武丁盛世"。公元前1192年,武丁去世,庙号高宗。

谅阴,古代对天子居丧的称呼,具体意思不详。

冢宰,官名,即太宰。殷商开始设置,位次三公,为六卿之首。太宰原为掌管王家财务及宫内事务的官。

【原文解】

本章的字面意思比较清楚,就是说帝王守孝,三年不言,是自古以来就有的古礼,后来的人不再遵守了,尤其是到了孔子的时代更是如此,以至于子张都不知道是什么意思了。问题在于古礼为何如此规定?关于这一点,笔者在前面已经有所阐述(详见1.11章),在此不再赘述。

【编意解】

编者意在通过本章孔子之语,说明士要守礼,天子、国君都要守礼,士有不守礼的理由吗?应当说明的是,守礼最好是能知道礼之所以为礼,知道具体的礼为什么要这么制定?有什么作用?但这是一项十分耗费精力的工作,真正完成这项工作就可以成为大家,甚至思想家了。孔子"入太庙,每事问"(详见3.15章)就是一例。因此,作为一个士这往往是无法完成的(从本章看来,子张就没有完成),也没有必要完成,当然完成了更好。但不能因此就不守礼。

14.41 子曰:"上好礼,则民易使也。"

【译文】

孔子说:"在上位的人喜好礼,那么百姓就容易指使了。"

【原文解】

本章的字面意思比较清楚。至于为什么？其实在之前的《论语》各章中已有所阐述,道理也很简单,下面引用几句儒家经文予以阐述。

"君子之德风,小人之德草,草上之风必偃。"——《论语·颜渊》;

"政者,正也。子帅以正,孰敢不正？"——《论语·颜渊》;

"上有好者,下必有甚焉者矣。"——《孟子·滕文公上》;

"夫礼者所以定亲疏,决嫌疑,别同异,明是非也。"——《礼记·曲礼上》;

"道德仁义,非礼不成,教训正俗,非礼不备。分争辨讼,非礼不决。君臣上下父子兄弟,非礼不定。宦学事师,非礼不亲。班朝治军,莅官行法,非礼威严不行。"——《礼记·曲礼上》。

【编意解】

编者意在通过本章孔子之语,说明士要好礼。好礼比守礼更进一步。应说明的是,士在很多情况下相对很多人就是在上位的人,是管理或参与管理众人之事的人。

14.42 子路问君子,子曰:"修己以敬。"曰:"如斯而已乎？"曰:"修己以安人。"曰:"如斯而已乎？"曰:"修己以安百姓。修己以安百姓,尧、舜其犹病诸？"

【译文】

子路问什么叫君子。孔子说:"以严肃认真的态度学习、锻炼和培养自己。"子路说:"这样就够了吗？"孔子说:"学习、锻炼和培养自己,使周围的人们安定。"子路说:"这样就够了吗？"孔子说:"学习、锻炼和培养自己,使天下的人都安定。学习、锻炼和培养自己使天下的人都安定,尧、舜恐怕也难以做到吧？"

【原文解】

第一是对"修己以敬"的理解。首先,"修"就是学习、锻炼和培养的意思,

"修己"就是学习、锻炼和培养自己的意思,用《大学》里的话就叫"修身"。其次,"敬"在前面已经有所注释(详见 1.5 章),就是严肃认真的意思,用《大学》里的话就叫"意诚心正"。如何才能严肃认真呢?当然是做自己认为应该做的事。那么人们怎样才能真正知道什么是自己应该做的事呢?用《大学》里的话就叫"物格而后知至"。

第二是对"修己以安人"的理解。这句话的字面意思是比较清楚的。问题是"修己"如何可以"安人"?很简单,是榜样的力量,因为"子帅以正,孰敢不正?"(详见 12.17 章)。但应当清楚的是,榜样只有在见得到、听得到的地方才能产生作用。"君子"所能影响或管辖的地域也是有限的,尤其在当时。因此,此处的人是指自己身边的人,比如家人、乡人甚至是国人。"安人"用《大学》里的话就叫"家齐""国治"。

第三是对"修己以安百姓。修己以安百姓,尧、舜其犹病诸"的理解。"百姓"就是指所有的人,"安百姓"用《大学》里的话就叫"平天下"。古谚有云:"百里不同风,千里不同俗。"天下又何止百里千里,如何能"修己以安百姓"?真的是很难很难。所以孔子说:"尧、舜其犹病诸?"

笔者认为,儒家经典《大学》中的一句话是对本章最好的解说。《大学》有载:"物格而后知至,知至而后意诚,意诚而后心正,心正而后身修,身修而后家齐,家齐而后国治,国治而后天下平。自天子以至于庶人,壹是皆以修身为本。"其实,《大学》上述之语的来源也就是本章孔子之语。

【编意解】

编者意在通过本章孔子之语,说明士要以修身为本。本章的君子是指在位之人。事要从自身做起,逐步去做,能做一点是一点,不可好高骛远。

14.43 原壤夷俟。子曰:"幼而不孙弟,长而无述焉,老而不死,是为贼!"以杖叩其胫。

【译文】

原壤伸着双腿坐着等待孔子。孔子骂他说:"年幼的时候,你不尊重兄长,长大了又没有什么著述(成就),老而不死,真是害人虫。"(说着)用手杖敲他的小腿。

先问第十四

【原文解】

第一是对"原壤夷俟"的理解。首先,"原壤"是人名,从后文来看应当是年纪很大的一个人,而且很可能是孔子的故旧。因为本章孔子是拄着杖去看原壤的,这说明孔子此时年纪已经很大了,还去看望他,说明原壤的年纪可能比孔子还大。其次,过去有人将"夷俟"理解为蹲在那里等孔子,也有人理解为伸着双腿坐着等孔子。笔者认为后一种理解比较妥当,因为"夷"有使平、拉平的意思,而没有卷曲的意思。不过这都不重要,重要的是原壤的姿势不合礼制。要理解这一点,就要对古代的坐有一定的认识。在孔子的时代,没有凳子,人们都是坐在席子上。所谓坐应当叫作跪坐,也就是双膝跪在席子上,所谓坐就是将身子坐在脚或小腿上,所谓跪就是将身子挺立起来,既不是蹲着,更不是伸开两腿坐在席上。

第二是对"幼而不孙弟,长而无述焉,老而不死,是为贼"的理解。这是孔子对"原壤"的评价性描述,准确地说是批评。所谓"幼而不孙弟",就是在年少的时候不知道尊重兄长,"孙"通"逊","弟"同"悌";所谓"长而无述焉",就是长大以后没有什么著述。所谓著述,就是自己的心得体会或认识,也就是没有什么成绩;所谓"老而不死",就是很老了但还没有死,这么老了,还这么无礼——"夷俟";所谓"是为贼",就是说如此行径就是害人,是个害人虫。

这时就有一个问题,一个人"幼而不孙弟,长而无述焉,老而不死"怎么就成了害人虫了呢?他伤害了谁呢?如果是一般人有上述行为,在一般人看来确实没有伤害到谁。但问题是"原壤"是一般人吗?应该不是。他应该是一个读书人,一个有一定见识的人,而且是一个十分年长的人,否则他也不会是孔子的朋友,孔子更不会在自己年纪已经很大的时候还去看望他。应当清楚的是,在那个时代,认字的人都很少,能读书的人就更少了,能读书还能有一定见识的人更是少之又少,况且活的年岁还很长,也是少有(孔子活了七十三岁,在当时已经是很罕见的了,过去有句古话叫作"人生七十古来稀")。这又说明什么呢?说明"原壤"是在一定的范围内很有影响的人,而人们往往都会以自己身边有文化、有智慧的人,尤其是那些同时还年长的人为榜样,不自觉地都会向他学习、请教。可"原壤"呢?不就是一个有影响力的坏榜样吗?至少在孔子眼里是如此,因此孔子说"是为贼"。

第三是对"以杖叩其胫"的理解。这句话的字面意思是很清楚的,问题在于说明了什么?笔者认为,其意在明确指明"原壤夷俟"的违礼之处,就是他腿放

的不合适。

【编意解】

编者意在通过本章孔子之语,说明士就是不做官,也是很有影响的人,尤其是随着年龄的增长,因此要终身遵守礼制的要求。因为士首先就是一个读书人,是很多人的榜样,要做好这个榜样。尤其是在年纪大了以后,别人更尊敬自己了,同时社会对自己的要求也日渐宽松了,这时更要做好这个榜样,否则就是"贼"——害人虫。因此,过去有人说"老者无礼,则足以害人"。

14.44 阙党童子将命。或问之曰:"益者与?"子曰:"吾见其居于位也,见其与先生并行也。非求益者也,欲速成者也。"

【译文】

阙党这个地方的一个年轻人来向孔子传话。有人问孔子:"这是个追求上进的(年轻人)吗?"孔子说:"我看见他坐在成年人的位子上,又见他和长辈并肩而行。他不是要求上进的人,而是个急于求成的人。"

【原文解】

第一是对"阙党童子将命"的理解。首先是"阙党",阙是地名,党是古代地方户籍编制单位,五百家为党。据考证,孔子曾经在那里居住过,在曲阜境内,也可能就是孔子的故乡。其次,"童子"是古代对未成年人的称谓,即"未冠之称"。古礼男子年二十而加冠,故未满二十岁为"未冠"。本章的童子既然为他人向孔子传话——"将命",应当不小了,离二十岁应该相差无几。最后是"将命",就是奉命。朱熹认为在这里是指"传宾主之言",说俗一点就是一个传话的人,说高一点是个使者。

第二是对"吾见其居于位也,见其与先生并行也。非求益者也,欲速成者也"的理解。

所谓"居于位也",就是坐在座位上。应说明的是,依当时的礼制,童子在成人面前是没有座位的,因此这是一种违礼的行为。

所谓"与先生并行也",就是与成年人或者是年长的人并排行走。这里的先生是指先出生之人,也就是年长者,相对于童子来说,就是指成年人。应说明的是,依当时的礼制,年幼者是不能与年长者并排行走的,此风气其实现在也有所保留,当然只是合适不合适,礼貌不礼貌的问题了。

所谓"非求益者也,欲速成者也",这是孔子的回答。为什么孔子会得出这样的结论?因为这个童子在童子当中应当是年纪比较大的了,可以"将命"了,但他毕竟还是一个童子,应当正是在学习的阶段。这说明,他对于一些基本的礼还是应该知道一些的,可是他不止一次违反了礼的规定,而且都是越礼,做了一些成年人才能做的事。因此他不是在学习(如何成人),而是想现在就成为成人,但他毕竟还不是,因此孔子说他是"欲速成者"。欲速成有什么不好吗?这一点前面已经学习过,子曰:"无欲速,无见小利。欲速则不达,见小利则大事不成。"(详见13.17章)

【编意解】

编者意在通过本章孔子之语,说明士不可"欲速成"。本章是本篇的最后一章,前面学习了作为士要学的、要做的许许多多的东西,现在编者通过孔子本章之语,试图告诉我们,无论是学习、成长、做事、做官,要一步步来,要把基础打好,不可"欲速成"。

卫灵公第十五

15.1 卫灵公问陈于孔子。孔子对曰:"俎豆之事,则尝闻之矣;军旅之事,未之学也。"明日遂行。

【译文】

卫灵公向孔子问(军队)列阵之法。孔子回答说:"祭祀民生方面的事情,我还听说过;用兵打仗的事,从来没有学过。"第二天,孔子便离开了卫国。

【注释】

陈,1.宛丘,舜后妫(guī)满之所封。本义:地名,在今河南省淮阳一带。引申为姓氏。2.列也。陈设、陈列。3.述说、陈述。4.陈旧,与"新"相对。5.(zhèn),交战时的战斗队列。6.排列为阵。

俎(zǔ),1.祭祀时盛牛羊等祭品的礼器。2.古代割肉用的砧板。

【原文解】

第一是对"卫灵公问陈于孔子"的理解。首先是卫灵公,前面已经有所介绍,"子言卫灵公之无道也"(详见14.19章);其次是"陈",此处读zhèn,战阵的意思,就是关于军队、打仗的事。

第二是对"俎豆之事,则尝闻之矣"的理解。"俎豆"是两样东西,关于"豆",前面已经介绍过了(详见8.4章的注释),两者都是祭祀时的用品,同时也是人们的日用品,是用来盛放食物的器皿。因此所谓"俎豆之事"就是关于祭祀和民生的事物,其实也就是礼方面的事。这通过前面的学习,我们可以确定孔子是深谙其道的,因此,"尝闻之"是孔子对于身居上位的卫灵公谦虚的回答。

第三是对"军旅之事,未之学也"的理解。关键是"未之学也",意思就是没有学过。这说明了什么?说明孔子关于"军旅之事"就不知道吗?当然不能这么说。因为军旅之事很特殊,并不一定非得通过学习才能知道,历史上有很多军事家、著名的将领之前并没有学习过军事,相反许多军事院校毕业的人,却是些平庸将领或指挥员。其实就现在而言,许多国家的领导人在上任之前,也没

有学习过军事,但他们却是自己国家军事力量的最高领导者,他们将国家包括军队在内领导管理的也很不错。这是为什么呢?这也许是基于人类好斗的本性使然吧!然而这种本性却是包括在以孔子为代表的儒家思想学说内的。《左传》有云,"国之大事,在祀与戎"(《左传·成公十三年》),孔子怎可能对"国之大事"一无所知呢?问题在于"祀与戎"并不是一种并列关系。祀从形式上看是一种祭祀鬼神祖先的活动或仪式,其实质是在树立一种信仰,演化出一种秩序或制度——礼,而信仰和秩序才是一个国家或社会的根本,它是"足食,足兵,民信"(详见12.7章)的根本,尤其是在科学技术十分落后的当时。而真正的信仰和秩序则是来源于道、德和仁道。而兵在信仰和秩序中是分量最轻的一种,因此在"必不得已而去"之时,孔子说"去兵"是最优先的。兵只是一种工具,尽管是一种极其重要的工具,尤其是在科学技术发达的今天,但它毕竟还是一种工具。一种工具的作用或影响,不仅取决于工具本身,更取决于使用工具的人,取决于使用工具的人有什么样的"道"。因此,相对于人尤其是领导者有没有"道",军旅只是细枝末节。因此,无道的卫灵公"问陈"就是一种舍本逐末,孔子对曰"军旅之事,未之学也",这既可能是事实(孔子可能真的没有学过),更是一种托词。

第四是对"明日遂行"的理解。这就是一种避。面对一个无道的而又舍本逐末的当权者,不避又能如何?避得越彻底越好。"贤者辟世,其次辟地,其次辟色,其次辟言"(详见14.37章)。"辟世"孔子怕是做不到,那就只能是"辟地"了,于是孔子"遂行"。

【编意解】

那么本章被编排于此的意义是什么呢?通览本篇,笔者认为,本篇是在讲君子之行。前面已经学习的《论语·公冶长》也是在讲君子,但主要是讲君子是什么样的或应当什么样,而本篇则主要是讲君子应当怎样做。因此,在学习本篇时应注意参考《论语·公冶长》的内容。编者意在通过本章孔子之言行,说明君子首先要知本末,尤其是在细微之处知其分别,继而要知进退,能进退。

15.2 在陈绝粮,从者病,莫能兴。子路愠见曰:"君子亦有穷乎?"子曰:"君子固穷,小人穷斯滥矣。"

【译文】

（孔子一行）在陈国断了粮食，随从的人都饿的起不来了。子路很不高兴地来见孔子，说道："君子也有走投无路的时候吗？"孔子说："君子在走投无路的时候，仍然能坚守（原则）；小人在走投无路的时候就会失去原则（无所不为）了。"

【注释】

穷，1.极也。竟也。本义：穷尽、完结。2.阻塞不同，与"通"相对。引申为走投无路。3.不得志、不显贵，与"达"相对。4.贫也。贫穷、生活困难。在古代，缺乏衣食钱财一般叫"贫"；不得志、没有出路叫"穷"。5.寻根究源。

滥，1.泛也。本义：浮起、浮现。2.大水漫出、泛滥。引申为过度、无节制。3.失真、不切实。4.通"鉴"，大盆。

【原文解】

第一是对"绝粮"的理解。其字面意思很明确，就是断粮了。问题是这为什么？说明了什么？对此孟子说："君子之厄于陈蔡之间，无上下之交也。"（《孟子·尽心章句下》）这里的君子指的就是孔子。意思就是说因为没有与当地的上下官员有所交往。可这又从何说起呢？其中道理也很简单，孔子及其随从那么多人周游列国，一游就是十几年，在当时交通、商业都十分落后的情况下，他们的物质生活如何解决？吃什么？穿什么？这里要说明的是，孔子及其随从可不是一般的老百姓，他们更不是逃难。他们是读书人，而且是非常有本事的人，他们是去推行自己的思想理念。这样的人在当时都是珍宝，各个诸侯国都争着要。他们每到一个地方，当地的诸侯大夫（官员）都会予以招待，馈赠他们很多财物。譬如孔子刚到卫国，卫灵公就按照孔子在鲁国为司寇时的俸禄，"致粟六万"（《史记·孔子世家》）。可是这时孔子到了陈国，就没有与当地上下官员的交往了，因此"绝粮"。为什么呢？不得而知，也许是当地的上下官员不认同孔子的思想理念，不愿与之交往；也许是孔子发现当地的上下官员与自己思想理念过于不合，而自己又不愿意妥协，因而不愿与之交往；等等。总之最终的结果是"无上下之交也"，进而导致"绝粮"。

第二是对"子路愠见曰：'君子亦有穷乎？'"的理解。首先是本句中的"穷"字。这里的"穷"不是物质贫乏，吃不上饭的意思，而是指走投无路——"无上下之交也""绝粮"。其次是"愠"，就是生气的意思。为什么子路会生气？是因为"绝粮"没有饭吃吗？当然不是。子曰"衣敝缊袍，与衣狐貉者立而不耻者，其由也与"（详见9.27章）。这样的子路怎么可能因为吃不上饭而生气呢？那是因为什么呢？因为"绝粮"的原因是"无上下之交也"——"穷"（走投无路）。孔子是君子，而君子是成就了德行的人，也就是知"道"、行"道"的有德之人。可是现在他们跟着孔子这个君子，却走投无路，这怎么不令人生气呢？

第三是对"君子固穷，小人穷斯滥矣"的理解。关键是这个"固"。这个字前面已经注释过（详见1.8章）。"固"有坚固、坚守的意思，也有本来的意思。"君子固穷"，过去有人将其理解为君子本来就有走投无路的时候，而另一些人则将其理解为，君子在走投无路的时候仍然坚固、坚守。笔者认为后者更为准确、贴切。我们知道，孔子是认同命的，既然有命的存在，谁都可能有走投无路的时候，也都可能一生一帆风顺，君子有什么值得特别强调呢？再就是"小人穷斯滥矣"，说明"固"与"滥"应当是相对应的。其实，"固"与"滥"就是君子与小人的区别所在。"固"说明知命、与命，有信仰、有坚守。而"滥"说明不知命，无信仰或不能坚守信仰。

【编意解】

编者意在通过本章孔子之言，说明君子也有穷——走投无路时，但是"君子固穷"。君子在走投无路的时候仍然坚固、坚守自己的道、义。

15.3 子曰："赐也，女以予为多学而识之者与？"对曰："然，非与？"曰："非也，予一以贯之。"

【译文】

孔子说："赐啊！你以为我是多学习才知道、懂得的吗？"子贡答道："是啊，难道不是这样吗？"孔子说："不是的。我是用一个根本的东西把它们贯彻始终的。"

【原文解】

第一是对"多学而识之"的理解。本句的字面意思是很清楚的，就是通过多学习进而知道、懂得。这本身没有什么不对，我们不都是这样吗？问题就在于我们都是这样，继而习惯性地认为这是知道、懂得的唯一方法。殊不知孔子早就说过"学而不思则罔"（详见2.15章）。难道我们没有这样的感觉和体会吗？思什么？思很多，但最根本的就是思"一以贯之"之道。为什么会罔？原因很多，但最根本的原因是没有"一以贯之"之道。

第二是对"一以贯之"的理解。这句话我们在《论语》中是第二次见到了。

第一次是子曰"参乎！吾道一以贯之"（详见4.15章）。应当说明的是，本章的"一以贯之"与孔子对曾参说的"一以贯之"指向是不同的。孔子对曾参说的是"吾道一以贯之"，是针对孔子的思想学说而言，而本章是对"识"而言，前者的涵盖范围明显大于后者，当然也包含后者。既然包含后者，那么后者——"识"当然也就有"一以贯之"之道。这个"一以贯之"之道是什么呢？孔子没有说，只能由我们自己去寻找。找不找得到这样的"一以贯之"的道并不重要，重要的是我们要知道有这样的"一以贯之"之道，重要的是我们要知道去寻找这样的"一以贯之"之道。古人认为事物有"一本之道"和"分殊之理"，只要去找，找不到"一本之道"，还找不到"分殊之理"吗？那么怎样去寻找呢？就是思，认真思考，用心思考，也就是真诚地去思考。因此，朱熹认为本章的"一者，性之理也，诚也"，笔者深以为然。真诚地面对万事万物，当然也包括自己和自己的心，就应该能找到"一本之道"。当我们找到时，就能融会贯通、举一反三，就会像朱熹《春日》诗里所说的"等闲识得东风面，万紫千红总是春"。

应当说明的是，因为"贯"有贯穿、贯通的意思，因此过去也有人将"贯"理解为行，就是要力行，在实践中去检验和发现。宋代陆游有诗云："古人学问无遗力，少壮工夫老始成。纸上得来终觉浅，绝知此事要躬行。"此说虽有些牵强，但也不无道理。

这时可能有人会问，这是不是说学就不重要了呢？当然不是。要知道这句话是孔子对子贡说的，不是对一般人说的。子贡是什么人？一个聪明而又好学的人。只是孔子发现其学而不能"一以贯之"，才主动启发之。孔子不是说"吾十有五而立志于学"吗？因此，学是前提，是基础，是不可逾越的阶段。"贯"有贯穿、贯通的意思，"一以贯之"的前提是有可贯的东西，没有"多学而识"怎么能"贯"呢？"贯"的对象又是什么呢？贯从某种意义上讲，是将其变得有条理、可预测。当然，这样做的前提是必须掌握其中心和根本，而这才是"一以贯之"之道。孔子在说"学而不思则罔"的同时，不是也说了"思而不学则殆"吗？

【编意解】
编者意在通过本章孔子之言，说明君子在识的方面要能"一以贯之"。为什么这里要强调"在识的方面"，而非各个方面？因为这确实是本章所表达的意思，也许编者认为各个方面都能"一以贯之"的是指圣人，而非君子吧！

15.4 子曰："由，知德者鲜矣。"

【译文】

孔子说:"由啊!知道(君子之)德的人太少了。"

【原文解】

首先是这句话给人感觉有些突兀,为什么孔子突然就主动地对子路说了这样一句话?因此过去有很多学者认为,本章之语实际上是"绝粮"一章(详见15.2章)中的话,因错简而被编排于此,这虽然有一定的道理,但毕竟只是猜测而无实据,但孔子对子路说过此话是确定无疑的。

其次是这句话是孔子对子路所言,子路是"孔门十哲"之一,已经"登堂"之人,相对于一般人是非常有学问的人,什么样的"德"他还不知道或者需要提示?结合本章被编排的位置以及"绝粮"一章,笔者认为此处的"德"非一般的德,而是有特指,那就是君子之德,君子之大德,也即"入室"。那么什么是君子之德呢?结合本篇前述各章,笔者认为,编者意在说明,君子之德就是知事之本末(详见15.1章)、识能"一以贯之"(详见15.3章)、行能"固穷"(详见15.2章)。

【编意解】

编者意在明确君子之大德,那就是能知事之本末、识能"一以贯之"、行能"固穷"。

15.5 子曰:"无为而治者其舜也与?夫何为哉?恭己正南面而已矣。"

【译文】

孔子说:"能够无所作为而治理天下的人,大概只有舜吧?他做了些什么呢?只是庄严端正地坐在王位上罢了。"

【注释】

舜(shùn),姚姓,妫氏,名重华,字都君,谥曰"舜",中国上古时代部落联盟的首领,建立虞国,治都蒲阪(今山西永济市),被后世尊为帝,列入"五帝",史称帝舜、虞舜、舜帝,故后世以舜称之。虞舜的王位是唐尧禅让的,尧禅让王位给虞舜传了四个字,即"允执厥中"。舜后又禅让王位给大禹传了十六字心传,即"人心惟危,道心惟微,惟精惟一,允执厥中"(《尚书·虞书·大禹谟》),被称为"中华心法"。

【原文解】

　　第一是对"无为而治者其舜也与"的理解。"舜"是孔子所称道的圣王,但孔子所称道的圣王并非"舜"一个人,还有其他的人,譬如尧、禹、商汤、周文王等。为什么只有"舜"能无为而治?首先,作为帝王君主,他们的职责就是治理众人之事。既然是职责就应当有所作为,同时也就意味着有很大的权力,就想有所作为(无论于公于私、对错好坏)。而作为帝王的有为,概括说来无非两种,一是建立制度颁行天下,二是对具体问题做出具体处理决定。

　　而"舜"的位置很特殊,他是继承尧而成为帝王的,而尧本身就是一个圣王,在位时创建了十分完善的制度——"巍巍乎其有成功也,焕乎其有文章"(详见8.19章);舜的继任者是禹,禹也是一个圣王。舜在位期间,禹是舜的大臣,辅佐舜,禹本身就很能干,"大禹治水"想必大家都耳熟能详。有如此一个能干的大臣辅佐,很多具体的问题就不用舜这个帝王亲自处理了。当然,舜并不是只有禹这一个能干的大臣,应该还有许多能干的大臣——"舜有臣五人而天下治"(详见8.20章),只是禹最为突出,同时因为禹的存在,继任者的问题也就不是一个问题了。

　　舜处在如此的环境中,他还能干什么?还需要干什么?因此就可以无为了,舜也就真的无为了。而这又说明了什么?说明舜有非常高的问题认识能力,并能依照实际情况选择最佳的方法,不会画蛇添足,这不是一种非常之德吗?同时也说明,其他圣王之所以不能无为而治,是因为没有舜这样好的环境。由此可见,所谓无为而治不仅要有非常之德,还要有非常之环境,而这是可遇不可求的,这种无为而治是非常之德的一种特殊的表现形式,不是常态。

　　第二是对"恭己正南面而已矣"的理解。这句话的字面意思是很清楚的。应注意的是,"恭己"的"恭"是敬的意思。"恭己"之语使人想起前面学习过的孔子的另一句话,叫作"修己以敬。"(详见14.42章),"恭己"也即修身的意思。看来即便舜有如此之盛德,又处在如此好的环境当中,却并不是像有些人那样放纵私欲,贪图享乐,而是仍不忘修身,其实他能有如此之盛德也正是从修身中来。至于"正南面",只是作为一个君主、领导的常态而已,不难理解。

【编意解】

　　编者意在通过本章孔子之言,在向读者举一个例子,以说明君子之修身不可停顿。这个例子就是舜无为而治,舜的情况很特殊,因此很能说明问题。一般的人处在舜的位置和环境中会怎样呢?可想而知。不是自以为是,妄作妄

为，就是贪图私欲，胡作非为。至于仍不忘修身简直就不可想象。

15.6 子张问行，子曰："言忠信，行笃敬，虽蛮貊之邦，行矣。言不忠信，行不笃敬，虽州里，行乎哉？立则见其参于前也，在舆则见其倚于衡也，夫然后行。"子张书诸绅。

【译文】

子张问如何才能行（得通）。孔子说："说话要忠信，行事要笃敬，这即使到了蛮貊地区，也可以行得通。说话不忠信，行事不笃敬，就是在本乡本土，能行得通吗？站着，就仿佛看到（言忠信，行笃敬）这些显现在面前；坐车，就好像看到这几个字刻在车辕前的横木上，秉持这样的态度然后去行（才能使自己到处行得通）。"子张把这些话写在腰间的大带上。

【注释】

貊（mò），1.中国古代东北部一个民族。2.古书上说的一种野兽。3.通"寞"，寂寞。

州，1.水中可居曰州。本义：水中的陆地。"州"是"洲"的本字。2.古代的一种居民组织，二千五百家为一州。3.古代行政区划，大小各个时代有所不同。

参，1.（cān），加入、参与。2.（cān），检验。3.（cān），古代下级见上级叫参。4.（sān），通"叁"，即三。

【原文解】

第一是对"言忠信，行笃敬，虽蛮貊之邦行矣"的理解。

首先是"言忠信"。所谓言，就是讲话，讲话如何忠信呢？前面讲过，忠就是尽己之力、尽心竭力；信就是不疑不欺。合起来就是讲话尽心竭力的不疑不欺。说白了就是讲符合实情的真话，讲有针对性且能解决问题的实话，讲自己能够做到的承诺，而不是讲假话、大话、空话。要能讲出这些话，是需要一番努力的。努力的调查研究，努力地提高自己，而这些努力就是忠的表现。

其次是"行笃敬"。这里的行，就是做事。做事如何笃敬呢？前面讲过，笃就是深厚、专一；敬就是严肃认真。合起来就是以非常专一的严肃认真的态度去做事。

最后是"虽蛮貊之邦行矣"。所谓"蛮貊之邦"，实际上就是与自己所在的地方有着极不相同的风俗的地方。但在孔子看来，风俗再不相同，"言忠信，行笃敬"都是人们相处的最基本的需要。这时可能会有人问,孔子是根据什么得出这样的结论?这不能确定,可能是根据自己的人生经历——"十室之邑,必有忠信如丘者焉"(详见5.28章);也可能是根据自己对人心、人性的深刻体认——"言不忠信,行不笃敬,虽州里行乎哉?"但笔者认为这不重要,重要的是对不对。以现在的经济科技之发达,已经使我们能够放眼世界,就是周游世界也不是太难的事,我们可以去验证一下。

第二是对"立则见其参于前也,在舆则见其倚于衡也"的理解。这句话的意思就是朱熹所说的"念念不忘"。只是孔子说得更生动、更立体一些罢了。当然,这更是孔子的谆谆嘱托。那么子张对于老师的谆谆嘱托又是怎样做的呢?"子张书诸绅"。这其中的教与学,非常值得我们学习。

【编意解】

编者意在通过本章孔子之语,说明君子之行的原则,那就是"言忠信,行笃敬"。本章之前的五章编者意在说明君子之德的基本要素或方面,本章及之后的章节,则是在讲具体的君子之行。

15.7 子曰:"直哉史鱼!邦有道,如矢;邦无道,如矢。君子哉蘧伯玉!邦有道,则仕,邦无道,则可卷而怀之。"

【译文】

孔子说:"史鱼真是正直啊!国家有道,他(的言行)像箭一样直;国家无道,他(的言行)也像箭一样直。蘧伯玉真是一位君子啊!国家有道就出来做官,国家无道就(辞退官职)把自己的主张收藏在心里。"

【注释】

卷,1.(juàn),古代的书写在帛或纸,卷起来收藏,因此书的数量论卷,一部书可以分成多少卷。2.(juǎn),把东西弯曲成圆筒形。3.(quán),膝曲也。膝盖弯曲。引申泛指弯曲。

【原文解】

第一是对"直哉史鱼!邦有道,如矢;邦无道,如矢"的理解。

首先是"史鱼"。史是官名,鱼是人名,是卫国的大夫。关于史鱼之直有这样一个故事:"卫蘧伯玉贤而灵公不用,弥子瑕不肖反任之,史鱼骤谏而不从,史鱼病将卒,命其子曰:'吾在卫朝不能进蘧伯玉,退弥子瑕,是吾为臣不能正君

也,生而不能正君,则死无以成礼,我死,汝置尸牖下,于我毕矣。'其子从之。灵公吊焉,怪而问焉,其子以其父言告公,公愕然失容曰:'是寡人之过也。'于是命之殡于客位。进蘧伯玉而用之,退弥子瑕而远之。孔子闻之曰:'古之谏之者,死则已矣,未有若史鱼死而尸谏,忠感其君者也,不可谓直乎!'"(《孔子家语·困誓》)这也就是"尸谏"的典故。

其次是"直"。本义是不弯曲,与"枉""曲"相对,引申为正直。所谓"如矢"就是说向箭一样直,非常直的意思。其实这句话是孔子对《诗经》中的一句诗的演绎,《诗经·小雅·大东》有云"其直如矢",就是在称许史鱼的直。从之前对《论语》的学习以及本章的后语,孔子并非是在称许"邦有道,如矢;邦无道,如矢",而是在形容和说明"史鱼"的直,这一点应当明确。

第二是对"君子哉蘧伯玉! 邦有道则仕,邦无道则可卷而怀之"的理解。《论语》之前的许多章节都有类似的话,如"邦有道不废;邦无道免于刑戮"(详见5.2章)、"邦有道则知,邦无道则愚"(详见5.21章)、"用之则行,舍之则藏"(详见7.11章)、"天下有道则见,无道则隐"(详见8.13章),等等。本章的意思应当是很明确的,不再赘述。这里只是强调一点,就是"卷而怀之"。这句话的字面意思就是,卷起来放在怀中。将什么卷起来? 为什么放在怀中? 当然是将自己的学说、主张卷起来——收起来,放在怀中就是小心地保存起来,等到有机会再拿出来推行。更深一层的意思就是不改变、不迁就。

【编意解】

编者意在通过本章孔子之语,说明君子之行的两个具体原则:一是"其直如矢"。当然也要注意技巧,子曰"邦有道,危言危行;邦无道,危行言孙"(详见14.3章),但无论是有道还是无道,"危行"都应是一贯的;二是出仕与否的原则,那就是"邦有道则仕,邦无道则可卷而怀之",有关于此,前面已多有阐述,不再赘述。

15.8 子曰:"可与言而不与之言,失人;不可与言而与之言,失言。知者不失人,亦不失言。"

【译文】

孔子说:"可以同他谈的话,却不同他谈,这是失去人;不可以同他谈的话,却同他谈,这就是说错了话。有智慧的人既不失去人,也不说错话。"

【原文解】

第一是对"可与言而不与之言,失人"的理解。

首先,什么是"可与言"的人?笔者认为主要应具备两个条件:一是认同,或大致认同,或至少不反对你的核心价值观的人;二是能够听懂你的话的人。道理很简单,因为只有认同,或大致认同,或至少不反对你的核心价值观的人,你才可能与之有一定的共同点,在这个基础上才能相互交流、相互促进、互补长短,这种共同点越多,就越能相互促进、互补长短。当然,这个人应当与你的层次、境界相差不大,否则他即便不反对你的观点,但他可能听不懂你在说什么,这又如何"与之言"?

其次是"失人"。失去了一个什么人呢?失去了一个可以从其获益的人,甚至是一个朋友,甚至是一个老师。为什么?道理很简单,因你不跟他说话,就是不跟他交流,他就不可能知道你,进而他也就无法与你相交。失去一个这样的人难道是明智的吗?

第二是对"不可与言而与之言,失言"的理解。

首先,什么是"不可与言"的人?笔者认为主要有两种人:一种是从根本上反对你的核心价值观的人;另一种是根本听不懂你所说的话的人。道理很简单,一个从根本上反对你的核心价值观的人,双方就没有了谈话的基础,除了吵架,还能说些什么呢?吵架又有什么意义呢?结果只有一个,那就是激化矛盾,浪费时间。再就是一个听不懂你说话的人,你能跟他说什么呢?譬如你与一个只有小学文化程度的人谈论微积分、量子力学,能有什么结果呢?结果只有两个,一是把一个本来还比较明白的人搞糊涂了,再就是自己徒费口舌,浪费了宝贵的时间。这不是失言又是什么呢?

第三是对"知者不失人亦不失言"的理解。这句话的字面意思是很清楚的。问题在于这说明了什么?"不失人亦不失言"如何才能做到?由前所述就是识人,就是知道谁是可以与之言的人,谁是不可与之言的人。反过来说,识人是"知者"的一个重要的表现,是智慧的一种重要的表现。

【编意解】

编者意在通过本章孔子之语,说明君子要有识人的智慧,也就是能够识人。

15.9 子曰:"志士仁人,无求生以害仁,有杀身以

成仁。"

【译文】

孔子说:"志士仁人,没有贪生怕死而损害仁的,却有牺牲自己的性命来成全仁的。"

【原文解】

第一是对"志士仁人"的理解。首先是"志士",在过去有许多学者认为,这里的"志"同"知","志士"就是"知士",就是有智慧的士,就是智者,而孔子说过"知者利仁"(详见4.2章)。笔者认为如此理解有些牵强,一个有智慧的士可以"利仁",就能做到"无求生以害仁,有杀身以成仁"吗?于理过于牵强。朱熹将其理解为"有志之士",基于本义且于理通顺,笔者以为然。只是这里还有一个问题,那就是什么样的志?笔者认为是志于道,志于仁道,至少在孔子来说是如此;其次是"仁人",字面直译就是仁德的人,就是认可并践行仁道的人。应当说明的是,"有志之士"和"仁人"是有坚定的信仰的人,也只有如此才可能"无求生以害仁,有杀身以成仁"。

第二是对"无求生以害仁,有杀身以成仁"的理解。本句的字面意思是很清楚的。

首先,应强调的是,生命是很重要的,也是很宝贵的,在儒家看来尤其如此,它关系到孝道,对自己的身体进行伤害是一种不孝的行为(详见8.3章),更何况是"杀身",而且"孝弟也者,其为仁之本与"(详见1.2章),孝是仁的根本。强调这一点,是想有助于对本章"仁"的理解。

其次是"害仁"。这里的"仁",据考证,在古时有些版本的《论语》和其他文献中,写的是"人"字。这样一来就比较好理解了。你想生,别人也想生,你想孝,别人也想孝。作为"志士仁人"当然不能"求生以害人"。问题是本章写的是"仁"而不是"人",从前面的阐述来看,我们应当认识到本章的"仁"可不是一般的"仁",而是大仁。什么是大仁,笔者认为就是仁道中最基础、最重要的原则,也可以说成是一种信仰——义,因此孟子说"生,亦我所欲也,义,亦我所欲也。二者不可得兼,舍生而取义者也"(《孟子·告子上》)。

最后是"无求生"和"杀身"。字面意思很清楚,就是甘愿去死。为什么?为了成仁取义。问题是过去有些学者将"杀身"的意思进行了扩大的解释,说那些为了践行仁道而不惧风险甚至不顾对身体造成伤害勤奋工作的行为,也是一种"杀身"。这种解释虽然很有道理,也给人以很大的启发,但毕竟与本章之意不甚相符,有些牵强。本章的"杀身"所对应的是"求生",况且保重身体本身就是一种孝,是在践行仁的根本。不在非常的情况下,人们是不应当去损害自己身体的。毛泽东主席不是说过"身体是革命的本钱"吗?

【编意解】

编者意在通过本章孔子之语,说明君子要有对仁的信仰——义。只有有信仰的人,才可能"无求生",才可能"杀身"。

15.10 子贡问为仁。子曰:"工欲善其事,必先利其器。居是邦也,事其大夫之贤者,友其士之仁者。"

【译文】

子贡问怎样实行仁德。孔子说:"工匠想把活儿做好,必须首先使他的工具锋利(好用)。住在这个国家,就要事奉大夫中的那些贤者,与士人中的仁者交朋友。"

【注释】

工,1.巧饰也,像人有规榘也。本义:工匠的曲尺。2.工匠。引申为纺织、刺绣、雕刻的手工艺方面的工作。3.乐工、乐人。4.官吏。5.精巧、精致。引申为擅长、善于。6.通"功",功效。

【原文解】

第一是对"问为仁"的理解。"问为仁"就是如何做到仁,如何践行仁。从后面孔子的回答看,应当具体为如何推行仁政。这里之所以强调,因为这是理解后面孔子之语的中心。

第二是对"工欲善其事,必先利其器"的理解。这句话的字面意思是很清楚的。这是孔子在解答子贡问题时所做的一个十分形象的比喻。孔子将"为仁"比作一个工匠做事。工是工匠。那么什么是工匠呢?就是那些在做某些事情方面有特别技艺的人,譬如解牛的庖丁。应当强调说明的是,这个工匠对于其所要从事的工作是有非常深刻的了解和认知的,深谙其道。想一想庖丁是怎样认知牛的,我们就不难理解了。然而就是这样的庖丁也是需要一把刀的,而且是一把"刀刃者无厚"的利刀。此刀何来?"发于硎",磨出来的。当然,据庖丁说是十九年前磨的,但那也是磨出来的。这就是庖丁的器,一把利器。正是凭借着自己对牛的深刻了解和认知,凭借着自己手中这把"刀刃者无厚"的利刀,

庖丁才能把牛解得如此艺术。用现在的话讲，就是要有金刚钻，没有金刚钻，怎么能揽瓷器活，更别说做好了。

第三是对"事其大夫之贤者，友其士之仁者"的理解。所谓"事其大夫之贤者"，是因为大夫的地位比较高，他们的权力比较大。但要推行仁政，我们也要对其进行选择，选择其贤者；所谓"友其士之仁者"，是因为他们的地位相对比较低，可以与他们平等的交朋友，但他们是一国之政的具体执行者，也是有一定权力的。那么就推行仁政这件事来说，什么是器，又如何利呢？其实与"工欲善其事，必先利其器"这句话对应起来应当是很明确的。器就是士、大夫——他们是政策的制定者和执行者，利就是事其贤者、友其仁者——影响甚至是教育士、大夫，以提高他们的仁德水平。

【编意解】

编者意在通过本章孔子之语，说明君子要有践行仁——推行仁政的方法，那就是"利其器"，就是"事其大夫之贤者，友其士之仁者"。

15.11 颜渊问为邦。子曰："行夏之时，乘殷之辂，服周之冕，乐则《韶》《舞》。放郑声，远佞人。郑声淫，佞人殆。"

【译文】

颜渊问怎样治理国家。孔子说："用夏代的历法，乘殷代的车子，戴周代的礼帽，奏《韶》《舞》之乐。禁绝郑国的乐，疏远能言善辩的人，郑国的乐太过分，佞人太危险。"

【注释】

辂(lù)，车軨(líng)前横木也。本义：绑在车辕上用来牵引车子的横木。引申为牵引车子。2.车子。

【原文解】

第一是对"问为邦"的理解。邦者国也，就是古代的诸侯国。"问为邦"就是问如何治理国家，意思是很清楚的。这里之所以强调，因为这是理解后面孔子之语的中心，同时要清楚"为邦"的主体是在位之人。

第二是对"行夏之时，乘殷之辂，服周之冕，乐则《韶》《舞》"的理解。这句话的字面意思是很清楚的，问题是治理国家真的就是如此简单吗？当然不是，这就要对这句话的含义有所了解。

首先是"行夏之时",意思就是用夏代的历法。为什么?历法就是对周而复始的岁月进行的一种周而复始的描述。虽然历法有很多种,但大体上都是相同的,譬如基本上都是12个月,每个月大概都是30天。但细看还是有所不同的,譬如现在的公历或者叫阳历和民间所用的农历或者叫阴历,其重要的分别在于每年的起始时间的不同,农历一般要比公历晚一个多月。这种情况在中国古代也是有的,商朝和周朝都有自己特有的历法。应当强调的是,农历是以适应农业生产形成的历法,当然它同时也必须符合周而复始的岁月变化的规律。其实我们现在用的农历或者叫阴历基本就是夏代历法的延续,算来至少也有五六千年的历史了,这也充分证明其科学性和合理性。据考证,就是在孔子所处的春秋时代,虽然周朝制定了历法,但很多的诸侯国并没有用周朝历法,反而用的是夏代的历法。这说明什么呢?说明规律是不可改变的,符合规律的制度才是有生命力的,并不是通过国家的立法就能废除的。因此孔子说"为政以德"(详见2.1章)。

其次是"乘殷之辂",意思就是乘殷代的车子。"辂"在本章就是车子的意思,起源于商代。在商代,车子就是用木头做的大车,上面放上草编的垫子。而到了周朝就有了变化,常常修饰以金、玉、皮革等,车子变得豪华、奢侈,当然,这也有区别身份等级的需要和作用。应当说明的是,在经济十分落后的古代,谁能坐得起车呢?当然只有那些在位之人。而他们的钱财从哪里来呢?当然来自于百姓的劳动。其实说到这里,这句话的意思已经很明确了,那就是要俭朴。在位者应当俭朴,这也是百姓所希望的,所以也是在位者应当做的。因此,孔子说"与其奢也,宁俭"(详见3.4章)。当然,俭朴还有很多其他的好处,譬如诸葛亮说"俭以养德"(《诫子书》)。

再次是"服周之冕",意思就是戴周代的礼帽。冕在过去就是指古代帝王、诸侯及卿大夫所戴的礼帽。到了周朝,礼制变得发达了,礼帽种类也变得多了,从某种意义上讲,礼帽是礼的一个重要表现形式。这些礼帽的种类以及样式和装饰的区分,表明不同人的不同身份和等级。这是很必要的,否则必要的社会秩序就无法建立。现代社会不也有军服军衔、警服警衔吗?这时可能会有人问,这样的装饰不也费钱财吗?俭朴是要的,但不能走向极端,人与人身份和等级的区分也是必要的,再说装饰一个礼帽的花费,肯定要比装饰一辆车子要少很多。因此,孔子又说"尔爱其羊,我爱其礼"(详见3.17章)。

最后是"乐则《韶》《舞》"。说完了礼,就要说乐了。关于乐的意义在前面

我们已经介绍过了(详见3.23章)。关于这里的"舞"在过去有不同的理解,有人认为是韶舞,是韶的一部分,因为在过去,乐本身就指音乐和舞蹈;还有一些人认为这里的"舞"同"武",据考证,古代"舞"与"武"通用。笔者认为,后一种理解比较合适,因为只有一种乐多么的单调啊!当然这并不重要,关键是《韶》和《舞》表现的是什么意思。对于此孔子曾有明确的表述,"谓《韶》:'尽美矣,又尽善也。'谓《武》:'尽美矣,未尽善也'"(详见3.25章)。

第三是对"放郑声,远佞人。郑声淫,佞人殆"的理解。这句话的字面意思是很清楚的。这里应当强调的是,这里的"淫"是过分、无节制的意思,而不仅仅是指男女之间不正当的关系。过分、无节制说明了什么?说明有贪心、贪欲。"郑声淫"也就是说这种音乐容易使人产生贪欲,容易使人不安分,容易使人放纵,因为乐的最重要的作用就是移风易俗。"佞"字前面已经有所注释(详见5.5章的注释),这里就是指那些能说会道、能言善辩的人。"殆"就是危险的意思。为什么?因为大道至简,无需多说,因此能说会道、能言善辩的人所说的往往是假道理,甚至是颠倒黑白。但同时也正因为其能说会道、能言善辩,往往会使人(尤其是大众)迷惑,辨不清是非曲直、轻重缓急,进而做出错误的抉择,这当然是危险的。

【编意解】

编者意在通过本章孔子之语,说明君子要有践行仁——推行仁政的大体工作内容及要求,那就是遵循规律,按规律办事——"行夏之时";以民心为己心,崇尚简朴——"乘殷之辂";尊崇礼法——"服周之冕";教人以善、以美——"乐则《韶》《舞》";消除人们的贪欲——"放郑声";防止民众被蛊惑——"远佞人"。

15.12 子曰:"人无远虑,必有近忧。"

【译文】

孔子说:"人没有长远的考虑,一定会有眼前的忧患。"

【原文解】

第一是对"远虑"的理解。"远虑"就是长远的考虑,就是对一个事物有一个整体的把握,有一个规划、一个计划。问题是如何才能做到这一点。登高才能望远,这是大家都知道的道理。"远虑"也是同样的道理,只是这里的高是指对道从深度和广度的认知,也就是要有大德,不是有句话叫作"地势坤,君子以厚德载物"(《易经·系传·象传上·坤》)吗？只有如此,我们才能对所从事的事物有一个大体全面的认知,进而才能进行相应的规划、计划,也就是所谓的远虑。

第二是对"必有近忧"的理解。这句话的意思是很清楚的。但问题是为什么？同样是因为"地势坤"。大地上万物共存,到处是障碍,处处都有岔路,无论是做人还是做事,不停地要面对克服障碍和选择途径的问题。这就是一个难题,一件令人忧虑的事情,尤其是在我们没有远虑或无法远虑的时候。

【编意解】

编者意在通过本章孔子之语,说明君子要有远虑。

15.13 子曰："已矣乎！吾未见好德如好色者也。"

【译文】

孔子说："完了！我从来没有见过像好色那样好德的人。"

【原文解】

本章孔子之语我们前面已经学习过(详见9.18章),这里只是多了"已矣乎"三个字,看来是孔子在不同时期所发的感叹。具体意思不再赘述。

【编意解】

编者意在通过本章孔子之语,对上一章进行进一步说明,即君子如何才能远虑。那就是要"好德如好色",只有这样才能厚德,进而才能远虑。

15.14 子曰："臧文仲其窃位者与？知柳下惠之贤而不与立也。"

【译文】

孔子说："臧文仲是一个窃居官位的人吧？他明知道柳下惠是个贤人,却不举荐他一起做官。"

【注释】

柳下惠(前720—前621),展氏,名获,字禽(一字季),私谥为"惠",后人尊称其为"柳下惠"或"和圣柳下惠"。出生于鲁国柳下邑,今属济南市孝直镇展洼村。中国古代思想家、政治家、教育家。

【原文解】

第一是对"窃位"的理解。这里"窃"的意思是篡夺,是不当受而受之的意思,也就是不称职。意思虽然比较明确,但问题是孔子的这一评价含有明显的否定性,这是为什么?就是因为臧文仲没有立贤人柳下惠吗?应该是。但问题是鲁国还有其他的大夫,还有鲁君,柳下惠没有得到重用,他们就没有责任吗?孔子为什么没有责备其他人,而仅仅责备臧文仲呢?其实孔子责备臧文仲不止一次,孔子还说他不智(详见5.18章)。考察一下臧文仲,他似乎并不是像孔子说的那样不堪,反而是一个比较有智慧、有能力而且敢于任事、担当的大夫,况且不把能力强的人推举上来,甚至推举到自己之上,也是人之常情,有什么可责备的呢?其实也正因为如此,他才受到了孔子的责备,因为"《春秋》之法,常责备于贤者"(《新唐书·太宗本纪》)。能受到孔子的责备并不是一件容易的事,从某种意义上讲也不是一件坏事,这说明孔子在关注他,从另一个侧面也说明他是一个贤者,碌碌无为的平庸之辈是没有这个资格的。孔子不是也多次责备过管仲吗?

第二是对"知柳下惠之贤而不与立也"的理解。读到这句话,不禁使人想起《论语》记述的另外一个故事,"公叔文子之臣大夫僎与文子同升诸公,子闻之,曰:'可以为"文"矣'"(详见14.18章)。两章相比,可以看出臧文仲和公叔文子在这方面的差距。当然这也可能与柳下惠这个特定的人物有关。柳下惠在中国历史上是一个很有名的人物,孟子有云"柳下惠,圣之和者也"(《孟子·万章下》)。被孟子称为圣,其贤能可绝非一般。将这样的人推荐出来,推荐的人一定是要有一些勇气和魄力的,因为这样的人很可能会盖过自己,有损于自己的既得利益。如何才能有勇气和魄力呢?那就是要有一颗无私的公心。有这样的人吗?当然。譬如鲍叔牙就向齐桓公推荐了管仲。

【编意解】

编者意在通过本章孔子之语,说明君子要有一颗无私的公心,其表现就是要能举贤任能,哪怕这个人比自己强得多。因为一个人就是再有能力,也是有限的,事情要靠大家来做,尤其是众人之事,也只有这样才能做成事、做好事。

15.15 子曰:"躬自厚而薄责于人,则远怨矣。"

【译文】

孔子说:"多责备自己而少责备别人,那就可以避免别人的怨恨了。"

【注释】

薄,1. 林薄也。本义:草木丛生之地。2. 帘子,养蚕的工具像筛子或席子。3. 扁平,与"厚"相对。引申为微小、少。4. 稀薄、不浓。5.(土地)贫瘠。6. 减轻、减损。7. 轻视、看不起。8. 迫近。

【原文解】

第一是关于"厚"与"薄"。"厚"与"薄"在本章的意思与现在的释义没有什么不同。这里要强调说明的是,"厚"与"薄"既是就数量而言,更是就程度、标准而言,就是对自己要求的标准要比对别人的要高。那么这两个标准是什么或有什么不同呢?孔子没有明说。不过笔者认为《吕氏春秋》有句话值得的参考:"君子责人则以人,自责则以义。"(《吕氏春秋·离俗览·举难》)意思就是说君子要求别人时按照一般人的标准,而要求自己时按照义的标准。

第二是"薄责于人"。薄责并非不责。这时又会产生一系列问题,为什么要"薄责于人"?无责于人或勿责于人岂不更好?这样岂不是无怨了吗?

首先要说明的是,这里的"人",并非是泛指自己之外的其他人,而是除了自己的亲属、师生和朋友之外的其他人,可能是同事、客户甚至是陌生人,这一点在前面已经有所阐述(详见 1.4 章)。对于自己的亲属、师生和朋友不适用,因为我们对于自己的孩子、学生甚至是朋友都会严格要求,而对于自己的父母、长辈和老师则不能责备,这个道理很简单。

其次,无责于人或勿责于人当然就无怨了,但问题是,我们能够不与其他人交往吗?不能,因为人必定是要生活在群体当中的。那么与其他人交往能够没有基础、没有准则吗?当然不能,否则就无法交往。那么有人违反了这个准则怎么办?当然要予以指责,因为我们不得不交往。但如果是一天到晚的指责吵架,这样的交往还有意义吗?当然没有。因此,这个准则就不能定得很高,要一般人都能够去遵守。如何才能要一般人都能够去遵守呢?那就要符合人性,能行得通,行之有效。因此,只有"薄责于人",才能"责于人"。更何况君子、士还有处理政事、教化民众的职责,怎么可能无责于人或勿责于人呢?应当说明的是,有些人读到孔子这句话,说他只看到了"躬自厚"三个字,其他什么也没有看见。如此似境界更高,其实不是见识浅薄就是没有担当。"子曰"之言,均是中道,"过犹不及"(详见 11.16 章),不可擅加添减。

第三是"则远怨矣"。道理很简单,自我要求高,自己做得好,而对别人要求低,别人就容易接受,也就"远怨"了。但应当强调的是,"远怨"不是没有怨了,而是怨少了、轻了,该招的怨还要招,因为君子是有原则的,不能无限迁就、退让。"远怨"很重要,如果一个人深陷于怨中,别说做事了,就是日常生活都会感到痛苦。

【编意解】

编者意在通过本章孔子之语,说明君子要"躬自厚而薄责于人",不要过多地招怨。

15.16 子曰:"不曰'如之何,如之何'者,吾末如之何也已矣。"

【译文】

孔子说:"(遇事)不说'怎么办,怎么办'的人,我(对他)也不知怎么办了。"

【原文解】

第一是对"如之何,如之何"的理解。这句话的字面意思就是"怎么办,怎么办",像是一种喃喃自语。问题是这说明了什么?理解这一点其实也很简单。这种"怎么办,怎么办"的喃喃自语我们都有所经历,那么在什么时候我们会如此喃喃自语呢?当然是在遇到了不能不解决的难题或认为事关重大的事情的时候。我们不可能对所有的事情都如此,那样岂不是很累?那么什么是不能不解决的难题或认为事关重大的事情?这因人而异,但一定是有这样的事情的,否则就什么都无所谓了。那么在孔子和儒家的思想中是什么呢?笔者认为政事——众人之事应该是其中之一,此事因为是事关众人又需众人参与,因此也就变得重大以致困难,有很多事情不得不考虑、不得不顾及,不能简单地、一厢情愿地去做,同时政事又是不得不做的事。因此子曰"暴虎冯河,死而无悔者,吾不与也。必也临事而惧,好谋而成者也"(详见7.11章)。"如之何,如之何"就是这句话的生动体现。

第二是对"吾末如之何也已矣"的理解。这句话的字面意思就是"我(对他)也不知怎么办了"。为什么?因为前面说过,(遇事)不说"怎么办,怎么办"的人,是一个对什么都无所谓的人,他们对什么事情都会不停地发出"那又怎样?""那又怎样?"的咒语。这是一种生命力衰竭、颓废的表现,你对他还能怎样呢?

【编意解】

编者意在通过本章孔子之语,说明君子要"临事而惧,好谋而成",尤其是对于政事、践行仁道的事。

15.17 子曰:"群居终日,言不及义,好行小慧,难矣哉!"

【译文】

孔子说:"整天聚在一起,说的都与义不沾边,还好卖弄小聪明,这种人真难办。"

【注释】

群,1. 辈也。本义:羊群、兽群、人群。泛指聚集在一起的人或物,引申为同类的、成群的。2. 聚集、会合。3. 众多。

慧,聪明、有才智。

【原文解】

首先是这个"群"字。其意思与现代的释义大体相同,这里要说的是,《说文解字》的解释是"辈也"。"群居终日"也就是很多同辈人或同类人整天聚在一起,其实也只有这样,他们才有话可说,才有"言"。

其次是这个"义"字。这在前面已经有多次阐述,它就是理想、目标和信仰。"言不及义"就是所说的话与理想、目标和信仰不沾边,就是没头的苍蝇、浮萍,混乱而不知所以。当然,不同的人有不同的义,在孔子和儒家来说,义有其特定的内涵。

再次是"好行小慧",就是好耍小聪明。何谓小聪明?笔者认为就是没有义的聪明,是自以为聪明,是支离破碎的聪明。那么这又说明了什么呢?说明他们并不甘于寂寞,并不颓废,还有些生命力,只是不知道怎样整合施展。

最后是"难矣哉"。"难矣哉"不是上一章的"末如之何也已矣",看来还是有办法,只是很难。为什么?没有义就向他们讲述、宣传义不就行了吗?其实从前文看,这些人应当都是成年人或将近成年的人,自己有一定的思想或者说是成见,而且自以为很聪明,单纯地向他们讲述、宣传义,他们是很难满足的,必须要告诉其所以然,同时还要对他们已有的思想或成见进行有针对性的批判。

我们知道,"义"的形成是由道而德,由德而仁,由仁而义,是一个很复杂的过程,对其单纯的阐明、体会都很难,何况还要对其已有的思想或成见进行有针对性的批判,岂不是更难?这就像在一张不洁白的纸上作画。况且人生是有限的,时间够不够都是一个问题。因此孔子说"难矣哉!"

【编意解】

编者意在通过本章孔子之语,说明君子要知义,而且时时要向此迈进,围绕着义去言,去行。

15.18 子曰:"君子义以为质,礼以行之,孙以出之,信以成之。君子哉!"

【译文】

孔子说:"君子以义作为根本,用礼加以推行(义),用谦逊的语言来表达(义),用真诚的态度来完成(义)。这就是君子了。"

【原文解】

第一是对"君子义以为质"的理解。首先是这里的"君子"。关于君子,我们前面已经说了很多了,这里之所以强调,是因为这是理解本章的一个特定的角度。前面我们还学习了孔子的另一句话,叫作"夫达也者,质直而好义,察言而观色,虑以下人"(详见12.20章)。这是孔子回答子张"士何如斯可谓之达矣"时说的,与本章孔子之语有些近似,但境界层次是有区别的,原因就是所围绕的中心不同,角度不同,克己复礼的工夫不同,从某种意义上也体现了士与君子的差别。其次是"义以为质",其字面意思就是以义作为根本。我们知道,儒家关于君子的定义是指成就了德行的人,而义本身就有道、德、仁演化而来的一种理想、目标和信仰的含义,成就了德行的人不"以义为质",又能以什么为质呢?因此子曰"君子之于天下也,无适也,无莫也,义之与比"(详见4.10章)。

第二是对"礼以行之"的理解。其字面意思就是用礼加以推行(义),或者说是依礼而行。笔者认为,这里的礼有两层意思:

一个层面是遵守礼。这个层面上的礼又分为两种:一种是现实中的礼,另一种是理想中的礼。现实中的礼就是现实中的法律制度,不遵守就很可能会遭受惩罚,甚至寸步难行,这种境况又如何能"行之"?所以要尽量去遵守。至于理想中的礼,那就是德的外化,是符合道、德的礼,这在孔子看来就是周礼,这是必须要遵守的。

另一个层面是制定、恢复礼。虽然孔子说"天下有道,则礼乐征伐自天子出;天下无道,则礼乐征伐自诸侯出"(详见16.2章)。但作为君子(君之子),成为在位者甚至是天子也不是不可能,尤其是成为在位者,即当权者。这时就有制定、恢复礼的可能。而推行一个符合道德仁义的礼——法律制度,是一种实现义的最高效的方法。

第三是对"孙以出之"的理解。这里的"孙"同"逊",谦逊的意思。本句的字面意思就是用谦逊的语言来表达(义)。前面说过,义因人而异,谦逊的表达义别人才可能不反感,才可能听,才有可能听进去,也只有这样你才算是完成了表达——"出"。说到这里,不禁使人想起了子贡所说的"夫子温良恭俭让以得之"(详见1.10章)。

第四是对"信以成之"的理解。信者诚也。本句的意思很明确,就是用真诚的态度来完成(义)。为什么?很简单,表里如一。表面上做了、说了,不是出于真心诚意,如何能成?时间长了,别人必能看出其中之伪。

第五是对"义""礼""孙""信"关系的理解。从本章的语序来看是干与枝的关系,是原则与方法的关系。不错,从表面上来看确实如此。但我们再仔细地看一看,"礼""孙""信"难道不是义中所应有的吗?所以宋代程颐说"只是一事"。在笔者看来,如非要有所区别,那就是"义"是义——理想、目标和信仰,"礼""孙""信"也是义——宜。

【编意解】

编者意在通过本章孔子之语,对上一章君子要知义进行进一步阐述,那就是所谓的君子知义是"义以为质,礼以行之,孙以出之,信以成之",是知行合一,而不仅仅是简单的知道而已。

15.19 子曰:"君子病无能焉,不病人之不己知也。"

【译文】

孔子说:"君子只怕自己没有才能,不怕别人不知道自己。"

【原文解】

本章的字面意思比较清楚。读到本章,我们应该感觉到似曾相识。是的,相似的话孔子说了不止一次。例如,子曰:"不患人之不己知,患不知人也"(详见1.16章);子曰:"不患无位,患所以立。不患莫己知,求为可知也"(详见4.14章);子曰:"不患人之不己知,患其不能也"(详见14.30章),等等。其意也大致相同,不再赘述。只是要注意"患"与"病"虽都有担忧的意思,但程度不同。患者忧也,病者疾加也。显然"病"的担忧程度更高些。这也许是因为本章是在讲"君子"的原因吧。

【编意解】

编者意在通过本章孔子之语,说明君子与士要把主要甚至全部的精力用在提高自己的修养、能力和境界上,不要花费或少花费一些精力在如何让别人知道自己这件事情上。

15.20 子曰:"君子疾没世而名不称焉。"

【译文】

孔子说:"君子担心到死却名不副实。"

【原文解】

本章的字面意思不是很清楚,主要是对"名不称焉"有不同的认识。过去许多学者将其理解为"自己的名字不被人们所称颂",其缘由是将"名"理解为自己的名字,而将"称"理解为称颂、赞许。但笔者认为如此理解并不十分妥当。

首先,尽管将"名"理解为自己的名字,而将"称"理解为称颂、赞许,是有根据的,这两个字确实有这样的意思,但是这两个字并不是只有这两种意思。"名"者自命也(详见13.3章注释)。所谓自命就是自己命名,问题是自己命什么名?可以是自己的名字,也可以是自己的目标——自己所想成为怎样的人,譬如勇士、智者、君子等。现实中后一种情况更多,因为名字往往是父母长辈给起的,而目标才真正是自己定的。"称"既有称颂、赞许的意思,也有称量的意思,也有符合、相当的意思。

其次,自己的名字被不被人们称颂,这是别人的事,别人知道并认可才有可能称颂,但孔子不是说过君子"不病人之不己知也"吗?此处怎么又会说君子担心"自己的名字不被人们称颂"?岂不矛盾?而目标是自己定的,能不能实现,这些都在于自己,是自己的事。人不能欺人,更不能自欺。

最后,子曰:"未可也。不如乡人之善者好之,其不善者恶之。"(详见13.24章)对于一个君子的评价从来都不会是"皆好之",君子又怎么能去追求被人们称颂呢？这里应当说明的是，追求别人的称颂，就是追求别人的认可，这在一般人来说是可以理解的，也无可厚非，但如果是君子还如此就未免有些见识浅薄了，是缘木求鱼，这是"为人"而不是"为己"，"古之学者为己，今之学者为人"（详见14.24章）。这又怎么能称为君子呢？其实历史走到今天，能够被人们称颂的古人有几个是真正的君子，又有几个真正的君子被人们称颂甚至是被记得的？没有几个。原因也很简单，君子是成就了德行的人，这样的人很少，因此就不可能有多少人理解，被人理解都很困难，被人称颂岂不更难？

这时人们可能会有这样一个疑问，既然如此，我们为什么要说自己是或想成为君子呢？把目标定这么高干什么？定低一点不就没有这样的担心了吗？真的如此，你也就不可能是个君子。这说好听一点叫画地自限，说不好听的叫自甘堕落。清代曾国藩说过"不为圣贤，便为禽兽"。这句话虽然有些偏激、绝对，但作为一种自我激励，倒也无不可。曾国藩最终成了圣、成了贤吗？有人说成了，有人说没有，但任何一个对曾国藩有一定了解的人，绝不会说他是一个画地自限、自甘堕落的人，更何况是禽兽。这也是人们至今还记得他的重要原因。当然，曾国藩并没有被人称颂，准确地说是没有被很多人称颂，但他却是许多"志士仁人"学习的榜样。

【编意解】

编者意在通过本章孔子之语，对上一章"君子病无能焉"作进一步阐述，如何才能有能力？那就是要抱着一种"疾没世而名不称焉"的态度，时时刻刻的努力自拔。为什么？因为君子的标准是非常非常高的，这一点通过前面的学习我们应当有所体会。

15.21 子曰："君子求诸己，小人求诸人。"

【译文】

孔子说："（当遇到阻碍时）君子责备于自己，小人责备于别人。"

【原文解】

本章的字面意思很清楚。读到本章，我们应该感觉到似曾相识。是的，相关的话在《论语》中不止一处。例如，曾子曰"吾日三省吾身"（详见1.4章）；子曰"见贤思齐焉，见不贤而内自省也"（详见4.17章）；子曰"已矣乎！吾未见能见其过而内自讼者也"（详见5.27章）。其意宗旨相同，不再赘述。

【编意解】

那么本章被编排于此的意义是什么呢?笔者认为,那就是编者意在通过本章孔子之语,对"君子病无能焉,不病人之不己知也"和"疾没世而名不称焉"作进一步阐述,如何才能有能力?如何才能让别人知道自己?不仅是君子,可以说所有的人都希望别人知道自己,只是君子"不病""不患"而已。最根本的就是"求诸己",自拔而已。说到这里,笔者想起清代曾国藩说过的另一句话,叫作"莫问收获,但问耕耘"。这句话与前一章引用的"不为圣贤,便为禽兽",合在一起是曾国藩一生的座右铭。

15.22 子曰:"君子矜而不争,群而不党。"

【译文】

孔子说:"君子庄重而不与别人争,合群而不结党(营私)。"

【注释】

矜,1.(qín),本义:矛柄。2.(jīn),怜悯、同情。3.(jīn),持重、慎重。4.(jīn),庄重。5.(jīn),骄傲、夸耀。6.(guān),同"鳏",无妻的老人。

【原文解】

第一是对"矜而不争"的理解。君子应当庄重,不与别人争执,这比较容易理解,通过前面的学习,我们也应当是这样的。但是"矜"与"不争"又有什么关系呢?"矜"是严肃庄重的意思,一个人严肃庄重就会产生威严,就会让人感到不容侵犯,继而感到这个人会十分坚定,不会让步,也就是会坚守,继而会争取甚至争执。但君子是这样的吗?当然不是。君子往往是不争的,是让的,当然这是在非原则方面。就是原则问题君子往往也不会去争取甚至争执,尤其是争执,因为这于事无补。君子所采取的更多的是坚守。至于坚守是否也是争的一种呢?这有待于大家的体会,但其表现形式应当是有明显区别的。

第二是对"群而不党"的理解。本句有一个"群"与"不党"的问题。正因为君子往往是不争的,是让的,也是追求和的,因此看起来与谁都合得来,比较合群。这往往就会让人感觉君子是在结党。但君子是这样的吗?当然不是。要理解这一点,就要对"党"字有所了解。"党"的繁体字是上"尚"下"黑",就是崇尚黑,喜欢在暗地里做事。"党"在这里就是指集团。而"党"指集团时,在古代一般只用于贬义,这与现代释义是不同的。它是一个见不得光——为了自身的私利而结成的团体,其成员的言行均以这种团体的私利为依归,对此是不允许有不同意见的。而孔子说"君子和而不同,小人同而不和"(详见13.23章),因此"有党必有仇"(《左传·僖公九年》),人们的私利往往是矛盾的,任其发展必然要发生冲突,子曰"放于利而行,多怨"(详见4.12章)。而君子为了成就自己的德行则必须"远怨",其实君子所践行之道也不可能是怨声载道之道,因此君子是不可能这样的。同时要说明的是,孔子在此提出"不党",是非常具有前瞻性的。翻开历史,中国有很多朝代,都是因为朋党相争而走向衰落甚至灭亡,这种衰落甚至灭亡必然伴随着大规模的争斗甚至战争,最终遭殃的都是百姓。

【编意解】

编者意在通过本章孔子之语,说明君子为人处世的原则,那就是"矜而不争,群而不党"。

15.23 子曰:"君子不以言举人,不以人废言。"

【译文】

孔子说:"君子不凭一个人说的话来举荐他,也不因为一个人不好而不采纳他的好话。"

【原文解】

第一是对"君子不以言举人"的理解。

首先,"举人"就是推举人,向谁推举?推举去干什么?当然是向在上位者推举,推举贤人去帮助上位者为政。否则又有什么必要推举呢?只有理解这一点,我们才能对之后的话有深刻的理解。

其次是为什么?原因很简单,因为"有德者必有言,有言者不必有德"(详见14.4章)。那么以何举人?当然是以德举人,因为"为政以德"(详见2.1章)。如何才能知其德?两个条件:一是自己有德,君子当然是有德之人;二是能识人,有识人之法,子曰"听其言而观其行"(详见5.10章),"视其所以,观其所由,察其所安。人焉廋哉?人焉廋哉?"(详见2.10章)。

第二是对"不以人废言"的理解。这里的人从语义上看,是君子所不喜欢的人,然而君子喜欢的人能有几个?没有几个,因为君子德行极高,本来就十分稀少。但重要的问题也正因此而产生,君子稀少,但为政、从政所需要的人却很多。因为众人之事要靠众人来完成,你就是浑身都是铁,又能打出几颗钉?因

此,君子举人、用人不能求全责备,更不能任凭自己的喜好,而要扬长避短,知人善任。这不禁使笔者想起曹操《求贤令》中的一句话,叫作"唯才是举"。其实,历史上有伟大功业的人,有几个是所谓的君子或被君子所完全认同的呢?譬如管仲。

【编意解】

编者意在通过本章孔子之语,说明君子在举人、用人方面的原则,那就是"君子不以言举人,不以人废言"。

15.24 子贡问曰:"有一言而可以终身行之者乎?"子曰:"其恕乎!己所不欲,勿施于人。"

【译文】

子贡问孔子:"有没有一个字可以终身奉行的呢?"孔子回答说:"那就是恕吧!自己不愿意的,不要强加给别人。"

【原文解】

第一是对"有一言而可以终身行之者乎"的理解。这句话的字面意思是很清楚的。问题在于其说明了什么?子贡认为孔子教了这么多,虽然表面上有差别甚至是很大的差别,但相行不悖,似乎有一个根本的行为原则在统帅、贯之,于是才有此问。其实这是所有事物都应有的特性,否则就会自相矛盾。我们在学习和工作中一定要知道探寻以致把握这一要点,只有如此我们才能从根本上和整体上认知某一事物,才能在某一领域里融会贯通,进而有所成就。

第二是对"其恕乎!己所不欲,勿施于人"的理解。这句话的意思前面已经有所涉及(详见5.12章)。这里要强调说明以下两点:

首先是"勿",意思是不要、禁止的意思,含有很强的克制和限制的意思。这就说明作为一般人来说是想要如此的,这很明显。人们不想自己的财富被抢、被偷,但是对于别人的财富呢?人们会不会想去抢、去偷呢?肯定想,之所以没有去抢、去偷,是因为他们知道被发现后将会得不偿失,或者是因为没有机会,或者是因为没有能力。这个例子过于强烈、明显,但理就是这么个理。当然,己所不欲的东西很多,譬如不想自己遗失的东西被别人捡走,不想自己挨饿受寒,不想自己劳苦,不想自己被强迫等,那么在这种情况下我们应当怎么做呢?这都值得我们认真思考体会。在儒家看来,基本的交往方式就是也不要对别人做这样的事。

其次是这句话能不能推导、演绎为:己所欲,施于人呢?孔子没有说,但笔者认为不可以。因为"其恕乎!己所不欲,勿施于人",这句话的一个明显的落脚点是不要伤害别人,而伤害别人的一个重要表现就是强加——将自己的意志强加给别人。己所欲并不等于人也所欲(虽然是人之所欲的可能性很大),甚至可能是别人所不欲的。譬如,自己想吃肉,就能肯定别人也就想吃肉吗?很可能;那么自己想喝酒,别人也就想吗?可能性就没有那么大了;那么自己想抽烟,甚至吸毒呢?等等。因此,施于人,可能就是一种强加,而强加就是一种伤害,无论这种强加的初衷是好是坏,以及力度有多么的微小。当然,己所不欲也并不等于人所不欲,甚至可能是别人所欲的。譬如自己不想喝酒,就能肯定别人也不想喝酒吗?在这种情况下,施于人就是阻止别人喝酒,这明显是对别人的一种干涉和强加,而"勿施于人"就是不阻止别人喝酒,这虽然不一定为别人带来好处,但是最起码没有伤害别人。

【编意解】

编者意在通过本章孔子之语,说明君子行之于人,总的、根本的原则是"己所不欲,勿施于人"。本章之前主要说的是君子的自为,本章以下主要讲的是君子行之于人、行之于事的原则,而本章是总纲。

15.25 子曰:"吾之于人也,谁毁谁誉?如有所誉者,其有所试矣。斯民也,三代之所以直道而行也。"

【译文】

孔子说:"我对于别人,诋毁过谁?赞美过谁?如有所赞美的,(必须)是经过考验的。夏商周三代的人都是这样做的,所以三代能直道而行。"

【注释】

毁,1.缺也。本义:瓦器缺损。2.毁坏、破坏。3.哀毁,旧指居丧时因悲哀过度而损害健康。4.诽谤,讲别人的坏话,与"誉"相对。

誉,1.称也。本义:称赞、赞美。2.荣誉、美名。3.通"豫",安乐、欢乐。

【原文解】

第一是对"毁"和"誉"的理解。这两个字的意思应该是很明确的,与现代释义基本相同,都是一种评价,"毁"是负面的,而"誉"是正面的。这里所要强调的是,"毁"和"誉"的评价是不那么客观、中肯的,含有主观夸大之成分。对一个事物有所评价是应当的,也是必须的,否则就是非不分了,评价产生价值。但是不客观、不中肯的评价就不对了,这种不客观、不中肯包括夸大和缩小,这都不对,子曰"过犹不及"(详见 11.16 章)。那么客观、中肯的标准又是什么或是在哪里呢?既在自己的内心,也在历史的公论。

第二是对"如有所誉者,其有所试矣"的理解。这句话的字面意思很清楚,问题是这说明了什么?

首先,说明孔子也有誉人的情况,就是过分赞美了别人的好的行为。

其次,孔子的这种誉人只是偶尔发生的——"如有",因为这不符合中道。

再次,这种誉人是经过一定的考验、考察之后做出的,离真实的情况相差不多,也就是基本符合中道。这就又产生了一个问题,既然不符合中道,为什么孔子还会去做?因为孔子所处的时代已经是世风日下,矫枉必须有所过正。就像要掰直一根弯曲的棍子,仅仅是将其掰到直是不行的,一放手它又会弹回去一些,还是弯的,必须向相反的方向掰一些,才有可能将其掰直。这时可能又有人会问,那为什么孔子没有偶尔毁人的情况呢?这道理很简单,毁人是对别人的过分的负面评价,是一种故意伤害,实属不义,这当然在孔子是不可能的,即便是为了挽救日渐下坠的世风。孟子云"行一不义、杀一不辜而得天下,皆不为也"(《孟子·公孙丑上》)。誉人虽也有不实之处,但那是对一种好的德行的鼓励和提倡,一般来说不会伤害到别人,更重要的是这是为了更好。

最后,毁人不仅于事无补,相反还会使人知道更多的、更坏的恶,更容易使人产生恶念,使恶人产生更恶的恶念。

第三是对"斯民也,三代之所以直道而行也"的理解。

首先,"斯民"是指夏商周三代的民众。应当说明的是,在孔子看来,"夏商周"的历史是可考的,孔子此语也就是说民众自古以来都是相同的,也就是人性自古以来都是相同的,这一点非常重要,正是因为如此,我们今天读古代的书才有意义。

其次,"直道而行"的意思就是按照自己的正直的道理去说、去做。为什么?因为"谁毁谁誉?如有所誉者,其有所试矣"。他们好的言行能得到社会公正的评价,社会鼓励、提倡人们好的行为。这里有个问题,社会的评价是从何而来?当然是从在位者、在上位者、地位高者。那为什么因此就能产生这样的效果呢?因为"君子之德风,小人之德草,草上之风必偃"(详见 12.19 章)。人性如此。

【编意解】

编者意在通过本章孔子之语,说明君子行之于人、于事在评价事物时应客观公正,隐恶扬善。

15.26 子曰:"吾犹及史之阙文也,有马者借人乘之,今亡矣夫!"

【译文】

孔子说:"我还能够看到书中缺字(存疑)的地方。有马的人借给别人使用,这种精神今天没有了罢!"

【原文解】

第一是对"史之阙文也"的理解。据考证,"史"在古时候与书相同,就是以前的书,而非专指记载历史的史记。这句话的字面意思就是过去的书中有缺字的情况。问题在于这说明了什么?这要对中国的古字有所了解,中国的古字相对于现在我们常用的字来说是很多的,像《说文解字》就收录了一万多字,《康熙字典》就更多了。而且在秦以前,书未同文,一个字在不同的地域有不同的写法。因此,随着时间的推移,有些字人们就慢慢地不熟悉也不理解了,甚至不认识也不会写了。那么对于这些字怎么办呢?古人对于不会写的就不写,缺着;对于不理解的就不解释,缺着。而不是凭自己的想象和猜测去写和解读,留待后人去考证解读。这是一种实事求是的态度。

第二是对"有马者借人乘之"的理解。这句话的字面意思很清楚,但是什么意思呢?对此古人主要有两种解读:一种解释是,这句话就是字面所反映的意思,好像没有什么特殊含义。这就是孔子给我们举的一个"阙文"例子,就是古书中的一句话,我们不理解其意义,作者也没有解释,因为作者可能也不理解其意义,也就只好放在那里,以待后人去考证解读;另一种解释是,这句话是说,自己有马但没有调教好,而自己又不会调教,就借给会调教马的人骑乘,让其帮助自己调教。应当说明的是,驾驭马匹在过去是一项基本技能,是六艺之一,不会是比较丢人的。可是不会就学嘛,就请人帮嘛,没有必要隐瞒,甚至强不知以为知,这岂不更丢人?笔者比较认同后一种理解。

【编意解】

编者意在通过本章孔子之语,说明君子行之于人、于事应当诚实,"知之为

知之,不知为不知"(详见2.17章)。

15.27 子曰:"巧言乱德。小不忍,则乱大谋。"

【译文】

孔子说:"花言巧语扰乱是非。小事情不忍耐,就会败坏大事情。"

【原文解】

第一是对"巧言乱德"的理解。首先是"乱德",这里的德是其本义,也就是对于道的正确认知。正确认知就是"是",反之就是"非","乱德"就是扰乱是非。其次是为什么?很简单,大道至简。真正的德,应当是很简单、很明确的,为什么要"巧言"呢?"巧言"又说明了什么呢?因为不正确,不是真正的德,所以要"巧言"。"巧言"本身就说明了虚伪和欺骗,是有所图而诱之、惑之,使人"丧其所守"。

第二是对"小不忍,则乱大谋"的理解。首先是"忍",这里的忍与现代汉语中的忍没有什么太大的区别,就是忍耐、克制的意思。问题是忍耐、克制什么?当然是自己所好,具体则因人而异。那么作为君子所好的是什么呢?很多。好智仁勇,好功名利,好美色美食,甚至好琴棋书画,等等。那么我们为什么要忍耐、克制呢?因为有大小,有矛盾,人生有限。其次是"大"与"小",也就是本与末。这是人们忍的前提,道理很简单,当小干涉、影响到大的时候,我们不能舍本逐末。这不禁使人想起孔子说过的一句话,"爱之,能勿劳乎?忠焉,能勿诲乎"(详见14.7章)。当然,这一切都在于我们要知本末,否则一切都无从谈起。

【编意解】

编者意在通过本章孔子之语,说明君子行之于人、于事应有智慧,这种智慧首先表现在要知道"巧言乱德。小不忍,则乱大谋"。下一章是其次。

15.28 子曰:"众恶之,必察焉;众好之,必察焉。"

【译文】

孔子说:"大家都厌恶他,我必须考察一下;大家都喜欢他,我也一定要考察一下。"

【原文解】

本章的字面意思比较清楚,而且相关意思前面也多有阐述,可参看 13.24 章、5.10 章和 2.10 章,在此不再赘述。这里只强调说明一点,那就是"必察"二字。"必察"就是一定要考察的意思,很明确。可是为什么？笔者认为这与君子的职责有关。那么君子有什么职责呢？笼统地讲,就是践行仁道。如何践行？无非两种,即为政和教化。当然,首先必须自己要修身,这是另外一个层面的问题。为政包括用人、荐人、管人等;而教化则必须要使人知是非。而"众恶之"或"众好之",说明有很多的人在关注着他,因此从客观上讲这样的人影响很大,因为"众恶之"的人很可能被处罚,其言行很可能被彻底否定,成为一个反面典型;"众好之"的人很可能被重用,其言行很可能被树立为榜样。一旦出错,就会出现冤枉无辜,用人不当,甚至混淆是非的恶劣后果,因此"必察"。

【编意解】

编者意在通过本章孔子之语,说明君子行之于人、于事应有智慧,这种智慧的另一种表现就是"众恶之,必察焉;众好之,必察焉"。

15.29 子曰:"人能弘道,非道弘人。"

【译文】

孔子说:"人能够使道发扬光大,不是道使人的才能扩大。"

【原文解】

本章的字面意思比较清楚,但要深刻理解还要注意以下两个方面。

第一是为什么？这很简单,道从某种意义上讲就是规律,是固有的,不会因人而有所增减改变,也不会因人而有所不同,因此它不会去"弘人"。但是人有主观能动性,通过对道——规律的认知和运用能做很多事情,譬如制造汽车、发射卫星,继而使这些原本固定不变的规律产生自然界原本没有的事物,这就是"弘道"。过去古人有一个很形象的比喻:道就像一把扇子,人就像手,手能摇扇而得风,可扇却不能摇手。同时,扇因手摇而得风,也就凸显出扇子的作用,这就是"弘道"。

第二是说明了什么？这是关键,当然也很简单。笔者认为,孔子此语在于说明,人不能仅仅满足于对道有正确的认知,还要积极主动地去运用它,这样才能发挥作用,才能发挥更大的作用。这话似乎有些多余,但确实有一定的现实

意义,因为我们知道,中国过去有一种无为的思想,而有些人却将其僵化地、绝对化地理解为什么都不做。一把扇子放在那里,你什么都不做,如何能得风?

【编意解】

编者意在通过本章孔子之语,说明君子行之于人、于事应有主观能动性,不能只管自己好,还要主动地去管人、荐人、教育人,让人们知道道的作用,去"弘道"。

15.30 子曰:"过而不改,是谓过矣。"

【译文】

孔子说:"有了过错却不改正,这才真叫错了。"

【原文解】

本章的字面意思很清楚,问题在于其说明了什么?首先,这里的"过"字是过失、过错的意思,是一种无心之错,而非有心的、故意的为恶;其次,谁能无过?以颜回之贤,也只能做到"不贰过"(详见6.3章);以孔子之圣,也只能做到"可以无大过矣"(详见7.17章),更何况其他人。但是知过而不改,那这个人就会一再犯错,就脱离了常态,从某种意义上讲,就不再是一种无心之错了,这不是真错又是什么呢?

【编意解】

编者意在通过本章孔子之语,说明君子行之于人、于事不能过于苛求,不能因别人的一次过错就抓住不放,君子"薄责于人"(详见15.15章),更何况自己也做不到呢。当然,也不能因为要"薄责于人"就一味地迁就,这里就提供了一个可操作的度,那就是"过而不改,是谓过矣"。

15.31 子曰:"吾尝终日不食,终夜不寝,以思,无益,不如学也。"

【译文】

孔子说:"我曾经整天不吃饭,彻夜不睡觉,去左思右想,结果没有什么好处,还不如去学习为好。"

【原文解】

第一是对"吾尝终日不食,终夜不寝,以思,无益"的理解。首先,"尝"是曾经的意思,也含有偶尔、不经常的意思。也就是孔子"终日不食,终夜不寝,以思"不是一种经常的行为。同时,本章又谈到了思与学的问题,关于其关系,孔子曾有明确的阐述,那就是"学而不思则罔,思而不学则殆"(详见2.15章)。由上可见,孔子并没有否定思的意思,这一点必须明确,而是否定过分的思考。"终日不食,终夜不寝,以思"不是很过分吗?不就只是思了吗?其次,为什么"无益"?道理很简单,没有或缺乏新的材料,也得不到检验。

第二是"不如学也"。对这句话的理解必须注意两个方面:

首先,必须把这句话放在整章中理解,什么不如学?是"终日不食,终夜不寝,以思"不如学,而不是思不如学,这一点必须明确。

其次,什么是学?此处的学绝不能理解为仅仅是学习书本上的知识、前人的学说。如此将有可能导致学无可学,因为前人的东西毕竟是有限的(在古代尤其如此),更重要的是,如此一来又如何前进和发展呢?不能前进和发展又有多大的意义呢?学包括很多方面,学习书本上的知识、前人的学说仅仅是其中的一部分,它还包括讲习、讨论、躬行,等等,还包括向他人学习、向生活学习、向社会学习、向实践学习。子曰"温故而知新,可以为师矣"(详见2.11章),"三人行,必有我师焉。择其善者而从之,其不善者而改之"(详见7.22章)。当然,笔者所云并不一定全面,但是正确地理解学,即学绝不仅仅是学习书本上的知识、前人的学说,是正确而深刻地理解本章孔子之语的关键点之一。

【编意解】

编者意在通过本章孔子之语,说明君子不能闭门造车,而是要抱着向他人、向生活、向社会学习的态度,只有这样才能不断地提高自己,才能更好地与人相处,才能完成自己的使命。

15.32 子曰:"君子谋道不谋食。耕也,馁在其中矣;学也,禄在其中矣。君子忧道不忧贫。"

【译文】

孔子说:"君子只谋求道,不谋求衣食。耕种,饥饿也在其中;学习,俸禄也在其中。君子只担心不能践行道,不担心贫穷。"

【原文解】

第一是对"君子谋道不谋食"的理解。这句话的字面意思是很清楚的。但古语有云"民以食为天"(《汉书·郦食其传》),"谋道不谋食"是不是要求太高以致脱离实际了?这就要注意本句中的"君子"二字。孔子说的是"君子谋道不谋食",而不是要求所有的人都这样。为什么呢?下面两句就是解释。

第二是对"耕也,馁在其中矣"的理解。"耕"就是耕种,粮食不就是从耕种中得来的吗?怎么会"馁在其中"呢?这要从两方面来理解。

首先,耕种不一定就能有收获,因为还有不可预知的天灾。

其次,更为重要的是人祸。耕种就是收获了粮食,但你就肯定能吃到嘴里吗?弱肉强食是动物的一种本性,人也是动物。人之所以为人,就是因为人一直在控制和克服这种本性。如何控制和克服?施行人(仁)道。这不禁使笔者想起《论语》中的另一句话,"(齐景)公曰'善哉!信如君不君、臣不臣、父不父、子不子,虽有粟,吾得而食诸?'"(详见12.11章)这句话虽然说得很露骨,甚至无耻,但它道出的却是事实。

其实,这两点都是由于人们对道认识和遵循的不够所致。前者是对天道认识和遵循的不够,但这是可以逐渐改变和挽救的,如事先的储备和调粮赈灾等,尤其是科学不断进步的今天以及未来;后者则是对人(仁)道认识和遵循的不够,而这也正是君子所谋、所忧之所在。当然,这是从大的和社会的角度来讲。那么从小的和个人的角度又如何?下一句就是。

第三是对"学也,禄在其中矣"的理解。谋道当然要学,但学是否就能得道呢?未必。但这是必需的,即便得不了大道还得不了小道吗?还学不到本领吗?只要努力就至少能有一定的能力。哪个社会不需要有本领的人呢?有了能力就能为社会服务,就能为社会做出贡献,也就能获得报酬。这里的"禄"不妨做更宽泛一些的解释,尤其是在分工日益精细的现代社会,有了报酬,我们还能没有吃的吗?道理就这么简单。当然,应当强调说明的是,这里的学是以"谋道"为前提的,只有这样才能得到真正的高水平的能力,进而也才能有更多的报酬。就算将"禄"仅仅理解为做官,也并无不可。一个人谋求道——仁道,得到了为政之德,就能为建立和维持良好的——符合人性的社会秩序,继而使人们生活在安定之中,这难道不是对社会的重大贡献吗?这难道不应当得到俸禄吗?有了俸禄还会贫穷吗?还会吃不上饭吗?

第四是对"君子忧道不忧贫"的理解。这是前两句话的结论。道或者说是人道不能实行,灾难必然甚至很快就会降临,所以忧之;而志于"谋道"则会有"禄",不存在贫困的问题,又有何可忧? 这时可能有人会产生这样的疑问,那就是如果大家都去做君子怎么办? 谁来种庄稼呢? 不用担心。首先,不是志于"谋道"就都能成为君子的,子曰"可与共学,未可与适道;可与适道,未可与立;可与立,未可与权"(详见9.30章)。成为君子可不是那么容易的;其次,如果真是这样也很好啊! 那样人(仁)道施行就不再存在问题,大家就安心过自己的生活,专心致志地创造财富,享受生活,岂不美哉!

【编意解】

编者意在通过本章孔子之语,说明君子行之于人、于事要致力于推行人(仁)道,而不是牟利,尤其是眼前的小利。

15.33 子曰:"知及之,仁不能守之;虽得之,必失之。知及之,仁能守之,不庄以莅之,则民不敬。知及之,仁能守之,庄以莅之,动之不以礼,未善也。"

【译文】

孔子说:"凭借聪明才智得到它,但(如果)不能用仁德来守护它,即使得到它,也一定会丧失它。凭借聪明才智得到它,能用仁德来守护它,不用严肃态度来治理它,那么民众就会不敬;凭聪明才智得到它,用仁德来守护它,用严肃态度来治理它,但治理它时不依照礼的要求,那也是不完善的。"

【注释】

莅(lì),1. 视也。本义:走到近处察看。2. 临。从上监视着,统治、管理。3. 到、来。

【原文解】

第一是对"之"的理解。本章有十一个"之"字。这些"之"指的是什么? 对此众说纷纭,但总体来讲有三种解释,一是理;二是官位或家、国、天下;三是民众。对此笔者认为第三种理解比较合适。理由如下。

首先,将"之"理解为理实在是有些牵强,对于之后语句的解读也很难通顺。譬如"仁不能守之""动之不以礼",这显然表示仁和礼与理不是一回事,如果理中无仁、无礼,这在孔子和儒家的思想中是说不通的。又譬如"庄以莅之",理就是理,与庄与不庄、严肃不严肃又有什么关系呢?

其次,将"之"理解为官位或家、国、天下,如此理解放在本章中是能够通顺的,也没有什么矛盾,但是笔者认为如此理解其范围有些窄,因为能够得到官位或家、国、天下的毕竟只是极少数人。难道只有这些人需要如此,别人就不需要了吗?譬如士人、不在位的君子等。因此笔者认为,将"之"理解为民众比较恰当,得民众的人不仅仅是当权者,谁都有可能,只要他有足够的德。

第二是为什么?

首先是"知及之,仁不能守之,虽得之,必失之"。民众作为一个整体,虽然不是很聪明甚至有些愚蠢,你可以用一些小聪明取得他们的信任,但如果你不是施行真正的仁道,不是真正的爱他们、为他们好,早晚他们是会知道的,对你的信任也就随之而去,甚至还会反对你。"水则载舟,水则覆舟"(《荀子·哀公》)这个道理有谁不知?不施行仁道,焉能不失民众?不失官位?

其次是"不庄以莅之,则民不敬"。君子有教化民众的职责,何谓教?"教者,效也,上为之,下效之"(《白虎通义·三教》)。上行下效这个道理有谁不知?为官者临民不庄重严肃,民不敬也就是自然的事了。而民不敬又如何能治理呢?至少很难。

最后是"动之不以礼,未善也"。有子曰"礼之用,和为贵。先王之道,斯为美。小大由之,有所不行。知和而和,不以礼节之,亦不可行也"(详见1.12章)。"动之不以礼",又有何善可言?

【编意解】

编者意在通过本章孔子之语,说明君子行之于人(民众),"知及之",要以仁守之,"庄以莅之",动之以礼。否则,不是得不到,就是半途而废,不能善终。所谓半途而废和不能善终,那就是你做不到,并不等于别人也做不到。当你做不到,而别人做到了,结果会如何呢?

15.34 子曰:"君子不可小知而可大受也,小人不可大受而可小知也。"

【译文】

孔子说:"君子不能让他们去做那些小事,但可以让他们承担重大的使命。小人不能让他们承担重大的使命,但可以让他们做那些小事。"

【原文解】

第一是对"知"的理解。"知"在古代汉语中有知道、了解的意思,也有主持、管理的意思。如将本章的"知"理解为知道、了解,则本章的意思就变为"君子不能用小事来了解其能力,但可以让他们承担重大的使命。小人不能让他们承担重大的使命,但可以用小事来了解其能力"。如此理解,语意也是通顺的,只是有些牵强,尤其是"小知"和"大受"不太对应,因此笔者认为,将本章的"知"理解为主持、管理更为合适。

第二是为什么?其实读到孔子本章之语,不禁使人想起孔子的另一句话,"君子不器"(详见 2.12 章)。道理其实也很简单,道的广度和深度是无限的,而人的精力、生命却是有限的,因此人(无论就个体还是整体而言)对于道的认识只能是局部的。而道又分为一本之道和分殊之理(在每个领域都是如此)。有些人(譬如君子)在对道、德探索过程中偏重于认识其一本之道,而另外一些人(譬如小人)则注重研究其分殊之理。之所以如此,是因为志向不同。因为探索一本之道往往没有一技之长,即没有现时的利益,而探索分殊之理则反之。因此孔子说"君子喻于义,小人喻于利"(详见 4.16 章)。同时,也正因为人的精力、生命是有限的,因此探索或偏重于探索一本之道的君子,就不可能再有时间或者有充足的时间去探索和认知那些分殊之理,因此就"不可小知",但同时也正是因为其对一本之道有所认识,因此也"可大受也"。而小人则是相反。

第三是说明了什么?说明了人各有所长也各有所短,用人应当就其所长,否则不仅埋没了君子所长,也放弃了对小人之才的运用。所谓大事是由很多具体的小事组成的,也是众人之事,需要众人来共同完成的。

【编意解】

编者意在通过本章孔子之语,说明君子行之于人(用人)要就其所长,避其所短。

15.35 子曰:"民之于仁也,甚于水火。水火,吾见蹈而死者矣,未见蹈仁而死者也。"

【译文】

孔子说:"民众对于仁道(的需要),比对于水、火(的需要)更迫切。我见过人跳到水中、火中而死的,却没有见过践行仁道而死的。"

【原文解】

第一是对"民之于仁也,甚于水火"的理解。这句话的字面意思是很清楚的,可为什么民众需要仁?为什么"甚于水火"?

首先,所谓仁,就是仁道,就是人与人相处之道,就是正确的人与人相处之道。人与人相处之道就是一种秩序,没有了秩序,人们就会陷入一种弱肉强食的丛林状态,在这种状态下人们如何生存?这一点前面已多有阐述,应当不难理解。所谓正确的人与人相处之道,在本章中就是儒家所主张的特定的秩序,这种秩序的一个原则就是中庸,就是要用中,"过犹不及"(详见11.16章),也要中用(管用),要能达到和的效果。因此子曰:"夷狄之有君,不如诸夏之亡也"(详见3.5章);"苛政猛于虎也"(《礼记·檀弓下》)。由此可见,没有仁道是不行的,民众是需要仁道的。

其次,为什么"甚于水火"?笔者认为可能主要是出于两个原因,一是水火虽然是生活所必需,但其相对更容易获得,水在自然界就有而且很多,火通过努力自己就能获得。而仁道则不然,其有待于在位者的认知和推行,也有待于民众的理解和认可;二是在孔子所处的礼崩乐坏的时代,仁道的存续已经岌岌可危,因此民众对于仁道的需要更为急迫。

第二是对"水火,吾见蹈而死者矣,未见蹈仁而死者也"的理解。这说明了什么?说明的问题也很明显,那就是践行仁道没有什么危险,至少没有生命的危险,如此就应当放手去做。当然,没有危险并不等于没有困难。应当说明的是,践行仁道并不是一点危险都没有,因为这可能伤害某些既得利益者,甚至是在位者、在上位者的既得利益者,这肯定是有危险的,有时还会很大,但是这在孔子的思想来说是可以避的,"可卷而怀之"(详见15.7章)。

【编意解】

编者意在通过本章孔子之语,说明君了行之于人(社会)应当积极地去推行仁道,推行正确的人与人相处之道。因为这既是民众所急需的,同时又是没有什么危险的。

15.36 子曰:"当仁,不让于师。"

【译文】

孔子说:"面对着仁道(的践行或推行),就是老师,也不同他谦让。"

【原文解】

首先是"不让"。通过前面的学习,我们知道,让或者不争是孔子思想的核心之一。但在本章孔子谈到了"不让",这应当引起我们的高度关注。对什么"不让"?对仁道的践行或推行。这又说明了什么?说明对仁道的践行或推行,其价值地位是非常高的,至少对子来说是如此。同时也说明仁道的践行或推行是一件十分紧迫的事,"民之于仁也,甚于水火"(详见15.36章),否则何以"不让"?难道不能等一等吗?

其次是"师"。就是老师的意思。问题在于孔子为什么说"不让于师",而不说不让于父、不让于兄呢?通过前面的学习(详见1.4章),我们知道,师生关系是很特殊的关系,是除了自己家人之外儒家最看重的关系。不让于父就是不孝,不让于兄就是不悌,而"孝弟也者,其为仁之本与"(详见1.2章),不孝、不悌在儒家看来是对仁道的根本的违背和颠覆,在此情况下又如何谈得上对仁道的践行或推行呢?由此看来,孔子说的每一句话都是符合中道的,都是很精准的,每一个字都是值得我们仔细琢磨、用心体会的,万不可大而化之,囫囵吞枣,甚至断章取义。譬如本章,后来就有很多人只读前半句——"当仁不让",进而使自己的行为走向了极端甚至反面。"差若毫厘,谬以千里"(《礼记·经解》),不可不慎。因此,在读《论语》时,一定要读全,千万不可只读半句。

【编意解】

编者意在通过本章孔子之语,对上一章进行进一步阐述,即君子行之于人(社会),应当时不我待、勇往直前地推行仁道——"当仁,不让于师。"

15.37 子曰:"君子贞而不谅。"

【译文】

孔子说:"君子固守正道,而不固执。"

【注释】

贞,1.卜问也。本义:占卜。2.坚定、有操守。多指意志或操守。3.假借为"正""定"。端方正直。

【原文解】

首先是"谅"。"谅"字前面已经有所注释(详见14.17章注释),其有信的意思,也有固执的意思。过去有许多学者将本章的"谅"理解为信,这样"不谅"

就是不信、不讲信用的意思。虽然孔子说过"言必信,行必果,硁硁然小人哉"(详见13.20章),孟子也说过"大人者,言不必信,行不必果,惟义所在"(《孟子章句·离娄下》),但要说君子不信、不讲信用无论怎样也是说不通的。因此,如此理解的人将"不谅"解释为不拘泥于小信,加了一个"小"字,但这个"小"字的添加确实是没有依据的,所谓大小又如何确定呢?标准是什么呢?是否因人而异?因此,笔者认为将本章的"谅"理解为固执,况且将本章的"谅"理解为信也有些狭窄,仁义之所在,岂只是可以不必信?子曰:"君子之于天下也,无适也,无莫也,义之与比"(详见4.10章)。

其次是何以"不谅"?"不谅"就是不固执,就是放弃原本应当坚守或承诺坚守的事物。为什么?其实还是因为坚守,是更大的坚守,那就是正道,在儒家来说就是仁,就是义。子曰:"志士仁人,无求生以害仁,有杀身以成仁。"(详见15.9章)孟子说:"生,亦我所欲也,义,亦我所欲也。二者不可得兼,舍生而取义者也。"(《孟子·告子上》)必要时,身都可以杀,生都可以舍,何况其他?其实这也是很多君子、伟人常常被那些"匹夫匹妇"(详见14.17)所误解甚至是歪曲的重要原因,这种误解和歪曲,包括所谓好心的臆想和杜撰。

【编意解】

编者意在通过本章孔子之语,说明君子行之于人、于事应当坚守仁道,为此就不能固执,要知道权衡变通,也就"不谅"。应当说明的是,"不谅"本身就是一种坚守,是更大的坚守。

15.38 子曰:"事君,敬其事而后其食。"

【译文】

孔子说:"事奉君主,要(先)认真办事,而把领取俸禄的事放在后面。"

【原文解】

首先是"事君",这里的"君"现在可以理解为国家,再扩展一下可以理解为上级、领导。这样,"事君"就可以理解为为国家办事、办理众人之事。

其次是"敬其事",就是认真办事,其意思是很明确的,问题是认真办事不等于就能把事情办成、办好,尽管认真之后能把事情办成、办好的可能性会大增。因此,不能将"敬其事而后其食"简单地等同于无功不受禄,对其中的差别应有所体会。因为事能否成功取决于因素很多,比如命,而没有俸禄是不符合情理的。

最后是"后其食",就是把领取俸禄的事放在后面,其意思是很明确的。这里应当说明的是,放在后面不等于不要俸禄,只是放在后面而已,这也是很明确的。还有一个问题是为什么?因为"君子喻于义"(详见15.9章),要把义放在了第一位,放在了利之前。

【编意解】

编者意在通过本章孔子之语,说明君子行之于人、于事(事君、为政)应当"敬其事而后其食。"

15.39 子曰:"有教无类。"

【译文】

孔子说:"人人都可以接受教育,不分种类。"

【注释】

类,1.种类相似,惟犬最甚。本义:种类。2.相似、像。3.大抵、大致。4.事例、条例。引申为榜样、标准。

【原文解】

本章的字面意思很清楚,很多人认为这在现代社会似乎不是一个问题。其实不然。要理解这一点,先要了解一下孔子此语的时代背景。在当时,生产力极其低下,社会物质财富很匮乏,加之分配的不公,导致绝大多数的人没有机会去读书学习、接受教育,因为接受教育是要花费很多的(包括金钱和精力);而当时的统治者目光短浅,为了维护自身的统治地位,又人为地将接受教育的范围进行了进一步的限制,往往只有贵族才能接受教育,因此,人们接受教育的机会就更少了。那么现在呢?是否还有因为财富或出身问题而无法接受教育或无法接受应有的、公平的教育的情况呢?肯定有,只是多少的问题,而且不在少数。因此,"有教无类"就是在现在也还是一个有待实现的状态,并不是没有问题,当然要比孔子的时代好很多了。

那么孔子为什么会提出这样的主张呢?原因很简单,那就是君子有教化的职责,而只有"有教无类"才能最大限度、最高效地进行教化。当然,要真正实现"有教无类"还需要很多条件,譬如在位者的眼光,教师自身的水平,等等。但就自身(教师)而言,则要有非常高的水平和境界。无论什么样的人,你真的都能

教吗?你真的一点都不在乎他们的出身、财富甚至是智愚吗?你真的能让他们都有所得吗?由此我们也可以体会一下,在两千五百年前提出这种思想主张的孔子,所具有的是怎样的境界、眼光和能力啊!

【编意解】

编者意在通过本章孔子之语,说明君子行之于人、于事(教化),应当"有教无类"。

15.40 子曰:"道不同,不相为谋。"

【译文】

孔子说:"主张不同,不互相谋划商议。"

【原文解】

第一是对"道不同"的理解。"道"怎么能不同呢?"道"不是不为人们的意志所转移或改变的吗?是的,但如此理解本章的"道"是说不通的。因此不能将本章的"道"理解为不为人们的意志所转移或改变的规律和性质。过去的学者对本章的"道"有两种解释,一种是志向或目标;另一种是好坏善恶的价值取向。用朱熹的话讲,就是"善恶邪正类",也有学者将其理解为"义"。笔者认为后者是比较合适的。

首先,在现实当中有谁的志向或目标与别人是完全相同的呢?恐怕没有。那前一种理解就有问题了,既然不同又怎么"相为谋"呢?这时可能有人会说,志向或目标完全相同的可能没有或很少,但大体相同的还是不少的吧?如此解释存在两个问题:一是什么叫大体相同或不大体相同?有标准吗?二是将大体相同理解为同,将大体不相同理解为不同的依据又是什么呢?

其次,笔者之所以认为后者的解释是比较合适的,是因为好坏善恶就是仁道或者说是仁道的基础,也就是"道"的一部分,而"义"是仁道的抽象、浓缩和提炼。而道也只有这一部分是人通过思辨所得出来的成分,也是因人而异的,当然,至于正确与否也是有待历史检验的。而价值——好坏善恶,或者"义",是比较简单明了的,也就是比较容易进行区分的,同时他们又是非常重要的,是人们行动的基础,也决定着人们行动的方向。

第二是对"不相为谋"的理解。这句话的字面意思是很清楚的。问题是为什么?原因很简单。"道不同"——好坏善恶的价值观不同,"义"不同,甚至是相反,如何相谋?譬如有人认为人们应当和谐相处,以让和礼来解决问题,而有人认为人们应当相互竞争甚至相互争夺,以争和战来解决问题。你认为这两个人有互相谋划商议做事情的可能吗?不可能!那是与虎谋皮。

【编意解】

编者意在通过本章孔子之语,说明君子行之于人、于事(谋划合作)应当以"道"——是非价值观念相同为基础,"道不同,不相为谋"。孔子这句话也说明,君子做事尤其是做大事时,是应当要与人共同谋划合作的,本章孔子之语只是提醒其中的例外情况,那就是"道不同,不相为谋"。

15.41 子曰:"辞达而已矣。"

【译文】

孔子说:"言辞能表达意思就行了。"

【原文解】

首先是为什么?因为大道至简。其实所有的真理都是非常简单的,同时,真理也是客观的,不以人的意志为转移,不能有任何臆想的添加,在此情况下,我们在描述事物或阐述真理的时候,还需要过多的言辞吗?列宁曾经说过:"真理再往前走一步就会变成谬误。"当然,言辞表达不足同样也是不行的,子曰"过犹不及"(详见11.6章)。

其次说明了什么?笔者认为,这是一种中庸的表现,当然只是在言辞方面。既然是中庸,做起来就一定不是那么容易。《尚书》有云:"人心惟危,道心惟微,惟精惟一,允执厥中。"(《尚书·虞书·大禹谟》)这是舜告诫禹的话,大概意思是,人心危险(难安),道心幽微(难明),只有精心一意,诚恳地秉执其中的道,才能办理好政务、治理好国家。本章孔子的话语虽然简单,但真要做到,是要花大力气的,要"惟精惟一"。当然,对于那些达意之辞的理解也是同样的,也要"惟精惟一"。这两方面我们通过之前对《论语》的学习,看看孔子的话语,再想想我们对其话语的理解,应当是能有所体会的。

【编意解】

编者意在通过本章孔子之语,说明君子行之于人、于事(言辞,进而也可以引申为做事)应当"辞达而已矣""允执厥中"。

15.42 师冕见，及阶，子曰："阶也。"及席，子曰："席也。"皆坐，子告之曰："某在斯，某在斯。"师冕出。子张问曰："与师言之道与？"子曰："然，固相师之道也。"

【译文】

乐师冕来见孔子，走到台阶沿，孔子说："这儿是台阶。"走到坐席旁，孔子说："这是坐席。"等大家都坐下来，孔子告诉他："某某在这里，某某在这里。"师冕走了以后，子张就问孔子："这就是与乐师谈话的道吗？"孔子说："是的，这本来就是帮助乐师的道。"

【原文解】：

首先是"师冕"。"师"在当时一般是指乐师、乐官，当时充当乐师、乐官的人往往是盲人，本章的乐师明显就是一个盲人。冕是这个乐师的名字。

其次是"固相师之道也"。这句话的意思是很清楚的，问题在于说明了什么？依据古礼，对乐师的帮助是有所规定的，因此孔子强调了一个"固"字；本章"师冕见"没有相关的言谈记载，只记载了孔子相助盲人的言行，因此应从此理解其深意，孔子见盲人会由此相助之道，那么见其他的残疾人呢？想必也会有一定的相助之道。

【编意解】

编者意在通过本章孔子之言行，说明君子行之于人（残疾人）应当有相助他人之道，应当根据具体情况有针对性地予以帮助。

季氏第十六

16.1 季氏将伐颛臾。冉有、季路见于孔子曰:"季氏将有事于颛臾。"孔子曰:"求,无乃尔是过与? 夫颛臾,昔者先王以为东蒙主,且在邦域之中矣,是社稷之臣也。何以伐为?"冉有曰:"夫子欲之,吾二臣者皆不欲也。"孔子曰:"求!周任有言曰:'陈力就列,不能者止。'危而不持,颠而不扶,则将焉用彼相矣? 且尔言过矣,虎兕出于柙,龟玉毁于椟中,是谁之过与?"冉有曰:"今夫颛臾,固而近于费。今不取,后世必为子孙忧。"孔子曰:"求,君子疾夫舍曰欲之而必为之辞。丘也闻,有国有家者,不患寡而患不均,不患贫而患不安。盖均无贫,和无寡,安无倾。夫如是,故远人不服,则修文德以来之。既来之,则安之。今由与求也相夫子,远人不服,而不能来也;邦分崩离析,而不能守也;而谋动干戈于邦内。吾恐季孙之忧,不在颛臾,而在萧墙之内也。"

【译文】

季氏将要讨伐颛臾(zhuān yú)。冉有、子路去见孔子说:"季氏要攻打颛臾了。"孔子说:"冉求,这不就是你的过错吗? 颛臾从前是周天子让它主持东蒙山的祭祀的,而且已经在鲁国的疆域之内,是国家的臣属啊,为什么要讨伐它呢?"冉有说:"季孙大夫想去攻打,我们两个人都不愿意。"孔子说:"冉求,周任有句话说:'尽自己的力量去负担你的职责,实在做不好就辞职。'有了危险不去扶助,跌倒了不去搀扶,那还要辅助的人干什么呢? 而且你说的话错了。老虎、犀牛从笼子里跑出来,龟甲、玉器在匣子里毁坏了,这是谁的过错呢?"冉有说:"现在颛臾城墙坚固,而且离费邑很近。现在不把它夺取过来,将来一定会成为子孙的忧患。"孔子说:"冉求,君子痛恨那种(不肯实说)自己不想这样却说想这样,而且还一定要为此编造说辞辩解的做法。我听说,对于诸侯和大夫,不怕财富少,而怕(财富分配)不公平;不怕人口少,而怕不安定。由于(财富分配)公平,也就没有所谓的贫穷;大家和睦,就不会感到人少;安定了,也就没有倾覆的危险了。做到这样,如果远方的人还不归服,就进一步完善自身的文德(仁义礼乐)招来他们;招来后,就让他们安心住下去。现在,仲由和冉求你们两个人辅助季氏,远方的人不归服,你们不能招来他们;国内分崩离析,你们不能保全,反而策划在国内使用武力。我只怕季孙的忧患不在颛臾,而是在(自己的)内部呢!"

【注释】

颛臾(zhuān yú),春秋国名。风姓,相传是伏羲之后。故城在今山东省费县西北。为鲁国的附庸,当时臣属鲁国。

东蒙,蒙山古称,因在鲁东,故曰东蒙,是沂蒙山区最高大的山脉。

周任,一说为周时大夫,一说为古之良吏。

兕(sì),一说类似犀牛的一种异兽;一说就是雌性犀牛。

柙(xiá),1.槛也,以藏虎兕。本义:关兽的木笼。2.通"匣",匣子。3.(用囚笼、囚车)关押、押解。

均,1.平也。本义:均匀、公平。2.协调、调节。3.同、同样的。4.皆、都、全部。5.制造陶器所用的转轮,又称"陶旋轮",后喻国政。6.通"韵",韵律。

萧墙,面对国君宫门的小墙。一名塞门,又称屏。臣至此屏,便应肃然起敬。"萧"通"肃"。比喻内部。

【原文解】

本章的字面意思比较清楚,要深刻理解还应注意:

第一是对"求,无乃尔是过与?夫颛臾,昔者先王以为东蒙主,且在邦域之中矣,是社稷之臣也。何以伐为"的理解。

首先是"求,无乃尔是过与"。这是孔子对冉有的责备,问题是冉有和子路一同去告诉孔子"季氏将有事于颛臾",为什么孔子只责备冉有而不责备子路?笔者认为,据考证,当时冉有和子路虽然都在为季氏做事,但是冉有是季氏宰,地位明显高于子路,有更大的权力和说话的分量,因此孔子只责备冉有,至于为什么要责备,本章后面的孔子之语有明确的阐述。

其次是"夫颛臾,昔者先王以为东蒙主,且在邦域之中矣,是社稷之臣也。何以伐为"。这句话的字面意思是很明确的,就是说明季氏征伐颛臾是不对的,是没有道理的。原因有三方面:一是颛臾是天子所封——"先王以为东蒙主";二是颛臾是鲁国的一部分,是鲁国的臣属——"在邦域之中";三是颛臾没有反叛的情况——"社稷之臣"。应当说明的是,这些道理都是大道理,也是根本的道理,也可以说是大义。而在此情况下讨伐颛臾就是大不义,就是有违大义。

第二是对"求,周任有言曰:'陈力就列,不能者止。'危而不持,颠而不扶,则将焉用彼相矣?且尔言过矣,虎兕出于柙,龟玉毁于椟中,是谁之过与"的理解。孔子此语是对冉有"夫子欲之,吾二臣者皆不欲也"的批驳。要深刻理解,就要对冉有的辩解有所理解,冉有的辩解想说明什么呢?笔者认为,冉有的辩解想说明的无非就是一点,我冉有没有错,理由是"夫子欲之"。这里的"夫子"是季氏,季氏是当政大夫,更是冉有和子路的上级,下级应当服从上级,这有错吗?对于这个问题,且看孔子的回答。

首先,"周任有言曰:'陈力就列,不能者止。'危而不持,颠而不扶,则将焉用彼相矣?"这句话的字面意思是比较清楚的。周任是一个古人,也是一个有名的官员。孔子的这句话,主要是阐明了臣或下级的职责,也是以下事上的大道,那就是要帮助——"相"君主或上级,但这种帮助不是盲目的、盲从的,不是帮助君主或上级做任何事情,而是帮助其做合于义或者至少不违背义(尤其是大义)的事情,要从根本上为君主或上级好,包括不要使之身陷大不义或危险,这也是作为臣子或下级的大义。如果你做不到(这包括你没有这样做的能力,也包括君主或上级的一意孤行),就应当停止、离去。说到这里,笔者不禁想起之前《论语》中孔子的几句话,"臣事君以忠"(详见 3.19 章)、"以道事君,不可则止"(详见 11.24 章)、"弑父与君,亦不从也"(详见 11.24 章)。

其次,"虎兕出于柙,龟玉毁于椟中,是谁之过与?"谁的过错?当然是看守的过错,是保管员的过错,是他们没有尽到职责。就本章来说,谁是看守、保管员?当然是冉有和子路。在这个岗位就要履行好相应的职责,如果不能履行职责就不要干。这里应当说明的是,"虎兕出于柙"是非常危险的,不论是对于人还是对于虎、兕本身;"龟玉毁于椟中",其毁是毁于自己人手中,而非他人,"龟玉"在当时都是神器,从某种意义上讲是国、家的象征,"龟玉毁"就是国、家毁,是一种巨大的灾难。

第三是对"求,君子疾夫舍曰欲之而必为之辞。丘也闻,有国有家者,不患

寡而患不均,不患贫而患不安。盖均无贫,和无寡,安无倾。夫如是,故远人不服则修文德以来之。既来之,则安之。今由与求也相夫子,远人不服而不能来也,邦分崩离析而不能守也,而谋动干戈于邦内。吾恐季孙之忧,不在颛臾,而在萧墙之内也"的理解。

首先是"君子疾夫舍曰欲之而必为之辞"。这句话的字面意思是很清楚的。孔子此语是对冉有"今夫颛臾固而近于费,今不取,后世必为子孙忧"虚伪性的揭露。前面说过,颛臾是鲁国的附庸,所谓附庸,就说明其很弱小,同时颛臾没有反叛的情况,是很规矩的,因此无论是对鲁国还是季氏都没有什么威胁。季氏想征伐颛臾其实质并不是因为颛臾对于季氏或季氏的子孙有威胁,而是贪婪,想扩大自己的势力。当然,扩大自己的势力,也似乎是保存自己以至于使自己的子孙少些担忧和危险的办法,但实际上这并不是根本的办法。那什么是呢?且看孔子下面的话。

其次是"有国有家者,不患寡而患不均,不患贫而患不安。盖均无贫,和无寡,安无倾。夫如是,故远人不服则修文德以来之。既来之,则安之。今由与求也相夫子,远人不服而不能来也,邦分崩离析而不能守也,而谋动干戈于邦内。吾恐季孙之忧,不在颛臾,而在萧墙之内也"。孔子此语有两层意思:

一是点出了根本之道,即"有国有家者,不患寡而患不均,不患贫而患不安。盖均无贫,和无寡,安无倾。夫如是,故远人不服则修文德以来之。既来之,则安之"。这句话的字面意思是很清楚的,问题是为什么?其实原因也很简单。"有国有家者"就是为政者,甚至从某种意义上讲是一个君主、一个团体的首脑。一个君主、一个团体的首脑应当怎样做呢?当然是要使自己的团体安定,那么如何才能安定呢?当然是要使这个团体的成员和睦相处。那么如何才能使这个团体的成员和睦相处呢?当然是要使这个团体的成员感觉到公平——"均"。这里应当强调说明的是,这里的"均"不能简单地理解为平均,更不能理解为绝对的平均。干多干少一个样、努力懒惰一个样、职责大小一个样,甚至干与不干一个样,这怎么能叫公平呢?这又怎么能行得通呢?毛泽东主席主政时代的社会分配原则不正是"多劳多得、少劳少得、不劳不得"吗?那个时代的物质财富要比现在匮乏许多,但那时的人们并不感到自己有多么的贫穷,人与人之间是和睦的,社会是安定的。其实,贫与富更大程度上是因相互比较而产生的一种感受,当这种感受变得十分强烈的时候,就会使社会变得不安定,这是成正比的。因为有谁能在受到不公正的对待时无动于衷呢?有许多学者认为,"不患寡而患不均,不患贫而患不安"这句话中的"寡"和"贫"可能是记录者记反了,因为寡是指民少,而贫是指财乏,况且后一句"盖均无贫,和无寡,安无倾"也是一种印证。对此笔者认为是有道理的,但原文就是如此,且意思也没有什么区别。上面是根本之道的第一个层次,就是使这个团体的成员和谐相处,那么之后呢?之后当然就是要使团体变得强大,如何才能强大呢?那就是"夫如是,故远人不服则修文德以来之,既来之,则安之"。其实读到这句话,不禁使笔者想起前面学习过的《论语》中的两章,即"叶公问政"章(详见13.16章)和"子适卫"章(详见13.9章)。这两章对这一问题已经说得很清楚了,甚至有更高层次的阐述,在此不再赘述。

二是点出了季氏所为背离了根本之道以及可能的后果,即"今由与求也相夫子,远人不服而不能来也,邦分崩离析而不能守也;而谋动干戈于邦内。吾恐季孙之忧,不在颛臾,而在萧墙之内也"。季氏自己当政的鲁国,已经很不安定,这种不安定主要表现为:季氏身为大夫却当鲁国之政,把国君放在了一边,而且比国君还富有强大,当然也比其他大夫富有强大——"分崩离析",却还要在国内大动干戈——"将伐颛臾",这无异于火上浇油,其最终结果很有可能是毁于内部的争斗。其实,后来的发展也确实如此,季氏家臣阳虎果然囚禁了季桓子。

【编意解】

那么本章被编排在此的意义又是什么呢?通览本篇,笔者认为,编者试图在说明面对不可知的命运时我们应当怎样做?笔者认为是"应命"。学习本篇时应注意与《论语·子罕》相结合、参照。编者意在通过本章之故事和孔子之语,说明面对不可知的命运我们应当知义行义、知本务本,不可知义违义、舍本逐末。应说明的是,一个国或一个家是否会衰败,有很多的因素,有些因素是不可知的,譬如天灾人祸,这就是命。

16.2 孔子曰:"天下有道,则礼乐征伐自天子出;天下无道,则礼乐征伐自诸侯出。自诸侯出,盖十世希不失矣;自大夫出,五世希不失矣;陪臣执国命,三世希不失矣。天下有道,则政不在大夫。天下有道,则庶人不议。"

【译文】

孔子说:"天下有道的时候,制作礼乐和出兵打仗都由天子做主决定;天下无道的时候,制作礼乐和出兵打仗由诸侯做主决定。由诸侯做主决定,大概经过十代很少有不垮台的;由大夫决定,经过五代很少有不垮台的;大夫的家臣执掌国政,经过三代很少有不垮台的。天下有道,国家政权就不会落在大夫手中。天下有道,老百姓也就不会议论国家政治了。"

【注释】

陪,1.重土也。本义:重叠的土堆。引申为重叠的、隔了一层的。2.增益。3.伴随、陪同。4.辅佐、帮助。5.同"赔",赔偿、偿还。6.通"倍",违背。

陪臣,诸侯的大夫对天子自称为陪臣。

【原文解】

第一是对"天下有道,则礼乐征伐自天子出;天下无道,则礼乐征伐自诸侯出"的理解。本句的字面意思是很清楚的。问题是为什么?原因很简单,因为"礼乐征伐"都是大事,礼用现在的话可以勉强叫作法,乐是用来移风易俗的,也可以说是一个社会所要达到的目标或状态,至于征伐则更不用多说了,就是出兵打仗,这是一种非常激烈的谴责手段,是要流血的。这种人事应当由最高权力决定,这在孔子来说是理所应当的,也就是符合道的。其实,在现实社会中人们又何尝不是这么认为的呢?

至于"礼乐征伐自诸侯出"为什么就是无道?对于这个问题的回答,除了上面的原因之外,笔者认为还有以下原因。首先是"名不正,则言不顺;言不顺,则事不成;事不成,则礼乐不兴;礼乐不兴,则刑罚不中;刑罚不中,则民无所错手足"(详见13.3章);其次是诸侯有很多,如此重要的事情出自诸侯,势必导致政出多门,而政出多门则不可避免地产生矛盾,造成混乱;最后是会产生上行下效的局面,既然诸侯能做该由天子做的事情,那么诸侯的下级大夫为什么就不能做该由诸侯做的事情呢?大夫的下级家臣为什么不能做该由大夫做的事情呢?如果这都是被允许的,那还有什么秩序可言,只能是一片混乱。因此,这在孔子来说是不应当的,也就是不符合道的。其实,在现实社会中人们又何尝不是这么认为的呢?

第二是对"自诸侯出,盖十世希不失矣;自大夫出,五世希不失矣;陪臣执国命,三世希不失矣"的理解。本句的字面意思也是很清楚的。要深刻理解应注意:首先,这不是一种确定的结论,一定要注意这句话中的三个"希"字。这是一种观察的结果,因为在孔子所处的春秋时代,这种无道之事是非常多的。因此不存在精确的必然性,过多的进行考证、验证是没有意义的;其次是为什么?由上述可知,因为无道。至于诸侯、大夫、陪臣同样无道,为什么得以存续的时间却有所不同,笔者认为这可能与三者本身的势力差别有关,但这只是一种猜测而已,重要的是这种无道最终是行不通的,只能得逞一时,不能长久。

第三是对"天下有道,则政不在大夫。天下有道,则庶人不议"的理解。本句的字面意思也是很清楚的,仍然是在告诉人们什么是"天下有道",也同时是在告诉人们什么是"天下无道"。那么这与前面的话有什么区别呢?笔者认为,这句话所提出的标准更贴近于一般人,一般人更容易感受到,因为对一般人来讲,天子离得很远,尤其在当时。另一个问题是,为什么"天下有道,则庶人不议"?因为"天下有道,则礼乐征伐自天子出",对作为庶人的百姓来讲是能够接受的,同时也没有了政出多门的情况,对作为庶人的百姓来讲就没有了困惑。当然,真正的天下有道,其具体的"礼乐征伐"也应当是通人性的、行得通的、行之有效的,百姓又如何会有议论呢?其实笔者更愿意将本句中的"议"理解为非议。从某种意义上讲,"庶人不议"是"天下有道"最终也是真正的标准,当然这种"不议"不是被迫的,其实谁又能真正地压制呢?况且"防民之口,甚于防川"(《周语·邵公谏厉王弭谤》),这样的道理,中国的古人早就知道了。

【编意解】

编者意在通过本章孔子之语,说明面对不可知的命运,我们应当有鉴别我们生活的社会是否有道的标准和方法,应清醒地知道我们生活的社会是否有道。只有如此,才能尽量正确地调节我们的言行,以免遭不测。

16.3 孔子曰:"禄之去公室五世矣,政逮于大夫四世矣,故夫三桓之子孙微矣。"

【译文】

孔子说:"鲁君失去国家政权已经有五代了,政权落在大夫之手已经四代了,所以三桓的子孙将衰微了。"

【注释】

三桓,即指鲁国卿大夫孟孙氏、叔孙氏和季孙氏。鲁国的三桓起于鲁庄公时代(前693—前662)。鲁庄公父亲鲁桓公有四子,嫡长子同继承君位,即鲁庄公;庶长子庆父(其后代称仲孙氏。庶子之长又称"孟",故又称孟氏、孟孙氏);庶次子叔牙(其后代称叔孙氏)、嫡次子季友(其后代称季氏)。三兄弟按照当

时的礼法都被鲁庄公封为卿大夫,其后代皆逐渐形成了大家族,由于三家皆出自鲁桓公之后,所以被人们称为"三桓"。

【原文解】

第一是对"禄之去公室五世矣"的理解。禄就是官吏的俸禄。官吏的俸禄本来应当是由国家发放,在当时应当是国君——公室发放。官吏的俸禄不由公室发放说明什么呢?说明官吏已经不受公室控制了,也就是国君失去了实际执政的权力。所谓五世是就公室而言。据考证,自鲁宣公开始,鲁国国君失去执政的权力,经过鲁成公、鲁襄公、鲁昭公,到孔子时代的鲁定公,已经是五世了。

第二是对"政逮于大夫四世矣"的理解。逮就是及、到的意思。一国之政本应由国君所执,"政逮于大夫"就是一国之政由大夫所执。这里所谓的"四世"是就大夫而言,据考证,自鲁宣公开始,鲁国国政由大夫季文子所执开始,经过武子、悼子,到孔子时代的平子,已经是四世了。

第三是对"故夫三桓之子孙微矣"的理解。这句话的字面意思是很清楚的,就是孔子根据前述的情况以及前一章的趋势做出了一个预言。当然,这个预言最终被证明是正确的,孔子去世之后不久的战国时代,再也没有关于"三桓之子孙"的历史记载了,也就说明"三桓之子孙"没有什么影响力了,衰微了。但这说明了什么呢?说明前一章的孔子之言是正确的。当然,前面说过那只是一种趋势性的必然,是通过大量事实观察所得出的结论,仅仅是一种趋势性的必然,而非精确的必然。

【编意解】

编者意在通过本章孔子之语——一个在后来被验证了的孔子的预言,说明前一章孔子之语的正确,是对上一章内容的一种证明。

16.4 孔子曰:"益者三友,损者三友。友直、友谅、友多闻,益矣。友便辟、友善柔、友便佞,损矣。"

【译文】

孔子说:"有益的交友有三种,有害的交友有三种。同正直的人交朋友,同诚信的人交朋友,同见闻广博的人交朋友,这是有益的。同善于躲避的人交朋友,同善于变化、柔和的人交朋友,同惯于花言巧语的人交朋友,这是有害的。"

【原文解】

第一是对"友直、友谅、友多闻,益矣"的理解。

首先是"益",就是有益处的意思。对谁有益处?当然是对自己有益处。既然如此,孔子为什么还要强调要这样做呢?道理很简单。因为要想获得这样的益处是要有所付出、有所忍耐的,而且有时这种付出、忍耐甚至是巨大的。就如同学习一样,谁都知道学习会给自己带来益处,但又有谁一开始就愿意去学习呢?很多人一开始都是被迫的,但是我们也能看到有很多人经过一段时间的学习,对学习不再厌烦,不再认为是一件困难的事,甚至感觉到快乐。因此孔子讲"学而时习之,不亦说乎"(详见1.1章)。对于这句话,尤其是对"不亦说乎"的理解和体会是需要付出努力的,同时也是需要付出时间的。

其次是益在何处?

一是"友直"。其字面意思就是要与正直的、直率的人交往。这样的人就像一面镜子,他既会直言你的优点和成绩,也会直言你的缺点和过失,真实地反映你自己。当然,被别人当面指出自己的缺点和过失,不免使人尴尬,甚至是十分尴尬,但是谁又会希望不真正地看清自己呢?

二是"友谅"。这里的"谅"是信的意思,这在前面已经有所注释(详见14.17章之注释)。要与诚信的人交往,这似乎没有什么要解说的。所谓诚信,就是不欺,是相互的,这也就意味着,诚信的人不会向你报喜不报忧;诚信的人也会要求你诚信。而报忧往往会让人很不痛快;诚信虽然也是自己想做到的——伪装多累啊,但是现实是,诚信往往会给自己带来当下的"不利"。

三是"友多闻"。"友多闻"的明显益处就是能够增加自己的见识,但在与"多闻"的人交往时,往往会显得自己孤陋寡闻,甚至自惭形秽。

第二是对"友便辟、友善柔、有便佞,损矣"的理解。

首先是"损",就是有损害的意思。对谁有损害?当然是对自己有损害。既然如此,孔子为什么还要强调不要这样做呢?道理也很简单。因为这样做会使自己感到很和谐、很舒服,尽管这种和谐、舒服是表面的和暂时的,从本质上讲和长远上看是对自己有害的,甚至是十分有害的。

其次是损在何处?

一是"友便辟"。这里的"便"是习熟、老练、善于的意思。这里的"辟"同避,是躲避、避开的意思。问题是善于躲避、避开什么?当然是对自己不利的事物,过去通说是躲避、避开与自己交往的人的忌讳,很有道理,也与上一句的"友直"相对应。躲避、避开与自己交往的人的忌讳,当然就不会让对方尴尬,不会产生矛盾,很和睦,但如此又怎能通过朋友看清自己呢?这是一种表面的和睦。

二是"友善柔"。这里的"善"是善于的意思。这里的"柔"是柔和、可曲可直的意思。"善柔"就是善于变化、柔和的意思,当然这也只能是表面上的。问题是这说明了什么?善于变化以期一团和气。和气是我们期待的,会让人感到很舒服,但是变化就意味着不诚实,就不是实事求是。以不诚实、欺骗得来的和气,其本质仍然是不诚信、欺骗,不管是出于善意还是恶意都是有害的。报喜不报忧就是一个典型。

三是"友便佞"。"便佞"就是善于言辞、言辞老练。读到本句,笔者不禁想起孔子说的另一句话,叫作"辞达而已矣。"(详见 15.41 章)。大道至简,"便佞"就说明不真,就是没有真学问,也就是假"多闻"。但是善于言辞、言辞老练的人,往往会使听者感到很动听、很舒服。道理也很简单,否则就不叫"便佞"了。

第三是对"益"和"损"的总体理解。前面说的都是比较具体的"益"和"损"。在总体上,理解本章的"益"和"损",要对本章的"友"有一定的理解。本章的"友"是交友、交往,这是一种相互的行为,其影响也是相互的。"友直、友谅、友多闻",时间长了,自己也会变得"直""谅"和"多闻"。反之,"友便辟、友善柔、有便佞",时间长了,自己也会变得"便辟""善柔"和"便佞"了。

【编意解】

编者意在通过本章孔子之语,说明面对不可知的命运,在交友方面,我们应当"友直、友谅、友多闻",而非"友便辟、友善柔、有便佞"。如此,我们才能尽量不被蒙蔽,认清自己和自己所处的世界,进而正确地调节我们的言行,减少不测事件的发生。

16.5 孔子曰:"益者三乐,损者三乐。乐节礼乐、乐道人之善、乐多贤友,益矣。乐骄乐、乐佚游、乐晏乐,损矣。"

【译文】

孔子说:"有益的喜好有三种,有害的喜好有三种。以礼乐节制自己为喜好,以称道别人的好处为喜好,以有许多贤友为喜好,这是有益的。喜好骄傲,喜好无节制的游玩,喜好安逸,这就是有害的。"

【注释】

佚，1.散失。2.走失、逃跑。3.弃置。4.放荡、放纵。5.通"逸"，安逸、安闲。6.通"迭"，交替的、轮流的。

【原文解】

第一是本章的语序结构与上一章是相同的，因此，关于孔子为什么强调说明这些"乐"，以及对"损益"的总体理解，在本章就不再赘述。

第二是对"乐节礼乐、乐道人之善、乐多贤友，益矣"的理解。益在何处？

一是"乐节礼乐"。字面意思就是以礼乐节制自己为喜好。毋庸讳言，这一开始肯定是比较痛苦的，但它能使自己不至于放纵，甚至违法犯罪，进而使自己达到宁静祥和的状态，去做自己想做的事情。

二是"乐道人之善"。首先这里的"道"是什么意思？在过去主要有两种理解，一种是称道、宣扬的意思；另一种是同"导"，引导、教导的意思。笔者认为前一种理解比较合适，理由是称道、宣扬别人的好处比较明显和直接，既可以引起别人对于自己的好感，同时也宣扬了自己所认同的事物，也有引导、教导别人向善的作用。而直接的引导或教导别人向善则相反。因为这是我们自认为的善，我们怎么能够肯定别人也认同呢？如果别人不认同怎么办呢？况且有谁又会从一开始就愿意被别人引导或教导呢？如此一来可能会引起别人的反感，况且孔子说过"己所不欲，勿施于人"（详见12.2章）。如此做法是对这一原则的违反。

三是"乐多贤友"。这里所谓的"贤友"及其益处，可以参照上一章的"益者三友"进行理解，但其范围应当更广、更宽。

第三是对于"乐骄乐、乐佚游、乐晏乐，损矣"的理解。损在何处？

一是"乐骄乐"。骄就是骄傲的意思。骄傲从感觉上是很让人舒服的一件事情，但其对自己的损害也是明显的，笔者认为主要表现为两方面，容易遭人嫉恨和妨碍自己的进一步提高。这都是对自己非常不利的。

二是"佚游"。游玩、游戏谁不喜欢呢？但是如果是无节制的话，其害处也是明显的：浪费时间、损害身体。

三是"乐晏乐"。这里的"晏"，过去有人将其理解为宴请、宴会，也就是大吃大喝。此种解释虽有一定的根据，而且也能说得通，但是笔者认为还是将其理解为安逸、安闲更符合本意。至于其害处也是明显的，那就是丧志、妨碍自己的进一步提高。

【编意解】

编者意在通过本章孔子之语,说明面对不可知的命运,在个人喜好方面,我们应当"乐节礼乐、乐道人之善、乐多贤友",而非"乐骄乐、乐佚游、乐晏乐"。如此,我们才能使自己的身心更加健康,生存环境更加友善,进而减少不测的事件发生,增强对不测事件的应对能力。

16.6 孔子曰:"侍于君子有三愆:言未及之而言谓之躁,言及之而不言谓之隐,未见颜色而言谓之瞽。"

【译文】

孔子说:"侍奉上级领导,三种(说话的)方式是错误的:他还没有说到的时候你就说,这是急躁;他已经说到的时候你却不说,这叫隐瞒;不看他的脸色而贸然说话,这是目盲。"

【注释】

愆(qiān),1.过也。本义:过失、过错。2.错误的。3.差错、差失。4.超过、延误。5.失掉、丧失。

躁,1.疾也。急躁,不冷静。2.急疾、迅速。3.浮躁、不专一。

【原文解】

第一是对本章"君子"的理解。笔者认为,本章的"君子"是指在位之人或者是在上位之人,而非是指那些成就了德行的人。只有这样才能和前后文的"侍"与"愆"相联系,否则也就无法解释本章孔子所说的内容与16.4 章中的"友直、友谅、友多闻"的矛盾。其根本原因就在于,本章是在讲侍奉领导或上级,而16.4 章是在讲交友。朋友之间可以也应当是"知无不言,言无不尽"。但是在侍奉领导或上级时不行,行不通。应当强调的是,所谓在位之人或者是在上位之人不一定就是无德之人,相反应当是有德或是有一定德行的人,民间团体或组织(如公司企业等)的领导同样如此,总之是一些自己应当服从或对自己利益有重大影响的人,用现在的话可以叫作领导或上级。这时可能会有人问,不是说"知无不言,言无不尽;言者无罪,闻者足戒;有则改之,无则加勉"吗?是的,但这需要对方有极为宽广的胸怀,而有如此胸怀的凤毛麟角。

第二是对"言未及之而言谓之躁"的理解。本句的字面意思是很清楚的,问题是这为什么是一种过失或错误呢?虽然判断某一言行的对与错,是有立场和角度的，但是其标准却是相对客观的，那就是对事物（包括需要处理的事物，也包括自身）是有害还是有利，而这与言行的初衷往往没有多大的关系。那么"言未及之而言"错在哪里呢？

首先，领导或上级是掌握全局的人，其思考和处理问题也应是站在全局的角度和高度来统筹规划、决策和取舍的。而侍奉领导或上级的人往往不会有这样的角度和高度，就是有也很可能所掌握的有关全局的信息没有那么准确、全面，即便准确、全面，但你不是有权决策的人。这不禁使人想起孔子的另一句话，叫作"不在其位，不谋其政"（详见8.14章）。因此，"言未及之而言"往往会干扰领导或上级做出正确的决策，而这明显是极其有害的。

其次，"言未及之而言"很可能会使领导或上级认为你看不起他，认为他的能力不足，该想到的没有想到，因此在过去很多人将本章的"躁"解释为"傲"，而这也往往会给自己带来不可预测之祸，因为毕竟现实中的领导或上级绝大多数不是成就了德行的君子，也不是你的朋友。

第三是对"言及之而不言谓之隐"的理解。这为什么是一种过失或错误呢？其实本句中的"隐"已经回答了这个问题。"隐"的意思就是隐匿、隐瞒的意思，也就是有所欺，就是"为人谋而不忠"（详见1.4章）。这里的隐瞒或欺骗是在"言及之"的情况下的隐瞒或欺骗，不能不让人感觉是居心叵测。这不仅有害于领导或上级做出正确的决策，而且一旦被发现则必会祸及自身。其实，有什么事能够永远的隐瞒呢？很少！这也就意味着祸及自身的可能性很大，况且现实中能够做到"不迁怒"（详见6.3章）的领导或上级本身也很少。

第四是对"未见颜色而言谓之瞽"的理解。这为什么又是一种过失或错误呢？这里首先要理解是见谁的"颜色"，当然是见领导或上级的"颜色"。人的喜怒哀乐在"颜色"上是很难隐瞒的，因此孔子说"色难"（详见2.8章），观察一个人的"颜色"是了解其内心真实意思的最好的办法。"未见颜色"就很可能没有真正了解领导或上级的真实意思，这时的言行就很可能是一种无的放矢，闭眼行路，往往不仅于事无补，还会使自己身陷危险。本句中的"瞽"字非常形象。应当说明的是，对此孔子还说过一句话叫"察言而观色"（详见12.20章），意思与之类似，可以参看。由此可见，孔子对此是非常在意的。

【编意解】

编者意在通过本章孔子之语，说明面对不可知的命运，在侍奉领导和上级方面，我们的言行应当掌握好时机、环境。如此，我们才能尽量完成好自己的职责,帮助领导和上级做好工作,同时也使自身尽量远离不测。

16.7 孔子曰:"君子有三戒:少之时,血气未定,戒之在色;及其壮也,血气方刚,戒之在斗;及其老也,血气既衰,戒之在得。"

【译文】

孔子说:"君子有三种事情应引以为戒:年少的时候,血气还不成熟,要戒除对情色(异性)的迷恋;等到壮年的时候,身体成熟了,血气方刚,要戒除与人争斗;等到老年的时候,血气已经衰弱了,要戒除贪得无厌。"

【注释】

戒,1.警也。本义:警戒、戒备。2.通"诫",告诫、警告。3.戒除。4.斋戒。

壮,1.大也。健也。本义:人体高大,肌肉壮实。2.健壮、强壮。3.强盛。4.雄壮。5.壮年,古人三十岁以上为壮年。

斗,(dǒu),1.十升也。本义:十升。2.古代盛酒的器皿。3.星宿名。二十八宿之一,也称南斗。4.指北斗七星。5.(dòu),搏斗、争斗、战斗。6.(dòu),较量、竞赛。7.(dòu),凑在一块儿、合在一起。

【原文解】

第一是对"少之时,血气未定,戒之在色"的理解。首先是"少之时"。这里是指年龄,在古代,男子三十岁以下、女子二十岁以下为"少";其次是"血气",中国古人认为血气是人赖以生存的根本,血属阴,气属阳。"血气未定"就是说人体中的阴阳运行还不稳定、不规律、不成熟。这是因为"少之时"的人还在不断的生长、变化;最后是"戒之在色"。"戒之在色"不是戒色,而是不要沉迷,因为对情色(异性)向往是人性之所在,戒色是不符合人性的。但在"少之时",人的身体尚未发育成熟,沉迷于情色(异性)对身体是有害的。

第二是对"及其壮也,血气方刚,戒之在斗"的理解。首先是"壮",就年龄而言,在古代,男子三十岁以上、女子二十岁以上。这时人们的身体已经完全发育成熟,精力和体能都处在最强壮的状态,人们的自我感觉也是如此。在这种状态下,人们也就有了十分强烈的向外施加影响的欲望,好与别人争斗。但是争斗是有危险的,同时更重要的是,人类已经进入了文明的社会,就不是或不完全是一个靠肌肉和力量来建立秩序、解决问题的社会了,而是一个提倡礼让的社会,好斗是不符合潮流的,逆潮流的结果往往也是灾难性的,因此必须要对争斗有所克制和戒除。

第三是对"及其老也,血气既衰,戒之在得"的理解。首先是"老",就年龄而言,古代是指七十岁以上。这时人们的身体已经明显开始衰弱了,精力和体能每况愈下,往往力不从心。但是很多人不愿意面对这样的现实,还要强求有所得,这样不但把事情办不好,还会伤害自己的身体。当然,这里的得不仅仅是得利,也包括功、名。因此,《礼记·曲礼》有云:"七十曰老,而传。""传"就是要把事情交代出去,就是"戒之在得"。

【编意解】

编者意在通过本章孔子之语,说明面对不可知的命运,在自己身体年龄方面,我们应当有清醒的认识,要量力而行、依礼而行。如此,我们才能尽量避免伤害自己,使自己远离不测。

16.8 孔子曰:"君子有三畏:畏天命,畏大人,畏圣人之言。小人不知天命而不畏也,狎大人,侮圣人之言。"

【译文】

孔子说:"君子有三件敬畏的事情:敬畏天命,敬畏地位高贵的人,敬畏圣人的话。小人(因为)不知道天命,所以也不敬畏(天命),不尊重地位高贵的人,轻侮圣人的话。"

【原文解】

第一是对"君子有三畏:畏天命,畏大人,畏圣人之言"的理解。

首先,本章的君子是成就了德行的人,至少是知学好学的人。而"畏"就是害怕、敬畏的意思。为什么会害怕、敬畏?因为不全知而又不可违,违之必有祸。

其次是对"畏天命,畏大人,畏圣人之言"的理解。"天命"前面已经多有阐述,不再赘述。"大人"在本章是指在位之人或在上位之人。应当说明的是,此处所谓的"位"在中国古代是与天命有关联的,从某种意义上是天命的一种表现或延伸。譬如天子乃是上天之子,诸侯是天子所命、所封,大夫又是诸侯所命、所封。其实现在也是如此,只是不这么称呼了。把上天换成了人民,把天子换成了总统、元首,把诸侯、大夫换成了省长、部长、局长。当然,具体的权力及其

任命程序也有所不同,但有一点是不变的,那就是这种等级及职位是不可或缺的,这是秩序的应有之意和体现。同时应当明确的是,这些人有很大的权力,其权力的使用对我们是有极大影响的,但他们是怎么想的?有什么样的脾气秉性?以至于会如何行使他们手中的权力?我们不知道或不能准确的知道。如此,我们应当如何面对呢?应当是敬畏的面对。至于对"圣人之言"的理解则要分为两个层次:一是在本章是指在孔子之前的古代典籍所记载的言辞。这是千百年来古代先人对于天命的体会和总结,是含有巨大代价的经验和教训,能够流传下来必有其道理,这些道理我们可能不懂、不理解,因为我们自身的经历浅薄,水平不够,但不能因此就不以为然,要知敬畏。二是就现在而言,孔子也被后世称为圣人,其言辞至今有两千五百年了,这说明了什么呢?我们应当以什么态度来对待之呢?

第二是对"小人不知天命而不畏也,狎大人,侮圣人之言"的理解。这句话与前一句话是相对应的,意思应当不难理解。应说明的是,这句话明确说明,小人是因为不知天命所以不畏,这间接地证实了"大人""圣人之言"与天命有关,天命是基础。

【编意解】

编者意在通过本章孔子之语,说明面对不可知的命运,我们应当心存敬畏,这种敬畏主要表现在"畏天命,畏大人,畏圣人之言"。如此,我们才能尽量避免伤害自己,同时也远离不测。

16.9 孔子曰:"生而知之者上也,学而知之者次也;困而学之,又其次也,困而不学,民斯为下矣。"

【译文】

孔子说:"生来就知道的人,是(资质)上等人;经过学习以后才知道的,是(资质)次一等的人;遇到困难再去学习的,是(资质)又次一等的人;遇到困难还不学习的人,民众就是这种(资质)下等的人。"

【注释】

困,1.故庐也。本义:废弃的房屋。2.困窘、困难。3.被困、困住。4.贫困、贫乏。5.困倦、疲乏。

【原文解】

第一是对本章字面意思的理解。

首先是"生而知之者"。这里的"知之"是知道一些事理或在某一领域知之,而不是全部事理。天生就知道所有事理的人是没有的,因为道及其变化是无穷尽的。那么天生就知道一些事理或在某一领域知之的人有吗?应该有。因为现实中确实是有些人对某些事物或领域(譬如音乐、数学)有着非凡的、极高的领悟能力,这也许就是生而知之的一种表现吧。

其次是"学而知之"。这里的学含有很强的主动性,有别于"困而学"。

再次是"困而学之"。是因困而学,明显被动。

最后是"困而不学,民斯为下矣"。遇到困难了,被困住了还不学,这似乎有些于理不通。其实道理也很简单,因为这些人认为学习比他们遇到的困难更困难。问题是存有这种认识的人有多少呢?很多很多。反省一下我们自己,是否存在这样的情况,这样的情况随着时间的推移有改善吗?真能这样反省一下,对于"很多很多"这样的结论就不会有太多的质疑。因此,此处孔子用了"民"字,事情就是如此,也正是这些人组成了民众。当然,关于孔子在此处为什么用了一个"民"字,也有人解释说,因为依当时礼法,贵族在成长的过程中都必须进行学习,而对于一般的民众则没有这种要求,因此有选择不学的自由。那么现在呢?老实说,笔者并不认为"民"是一种出身,而是不努力、懒惰的一种结果。因为大多数人是不努力、懒惰的,所以大多数人就成了"民"。

第二是说明的问题。孔子本章之语,说明了人的资质天生是有区别的。天生的区别是什么?是不是就是天命呢?如果是,那么我们面对这样的天命应当怎么办呢?是听之任之还是要有所作为呢?当然是应当有所作为,否则我们就只能"为下矣",而"为下"是危险的。那么如何作为呢?且看下章。

【编意解】

编者意在通过本章孔子之语,说明有些天命还是可知的或大体可知的,在此情况下我们应当如何呢?

16.10 孔子曰:"君子有九思:视思明,听思聪;色思温,貌思恭,言思忠,事思敬,疑思问,忿思难,见得思义。"

【译文】

孔子说:"君子有九种要思考的事:对于要看的要思考看清与否,对于要听的要思考是否听清楚,对于自己的脸色要思考是否温和,对于自己的容貌要思考是否谦恭,对于自己的言谈要思考是否忠诚,对于办事要思考是否严肃认真,在遇到疑问时要思考是否应该向别人询问,在忿怒时要思考是否有后患,在获取利益时要思考是否合乎义的准则。"

【注释】

忿(fèn),怒也。本义:愤怒、怨恨。

【原文解】

第一是对"君子有九思"的理解。这里要注意的是本章的"九"字。"九"在中国古代有两种解释,一是数字九;二是表示极多的意思(此种意思更为常见)。虽然本章确实列举了九项之思,但考虑到"九"更多的是表示极多的意思,因此不能仅仅局限于本章所列。但同时也应注意,本章所列应是重中之重,能做到已属非常不易。

第二是对"视思明,听思聪"的理解。有谁不想呢?可是怎样才能"视明""听聪"呢?可能有人会说借助放大镜、望远镜、显微镜、扩音器等等。这明显不是孔子本章之意,因为在当时根本就没有这些东西。笔者认为,这包含了两方面:一是"思",即是主观方面有这样的强烈愿望;二是方法,要多角度的去看,要兼听等等。这里应强调的是,首先,视听是人们了解外界事物的主要途径和方法,但不是全部的办法,还有嗅、尝、触摸等;其次,通过这些方法并不能将外界事物完全了解清楚,譬如这些方法就不能直接感觉到电磁波。但也只有如此,才能在现有的条件下尽可能地了解清楚外界的情况,这是处理事物的先决条件和基础,只有如此,我们才可能少犯错误。

第三是对"色思温,貌思恭"的理解。为什么?因为对很多事物的处理是要与人接触的,是要通过他人的协助来完成的,也就是说要与他人打交道。而色与貌是最能显示人们态度的,如果你色不温、貌不恭,别人就会认为你不友好、不诚恳、傲慢,这往往会引起别人的反感或抵触,别人就很可能不愿意与你合作,那你如何能处理好事情?这是与人交往,尤其是与上级或陌生人交往时应当做的。当然,能显示人们态度的并不仅仅是色与貌,还有其他,譬如语气。但应当强调的是,这些都是表面上的反映,如果有所伪装,早晚都会露出马脚,只有出于真心的谦恭,才能处处合适。

第四是对"言思忠,事思敬,疑思问,忿思难"的理解。这是在处理相关事物过程中应当注意和思考的。所谓处理事务,主要表现就是言、行,向别人进言的时候要忠,做事情的时候要严肃认真,这道理前面已经多有阐述,在此就不再赘述。至于"疑思问,忿思难"就更好理解了,一个人不可能对什么都了解、都精通,哪怕他是君子,因此,干什么事情都有可能遇到问题,这时就要考虑向别人请教,要"不耻下问"(详见5.15章),只有这样才可能把事情做好。同样干一件事情,也不可能都一帆风顺,尤其是与他人合作的时候,遇到不顺利的时候就难免愤怒,而愤怒对做事情来说是非常有害的,因为这时候人们是处于极端不理智的状态,这时所做的决定往往是错误的,是要带来灾难和祸患的,因此要"思难"——考虑可能产生的灾难。是不是只有这些呢?当然不是,譬如还有喜悦、沮丧的时候,应当怎么办呢?其实笔者认为《诗经》里的一句说得好,"战战兢兢,如临深渊,如履薄冰"(《诗经·小雅·小旻》)。

第五是对"见得思义"的理解。这句话似乎很熟悉,前面我们学习过孔子说的另一句话,叫"见利思义"(详见14.12章),意思基本一致。只是"得"的含义可能更广一些,不仅限于物质利益,也包括功、名在内。一件事经过上述如此努力,很可能就取得了成功,随之而来的功名利禄如何面对呢?是你的你就取,有别人的就要分给别人,不是自己的就不能取,这就是"思义"。当然这不是全部,譬如最终失败了,责任由谁来承担呢?这也要有所思。

【编意解】

编者意在通过本章孔子之语,说明有些天命还是可知的或大体可知的,因此做事时我们要有所思,要"视思明,听思聪;色思温,貌思恭,言思忠,事思敬,疑思问,忿思难,见得思义",等等。

16.11 孔子曰:"见善如不及,见不善如探汤。吾见其人矣,吾闻其语矣。隐居以求其志,行义以达其道。吾闻其语矣,未见其人也。"

【译文】

孔子说:"见到好的(言行),就好像(见了好东西)担心得不到;见到不好的(言行),就好像手伸到开水中一样。我见到过这样的人,也听到过这样的话。以隐居避世以求(保全)自己的志向,依照义而贯彻实现自己的主张。我听到过

这种话,却没有见到过这样的人。"

【注释】

汤,(tāng),1.热水也。本义:热水、开水。2.汤药,把草药放在水里熬得的液态药剂。3.菜汤(后起之意)。4.汤池、护城河。5.(tàng),通"烫",加热。6.(tàng),游荡。

【原文解】

第一是对"见善如不及,见不善如探汤"的理解。这是一个很高的境界,几乎达到了王阳明所谓的"知行合一"。这里要注意的是"探汤",就是将手伸到开水里。手伸到开水里会怎样?手会很痛,就会很快地离开、避开、躲开,这是人之常情,这是本能,很多人也都有过这样的经历。

这时可能会有人问,见到不善的事情不是应当去纠正吗?孔子不是说过"见义而不为,无勇也"(详见2.24章)吗?这似乎有道理。问题是我们要看一看"见义而不为,无勇也"是在哪一篇,是在《论语·为政篇》,那是对于为政者而言的。同时,孔子还说过"己所不欲,勿施于人"(详见12.2章),你会愿意别人动不动就来纠正你吗?更何况这里的善与不善又是谁的呢?当然是你自己的,可你又怎么能保证其具有普世性价值呢?因此,对一句话的理解不能仅仅停留在表面上,要根据说话的场合、对象以及缘由等,来综合考虑分析,只有如此才能尽量避免困惑和矛盾,这很好理解。

这时可能又有人会问,那你怎么能知晓场合、对象以及缘由呢?是的,笔者又没有见过孔子,但是他的弟子甚至再传弟子是亲眼见过、亲耳听过的,这也就是笔者认为《论语》是一篇成体系的大文章,各篇之间都是有联系的,每一篇都有一个中心,而不是像其表面所显示的那样杂乱无章、简单堆砌的重要原因。

第二是对"隐居以求其志,行义以达其道"的理解。这句话理解起来并不那么容易。很多人认为,平时隐居起来学习修养,以求将来实现自己的志向,待时机合适时,按照正义行事来实现自己所坚守的道。笔者认为,如此理解太字面化,于理以及前后文不太通,不能真实、全面反映这句话的意思。学习修养为什么一定要隐居起来呢?求将来实现自己的志向,那么在隐居的时候是否已经有了自己的志向或者说是非价值观念呢?如果没有,而是要通过学习修养来形成或完善,那么岂不比"见善如不及,见不善如探汤"的人的境界层次要低一些?因为这些人是能够分清善与不善的,是有自己的是非价值观念的。

对此句朱熹的理解是"求其志,守其所达之道也。达其道,行其所求之志也"。意思是说,隐居是为了保存和坚守自己已经所达到的道,这里的道是自以为的仁道或是非价值观;待时机合适时,依照义而贯彻实现自己的主张,这里的义有适宜的意思,也有大义、正义的意思。笔者认为这更为准确和深刻。首先,自己已有的道可能与众不同,甚至在别人(尤其是当权者)看来是不善的,而自己又没有什么能力,所以要隐居起来,以免受到伤害,这里的伤害是指肉体上的伤害,因此隐居是一种保守的方法和手段;其次,对于自己所主张的仁道当然希望其能够实现,但实现它需要时机、需要正确的方法(包括口号)等,而这些都是义所包含的,这应当是比较容易理解的。

第三是对"吾见其人矣,吾闻其语矣"和"吾闻其语矣,未见其人也"的理解。这两句话的字面意思是很清楚的。前一句是见过也听过,后一句是听过但没有见过。问题在于说明了什么?笔者认为,说明了"见善如不及,见不善如探汤"和"隐居以求其志,行义以达其道"是两种不同的境界,而且后一种要比前一种的境界高,因为连孔子都没见过,是不世而出的。对此朱熹认为,前一种就像是孔子的那些贤弟子,譬如颜回、曾参、闵子骞之类的人;而后者则是一些历史上的圣贤,譬如伊尹、姜子牙之类的人,他们有一个特点就是,早先隐居不太为人所知,当然也没有受到伤害,在时机合适的时候,一出而拨乱反治,有功于天下苍生。

【编意解】

编者意在通过本章孔子之语,说明面对不可知的命运,我们应当"见善如不及,见不善如探汤",最好能"隐居以求其志,行义以达其道"。

16.12 齐景公有马千驷,死之日,民无德而称焉。伯夷、叔齐饿于首阳之下,民到于今称之。其斯之谓与?

【译文】

齐景公有马四千匹,死的时候,百姓们觉得他没有什么德行可以称颂。伯夷、叔齐饿死在首阳山下,百姓们到现在还在称颂他们。说的就是这个意思吧?

【原文解】

第一是对"齐景公有马千驷,死之日,民无德而称焉"的理解。

首先是"齐景公有马千驷"。这说明了什么?齐景公是齐国的君主,齐国是一个大国,一个大国的君主的地位是极其尊贵的。"马千驷"就是四千匹马,按

照周朝的礼制规定,这已经超过了天子所应有的马匹数量,是极其富有的。总之,就是说齐景公极其富贵。而富贵是人们所向往的,包括孔子在内,孔子不是也说过"富而可求也,虽执鞭之士,吾亦为之"(详见7.12章)。

其次是"民无德而称焉"。这又说明了什么?笔者认为至少说明以下三点:

一是富贵应当是被人称道的因素,而不是不被称道的因素,因为人们都希望富贵,这个道理很容易理解,这从前后文的语序也能明显的看出来。可齐景公却没有被称道,原因很多,但主要不外乎以下两点:作为国君其位置是因为出身,这在当时是正常的,没有可称道之处,但更重要的是其作为国君并没有出色之处,没有使国家更强大,人民更富裕,也就是他没有很好地履行自己的职责。另外,其富有并不是因为人民的富有,说白了就是通过过分剥夺和搜刮人民而致。

二是民众是否称道、是否认同是很重要的,尤其是对君主、在位之人(其实齐景公、伯夷、叔齐都是在位之人)而言。其道理也很简单,"君者舟也,庶人者水也;水则载舟,水则覆舟"(《荀子·往制》)。一个君主、在位之人在"死之日,民无德而称焉",说明在其生的时候,也不被认同和称道,至少是没有得到真正的认同和称道,这进而说明其在生之时是危险的。

三是进而引申说明民心就是义,尤其是对君主、在位之人而言。

第二是对的"伯夷、叔齐饿于首阳之下,民到于今称之"的理解。

首先是伯夷、叔齐。这是两位古之贤人,前面已经有所介绍(详见7.15章),但为了深刻理解本章的意思,这里有必要再强调一下。伯夷、叔齐在《史记》中有专门的列传,列传篇幅不长,而且多为司马迁的感慨和议论。这里关于伯夷、叔齐要强调的是以下几点:

一是伯夷、叔齐是孤竹君的两个儿子,是典型的君之子。这说明他们本可富贵。

二是伯夷、叔齐是因让国而逃。伯夷因父命而让——孝,叔齐因礼而让——礼让,这说明他们主张孝、主张礼让。

三是伯夷、叔齐曾反对武王伐纣。这说明他们主张秩序,要维护和遵守秩序。

四是孔子对其评论是"求仁而得仁"(详见7.15章)。这说明孔子认为他们所主张的孝、礼让与秩序是符合仁道的,而且已经得到了践行。他们的践行是"饿",是"杀身以成仁"(详见15.9章),而这几乎是一种自杀行为。

应当强调的是,中国的传统文化(不仅仅是儒家)是强烈反对自杀的。但孔子也说过"有杀身以成仁",当然是在万不得已的情况。中国历史上自杀的名人不少(被逼,不自杀也会被杀,死得更惨的不算),譬如项羽。但因此(当然不是唯一的原因,甚至不是主要原因)被记住甚至被纪念的则是少之又少,最著名的就是屈原,近代有陈天华,他们试图通过自己的死来唤醒人们的良知,进而构建其理想的社会,他们做到或部分做到了。那么伯夷、叔齐是否也做到了呢?应当是,因为"民到于今称之"。称什么?称赞其所为——孝、礼让与秩序,这是民众所希望的,即是民心所向,只有这样社会就会逐渐甚至加快向孝、礼让与秩序进步。

第三是对"其斯之谓与"的理解。这句话的字面意思是很清楚的,就是"说的就是这个意思吧"。问题是这个意思是什么意思呢?这句话放在这里似乎显得很突兀,难以理解。因此过去有人认为,在这句之前有缺文,编者没有记全或写全,因为本章句首没有"子曰"。有人甚至认为是错简所致,《论语·颜渊》中的"诚不以富,亦只以异"(详见12.10章)应当在这里。这些虽都有一些道理,但无实据,只是猜测。笔者认为,本章有对上一章内容进一步阐述的意思,具体讲就是对"行义以达其道"的进一步阐明,因为不是孔子的话,所以另起一章。

【编意解】

编者意在通过本章之语,说明面对不可知的命运,尤其是在位者、在上位者也就是领导、上级领导,应当以民心为义,并以此进一步明确"行义以达其道"的含义。

16.13 陈亢问于伯鱼曰:"子亦有异闻乎?"对曰:"未也。尝独立,鲤趋而过庭。曰:'学《诗》乎?'对曰:'未也。''不学《诗》,无以言。'鲤退而学《诗》。他日又独立,鲤趋而过庭。曰:'学《礼》乎?'对曰:'未也。''不学《礼》,无以立。'鲤退而学《礼》。闻斯二者。"陈亢退而喜曰:"问一得三,闻《诗》,闻《礼》,又闻君子之远其子也。"

【译文】

陈亢问伯鱼说:"你在(老师那里)听到过什么特别的教诲吗?"伯鱼回答

说："没有。有一次(父亲)独自站在堂上,我快步从庭里走过,(父亲)说:'学《诗》了吗?'我回答说:'没有。'(父亲)说:'不学《诗》,就不懂得怎么说话。'我回去就学《诗》。又有一天,(父亲)又独自站在堂上,我快步从庭里走过,(父亲)说:'学礼了吗?'我回答说:'没有。'(父亲说:)'不学礼就不懂得怎样立身。'我回去就学礼。我就(单独)听到过这两件事。"陈亢回去高兴地说:"我提一个问题,得到三方面的收获,听了关于《诗》的道理,听了关于礼的道理,又听了君子在(传道授业解惑方面)不偏爱自己儿子的道理。"

【原文解】

第一是对"不学《诗》,无以言"的理解。"无以言"的意思就是无法说话、不能说话、说不好话。这包含两方面意思:一是没有什么东西可说;二是有东西不知道怎样表达,也就是表达的方法和技巧欠缺。应当说明的是,这里不仅仅是指知识、见闻,而更多地是指自己的志向和思想。

那么学《诗》能够解决这些问题吗?这就要对《诗》也就是《诗经》有所了解,对此前面已经有所阐述(详见1.15章)。这里要强调的是:

首先,《诗经》是由一首首诗组成的,而诗乃言志之物,每一首诗都多少体现或反映着作者的志向、思想或情感,而经过孔子编定的《诗经》尤其如此,司马迁说"诗三百篇,大抵贤圣发愤之所为作也"(《史记·太史公自序》)。因此,通过学诗尤其是《诗经》,将十分有助于志向和思想的形成和树立。

其次,《诗经》里的诗,大多是由采诗之官收集而来,时间和地域的跨度很大,因此含有极其丰富的内容,学习《诗经》不仅能了解不同地域的历史、风土人情,甚至能够"多识于鸟兽草木之名"(详见17.9章)。

最后,诗是一种文学作品,《诗经》里的诗也不例外,是文学作品就应当给人以美感,其中蕴含着许多表达的方法和技巧。诗尤其如此,它甚至给人以音乐的美感。《诗经》的主要表现手法大家都耳熟能详,就是赋、比、兴。

由此可见,学习《诗经》是能够解决"无以言"的问题,这在文化积累不多、信息通讯极不发达的当时是基本的办法,因为其他文献如《尚书》《易经》等,相对深奥和晦涩难懂。那么现在呢?客观情况虽然有了很大的改观,我们有了更多的文献资料,包括诗词和文学作品,但实质的需求并没有什么改变,我们还是应当多读诗,当然不仅仅是《诗经》。这一点反省一下自己的言语;看一看周围人的言辞就不难理解和体会。

第二是对"不学《礼》,无以立"的理解。"无以立"的意思就是无法立身、不能立身。这包含两层意思：一是无法生存，二是无法发展。这里指的主要是发展，因为很多人没有学礼也能够生存。那么为什么不学礼就无法生存、无法发展呢？这就要对礼有所了解。关于礼，前面已经多有介绍，简单地或比较牵强地说，礼是就是法律、规章和制度，当然在孔子来说，这些所谓法律、规章和制度应当是符合仁道的，是真正的德之外化，其理想的礼是周文王以来形成的周礼。如此一来问题就很简单明了了，一个人要生存和发展就必须要遵守法律、规章和制度——礼，要遵守礼当然就要知晓礼，要知晓礼当然就要学习礼，逻辑简单而明确。

第三是对"陈亢退而喜曰：'问一得三，闻《诗》，闻《礼》，又闻君子之远其子也'"的理解。

首先是"喜"。喜形容的是一个人的心情和感受。陈亢为什么喜？因为"问一得三"，学到了很多。这又说明了什么呢？说明其好学，而且善于学习。

其次，"君子之远其子"。这是陈亢得出的结论，具体是什么意思呢？有人将其解释为君子远离自己的孩子。这种解释十分有问题，因为不符合人性，"父子有亲"（《孟子·滕文公上》）是很自然的事情，君子也是人，没有道理这样做。从上下文来看，这里的"远"只是相对于亲——"异"而言，领域也应限于"传道授业解惑"（韩愈《师说》）。这一点从陈亢问"子亦有异闻乎"就可以明确，因为陈亢是在问伯鱼，作为父亲的孔子对其是否有特别的教育。其实原因也很简单，因为这没有用，你不教别人就不教吗？都不教人家自己不会学吗？这只能有损师名，继而误人子弟。况且"大道之行也，天下为公"（《礼记·礼运》）。

【编意解】

编者意在通过本章之语，说明面对不可知的命运，我们应当好学、善学，首先要学诗、学礼。如此我们才能言、能立。

16.14 邦君之妻，君称之曰夫人，夫人自称曰小童；邦人称之曰君夫人，称诸异邦曰寡小君；异邦人称之亦曰君夫人。

【译文】

国君的妻子，国君称她为夫人，夫人自称为小童；国人称她为君夫人；（国人）对他国人，则称她为寡小君；他国人也称她为君夫人。

【原文解】

本章的字面意思很清楚,就是说明不同的人对国君妻子的不同称呼。问题的关键在于这说明了什么?笔者认为,这只是举了一个例子,说明不同的人对一个人的称呼是不同的。这种区分即便不是中国独有的,也是历史最悠久、区分最复杂、影响最大的。一旦称呼错误,则很有可能被人认为没有礼貌、不尊重人,没有文化,或者不自尊、不自重,进而引起别人的强烈反感,进而可能使自己身陷不测。这一点相信大家都多少有些体会。

【编意解】

编者意在通过本章之语,说明面对不可知的命运,我们对他人的称呼或自称应当正确,要符合礼和习俗。如此,我们才可能与别人有一个正常的、和谐的交往环境,才能减少别人的误解,减少自身的不测。

阳货第十七

17.1 阳货欲见孔子,孔子不见,归孔子豚。孔子时其亡也,而往拜之。遇诸涂。谓孔子曰:"来!予与尔言。"曰:"怀其宝而迷其邦,可谓仁乎?"曰:"不可。""好从事而亟失时,可谓知乎?"曰:"不可!""日月逝矣,岁不我与!"孔子曰:"诺,吾将仕矣。"

【译文】

阳货想见孔子,孔子不见,他便赠送给孔子一只小猪,想要孔子去拜见他。孔子等到阳货不在家时,前往阳货家拜谢,却在半路上遇见了。阳货对孔子说:"来,我有话要跟你说。"(孔子走过去),阳货说:"把自己的本领藏起来而听任国家迷乱,这可以叫作仁吗?(应该)说不可以(叫作仁);喜欢参与政事而又屡次错过机会,这可以说是智吗?(应该)说不可以(叫作智)。时间一天天过去了,年岁是不等人的!"孔子说:"好吧,我将要去做官了。"

【注释】

豚(tún),1.小豕也;本义:小猪。2.秦以后泛指猪。

涂,1.泥也。泥,泥巴。古代写作"塗"。2.污染。3.道路。引申为途径、方法。此意又写作"途""塗"。4.涂饰、涂抹。涂改、删除。

亟,1.(jí),急也。急、赶快。2.(qì),屡次。

【原文解】

第一是对"阳货欲见孔子,孔子不见,归孔子豚。孔子时其亡也而往拜之。遇诸涂"的理解。

首先是"阳货"。阳货,名虎,字货,是春秋时鲁国人,鲁国大夫季平子的家臣。季氏曾几代掌握鲁国朝政,而这时阳货又掌握着季氏的家政。季平子死后,阳货尝因季桓子而专国政,是孔子所谓的典型的"陪臣执国命"(详见16.2

章)。阳货是当时炙手可热的人物,后来他与公山弗扰共谋杀害季桓子,失败后逃往晋国。

其次是"归孔子豚"。字面意思就是阳货给孔子送了一只小猪,送了一份礼。问题是为什么?因为阳货想见孔子,而孔子却不见他。从后文看,阳货是有求于孔子的,因此他也不能采取粗暴的手段见孔子。需要说明的是,阳货是季氏家的权臣,而季氏是鲁国的上卿,上卿家的权臣依礼制是下大夫,而孔子当时尚未出仕,只是士,因此从礼制上讲,阳货的地位要比孔子高。而依据当时的礼制,士在收到大夫的礼物后,应当登门拜谢。虽然在当时已经是礼崩乐坏,但是孔子是认同并提倡礼的,阳货认为孔子必定是知道而且会遵循这样的礼的,因此他想通过这样的方法见到孔子。

最后是"孔子时其亡也而往拜之。遇诸涂"。字面意思就是,孔子等到阳货不在家时,往阳货家拜谢。问题是为什么?原因很简单,孔子不想见阳货,识破了阳货送礼的意图,但是又因为有礼制上的要求,不得不登门拜谢,可人算不如天算,结果在路上遇见了阳货。

第二是对"谓孔子曰:'来,予与尔言。'曰:'怀其宝而迷其邦,可谓仁乎?曰:'不可。''好从事而亟失时,可谓知乎?'曰:'不可!''日月逝矣,岁不我与!'"的理解。

首先是"来,予与尔言"。这是阳货路遇孔子时对孔子说的话,意思就是"过来!我跟你说话"。这是一句十分没有礼貌的话。阳货想见孔子,无非是看中了孔子的才能,想让孔子为他服务,帮他的忙,可在这种情况下,还用这种口气跟孔子说话,尤其显得其骄横,同时也显得其不智,前面"归孔子豚"的虚假性暴露无疑,完全没有一个领导所应有的素质。

其次是两处的"曰:不可"。过去有人认为这是孔子对阳货所问的回答,这比较好理解。但也有人认为是阳货的自问自答,依据一是"曰"前没有孔子二字,而之后的"诺,吾将仕矣"前面有"孔子曰"三字;二是过去确有这样的范例,如《史记·留侯世家》中的相关语句。笔者比较认同后者的理解。如此理解还有一个原因,不可"怀其宝而迷其邦",不可"好从事而亟失时",不大符合孔子的做法,其中含有过多的自以为是和急不可耐,少了一些谦虚和对命运的认知。

第三是对"诺,吾将仕矣"的理解。这句话很耐人寻味,关键是这个"将"字,不是一个表示确定无疑的词。我将要干什么并不等于说我一定要干什么。朱熹将之解释为"然,而未必之辞",非常准确。事实上,孔子后来出仕当官了吗?当了。但不是在阳货手下,也不是阳货当权的时候。说到这里,笔者不禁想起了孔子的另一句话,叫作"邦无道,危行言孙"(详见14.3章)。阳货以"陪臣执国命",且自身又骄横、不智,这在孔子看来绝对是"邦无道"。

【编意解】

那么本章被编排在此的意义又是什么呢?通览本篇,笔者认为,编者试图在说明我们应当如何遵守和执行礼,即"为礼"。学习本篇应注意与《论语·八佾》相结合理解。编者意在通过本章之故事和孔子之语,说明无论自己如何的不情愿,也要遵守礼的要求,要"克己复礼"(详见12.1章)。我们现在对法律是否也应当抱有这样的态度呢?

17.2 子曰:"性相近也,习相远也。"

【译文】

孔子说:"人的本性是相近的,由于习染不同才有明显的差别。"

【原文解】

本章孔子之语想必大家都非常耳熟,因为《三字经》的开篇就是这句话,其字面意思是很清楚的,但要深刻理解还应注意以下三个方面。

第一是对"性相近"的理解。首先是"性",其原本的意思就是事物固有的性质和特点,就人而言就是人的本性。儒家经典对于性的定义是"天命之谓性"(《中庸》)。那么人的本性到底是什么呢?孔子没有说,孟子说"人性之善也"(《孟子·告子上》),荀子说"人之性恶"(《荀子·性恶》),西汉扬雄说"人之性也善恶混"(《法言·修身》),可谓众说纷纭。但笔者认为这些都不重要,重要的是其定义及概念,以及"相近"和"相远"所说明的问题,以及我们应当怎样做。其次是"相近",意思就是相近似,大体相同,但不是完全一样的。认识到这一点很重要,其实整个宇宙都是如此,只有相近的,没有完全相同的。天上的星星看起来都一样,可是他们真的都一样吗?

第二是对"习相远"的理解。这句话的字面意思是很清楚的,问题是性既然是天命,天命难道能改吗?笔者认为如此理解天命就太狭隘、太僵化了。其实,变才是唯一不变的道,才是唯一不变的天命。《易经》的"易"就是改变的意思,《易经》就是阐述关于变化的书。只是道和天命的改变,往往因为人们的短视而察觉不到,就像宇宙中的恒星一样,之所以被叫作恒星,因为在人们眼中它们是

恒定不变的，但实际情况却是，它们无论是作为自身还是相对其他星球，都是在剧烈地改变着，只是人们没有察觉而已。

第三是总体上的理解。对于本章的总体上的理解，如果我们有机会到幼儿园去看一看，就会深有体会，每一个孩子都差不多，都很可爱。当然，这种可爱不是因为他们做了什么符合仁义的事情，而是因为他们很天真、无邪和率性，是因为他们是可以塑造的，是有希望的。可是当他们长大成人以后呢？非常不同。为什么呢？因为所受到的教育不同，对教育的接纳不同，所拥有的家庭环境不同，所经历的不同，等等。你可以说出无数的不同，但笔者认为这就是所习，有客观的因素，也有主观的因素。而其中非常重要，甚至可以说是主要的就是对礼乐的学习和遵守，用现在的话讲就是学习和遵守法律、法规、规章、制度等各种明文的规定。当然，孔子所谓的礼，或者理想中的礼，并不仅仅是一种形式上的礼，甚至不是简单地由天子——国家所正式颁布的礼，而是专指周礼。因为周礼不仅仅在形式上是合法的，而且是有其所反映的思想，这种思想是孔子所赞同的，最重要的是经过时间和实践的检验是符合人性的、行得通的、行之有效的，是"殷因于夏""周因于殷"（详见2.23章），而不是在位者的恣意妄为，是一种真正的"德的外化"。人们通过对于这种制度的学习和遵守，就会不断地向制定这种制度的人的思想迁移、靠近。

【编意解】

编者意在通过本章孔子之语，说明一个事实，那就是"性相近也，习相远也"。性虽然是天命，我们没有选择，但因其相近，也就无所谓了，没什么大不了的。但习是可以改变我们的，而且影响巨大。同时，习又有一定的可选择性，因此我们要加倍重视。

17.3 子曰："唯上知与下愚不移。"

【译文】

孔子说："只有上等的智者与下等的愚者是改变不了的。"

【原文解】

第一是对"唯"的理解。"唯"在本章是只有的意思。需要说明的是，"只有"含有例外的意思。对什么例外？当然是对上一章"习相远也"的例外，因此，过去有人说本章和上一章应当是一章，本章的"子曰"是衍文。这虽有一定道理,但原文此处确有"子曰"二字,不能妄猜。其实是否是一章,也并不那么重要,编者不也是认为是有很强的关联性才如此编排的吗?

第二是对"上知与下愚"的理解。这明显是对人(资质)的分类。问题是具体是如何分类的呢?有人认为是分为三类,即智、中、愚。这种说法明显过于简单,最明显的是,这无法解释"上知"和"下愚",因为"上知"明显是指中智之上,而"下愚"明显是指中愚之下。也有人认为,应当按照孔子所说的"生而知之者上也,学而知之者次也;困而学之又其次也。困而不学,民斯为下矣"(详见16.9章)来分,这也有些简单,因为这种分类不包含"中"这一类,而孔子说过"中人以上,可以语上也;中人以下,不可以语上也"(详见6.21章),明显孔子是认为有"中"这一类的。还有人认为应当按照九品来分,即将人的(资质)大致分为上、中、下三等,其中每一等又可再细分为三等,即上等细分为上上、上中、上下,中等细分为中上、中中、中下,下等细分为下上、下中和下下。笔者比较认同第三种理解,这种理解能够避免上述分法的不足。"上知"就是上上,而"下愚"就是下下。

第三是对"不移"的理解。"不移"就是不可改变,是一个例外,是对上一章"习相远也"的例外。这时可能有人会问,这不是矛盾吗?是矛盾,也不是矛盾。对此应有深刻的认识,首先,世界宇宙中没有绝对的事,任何事物都有例外,天鹅不是也有黑色的吗?因为只有变才是真正不变的;其次,是世界中充满着矛盾,没有不含矛盾的事物,也正因为如此,我们才能解释这万紫千红的世界,而这世界本身就是万紫千红的;最后,有例外才正常。这对学过正态分布图的人来说很容易理解。这里要强调说明的是,根据正态分布图来看,例外情况的出现概率是很小的,越例外出现的概率就越小。孔子说"生而知之者上也"(详见16.9章),而"我非生而知之者"(详见7.20章)。孔子都不是上上,那谁是上上呢?可能有,譬如六祖慧能,但其出现的概率之小可想而知。那么下下呢?孔子没有说过,但相对于上上的出现概率,下下出现的概率也可想而知,是非常小的。同时,概率学上还有一种说法,叫作小概率可以认为是零。因此我们可以认为,我们既不是"上知",也不是"下愚",是"性相近也,习相远也"的那一类。

【编意解】

编者意在通过本章孔子之语,对上一章"性相近也,习相远也"进行进一步阐述,也就是对其例外情况的描述。

17.4 子之武城，闻弦歌之声。夫子莞尔而笑，曰："割鸡焉用牛刀？"子游对曰："昔者偃也闻诸夫子曰：'君子学道则爱人，小人学道则易使也。'"子曰："二三子，偃之言是也！前言戏之耳。"

【译文】

孔子到武城，听见弹琴唱歌的声音。孔子微笑着说："杀鸡何必用宰牛的刀呢？"子游回答说："以前我听先生说过，'君子学习了礼乐就能爱人，小人学习了礼乐就容易（被）指使'。"孔子说："学生们，言偃的话是对的。我刚才说的话，只是开个玩笑而已。"

【注释】

弦，1. 弓弦也。本义：弓弦。2. 乐器上用来发声丝线、铜丝或绳状物。3. 弦乐器。4. 弦乐器弹奏出的声音。5. 半圆形的月亮。6. 直角三角形的斜边。

戏。1. 嬉戏、游戏。<u>2. 开玩笑、耍笑捉弄</u>。3. 角力、角斗。

【原文解】

第一是对"弦歌"的理解。此处的"弦"是指弦乐器弹奏出的声音，是音乐。"弦歌"就是指乐。通过前面的学习（详见3.23章），我们知道，乐在治理国家、民众中是有不可替代的重要作用的，在过去是礼乐并称的，中华文化也叫"礼乐文化"，中华文明也叫"礼乐文明"。

第二是对"割鸡焉用牛刀"的理解。这句话在现在是一句俗语，人们经常都能听到，意思是很明确的。牛刀能不能割鸡呢？当然可以，但是用牛刀来割鸡相对比较笨拙，使用起来比较费力气，效率比较低。那么在本章孔子为什么会说这句话呢？这要对本章的背景有所了解。当时是孔子著名的弟子子游（详见2.7章注释）在鲁国的小城——武城做地方长官，在治理的过程中，子游采用了"乐"来教化民众，因此才有"子之武城，闻弦歌之声"。那么这里的牛刀是指什么呢？过去有人理解为礼乐。说孔子认为武城不大，与民众进行广泛的、直接的接触并不很困难，不必非要用礼乐来教化，这样可能太慢、太费力气，因为礼乐的感化并不那么直接；还有人将牛刀理解为子游，说孔子认为，对于像子游这样的大才——能够用"乐"来教化民众的人，却只能在武城这样的小地方做个地方长官，是大材小用了。虽然后者的解释也是能够说得通的，但是从上下文来看，笔者还是认为前者的解释较为贴切。可这句话又说明了什么呢？笔者认为，至少明确说明一点：在孔子看来，礼乐是有非常大的作用的，是牛刀，尤其是在治理国家、教化民众方面。

第三是对"君子学道则爱人，小人学道则易使也"的理解。首先，这是孔子的话，而不是子游的话——"闻诸夫子"；其次，此处的"君子"是指在位之人、在上位的人；再次，此处的"道"，从前后文义看应当是指礼乐；最后，也是最重要的，是在说明礼乐对人们（包括君子、民众）的作用，那就是"君子学道则爱人，小人学道则易使也"。为什么会有这样的作用呢？因为这是由孔子对礼乐的本质要求所决定的。换句话说，礼乐如果达不到这样的效果，那就不是礼乐，或者不是一个好的礼乐，甚至是一个恶的礼乐，就会被舍弃。

第四是对"二三子，偃之言是也！前言戏之耳"的理解。这句话的字面意思十分清楚，问题在于说明了什么？说明孔子错了吗？恐怕未必。

首先，孔子说子游割鸡用牛刀，对吗？是否有道理？因该是。这里要说明的是，孔子并不是在否定子游的做法，只是说还有更好的方法，这其中含有"权""宜"之意，而这是需要很高修养才能体会、运用的。子曰："可与共学，未可与适道；可与适道，未可与立；可与立，未可与权。"（详见 9.30 章）然而子游没有体会到其中的深意，因此就有了之后的争辩，而且这种争辩是引用孔子之语，很犀利。

其次，要注意"二三子"。"二三子"，就是同学们、弟子们的意思，说明孔子与子游对话时还有许多门人弟子。孔子之"割鸡焉用牛刀"连子游都没有体会到其中的深意，说白了就是没有听懂，那"二三子"就更不用说了，如此再辩下去又有什么意义呢？只会造成"二三子"的困惑，况且即便子游没有选择最适宜的方法，但毕竟在努力地做，毕竟牛刀也是可以割鸡嘛！更何况能用牛刀的人也非一般人，而造成"二三子"困惑问题可就大了，所涉范围比较广。

最后，"前言戏之耳"的意思就是前面说的是玩笑话。当一个人对你说这句话时，你会认为他之前说错了吗？恐怕未必。这时我们应当反省一下，是不是我们没有听懂？是不是我们太较真？是不是别人在照顾我们的面子，在安慰我们？

这时可能有人会说，孔子都说"偃之言是也！前言戏之耳"了，你还说孔子没有错？难道孔子就什么错都没有吗？当然不是。孔子自谓"五十以学《易》，可以无大过矣"（详见 7.17 章），怎可说孔子没有错。有关于此，笔者在前言中已有阐述，在此不再赘述。在此只强调一点，要"畏圣人之言"（详见 16.18 章）。

【编意解】

编者意在通过本章之故事和孔子之语,说明礼乐的作用,这个作用分为两个层面,一是个人修养层面,那就是"君子学道则爱人,小人学道则易使也";另一个是为政层面,那就是可以用来治国安邦。

17.5 公山弗扰以费畔,召,子欲往。子路不说,曰:"末之也已,何必公山氏之之也?"子曰:"夫召我者而岂徒哉?如有用我者,吾其为东周乎?"

【译文】

公山弗扰据费邑反叛,来召(孔子),孔子想去。子路不高兴,说:"没有地方去就算了,为什么一定要去公山弗扰那里呢?"孔子说:"他来召我,难道只是一句空话吗?如果有人用我,我就要建设一个东方的周(在东方复兴周礼)。"

【注释】

畔,1.田界也。本义:田界。引申为水边。又引申为疆界。2.边,旁边。3.通"叛",背叛、叛变、背离。

【原文解】

第一是对"公山弗扰以费畔,召,子欲往"的理解。此处的"畔"通"叛",是背叛、叛变的意思,这样的人召孔子,而孔子还想去,这与孔子所宣扬和坚守的价值明显不符,这是十分令人费解的。要准确理解本句话的意思,应当对当时的历史有一定的了解。但遗憾的是,相关史料的记载虽然都认为公山弗扰也就是公山不狃(niǔ)是季氏的采邑(费邑)的长官——宰,后来据费邑反叛,但在具体的时间和作为上却互有矛盾,且于理不通。譬如《史记》记载,在鲁定公八年,公山弗扰与阳虎(阳货)等人共谋反叛季氏,并将季桓子拘禁了起来,之后公山弗扰召孔子(《史记·孔子世家》)。前面我们知道,阳货想见孔子,而孔子不愿意见(详见17.1章),那孔子又怎么会见公山弗扰呢?况且还是被召见。《左传》记载,公山弗扰公开反叛季氏是在鲁定公十二年,其"帅费人以袭鲁",也公开反对鲁公(《左传》定公十二年)。这时孔子已经在鲁国得到重用,并亲自指挥打败了公山弗扰"帅费人以袭鲁",孔子怎么可能在这时候会响应公山弗扰之召而前往呢?又怎么会如此反复无常呢?但笔者认为这些都不可考,也不重要,重要的是公山弗扰是季氏的家臣,其反叛是反叛季氏,这一点应该没有异议,是确定的。那他反叛季氏的理由或借口,更准确地说是其表面的理由或所打的旗号是什么呢?很有可能是罢黜季氏专权,维护鲁公的正统和权威,这在中国的历史上屡见不鲜。当然,这种反叛在客观上也必定有削弱季氏力量的效果。而这才是孔子所感兴趣的,因此孔子才想前往。这很好理解。那么有人会问,难道孔子就看不到公山弗扰的实质很可能是为了自己吗?未必!孔子又不是神,什么都知道。况且公山弗扰离得比较远(不像阳货离得那么近),这需要进一步考察,也许正是因为如此,孔子才是先前是想去,而最终又没有去。

第二是对"吾其为东周乎"的理解。西周、东周的称谓在当时就已经有了。那么这句话的意思是什么呢?是要使东周强盛起来吗?如此理解不能说错,但过于浅薄和狭隘。

首先,使东周强盛起来,说明东周当时不强盛,很衰败。而强盛与衰败是相对而言的,那么东周当时是相对于谁显得衰败呢?当然是西周。那么是哪方面显得衰败呢?是经济、军事吗?显然不是,东周有强大的齐国、晋国甚至秦国,其经济、军事都是很强大的。是政治的衰败,是政治的不统一,没有上下之分,混乱不堪。那么西周的政治统一、稳定是靠的什么呢?很多,但周礼是非常重要的一方面,这一点很明显,而孔子对于周礼的认可也是显而易见的,"周监于二代,郁郁乎文哉,吾从周"(详见3.14章)。

其次,这时可能会有人问,既然如此,为什么孔子不去辅佐一个姬姓的人,譬如鲁公,而想去帮助公山弗扰?"王侯将相宁有种乎"(《史记·陈涉世家》),一个人的出身说明不了什么。在孔子眼中,商汤王、周武王不都是圣人吗?一个人应当忠于的是仁,而非某个具体的个人,更不是出身。孔子周游列国不也正说明了这一点吗?

【编意解】

编者意在通过本章之故事和孔子之语,说明应当把建立和推广礼乐作为一个非常重要的事情,这是大义之所在。

17.6 子张问仁于孔子。孔子曰:"能行五者,于天下为仁矣。""请问之。"曰:"恭、宽、信、敏、惠。恭则不侮,宽则得众,信则人任焉,敏则有功,惠则足以使人。"

【译文】

子张向孔子问仁。孔子说:"能够在处处实行五种德行,就是仁人了。"子张说:"请问哪五种。"孔子说:"庄重、宽厚、诚实、勤敏、慈惠。庄重就不致遭受侮辱,宽厚就会得到众人的拥护,诚信就能得到别人的信任,勤敏就会提高工作效率,慈惠就能够使唤人。"

【原文解】

第一是对"能行五者,于天下为仁矣"的理解。这句话的字面意思是很清楚的,就是能够处处实行五种德行的人,就是仁人了。问题在于这说明了什么?首先,能够在处处实行五种德行——"能行五者于天下",说明这五种德行在任何地方都是能行得通的,只要你能够坚持;其次,这就是仁人了——"为仁矣"。就是说是符合仁道的人了,也就是说这五种德行是符合仁道的,那是不是就能说这五种德行就是仁道的全部呢?通过前面的学习我们知道,儒家所谓的仁道所包含的方面是很多的,譬如孝、悌、忠、信、礼、义、廉、耻,等等。这五种德行甚至都不是主要的、根本的,因为"孝弟也者,其为仁之本与"(详见1.2章),而这五种德行明显没有包含孝悌。最后,那为什么孔子说这就是仁人了呢?这就要注意本句中"天下"这个词。其实关于仁道,不同的人会赋予其不同的含义,这很正常。能行之于"天下",就说明在孔子来说,无论你是什么样的仁道,都会赞同这五种德行。我们想一想、看一看是不是这样呢?

第二是对"恭、宽、信、敏、惠"的理解。这是对五种德行的具体指明,其具体含义通过前面对于《论语》的学习,应当不难理解,至于为什么要如此,孔子后面的解释也说得很清楚。问题在于这五种德行是否在任何地方都能行得通?也就是都能站得住脚、办的成事吗?一个不会遭受侮辱、得到众人的拥护、得到别人的信任、工作效率很高而且能够使唤别人的人,怎么能站不住脚、办不成事呢?那么践行和推广礼乐呢?当然也得靠这样的德行或者叫作办法。这时可能会有人问,如此理解是否过于牵强。笔者并不这么认为,孔子不是说过"克己复礼为仁。一日克己复礼,天下归仁焉"(详见12.1章)吗?仁的实现,最终是靠礼的建立(恢复)、遵守和推广。

【编意解】

编者意在通过本章孔子之语,说明礼的建立(恢复)、遵守和推广的基本方法,那就是"恭、宽、信、敏、惠"。

17.7 佛肸召,子欲往。子路曰:"昔者由也闻诸夫子曰:'亲于其身为不善者,君子不入也。'佛肸以中牟畔,子之往也,如之何?"子曰:"然,有是言也。不曰坚乎,磨而不磷;不曰白乎,涅而不缁。吾岂匏瓜也哉?焉能系而不食?"

【译文】

佛肸召孔子去,孔子打算前往。子路说:"从前我听先生说过:'亲自做坏事的人那里,君子是不去的。'现在佛肸据中牟反叛,你却要去,这如何解释呢?"孔子说:"是的,我有过这样的话。不是说坚硬的东西磨也磨不坏吗?不是说洁白的东西染也染不黑吗?我难道是个匏瓜吗?怎么能只挂在那里而不给人吃呢?"

【注释】

佛肸(bì xī),春秋末年晋卿赵鞅的家臣,为中牟的县宰,但投靠范氏、中行氏。

磷,损伤。

涅,1.黑土在水中者也。本义:可做黑色染料的矿石。**2.用黑色染、染黑。**

匏(páo),**1.本义:葫芦的一种,最广泛的用途就是从中间剖成两半做水瓢,俗称瓢葫芦。** 2.八音(金、石、丝、竹、匏、土、革、木)之一,管乐器。

【原文解】

第一是对"佛肸召,子欲往"的理解。要准确理解本句的意思,应当对当时的历史有一定的了解。春秋时期的大国晋国,从公元前633年晋文公作三军设六卿起,六卿(韩、赵、魏、智、范、中行氏)一直把握着晋国的军政大权,是一个放大版鲁国的三桓。六卿相互倾轧,后来智、范、中行氏被消灭,只剩下韩、赵、魏三家,再后来三家分晋,建立了韩国、赵国和魏国。而本章所谓的佛肸则是晋国大夫赵简子(赵鞅)的家臣,是中牟的长官——宰。其所谓"畔",就是反叛赵简子。那么对于孔子欲往的理解也就不是很困难的了,与前章"公山弗扰以费畔,召,子欲往"(详见17.5章),应当大同小异。

第二是对"亲于其身为不善者,君子不入也"和"不曰坚乎,磨而不磷;不曰白乎,涅而不缁"的理解。

首先,"亲于其身为不善者,君子不入也"这句话是孔子说的,其字面意思也是很清楚的,问题是这说明了什么?这就要了解这个"入"字。所谓"入",就是进入、加入的意思,与现在的意思没有什么区别。那么进入、加入什么?当然是别人的地方或团伙,这也就说明要在别人的领导和控制之下。而当这个人是一个坏人——"亲于其身为不善者",自己要么同流合污,要么身处险境。这不仅使笔者想起孔子的另一句话,叫作"危邦不入,乱邦不居。天下有道则见,无道则隐"(详见8.13章),两者意思差别不大,无非是向人们阐述了一个君子守身之常法,以避免危险与不测。

其次,"不曰坚乎,磨而不磷;不曰白乎,涅而不缁",这句话的字面意思也是很清楚的,问题是这说明了什么?再坚硬的东西也有被磨坏的可能,更准确地讲是危险;再白的东西也有被染黑的危险。当然人不是一个物件,其包含了两个方面,一是物质层面的肉体,人与人差别不大,再强健也强健不倒哪里去,都是肉体凡胎嘛;二是精神思想,这方面人与人差别就大了,精神思想会不会受到污染侵蚀,则在于其信念是否足够强大。孔子在这里明显是指精神思想。说到这里,这句话的真实含义就很明显了,那就是孔子不怕危险,并且认为自己的精神思想足够强大,不会被污染侵蚀。

最后,是两者的关系。从前面的学习来看,这两句都是有道理的,但放在一起,又显得矛盾。其实也不矛盾,前者是君子守身之常法,有常法就有例外,正如孔子讲"性相近也,习相远也"(详见17.2章),也讲"唯上知与下愚不移"(详见17.3章);孔子讲孝,也讲"无求生以害仁,有杀身以成仁"(详见15.9章),道理是一样的。

第三是对"吾岂匏瓜也哉?焉能系而不食"的理解。据考证,这两句话是当时的俗语。其意思是很明确的,就是要有所作为,哪怕是有危险的。当然,这里的危险不仅仅是人身肉体上的,也包括精神上的,譬如被人误解甚至诋毁等。

【编意解】

编者意在通过本章之故事和孔子之语,说明礼的建立(恢复)、遵守和推广,要有坚定而强大的信念,要有勇气,不怕危险。孔子周游列国是为了什么呢?没有危险吗?当然,这里的危险并不仅仅是指路途遥远,有虎豹豺狼,更主要的是来自当权者者、既得利益者,因为建立(恢复)、遵守和推广礼是要改变其原有的制度,甚至是改变其原有的价值观念,而这必然会伤害到当权者的暂时利益,和一些既得利益者的利益。

17.8 子曰:"由也!女闻六言六蔽矣乎?"对曰:"未

也。""居！吾语女。好仁不好学,其蔽也愚。好知不好学,其蔽也荡。好信不好学,其蔽也贼。好直不好学,其蔽也绞。好勇不好学,其蔽也乱。好刚不好学,其蔽也狂。"

【译文】

孔子说："由呀！你听说过六种主张及其(任意发展的)六种弊病了吗？"子路回答说："没有。"孔子说："坐下！我告诉你。好仁德而不好学习,它的弊病是(易)受人愚弄。好智慧而不好学习,它的弊病是(易)行为放荡。好诚信而不好学习,它的弊病是(易)伤害(亲人、好人)。好直率却不好学习,它的弊病是(易)说话尖刻。好勇敢却不好学习,它的弊病是(易)犯上作乱。好刚强却不好学习,它的弊病是(易)狂妄自大。"

【原文解】

本章的字面意思比较清楚,要深刻理解还应注意：

第一是对"好仁不好学,其蔽也愚"的理解。读到这句话,不禁使人想起孔子在回答宰我"井有仁焉"之问时所做的回答："君子可逝也,不可陷也；可欺也,不可罔也。"(详见6.26章)仁者"爱人"(详见12.22章),"爱人"当然是好的,但是如果是泛爱甚至是烂爱,或者不知道什么是真正的爱,那就麻烦了,就可能走向其反面,进而使自己迷惑,进而被人愚弄。所以就要去学,学习什么是真爱,如何去爱。那么具体学什么呢？很多。最简单也是最重要的是学礼,按照礼的要求去爱,因此孔子说"克己复礼为仁。"(详见12.1章)。

第二是对"好知不好学,其蔽也荡"的理解。"荡"就是放纵、放荡的意思,就是没有节制或不知节制的意思。为何会如此？因为好智,以为自己很聪明,什么都难不倒自己,什么都敢去做,其实那是小智。问题是用什么来节制呢？当然主要是礼,因此就要学礼、守礼,知道什么能做什么不能做。现实中不就有些自以为聪明的化学家制作合成了各种新型的毒品吗？真是贻害无穷。

第三是对"好信不好学,其蔽也贼"的理解。"贼"是残害、伤害的意思。伤害谁？当然是不应当伤害的人,如好人、亲人等。这不禁使人想起前面所讲的"抱柱而死"的故事(详见1.13章),尾生"抱柱而死"害了谁？当然是害了自己,也害了父母,当然可能也害了那个女子。因此孔子曰"言必信,行必果,硁硁然小人哉"(详见13.20章)。孟子说"大人者,言不必信,唯义所在"(《孟子·离娄》)。那么如何知义？最直接的方法当然就是学礼、守礼。

第四是对"好直不好学,其蔽也绞"的理解。"绞"是急切刻薄的意思。读到这句话,不禁使人想起孔子对叶公所言"吾党有直躬者,其父攘羊,而子证之"做的回答:"吾党之直者异于是。父为子隐,子为父隐,直在其中矣。"(详见13.18章)。那种没有节制的"直"——"其父攘羊,而子证之"是多么的令人厌恶啊!那么如何才能避免呢?还是用礼来节制,所以孔子说"直而无礼则绞"(详见8.2章)。

第五是对"好勇不好学,其蔽也乱"的理解。这句话很好理解,还是因为没有节制所致,什么都敢做,包括违法犯罪的事情也敢做。这不乱才怪,所以孔子说"勇而无礼则乱"(详见8.2章),必须用礼来节制,而这当然是要学的。

第六是对"好刚不好学,其蔽也狂"的理解。"刚"是坚强不屈的意思。如何才能做到?无欲,没有贪欲。但正常的欲望还应当是有的。但没有节制,过分的追求或抛弃人们正常的欲望,那成什么了?有违人性,不狂才怪。如何节制,当然还是靠礼。

第七是对"学"的理解。这里主要在于理解"学"什么?从前面的阐述看应当是学礼,这一点是显而易见的,但是什么礼?在孔子看来不是随随便便的礼,而是理想中的礼——周礼,一种真正的德之外化。就礼的形式而言,就是一种关于秩序的规范,而《论语》的学,就是在学秩序规范,这一点在《论语》开篇已经很明确的阐述了,详见1.2章。

【编意解】

编者意在通过本章之故事和孔子之语,说明要学礼并主动接受礼的规范。其实任何事物都需要礼来规范,哪怕它看似是一件非常好的事,仁、智、信、直、勇、刚不好吗?但再好也得有节制,过分了不行,那就是"过犹不及"(详见11.16章)。同时也说明,礼应当严守和体现"中道"。

17.9 子曰:"小子何莫学夫《诗》?《诗》可以兴,可以观,可以群,可以怨。迩之事父,远之事君;多识于鸟兽草木之名。"

【译文】

孔子说:"学生们为什么不学习《诗》呢?学《诗》可以激发志气,可以使人懂得如何观察事物(及其盛衰与得失),可以使人懂得如何合群,可以使人懂得如何表达怨恨。近可以用来侍奉父母,远可以侍奉君主;还可以多知道一些鸟兽草木的名字。"

【注释】

迩(ěr),1. 近也。本义:近。2. 浅。3. 接近。

【原文解】

第一是对"可以兴"的理解。兴的本义是兴起、起来的意思。这就有一个问题了,"兴"什么?为什么能"兴"?要回答这一问题,就要对诗,尤其是《诗经》有一定的认知。关于此前面已经有所介绍,这里有必要强调的是,《说文解字》对"诗"字的解释是"诗,志也。"《毛诗》序中言"诗者,志之所之也,在心为志,发言为诗"。也就是诗的本质是志,因此,这里"兴"的是志,因为诗的本质就是志。同时应当说明的是,立志乃是人生的基础,孔子不就是"十有五而立志于学"吗?当然,"兴(xīng)"也专指诗歌的一种表现手法,即以他事引起此事,但是从本章来看明显不是在谈诗,也不是在说文学上的修辞方法,而是在说学诗的作用,因此这种专门对诗歌的解释不能在本章适用。

第二是对"可以观"的理解。同样的问题,"观"什么?为什么能"观"?这里对诗,尤其是对《诗经》要强调的是,《诗经》所收集的诗是用来供统治者"观风俗、知得失、自考正"(《汉书·文艺志》)的,这是目的和初衷。因此其中的诗,记载着很多事物的盛衰与得失,学诗在当时有着学史的作用,人们可以从中汲取许多经验教训,有助于人们更全面、客观和深刻地看待身边所发生的事物。

第三是对"可以群"的理解。同样的问题,"群"什么?为什么能"群"?这里的"群"是合群的意思,就是要与周围的人搞好关系,能融入其中。道理很简单,人是群居的动物,这是人的本性,人无法在人群之外生存,更准确地说,离开了人群,人的生存也就没有了价值。因此,一个人如果不能合群,其生活将是很困难的,处处碰壁,很难再谈能对社会发挥什么作用了。那么学诗为什么会懂得如何合群呢?要回答这一问题,这里对诗,尤其是对《诗经》要强调的是,"温柔敦厚,《诗》教也"(《礼记·解经》),也就是说,《诗经》里的诗是温柔敦厚的,不信你读读看,因此读《诗经》、学《诗经》的人,也会受其影响,慢慢变得温柔敦厚,因为"习相远"嘛!而一个人越温柔敦厚就越容易合群,这一点想必不难理解吧。

第四是对"可以怨"的理解。"怨"就是怨恨、责怪的意思。为什么会怨恨、责怪?因为内心感觉到不公平,不是说人人心中都有一杆秤吗?那么这个不公

平来自哪里呢？来自社会、上级、同僚甚至是陌生人等，很多方面。可有了怨气怎么办？发泄，否则很憋屈。如何发泄？当面斥责、据理力争吗？这当然很痛快，但可以解决问题吗？恐怕不会，相反这往往还会使矛盾表面化、激化，进而影响自己融入人群——"群"。应当说明的是，这里的不公平是具体个人的感受，可能是真正的不公平，也可能仅仅是自己感觉不公平。那怎么办呢？学诗，用诗所采用的方法来表达。这里对诗，尤其是对《诗经》要强调的是，清代学者焦循说："夫诗，温柔敦厚者也，不质直言而比兴言之，不言理而言情，不务胜人而务感人。"表达自己的怨恨或责怪时，要"比兴言之"，要"言情"，要"感人"。这样既真切地表达了自己的不满，又不致过于引发争执，激化矛盾，进而影响自己融入人群。

第五是对"迩之事父，远之事君"的理解。这里的君，现在可以理解为上级、领导甚至是国家。侍奉父母，为国家和社会服务，这在中国是一个读书人应当做的最为重要的两件事情。那么学诗与这两件事有什么关系呢？通过前面的学习应该已经很清楚了，因为学诗"可以兴，可以观，可以群，可以怨"，只有具备了上述的能力，才能更好地侍奉父母，为国家和社会服务。因为哪个父母不希望自己的孩子有志向，有洞察事物的能力，能被社会所接受并能以别人能够接受的方式表达自己的意见呢？同样，哪个国家和社会不希望有这样的子民呢？

第六是对"多识于鸟兽草木之名"的理解。这句话的字面意思是很清楚的。但应说明的是，这与事父、事君关系不大，而且也不是只有学诗才能得到的结果，通过其他方式也能得到，尤其是在现今世界。但是有总比没有强，况且许多本末倒置的人往往认为，这就是见多识广、能力强的标志。但即便如此，学诗也能满足。这进而说明，在孔子来说，诗或者《诗经》是无所不包的。

【编意解】

编者意在通过本章孔子之语，说明要学《诗》，因为学《诗》"可以兴，可以观，可以群，可以怨"。可是这与礼乐有什么关系呢？别忘了，诗在过去是用来歌唱的，是有韵律的，是乐的一种。

17.10 子谓伯鱼曰："女为《周南》《召南》矣乎？人而不为《周南》《召南》，其犹正墙面而立也与？"

【译文】

孔子对伯鱼说:"你学习《周南》《召南》了吗?一个人如果不学习《周南》《召南》,那就像面对墙壁而站着吧?"

【原文解】

第一是对"《周南》《召南》"的理解。《周南》《召南》是《诗经·国风》中的最前面两篇的篇名,其中,《周南》有诗 11 首,《召南》有诗 14 首,共有 25 首诗。据说这里的周是指周公,召是指召公,南是二公所分得的采邑,在今陕西岐山以南,称为南国。《周南》《召南》里的诗就是在这两个地方所采集的。应说明的是,陕西岐山是周朝的发祥地,而周公(旦)和召公(奭)都是周室宗亲。

第二是对"其犹正墙面而立也与"的理解。这句话的字面意思是很清楚的,就是像面对墙壁站着。那么面对墙壁站着是一种什么样的状态呢?就是前面再近的东西想看也看不见,前面再近的地方想走也走不到,这一点想必大家都能体会,自己试一下就行了。问题是为什么?这就要了解以下两点。

首先,《周南》和《召南》里面的诗主要都是描写男女相恋、婚姻、家庭的事,譬如非常著名的《关雎》《桃夭》就在其中。

其次,现实中人们在什么情况下才会使人"犹正墙面而立",那就是不知道、不清楚一个社会人与人相处的基本规则。而这种基本规则,在中国过去被总结为"三纲"(君为臣纲,父为子纲,夫为妻纲)和"五常"(君臣有义、父子有亲、夫妇有别、长幼有序、朋友有信)。但无论"三纲"还是"五常",其中夫妇关系是根本,其他关系都是由此派生出来的。朱熹说:"有天地然后有万物,有万物然后有男女,有男女然后有夫妇,有夫妇然后有父子,有父子然后有君臣,有君臣然后有上下,有上下然后礼义有所错。男女者,三纲之本,万事之先也。"而《周南》和《召南》里面的诗主要说的就是男女、夫妇、家庭的事,这在中国古人看来是一个社会人与人相处的最基本、最根本的事,因此它们被放在了《诗经》的最前面。人们也只有知道、懂得了这些最基本、最根本的规则,才能向前看、向前走,否则就只能"犹正墙面而立",看不得,前进不得。

【编意解】

编者意在通过本章之故事和孔子之语,进一步说明要学诗的理由,因为学诗可以知道人与人相处的根本道理。当然,这也是礼的根本道理。

17.11 子曰:"礼云礼云,玉帛云乎哉?乐云乐云,钟鼓

云乎哉?"

【译文】

孔子说:"礼呀礼呀,只是说的玉帛之类的礼器吗?乐呀乐呀,只是说的钟鼓之类的乐器吗?"

【原文解】

本章的字面意思很清楚,问题在于其说明了什么?笔者认为至少说明以下三点:

首先,礼乐的实质不是玉帛、钟鼓。这一点通过本篇之前各章的学习,应当不难理解。过去有学者认为,玉帛是礼的文饰,钟鼓是乐器——乐之器,对此笔者非常认同。玉帛、钟鼓只是形式,而非本质。

其次,形式不是根本,但不能因此就说其可以没有。孔子说过:"质胜文则野,文胜质则史。文质彬彬,然后君子"(详见6.18章)。任何事物都一样,礼乐也不例外,也是要有一定的形式的,因此玉帛、钟鼓之于礼乐也是不可或缺的。

最后是对"礼云礼云""乐云乐云"以及本章孔子语气的理解。这明显是一种强调。问题是为什么?因为当时出现了人们认为玉帛、钟鼓这种礼乐的形式就是礼乐的本身这样荒唐的错误认识。为什么会出现这样荒唐的错误认识呢?就是"习相远也"(详见17.2章)。其实,现实社会这样荒唐的错误也屡见不鲜,譬如人们最初挣钱是为了生活甚至更好的生活,可到后来变成了生活就是挣钱,这是一种典型的人性异化。

【编意解】

编者意在通过本章孔子之语,说明礼乐的实质不是玉帛、钟鼓,它们只是形式,我们更应该关注其根本,而不是只专注其形式。

17.12 子曰:"色厉而内荏,譬诸小人,其犹穿窬之盗也与?"

【译文】

孔子说:"外表严厉而内心虚弱,以小人作比喻,就像是挖墙洞的小偷吧?"

【注释】

荏(rěn),1.本义:植物名,即白苏,一年生草本,有芳香。2.柔弱、怯弱。3.荏苒,时光渐渐逝去。

窬(yú),1.穿木户也。门边的小洞。2.洞、窟窿。3.通"逾",从墙上爬过去。4.通"觎",非分的希望、企图、觊觎。

【原文解】

第一是对"色厉而内荏"的理解。这在现在是一句成语,意思就是外表强硬,内心虚弱。与其意思相近的成语有色厉胆薄、外强中干等;与其意思相反的成语有表里如一、名副其实、外柔内刚等。通过对这些相近或相反的成语的理解,可以加深我们对"色厉而内荏"的理解。

第二是对"譬诸小人,其犹穿窬之盗也与"的理解。色厉内荏现在虽然是成语,但在当时不是,因此孔子以比喻来解释。"小人"就是有贪欲的人,这不太好听,所以没有哪个小人愿意说自己是小人,因此,小人在人前总是义正词严的,可是他的内心则想着其他甚至是相反的事情,就像是挖墙洞的小偷,生怕别人看见或知道。这时可能有人会问,难道没有明火执仗的人吗?当然有,但很少。应当说明的是,这些人不是小人,也不配当小人,而是恶棍甚至是罪犯,他们是没有一丁点儿羞耻之心的人,根本不值得与之理论。因此,朱熹将此处的"小人"解释为"细民",是指通常意义下的"小人"。

【编意解】

编者意在通过本章孔子之语,说明践行礼乐不能"色厉而内荏",有不可告人的目的,要表里如一、名副其实、外柔内刚。

17.13 子曰:"乡原,德之贼也。"

【译文】

孔子说:"一乡人都认可的人,是破坏德的人。"

【注释】

原,1.水泉本也。"源"的古字。本义:水源、源泉。泛指来源。2.开始。起源。3.原野。4.追究根源。5.宽恕、赦免。

【原文解】

第一是对"乡原"的理解。这里的乡比较好理解,关键是"原"字。在过去主要有两种解释:一种是推究的意思,就是推究乡人的意愿。推究乡人的意愿干什么呢?当然是苟合,委屈自己而顺其意而说之、为之;另一种是认为此处的"原"同"愿",就是符合乡人的心愿、愿望。原因是过去有很多的史料在记载本

章孔子之语时,这里就是"愿"字。但不管是哪一种解释,其结果都是一乡人的认可。

第二是对"德之贼也"的理解。这句话的字面意思是很清楚的。问题在于为什么?道理其实很简单。德是对道的正确认知和践行,这非一般人所能为之的,更何况是达到同一的状况。而"乡原"是一乡人都认可。一乡之人是很多的,其中必有好坏智愚,好人坏人、聪明人愚人都认同,说明什么呢?这不禁使人想起《论语》中的一句话:"子贡问曰:'乡人皆好之,何如?'子曰:'未可也。'"(详见13.24章)说明这个人表里不一,"见人说人话、见鬼说鬼话"。可问题是这样的人往往有很大的影响力,这就必然会影响真正的德的教化和实行。有关于此,孟子有深刻的论述,"非之无举也,刺之无刺也;同乎流俗,合乎污世;居之似忠信,行之似廉洁;众皆悦之,自以为是,而不可与入尧舜之道,故曰德之贼也"(《孟子·尽心下》)。意思就是说,想否定他们却举不出什么过错,想讽刺他们却无法讽刺,他们和同于世俗,融合于污浊的社会,住在那里好像是忠实诚信,行为方式好像是很廉洁,大家都喜欢,但却不能与其一起进入尧、舜的道路,所以称他们是对德有伤害的人。

这时可能有人会问,是否有天下人都认可的人呢?基本没有,更多的是大多数人认可的人。因为人越多,达成同一的可能性就越小。况且不是有"真理往往是掌握在少数人手里"的说法吗?这句话虽然不那么好听,但这就是事实。这时可能又有人会问,民心难道不是真理吗?当然是。但是这并不是说民众就能真正认知到这个民心,因为民众作为一个整体时是愚蠢的,是目光短浅的,这句话也不那么好听,但也是事实。民众更多的是在被强迫执行相关政策很久之后,才体会到其是否符合自身根本的和长远的利益。譬如兴修水利、公路甚至是义务教育,等等。其实就是我们自己的心,又有多少人能够真正地认识到呢?更无论坚守和率性了。

【编意解】

编者意在通过本章孔子之语,说明践行礼乐不仅不能"乡原",而且要时刻警惕"乡原"。之所以如此理解,因为按照中国古人的认识,礼就是德的外化,而这并不是大多数人所能理解和掌握的,更不用说所有人都掌握了。掌握这些是要付出大量的精力和时间的,而这也不是所有的人都能承受的。

17.14 子曰:"道听而涂说,德之弃也。"

【译文】

孔子说:"在路上听到传言就在道路上传播,这是自弃其德。"

【原文解】

第一是对"道听而涂说"的理解。这在现在是一句成语,意思是比较明确的。问题在于说明了什么?很简单,说明不思考、不检验,人云亦云。

第二是对"德之弃也"的理解。这句话的字面意思是很清楚的。问题在于为什么?还是因为不思考、不实践。读到这里笔者不禁想起《论语》中的另外两句话,一是"温故而知新,可以为师矣"(详见2.11章);二是"传不习乎"(详见1.4章)。而这些都是要思考和检验的,否则如何能得——德。上天赋予了人思考、实践的能力,而你却不思考、不实践,这不是自弃其德又是什么呢?

应当说明的是,这对于学习书本上的东西也是同样适用的。譬如我们现在学习《论语》,首先要对原文有准确的认识,探究和掌握其准确的意思,因为随着时间的推移,有些词语古今含义已经很不相同了,譬如"德"字;其次,对于原文要有完整的认识,不能断章取义,不能只读前半句或后半句,譬如"言必信,行必果,硁硁然小人哉!抑亦可以为次矣"(详见13.20章);第三是要想一想,想一想它是否符合人的本性,有没有道理,道理在哪里;最后也是最重要的,要践行,照着做,看看能不能行得通,能不能行之有效。只有如此,这些道理才能成为自己的道理,成为自己的德,进而才有可能发现新的道理。

【编意解】

编者意在通过本章孔子之语,说明对待礼乐不能"道听而涂说",而要进行思考和实践。

17.15 子曰:"鄙夫可与事君也与哉?其未得之也,患得之。既得之,患失之。苟患失之,无所不至矣。"

【译文】

孔子说:"一个卑鄙的人可以侍奉君主吗?他在没有得到官位时,总担心得不到。已经得到了,又怕失去它。如果他担心失掉官职,那他就什么事都干得出来了。"

【原文解】

第一是对"鄙夫可与事君也与哉"的理解。首先是"鄙夫"。所谓"鄙夫",

就是卑鄙的人，就是品行低下恶劣的人。那么具体是指什么呢？对此朱熹引用古代一个学者的话，即"士之品大概有三：志于道德者，功名不足以累其心；志于功名者，富贵不足以累其心；志于富贵而已者，则亦无所不至矣"。因此可以得出志于富贵的人，就是孔子所谓的"鄙夫"。笔者以为然；其次是"事君"，就是侍奉君主，用现在的话讲就是当官拿俸禄。

第二是对"其未得之也，患得之"的理解。首先是"患得之"，从上下文来看，本句的"患得之"应当是"患不得之"。过去许多学者认为是缺文了，但也有些人认为这是当时某种说话的习惯。但无论怎样，对于其意是"患不得之"是没有歧义的。其次是"患"，就是担忧、忧虑的意思。担忧、忧虑之后呢？当然是努力争取。而争取就存在一个方法的问题，有人是托关系、找门路，有人是送礼送钱，有人是巧言令色、谄媚适逢，等等。那么儒家主张的是什么呢？很简单，就是"修身"（《大学》）、"与命"（详见9.1章）。可一个志于富贵、贪图富贵的人会怎样呢？

第三是对"既得之，患失之。苟患失之，无所不至矣"的理解。对于"既得之，患失之"的理解，应当比较容易，与"其未得之也，患得之"是一样的。问题是为什么会"苟患失之，无所不至矣"？结果会怎样？已经得到了，有权了也有钱了，资源多能力大了，但因为是卑鄙的人，所以也就担心失去，就要想办法保住，同时在此情况下贪欲也就更大了，想得到更多。至于结果，无所不至的结果能是什么呢？乱，大乱，甚至天下大乱。这种结果有谁能接受呢？没有。那就千万别让卑鄙的人当官。

【编意解】

编者意在通过本章孔子之语，说明践行礼乐不仅自己不能患得患失，也不能用患得患失的人。制定礼乐、执行礼乐难道不就是在位者、在上位者的事情吗？

17.16 子曰："古者民有三疾，今也或是之亡也。古之狂也肆，今之狂也荡；古之矜也廉，今之矜也忿戾；古之愚也直，今之愚也诈而已矣。"

【译文】

孔子说："古代人有三种毛病，现在恐怕连这三种毛病也不是原来的样子了。古代狂妄的人不过是放肆,而现在狂妄的人却是放荡不羁;古代骄傲的人不过是难以接近,而现在那些骄傲的人却是凶恶蛮横;古代愚笨的人不过是直率一些,现在愚笨的人却是欺诈啊!"

【注释】

廉,1.本义:厅堂的侧边。引申为有边界、有棱角。2.正直。3.不贪、廉洁。4.考察、查访。5.价格低(后期之意)。

戾,1.曲也。本义:弯曲。2.乖张、违逆。3.凶暴、猛烈。4.罪、罪过。5.至、到达。

【原文解】

第一是对"古之狂也肆,今之狂也荡"的理解。首先,"狂"就是狂妄、狂放的意思。那么具体表现是什么呢?"狂者进取"(详见13.21章)。为什么呢?因为狂,志大才疏,所以显得其进取有些过。其次是"肆""荡"。这是描写狂者所谓"进取"的表现程度或方法。"肆"是恣纵、放肆的意思。而"荡"是放纵、放荡的意思。那么这两个字有什么区别呢?笔者认为"荡"比"肆"更进了一步,可以理解为肆无忌惮,没有什么可以顾忌或约束的。

第二是对"古之矜也廉,今之矜也忿戾"的理解。首先,"矜"在本章是骄傲的意思。具体表现就是较少作为,能不做就不做,因为这样的人骄傲自满,当然也就不思进取了。其次是"廉""忿戾"。这是描写骄傲——"矜"的表现程度或方法。"廉"原本是指厅堂的侧边,厅堂的侧边当然是不能逾越的,因此引申为有棱有角,也就是有所坚守、有所不为的意思,在外人来说就是很难与之接触,很难与之打交道。"忿戾"的意思就是忿怒,而且是十分猛烈的忿怒,在这种情绪下,其对所看不惯的事物或为了自己所坚守的事物,什么事情都有可能去做,具有很强的攻击性,易与人争斗。这明显已经超出了有所坚守、有所不为的程度,没有节制了。

第三是对"古之愚也直,今之愚也诈而已矣"的理解。首先,"愚"就是愚蠢、愚昧的意思,就是昏暗不明、不智的意思。具体表现往往是说话办事不讲方法技巧。其次是"直"和"诈"。这是描写"愚"的表现程度或方法。"直"就是直率,直来直去,不讲方法技巧,不管影响不影响别人、行不行得通;而"诈"就是欺骗的意思。这时可能有人会问,知道欺骗的人还能叫"愚"吗?前面说过,"愚"就是不智,那么在回答这个问题的时候,就首先要了解什么是智。在儒家来说,智的最初也是最根本的表现,在于知道是非,而不是什么方法技巧。孟子云"是

非之心,智之端也"(《孟子·公孙丑上》),是非不明,就是愚昧,就是昏暗不明。这道理也很简单,是非都分不清,你还能做什么? 又能做对什么? 而"诈"明显属于非,用诈则是颠倒是非的行为,也是没有节制的表现。

第四是对"古者民有三疾,今也或是之亡也"的理解。这句话的字面意思是很明确的。问题是古人是人,今人也是人。单纯从人性的角度来说应当是没有什么区别的,为什么其毛病却有如此的不同呢? 那只能是其所生活的环境有所不同,有了重大的改变。那么有什么不同或改变呢? 那就是孔子所处的时代礼崩乐坏。礼崩乐坏就说明外部的强制变弱了,甚至没有了,因此人们也就认为可以为所欲为了,没有节制了。因此不同也就产生了。

【编意解】

编者意在通过本章孔子之语,说明礼乐的作用。礼乐的作用就是在于节制人们的行为,这些行为包括所谓好的行为,如仁、智、信、直、勇、刚(详见 17.8 章),更包括不良的行为。毛病谁都有,只是多少而已,程度不同而已。只有遵守礼乐才能使自己的缺点毛病不至于演化成灾难。

17.17 子曰:"巧言令色,鲜矣仁。"

【译文】

孔子说:"巧言令色(的人),仁性很少!"

【原文解】

本章再次出现,其意思前已阐明,详见 1.4 章,不再赘述。

【编意解】

那么本章被编排在此的意义又是什么呢? 笔者认为,编者意在通过本章孔子之语,说明礼乐应当是开诚布公的,遵守礼也应当有使人开诚布公的作用。这时可能会有人问,本章明明是在说仁,怎么又联系到礼乐了呢? 其实,这种联系并不牵强,子曰"人而不仁,如礼何? 人而不仁,如乐何?"(想见 3.3 章),"绘事后素"(想见 3.8 章),"克己复礼为仁"(想见 12.1 章),在孔子看来,礼的本质就是仁道,而仁道的表象就是礼。因此,凡是不符合仁道的,就不应出现在礼乐之中。这也是对自"色厉而内荏"章(17.12 章)以降各章论述的总结,那就是,在践行礼乐时要本着一颗真诚的仁心。"巧言令色"不就是虚伪和少仁的表现吗?

阳货第十七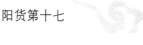

17.18 子曰:"恶紫之夺朱也,恶郑声之乱雅乐也,恶利口之覆邦家者。"

【译文】

孔子说:"(我)厌恶用紫色取代红色,厌恶用郑国的声乐扰乱雅乐,厌恶用伶牙利齿颠覆国家(这样的事情)。"

【原文解】

第一是对"恶紫之夺朱也"的理解。为什么?紫和朱不就是两种颜色嘛,为何会引起孔子如此强烈的认同差异?这就要了解过去这两种颜色所代表的含义。在过去,人们认为朱是一种单纯、纯正的颜色,而紫色是一种间色,也就是由两种原色调配之后得到的颜色。而礼制是推崇单纯、纯正的,因此将朱色的地位定得很高,树为正宗。当然,单纯、纯正的颜色不只有朱色,为什么却将朱色树为正宗?原因则不得而知。也许是一种习惯,甚至是制定者的好恶。谁又能说清现在诸多国家的国旗色彩会有如此的千差万别呢?但这并不重要,重要的是其所体现的是什么?笔者认为,崇尚朱色体现了礼乐对纯正的一种推崇。但当时因为有些当权者喜欢紫色,由于上行下效甚至下必甚焉的原因,紫色受到了推崇,因此引起了孔子的厌恶。这时可能会有人问,变换一种颜色又能有多大的问题呢?表面上看确实不应有多大的问题。问题在于这说明有些当权者已经不再遵守礼制了。这不禁使我们想起季氏"八佾舞于庭"(详见3.1章)和"三家者以《雍》彻"(详见3.2章),那也就是一些唱歌跳舞的事,似乎也没什么大不了的。但是要知道,大事总是由小事发展而来的,因此要防微杜渐。

第二是对"恶郑声之乱雅乐也"的理解。要深刻理解本句话,就要知道什么是"郑声",或者准确地讲"郑声"的特点是什么?"郑声"就是郑国的音乐。"郑声淫"(详见15.11章)就是郑国的音乐比较过分,无节制。也就是说这种音乐容易使人产生贪欲,容易使人不安分,容易使人放纵。那什么是"雅乐"呢?从字面上解释,就是正确的、合乎规范的音乐,在孔子来说就是周公制定的乐。那么"郑声"为什么会"乱雅乐"呢?是因为其"淫"——过分,无节制。不受约束当然好,有谁愿意受约束呢?可不受约束又怎么能行得通呢?因此,不受约束当然会对那些不知自我克制的或自我克制力不强的人产生诱惑,受到他们欢迎,进而流行,因为这种人是占绝大多数的。那么"郑声之乱雅乐"为什么会引起孔子的厌恶呢?因为乐的最重要的作用就是移风易俗,一旦过分、无节制成

了风俗,人们必将陷入争斗,那就是天下大乱。

第三是对"恶利口之覆邦家者"的理解。首先是"利口"。其字面意思就是一张能说会道、巧言善辩的嘴。能说会道、巧言善辩为什么呢?希望别人,尤其是上级、领导、大夫、诸侯相信自己,进而改变其原有的做法;其次是"覆邦家",字面意思就是国、家因此而倾覆。因什么而倾覆?因为在位者相信并按照那张"利口"所说的去做了。最后是孔子为什么会"恶"?因为"利口"所说的迷惑了大夫、诸侯,进而使之改变了原有的礼乐制度,进而使"邦家"倾覆,而"邦家"的倾覆必然伴随着混乱,而在混乱中最遭殃的一定是老百姓。

这一点,整个春秋战国的历史都是证明。当初众多的诸侯国,不论是因为先前部分放弃礼乐制度的,还是后来进行所谓"变法"彻底放弃礼乐制度的,最终都走向了覆灭。应当说明的是,笔者认为就是最终统一天下的秦国也不例外,秦王朝建立仅十五年就灭亡了,难道不说明问题吗?这时可能有人会问,难道周礼就不能改吗?能够永久的使用吗?当然不是,但要看怎么改。应当说明的是,周礼并不是从天上掉下来的,孔子说"殷因于夏礼,所损益,可知也。周因于殷礼,所损益,可知也。其或继周者,虽百世可知也"(详见2.23章)。笔者认为,形式可以随着时代的变迁而修改完善,但是其所体现的符合人性的原则精神和价值不能改,因为人还是人,人性没有变。中国辉煌的汉唐,就没有用周礼,但其治国的原则精神又与周礼有多大的不同呢?同时应当强调的是,就是改也不能用"利口"来改。俗话说:大道无言,大言无辩。礼乐应当就是道的表现,其精神实质就是大道。它是用来遵守的,而不是用来辩论和评判的,更准确地说,不是一般人能辩论和评判的,因为"礼乐征伐自天子出"(详见16.2章)。

【编意解】

编者意在通过本章孔子之语,说明礼乐的实质。礼应当是纯正的,乐应当是中和的,它们是用来遵守的,而非是用来辩论甚至是随意更改的。

17.19 子曰:"予欲无言。"子贡曰:"子如不言,则小子何述焉?"子曰:"天何言哉?四时行焉,百物生焉,天何言哉?"

【译文】

孔子说:"我想不说话了。"子贡说:"先生如果不说话,那么我们这些学生还传述什么呢?"孔子说:"天何尝说话呢?四季照常运行,百物照样生长。天说了什么话呢?"

【原文解】

第一是对"予欲无言"的理解。这句话的字面意思是很清楚的。问题是其真实的意思是什么?其实也很简单,那就是我想不说话了,但是不行,还得说。因为要传承,只有说才能让后代少走弯路,尽快达到一种高度,只有这样才有可能超越,才有可能一代比一代强。可为什么孔子又不想说了呢?这要从以下孔子和子贡师生的对话中探知。

第二是对"子如不言,则小子何述焉"的理解。这句话的字面意思也是很清楚的。问题是说明了什么?说明以子贡等为主要代表的孔子的学生们,都是在通过孔子的话语学习(道)。可这又说明了什么呢?难道有什么不对吗?回答这些问题首先要了解孔子的话语是什么?是从哪里来的?孔子的话语当然是孔子的思想认识,是"信而好古"(详见7.1章),"默而识之,学而不厌"(详见7.2章)得来的。其中的"默而识之"应当引起我们的特别注意,就是用心去深刻体认事物奥秘的意思。这是孔子之学与"子如不言,则小子何述焉"的根本区别,也正是以子贡等为主要代表的孔子的学生们所缺乏的。

应当说明的是,这种"默而识之"是行,是认知、设定、检验、总结,再认知、再设定、再检验、再总结的多次反复。说到这里,笔者不禁想起宋代诗人陆游的一句诗:"纸上得来终觉浅,绝知此事要躬行。"(《冬夜读书示子聿》)孔子的学生们很幸运,能够亲身受教于孔子,而我们只能是从"纸上得来"。但是无论是亲身受教于孔子还是"纸上得来",都是他人的体认,都是通过他人的话语得来的,经过这两道程序,都多少会与"道"有所偏差,因此我们还要"绝知此事要躬行",要亲身去体认,去"默而识之",宋代陆九渊有诗云:"寄语同游二三子 莫将言语坏天常。"(《读书》)也正因为如此,孔子才会说"予欲无言"。

第三是对"天何言哉?四时行焉,百物生焉,天何言哉?"的理解。这是孔子举得一个十分浅显的例子。"四时行焉,百物生焉"这在当时就是"天常",就是天道,是天使之,也就是天命。但是天什么都没有说,人们能够认识吗?当然,而且是不需要别人专门的讲述,就十分真切地认知了。为什么?因为我们生活于其中,我们不自觉地就"默而识之"了。其实礼乐也同样如此,所区别的是礼乐是用言语表述的,但其实质应当是仁道。因此,对于礼乐的认知和遵行也是要"默而识之"的,只有这样我们才能对其有真切的认知,才能自觉地甚至是不

自觉地去遵行。

【编意解】

编者意在通过本章孔子之语,说明对礼乐的认知和遵行不能只靠学习书本和别人的话,要去"默而识之"。

17.20 孺悲欲见孔子,孔子辞以疾。将命者出户,取瑟而歌,使之闻之。

【译文】

孺悲想见孔子,孔子以有病为由推辞不见。传话的人刚出门,(孔子)便取来瑟边弹边唱,(有意)让(传话的人)听到。

【原文解】

第一是对"孺悲欲见孔子,孔子辞以疾"的理解。

首先是"孺悲",这是一个人名,史料上关于孺悲的记载很少,也许是由于《论语》本章所记孔子不愿见其的缘故。其实,孺悲可以说是孔子的弟子,《礼记》有载:"恤由之丧,哀公使孺悲之孔子学士丧礼,士丧礼于是乎书。"(《礼记·杂记下》)由此可见,孺悲是受过孔子亲身教诲的人,而且还使"士丧礼"得以记载流传,也可谓是传经的一个人。至于本章孺悲去见孔子是不是奉鲁哀公的命令,则不得而知,一般认为应该不是,因为如果是鲁哀公的命令,孔子不见是没有理由的。

其次是"孔子辞以疾"。这句话的意思是很明确的,就是孔子不愿意见孺悲,但没有直说,而是以自己身体不好为由拒绝了。问题是孔子为什么不愿意见孺悲?对此无史料可考,不得而知,后人有许多猜测,譬如有人说是此前孺悲得罪过孔子,有人说是孺悲没有遵照礼制的要求,没有经人介绍就去见孔子(依古礼,没有交往的两个人要相见,是要有人从中介绍的,这种风气一直延续至今,贸然上门,是不速之客,也是非常不礼貌的),等等。

但笔者认为这些并不重要,重要的是孔子不想见孺悲这一点是确定的,更重要的是孔子为什么没有直接回绝,而是以身体不好为由回绝?这是不是不诚实、不直的表现?其实对于前一个问题,只要身临其境地想一想就不难找到答案。直接回绝会使对方很没面子,很尴尬,使矛盾表面化,在有些情况下甚至会使对方愤怒,进而可能会使自己身陷不测。以自己身体不好为由拒绝别人的请求,是古人常用的,没有诚实不诚实的问题。至于直,应当说明的是,直过了头,就是愚,就是疾,子曰"古之愚也直"。读到本章,不禁使人想起《论语》中有子的一句话:"礼之用,和为贵……小大由之,有所不行"(详见1.12章)。

第二是对"将命者出户,取瑟而歌,使之闻之"的理解。这句话的意思也是很明确的,那就是告诉来者,我孔子实际上没有身体不好,只是不想见。问题是孔子为什么要如此?本章没有说,也可能怕对方误解,听不出"辞以疾"的真正意思。但应当强调的是结果,那就是明白无误的、及时的向对方表达了自己真实的意思。如此一来,还会有孔子不诚实、不直的疑问吗?

【编意解】

编者意在通过本章孔子之故事,说明对于礼乐的遵行要达到和的状态。

17.21 宰我问:"三年之丧,期已久矣。君子三年不为礼,礼必坏;三年不为乐,乐必崩。旧谷既没,新谷既升,钻燧改火,期可已矣。"子曰:"食夫稻,衣夫锦,于女安乎?"曰:"安!""女安,则为之!夫君子之居丧,食旨不甘,闻乐不乐,居处不安,故不为也。今女安,则为之!"宰我出,子曰:"予之不仁也!子生三年,然后免于父母之怀。夫三年之丧,天下之通丧也,予也有三年之爱于其父母乎!"

【译文】

宰我问:"(为父母)服丧三年,时间太长了。君子三年不为礼,则礼必然败坏;三年不为乐,则乐就必然荒废。旧谷已经吃完,新谷已经登场,钻燧取火的木头轮过了一遍,有一年的时间(服丧)就可以了。"孔子说:"(才一年的时间)你就吃开了大米饭,穿起了鲜艳的锦衣,你心安吗?"宰我说:"我心安。"孔子说:"你心安,你就那样去做吧!君子守丧,吃美味不觉得香甜,听音乐不觉得快乐,住在家里不觉得舒服,所以不那样做。如今你既觉得心安,你就那样去做吧!"宰我出去后,孔子说:"宰予真是不仁啊!小孩生下来,到三岁时才能离开父母的怀抱。服丧三年,这是天下通行的丧礼。宰予难道没有从他父母那里得到过三年怀抱之爱吗?"

【注释】

锦,1.<u>襄邑织文</u>。<u>本义:有彩色花纹的丝织品</u>。2.锦袍。3.比喻色彩鲜艳华美。

燧(suì),1.<u>本义:古代取火器</u>。2.火炬之类。3.烽火台。4.古代边防报警的信号。白天放烟告警叫"烽",夜间举火告警叫"燧"。5.燃。

旨,1.<u>美也</u>。<u>本义:味美</u>。2.美味的食物。3.美好。4.意思、意义。5.意图、宗旨。6.长官的命令。7.皇帝的意见、命令。

【原文解】

第一是对"三年之丧,期已久矣!君子三年不为礼,礼必坏;三年不为乐,乐必崩。旧谷既没,新谷既升,钻燧改火,期可已矣"的理解。这是宰我的问题,也是其主张和理由。宰我先是认为,为父母守丧三年太长了,主张服丧一年就可以了,并阐述了如此认为的理由。

首先是"君子三年不为礼,礼必坏;三年不为乐,乐必崩"。这里的"君子"主要是指在位者或在上位者。在位者或在上位者的一个重要职责就是行礼乐,其因守丧而长时间不能履行职责,必然会影响礼乐的推行甚至废弛。这是宰我的一个理由,很清楚。问题是对吗?似乎有些道理,其实没有道理。因为守丧三年就是礼制的要求,其本身就是在遵礼、行礼。应当说明的是,真正的礼乐本身就是要有很强的教化作用,在位者或在上位者守丧三年,本身就是在树立很好的榜样,有很强的教化作用,曾子曰:"慎终追远,民德归厚矣。"(详见1.9章)怎么会有礼坏乐崩的情况呢?

其次是"旧谷既没,新谷既升,钻燧改火,期可已矣"。应说明一点,在古代是钻木取火,按当时的礼制要求,其所用的木材,根据季节的不同而有所不同(原因不得而知。可能是因为不同的木材在不同的季节取火的难易程度不同),可以分为五类,一年一个轮回。而"旧谷既没,新谷既升"也是以一年为周期的。宰我的意思就是借用自然界一年一个周期的规律,试图得出为父母守丧也应以一年为期的合理性。这是从对天道、地道——自然规律的认知而得出仁道,这也是中国古人的通常做法。那么宰我如此推论能成立吗?当然不能。因为我们所处的世界,其事物的变化并不都是以一年为周期的,有的长些,有的短些,况且人也不是谷物或木材,没有可比性。那什么才有可比性呢?当然是父母对子女的爱,"子生三年,然后免于父母之怀"。当然这是后话。

第二是对"女安,则为之!夫君子之居丧,食旨不甘,闻乐不乐,居处不安,故不为也。今女安,则为之"的理解。

首先是"女安则为之"。这句话的字面意思是很清楚的。问题在于说明了什么?"安"就是安心的意思,就是自己内心的一种感受。那么"女安则为之",就是践行礼乐要按照自己的本心去做。

其次是"夫君子之居丧,食旨不甘,闻乐不乐,居处不安,故不为也"。这是在说明君子在居丧期间,为什么不吃好的、听好的、住好的,是因为没有那个心情,感受不到其好,做了也白费,所以也就不做了,这也是出于一种本心。同时,这也是在告诉宰我心之所安,如果你仍然安心,那你就做好了。

第三是对"予之不仁也!子生三年,然后免于父母之怀。夫三年之丧,天下之通丧也,予也有三年之爱于其父母乎"的理解。"予"是宰我的名。

首先是"予之不仁也"。为什么?因为其心安,其心安说明其对父母的去世没有那么的悲伤,还能感受好吃的、好听的和好住的。问题是这是一种很严厉的批评否定。通过前面的学习我们知道,孔子是不轻易许人以仁的,如对子路、冉求、公西赤等杰出弟子都没有(详见5.8章),但也绝不轻易说那个人不仁,就是对巧言令色的人,孔子也只是说其少仁——"鲜矣仁"。为什么孔子却说宰我不仁呢?宰我真的就如此不堪吗?恐怕未必。我们知道,宰我是孔子弟子中的佼佼者,是"孔门十哲"之一(详见11.3章),如果真如此,孔子还能容其于门下?其实宰我提出一年的丧期,虽不合古礼,但较之他人(不论是当时的还是现在的)都是很长的,而且宰我的回答——"安"似乎有些斗气,在孔子两次说出"女安则为之"之后,宰我并没有答话,而是出去了——"宰我出"。这是对贤者的责备,有如孔子说"樊迟请学稼"是小人一样(详见13.4章)。正因为宰我的水平很高,也很受孔子的认可,所以孔子的批评才更严厉,这恐怕就是"爱之深,责之切"吧。

其次"子生三年,然后免于父母之怀。夫三年之丧,天下之通丧也,予也有三年之爱于其父母乎"。这是针对宰我所谓的"旧谷既没,新谷既升,钻燧改火,期可已矣"的回答。也是从对道的认知("子生三年,然后免于父母之怀")而得出仁道("夫三年之丧,天下之通丧也"),如此推理显然要比宰我的推理更加贴切,更加有说服力,也更加符合人性。说到这里,我们作为后来者是否应当感谢宰我呢?要是没有宰我如此似乎不合时宜而又深刻的提问,怎能引发孔子如此的论述。应说明的是,这也说明礼乐的制定并不是随意的,不是哪个人凭空的想象,是以人性做基础的,这样的基础是坚固而牢靠的,至于这一点一定要在学

礼的过程中详加体会和认知。

【编意解】

编者意在通过本章的故事和孔子之语,说明对礼乐的遵行要遵从自己的本心和本性,其实这也是真正的礼乐的来源和基础之一。

17.22 子曰:"饱食终日,无所用心,难矣哉!不有博弈者乎?为之,犹贤乎已。"

【译文】

孔子说:"整天吃饱了饭,什么心思也不用,真太难了!不是还有玩博和下棋的游戏吗?干这个,也比闲着好。"

【注释】

弈,围棋也。本义:下棋。

【原文解】

第一是对"饱食终日,无所用心,难矣哉"的理解。

首先是"饱食终日"。这句话的字面意思很清楚,问题是这说明了什么?在当时的社会经济条件下,吃饱并不是容易达到的,更何况是"饱食终日",这说明这个人的生存问题已经得到了很好的解决。用现在的标准来说就是很有钱,物质上非常富有。

其次是"无所用心"。这句话的字面意思也很清楚,就是很满足,什么都不想了,没有什么追求了。

最后是"难矣哉"。这里的"难"具体指的是什么呢?是说"饱食终日,无所用心"这种状态很难达到?还是这种状态很难受?还是这种状态很难解决或改变?这些说法都能成立,而且并不会产生矛盾。

所谓这种状态很难达到,是因为这是有违人的本性的。什么是人的本性?无非就是生存和发展。能够"饱食终日"说明其生存的欲望已经得到了满足,那么发展呢?所谓发展就是一种延伸,就是将自己的意志向外延伸,向外施加影响,笔者认为这就是尼采所谓的"权力意志"。说通俗一点就是希望别人甚至是更多的人知道自己,认可自己,服从自己。应当说明的是,实现这一意志的方法因人而异,有些人(大多数人)是通过威逼利诱,有些人是通过对道的探求继而去创造、创设。前者是表面的、暂时的,而后者是真正的也是最终的。

所谓这种状态很难受,还是因为这是有违人的本性的,自己很憋屈、很烦恼。所谓知足常乐,这是一种想象中的境界,非常人所能企及。

所谓这种状态很难解决或改变,这也容易理解,还是因为这是有违人的本性的。有违人性就有必要去解决或改变。但难就难在"无所用心"上,他什么都不想,什么都不追求。但这是假象,因为这不符合人性,只是一时间没有找到方向或目标而已。但他什么时候才能找到方向或目标呢? 找到的方向或目标又是什么呢? 这些都不确定。但无事往往会生非,而这些"饱食终日"的人往往又是影响力很大的人,因为他们很富有甚至是在位之人,一旦生非,就会造成很大的不幸甚至灾难,因此要快。怎么快呢? 且看孔子之后的话。

第二是对"不有博弈者乎? 为之犹贤乎已"的理解。据考证,"博"是古代的一种游戏,其具体内容已经无法考证了,但是围棋现在还在,而且越来越流行,由此或许可以想象一下。其实,游戏、下棋就是争胜负,就会满足人们发展——争强好胜的愿望。也正因为如此,才会很快地引人入胜,甚至身陷其中而不能自拔,这从现在很多人(尤其是年轻人)沉迷于电子游戏就能得到印证。这里应当说明的是,也正因为如此,"博弈"之类的事并不是一件好事情,不应当被提倡,用古人的话讲叫作"使人废时失业"。那孔子为什么会如此? 因为"难矣哉!"两害从轻。应当说明的是,本章的"贤"是胜过、超过的意思(详见1.7章注释)。说白了,"饱食终日,无所用心"的人并不多见,但危害很大。"博弈"虽然有害,但其害也仅仅是害自己,况且这毕竟还能给"饱食终日,无所用心"的人带来很多的快乐。这就是权——权衡。

【编意解】

编者意在通过本章孔子之语,说明对于礼乐的遵行,也要知权衡,不能死板僵化。如何权衡或权衡的标准是什么呢? 且看下一章。

17.23 子路曰:"君子尚勇乎?"子曰:"君子义以为上。君子有勇而无义为乱,小人有勇而无义为盗。"

【译文】

子路说:"君子崇尚勇敢吗?"孔子答道:"君子以义作为最高尚的品德,君子有勇无义就会作乱,小人有勇无义就会偷盗。"

【原文解】

本章的字面意思比较清楚,尤其是在之前我们学习了"勇而无礼则乱"(详见8.2章)、"好勇不好学,其蔽也乱"(详见17.8章)之后,其意思更容易理解。但要深刻理解还要注意以下三点:

首先是"义"和"礼"的关系。笔者认为,"礼"是仁道的外化和表现,而义是仁道的浓缩和升华,因此,"礼"必然包含着"义"。这也是我们通过对"勇而无礼则乱"和"好勇不好学,其蔽也乱"的学习,能更容易理解本章的原因。应当说明的是,"义"和"礼"并不是完全等同的,相反是有很大差别的,这一点在表现形式上最明显。"义"的内容往往很少也很抽象,例如,如果将"孝、悌、忠、信、礼、义、廉、耻"称为义的话,也就只有八个字,因为它是仁道的浓缩和升华。而"礼"的内容往往很多也很具体,例如"礼仪三百,威仪三千"(《中庸》),至于现代社会的法律、法规、规章和制度那就不知道有多少了。

其次是"乱"和"盗"。为什么"君子有勇而无义为乱",而"小人有勇而无义为盗"呢?这是因为能量和影响的不同。本章的君子是指在位者、在上位者,他们地位很高,掌握着极大的社会资源,因而能量和影响也就很大,一旦其"有勇而无义",就会引起社会的混乱。而小人则相反,他们往往是个人,至多是个小团体,而且他们的特点是图利——"喻于利",因此一旦其"有勇而无义",就会去偷窃甚至抢劫——"盗"。

最后是"尚"。尚就是崇尚的意思。子路问"君子尚勇乎?"孔子的回答明显予以否定,同时隐含着应当崇尚义,其实孔子在另一句话中说得更为清楚,"君子之于天下也,无适也,无莫也,义之与比"(详见4.10章)。

【编意解】

编者意在通过本章孔子之语,对上一章进行进一步的说明,那就是权衡的标准是义。

17.24 子贡曰:"君子亦有恶乎?"子曰:"有恶:恶称人之恶者,恶居下流而讪上者,恶勇而无礼者,恶果敢而窒者。"曰:"赐也亦有恶乎?""恶徼以为知者,恶不孙以为勇者,恶讦以为直者。"

【译文】

子贡说:"君子也有厌恶的事吗?"孔子说:"有厌恶的事。厌恶宣扬别人坏处的人,厌恶身居下位而毁谤在上者的人,厌恶勇敢而不遵礼的人,厌恶果敢而又不通事理的人。"孔子又说:"赐,你也有厌恶的事吗?"子贡说:"厌恶抄袭别人的成绩以作为自己的知识的人,厌恶把不谦虚当做勇敢的人,厌恶揭发别人的隐私而自以为直率的人。"

【注释】

讪(shàn),1.谤也。本义:诽谤、诋毁。2.讥笑、讽刺。

窒,1.塞也。本义:阻塞、不通。2.抑制住、使不发泄。

徼,1.(jiào),边界、边境。2.(jiào),巡查。3.(jiāo),窃取、抄袭。4.(jiǎo),通"侥",贪求不止。5.(yāo),通"邀",邀请。6.(yāo),求取。7.(yāo),遮拦、截击。

讦(jié),攻击别人的短处或揭发别人的隐私。

【原文解】

第一是对"君子亦有恶乎"的理解。本章的字面意思是很清楚的,问题是子贡为何有此一问?其缘由其实也很简单。从之前的学习中我们知道,在儒家看来,"君子"应当是践行了仁道的人,什么是仁道?孔子给出的价值定义是"爱人"(详见12.22章)。这时问题就来了,既然"君子"应当是践行了仁道的人,那么"君子"还会厌恶人吗?这可能是子贡认为自己还有,怕是不对,才有本章所问。

第二是对"有恶"的理解。这是孔子对子贡之问的明确而直接的回答。问题在于这是为什么?君子不应当是爱人的吗?首先,"君子"是人不是神,更不是太阳,阳光普照。人有其本性,而爱恨就是本性的一种表现;其次,有爱就有恨,这是一对矛盾体,缺少了一面,另一面也就不存在了;最后,这种"恶"是不是也是一种爱呢?应当是,至少在主观上是如此。因为这种"恶"是在试图给所恶之人与事一个极差的评价,以期去除之。应当说明的是,笔者认为,一个人对于事物、现象的评价,分为四种状态或层次,一般是正确与错误,而对于正确中非常好的,会上升到义,而对于错误中非常差的,则会下降为"恶",因此,"恶"是一个人对事物、现象的极差的评价。

第三是对"恶称人之恶者,恶居下流而讪上者,恶勇而无礼者,恶果敢而窒者"的理解。这是孔子所举的自己所恶,问题在于为什么或说明了什么?

首先是"恶称人之恶者"。宣扬别人坏处会怎样呢？当然是遭到别人的怨恨，于己不利。那为什么还要做呢？损人不利己，愚蠢之极。这时可能会有人问，难道不会是想踩别人抬自己，以使自己获利？不大可能。因为有如此想法的人，往往是在特定的人面前说特定的人的坏处，而不是到处宣扬。

其次是"恶居下流而讪上者"。"讪"是谤的意思，而"谤"是公开指责别人的过失的意思。一个人公开指责上级的过失会出现什么情况或说明什么问题？先不论所谓的"过失"是否存在，就算存在，这样的做法也是大为不敬的，况且指责别人的过失是为什么呢？应当是希望其改正，否则就是居心不良，可如此公开指责上级的过失能达到这样的效果吗？恐怕适得其反。如此一来，作为一个下级会得到怎样的结果可想而知。同样是愚蠢之极。

再次是"恶勇而无礼者"。这在前面已经学习过，不再赘述。只强调一点，其结果就是一个乱。

最后是"恶果敢而窒者"。此处的"窒"是阻塞、不通的意思。阻塞、不通什么？很多，譬如道理等，总之就是行不通。其核心意思说白了就是蛮干。蛮干的结果往往就是失败，就是因为自己的不智而害人害己，还是一个愚蠢、一个乱。由此看来，孔子对愚蠢和混乱是最为厌恶的。

第四是对"恶徼以为知者，恶不孙以为勇者，恶讦以为直者"的理解。这是子贡所举的自己所恶，问题在于为什么或说明了什么？

首先是"恶徼以为知者"。这里的"徼"是抄袭的意思。抄袭就是虚假、不诚实的一种极端的表现。而虚假、不诚实明显是有违儒家价值观的。应当说明的是，当时还没有专利和知识产权的问题，因此，抄袭往往给别人带来的是精神上的伤害，物质利益上的伤害不大。

其次是"恶不孙以为勇者"。不孙就是不谦虚，不敬。这也有违儒家价值观，问题是还以儒家所赞同的"勇"作为旗号，同样是虚假、不诚实，甚至是恬不知耻。

最后是"恶讦以为直者"。这与"恶称人之恶者"比较相似，但更愚蠢——谁没有隐私，还很虚假、不诚实——以"直"为旗号。由此看来，子贡对虚假和愚蠢是最为厌恶的。

【编意解】

编者意在通过本章之故事，说明人有所恶是人之常情，圣人君子概不例外。同时，各人的所恶之事又不尽相同，孔子和子贡就有所不同，具有个体特点。那么面对礼我们应当怎么办呢？这是一个问题，但答案是非常清楚的，即"克己复礼为仁"（详见11.1章）。这时可能会有人问，17.22章和17.23章为什么不讲"克己复礼"，而是权衡——以义为标准的权衡？首先，义是礼应有的内容，甚至高于礼；其次，义是礼所公开提倡并为大众所接受的（很多情况下甚至是当权者所认同和提倡的），而并非一己之好恶；最后，权衡的前提是不能兼得，必须有所取舍，而此中的取是符合义的，当然也是符合礼的。而个人所恶则有可能与义、礼不符。应强调说明的是，本章所列的孔子和子贡之所恶，虽有其个体特点，但由于其本身的正确性和《论语》的巨大影响，已得到了广泛的认同，具有了相当的普遍性。

17.25 子曰："唯女子与小人为难养也，近之则不孙，远之则怨。"

【译文】
孔子说："只有女子和小人是难以教养的，亲近他们，他们就会无礼，疏远他们，他们就会报怨。"

【原文解】
本章孔子之语恐怕是最具争议的一句话。因此必须有深刻的理解。本章的字面意思比较清楚，要深刻理解还应注意以下两点：

第一是对"唯女子与小人为难养也"的理解。

首先是"小人"。过去的学者认为，这里的"小人"不是一般意义上的小人，而是特指奴仆——奴隶和仆人。因为一般意义上的小人不需要养。由于社会制度的原因，奴仆没有生产资料甚至没有人身自由，因此必须依靠别人生存，说白了就是要仰人鼻息。

其次是"女子"。此处不能单纯地理解为女性，而是要与此章中的"小人"对比认知。在古代，由于生产力极其落后，女人由于身体结构（要不时孕育子女）和体能（身体较男人弱小）的差别，其劳动能力（包括精力）较男人要小很多，所生产的物质财富也就较少，要依靠男人生存或者说依靠男人才能生活得更好。这与本章的"小人"是共同的。另外一个共同特点，因为社会资源不多，他们所受的教育很少，甚至没有，也因此他们更为率性——在礼制之外的率性。

最后是"难养"，其字面意思就是难以养活或者说是难以教养。为什么？因

为他们要有所依靠,不独立,同时也因为缺少教育,难以相处。

当然,这种情况现在已经有了很大的改变,现在讲平等了,没有奴仆了,社会资源的极大增加也允许绝大多数人接受相对平等的教育,社会也为人们提供了相对平等的就业机会,财富的创造也更多的是依赖智力而非体力,也正因为如此,孔子本章之语才最具争议。但这些改变并不是完全的、彻底的,所谓的改变都只是相对的、外部的,人们内心的好逸恶劳以及女人要生孩子这些都没有改变,因此对孔子本章之语的争议也仅仅是个争议而已。我们扪心自问,有多少人从内心认为孔子这句话说错了呢?有多少女人完全没有或放弃了要依靠男人的想法了呢?又有多少人真心愿意并能够不惧风雨、自食其力呢?笔者认为,只要你有一丁点儿想要依靠、依赖别人的想法,或者做不到自食其力,那就是孔子所谓的"女子与小人",就是"难养",差别只是程度上的。

第二是对"近之则不孙,远之则怨"的理解。这是所谓"难养"的表现。"近之则不孙"是因为不知礼,缺乏教养;"远之则怨"是因为有所依赖,不能或不愿经历风雨、自食其力,也就是不独立。怎么办?很简单,不要近也不要远。这不禁使人想起孔子说的另一句话,叫作"过犹不及"(详见11.16章)。这就是中,就是行中道。但这说起来简单,做起来很难,这在前面的学习中已经说过,不再赘述。应说明的是,这也就是"难"之所在。

【编意解】

编者意在通过本章孔子之语,说明为礼要秉持中道。

17.26 子曰:"年四十而见恶焉,其终也已。"

【译文】

孔子说:"到了四十岁的时候还被人所厌恶,他(这一生)也就终结了,(就这样了)。"

【原文解】

第一是对"年四十而见恶焉"的理解。

首先是"年四十",其字面意思是很明确的,应说明的是,这里的四十岁并不是那么确定的数,但也差不多。问题在于说明了什么?这不禁使人想起孔子的另一句话,叫作"四十、五十而无闻焉,斯亦不足畏也已"(详见9.23章)。说明人生已经经历了很多,精力也处于最旺盛的时候。

其次是"见恶",其字面意思也很明确。应说明的是,这里的"见恶"不是某个个别人,而是被有些人、很多的人厌恶。问题在于说明了什么?前面说过,厌恶是一个极差的评价,被很多人给予极差的评价,说明什么就比较清楚了,不能说这个人就一定很坏,但肯定好不到哪里去。这里的好与坏主要是指遵礼、守礼方面。

第二是对"其终也已"的理解。这句话的字面意思比较清楚,问题是为什么?因为"年四十而见恶焉"。说明了什么?说明其已经不可移、不可迁,或者说再也改善不到哪里去了,基本就这样了。因为都四十了,还是如此的"见恶"于人。说明其是"下愚"。这时可能会有人问,为什么不是"上知"呢?因为其"见恶"。"上知"之人可能有人并不认同,但不应"见恶"(这是一种比较危险的状态),否则如何能称为"上知"呢?

【编意解】

那么本章被编排在此的意义又是什么呢?笔者认为,编者意在通过本章孔子之语,说明礼对"下愚"之人是没有多大用的。那么对"上知"之人呢?从17.3章孔子之语来看,应当也是没有多大用的,但问题是"上知"之人又有多少人见过呢?为什么?一个重要的原因是他们不会引起别人的厌恶,很少引起别人的注意。同时也说明,他们的行为是符合礼的规范的。

微子第十八

18.1 微子去之,箕子为之奴,比干谏而死。孔子曰:"殷有三仁焉。"

【译文】

(纣王当政无道),微子(数谏而不听便)离开了,箕(jī)子(数谏而不听便装疯被贬)成为了奴隶,比干屡谏不止而被杀死了。孔子说:"殷商王朝有三位仁人啊!"

【原文解】

第一是对"微子去之"的理解。据史料记载,微子是商纣王的同母兄长,因为在其出生时,其母亲尚未被立为王后,故称为商纣王的"庶兄",被封在微地,故称"微子"。商纣王是中国历史上有名的无道之君,也是商朝最后一位君主。史料记载,微子见到商纣王无道,曾数次劝谏,但商纣王不听,微子便离开了他。据说是微子看到商纣王如此无道,认为必将亡国,为保存宗庙社稷,便离开了。后来周公"命微子开代殷后,奉其先祀,作微子之命以申之,国于宋"(《史记·宋微子世家》)。孔子的先祖就是宋国贵族,是殷商的后代。微子之去,不禁使人想起孔子所说的"守死善道。危邦不入,乱邦不居。天下有道则见,无道则隐"(详见8.13章)。

第二是对"箕子为之奴"的理解。据史料记载,箕子是商纣王的叔父,被封在箕地,故称"箕子"。箕子见到商纣王无道,数次劝谏商纣王不听,箕子便装疯卖傻,后被商纣王贬为奴隶囚禁起来。武王伐纣后,"乃封箕子于朝鲜而不臣也"(《史记·宋微子世家》)。箕子之装疯,不禁使人想起孔子所说的"邦有道则知,邦无道则愚"(详见5.12章)。

第三是对"比干谏而死"的理解。据史料记载,比干也是商纣王的叔父。比干见到商纣王无道,屡谏不止,后被商纣王怒而杀之。比干之被杀,不禁使人想起孔子所说的"有杀身以成仁"(详见15.9章)。

第四是对"殷有三仁焉"的理解。这句话的意思是很清楚的,就是微子、箕子和比干这三个人都是仁人。问题是为什么呢?难道是因为这三个人的行为方式符合孔子所说的为人处世之道吗?如此理解显然有些牵强。因为所谓"仁人"首先是要有一颗爱人之心;其次是要为此有所行动甚至付出。那么这三个人有爱人之心吗?当然有,否则他们就不会对商纣王的无道进行劝谏了。这些劝谏是为了什么?当然是为了天下的百姓免受商纣王无道的痛苦,这是商王朝得以保全的基础。当然也包含着对商王朝的保全。那么这三个人有行动甚至付出吗?当然有,而且是巨大的。据史料记载,他们不禁劝谏了,而且是多次,比干甚至因此而死。他们一个因此离去,一个因此被贬为奴,一个因此被杀,如此的付出难道不大吗?如果考虑到他们的身份地位,用后来人的说法,他们都是皇亲国戚,享有尊贵的地位和巨大的财富,他们的付出难道称不上巨大吗?当然,孔子许以"仁人",也是对他们相关行为的肯定。

【编意解】

那么本章被编排于此的意义是什么呢?通览本篇,笔者认为,本篇是在讲"离去",在讲"归隐"。通过前面《论语》的学习,我们知道,"离去"或"归隐"是包括孔子在内的很多往圣先贤都主张也都做过的,编者在本篇专题阐述。编者意在通过本章的故事——尤其是微子之去和孔子之语,说明在天下无道且不可救药的情况下,离去、归隐是适当的,是合乎仁道的。

18.2 柳下惠为士师,三黜。人曰:"子未可以去乎?"曰:"直道而事人,焉往而不三黜?枉道而事人,何必去父母之邦?"

【译文】

柳下惠当典狱官,多次被罢免。有人说:"你不可以离开鲁国吗?"柳下惠说:"按正道侍奉君主,到哪里不会被多次罢官呢?如果不按正道侍奉君主,为什么又一定要离开本国呢?"

【注释】

士师,《周礼》列为秋官司寇之属官。掌禁令、狱讼、刑罚之事。后为古代对执法官员之通称。

黜,1.贬下也。废、贬退。2.消除、减少。3.减少。

【原文解】

第一是对柳下惠这个人要有一定的了解。关于柳下惠,前面已经有所介绍,详见 15.14 章。这里要强调的是,柳下惠是鲁国人,早孔子一百多年,这说明孔子对其生平所为应当是比较了解的,孔子以及之后的儒家对柳下惠都给予了极高的评价,孔子认为柳下惠是一个贤人(详见 15.14 章),孟子更是认为他是"圣之和者也"(《孟子·万章下》)。强调这些主要是说明儒家肯定柳下惠的言行,但本章毕竟没有"子曰",也就是说没有孔子直接的评价。

第二是对"三黜"的理解。其字面意思是很清楚的,就是三次或多次被罢免。问题在于这说明了什么?三次或多次被罢免,其实也就意味着三次或多次被任用,没有任用何来罢免?这又说明了什么呢?说明当时的鲁国并不是那么的无道。

第三是对"直道而事人,焉往而不三黜?枉道而事人,何必去父母之邦"的理解。这是柳下惠对"子未可以去乎"之问或建议的回答。问题在于这说明了什么?首先说明柳下惠不愿离去或归隐;其次是说明原因。原因是柳下惠认为天下到处都一样——"焉往而不三黜";最后是柳下惠不愿意"枉道而事人"。

这里有一个问题,那就是柳下惠认为天下到处都一样,但没有说明其依据,是一种推测。尽管其推测可能是对的,但仍旧是推测。这恐怕是其与孔子的不同。孔子就离开了"父母之邦",去周游列国,寻求可以"直道而事人"的地方。不过在笔者看来,更为重要的原因还是在于"三黜",三次或多次被罢免,其实也就意味着三次或多次被任用,也就是说鲁国并不是那么的无道,自己还是有推行仁道的机会和可能。

【编意解】

编者意在通过本章的故事,说明能不离去或归隐,就尽量不要这么做。

18.3 齐景公待孔子曰:"若季氏,则吾不能;以季、孟之间待之。"曰:"吾老矣,不能用也。"孔子行。

【译文】

齐景公讲到(如何)对待孔子时说:"像(鲁君)对待季氏那样,我做不到,我用介于季氏和孟氏之间的待遇对待你。"又说:"我老了,不能用了。"孔子离开了齐国。

【原文解】

第一是对这一段的史实应有所了解。关于这一段史实,在《史记·孔子世家》中有详细的记载。大概过程是,孔子三十五六岁的时候,鲁国发生动乱,孔子到了齐国。齐景公开始对孔子的政见很赞赏,准备重用,但遭到了以晏婴为首的齐国大臣们的反对,有些大臣甚至想加害孔子。在这种情况下,有了齐景公本章的话。

第二是对"若季氏,则吾不能;以季、孟之间待之"的理解。这句话是齐景公准备重用孔子,但遭到了以晏婴为首的齐国大臣们的反对后,对孔子说的话。首先是季氏和孟氏。通过前面的学习我们知道,鲁国的国政长期把持在三桓的手中。在当时季氏的势力最大,而孟氏较差,鲁国的大政实际上是掌握在季氏手中,因此鲁国的国君对季氏应当是极为倚重的。其次是"以季、孟之间待之"。这是齐景公给孔子安排的位置。要说明的是,孟氏虽然势力不如季氏,但在鲁国也是相当有地位的,因此不能说齐景公对孔子的安排是不重用。

第三是对"吾老矣,不能用也"的理解。这句话是在有些齐国大臣想加害孔子的情况下,齐景公对孔子说的,与上一句话应该不是同一时间说的,而且很有可能是在说"若季氏,则吾不能。以季、孟之间待之"之后说的,也就是反悔了。首先是"吾老矣"。齐景公真的老了吗?当然不是。齐景公是幼年即位,在位五十八年。而孔子到齐国是齐景公三十二年,在齐国驻留了六七年,算到孔子离开的时候,也就是齐景公三十八年或三十九年,齐景公也就四十多岁,比孔子大不了几岁,正值壮年,因此所谓的"吾老矣"完全是一种托词。其次"不能用也",其意思是非常明确的,就是不能用孔子了,这也就是孔子离开齐国的真正原因。

第三是对"孔子行"的理解。这句话的意思很清楚,就是孔子离开了齐国。为什么离开?因为齐景公告诉孔子"不能用也"。问题是孔子离开后到哪里去了呢?据《史记》记载,是回到了鲁国。这一年孔子大概不到四十二岁。孔子是离去了,但没有归隐。

【编意解】

编者意在通过本章的故事,说明在明确不被任用的情况下,可以离去。当然,本章孔子的不被任用是被明确告知的。

18.4 齐人归女乐,季桓子受之,三日不朝,孔子行。

【译文】

　　齐国人赠送了一些歌女给鲁国,季桓子接受了,多日不上朝理政。孔子于是离开了。

【原文解】

　　第一是对这一段的史实应有所了解。关于这一段史实,在《史记·孔子世家》中也有详细的记载。大概过程是,孔子离开齐国回到了鲁国。大概又过了十年左右,渐渐得到了鲁国国君的重用(实质上是得到了季氏的重用),到了孔子五十六岁的时候,已经"由大司寇行摄相事"。其间,鲁国也因孔子的参与甚至主导政事,在很短的时间被治理得很好,而且越来越好,这使得作为邻国的齐国感到了恐惧,想阻止孔子在鲁国继续执政,于是便有了"齐人归女乐"。

　　第二是对"齐人归女乐,季桓子受之,三日不朝"的理解。这句话的字面意思是很清楚的,就是齐国人赠送了一些歌女给鲁国,季桓子接受了,多日不上朝理政。问题是说明了什么?首先,说明季桓子把持着鲁国的国政,否则齐国人赠送了一些歌女给鲁国,季桓子凭什么接受?其次,说明季桓子不想再用孔子了,因为季桓子把持着鲁国的国政,他多日不上朝,孔子如何处理政事?

　　第三是对"孔子行"的理解。这句话的意思很清楚,就是孔子离开了鲁国。为什么离开?因为当权者以行动——"三日不朝"告诉孔子不再被任用了。问题是孔子离开后到哪里去了呢?据《史记》记载,是去了卫国。孔子是离去了,但还是没有归隐。而是开始了周游列国,去推行其所主张的道。

【编意解】

　　编者意在通过本章的故事,同样是说明在明确不被任用的情况下,可以离去。当然,本章孔子的不被任用并非被明确告知的,而是孔子根据当权者的行为推断的。

18.5 楚狂接舆歌而过孔子曰:"凤兮凤兮!何德之衰?往者不可谏,来者犹可追。已而,已而!今之从政者殆而!"孔子下,欲与之言。趋而辟之,不得与之言。

【译文】

　　楚国佯狂之人接舆(yú)唱着歌从孔子的车旁走过,他唱道:"凤凰啊!凤凰啊!你的德运怎么这么衰弱呢?过去的已经无可挽回,未来的还来得及改

正。算了吧！算了吧！今天的执政者岌岌可危！"孔子下车，想同他谈谈。他却赶快避开，孔子没能和他交谈。

【原文解】

第一是对这一段的史实应有所了解。关于这一段史实，在《史记·孔子世家》中也有详细的记载。大概过程是，孔子自离开鲁国开始周游列国，以推行其主张，实现其抱负，后来到了楚国。这时孔子已经六十二三岁了，周游列国已经六七年了，情况很不理想，一直都没有得到重用。孔子到楚国本是楚昭王派军队迎接去的，楚昭王对孔子本来是很感兴趣，想予以重用，但与孔子在齐国的情况相似，遭到了以子西为首的楚国大臣们的反对，因此作罢。在此情况下，便有了本章故事的发生。接舆是一个佯装疯狂的楚国人，因此叫"楚狂接舆"，是一位隐士。

第二是对"凤兮凤兮！何德之衰？往者不可谏，来者犹可追。已而，已而！今之从政者殆而"的理解。首先是"凤"。凤是传说中的神鸟，在这里接舆用以比喻孔子，也就是说接舆认为孔子具有圣德。其次是"今之从政者殆而"。其意思也是很明确的，意思是说，现今的当权者都很危险。这个危险是指当权者自身，他们没有气度格局，目光短浅，因此使自己处在危险当中。可这又说明了什么呢？说明孔子生不逢时，运气很差，因为据说凤鸟是待圣君出现时才出现。最后是"往者不可谏，来者犹可追。已而，已而！"其意思也是很明确的，就是在劝说孔子，算了吧，别再孜孜以求了，归隐吧！

第三是对"孔子下，欲与之言，趋而辟之，不得与之言"的理解。这句话的意思也很清楚，就是孔子想就接舆的话，发表一下自己的见解，但没能如愿。问题是孔子想说什么呢？其实读到本章，不禁使人想起《论语》里"子击磬于卫"章（详见14.39章）所讲的故事，在那一章中，荷蒉其实也是以行不通为由，劝孔子归隐，孔子的回答是"果哉！末之难矣"。更重要的问题是，孔子在听到接舆的话之后是怎样做的呢？《史记》记载：孔子在听到接舆的话之后便离开了楚国，再一次踏上了周游列国——试图推行其主张，实现其抱负的旅程。

【编意解】

编者意在通过本章的故事，同样是说明在明确不被任用的情况下，可以离去，但不应归隐。

18.6 长沮、桀溺耦而耕，孔子过之，使子路问津焉。长沮曰:"夫执舆者为谁?"子路曰:"为孔丘。"曰:"是鲁孔丘与?"曰:"是也。"曰:"是知津矣。"问于桀溺。桀溺曰:"子为谁?"曰:"为仲由。"曰:"是鲁孔丘之徒与?"对曰:"然。"曰:"滔滔者天下皆是也,而谁以易之?且而与其从辟人之士也,岂若从辟世之士哉?"耰而不辍。子路行以告。夫子怃然曰:"鸟兽不可与同群,吾非斯人之徒与而谁与?天下有道,丘不与易也。"

【译文】

长沮(jǔ)、桀(jié)溺在一起耕种,孔子路过,让子路去询问渡口在哪里。长沮问子路:"那个拿着缰绳的是谁?"子路说:"是孔丘。"长沮说:"是鲁国的孔丘吗?"子路说:"是的。"长沮说:"那他是知道渡口的位置的。"子路再去问桀溺。桀溺说:"你是谁?"子路说:"我是仲由。"桀溺说:"你是鲁国孔丘的门徒吗?"子路说:"是的。"桀溺说:"像洪水一般的(坏东西)天下到处都是,你们同谁去改变它呢?而且你与其跟着躲避人的人,为什么不跟着我们这些躲避社会的人呢?"说着仍旧不停地做田里的农活。子路回来后把情况报告给孔子。孔子很失望地说:"人是不能与飞禽走兽合群共处的,如果不同世上的人群打交道,还能与谁打交道呢?如果天下有道,我就不会与你们一道来从事改革了。"

【注释】

耦,1.耒广五寸为伐,二伐为耦。本义:二人并肩耕地。2.同"偶",双数、成对,与"奇"相对。3.配偶。

津,1.水渡也。本义:渡口。引申为水陆要隘。2.液也、汁也。中医指人体内分泌的液体,如口水、唾液。

耰(yōu),农具名,形如大木榔头,用来捣碎土块,平整土地。

怃(wǔ),1.爱也。本义:抚爱。2.怅然失意的样子。3.惊愕的样子。

【原文解】

第一是对"长沮"和"桀溺"的理解。本章"长沮"和"桀溺"是指两个隐士,过去有学者认为这应当不是这两个人的名字。理由首先是从前后文来看,无论是孔子还是子路应当不认识这两个人,仅仅是路过碰见,前去问路;其次是《论语》中所提到的隐士,往往都没有真实的姓名,因为他们是隐士,不想让别人知道,而是用他们的形象或行为替代,譬如"晨门"(详见14.38章)是早晨开门的人,"荷蒉"(详见14.39章)是背着草筐的人,等等。"长沮"和"桀溺"也是如此,"长沮"是说这人个子高且在湿地上站着,而"桀溺"是说这人很魁梧且站在泥里。笔者以为然。

第二是对"是知津矣"的理解。这句话的字面意思是很清楚的,就是长沮说孔子知道渡口在哪里。问题是为什么如此说?当时孔子应当是从楚国返回卫国,既然是返回,理论上应当知道渡口在哪里。况且孔子当时周游列国已经多年,应当是熟悉道路的。从隐含的角度上说,孔子周游列国多年,很有名气,长沮和桀溺都知道,这从他们的言语中也能感知。而周游列国为什么呢?是推行其主张,实现其抱负。那这又是为什么呢?当然是为使天下变得有道。那么孔子就应该知道天下无道的症结所在,并有自己解决的办法。而"津"——渡口就有这个意思。因此长沮此话是一语双关,有揶揄孔子的意思。

第三是对"滔滔者天下皆是也,而谁以易之?且而与其从辟人之士也,岂若从辟世之士?"的理解。这句话的字面意思是很清楚的。问题在于其说明了什么?有两层意思。

首先是"滔滔者天下皆是也,而谁以易之",也就是天下到处都是一样的昏乱。滔滔是形容大水奔流的样子,混乱的样子。其隐含的意思是你们——孔子和子路等弟子们不要再周游寻找了,没有与你们志同道合的当政者了,你们的主张是实现不了了。

其次是"且而与其从辟人之士也,岂若从辟世之士"。这里的"而"与前面的"而"都是你的意思。意思就是说子路与其跟随孔子去寻找志同道合的当政者,这当然也同时是在规避非志同道合的当政者——"辟人",不如跟随我们——长沮和桀溺这样的隐士("辟世之士"),就是在劝说子路归隐。

第四是对"鸟兽不可与同群,吾非斯人之徒与而谁与?天下有道,丘不与易也"的理解。子路在听到长沮和桀溺的话之后没有说什么,只是将实情告诉了孔子。这是孔子在听到子路的转述后所说的话,其字面意思比较清楚。问题还在于其说明了什么?

首先是"鸟兽不可与同群,吾非斯人之徒与而谁与",这是孔子不赞成像长沮和桀溺那样归隐,或是孔子不能像他们那样归隐的原因或理由。意思就是长沮和桀溺那样的归隐是断绝与人世的交往——"辟世",与鸟兽同群,而孔子认为人不能与鸟兽同群,而应当与人同群。

其次是"天下有道,丘不与易也",这是孔子在表达一种责任感或使命感。既然人应与人同群,生活在人群当中,就有义务或责任使这个人群变得更好——有道,不能只享受(族群、社会带来的安全、便利等好处)而不付出。这是一种很朴素的情怀,同时也是一种伟大的情怀。更重要的是,孔子不仅仅是这样说的,也是这样做的,无论是周游列国,还是办学收徒,还是"删诗书、定礼乐、赞《周易》、修《春秋》",可谓孜孜以求,能做一点是一点。

【编意解】

编者意在通过本章的故事和孔子之语,说明人是不应当归隐的,尤其是那种"辟世"之归隐,因为"鸟兽不可与同群"。

18.7 子路从而后,遇丈人,以杖荷蓧。子路问曰:"子见夫子乎?"丈人曰:"四体不勤,五谷不分,孰为夫子?"植其杖而芸。子路拱而立。止子路宿,杀鸡为黍而食之,见其二子焉。明日,子路行以告,子曰:"隐者也。"使子路反见之,至,则行矣。子路曰:"不仕无义。长幼之节不可废也,君臣之义,如之何其废之?欲洁其身,而乱大伦。君子之仕也,行其义也,道之不行,已知之矣。"

【译文】

子路跟随孔子出行,落在了后面,遇到一个用拐杖挑着除草的工具的老丈。子路问道:"你看到我的老师了吗?"老丈说:"(我)手脚不堪劳作,五谷不及分种,哪里顾得上你的老师是谁?"(说完),便扶着拐杖去除草。子路拱着手恭敬地站在一旁。老丈留子路到他家住宿,杀了鸡,做了黄米饭给他吃,又叫两个儿子出来与子路见面。第二天,子路赶上孔子,把这件事向他作了报告。孔子说:"这是个隐士啊。"叫子路回去再看看他。子路到了那里,老丈已经走了。子路说:"不做官是不对的。长幼之间的关系是不可能废弃的;君臣间的关系怎么能废弃呢?想要自身清白,却破坏了根本的君臣伦理关系。君子做官,是为了实行君臣之义的。至于道的行不通,早就知道了。"

【注释】

蓧(diào):古代一种竹编的耕田除草的农具。

黍,1.禾属而黏者也。本义:植物名。亦称"稷""糜子",今北方谓之黄米。2.黄米做的饭。3.重量单位。一两为二千四百黍。4.长度单位。一尺为一百黍。

【原文解】

第一是对"四体不勤,五谷不分,孰为夫子"的理解。"四体不勤,五谷不分"这句话的字面意思比较清楚,就是手脚不堪劳苦,五谷也分不清楚。但其确切含义应当根据其指向来确定。那么,这句话是在说谁呢?是在说孔子呢?还是在说子路呢?还是丈人在说自己呢?

说孔子。这是现在很多人的认识,认为丈人是在嘲讽孔子。但这种认识明显不妥,因为没有任何证据显示,本章的丈人在遇到子路时曾经认识孔子或者知道子路是孔子的学生。而孔子曾自谓"吾少也贱,故多能鄙事"(详见9.6章),怎可能"四体不勤,五谷不分"?就算老了,"四体不勤"了,也不可能"五谷不分"。

说子路。也说不通,因为通过前面对《论语》的学习,子路绝对不是一个"四体不勤"的柔弱之人,至于是否"五谷不分",从文章中也看不出丈人得出这样结论的证据或情况。

说丈人自己。笔者认为这比较合适。丈人就是挂着拐杖的人,也就是年纪大的人。年纪大了"四体不勤"也很正常,但丈人是个种田的人,怎可能"五谷不分"?这有两个解释,一是眼睛花了,看不清了,但这有些牵强,因为五谷的区别还是很大的,对于一个农夫,即使是眼睛花了,也不至于分不清;二是将"分"理解为分种。分种就是将不同谷物按照其特性,分别在不同的时期,种在不同条件的土地上,这本是农事应有之义,也是很麻烦的事。而且按照这种说法,与"孰为夫子"才好连在一起。就是说我身体不好,农活还干不完,哪顾得上知道你的老师是谁?

第二是对"植其杖而芸。子路拱而立"的理解。这说明了什么?首先"植其杖而芸",就是说丈人没有太理会子路,继续干着自己的农活,态度比较倨傲,不太友善;其次是"子路拱而立"。面对丈人的倨傲、不友善,子路如何呢?"拱而立"。态度很尊敬。

应说明的是,据考证,在唐以前恭敬地站着是拱着手,在宋以后变成了垂着手。问题是子路为什么会如此?本章没有说,也许是子路具有慧眼,认为这个丈人不一般。子路具有慧眼应当是没有问题的,否则其也不会选择孔子做老师,而且一跟就是几十年。

第三是对"止子路宿,杀鸡为黍而食之,见其二子焉"的理解。这说明了什么?笔者认为至少说明两点:

一是丈人虽然一开始对子路不太友善,但后来还是待子路很好。留宿子路,并且杀鸡而待之。在那个物质贫乏的年代,杀鸡待客,而且是一个过客,是很高规格的接待。

二是丈人知守人伦。这一点主要表现在"见其二子",就是他把两个儿子引见给子路。这说明他很爱自己的儿子,谁会把自己认为不肖的孩子引见给别人呢?而做一个父母认可甚至喜爱的孩子(近成年),说明这个孩子也是爱自己的父母的。同时引见给别人又是为什么呢?当然是希望别人之后见到能认识,继而对孩子能有所帮助、照顾。这是"父子有亲"的一个自然表现,而"父子有亲"正是人伦之一。这时可能会有人说,这是不是有些小题大做?不就是把自己的孩子引见了一下,这不是很正常吗?是的!这对于一般人来说是很正常的事,也是一件小事。但是对于那些自匿其迹的隐士,尤其是那些"辟世之士"呢?也正因为如此,才有子路下面的话。

第四是对"不仕无义。长幼之节不可废也,君臣之义,如之何其废之?欲洁其身,而乱大伦。君子之仕也,行其义也,道之不行,已知之矣"的理解。

首先,从字面上看这是子路说的话,但实质上是谁说的呢?又是对谁说的呢?之所以有这样的问题,是因为这里有两个不合情理的地方:一是如果这是子路的想法,那么在之前子路为什么不说?二是"子路反见之,至则行矣",就是说子路返回去的时候,丈人已经不在。这明显说明子路不是对丈人说的。基于上述疑问,过去的学者普遍认为,这句话虽然出自子路之口,但是在传达孔子的意思,是向丈人的两个儿子说的,希望他们向丈人转达。理由是子路是奉孔子之命返回去找丈人的,因为孔子在听说相关情况后认为丈人是个隐士——高人。同时丈人不在,不等于他的两个孩子也不在,因为子路是在相隔很短的时间就返回找丈人的,而在当时搬家可不是容易的事,况且其也没有搬家的理由。对于过去学者的如此认知,笔者以为然。其实通过前面的学习,笔者发现子路对于隐士之言,总是无言以对。这说明了什么呢?是否说明子路尚未达到"不惑"(详见2.4章)的境界呢?

其次,关于本句意思的理解。

一是"不仕无义"。字面意思就是(有德行而)不愿意出来做官——为众人

（国家、社会）做事是不义的，不应当的。为什么呢？这其实在上一章已经大致说过，不能只享受（族群、社会带来的安全、便利等好处）而不付出。那么丈人享受了这样的好处了吗？应当是享受了，至少是想享受。因为他在遵行着"父子有亲"这一重要而基本的人伦。所谓人伦，就是人与人相处的最基本的规则。

二是"长幼之节不可废也，君臣之义，如之何其废之？欲洁其身，而乱大伦"。这是在说明"不仕无义"的理由。"长幼之节不可废也"是在说丈人还在遵行着"父子有亲"这一基本的人伦规则，没有废弃。"君臣之义，如之何其废之？欲洁其身，而乱大伦"。"君臣有义"是另一个重要的人伦，其产生于"父子有亲"。也就是说，你既然认可和遵行"父子有亲"，就自然地也应当认可和遵行"君臣有义"。所谓"君臣有义"，用现在的话就是要为众人（国家、社会）做事。如果都不为众人（国家、社会）做事，就会使国家和社会陷入混乱甚至倾覆，果真如此的话，所谓家庭也就没个好，正所谓"覆巢之下，复有完卵乎"（《世说新语·言语》）。这岂不是乱了大伦？

三是"君子之仕也，行其义也"。这是在说君子做官是为什么？不是为了权利、俸禄，而是在于"行其义也"，做他认为应当做的事。

四是"道之不行，已知之矣"。意思很清楚，就是至于道的行不通，早就知道了。这就有一个问题了，孔子到底是不是先知先觉？当然不是。这句话如果是别人说，那是在臆测甚至是在说谎，但对于周游过列国的孔子来说应当是有根据的、可信。但这不是重点，重点是这说明了什么？这从孔子之后的行为就能得出结论，那就是收徒办学，就是"删诗书、定礼乐、赞《周易》、修《春秋》"。道在当世行不通，不等于在后世也行不通，能做一点是一点。

【编意解】

编者意在通过本章的故事和孔子之语，对上一章的主题进行进一步的阐述说明。说明人不应当归隐，并说明反对那种"辟世"之归隐的理由，那就是"不仕无义"。

18.8 逸民：伯夷、叔齐、虞仲、夷逸、朱张、柳下惠、少连。子曰："不降其志，不辱其身，伯夷、叔齐与！"谓："柳下惠、少连降志辱身矣，言中伦，行中虑，其斯而已矣。"谓："虞仲、夷逸隐居放言，身中清，废中权。我则异于是，无可无不可。"

【译文】

被遗落的人有：伯夷、叔齐、虞仲、夷逸、朱张、柳下惠、少连。孔子说："不降低自己的意志，不屈辱自己的身份，这是伯夷、叔齐吧。"说："柳下惠、少连是被迫降低自己的意志，屈辱自己的身份，但说话合乎伦理，行为合乎人心。"说："虞仲、夷逸过着隐居的生活，说话比较随便，能洁身自爱，放弃（官位）合乎权宜。我却不同于这些人，可以这样做，也可以那样做。"

【注释】

逸，1.失也。本义：逃跑。2.奔也。奔跑。3.隐逸。4.释放。5.安闲、安逸。6.放纵、放荡。7.超越。8.通"佚"，散失。

【原文解】

第一是对"逸民"的理解。"逸民"照字面解释就是逃跑了的人，失去了的人。问题是这样的人少吗？应该不少。可是本章却只说了七个人，为什么？因为这些人不一般，与常人不同。因此，过去有人将"逸民"解释为"节行超逸"的人，"无位"的人——应当有权位而没有权位的人。笔者认为用现在的话讲，就是那些有很高的德行和才能应当被任用而没有得到任用的人。当然，没有得到任用的原因有多种，譬如当政者不识人、当政者无道、"逸民"的不屑等等。这样的人当然是少之又少了，而本章所列更是其中之出类拔萃者。当然，更重要的问题在于"逸民"的出现，尤其是出现大量"逸民"的时候，说明了什么？这可想而知，不是无道就是缺乏包容——还是无道。这也是《论语》强调"举逸民"（详见20.1章）的原因吧！

第二是对"不降其志，不辱其身，伯夷、叔齐与"的理解。这里说的是伯夷和叔齐这两位"逸民"。关于伯夷、叔齐的事迹前面已经多有介绍，详见7.15章或《史记·伯夷叔齐列传》。所谓"不降其志"，是说他们不食周粟、隐居饿死；所谓"不辱其身"，是说他们不仕商纣王的乱朝。

第三是对"柳下惠、少连降志辱身矣，言中伦，行中虑，其斯而已矣"的理解。这里说的是柳下惠和少连这两位"逸民"。关于柳下惠前面已经有所介绍，详见15.14章和18.2章，当然，其他典籍中也有其事迹的记载，如《国语》《列女传》，等等。至于少连，其事迹已经无从考证。就柳下惠而言，所谓"降志辱身"，就是指其身仕鲁国——一个不怎么样的朝廷，"三黜"也不离去。所谓"言中伦，行中虑"，就是指说话合乎伦理，行为合乎人心。他不愿意"枉道而事人"，所以说合乎伦理——"中伦"。所谓伦，就是指人伦规则。他的行为给人们带来了好处，

所以合乎人心——"中虑",所以他死后谥号为"惠"。

第四是对"虞仲、夷逸隐居放言,身中清,废中权"的理解。这里说的是虞仲和夷逸这两位"逸民"。但关于这两位"逸民"的事迹却很难考证,相关说法缺乏实据且相互矛盾,甚至关于虞仲到底是谁都众说纷纭,因此只能从孔子的描述中去体会认知。所谓"隐居放言",其中的"放言"就是说话比较随便的意思;所谓"身中清",就是身体得以保持清洁的意思,无辱于身;所谓"废中权",其中的"废"有两种解释,一是废弃的意思,这是较近其本义;一是通"发",举、发生的意思。这两种解释看似十分不同,但都是有根据的,实质上也是不矛盾的。作废弃讲,是指他们放弃做官;作"发"讲,是指他们的行为做派,这其中当然也包括放弃做官。其中的"权"是指权衡、权宜的意思。因此这句话的意思是,放弃官位合乎权宜。

第五是对"我则异于是,无可无不可"的理解。这句话的意思是很明确的,用孟子的话讲就是"可以速而速,可以久而久,可以处而处,可以仕而仕,孔子也"。问题在于标准是什么?用孔子的话讲就是"义之与比"(详见4.10章)。

【编意解】

编者意在通过本章孔子之语,说明是去是留并无一定之规,但行为不能"枉道"。

18.9 太师挚适齐,亚饭干适楚,三饭缭适蔡,四饭缺适秦,鼓方叔入于河,播鼗武入于汉,少师阳、击磬襄入于海。

【译文】

太师挚到齐国去了,亚饭干(乐师)到楚国去了,三饭缭(乐师)到蔡国去了,四饭缺(乐师)到秦国去了,打鼓的方叔到了黄河边,敲小鼓的武到了汉水边,少师阳和击磬的襄到了海滨。

【注释】

鼗(táo),长柄的摇鼓,俗称"拨浪鼓"。

【原文解】

第一是要对一些历史背景有所了解。

首先,依据当时的礼制,就吃饭而言也因等级的不同而不同,其中天子一天吃四顿饭,诸侯、大夫和士(也有说只有诸侯)一天吃三顿饭,而之下的人一天吃两顿饭。同时,天子、诸侯在吃饭的时候,要有音乐的伴奏。本章的"亚饭""三饭""四饭",就是指天子、诸侯在吃饭时演奏音乐的乐师。而挚、干、缭、缺、方叔、武、阳和襄则是八位乐师的名字。这时可能会有人问,那初饭的乐师呢?本章没有记载,有人说初饭的乐师就是太师挚。但这不重要,重要的是这些乐师都离开了。

其次是对乐师的理解。乐师从字面上理解,就是演奏音乐、乐曲的人。这种理解没有问题,但过于简单和机械。过去的乐师尤其是先秦的乐师,与后来的乐师尤其是现在的乐师是有很大不同的。中华文化也叫"礼乐文化",中华文明也叫"礼乐文明",这一点大家都知道,由此可见,"乐"的地位及重要性。在当时,"乐"的作用并不是为了满足人们耳目之欲(乐中含有舞蹈),而是有"移风易俗"(《孝经》)、"教民平好恶而反人道之正"(《礼记·乐记》)的作用,因此,乐师都是很有文化、很有思想的人。有人甚至认为儒家思想就是起源于乐。

第二是这说明了什么?

首先,本章所记载或描述的情况发生在什么时候?有人认为这是商纣王时候的事,有人认为这是周平王(周幽王之子,东周的第一位帝王)时候的事,有人认为是鲁哀公时候的事。笔者认为最后一种说法比较可考、确实。理由如下:一是在商纣王的时候,尚无本章所列的诸侯国,尤其是秦,秦国是周平王所封;二是所谓周平王时候的事,也没有证据;三也是最重要的是,孔子认识本章的"太师挚",并听过他的演奏,且记载于《论语》当中,"师挚之始,《关雎》之乱,洋洋乎盈耳哉"(详见8.15章)。这时可能会有人问,鲁国是诸侯,如何有"四饭"?这是鲁国的特殊性,前面已经说过,鲁国是周公的封地,而由于周公对周王朝的特殊贡献,享有天子的礼遇,这一点有史明记。但不管是什么时候的事,都是乱世、无道之世,这一点是确定无疑的。

其次,这些乐师的离去——不被任用,就成了"逸民"。仅仅一个鲁国就有如此多的"逸民"说明了什么呢?只能说明世之无道。

【编意解】

编者意在通过对现实的描述,说明当时的世之无道,所谓无道之世的一个重要表现就是"逸民"多。

18.10 周公谓鲁公曰:"君子不施其亲,不使大臣怨乎不以。故旧无大故,则不弃也。无求备于一人。"

【译文】

周公对鲁公说:"君子不疏远他的亲属,不使大臣们抱怨不用他们。旧友老臣没有大的过失,就不要抛弃他们,不要对人求全责备。"

【原文解】

第一是对"周公谓鲁公曰"的理解。周公大家都知道是周公旦,被封于鲁国,那鲁公又是谁呢?其实周公旦虽被封于鲁国,但因为其要辅佐年幼的周成王,周公并没有到鲁国去,而是由其子伯禽代其而去,此处的鲁公就是鲁国实际上的第一位君主——周公的儿子伯禽。"周公谓鲁公曰"既是上级对下级的指示,也是一个父亲对儿子的谆谆教导。

第二是对"君子不施其亲"的理解。

首先是"施"。"施"字前面已有注释(详见 2.21 章注释),过去的学者认为,在本章"施"字有两种解释:一是作施与、给予讲,这句话的意思就是君子不给予他的亲属以官位或好处;一是作"弛"讲,是废弃不用的意思,如此这句话的意思就变成了君子要给予他的亲属以官位或好处。两种认为和解释都有依据,但意思却是大相径庭,哪一种对呢?笔者认为后者是正确的,当然过去多数学者也是这么认为的,理由是前一种解释有悖人性,有谁会对别人比对自己的亲人更好呢?这不正常。况且孔子还说过"君子笃于亲"(详见 8.2 章),这不符合儒家的价值观。更关键的是,这也与客观事实和历史事实相悖,我们知道,周武王在分封诸侯的时候,将大部分的诸侯国都封给了姬姓,在此情况下,周公怎么能说君子不给予他的亲属以官位或好处呢?

其次是为什么?作者认为原因有二:

一是要对周公有所了解,周公是辅佐周武王打天下的人,是辅佐周成王立于乱世的人,也就是一个生存于丛林式竞争中的人,因此其对贤人、能人是渴求的,《史记》记载周公是"一沐三捉发,一饭三吐哺,起以待士,犹恐失天下之贤人"(《史记·鲁周公世家》)。与春秋战国的许多诸侯一样,为使自己强大而无所不用其极。作为他儿子的鲁公不可能不受其影响。可是在他儿子成为鲁公的时候,天下已经基本趋于太平,还能这样或还应当这样吗?当然不能、不应当。正如《史记》记载的陆贾对汉高祖刘邦所说的"居马上得之,宁可以马上治之乎"(《史记·郦生陆贾列传》)。必须得因时而变。

二是"仁者人也,亲亲为大。义者宜也,尊贤为大"(《中庸》)。亲其亲是仁道最基础的要求。因为上行下效,因此"君子笃于亲"(详见8.2章)是十分必要的。

问题是,如此是否有用人唯亲的嫌疑呢?周公的这句话是对前期政策甚至是极端政策的一种修正,但不能因此就从一个极端走到另一个极端,如果你把它想极端了,把周公的其他言行(譬如"一沐三捉发,一饭三吐哺,起以待士,犹恐失天下之贤人")都当作没有,那就是用人唯亲。

第三是对"不使大臣怨乎不以"的理解。这句话的意思是很清楚的。此处的"以"是用的意思。问题是为什么?因为不用大臣用谁呢?自己干,干的过来吗?俗话说:你就是浑身是铁,又能打出几个钉?用不是大臣的人(譬如太监),是"名不正"(详见13.3章),如何能够成事?不但不能成事,反而会造成混乱。可很多当权者,由于自我膨胀,就是如此。

第四是对"故旧无大故则不弃也"的理解。这句话似乎见过。是的,孔子说过"故旧不遗,则民不偷。"(详见8.2章)。这里"大故"是指十分重大的过错。其他不再赘述。

第五是对"无求备于一人"的理解。这句话似乎也见过。是的,孔子说过君子"使人也器之",小人"使人也求备焉"(详见13.25章)。不再赘述。

【编意解】

那么本章被编排于此的意义是什么呢?笔者认为,编者意在通过周公的话,说明一个君主或领导的用人之法,也是减少"逸民"的方法。

18.11 周有八士:伯达、伯适、仲突、仲忽、叔夜、叔夏、季随、季騧。

【译文】

周代有八个士:伯达、伯适、仲突、仲忽、叔夜、叔夏、季随、季騧(guā)。

【原文解】

第一是对"周有八士"的理解。这句话的字面意思是很清楚的,就是周代有八个士。问题是这说明了什么?八个士多吗?当然对于一个王朝来说当然不多,实际上远远不止。那为什么有如此记载?是因为这八个士极为特殊。特殊在何处?且看下文。

第二是对"伯达、伯适、仲突、仲忽、叔夜、叔夏、季随、季騧"的理解。这是八

个士的名字。应强调说明的是,伯、仲、叔、季是古人对兄弟排行的称呼,由此看来,这八个人是兄弟,而"伯达、伯适"、"仲突、仲忽"、"叔夜、叔夏"、"季随、季騧"的出现说明都是双胞胎,依据古法,如此记名还说明这八个人都当了官,而且不小,应当是大夫。也就是这八个士是兄弟,而且都是双胞胎,而且都很有本事做了大官。这可能吗? 理论上有可能,但极其少见,这也就是其特殊之处。笔者认为有夸大的成分,但这并不重要。重要的是这说明了什么? 说明那个时代有很多的能人,只有如此,极其少见的事情才会发生,而且都得以任用。其实每个时代都不乏能人、贤人,一个重要原因是能人与贤人也是相对而言的,但能够被任用多少就不一定了,这从某个方面体现了那个时代的兴旺的程度。那么这八个士是什么时代的呢? 有人说周成王时期,有人说是周宣王(周厉王姬胡之子姬静,西周第十一代君主,西周的中兴之王)时期,具体则不可考证。总之都是在盛世。

【编意解】

编者意在通过一段史实,说明一个开明君主或领导,应当不会或很少会让出现"逸民"的情况发生,这也是有道之世的一个重要表现。

子张第十九

19.1 子张曰:"士见危致命,见得思义,祭思敬,丧思哀,其可已矣。"

【译文】

子张说:"士(能做到)遇见危险时能献出自己的生命,看见有利可得时能考虑是否符合义的要求,祭祀时能想到是否恭敬严肃,居丧的时候想到自己是否哀伤,这样也就算可以了。"

【原文解】

第一是对"见危致命,见得思义"的理解。这句话前面我们学习过,孔子说过大体意思基本相同的话,叫作"见利思义,见危授命"(详见14.12章),在此不再赘述。应当说明的是,孔子这句话是就"成人"之次一等的说法。

第二是对"祭思敬,丧思哀"的理解。这说明了什么?首先是"祭思敬"。所谓祭,无非就是祭祀天、地、鬼神之类的不可知或不可预知的事物,敬就是恭敬、端肃的意思,就是尊敬、尊重的意思。"祭思敬"就是要对那些不可预知的天、地、鬼神以及命运等事物心存敬意甚至畏惧的意思,不能肆无忌惮,这与孔子之认同命运——"与命"(详见9.1章)和"畏天命"(详见16.8章)的思想是一致的。其次是"丧思哀"。所谓"哀"就是悲痛、伤心的意思,这是一种发自内心的情感,是孝的一种表现,也是感恩之心的体现。这不禁使人想起孔子在回答子贡问士时所说的"宗族称孝焉,乡党称弟焉"(详见13.20章),即是说这个人做到了仁的根本。

第三是对"其可已矣"的理解。其中的"可"字是起码、最基本的意思。为什么这么说?这里要注意在本章中有三个"思"字。思就是想,就是说明想做还没有全做到。如果对于这些方面连"思"都没有,还有什么可说的呢?如果对于这些方面都做到了,恐怕也就不只是士了,而是贤人甚至君子了。

【编意解】

那么本章被编排于此的意义是什么呢？通览本篇，笔者认为，本篇是在讲士或者说是为士——士之行。前面已经学习的《论语·宪问》也是在讲士，因此在学习本篇时应当注意参考《论语·宪问》的内容。应说明的是，《论语·宪问》基本都是孔子的话，而在本篇孔子似乎没有参与讨论，都是其弟子在发言，而这些弟子则无疑都是士，这又说明了什么呢？需要细细体会。编者意在通过本章子张之语，说明士最起码应当做到的四个方面，那就是"见危致命，见得思义，祭思敬，丧思哀"。

19.2 子张曰："执德不弘，信道不笃，焉能为有？焉能为亡？"

【译文】

子张说："掌握德而不能发扬光大，信奉道却不忠实坚定，（这样的人）怎么能说有（他），又怎么说没有（他）呢？"

【原文解】

本章的字面意思比较清楚，要深刻理解还应注意：

第一是对"执德不弘，信道不笃"的理解。

首先是"执德不弘"。这里的"执"前面已经有所注释（详见7.18章注释），在本章是持有、掌握的意思。"弘"在前面已经有所注释（详见8.7章注释），在本章的意思就是推广、光大的意思。"执德不弘"的意思就是自己对于道有了正确的认知，有了德、能力，却不把它推广。所谓不推广就是不告诉别人、不为别人甚至众人做事，只为自己享用。

其次是"信道不笃"。所谓"不笃"，就是不厚，就是还存在疑惑，容易动摇，即在关键时刻，面对利害就会放弃甚至改变。其实就是不真信道，从某种意义上就是不信道。当然，这里的道在儒家来说就是仁道，就是爱人之道。

第二是对"焉能为有？焉能为亡？"的理解。这句话的字面意思很清楚，就是不能说有，也不能说没有，有没有都一样，就是这样的人无足轻重。问题在于为什么？回答这个问题要看站在什么角度或高度。应当说一个人有一定的才能，又信奉仁道——尽管不是那么坚定，已经是比较难得，并不是谁都能够做到的。而且就算他只为自己，也不是什么大错，情有可原。其实如果一个社会多数人是这样也是很好、很难得的。但是士不是一般人,是有能力为大众做些事,也想为大众做事情的人。这不禁使笔者想起之前学习过的孔子的一句话,"士志于道,而耻恶衣恶食者,未足与议也"(详见4.9章)。"耻恶衣恶食者"对于一般人来说无可厚非,但对于士来说就"未足与议也"。世间的一般人如九牛之毛,不可胜数,一毛之得失,对于九牛来说,可不就是无足轻重嘛。

【编意解】

编者意在通过本章子张之语,说明士应当有德能弘、信道、爱人之道要笃、要坚定不移。

19.3 子夏之门人问交于子张。子张曰:"子夏云何?"对曰:"子夏曰:'可者与之,其不可者拒之。'"子张曰:"异乎吾所闻。君子尊贤而容众,嘉善而矜不能。我之大贤与,于人何所不容?我之不贤与,人将拒我,如之何其拒人也?"

【译文】

子夏的学生向子张询问怎样交际。子张说:"子夏是怎么说的?"答道:"子夏说:'可以相交的就和他交朋友,不可以相交的就拒绝他。'"子张说:"这和我所听到的不同。君子既尊重贤人,又能容纳众人;能够赞美善人,又能同情能力不够的人。如果我是十分贤良的人,那我对别人有什么不能容纳的呢?我如果不贤良,那人家就会拒绝我,又怎么谈能拒绝人家呢?"

【注释】

交。1.本义:交叉、纵横交错。2.结交、交往。引申为交情。3.交配。4.互相、相互。引申为并、一起。

【原文解】

第一是对"可者与之,其不可者拒之"的理解。这是子夏的话。这句话的字面意思是很明确的。问题是什么是"可"与"不可"?这当然取决于自身的标准,一般来说就是志同道合,就儒家来说就是仁义礼智信。说明什么?说明交友是有标准的,是要进行选择的。这与孔子所说的"无友不如己者"(详见1.8章)、"友其士之仁者"(详见15.10章)的交友思想是一致的。

第二是对"君子尊贤而容众,嘉善而矜不能"的理解。这句话的字面意思就是说要和所有的人进行交往,无论其是贤还是不贤,是善还是不善。问题在于:

首先这句话是谁说的？过去有人说这是孔子说的，因为其记载于"吾所闻"之后，就是听别人说的。听谁说的？子张是孔子的弟子，又是在与子夏的门人讨论学问，应当是引用孔子的话。而有人认为如此说法没有依据，属于臆测。笔者认为，如此说法虽然没有明显依据，但也不宜断然否定，因为其理由是非常合理的，况且这句话也是符合孔子"泛爱众"的仁爱思想，所以"君子尊贤而容众，嘉善而矜不能"即便不是孔子的原话，也是子张听闻后的转述，意思应当相差不多。

其次是这句话中的"君子"，即便不是指成就了德行的人，也是指在上位的人，而不是指一个初学者。也就是说，"尊贤而容众，嘉善而矜不能"是对成就了德行的人或是在上位的人的要求，而不是对初学者的要求。而子张的说话对象是"子夏之门人"，极有可能就是一个初学者。相对于"子夏之门人"，子张的回答立意是高远的。这对吗？这要看从什么角度去理解。《论语》开篇编列的孔子之语就是"学而时习之，不亦说乎？有朋自远方来，不亦乐乎？人不知而不愠，不亦君子乎"（详见1.1章），其立意是否高远？让初学者一开始就看到高远的目标，看到事物的另一面、另一种境界并不一定是坏事，相反可能是一件好事，有利于其立志。当然，也有可能使其陷入迷茫甚至畏难退缩。如何防止呢？那就是"循循然善诱"（详见9.11章）。

第三是对"交"的理解。通过前面的学习，我们发现子夏所说与子张所语是不同的，甚至有些大相径庭，但又都有道理，符合孔子的思想，那么到底哪一个是正确的呢？笔者认为虽有不同但并不矛盾，这个关键在于本章的"交"字。"交"是"子夏之门人"之问，也是本章讨论的主题。"交"在本章是结交、交往的意思，既包含着交朋友，也包含着与一般人的交往，但这两种人是十分不同的。

朋友是志同道合的人，我们交朋友也是有目的的，其中一个重要的目的就是要有助于树立自己的仁、实现自己的仁——"以友辅仁"（详见12.24章），因此就要"友其士之仁者"（详见15.10章），就要"无友不如己者"（详见1.8章），就要"友直、友谅、友多闻"，而不能"友便辟、友善柔、有便佞"（详见16.4章），也就是要有选择——"可者与之，其不可者拒之"。

而一般人是我们不得不与之交往的人，因为我们必须生活在人群之中——"鸟兽不可与同群，吾非斯人之徒与而谁与"（详见18.6章）。因此我们希望所处的社会是美好的，是充满了爱的——"爱人"（详见12.22章），因此我们就要爱人——爱周围的人、爱一般的人，这种爱的首要表现就是包容——"容众"和同情——"矜不能"。

笔者说了这么多,还是意犹未尽,在茫然之际,突然想起孔子说的另一句话,完全能够精准而全面地表明笔者的意思,那就是"泛爱众而亲仁"(详见1.6章)。子张之语更多的是立足于"泛爱众",而子夏的观点更多的是立足于"亲仁"。

【编意解】

编者意在通过本章之讨论,说明士与人的交往之道,那就是"泛爱众而亲仁"。

19.4 子夏曰:"虽小道必有可观者焉;致远恐泥,是以君子不为也。"

【译文】

子夏说:"虽然是些小的(局部领域的)技能,也一定有可研究的地方,但用它来达到远大目标恐怕就行不通了。所以君子不会这样做。"

【注释】

泥,(ní),1.泥水也。本义:泥水,中国古水名,泾水支流。2.泥土、泥巴、像泥一样的东西。3.(nì),拘泥。4.行不通。5.涂抹。6.软求、软缠不放。

【原文解】

第一是对"虽小道必有可观者焉"的理解。"观"的本义是仔细看,笔者在此将其理解为研究。

首先是"小道"。何为小道？小道是相对于大道而言。作者认为,所谓大道,用过去学者的话讲就是"一本之道",所谓小道就是"分殊之理"。所谓"一本之道",就是能对整个世界或全局进行描述、解释,甚至控制的道理,用树来比喻的话就是树干,就是主干。所谓"分殊之理",就是某一局部领域的道理,用树来比喻的话就是枝叶。应说明的是,一棵树的枝叶是有很多很多的。那么现实中的小道是指什么呢？很多。譬如物理、化学、生物、网络,甚至是琴棋书画,等等,当然还可以细分,譬如航天、爆破、制药、通信,甚至钢琴、围棋、草书、写意画,等等。总之,凡是局部领域内的专业技术都是小道,无论这个局部领域是大还是小。

其次是"必有可观者"。"分殊之理"也是道,也是奥妙无穷的,深入进去也

会使人流连忘返,而且掌握之后也是会有很大作用的,因此也是值得研究,有研究的必要的。这一点应当不难理解,也必须清楚。

第二是对"致远恐泥"的理解。这句话的字面意思是很清楚的。这里要强调说明的是"恐"字。"恐"是恐怕的意思,也就是很有可能的意思,而非绝对的意思。问题是什么是"远"?为什么"致远恐泥"呢?首先,本章的"远"是指远大的目标,是仁道的实现,是人们本性——对生存与发展的追求的实现。至于"致远恐泥",则是因为人的精力是有限的,而每一个局部领域(哪怕是非常小的领域)内的道——"小道"都是奥妙无穷的,这是障碍。当然,"条条大路通罗马",一棵大树的每一个枝叶都是与树干相连的,都通往树干,因此"致远"是可能的,只是阻碍比较多,概率比较小。

第三是对"是以君子不为也"的理解。这句话的字面意思也是很清楚的。这里要强调说明的是,本章的"不为",不是从来不做,而是不去仔细研究或是不沉浸于"小道"。其实读到本章,笔者不禁想起《论语》之前孔子说的几句话,"吾少也贱,故多能鄙事"(详见9.6章)、"君子不器"(详2.12章)和"樊迟请学稼……子曰:'小人哉樊须也'"(详13.4章)。不过应当说明的是,现在与当时有一个很大的不同,那就是科学技术领域有了突飞猛进的发展,而其发展已经明显并将日益明显地改变人们的生活,因此对"小道"的研究越来越引人注目。但这并不能改变其工具和方法的性质,更没有改变人们的本性——对生存与发展的追求,相对于人们的本性的实现,其仍然是一种"小道"。

【编意解】

编者意在通过本章子夏之语,说明士要立志高远,放宽眼界,不能画地自限,沉迷于"小道"而满足于成为一个"器"。这是士要为众人做事的本质要求。要为众人做事就要着眼于全局。

19.5 子夏曰:"日知其所亡,月无忘其所能,可谓好学也已矣。"

【译文】

子夏说:"每天都学一些过去所不知道的,每月都不忘记(温习)已经学会的东西,这就可以叫做好学了。"

第一是对"日知其所亡,月无忘其所能"的理解。

首先是"日知其所亡"。此处的"亡"读无,也是无的意思。本句的意思就是每天都去学习一些过去所不知道的新东西。问题在于其说明了什么?说明道之奥妙无穷,其表现更是无穷,因此可以让你每天都能感知之前之不知,因此也要求我们不断地去学习。这不仅使人想起庄子说的一句话:"吾生也有涯,而知也无涯。以有涯随无涯,殆已。"(《庄子·养生主》)是这样的吗?笔者不这样认为,如此认为是很悲观的。其实正是因为"知也无涯",我们遨游其间才感到畅快,有哪条鱼不愿意在无涯的海中而愿意在有涯的鱼缸里游呢?

其次是"月无忘其所能"。这句话字面意思是很明确的。同样的问题是说明了什么?说明人脑是有忘却功能的,因此要不断地温习,以巩固所学,而不能像"狗熊掰包谷"。这道理很简单,但简单的道理做起来却并不一定简单,往往很难。

第二是对"可谓好学也已矣"的理解。本章又一次提到了"好学"。在《论语》前面的篇章中,孔子说"君子食无求饱,居无求安,敏于事而慎于言,就有道而正焉,可谓好学也已"(详见1.14章)。两处"好学"的定义或内容是不同的,这说明了什么?要回答这个问题,要注意孔子之语中的"君子"二字,而本章是子夏之语。子夏作为孔子的著名弟子,应当是知道孔子关于"好学"的论述。在此情况下,子夏仍旧提出了新的观点,说明了什么呢?只能说明子夏认为孔子所谓的"好学"境界太高,一般人做不到,因此给了一个更容易做到,也相对更基础的定义或内容。也就是说,这是关于"好学"的两个不同境界、层次的定义。就如同孔子关于孝的不同解答一样(详见2.5至2.8章)。

【编意解】

编者意在通过本章子夏之语,说明士要"好学"。其要求就是"日知其所亡,月无忘其所能"。这个要求很明白,但也很简单,具有原则性。至于具体学什么、如何学且看以下三章。

19.6 子夏曰:"博学而笃志,切问而近思,仁在其中矣。"

【译文】

子夏说:"广泛的学习同时牢记自己的志向,诚恳地提出疑问并且深入的思考,仁就在其中了。"

【注释】

近,1.附也。本义:走近、接近。2.位置近,与"远"相对。3.浅近、易懂。4.相近、相似。5.亲近、受到宠爱。

【原文解】

第一是对"博学而笃志"的理解。

首先是"博学",意思就是广泛的学习。

其次是"笃志"。这里的关键是这个"志"字。"志"有志向、心意的意思,这是其本义,也有记住的意思。那么在本章应作什么解释呢?过去很多学者都认为是记住的意思。如此一来"笃志"的意思就成了牢牢地记住,本章也就成了学、记、问、思的递进,一脉相承,既有根据也顺理成章。但笔者认为如此理解过于平淡和浅显,且于理有所不通。此处的"志"应作志向讲,理由如下:一是"志"作记住理解,那本句就与前一章子夏所说的"月无忘其所能"没有什么差别了,相同意思的句子何必要重复编排?而且相隔如此之近?二是学本身就包含有记住的意思;三是如前所说,道奥妙无穷,其表现更是浩如烟海,就是"日知其所亡"也不可穷尽,还要都牢牢地记住,这可能吗?四是作志向讲则能避免上述问题,而且于理也通。志向是什么?当然是一种目标,也是一种选择,而作为士,就儒家来讲目标就是仁道——"士志于道"(详见4.9章)。我们要博学,但不是没有选择的,不是没有重点的。而选择的标准在于目的、目标,要为之服务。那么这个目的、目标又是什么呢?这个目标就是"仁道",而博学就是要为这个目标服务。我们要从所学中观察、筛选、体会出"仁道",因为真正的"仁道"并不是凭空想出来的,而是道的一种。否则就真应了庄子所说的"吾生也有涯,而知也无涯。以有涯随无涯,殆已"(《庄子·养生主》)。

第二是对"切问而近思"的理解。

首先是"切问"。关键是这个"切"。"切"字前面已经有所注释(详见13.28章),有急切的意思,也有恳切、深切的意思。过去有许多学者认为,此处应当作急切讲,也有学者认为应当作恳切讲。笔者认同后者。因为作急切讲,"切问"的意思就是急切地问。而急切地问是一种看似积极,其实是消极的表现,说明其没有或是欠缺思考。孔子说"不愤不启,不悱不发"(详见7.8章)。而作恳切讲,"切问"的意思就是诚恳地问。如何才能诚恳呢?当然是经过反复思考而不得其解,而又十分想知其解才会如此。

其次是"近思"。近是走近、接近的意思,也就是深入的意思,问题是深入到哪里去呢?笔者认为,前面的"切问",当然是问别人,那深入应当与之相对,就是深入到自己的内心。深入到自己的内心干什么呢?用心体会,看看是否符合人的本性,行不行得通,因为我们也是"仁道"的主体嘛!

第三是对"博学而笃志,切问而近思"总的理解。如前所述,"博学而笃志"就是学,是学的方法和原则,即要有目标地、广泛地学。"切问而近思"就是思,而思要深刻,要用心体会。

第四是对"仁在其中矣"的理解。这句话的字面意思是很清楚的。问题在于说明了什么?笔者认为,很明显,这说明了学与思的目的在于得仁。这就又有一个问题,仅仅靠"博学而笃志,切问而近思"真的就可以了吗?孔子在回答颜回问仁时说"克己复礼为仁"(详见12.1章)。"克己复礼"是要做的,而子夏本章之语没有说到这一点,难道作为孔子的著名弟子不知道这一点?当然不是。这还是一个境界层次的问题。"克己复礼"是孔子对颜回说的,而颜回学问的境界是非一般人所能望其项背的。

【编意解】

编者意在通过本章子夏之语,进一步阐明上一章的"好学"。那就是要"博学而笃志,切问而近思",要为得仁道而学。

19.7 子夏曰:"百工居肆以成其事,君子学以致其道。"

【译文】

子夏说:"各行各业的工匠在市场中才能成就自己的事业,君子通过学习(古籍)才能体认、掌握仁道。"

【原文解】

第一是对"百工居肆以成其事"的理解。

首先是"百工",意思就是各行各业的工匠。

其次是"事"。事就是事业的意思。那么作为一个工匠,他的事业是什么呢?很简单,就是生产或提供有用的、好用的、更好用的产品或服务,总之就是能够卖出去的、能够卖个更好价钱的产品或服务。

最后是"肆"。"肆"字前面已经有所注释(详见14.36章),其本义是摆设、陈列的意思,有市场、店铺的意思,也有手工作坊的意思。过去有很多学者都将本章的"肆"理解为手工作坊,也有少部分学者理解为交易市场。笔者认同后者,理由一是工匠在手工作坊里完成自己的工作这很自然,没有什么特别之处;二是工匠在手工作坊里能更好完成自己的工作这也没有错,因为那里有工具、有人帮忙、有人切磋,甚至有人指导,但这就够了吗?显然不够,因为其所制造出来的产品是要卖的,是要卖一个好价钱的,总之是要制造出一个人们需要甚至喜爱的产品或服务,而这个目的的实现,就要知道客户需要什么,喜爱什么,也要知道其他人的产品如何,而这些不通过市场怎么能行呢?这就是见识格局,不能闭门造车,也只有如此才能提高,再提高,进而"以成其事"。

第二是对"君子学以致其道"的理解。这句话的字面意思也是很清楚的。问题是为什么?前面的"百工居肆以成其事",明显是一个先行设定的比喻之句,因此要深刻理解本句的意思,就要从前一句找答案。前句中"居肆"的作用就是在于长见识、扩格局,那么本句的学也应当有这样的作用。"百工居肆"之所以能够长见识,是因为他们看到了人们的需求,更重要的是看到了别的工匠的倾心之作。那么君子求道是否也能这样呢?到人群中去,向高人请教呢?可以,但不够。因为君子所求之道是仁道,也是大道,对此能有所悟、有所得的人很少,而能有深刻体悟的人就更少了,尤其是在当代,因为这样的人往往是不世而出的,你可能没有办法与之当面对话、沟通、学习。好在往圣先贤的见解在书中多少都有记载,因此只有通过学习这些过去的书,才能聆听到他们的真知灼见,才能见到历史中形成的一座座高峰,才能长见识、扩格局,这就是"践迹",进而才能"入于室"(详见11.20章),才能"致其道",孔子不就是"信而好古"(详见7.1章)吗?从某种意义上讲,君子的"肆"——市场是在历史的长河中。

【编意解】

编者意在通过本章子夏之语,进一步阐明"好学",那就是要"居肆",要切磋交流,要学习,要长见识、扩格局。

19.8 子夏曰:"小人之过也必文。"

【译文】

子夏说:"小人犯了过错一定要掩饰。"

【原文解】

首先是"过",就是过错的意思,应说明的是,这个过错在小人自身来说也是认识到的,否则就谈不上掩饰。

其次是"文",在本章是文饰、掩饰的意思。这是很明确的,问题在于说明了什么?笔者认为至少说明两点:一是害怕改过,甚至不想改过;二是自欺。文饰、掩饰表面上是试图欺骗他人,但他人能被欺骗吗?就是被欺骗,又能欺骗多长时间呢?所以其实质乃是自欺。那么君子、士呢?很显然,应当与之相反,那就是一不怕改过——"过则勿惮改"(详见1.8章);二是诚实,不欺人更不能自欺——不"巧言令色"(详见1.3章)。

【编意解】

编者意在通过本章子夏之语,进一步阐明"好学"。那就是要真诚——不自欺欺人,"过则勿惮改"。

19.9 子夏曰:"君子有三变:望之俨然,即之也温,听其言也厉。"

【译文】

子夏说:"君子(看起来)有三种变化:远看他的样子很庄重(令人不敢接近),(真的)接近他时又(觉得)温和(可亲),听他说话(又觉得)严厉。"

【注释】

俨,1.敬也。本义:恭敬、庄重。2.昂头也。昂头。3.整理、使整齐。

【原文解】

第一是对"变"的理解。"变"是变化的意思,这一点很明确。问题是谁在变?是君子吗?当然不是。是与君子交往的人的感受在变,君子是不变的。

第二是对"望之俨然"的理解。其字面意思就是,远看他的样子庄重,问题是这会产生或可能产生什么结果?这就要从后来的变来确定。后来怎么样了呢?温、温和。那么"望之俨然"给人的感觉就是不温和,不温和人们就不太敢接近。这时可能有人问,那君子就不能不那么庄重?其中原因前面已经讨论过,这是修身的需要——"君子不重则不威,学则不固"(详见1.8章)。

第三是对"即之也温"的理解。其字面意思就是,接近他时又(觉得)温和。为什么会如此呢?因为他是君子,而君子有容人之德,这倒是其次。最根本的

原因是君子是成就了德行的人,从某种意义上讲就是道的化身,而道并不遥远,就在我们的生活之中,而且"不可须臾离也"(《中庸》),因此人们不会感到陌生,相反会感到很亲切、很温暖。

第四是对"听其言也厉"的理解。其字面意思就是,听他说话又觉得严厉。问题是为什么?还是因为他是君子,他讲出的话是符合道或者接近道的,而人们的认识和言行经常是离道比较远甚至很远,尽管道就在我们的生活中。因此,当人们听到君子之言时,总是觉得与自己的认识有差距甚至相反,自己的认识总是得不到赞同或肯定,甚至是被否定,而同时,人们又往往从内心觉得君子说的是有道理的,更重要的是,君子对于是非曲直往往是不会迁就于人的,因此会感觉到严厉。

【编意解】

编者意在通过本章子夏之语,说明士修身后所应有的状态,那就是接近于"温而厉,威而不猛"(详见7.38章),也是士在待人处事时所应有的状态。其实读到子夏本章之语,总感觉他是在描述《论语》这本书,对于《论语》的学习至此,已经接近尾声,读者可以想一想,仔细体会一下,是否有这样的感觉。

19.10 子夏曰:"君子信而后劳其民;未信,则以为厉己也。信而后谏;未信,则以为谤己也。"

【译文】

子夏说:"君子要先取得信任之后才去役使民众,否则民众就会以为是在虐待他们。要先取得信任,然后才去规劝上级,否则上级就会以为你在诽谤他。"

【原文解】

第一是对"君子信而后劳其民;未信,则以为厉己也"的理解。

首先是"君子"。这里的"君子"是指在位之人、在上位之人,而士也很有可能成为这样的人。

其次是"信"。关于信的含义以及为什么要信,前面已有过多次阐述,可详见2.22章,不再赘述。问题在于本句的信,是谁信?信什么?从"以为厉己也"看,这里的信是民众的信,是取信于民众。至于民众信什么?当然是相信君子——在位之人、在上位之人是出于公心,是为民众好,而非出于私心,为己牟利。出于私心,为己牟利是人之常情,一般人都会如此认为;而出于公心是为民众(他人)服务,则有违一般人的认知和理解,因此才有取信的必要。至于如何才能取信于民,本章没有说,但绝对不是喊喊口号就可以的,必须言之有物、言而有信。

最后是"以为厉己也"。其字面意思很明确,问题在于如此一来可能产生的后果会是怎样?轻则民众出工不出力,效率低下,事情办不好甚至办不成;重则可能引起民变,自己被推翻,社会陷入混乱。

第二是对"信而后谏;未信,则以为谤己也"的理解。

首先这里的信是上级的信,是取信于上级。取信于上级的内容,同样出于公心,是为民众好,同时也是为上级好。

其次是"以为谤己也"。其字面意思也很明确,道理也很简单,因为谏就是规劝,而且是直言规劝(详见3.21章注释),也就是直接指出别人的错误,劝其改正。这时如果双方没有相当的信任,不以为"谤己"才怪。同样,问题在于后果会是怎样?"以为谤己也",显然是得罪了上级,而得罪上级的后果可想而知,轻则丢官失职,没有了实现自己抱负和为民众服务的机会;重则可能使自己身陷于不测。

【编意解】

编者意在通过本章子夏之语,说明士应当有信并取信于人,这是使下、事上的关键。

19.11 子夏曰:"大德不逾闲,小德出入可也。"

【译文】

子夏说:"大节上不能超越界限,小节上有些出入是可以的。"

【注释】

闲,1.阑也。本义:栅栏。2.马厩、关养马的地方。引申为防止、限制。3.范围、界限。4.熟习、熟练。5.清闲、空闲,引申为静、安静。6.文雅、雅静。

【原文解】

本章的字面意思不甚清楚,要准确理解还应注意对"大德"和"小德"含义的理解。"大德"和"小德"具体指的是什么?这在过去是众说纷纭。

有人认为是指人,就是大德之人和小德之人。所谓大德之人就是圣人大贤,所谓小德之人就是其他有能力、有见识的人。那么这句话的意思就是,圣人

大贤是不会超越界限的,而其他人是可以超越一些界限的,这也容易理解,既然是"小德",当然就有所不足,不能求全责备。

还有人说是指行事,就是行大事和行小事。可什么是大事？什么又是小事呢？这是相比较而言的,所谓大事一般来说就是关键的事,事关大是大非的事,事关原则的事。那么这句话的意思就是,对于事关大是大非、事关原则的,不能有丝毫的苟且妥协,其他则有通融的余地。这是一个士办事的最低标准。

还有人认为是指如何看待人(其实这应包含在行事之中)。这时"大德"和"小德"还是就行事而言,只是这时是在判断一个人而已。如果一个人在对待关键的事,事关大是大非的事,事关原则的事时,没有丝毫的苟且妥协,在对待其他的小事时,即使有些不合或突破法度的行为,这样的人也是可以的,不能求全责备。

上述的各种认识理解都是有道理的,也都是说得通的,但笔者较为倾向于后两种,因为所谓的圣人大贤毕竟太少,孔子在七十岁时才能做到"不逾矩"(详见2.4章),子夏恐怕没有这样的境界。

【编意解】

编者意在通过本章子夏之语,说明士在做事时应关注大是大非、关注原则,在这方面应当"战战兢兢,如临深渊,如履薄冰",不可有丝毫的过或不及——"出入",当然,在所有的方面都能如此就更好了,但这恐怕做不到,做不到就把精力用在大事上。在看人、用人方面也应如此,要看一个人大的方面,不要求全责备。

19.12 子游曰:"子夏之门人,小子当洒扫应对进退,则可矣,抑末也。本之则无,如之何？"子夏闻之,曰:"噫,言游过矣！君子之道,孰先传焉？孰后倦焉？譬诸草木,区以别矣。君子之道,焉可诬也？有始有卒者,其惟圣人乎！"

【译文】

子游说:"子夏的学生,做些洒扫、应对、进退的事情是可以的,但这些不过是末节小事,根本的东西却没有,这怎么行呢？"子夏听后,说:"唉,子游错了。君子之道,先传授给谁？谁后来会厌倦？这就像(种植培育)草、木一样,都是要分类区别的。君子(传授)之道怎么可以随意歪曲呢？能一以贯之、有教无类地教授学生的,恐怕只有圣人吧！"

本章的字面意思不甚清楚,要准确理解还应注意:

第一是对"子夏之门人小子,当洒扫应对进退,则可矣,抑末也。本之则无,如之何"的理解。

首先是"当洒扫应对进退"。所谓"洒扫"就是洒水扫地,这说明一点,在过去绝大多数地方,没有现在的瓷砖、木地板等现代装饰材料,房屋的密闭性也没有现在好,在扫地打扫卫生前为了避免扬起尘土,往往要先洒些水;所谓"应对",应就是答应、响应,对就是回答,其对象往往是上级、长辈或宾客等;所谓"进退",字面意思就是进入、退出,这往往是指进入或退出上级、长辈或宾客的居住之所。这些都是最初的待人接物的事务,在过去都是有一定的规范的,其实现在也是如此,只是没有过去要求的那么严格,也没有了明确的规定了。也正因为如此,许多人尤其是刚刚开始参加工作的年轻人,常常会在这方面犯错误,进而给自己招致批评,给今后的工作甚至发展带来不利。

其次是"抑末也。本之则无,如之何"。子游为什么会这样说呢?从前面的解释来看,"洒扫应对进退"确实只是一些小事,而且是待人处事的最初的一些工作,所以子游说"抑末也"。那么根本是什么?从后文来看应当是"君子之道"。而所谓"君子之道",在儒家看来,就应当是那"一以贯之"之道,也有人认为就是先王之道、大道等。那么子游的话对吗?从后文看应当差不多。

第二是对"君子之道,孰先传焉?孰后倦焉?譬诸草木,区以别矣"的理解。

首先是"孰先传焉"。这句话的字面意思就是谁应该被先行传授?问题在于这个判断是需要考察的,是与这个学生的个人特质和基础有关系的,也是需要时间的。

其次是"孰后倦焉"。这句话在过去的理解有很多种,有人认为此处的"倦"通"卷",是书本上的知识、道理,也就是大道;有人认为,此处的"倦"是"诲人不倦"(详见7.2章)中"不倦"的意思,就是不厌倦的意思;也有人认为就是厌倦的意思。笔者比较认同最后一种解释,因为前两种解释过于牵强,而且与之后的比喻不匹配。

最后是"譬诸草木,区以别矣"。这句话的字面意思是很清楚的,是对前一句话的比喻性说明。草木是有很大区别的,因此对其种植培育必须归类并区别对待,也就是说要因材施教。应当说明的是,尽管子夏听到子游对其弟子的评价后,说"言游过矣",但是其所说的理由却是教育学生的方法,而非对子游所描

述的状态——"当洒扫应对进退,则可矣。抑末也,本之则无"进行否定和批驳。因此不能直接得出子夏认为子游的话是错的。

第三是对"君子之道焉可诬也"的理解。笔者认为,从前后文看,此处的"君子之道"应是指君子的教学之道。

第四是对"有始有卒者,其惟圣人乎"的理解。关键是"有始有卒",其从字面意思来理解,就是有始有终的意思。但指的是什么呢?是既能一开始就教他大道,而他又能始终不厌倦的学生吗?应该不是,因为这样的人还是比较多的,至少孔子的许多弟子都是如此,而圣人是不世而出的。笔者认为,从前述可以看出,这应当是指教学的人,而非学习的人。这个教学的人,可以在每一处开始(无论从何处开始),都能教出或归结于大道,都能说出"一以贯之"(详见4.15章)之道。这在理论上很通,既然是一以贯之,那就应该在任何地方都应有所体现。同时,他也不用对学生进行分类,只要他愿意学,直接就可以教。这在理论上也是通的,自然界的草木需要分类区别吗?当然不需要。但它们不也是欣欣向荣吗?是的。但这是为什么呢?是因为上天有好生之德,也就是这需要极大的德——能力。这是不是就叫作有教无类呢?而真正能做到如此教学的又能是谁呢?结论显而易见,就是孔子——"其惟圣人乎!"

【编意解】

编者意在通过本章子夏之语,说明士有传道、授业的责任,尽管自己的水平并不一定很高,即便达不到圣人的境界,也要去做,哪怕笨一些、慢一些。

19.13 子夏曰:"仕而优则学,学而优则仕。"

【译文】

子夏说:"做官还有余力的人,就应当去学习,学习有余力的人,就应当去做官。"

【原文解】

第一是对"仕"与"学"及其关系的理解。"仕"就是做官,在儒家看来就是去处理众人之事,就是为人民服务,同时也是为人民服务最好的方式,而其最终的目的是建立和推广仁道——一种人与人相处的应有的秩序或规范,以便使人们(包括自身)生活在一个理想的环境中。"学"就是学习,但在儒家看来,并不是或者并不主要是学习科学文化知识,而是学习做人之道和人与人相处之道,也就是仁道。同时,"学"为自己,是为自己更好地适应社会,进而发展提高自己,使自己达到"说""乐""不愠"(详见1.1章)的状态。由此我们不难看出两者之间的联系。那就是两者在道理上实际是一回事,只是表现形式不同。应说明的是,"仕"虽然表面上有为他人的成分,但实际上最终还是为自己——实现自己的理想,使自己的生活环境更理想。

第二是对"仕而优则学"的理解。这句话的字面意思是很清楚的。道理也很简单,通过学习增强自己的能力,进而承担更大的责任,更好地为人民服务。有一个问题是,做官没余力甚至还欠缺的人该如何呢?他们不是更应当学习吗?不。做官没有余力的人,应当努力工作,履行自己的职责,因为在儒家看来,做官是为人民服务,是大事,不能有丝毫的马虎。至于做官能力还欠缺的人,就应当辞职,如果不辞职,那将是极为不道德的。这两种人是应当去学习的,其实每个人都应当不断地学习,但这两种人不应当是在位置上去学习。

第三是对"学而优则仕"的理解。这不禁使人想起孔子所说的"先进于礼乐……则吾从先进。"(详见11.1章)。有一个问题是,为什么"学而优"就应当做官呢?因为人不能太自私,要有大格局和高境界。做官看起来是为别人,实际上也是为了自己。"仁者爱人",你不爱人,他不爱人,人人都不爱人,你也就没人爱了,这样的社会还能称之为社会吗?谁又愿意生活在这样的社会呢?道理是一样的。当然,这也是符合人发展的本性的,这一点很重要。

【编意解】

编者意在通过本章子夏之语,说明士要"仕而优则学,学而优则仕"。

19.14 子游曰:"丧致乎哀而止。"

【译文】

子游说:"丧事做到尽哀也就可以了。"

【原文解】

本章的字面意思是比较清楚的,就是在父母去世办理丧事的时候,人们感到悲伤是十分自然的,但是要有节制,不能过度,否则就有可能伤害到自己,这是不对的,也是不孝的,有哪个父母的在天之灵希望看到自己的孩子受到伤害呢?因此孔子说"死,葬之以礼,祭之以礼"(详见2.5章)。"以礼"就是要有所节制,不能纵情。问题在于子游为什么要说这样一句话呢?笔者认为,由于当时"礼坏乐崩",人们已经不太遵守礼了,即便遵守往往也是流于形式。而儒家为了改变这种局面,推行自己的主张,对于孝就有很多的强调,而办理丧事又是孝的一种十分重要的表现。这就不可避免地造成一些人(尤其是年轻人——初学者)在办理丧事等事务上往往不守礼,会有些偏激走极端,有的没有节制的哀伤,甚至不吃不喝;有的实际上没有什么哀伤之情,却大肆操办。而这一切都是有违礼制的,也是不合人情的。所以子游说"致乎哀而止"。

【编意解】

编者意在通过本章子游之语,说明士在做任何事情(不仅仅是办理丧事)的时候,都要注意不要偏激,尽量行中道。

19.15 子游曰:"吾友张也为难能也,然而未仁。"

【译文】

子游说:"我的朋友子张可以说是难得的了,然而还没有做到仁。"

【原文解】

第一是对子张的了解。关于子张,前面已经有所介绍(详见2.18章),但过于简单,对于本章及下一章的理解帮助不大。子张,复姓颛孙,名师,字子张,春秋末陈国人,孔子弟子,比孔子小四十八岁。孔子去世后,子张回到陈国,自己独立招收弟子传授所学,自成儒家一派。这里应当强调说明的是:

一是子张几乎是孔子最年轻的弟子,也就是孔子去世的时候,子张才二十五岁。但子张的学识却不浅,其思想观点在《论语》中多有体现,本篇尤其如此。

二是尽管子张相对于孔子很年轻,但孔子却对他有不少的评价,譬如"<u>师也过</u>,商也不及"(详见11.16章)、"柴也愚,参也鲁,<u>师也辟</u>,由也喭"(详见11.18章)。这些评价虽然不是很高,但也不低,说明子张是个有特性的人,也是孔子所关注的一个人。应当说明的是,能得到孔子关注并给予评价的人并不多,且少之又少,尤其是与孔子同时代的人。孔子所责备的人也往往是贤者。

第二是对"吾友张也为难能也"的理解。这句话的字面意思是很清楚的。这里要注意的是,首先是这个"友"字。前面说过(详见1.1章),在中国古代,友是指志同道合的,也就是子游认为子张与他是志同道合的;其次是"为难能也"。这是对子张的学识、能力的一种肯定,一种很高的肯定,而非相反。

第三是对"然而未仁"的理解。这句话的字面意思也是很清楚的。问题是这是一个怎样的评价呢？高的评价显然不是。那么是低的评价吗？也不是。因为仁很难达到，不仅是子张，他子游达到了吗？这时笔者不禁想起孔子回答孟武伯之问时的话（详见5.8章），孔子认为他的那些得意的弟子，都没有达到仁。仁是很难达到，因此孔子从不轻易许人以仁，故而子游才有本章之语，可见"未仁"是一个中肯的评价。

这时有人会问，子游为什么会说这句话呢？笔者认为，也许是子张的学识、能力很强——"师也过"，很多人（尤其是年轻人——初学者）认为子张就是标准，甚至就是仁的标准，想当初子贡不也有类似的疑惑吗？——"然则师愈与"（详见11.16章）。这是子游对有这种认识的人的一种告诫。

【编意解】

编者意在通过本章子游之语，说明士的目标要远大一些，格局见识要宽广一些，要知道山外有山。

19.16 曾子曰："堂堂乎张也，难与并为仁矣。"

【译文】

曾子说："子张（仪表）堂堂，难于和他一起做到仁的。"

【注释】

堂堂：1.形容盛大。2.形容容貌壮伟。3.形容公然无顾忌的样子。4.形容明亮的样子。

【原文解】

第一是对"堂堂"的理解。"堂堂"的意思注释中已有详细的解释。这是一句赞扬子张的话，问题是在赞扬子张什么？过去有许多学者说，这是指子张的相貌。此种理解有根据但显然不合逻辑。也许子张的长相确实不错，但这绝对不是一个值得赞扬或者过分赞扬的，尤其是对于一个男人，更不用说是士了。如果一个男人仅仅是被别人夸赞其容貌，这是夸赞吗？这简直就是一种羞辱。曾子怎么可能如此呢？笔者认为，理解"堂堂"，可从《孙子兵法》中的一句话来理解，《孙子兵法·军争》有载："无击堂堂之陈。"为什么？仅仅是因为这个阵很好看、很光鲜吗？当然不是。所谓"堂堂之陈"，必有其实质的东西使之如此，或正义，或纪律严明，或武备精良，抑或兼而有之。那么"堂堂乎张也"的实质是什么呢？笔者认为，也许是他的才能、学识，也许是他的性格，也许是他的聪慧，

也许是兼而有之。其实"堂堂乎张也"是"师也辟"(详见11.18章)、"师也过"(详见11.16章)的另一种说法,只是作为子张的同学,曾子不能直接重复孔子对子张的评价罢了。

第二是对"难与并为仁"的理解。这句话的字面意思是很清楚的。问题是为什么?还是因为"堂堂","堂堂"使人不敢或不愿与之打交道,进而也就很难一路相随相伴了。

【编意解】

编者意在通过本章曾子之语,说明士要随和一些,要学会善于与人交流沟通,这样才能有同伴一起同舟共济,结伴而行,一起实现自己的目标、抱负——仁道。

19.17 曾子曰:"吾闻诸夫子:人未有自致者也,必也亲丧乎!"

【译文】

曾子说:"我听老师说过:人不可能主动地把某件事做到极致,(如果有)那一定是在父母去世办理丧事的时候。"

【原文解】

本章的字面意思比较清楚,要深刻理解还要注意:

第一是对"吾闻诸夫子"的理解。这里的"夫子"是指孔子,也就是说这句话是孔子的认识,但不一定是孔子的原话。

第二是对"人未有自致者也,必也亲丧乎"的理解。

首先是"人未有自致者也"。意思就是,人不可能主动地把某件事做到极致。这似乎与实际不太符合,现实世界人们熙熙攘攘、忙忙碌碌,怎么可能会没有呢?问题是我们要静下来看一看、想一想,这些整天熙熙攘攘、忙忙碌碌的人们为的是什么?无非是功名利禄,一句话就是图利。既然有所图,就无所谓主动。如果无利可图甚至是亏本的事情他们还会如此吗?几乎不会。因此这里说的事情是他事,或者说没有实际或者眼前利益的事情。这时可能会有人问,"亲丧"是不是别人的事情?当然不是,是自己应当做的事情。这应当不会给自己带来什么利益,相反还会使自己有许多花费。当然,现实中不乏以此获取利益或名声的做法,但这已经明显偏离甚至悖逆了其原有之义,是人性的一种异化。换一个角度试想一下,如果没有那些名利,我们就不会尽己所能的安葬、祭奠逝去的父母吗?甚至让死去的父母暴尸荒野吗?恐怕没有几个人会这样做。

【编意解】

编者意在通过本章曾子转述的孔子之语,说明士要知道,孝道是出于人们的本性,而非外界的强迫。当然,这也是儒家所确立和主张的仁道的基础(详见1.2章),因此我们应当也能够尽力地去践行。

19.18 曾子曰:"吾闻诸夫子:孟庄子之孝也,其他可能也;其不改父之臣与父之政,是难能也。"

【译文】

曾子说:"我听老师说过:孟庄子(很多)的孝行,其他人也是可以做到,唯独他不更换父亲的旧臣及其政治措施,这是别人难以做到的。"

【原文解】

孟庄子是鲁国大夫孟献子的儿子,继承父位当政四年。这句话还是曾子转述的孔子之语。其字面意思也是很清楚的。不过读到本章,不禁使人想起孔子说的另一句话:"三年无改于父之道,可谓孝矣。"(详见1.11章)其中缘由不再赘述。

【编意解】

编者意在通过本章曾子转述的孔子之语,说明士要尊重前任以及前任所制定的制度和所任用的人,不可轻易改变。在位为政时尤其要注意。

19.19 孟氏使阳肤为士师,问于曾子。曾子曰:"上失其道,民散久矣。如得其情,则哀矜而勿喜!"

【译文】

孟氏任命阳肤做典狱官,阳肤向曾子请教。曾子说:"(因为)在上位的人离开了正道,百姓早就离心离德了。你如果能弄清他们的情况,就应当怜悯他们,而不要自鸣得意。"

【注释】

散,1.杂肉也。本义:分散。2.散发、使分散。3.逍遥、懒散。4.杂乱、错

杂。5.零碎、不集中的。6.药粉。

【原文解】

第一是对"孟氏使阳肤为士师,问于曾子"的理解。"阳肤"是人名,据说是曾子的学生。"士师"前面已经有所解释(详见18.2章注释),就是典狱官,执掌刑狱之事的长官。

第二是对"上失其道,民散久矣"的理解。这句话的字面意思是比较清楚的。

首先是"上失其道"。失的是什么道?曾子没有特别说明。但从"上"字——在上位者、当政者看来,应当是为政之道。笔者认为,所谓为政,从大的方面无非就是两项,一是管理服务,为民众创造一个公平有序的环境,进而使民众能够有机会富足;二是教化,使民众知道是非大义,使社会稳定、团结、发展、强大。那么"失其道"就比较好理解了,无非就是这两项中有所缺失或全部缺失。

其次是"民散久矣"。为什么?很明确,就是因为"上失其道"。那么"散"的具体状态是什么呢?这还要从"上失其道"可能产生的结果推演。当政者不能创造一个公平有序的环境,民众就无法生活富足,就会穷困潦倒甚至饥寒交迫,在此情况下,民众会如何呢?很显然,不是远走他方,就是铤而走险。他们不是君子,只有"君子固穷,小人穷斯滥矣"(详见15.2章)。当政者不能教化,民众就没有基本的是非大义,就会随性而为,甚至恣意妄为,结果就是一个乱。

第三是对"如得其情,则哀矜而勿喜"的理解。这句话的字面意思也是比较清楚的。

首先是"如得其情"。得什么情?从典狱官的职责来看,应当是查清违法犯罪的真实情况,也就是所谓的案件事实。应当说明的是,查清违法犯罪的案件事实,包括作案动机等许多主观心理方面的情况。无论是在过去、现在还是将来这都是执法官员的职责所在,同时也是一件很困难的事情,当然,因为技术手段的欠缺,在过去则更为困难。所以本句有一个"如"字,就是如果的意思。也正因为如此,作为一个执法官员,能够切实查清案情,则证明自己的工作是有成效的,一般来说是值得欣喜的事情。

其次是"哀矜而勿喜"。为什么?经过上面的学习,应当已经很清楚了。虽然"得其情"是很困难的,但是因为"上失其道",人们的违法犯罪极有可能出于迫不得已,或是出于无知——因为未受教化。这是谁的错呢?譬如一个饥饿已久的人,抢了别人的面包或偷了别人的钱,之后被抓住了并查清了案件事实。这种情况是应该哀叹怜悯呢?还是应当喜悦呢?从某种意义上讲,这是执政者的渎职,是不教而诛。

【编意解】

编者意在通过本章曾子之语,说明士要探究、知道事物的本源,不要仅仅停留在对事物表面的认知。

19.20 子贡曰:"纣之不善,不如是之甚也。是以君子恶居下流,天下之恶皆归焉。"

【译文】

子贡说:"纣王的不善,不像说的那样厉害。所以君子憎恨处在下流的地方,(否则)天下一切坏(名声)都归到他的身上。"

【原文解】

第一是对"纣之不善,不如是之甚也"的理解。"纣"是指商纣王,前面已有所介绍(详见18.1章),是中国历史上有名的无道之君。史料上对其恶行的记载很多,可是他真的如此无道吗?子贡说没有。那我们是应当相信史料的记载呢?还是相信子贡所说的呢?都可以相信,这就要看你从什么角度来看了。如果商纣王仅仅作为个人,可能很无道,但他就是一个人而已,就是再无道又能做出多少坏事呢?所以子贡说"不如是之甚也"。可是商纣王又是当政者,而且是天子,有很大的权力,有很多的人帮他,听他指挥。同时,他也会欣赏同道中人,提拔任用像他一样的人。如此一来,他的无道所导致的坏事将会被极度的放大,很多的坏事是他亲自做的,但更多的坏事是在他的授意或默许下完成的,甚至是因为上行下效而造成的。这些坏事或由他而起,或与之有牵连,归结到他身上也不是没有道理的,并不冤枉他。权力和责任是相当的。

第二是对"是以君子恶居下流,天下之恶皆归焉"的理解。

首先是"是以君子恶居下流"。这里的"君子"是指在位者或在上位者。"下流"本是指河流的末端。我们知道,河流最初的阶段都是清澈的,但是随着其向下游流动,就会变得越来越污浊。这里用来形容道德人品。

其次是"天下之恶皆归焉"。为什么?由上述可知,就是因为你是在位者或在上位者。

【编意解】

编者意在通过本章曾子之语,说明士不要"居下流",要自拔而非自甘"下流"。别动歪心思,要"思无邪"(详见2.2章)。

19.21 子贡曰:"君子之过也,如日月之食焉:过也人皆见之,更也,人皆仰之。"

【译文】

子贡说:"君子的过错好比日食、月食。他犯过错,人们都看得见;他改正过错,人们都仰望着他。"

【原文解】

第一是对"君子之过也,如日月之食焉"的理解。首先,这里的"君子"更多的是指在位者或在上位者。其次,这里的"日月"是用于比喻前面的"君子"。世间的万物生长靠阳光普照——"日月"。而人类生存和发展的需要也产生了相应的秩序,其中最重要的表现就是有了上下之分,有了在位者或在上位者——"君子"。人们需要其存在并履行自己的职责,也因此人们对于能够履行自己职责的"君子"会由衷地产生敬仰之意,就像对"日月"一样。但"君子"是人,也会犯错误——没有或没有能很好地履行职责,就像在日食、月食的时候,日月不能或不能很好地普照大地一样。

第二是对"过也人皆见之,更也人皆仰之"的理解。首先"过也人皆见之"。这说明了什么?日月高悬,而人们又极为需要——因此也就极为关注,因此也就无所遁形,不要想着去隐瞒或文饰。其次是"更也人皆仰之"。为什么?因为有过错是正常的,也是人们有所预料的,所以改了,还是日月,还是在位者或在上位者,人们还是会敬仰他的。如果不改呢?人们没有办法左右日月,但是日食、月食是一种自然现象,有其内在不变的规律,所以只是短暂的,很快会恢复——更正的。但是在位者或在上位者呢?及时改正了还是所谓的"日月",人们还是会敬仰他。可是如果他不及时改正甚至不改正呢?那就只能换了,因为人们不再需要他在这个位置上了。真的能换吗?当然能。"君者舟也,庶人者水也;水则载舟,水则覆舟"(《荀子·往制》)。只是换起来比较麻烦,代价通常也非常大。但这一切都已被历史无数次证明了。

【编意解】

编者意在通过本章曾子之语,说明士要有过必改而且要及时。应当说明的是,士是有一定能力为别人做事也想为别人做事的人,也就是人们需要的人——儒,因此也就很可能成为在位者甚至在上位者。士如果有过不及时改正甚至不改正,则必将会被抛弃,人们不会再需要他了。

19.22 卫公孙朝问于子贡曰:"仲尼焉学?"子贡曰:"文武之道,未坠于地,在人。贤者识其大者,不贤者识其小者。莫不有文武之道焉。夫子焉不学?而亦何常师之有?"

【译文】

卫国的公孙朝问子贡说:"孔子的学问是从哪里学来的?"子贡说:"周文王、周武王的道并没有失传,还在人们中间。贤能的人可以了解它的根本,不贤的人只了解它的末节。没有什么地方没有文王、武王之道。我们老师何处不能学?又何必要有固定的老师传授呢?"

【原文解】

卫公孙朝是卫国的大夫。本章的字面意思比较清楚,要深刻理解还要注意:

第一是对"仲尼焉学"的理解。

首先,"仲尼"是孔子的字,也有一些学者认为,是孔子的谥号。

其次是"焉学",意思很清楚,就是从哪里学的,或是跟谁学的。问题在于这说明了什么呢?表面上说明,卫公孙朝不知道孔子的老师是谁,其实质上是说卫公孙朝认为孔子的学问太高深了,没有谁能教孔子,没有谁能做孔子的老师。这是一个普遍的现象(无论是现在还是过去)。人们总是认为,本事都是由老师教的或者是向老师学的,而老师一定或应该比学生强,因此卫公孙朝会发出此问。这就有一个逻辑上的问题,老师又是谁教的呢?老师的老师。那么最初的老师又是谁教的呢?况且如果老师一定或应该比学生强,那岂不是一代不如一代,在走下坡路吗?本事都是由老师教的或者是向老师学的,而师父一定或应该比学生强,可能是一种常见的现象,但却是一种错误的认识。

第二是对"文武之道,未坠于地,在人。贤者识其大者,不贤者识其小者。莫不有文武之道焉"的理解。这句话的字面意思也是很清楚的,问题还是在于

说明了什么？笔者认为，这首先说明了孔子之道就是文武之道，就是周文王、周武王所制定和奉行的道；其次，文武之道之所以被提倡、被遵行，不仅仅是因为他是周文王、周武王所制定和奉行的，更是因为它是符合人性并且被历史证明是行得通的、行之有效的，这一点体现在周文王、周武王去世几百年后且周王室已经衰微的情况下，人们还或多或少地记得并遵行着——"贤者识其大者，不贤者识其小者，莫不有文武之道焉"。

第三是对"夫子焉不学？而亦何常师之有"的理解。这又说明了什么？笔者认为，这说明孔子不是生而知之，其学问是学来的。向谁学的呢？很多人，无论是贤者还是平常人。孔子说"三人行，必有我师焉。择其善者而从之，其不善者而改之"（详见7.22章）、"子入太庙，每事问"（详见3.15章），这些都是生动的例证。

【编意解】

笔者认为，本章及以下三章均是子贡对孔子及孔子之道，或者说是圣人及圣人之道的认识和论述。而士（尤其是初学者）对于孔子及孔子之道有一个大体上正确的认识，具有特殊的意义，因为士就是要实际推行或运用此道的人。编者在此意在通过本章子贡之语，告诉士（尤其是初学者）不要将孔子及孔子之道神化。孔子非生而知之，他的学问是学来的。孔子之道即文武之道，处处都有，只是有的多少而已，只要有心，就能得到。

19.23 叔孙武叔语大夫于朝曰："子贡贤于仲尼。"子服景伯以告子贡。子贡曰："譬之宫墙，赐之墙也及肩，窥见室家之好。夫子之墙数仞，不得其门而入，不见宗庙之美，百官之富。得其门者或寡矣，夫子之云，不亦宜乎！"

【译文】

叔孙武叔在朝廷上对大夫们说："子贡比孔子更有学问。"子服景伯把这话告诉了子贡。子贡说："拿围墙来比喻，我家的围墙只有齐肩高，在墙外就可以看见我家房屋的美好。而老师家的围墙却有几仞之高，如果找不到门进去，你就看不见里面宗庙的富丽堂皇，和众多高水平的官员。（但）能够找到门进去的人并不多。叔孙武叔那么讲，不也是很自然吗？"

【注释】

宫，1.<u>室也。本义：古代对房屋、居室的通称(秦、汉以后才特指帝王之宫)</u>。2.五音之一。最古的音阶仅用五音，即宫、商、角、徵、羽。3.宗庙、神殿，供神的大建筑物。4.古代五刑之一，阉割男子生殖器的刑罚。

仞，1.<u>伸臂一寻八尺也。本义：古代长度单位。八尺或七尺</u>。2."认"的古字。承认、辨认、认为。3.通"牣"，满、充满。

【原文解】

叔孙武叔是鲁国的大夫。本章的字面意思比较清楚，要深刻理解还要注意：

第一是对"子贡贤于仲尼"的理解。这是叔孙武叔的认识。为什么他会有这样的认知？其实也不难理解，子贡被孔子称为"瑚琏"(详见5.4章)大器。子贡人品好，又聪明，学问好，官做得很大，还会做生意，而且极为富有。尤其是子贡晚年见用于鲁国，给鲁国办了几件重大的事情，有大功于鲁国。这在一般人尤其是鲁国的官员眼里简直就是完人，但也只是在一般人眼里而已。

第二是对"譬之宫墙，赐之墙也及肩，窥见室家之好。夫子之墙数仞，不得其门而入，不见宗庙之美，百官之富"的理解。这是子贡将自己的德行与孔子进行的比喻性比较。

首先是"赐之墙也及肩，窥见室家之好"。墙仅"及肩"，同肩一样高，里面好坏他人稍微一仰头或一踮脚(努力一下)，很容易一眼就看清了。那么看到了什么呢？"室家之好"。家室的好坏一般人都能给予评价，就像聪明与否、官的大小和钱的多少。说明子贡的学问能够带来的是功名利禄。

其次是"夫子之墙数仞，不得其门而入，不见宗庙之美，百官之富"。"墙数仞"之高，当然别人就不能从墙外看了，只能进门看，关键是进门后能看到的是什么？是"宗庙之美，百官之富"，而不是什么"室家之好"，性质已经有了变化。宗庙和百官是治国平天下所必备的，宗庙代表着信仰——价值，百官代表着人才。这里不仅有宗庙和官员，而且是富丽堂皇的宗庙和众多高水平的官员。说明孔子的学问能够带来的是国治、天下平。

第三是对"得其门者或寡矣，夫子之云不亦宜乎"的理解。这里主要的问题是，既然有如此高的墙，门还会很难找吗？为什么子贡要说"得其门者或寡矣"？这还要基于宫墙之喻。如此高墙，必是富贵之人所居，其门易找，可其门难进。非有一定地位身份的人是进不去的。那么作为孔子之道的门也有相似之处，门

就在那里,但没有达到一定的修养的人同样是进不去的。要有一定的修养是要付出相当的努力的。

【编意解】

编者在此意在通过本章子贡之语,告诉士不要小瞧孔子及孔子之道(虽然不能将其神化)。孔子之道是治国平天下的大道。不经过一番努力,你连门都进不了,更别说登堂、入室了。

19.24 叔孙武叔毁仲尼。子贡曰:"无以为也!仲尼不可毁也。他人之贤者,丘陵也,犹可逾也。仲尼,日月也,无得而逾焉。人虽欲自绝,其何伤于日月乎?多见其不知量也。"

【译文】

叔孙武叔毁谤仲尼。子贡说:"(这样做)是没有用的!孔子是毁谤不了的。别人的贤德好比丘陵,(丘陵)还是可超越过去的。孔子的贤德好比太阳和月亮,是无法超越的。虽然有人要自绝(于日月),对日月又有什么损害呢?只是表明他不自量力而已。"

【原文解】

第一是对"叔孙武叔毁仲尼"的理解。这句话的字面意思是很清楚的,问题在于为什么?无非两点,一是叔孙武叔无法理解孔子之道,甚至认为是荒谬的;二是孔子之道有损于叔孙武叔的既得利益。无论是哪一点,只能说明叔孙武叔的愚昧甚至愚蠢。为什么?且看子贡的论述。

第二是对"他人之贤者,丘陵也,犹可逾也。仲尼,日月也,无得而逾焉"的理解。首先,这里的"日月"不是指孔子这个人,而是指孔子的思想、孔子之道。这里有一个问题,就是"道"——真理人们是否能够真正的认识和理解?从绝对的角度来说,不能,只能无限的接近,是一个认识的过程;从相对的角度来说是可以的,是一个认识的阶段。这就存在着一个程度的问题。而"日月"之高在当时人们的认识水平来说,就是无限,这种无限就是"道"——真理。也就是在子贡的心中,孔子的思想、孔子之道就是真理(那么在我们的心中呢?)。"道"——真理是可以逾越的吗?当然是不可以的。低水平的认识能够理解高水平的认识吗?很难,尤其是在水平相差过大的情况下(日月与山丘)几乎就是不可能的。

第三是对"人虽欲自绝,其何伤于日月乎?多见其不知量也"的理解。"道"——真理虽然存在着认识的过程和阶段,但却具有极强的客观实在性,不以人们的意志为转移。如果一个人认为某个"道"——真理于己不利,就想否定它、诋毁它,那不是"自绝"又是什么?这个人的"自绝"对客观实在又怎么可能产生伤害?这种"自绝"除了说明他不自量力——愚蠢,还能说明什么呢?说明一下,"多"在古语中有只、仅仅的意思。如果将本章的"多"理解为众多,意思也可以说得通。

【编意解】

编者在此意在通过本章子贡之语,告诉士不要以自己的愚昧或私欲(愚蠢)试图否认甚至诋毁道——孔子之道。

19.25 陈子禽谓子贡曰:"子为恭也,仲尼岂贤于子乎?"子贡曰:"君子一言以为知,一言以为不知,言不可不慎也。夫子之不可及也,犹天之不可阶而升也。夫子之得邦家者,所谓立之斯立,道之斯行,绥之斯来,动之斯和。其生也荣,其死也哀,如之何其可及也?"

【译文】

陈子禽对子贡说:"你是谦恭了,孔子怎么能比你更贤良呢?"子贡说:"君子的一句话就可以表现他的智,一句话也可以表现他的不智,所以说话不可以不慎重。夫子的高不可及,正像天是不能够顺着梯子爬上去一样。夫子如果得国而为诸侯或得到采邑而为卿大夫,那就会像人们说的那样,教百姓立,百姓就会立;要引导百姓,百姓就会跟着走;要安抚百姓,百姓就会归顺;要动员百姓,百姓就会响应。(夫子)活着是十分荣耀的,(夫子)死去是极可哀痛的。我怎么能赶得上他呢?"

【注释】

荣,1.桐木也。本义:梧桐。2.草开花、草的花。引申为谷类秀慧。3.繁茂、茂盛。4.光荣、荣耀。与"辱"相反。5.飞檐、屋檐两头翘起的部分。6.惑乱。

【原文解】

第一是对"君子一言以为知,一言以为不知,言不可不慎也"的理解。这是一句很严厉的责备,因为陈子禽是孔子的弟子,也是子贡的同门师弟。

第二是对"夫子之得邦家者,所谓立之斯立,道之斯行,绥之斯来,动之斯和。其生也荣,其死也哀,如之何其可及也"的理解。前面几章,子贡对孔子的赞誉不免有些空洞,这里具体化了。应说明的是,这里的"斯"是指他人、民众;这里的"和"读 hè,四声;这里的"荣"和"哀"是他人、民众的"荣"和"哀",因为民众在这样的人领导下有所得,而失去这样的人的领导将有所失。

问题在于说明了什么?笔者认为,所谓的"立之斯立,道之斯行,绥之斯来,动之斯和。其生也荣,其死也哀"是一个当政者最高的能力表现,是在用结果来验证能力。子贡认为,如果孔子能得其位的话,就能做到这一点。当然,这也不是完全建立在假设和想象的基础上,孔子在鲁国曾有短暂(三个月)的当政,在此期间,外可以让强大的齐国感到害怕,以至于要行贿鲁国的当权者——"齐人归女乐"(详见18.4章),内可以让部分强臣顺服,以至于"堕三都"(《左传》定公十二年),其为政成果可见一斑。至于孔子为什么能够做到这一点,本章没有具体说明,当然也不可能具体说明,但可以想象一下,那就是孔子之道是道——真理。

【编意解】

编者在此意在通过本章子贡之语,告诉人们真正的孔子之道。当然,子贡不是以如此简单的一句话描述孔子之道,而是通过其所能达到的效果或状态来展示孔子之道,这也可以作为是否达到或有多大程度达到孔子之道的标准。

尧曰第二十

20.1 尧曰:"咨!尔舜!天之历数在尔躬,允执其中。四海困穷,天禄永终。"

舜亦以命禹。

曰:"予小子履,敢用玄牡,敢昭告于皇皇后帝:有罪不敢赦。帝臣不蔽,简在帝心。朕躬有罪,无以万方;万方有罪,罪在朕躬。"

周有大赉,善人是富。"虽有周亲,不如仁人。百姓有过,在予一人。"

谨权量,审法度,修废官,四方之政行焉。兴灭国,继绝世,举逸民,天下之民归心焉。所重:民,食,丧,祭。宽则得众,信则民任焉,敏则有功,公则说。

【译文】

尧说:"啧啧!你这个舜!上天的大命已经落在你的身上了。诚实地保持那中道吧!假如天下百姓都困苦和贫穷,上天赐给你的禄位也就会永远终止。"

舜也这样告诫过禹。

(商汤)说:"我小子履谨用黑色的公牛来祭祀,斗胆向伟大的天帝祷告:有罪的人我不敢擅自赦免,天帝的臣仆我也不敢掩蔽,天帝的心都明白。我本人若有罪,不要牵连天下万方,天下万方若有罪,都归我一个人承担。"

周朝大封诸侯,使善人都富贵起来。(周武王)说:"我虽然有至亲,不如有仁德之人。百姓有过错,都在我一人身上。"

认真检查度量衡器,周密地制定法度,修立旧有而被废的官职,全国的政令就会通行了。恢复被灭亡了的国家,接续已经断绝了的家族,提拔被遗落的人

才,天下百姓就会真心归服了。所重视的是百姓民众,(包括三个方面)粮食、丧礼、祭祀。宽厚就能得到众人的拥护,诚信就能得到别人的任用,勤敏就能取得成绩,公平就会使百姓喜悦。

【注释】

历,1.经过、经历,主要指时间上的经历。2.逐个、一一地。3.历术、历法、推算日月星辰运行及季节时令的方法。4.数。

允,1.信也。本义:诚信、诚实。2.的确、确实。3.公平、得当。4.答应、许可。

牡(mǔ),1.畜父也。本义:雄性的鸟兽,与"牝"相对。2.男性生殖器。3.锁簧,古代锁器可以插入和拔出的部分。

朕,1.我也。第一人称代词。我、我的。秦以前,不论尊卑,皆自称朕。2.秦始皇以后专用为皇帝的自称。3.征兆、迹象。

赉(lài),赐也。本义:赏赐。

【原文解】

本章的内容较多,且非一人所讲,分段记之乃笔者自为。本章的字面意思不甚清楚,要准确并深刻地理解还应注意:

第一是对"咨!尔舜,天之历数在尔躬,允执其中。四海困穷,天禄永终"的理解。这是尧在禅天子位与舜时,对舜说的话。

首先是"咨"。这是一个叹词,本身没有什么意义。

其次是"尔舜,天之历数在尔躬,允执其中"。其字面意思是很清楚的。就是尧将天子之位以奉天之命为由传授给舜,并要求舜要秉持中道行事。

再次是"四海困穷,天禄永终"。这句话在过去有两种理解和认识:一种是将"永终"理解为永远享有。这句话的意思就成了"(将中道实施到)四海中穷苦的地方,你的禄位会永远享有",这是一句祝词;另一种是将"永终"理解为永远终止。这句话的意思就成了"如果天下百姓穷苦,你的禄位会永远终止",这是一句告诫的话。应当说明的是,将"永终"理解为永远终止或永远享有都是有依据的。笔者认同后者,原因有二:一是"四海困穷"的意思是很明确的,而前一种理解,必有所添加,牵强之意明显;二是后文"舜亦以命禹",其中的"命"明显是在命令、告诫,而不是在祝贺。

最后这句话说明了什么?说明在中国古人心中,天子是奉天之命,权力极大,不可轻易动摇,同时也不是绝对不能动摇的。什么时候或情况下能动摇呢?

在"四海困穷"发生的时候。这时有一个问题,就是为什么?难道"四海困穷"就一定是当政者的责任吗?是的,中国古人就是这么认为的。中国古人认为,上天有好生之德,"四海困穷"则必是人祸。这里的人祸就是当政者的乱作为、不作为和不完全正确的作为,那什么又是乱作为、不作为和不完全正确的作为呢?就是不奉天命,就是有违天命。那什么又是天命呢?不知道。不知道又如何能说不奉天命、有违天命呢?以结果论。既然上天有好生之德,现在却"四海困穷",这时是奉天命还是有违天命就很清楚了。总之一句话,那就是以结果论。有绝大的权力就要承担绝大的责任,这很公平,没有退路,中国的历史已经无数次证明了这一点。

第二是对"舜亦以命禹"的理解。这句话的字面意思是很清楚的。这里要说明的是,根据史料的记载,当时舜对禹说的并不止这些。《尚书·虞书·大禹谟》记载:

> 天之历数在汝躬,汝终陟元后。人心惟危,道心惟微,惟精惟一,允执厥中。无稽之言勿听,弗询之谋勿庸。可爱非君,可畏非民。众非元后,何戴?后非众,罔与守邦?钦哉!慎乃有位,敬修其可愿,四海困穷,天禄永终。

大概意思是,天命已经降落到你的身上,你终将升任大君。人心是危险难安的,道心却微妙难明。唯有精心体察,专心守住,才能坚持一条不偏不倚的路线。没有考核事实的言语不要听,没有征询群众意见的主意不要用。可爱的不是君(而是民),可畏的不是民(而是君失其道)。民众没有大君,他们又爱戴谁呢?大君没有民众,谁跟他守邦呢?一定要谨慎啊!认真对待你所居的大位,切实做好你想要做的每件事。如果四海百姓都穷困不堪,那你做大君的天禄也就永远终结了。

第三是对"予小子履,敢用玄牡,敢昭告于皇皇后帝:有罪不敢赦。帝臣不蔽,简在帝心。朕躬有罪,无以万方;万方有罪,罪在朕躬"的理解。

首先,"履"是商汤王的名字,因此本句应当是商汤王说的。

其次是"玄牡"。"玄"是黑色的意思;"牡"本义指雄性动物,在此处为祭祀的牺牲。此处是商汤王在向上天祷告,而牺牲中最大的是牛,因此将"玄牡"理解为黑色的公牛。应说明的是,夏朝崇尚黑色,而商朝是崇尚白色。由此看来,商汤王说本章之语的时候,夏朝尚未覆灭。这是商汤王将伐夏桀王时的誓词。

再次是"有罪不敢赦。帝臣不蔽,简在帝心"。这句话的字面意思很清楚,是商汤王在告诉上天自己要做的事及其原因,意思就是,尽管夏桀王是天子——"帝臣",但因为他有罪,我也要讨伐。但夏桀王有罪是商汤王的认识,上天是否也认为他有罪呢?如果不认为怎么办?那就是商汤王错了,他去讨伐就是有罪。如果真是这样怎么办?且看下面商汤王的话。

最后是"朕躬有罪,无以万方;万方有罪,罪在朕躬"。这句话的字面意思是很清楚的。问题在于说明了什么?说明商汤王已经充分理解了"四海困穷,天禄永终"的含义及其确实性,认识到了自己所承担的绝大的责任。只有如此,才能做好一个当政者。当然,这里的当政者不仅仅是指天子,任何主持全局的领导者都是当政者。

第四是对"周有大赉,善人是富。'虽有周亲,不如仁人。百姓有过,在予一人。'"的理解。这是周武王伐商纣王成功后的言行。

首先是"周有大赉,善人是富"。这是周武王伐纣成功后所行,"大赉"就是大行封赏,具体说就是分封诸侯。这种赏赐使善人富了起来。那么什么是善人,在周武王来说就是能忠于他的人、能帮助他的人、认同他思想的人。

其次是"虽有周亲,不如仁人"。这是周武王大行封赏的原则。这里的"周"是至的意思。"周亲"就是至亲,其字面意思是很清楚的。但应说明的是,这句话并不说明只以封赏"仁人"为原则,而是对之前只封赏"周亲"的一种突破,将"仁人"放进了封赏之列,甚至排在了"周亲"之前。这时可能会有人产生疑问,周武王可是将绝大部分的诸侯国都封给了姬姓,怎么能如此说呢?笔者认为原因有二:一是姬姓在几代贤王的教导下,仁人、贤人本来就比较多,譬如周公旦、召公奭等;二是这句话并没有排除"周亲"的意思,只是将其放在"仁人"之后而已,而且非姬姓的诸侯毕竟还有十多个,因此"立七十一国,姬姓独居五十三人,而天下不称偏焉"(《荀子·儒效》)。同时,这也是周武王为了能够承担绝大的责任的一种重要方法,那就是并不只是任人唯亲,还重用贤才。至于分封的原则没有将"周亲"排除在外这一点,其理解可详见 18.10 章。这时可能有人会问,那么现在又如何呢?还适用吗?当然,只是表现形式不同而已。有哪个国家会允许非本国公民担任重要的领导职务呢?那么这样的原则或突破对吗?且看下面周武王的话。

最后是"百姓有过,在予一人"。这里的百姓从某种意义上讲就是那些异姓诸侯。这句话同样说明周武王与商汤王一样,已经充分理解了"四海困穷,天禄永终"的含义及其确实性,认识到了自己所承担的绝大的责任。

第五是对"谨权量,审法度,修废官,四方之政行焉。兴灭国,继绝世,举逸民,天下之民归心焉。所重:民,食,丧,祭。宽则得众,信则民任焉,敏则有功,公则说"的理解。根据其他史料的记载,这些话都是孔子所说。被分编为三个递进的层次或境界。

首先是"谨权量,审法度,修废官,四方之政行焉"。这是第一个层次,也是基础。那就是要有统一的度量衡,要有统一的礼法制度,该管的事要有人管。为什么这样说?很好理解,因为没有这些统一的标准,人们就无法交往,或许马上就会产生混乱、纠纷,而且无法解决。有了这些就有了统一的标准,即便有纠纷也能解决。这也就是秦始皇在统一中国后,马上实行车同轨、书同文字、统一度量衡的原因,并且这是秦始皇自己认为最值得称道的功绩之一。

其次是"兴灭国,继绝世,举逸民,天下之民归心焉"。所谓"兴灭国,继绝世",字面意思就是使那些失去了土地的诸侯能再次拥有土地,兴盛起来;就是使那些没有直系后代的诸侯、大夫,找旁系的子孙来继承家业。问题在于为什么?笔者认为有以下两种原因:一是过去的国家与现代意义上的国家不一样,他们都不是很大,其成员往往具有复杂的血缘关系,有很强的相互依附性。毁掉一个国或一个家将会使很多人难以生存,会遭到强烈的抵抗,而就当时的经济文化条件来讲,还不能实行郡县制的管理制度,这就会造成相当的混乱。二是这些国、家之所以消亡,有的是因为叛乱或犯了罪,但更多的是因为王权的消弱或无道导致的,兴、继有拨乱反正的意义,当然也有制衡强臣、巩固王权的作用,同时也表明孔子祸不及子孙或他人的宽容、包容的思想观念。而这也是"天下之民归心"的原因所在。

至于"逸民",这在前面已经有所阐述(详见18.8章),不再赘述。总之,逸民就是贤才,"举逸民"就是重用贤能的人,这当然会有使"天下之民归心"的作用。至于"天下之民归心",则正是第二个层次或境界的表现。

最后是"所重:民,食,丧,祭。宽则得众,信则民任焉,敏则有功,公则说"的理解。这句话的字面意思是很清楚的。民乃国之根本,这是儒家非常鲜明的观点。谁又能否认这种观点呢?而民以食为天则是一个常识。但仅仅使民众不挨饿甚至吃饱了就够了么?当然不够。还缺什么?"教之"(详见13.9章)。如何教之?那就是"丧""祭"。"丧"可以使民知孝,"祭"可以使民知敬,因此曾子说:"慎终追远,民德归厚矣。"(详见1.9章)那么作为当政者应当怎样做呢?就是宽、信、敏、公。至于"宽则得众,信则民任焉,敏则有功"前面已有所讲解(详

见17.6章),不再赘述。"公则说"则很好理解,老百姓的要求并不高,他们不奢求你偏向他,只希望你有公心,能公正、公平地办事,他们就"悦"了。百姓悦就是当政者能力的最高表现,也是执政的最高境界。

【编意解】

那么本章被编排于此的意义是什么呢?通览本篇,笔者认为,本篇是在讲君或为君之道。这在前面少有涉及。应说明的是,这里的君不仅仅是指天子或一个国家的最高领导者,也可以扩展为某个地域、领域、独立团体的最高领导者,当然,权力和责任会有所不同。编者意在通过本章五位圣王(尧、舜、禹、商汤王、周武王)以及孔子——圣人之言,说明君位、君责以及君道。君位极高——"天之历数在尔躬",这也就意味着其权力极大;君责极重——"四海困穷,天禄永终""万方有罪,罪在朕躬";君道(应行之道),中道——"允执其中",相对而言,具体的职责就是"谨权量,审法度,修废官""兴灭国,继绝世,举逸民""所重:民、食同、丧、祭。宽则得众,信则民任焉,敏则有功,公则说"。

20.2 子张问于孔子曰:"何如斯可以从政矣?"子曰:"尊五美,屏四恶,斯可以从政矣。"子张曰:"何谓五美?"子曰:"君子惠而不费,劳而不怨,欲而不贪,泰而不骄,威而不猛。"子张曰:"何谓惠而不费?"子曰:"因民之所利而利之,斯不亦惠而不费乎?择可劳而劳之,又谁怨?欲仁而得仁,又焉贪?君子无众寡,无小大,无敢慢,斯不亦泰而不骄乎?君子正其衣冠,尊其瞻视,俨然人望而畏之,斯不亦威而不猛乎?"子张曰:"何谓四恶?"子曰:"不教而杀谓之虐;不戒视成谓之暴;慢令致期谓之贼;犹之与人也,出纳之吝谓之有司。"

【译文】

子张问孔子说:"怎样才可以治理政事呢?"孔子说:"遵行五种美德,摒弃四种恶行,这样就可以治理政事了。"子张问:"五种美德是什么?"孔子说:"君子要给百姓以恩惠而自己却无所耗费;使百姓劳作而他们不怨恨;有所欲而(百姓)并不认为他贪;庄重而不傲慢;威严而不凶猛。"子张说:"怎样叫要给百姓以恩惠而自己却无所耗费呢?"孔子说:"让百姓们去做对他们自己有利的事,这不就是对百姓有利而自己却无所耗费吗?选择可以让百姓劳作的(事情、时间和人)让百姓去做,百姓又怎会怨恨呢?自己要追求仁德便得到了仁,又怎么会被认为贪呢?君子对人,无论多少,势力大小,都不怠慢他们,这不就是庄重而不傲慢吗?君子衣冠整齐,目不斜视,使人见了就让人生敬畏之心,这不也是威严而不凶猛吗?"子张问:"什么叫四种恶政呢?"孔子说:"不经教化便加以杀戮叫作虐;不加告诫便要求成功叫作暴;不加监督而突然限期叫作贼,同样是给人财物,却出手吝啬,叫作小气。"

【注释】

尊,1.酒器也。本义:酒器。2.尊贵、高贵、地位高。3.尊奉、尊重。4.同"遵",遵行、遵从。

【原文解】

本章的文字虽然较多,但因为有孔子的解释,意思相对还是比较清楚的,但要深刻理解,还应注意:

第一是对"因民之所利而利之,斯不亦惠而不费乎?择可劳而劳之,又谁怨?欲仁而得仁,又焉贪?君子无众寡,无小大,无敢慢,斯不亦泰而不骄乎?君子正其衣冠,尊其瞻视,俨然人望而畏之,斯不亦威而不猛乎"的理解。这就是孔子所谓的"五美"。

首先是"因民之所利而利之,斯不亦惠而不费乎"。何谓"民之所利"?就是民众想要的。什么是民众想要的?简单地说就是安全、更多的财富。安全需要军队、警察,而民众就是其主体;财富是由民众自己创造的,更多财富需要一定的基础设施,而这些基础设施也是由民众自己建造的,总之这些其实都是由民众组成和承担的,都是民众自己来实现完成的(也不可能由当政者来给予或创造),只是这些需要当政者来组织领导,需要当政者少一些贪婪的攫取,多一些智慧的付出,与人以惠而不费,当然"美"。

其次是"择可劳而劳之,又谁怨"。"择"就是选择。何谓"可劳"?总的来说最重要的就是事。所做之事应当是对民众有利或是对大部分民众有利的事,譬如兴修水利、道路、城防等。当然也包括对具体时间——"使民以时"(详见1.5章)和人——"为政以德"(详见2.1章)的选择。责人以劳而无怨,当然"美"。

再次之是"欲仁而得仁,又焉贪"。这句话的意思很明确,就是践行仁道之欲不为贪,也不可能有人会认为其贪。同时也说明当政者应当行仁道,这也是"五美"之一。

再次是"君子无众寡,无小大,无敢慢,斯不亦泰而不骄乎"。这句话用现在的话讲,就是君子无论对什么人、什么事都是很认真的,不敢怠慢。认真的人当然是安定平和的,怎么可能有傲慢之气呢?应当说明的是,如此行事才能更好地得到别人的敬重以致配合,才能使事情办成、办好的可能性增大,因此是"五美"之一。

最后是"君子正其衣冠,尊其瞻视,俨然人望而畏之,斯不亦威而不猛乎"。这句话似乎没有说透,因为"正其衣冠,尊其瞻视,俨然人望而畏之"只是说了威,但没有说为何"不猛"。其实前面有"君子"二字,是君子就不可能猛,无论他是成就了德行的人还是当政者,都不可能或不应该猛。应当说明的是,"威"会使人产生敬畏之心,容易使人服从,这于事有益;而猛就会伤害别人,容易使人心存怨恨,甚至会使人抵触、反抗,这于事有损。因此是"五美"之一。

第二是对"不教而杀谓之虐;不戒视成谓之暴;慢令致期谓之贼;犹之与人也,出纳之吝谓之有司"的理解。

首先是"不教而杀谓之虐;不戒视成谓之暴;慢令致期谓之贼"。这句话的字面意思是很清楚的,问题在于其说明了什么?说好听一点,是不识道、不知人。不知道人们是需要教化、需要告诫、需要监督的,不知道人是有惰性的。说不好听的,就是恣意妄为。继而说明为政不仅仅是要有想法并把想法说出来,从某种角度讲更重要的是监督落实。否则一切都是空的,都是事与愿违。

其次是"犹之与人也,出纳之吝谓之有司"。这里的"有司"是指官吏,官吏与当政者是不同的,不同之处在于格局见识小、度量不够,也就是小气。那么这句话说明了什么呢?说好听一点,是气度小,当赏之时不能尽赏;说不好听的,就是爱财,甚至有出尔反尔的嫌疑。众人之事要众人为之,赏罚就是手段,赏罚要平衡,哪一方面有缺失都不行。缺乏赏或赏不足,都会挫伤人们的积极性,这于事是有损的,而且是有大损的,因而也是一恶。

其实,作为一个当政者本应当做到的是当赏则赏、当罚则罚。而我们在本章所看到的"恶"是不当罚而罚、当赏而不赏(或不尽赏),而没有当罚不罚和不当赏而赏。为什么呢?笔者认为,完全做到当赏则赏、当罚则罚、赏罚得当是非常困难的,几乎是无法完成的,至少人们不可能完整而准确地知晓已经发生的事。当然,当罚不罚和不当赏而赏是不好的,但是不当罚而罚、当赏而不赏(或不尽赏)则更糟糕,因此被称之为"恶",这一点需用心体会。

【编意解】

编者意在通过本章孔子之言,说明君为政应采取的方法和态度,那就是倡"五美"去"四恶"。

20.3 孔子曰:"不知命,无以为君子也。不知礼,无以立也。不知言,无以知人也。"

【译文】

孔子说:"不知道命,就不能做君子。不知道礼法,就不能立身处世。不善于分辨别人的话语,就不能真正了解他。"

【原文解】

第一是对"不知命,无以为君子也"的理解。这里又一次说到"命"。关于命,前面(详见子罕篇和季氏篇)已经说了很多了。这里要强调说明的是,对一个当政者来说,有两层含义:一是对自身来讲,有命运的支配,应当知命;二是对当政者来说,是在上位的人,其行为对别人尤其是在其下位之人而言,是命运的一部分,即造命。如何做干系甚大,因此不可不知。

第二是对"不知礼,无以立也"的理解。前面我们学习过孔子的另一句话,叫作"不学《礼》,无以立"(详见16.13章)。这里要强调说明的是,对一个当政者来说,还有另一层含义,那就是要知道制定、运用礼法来行事——为政,否则是办不成众人之事的,因此孔子说"谨权量,审法度,修废官,四方之政行焉"。既然如此,当然就必须"知礼"。

第三是对"不知言,无以知人也"的理解。"知人"非常重要,对于当政者来说尤其如此,因为他要依靠别人的帮助。但如何才能知人呢?前面也说过不少了,譬如"听其言而观其行。"(详见5.10章)、"视其所以,观其所由,察其所安。人焉廋哉?人焉廋哉?"(详见2.10章),等等。方法很多,但言语应该是知人的基础,因为通常人们更多的是以语言来表达自己的思想。这里要强调说明的是,所谓言,既包括你听到的话,也包括你看到的写在纸上的话。所谓"知人",既包括同时代的人,也包括已经逝去的人,知道活着的人可以交朋友,也可以用或被用;知道古人,则可以有所借鉴、有所榜样。编者为我们这些后人记了那么

多,我们知道孔子了吗?

【编意解】

编者意在通过本章孔子之言,说明君为政应当必备的能力,那就是要知命、知礼、知言。本篇旨在论君,但相对于其他各篇,篇幅明显很短,为什么?因为君的权力极大,约束相对就会较少。当然,其责任也是非常之大的,更为重要的还是以结果论——"四海困穷,天禄永终"。同时也有人认为,本篇是对整个《论语》的总结,是其序(古书的序往往在最后,因此很短)。这样的理解有一定的道理。

后 记

《论语》的分量不言而喻，因此笔者始终是战战兢兢，如临深渊，如履薄冰，生怕有一丝之不诚，而贻笑大方，可又欲罢不能。如今书已初成，想起其中缘由，不禁感慨万千。

其中最值得提到的是济南魏东晓先生。魏东晓是笔者的大学同窗，在临近毕业之际，他送了笔者一本尼采的《查拉斯图拉如是说》。先是出于逆反和好奇，因为尼采在当时被认为是极端反动的唯心主义哲学家，其书相当难见；后是出于倔强，因为第一遍读下来，每一个字都认识，可是一句也没能真正明白其含意，后来反复的阅读这本书和尼采的其他著作，真是受益匪浅。虽然笔者并不完全赞同尼采的观点，但他那发自内心的真诚，使笔者感动不已。由此，笔者逐渐地克服了单纯的唯物主义，摆脱了所谓唯物主义、唯心主义等条条框框的束缚，逐渐学会了用自己真诚的心去对待事物，有了质疑的能力——一种站在另一个角度，甚至是更高层次看待问题的能力。

后来魏东晓又送给笔者一部由程树德先生编撰的、由中华书局出版的四卷本《论语集释》。其中较详尽地陈列了自古以来先贤学者对《论语》的注释和理解。此书是繁体竖排版，笔者读来甚为吃力，然想到魏东晓的殷勤之意，也只能勉力读之。随着阅读之深入，先贤学者治学的严谨与真诚，尤其是儒家的"忠""恕"精神，深深打动了笔者。由此笔者渐渐学会了用一颗真诚的心去理解事物，理解他人，尤其是往圣先贤的言行。如此一来，笔者原本认为有些不切实际的往圣先贤的言行，都变得那么的中肯、那么的实在。因此本书名为"心解"。《论语集释》也成了本书的主要参考资料，同时本书的《论语》原文也是来自《论语集释》。

在本书的写作过程中，笔者所遇多是不屑，少有赞许和鼓励，唯有魏东晓始终予以鼓励和鞭策。如今成书，这也算是对吾友魏东晓先生的一种心酬吧！

2019 年 5 月 4 日

于黄土坡下，渭水之滨